Musil, Alois

Arabia Petraea

Ethnologischer Reisebericht (III)

Musil, Alois

Arabia Petraea

Ethnologischer Reisebericht (III)

Inktank publishing, 2018

www.inktank-publishing.com

ISBN/EAN: 9783747761694

Kaiserliche Akademie der Wissenschaften

ARABIA PETRAEA

VON

ALOIS MUSIL

III

ETHNOLOGISCHER REISEBERICHT

Mit 62 Abbildungen im Texte

Wien, 1908
In Kommission bei Alfred Hölder
k. u. k. Hof- und Universitäts-Buchhändler
Buchhändler der Kaiserlichen Akademie der Wissenschaften
I., Rotenturmstraße 13

DER KAISERLICHEN

AKADEMIE DER WISSENSCHAFTEN

IN TIEFSTER DANKBARKEIT GEWIDMET.

Vorwort.

Zu meinen topographischen und kartographischen Arbeiten wurde ich im Oriente selbst angeregt, wogegen ich die Absicht, mich ethnologischen Forschungen zu widmen, bereits aus Europa mitgebracht hatte. Mehr als die tote, interessierte mich die lebende Natur der biblischen Länder. Es handelte sich für mich in erster Linie darum, das Fühlen und Denken und die Lebensweise der heutigen Bewohner jener Gebiete genau zu studieren. Hatten doch die Verfasser der meisten Bücher der heiligen Schrift gerade auf diesem Boden geschrieben. Daß ich meine volle Aufmerksamkeit in erster Linie den Stämmen von Arabia Petraea schenkte, hatte darin seinen Hauptgrund, daß die heute dort vorhandenen Lebensbedingungen denen der biblischen Zeit am ähnlichsten sind, und ferner auch darin, daß die Tradition die meisten im Pentateuch erzählten Begebenheiten, sowie deren schriftliche Fixierung dorthin verlegt.

Von großem Nutzen für diese Forschungen war mir der persönliche Verkehr mit P. Louis Cheikho und P. Henri Lammens, Professoren an der orientalischen Fakultät der Université St. Joseph in Beirût. Außerdem verdanke ich es der tatkräftigen Vermittlung des damaligen Rektors dieser Universität, P. Cattin, daß ich meine wissenschaftlichen

Arbeiten im Jahre 1897 nicht — vielleicht für immer — aufgeben mußte.

Die weitgehendste Förderung fand ich ferner bei den im Ost-Jordanlande stationierten Missionären des lateinischen Patriarchats von Jerusalem, insbesondere bei dem in meinem topographischen Reiseberichte so oft genannten Don Anton ʿAbdrabbo, dem ich nebst anderem hauptsächlich für die Aufnahme der meisten Klagelieder von el-Kerak Dank schulde. Der Maronitenpriester Basîl Bûlos, welcher 1897 in Mâdaba als Lehrer tätig war, beantwortete freundlichst mehrere meiner Anfragen. Am meisten arbeitete ich jedoch mit dem sehr verwendbaren Autodidakten ʿAbdallâh el-ʿAkaši aus el-Kerak, der mich ja auch 1901 und 1902 auf meinen Reisen begleitete.

Der vorliegende Bericht gibt Erlauschtes, Erlebtes und durch Fragen Erkundetes in systematischer Anordnung wieder. Auf dem Pferde oder Kamele sitzend hörte ich dem Gespräche meiner Begleiter zu, lauschte am Lagerfeuer oder in der Gaststube der Unterhaltung der Anwesenden, beobachtete jeden Vorgang und notierte, wo möglich, sofort ausführlich alles, was mir wichtig erschien. Ausschließlich auf mein Gedächtnis habe ich mich dabei absichtlich sehr selten verlassen; wo mir die augenblickliche Aufzeichnung unmöglich war, suchte ich bei nächster Gelegenheit das Gespräch auf den gewünschten Gegenstand zurückzuführen, oft allerdings ohne Erfolg.

Die einheimische Bevölkerung von Arabia Petraea ist nämlich in hohem Grade mißtrauisch, und dieses Mißtrauen des Einheimischen steigert sich noch, sobald er bemerkt, daß ein Fremder etwas von ihm erfahren will. Coram publico wird er meistens überhaupt keine oder eine falsche Auskunft erteilen — und selbst wenn der Forscher mit ihm unter vier oder sechs Augen verhandelt, dauert es lange, bis er sein Mißtrauen aufgibt. Aber auch dann harrt des Forschers keine leichte Arbeit. Er muß sich auf das Geistesniveau des Gefragten stellen und in seiner Auffassungsart gewissermaßen aufgehen, um zu erfahren, was er wissen will. Der Gefragte darf nicht unterbrochen werden, und man muß ihm jede Abschweifung gestatten, ihn jedoch, ohne daß er es merkt, auf das eigentliche Thema zurückzubringen suchen. Es empfiehlt sich, die Ergebnisse solcher Erkundigungen womöglich immer zu kontrollieren, um zu erfahren, ob sie überhaupt richtig — und wenn, ob sie allgemein oder nur für einen Stamm oder nur für ein Geschlecht gültig sind.

Die größte Mühe und Geduld erfordert das Notieren von Liedern und Gedichten. Die Gewährsperson kann sie zwar singen oder rezitieren, aber nicht langsam hersagen, verwechselt Verse und Worte und wiederholt den eben niedergeschriebenen Vers anders als sie ihn hergesagt hatte.

Die Texte schrieb ich gewöhnlich sofort in Transkription nieder und ließ mir die schwierigen Stellen bei nächster Gelegenheit von schriftkundigen Einheimischen aufschreiben, um meine Umschrift zu kontrollieren. Im Jahre 1901 und 1902 nahm ich oft eine Teilung der Arbeit vor; während ich topographisch oder kartographisch tätig war, richtete ʿAbdallâh an die Führer die von mir systematisch geordneten Fragen und notierte gleichzeitig die Antworten. Ich sah dann das Ausgearbeitete durch, ließ mir die notierten Texte vorlesen und verfertigte die Umschrift.

Dabei war ich den Konsonanten meistens gerecht, obwohl ich die Aussprache einiger, so z. B. des ج, ǧ, je nach verschiedenen Dialekten durch weiches d (Th) oder harten sch-Laut (Ḥt), oder dumpfes dsch (Sd) u. a. m. hätte kenntlich machen können; da dies aber doch nicht der Zweck dieser Arbeit war, und ich über 50 Transkriptionszeichen hätte gebrauchen müssen, so habe ich nur bei ك und ق die variierende Aussprache (k, č, ḳ, ž) der Wirklichkeit gemäß verzeichnet. Die Vokale genau festzuhalten, ist sehr schwer; man hört nur selten einen Vokal ganz klar, gewöhnlich ist er eigentümlich gefärbt, und wenn man dasselbe Wort von einer anderen Person wiederholen läßt, wechselt diese Färbung, was ich graphisch unmöglich zum Ausdrucke bringen konnte. Ähnlich verhält es sich mit der Verdoppelung und der Länge.

Formen, wie z. B. 'Azâmi, maḥğan, ṛuraba' variieren mit den Formen 'Azzâmi, maḥğân, ṛerâba u. a. m.

Bei der Übersetzung folgte ich fast immer den Erklärungen der Einheimischen, und zwar gewöhnlich derjenigen der Gewährsmänner selbst; bei den kurzen Liedern und Sprüchen geschah es jedoch öfters, daß nicht einmal jene imstande waren, mir den Sinn begreiflich zu machen, weil sie ihn eben selbst nicht mehr verstanden. Da suchte ich Aufklärung bei meinen orientalischen und okzidentalischen Freunden. Die Orientalen, meist Ansäßige, wußten selten mit den Liedern und Sprüchen der Beduinen etwas anzufangen, und ihre Erklärungen waren augenscheinlich gekünstelt. Von den europäischen Gelehrten unterstützten mich insbesondere die Herren: Theodor Nöldeke, Ignaz Goldziher, Rudolf Geyer, hie und da D. H. Müller und einmal auch Baron Rosen. Manche Sprüche und religiöse Formeln lassen an einigen Stellen verschiedene Deutung zu, doch findet man nicht selten bei der Wiedergabe derselben im Munde eines anderen Stammes kleine Zutaten, die nur eine bestimmte Übersetzung gestatten und somit erheischen, daß man ihnen entsprechend die kürzeren, anakolutischen Formeln erkläre. Vor der Drucklegung hätte ich an der Hand des fertigen Manuskriptes gerne noch verschiedene Erkundigungen an Ort und Stelle eingezogen, um mehrere Lücken zu ergänzen und zahlreiche Details näher zu beleuchten. Ein dazu nötiger Besuch im Oriente war jedoch aus verschiedenen Gründen unausführbar. Hoffentlich werde ich — in šâ allâh — auf meiner nächsten Forschungsreise — wenn auch in anderen Gebieten und bei anderen Stämmen — manches nachholen können. Den allfälligen Ergebnissen dieser neuen Reise beabsichtige ich dann auch ein lexikalisches Verzeichnis der dialektologischen Ausdrücke beizufügen. Im vorliegenden Bande könnte man eigentlich vier Dialekte unterscheiden: Den Dialekt der Halb-Fellâḥîn südlich von Gaza, jenen der Kleinviehzüchter westlich von el-'Araba, jenen der Fellâḥîn und Halb-Fellâḥîn des alten Moab und des östlichen Edom und endlich den Dialekt der Kamelzüchter.

Ursprünglich wollte ich überall die Parallelstellen der Bibel anführen, was ich jedoch nach reiflicher Überlegung unterlassen habe, da eine solche Zusammenstellung für den Fachmann überflüssig, für andere Leser aber eher störend gewesen wäre. Aus denselben Gründen habe ich mich auch bei den geschichtlichen Erzählungen (vgl. z. B. die Entstehungsgeschichte der ʿAmr, S. 70 ff.) jeder historischen Kritik enthalten und die bei den Schlachttagen (S. 398) eingefügten Jahreszahlen den approximativen Angaben der Erzähler entsprechend eingesetzt. Sie weichen denn auch bei den vagen Zeitbegriffen der Einheimischen von den richtigen Jahreszahlen mitunter bedeutend ab (vgl. z. B. den Vorstoß gegen el-Ǵôf S. 399).

Das beigegebene Verzeichnis der Ortsnamen ist nach dem Muster der früheren Bände eingerichtet, das Personennamen- und Sachregister bezieht sich auf alle Bände und stellt somit eine einheitliche Zusammenfassung des gesamten archäologischen, ethnologischen und folkloristischen Materials dar.*

Die kaiserliche Akademie der Wissenschaften, der ich diesen Band in tiefster Dankbarkeit widme, förderte seit 1898 nicht nur alle meine Forschungen im Oriente, sondern verschaffte mir auch die Möglichkeit, die gewonnenen Ergebnisse zu bearbeiten und zu veröffentlichen. Auch bei dem Abschlusse und der Drucklegung dieses Bandes fand ich tatkräftige Unterstützung bei dem Präsidenten der kaiserlichen Akademie der Wissenschaften Eduard Suess, dem Vize-Präsidenten Sr. Exzellenz Eugen von Böhm-Bawerk und dem Sekretär der philosophisch-historischen Klasse Josef von Karabacek, der mir auch in seiner Eigenschaft als Direktor der k. k. Hofbibliothek alle nur gewünschten Studienbehelfe zur Verfügung stellte. David Heinrich Müller, der Obmann der Nordarabischen Kommission hat der Herausgabe auch dieses Bandes sein wärmstes förderndes Interesse gewidmet.

---

* Die zu diesem Bande gehörige Karte ist von der Kaiserlichen Akademie der Wissenschaften herausgegeben unter dem Titel: Karte von Arabia Petraea nach eigenen Aufnahmen von Prof. Dr. Alois Musil, Maßstab 1 : 300 000, 3 Blatt im Format von je 65 : 50 *cm* Bildfläche. Wien 1906, Alfred Hölder.

Die Herren Ignaz Goldziher, Theodor Nöldeke, Rudolf Geyer und Hans v. Mžik, haben mir durch Lesung von Korrekturen freundschaftliche Hilfe geleistet, wofür ich ihnen meinen wärmsten Dank ausspreche.

Die Photographien Fig. 7, 8, 10 verdanke ich dem Canonico Don Barberis und diejenigen Fig. 12, 48 dem Herrn Kunstmaler A. L. Mielich. Der k. u. k. Hof- und Universitäts-Buchdruckerei Adolf Holzhausen bin ich für die sorgfältige Führung des mitunter recht schwierigen Druckes verbunden.

Wien, im März 1908.

Alois Musil.

Inhaltsübersicht.

Seite

Terrainbezeichnungen 1
Klima 2
Winde 3
Regen 6
Pflanzenleben 13
Tierleben 17
Einwohner 22
 Al-Ḥanâǧre 28
 En-Nṣêrât 29
 Al-Malâlḥe 30
 Dijârne 30
 Es-Shejlâwijje 30
 El-Ḳalâ'ijje 31
 As-Swârke 31
 At-Terâbîn 32
 Tîjâha 34
 Al-'Azâzme 41
 Eẓ-Ẓullâm 44
 Aṭ-Ṭawara' 44
 El-Ḥêwât 45
 Es-Sa'îdijjîn 46
 Ed-Dbûr 47
 'Aḳabawijje 47
 Al-'Imrân 48
 Ḥwêṭât ot-Tihama 48
 Beli 50
 Al-Ḥwêṭât 51
  Ḳowm ibn Ǧâzi 53
  Ḥwêṭât ibn Ǧâd 54
 Ar-Rawâǧfe 55
 Na'êmât eš-Šera' 55
 Ma'ânijje 56
 El-Lijâṭne 57
 'Amârîn 58
 El-Ǧnêne 59
 Er-Rešâjde 59
 Al-Mesâ'îd 60

Seite

'Uṣejfât . . . 60
El-Menâǧe'e . . . 60
Ahâli-š-Šôbak . . . 61
Ahâli Ḍâna . . . 61
Ahâli Buṣejra . . . 62
Ahâli Ṣenefḥe . . . 62
Ahâli-ṭ-Ṭafîle . . . 63
Ahâli el-'Ejma . . . 63
El-Ḥeǧâja . . . 64
En-Na'êmât . . . 65
El-Ḫrejše . . . 66
Ahâli Ḫanzîra . . . 67
Ahâli-l-'Arâḳ . . . 67
Ahâli Kufrabba . . . 67
Ahâli Ǧôza . . . 69
Al-Ḳawârne . . . 69
Al-'Amr . . . 70
El-Kerak . . . 84
Ḥamâjde . . . 103
Salâjta . . . 105
Ahâli Mâdaba . . . 106
El-Belḳâwijje . . . 108
El-'Abbâd . . . 110
Ed-Da'ǧe . . . 111
Al-'Adwân . . . 111
Beni Ṣaḫr . . . 112
Al-Balâwne . . . 119
Al-Ka'âbne . . . 120
Al-Ḥezîr . . . 120
Al-Ḫrejša . . . 120
Aš-Šarârât . . . 121
Al-'Aṭâwne . . . 123
Rwala' . . . 123

Wohnungen . . . 124
Das Zelt . . . 124
Das Haus . . . 132

Nahrung . . . 137
Küchengeräte . . . 137
Die Milch . . . 140
Brot und Salz . . . 145
Fleischspeisen . . . 148
Gemüse und andere Gerichte . . . 151

Kleidung . . . 159
Liebe . . . 173
Brautwerbung bei den Arabern . . . 180
Brautwerbung bei den Fellâḥîn . . . 182
Brautpreis . . . 184
Hochzeit bei den Fellâḥîn . . . 186
Hochzeit bei den Arabern . . . 196
Ehepflicht . . . 207

Seite

Eherecht . . . 211
Geburt . . . 214
Beschneidung . . . 219
Sklaven und andere Bewohner des Zeltlagers . . . 224
Spiele . . . 229
Dichter und Gedichte . . . 232
Das Kamel und seine Zucht . . . 253
Das Pferd und seine Zucht . . . 270
Andere Haustiere . . . 283
Ackerbau . . . 293
Omina und Wahrzeichen . . . 308
Zauberer und Hexen . . . 314
Irdische Geister . . . 319
Heiligenverehrung . . . 329
Rechtswesen . . . 334
Gastfreundschaft . . . 351
Blutrache . . . 359
Kriegführung . . . 369
Berühmte Schlachttage . . . 398
Krankheiten und Heilmittel . . . 411
Letztwillige Verfügung; Sterben und Begräbnis . . . 421
Totenklage . . . 429
Leben nach dem Tode und Totenopfer . . . 448

Register:

Verzeichnis der neuarabischen Ortsnamen . . . 457
Verzeichnis der Personennamen . . . 476
Hebräische und aramäische Personennamen . . . 476
Griechische Personennamen . . . 476
Lateinische und moderne Personennamen . . . 478
Arabische Personennamen . . . 480

Sachregister . . . 536

Verzeichnis der Abbildungen.

Figur		Seite
1.	Mutter des Regens, umm el-Ḳejt	10
2.	Bewohner von Ḫân Jûnes	31
3.	Im Zelte des Häuptlings der Wḥêdât	37
4.	Ein ʿAzâmi	42
5.	Don Alessandro Maccagno, Abûna Skandar	86
6.	ʿÎsa el-Meǧalli	87
7.	Katholische Schüler aus el-Kerak	89
8.	Katholische Schülerinnen aus Mâdaba	92
9.	Ḥanna el-Ḳalanze aus el-Kerak	93
10.	In einem Zelte der Katholiken aus el-Kerak	95
11.	Ṭalâl ibn al-Fâjez	115
12.	Ein Zelt der Šarârât	122
13.	Spinnende Mädchen	124
14.	Eine Ṣaḫarijje beim Weben	125
15.	Webende Frauen in Mâdaba	127
16.	Das Zelt des Hâjel ibn al-Fâjez	128
17.	Ṭalâl ibn al-Fâjez vor dem Scheidetuch sitzend	129
18.	Dwâr der Naʿêmât	131
19.	Ein Hof in Mâdaba	133
20.	Ein Backofen in Mâdaba	134
21.	Eine Hühnerbrutstätte in Mâdaba	135
22.	Ein Ḳirbe-Wasserschlauch	138
23.	Rûri-, Ḳaʿba-, Miṛraf-Gefäße	139
24.	Das Melken einer Kamelin	141
25.	Das Anbinden der Jungtiere	142
26.	Buttern bei den Halb-Fellâḥîn	143
27.	Getreidemahlen bei den Halb-Fellâḥîn	146
28.	Brotbacken bei den Halb-Fellâḥîn	147
29.	ʿÎsa el-Meǧalli trinkt Kaffee	157
30.	Haartracht in Mâdaba	160
31.	Haartracht in Mâdaba	161
32.	Baḫît ibn al-Fâjez ohne Kopftuch	162
33.	Baḫît ibn al-Fâjez	163
34.	Ein Häuptling der Ḥwêṭât	164
35.	Ein Mann aus Mâdaba	165
36.	Ein Ehepaar aus Mâdaba	166
37.	Eine Frau aus Mâdaba	167

Figur | Seite

38. Eine Frau aus Mâdaba 168
39. Schmucksachen aus el-Kerak 169
40. Schmucksachen aus el-Kerak 171
41. Rauchende Häuptlinge der Wḥêdât 173
42. Ein rauchender Tihi 174
43. Ein Sklave der Beni Ṣaḫr 226
44. Streit um die Autorschaft eines Verses 233
45. Streit um die Autorschaft eines Verses 234
46. Ein Šâ'er-Dichter mit der Rebâba 236
47. Kamele bei einer Ṭamad-Wassergrube 257
48. Kamele bei einem Ḳalîb-Brunnen 258
49. Meine Begleiter 262
50. Kamelsattel ohne die weiche Decke 263
51. Kamelsattel mit der weichen Decke 265
52. Niederkniendes Kamel 267
53. Pflug, Witr- und Ḳâdem-Sattel 296
54. Getreidedreschen 300
55. Getreidedreschen 301
56. Ein Dreschschlitten 302
57. Geräte auf dem Dreschplatze 303
58. Sieben des Getreides 304
59. Sieben des Getreides 305
60. Messen des Getreides 306
61. Vor dem Zelte des Aufführers 376
62. Ein Beduinengrab 472

Transkription.

Die Unterstreichung ( ) des umschriebenen Buchstaben bezeichnet die aspirierte, die Unterpunktierung (.) die emphatische und die Überstreichung (ˋ) die palatalisierte Aussprache.

' = أ, ء
b = ب
t = ت
ṯ = ث (*ts*)
ǧ = ج (*dsch*)
ḥ = ح (*ch in ich*)
ḫ = خ (*ch in Cherub*)
d = د
ḏ = ذ (*ds*)
r = ر

z = ز (*s in Rose*)
s = س (*ss*)
š = ش (*sch*)
ṣ = ص (*ssh, sz*)
ḍ = ض (*dh, ddh*)
ṭ = ط (*th*)
ẓ = ظ (*zh*)
' = ع (*Kehllautanstoß*)
ġ = غ (*ghr*)
f = ف

ḳ = ق (*dunkles k*)
ǩ = ق (*tsch*)
k = ك (*gk*)
č = ك (*zsch*)
l = ل
m = م
n = ن
h = ه
w = و (*uu*)
j = ى

Abkürzungen.

'Ab = 'Abbâd
'Ad = 'Adwân
'Am = 'Amârîn
'Az = 'Azâzme

Bḳ = Belḳâwijje
Bl = Balâwne
Bṣ = Ahâli Buṣejra

Dǧ = Da'ǧe
Ḍn = Ahâli Ḍâna

'Ej = Ahâli el-'Ejma

Ḥm = Ḥamâjde
Ḥn = Ḥanâǧre

Ḥn = Ahâli Ḥanzira
Ḥr = Ḥrejše
Ḥṭ = Ḥwêṭât
ḤṭT = Ḥwêṭât et-Tihama
Ḥw = Ḥêwât

Kb = Ka'âbne
Kf = Kufrabba
Kr = Ahâli el-Kerak

Lj = Lijâṭne

Md = Ahâli Mâdaba
Mn Ma'âuijje

Nm = Na'êmât

Ṛw = Ṛwârne

Šb = Ahâli-š-Šôbak
Sd = Sa'îdijjîn
Ṣḫ = Ṣḫûr
Sl = Salâjṭa
Ṣn = Ahâli Ṣenefḥe

Tb = Terâbîn
Tf = Ahâli-ṭ-Ṭafîle
Th = Tijâha

Ẓl = Ẓullâm

Terrainbezeichnungen.

Arabia Petraea nenne ich das ganze von mir durchforschte und in den beiden Bänden des topographischen Reiseberichtes beschriebene Land der alten Moabiter und Edomiter nebst einigen angrenzenden Gebieten.

Wie aus der angeführten Beschreibung erhellt, ist Arabia Petraea im allgemeinen ein Hochland mit verschiedenen Senkungen. Von den zahlreichen Benennungen für die einzelnen Terrainformationen seien angeführt:

Gebirge: Ǧebel.

Gebirgsstock (Ṣḫ, Ḥt): Ḥala'.

Tafelförmiges Gebirge: Meḳreḥ ('Az).

Niedriges Gebirge: Ḳôz (Tb, 'Az, Th).

Berg mit ausgeprägter Gipfelschneide: Ḳnân.

Berg mit spitzem Gipfel: Ṭwîl.

Abgestumpfter Berg: Haḍbe (Ḥt).

In die Ebene abfallender Ausläufer eines Gebirges: Ḫašm.

Felsige, kuppenartige Hügelreihe: Riše (Ṣḫ, 'Az, Sd).

Sandige, kuppenartige Hügelreihe: Ktejb, Kitbân (Th, Ḥw, Sd).

Felsiger Hügel mit abgerissenen Wänden: Barbûr, Barâbîr (Tb, 'Az).

Flacher Bergrücken: Ẓahra.

Flacher, langgezogener Bergrücken: Senîne (Kr).

Flacher, langgezogener Bergrücken, der auf einer Seite in die Hochebene übergeht: Šefa' (Bḳ, Kr, Ṣḫ).

Kuppenartiger Gipfel, der aus einer Ẓahra emporragt: Neba'.

Spitzer Gipfel, der aus einer Ẓahra emporragt: Mišrâf, Merḳâb.

Stumpfer, kahler Gipfel: Ḳar'a, Râs.

Einsamer Hügel in einer Ebene: Maṭall (Kr).

Paß: Naḳb.

Ein Tal, welches nur von einer Seite Wasser bekommt: Šeḥîb.

Seichtes Tal auf einem Berghange: Tel'e.

Flaches Seitental: Še'îb, Ša'eb, ('Am.)

Tiefes Seitental: Ḥenw.

Trockenes Tal: Wâdi.

Wasserführendes Tal: Sejl, Šellâle, Nahr.

Breites, beckenartiges Tal: Rôḍ.

Beckenartige Ebene: Ḥôr.

Fruchtbare, flache Ebene: Ḫadde, Ḳâ' (Ḥw, 'Az, Sd).

Fruchtbare, wellenförmige Ebene: Kûra (Kr, Ḥm), Nuḳra (Th, 'Az).

Grauweiße, öde Ebene: Ḥammâde, Arḍ al-ba'al.

Schwarze, öde Ebene: Ḥamde.

Schwarze, mit Lavastein bedeckte Landschaft: Ḥarra.

Blendendweiße, zerrissene Landschaft: Ḳarra.

Ein kleines Stück fruchtbaren Bodens in der Steppe: Ḥâbûl.

Ein kleines Stück fruchtbaren Bodens, dolinenähnlich von hohen Wänden abgeschlossen: Ǵawdal (Ḥt, Kr).

Ein kleines Stück fruchtbaren Bodens, von tiefen Tälern abgeschlossen: Ṣaha'.

Ein länglicher Riß in der Ebene: Sel' (Kr, Ḥt), Ḫabra (Th).

Schlucht ohne Ausgang: Nuḫbâr.

Sandige Tiefebene: Ramle, Barâṣ.

Sumpfige Tiefebene: Sabḫa.

Klima.

Arabia Petraea gehört zum Gebiete der Wendekreise mit drei klimatischen Zonen: der kontinentalen Zone des Hochlandes, der subtropischen Zone der Küste und des w. Sirḥân und der tropischen Zone der Senkungen von el-Ḳôr, el-'Araba und teilweise auch des w. Môǵib, Ḳerâḥi und el-Jitm.

Für alle diese drei Zonen sind große Schwankungen in der Tagestemperatur charakteristisch: der Tag ist heiß, die Nacht dagegen kalt. Vor Sonnenaufgang wird die feuchte Kühle so empfindlich, daß die Finger steif werden und man sie oft nicht schließen kann. Deshalb hüllen sich die Beduinen vollständig in ihre Mäntel ein und wollen nicht eher aufstehen, bis der junge Tag die Kälte halbwegs gebannt hat. Will man zeitig aufbrechen, so muß man ein Feuer anzünden, zu dem dann die Beduinen kriechen, um sich zuerst die Hände und darauf den Kopf zu erwärmen; erst dann springen sie auf und satteln ihre Kamele oder Pferde. Die Kälte ist am Boden am unangenehmsten, zu Pferde oder auf dem Kamele ist sie schon weniger fühlbar; aber auch der Reiter zieht den Mantel fester an und seine nackten Füße unter das Hemd oder den Mantelsaum, und oft ist man gezwungen abzuspringen, um sich durch Laufen zu erwärmen.

Ist die Sonne aufgegangen, so verliert sich die Feuchtigkeit und [illegible] wärmer. Dann hält man gewöhnlich an, um zu frühstücken [illegible] amele weiden zu lassen.

[illegible] Sonne steigt die Wärme und erreicht ihr Maximum gegen [illegible] ttags, wo es so schwül wird, daß sowohl Tiere als auch [illegible] he pflegen müßen. Kamele und Pferde stehen oder liegen, ohne sich zu bewegen und ohne zu weiden. In den Zelten werden die Westwände emporgezogen und alles, was im Lager ist, liegt ausgestreckt im spärlichen Schatten, der jedoch unter dem schwarzen Zelttuche die Hitze wenig mindert. Die Reisenden halten an, ziehen den Mantel über das Gesicht und legen sich nieder. Nach Speise hat man um diese Zeit kein Verlangen, nur Wasser mit Zucker, und zwar recht viel Zucker, bringt etwas Erfrischung. Der Boden ist so heiß, daß man ihn barfuß ohne Schmerzen nicht betreten kann, und metallene, den Sonnenstrahlen ausgesetzte Gegenstände dürfen überhaupt nicht angefaßt werden.

Erst nach Sonnenuntergang stellt sich, und zwar plötzlich, eine zuerst recht wohltuende Frische ein und man nimmt die Hauptmahlzeit ein. Mit der Nacht wächst auch die Kühle, welche gegen Mitternacht sehr unangenehm wird und beim Aufgange des Nigm in beißende Kälte übergeht.

Dies wiederholt sich regelmäßig jeden Tag während der trockenen Jahreszeit in allen drei Zonen und in gewissem Grade auch an regenlosen Tagen der Regenperiode.

Winde.

Nach der Meinung der Einwohner hängt alles Leben von den Winden ab. Sie veranlassen sowohl das Wachsen als auch das Eingehen der Pflanzen, Tiere und Menschen.

Kurz nach Sonnenaufgang stellt sich regelmäßig ein schwacher Nordostwind ein, der mit kurzen Unterbrechungen bis gegen 10 Uhr anhält. Bald darauf spürt man in der Nähe der Küste die ersten Anfänge der Westbrise, die nach 2 Uhr ihre höchste Stärke erreicht und sich nach O. ausbreitet. Im östlichen Hochlande ist dieselbe erst gegen 3 Uhr fühlbar und wird um 4 Uhr sehr stark. Zu dieser Tageszeit kann man weder mit dem Stativ photographieren noch Papierabklatsche vornehmen. Kurz vor Sonnenuntergang legt sich der Westwind fast gänzlich, erhebt sich aber nach Mitternacht wieder, ohne jedoch seine Tagesstärke zu erreichen.

Das regelmäßige Wehen dieser zwei Winde ermöglicht das Leben. Sie liefern die nötige Frische und Feuchtigkeit, da sie in der trockenen Jahreszeit den Tau bringen.

Der Ostwind und insbesondere der gefürchtete Südostwind treten nicht so regelmäßig ein. Der letztere bringt ganze Massen kleinen gelblichen Sandes mit, der die Sonne mit einem fast undurchsichtigen

Schleier verdeckt. Der frische Nordost- und der feuchte Westwind bleiben nun ganz aus, die Luft wird so schwer und so dicht, daß sie in vertikalen Schichten über dem glühenden Boden zu ruhen scheint. Die zahllosen Sandkörnlein reizen die Haut, die Augen tun weh, die Lippen trocknen aus, das Blut hämmert in den Schläfen, und der Mensch fühlt sich zuerst im höchsten Grade gereizt, am zweiten Tage jedoch absolut apathisch und niedergeschlagen, so daß jede geistige Arbeit große Anstrengung und fast physische Schmerzen im Kopfe verursacht. Auch an den Tieren beobachtet man ähnliche Depressionserscheinungen. Der Südostwind, eš-šerḳijje, eš-šerḳi, eš-šerd (Tb), weht regelmäßig in den letzten Tagen im September und Oktober und kehrt Ende April und im Mai wieder. Ausnahmsweise stellt er sich auch in anderen Monaten ein. Gewöhnlich dauert er nur 3—5 Tage, selten 7 Tage an, beginnt aber dann nach kurzer Unterbrechung wieder. Am stärksten ist er nach Sonnenaufgang; mittags ist er 2—3 Stunden kaum zu spüren. Während des Šerḳi erreicht die Temperatur sehr beträchtliche Höhen.

Der trockene und heiße Šerḳi versengt in wenigen Stunden die jungen Pflanzen sowohl auf dem Felde als auch in der Steppe, lâ tṣabb eš-šerḳijje lô annha tḫarreb ez-zer' (Kr.). Nach dem Südost- folgt immer der Westwind (Kr), eš-šerḳi jǧîb el-ṛarbi.

Noch gefährlicher als der Šerḳi ist der Nordwind, šemâli. Er weht nur wenige Stunden und nur selten, nâder habûbo (Kr), in der Regenperiode und verwandelt gewöhnlich das fruchtbare Land in öde Wüste. Unter seinem Hauche erfriert jede junge Pflanze, der Bdûi hat keine Weide, der Fellâḥ keine Ernte, deshalb vernimmt man überall: In dem Jahre, wo der Nordwind weht, bleibt das Land unfruchtbar, sene jihebb eš-šemâli, el-bilâd timḥel.

Eine für jene Gebiete charakteristische Erscheinung ist die Sandhose, zôl, zôba'a. Mittags während der ruhigen und heißen Jahreszeit erhebt sich plötzlich in den sandigen Tiefebenen ein reißender Wirbelwind, der sich zuerst um seine eigene Achse drehend, Sand, dürre Pflanzen und Blätter in die Höhe treibt, dann blitzschnell mehrere Meter weit in gerader Richtung forteilt, sich wieder dreht, in die Höhe steigt und auf einmal ebenso rasch aufhört. Wenn sich mehrere solche Zôl-Figuren nebeneinander bilden, so können sie, von weitem betrachtet, leicht mit dahinjagenden Reitern verwechselt werden, und der Bdûi glaubt auch, daß sich da die Ǧinn-Geister tummeln.

An besonders heißen und klaren Tagen kann man in den steinigen Ebenen, ebenfalls um die Mittagszeit, die Âl-Erscheinung beobachten.

Die Luft lagert in horizontalen Schichten, die man wegen ihrer ungleichen Durchsichtigkeit ziemlich gut voneinander unterscheiden kann. Auf einmal bemerkt man, daß die unterste Schichte horizontal, die oberen Schichten aber vertikal zu schwanken anfangen, und zwar in kurzen, abgerissenen Zeiträumen. Nach wenigen Augenblicken sieht man wieder, wie die mittleren Schichten in horizontaler Richtung dahinjagen. Alle Gegenstände, welche sich in den gleichen Schichten befinden, scheinen, von weitem gesehen, diese Bewegungen mitzumachen, was sich bei weidenden Kamelen, Bäumen und insbesondere bei hohen Bauten höchst phantastisch ausnimmt.

In der Ḍaḥa-Zeit, zwischen 8 und 11 Uhr, kann man in den Ḥamde- und Ramle-Ebenen die eigentliche Luftspiegelung, sarâb, wahrnehmen. Am fernsten Horizonte erscheint über dem Boden eine dünne, leichte, weiße Dunstschichte. Zwischen dieser und dem Beobachter breitet sich bald eine größere, bald eine kleinere Wasseransammlung aus. Befinden sich Kamele dort, so scheinen sie umso tiefer im Wasser zu stehen, je näher sie dem Horizonte sind. Sie gehen aber nicht, sie schwimmen, und alle Bäume und Büsche wurzeln im Wasser und spiegeln sich darin ab.

Ein solches Bild habe ich jedoch niemals vollständig klar und deutlich gesehen. Gewöhnlich ist es wie mit einem violetten Schleier verhüllt und zittert fortwährend. Oft sieht der Kamelreiter einen wunderschönen Sarâb, während der Fußgänger gar nichts bemerkt, und oft ist es wieder umgekehrt. Gar manchmal bot sich meinem Auge das schönste Trugbild eines Sees, neigte ich aber den Kopf nur um etliche Zentimeter, sah ich nichts mehr. So spielen eben die Geister mit den Menschen! Das Tier glaubt auch dem schönsten Sarâb nicht und beschleunigt nie seinen Gang, um zu dem trügerischen Wasser zu gelangen.

In den gebirgigen Teilen der westlichen, dem Meere näher gelegenen Hälfte von Arabia Petraea habe ich selbst in der trockensten Jahreszeit sehr oft starke Nebel gesehen, die mir umso lästiger waren, als sie mich in den Morgenstunden an meinen kartographischen Arbeiten hinderten. Auch sie spielen in den Vorstellungen des Bdûi eine große Rolle, weil seiner Meinung nach in ihnen die Geister ihren Spuk treiben.

Oft standen wir mitten in der Nebelschichte, die so niedrig und so scharf abgegrenzt war, daß die Köpfe der Kamele sie überragten und dann viel größer erschienen. Einigemal, wo ich die Umgebung von einem höheren Punkte aufnehmen sollte, fand ich alle Niederungen voll von dichtem Nebel, während die Morgensonne die Berge beschien, deren Gipfel Feuer sprühten. Nach und nach wallte der Nebel auf und belegte den ganzen Horizont, so daß ich die nächste Umgebung nicht mehr erkennen konnte. Endlich vertrieb — nach der Vorstellung des Bdûi — Allâh die Geister, die Sonne brach durch, der Nebel teilte sich, und ich sah durch seine breiten Risse ziemlich weit. Auf einmal legte sich eine lose Nebelwolke auf den Gipfel, auf dem ich stand, und entzog mir für einige Augenblicke wieder jede Rundschau. Endlich verschwand auch diese und erst jetzt konnte ich arbeiten.

Wie die Nebel so kommen auch Wolkenbildungen selbst in den trockensten Jahreszeiten sehr häufig vor. Ich weiß mich nicht eines einzigen Tages zu erinnern, an dem der Himmel vollkommen wolkenlos geblieben wäre. Gewöhnlich ist er mit kleinen, dünnen, gelblichweißen Wolkengruppen bedeckt, die Schafherden nicht unähnlich erscheinen, aber die Sonne nicht verdecken. Zwischen ihnen ist der Himmel im Zenith tiefblau, über dem Horizonte aber fast schmutziggelb. Oft erheben sich am westlichen Horizonte weite, dunkelgraue Wolkenmassen, in denen man, insbesondere wenn man gerade aus Europa angekommen ist, hochersehnte Regenwolken zu sehen glaubt. Allein, obgleich diese einen beträchtlichen Teil des Firmamentes überziehen, lassen sie doch keinen erfrischenden Tropfen auf die Erde fallen; im Gegenteile, die Schwüle wird nur noch drückender.

Nur der Tau, ṭell, neda', erfrischt die Pflanzen, denn er pflegt selbst in der trockensten Jahreszeit, insbesondere im Westteile, so stark zu fallen, daß unsere Mäntel und Kopftücher in der Frühe gewöhnlich ganz naß waren. Dadurch ersetzt der Tau gewissermaßen den Regen; bliebe er aus, so müßte alles Leben zugrunde gehen.

Regen.

Regen fällt nur in der fest abgegrenzten Regenperiode, weshalb die Einheimischen das Jahr in zwei Hälften teilen: die Regenperiode, aš-šta, eš-šita', eš-šti' (Kr), und die trockene Jahreszeit, eṣ-ṣejf.

Die Regenperiode besteht aus dem eigentlichen Šta' und aus dem Rabî', der Zeit des Wachsens.

Der eigentliche Šta' dauert drei Monate.

Nach den Ṣḫ, Ḥt: drei regnerische Kânûn.

Nach den Kr: Aǵrad, Kânûn, Šbâṭ.

Nach den 'Am, Ḥw: Aǵrad, el-Arba'ânijje, Šbâṭ.

Der Rabîʿ dauert ebenfalls drei Monate, und zwar:

Nach den ʿAm, Ḥṭ: drei Ḫamîs, ṭalâṭe ḫamsawât.

Nach den Kr, Ṣḫ: Adâr, el-Ḫamis, Ǧumâda, aber man sagt auch: zwei Rabîʿ, eṭnên rabîʿ.

Die trockene Jahreszeit zerfällt in drei Ḳêẓ, ḳujûẓ ṭalâṭe, und drei Ṣafâri, ṣafâri ṭalâṭe, oder ṣafarijât ṭalâṭe (ʿAm).

Bereits im Oktober fallen einige Tropfen, ḫarîf, aber der erste ausgiebige Regen Wasm el-mâl (Ḥn), el-Môsam (Kr), Asʿad ad-ḏâbeḥ (Ṣḫ), aṭ-Ṭrajja (ʿAm) kommt erst im Aǧrad. Sein Wasser schadet den Tieren, mâh ʿala-l-ḥelâl mâ hw zên (Ṣḫ).

Wenn man von Kerak aus den Kanopus, shejl, über dem ruǧm eṣ-Ṣabḫa sieht, so kommt die Regenperiode, es-shejl iḏa ṭlaʿ wṭabb ʿala ruǧm eṣ-ṣabḫa ǧâ eš-šti.

Sobald der Kanopus aufgeht,	Laṭlaʿ es-shejl,
traue keinem Wildbache!	lâ tâmen sejl.

Der zweite und wichtigste Regen ist aṭ-Ṭrajâwi (Ṣḫ, Ḥṭ, Ḥw, Kr), Enǧêdeḥ (Ẓl, Ḥw, Sd), der Plejaden-Regen. Nach den ʿAmârîn fällt er am stärksten in den letzten sieben Tagen des Aǧrad.

Die Ḥêwât singen:

O Heil, wenn das flache Tal vom Enǧêdeḥ-Regen Wasser bringt,	Jâ hani rawḍan min enǧêdeḥ sâl
es wird fruchtbar sein, wenn auch die Steppen öde blieben.	jiḫṣeb law kânat al-brûz emḥâl.

Der dritte Regen heißt al-Ǧôzaʾ, der Orion-Regen. Nach den ʿAmârîn beginnt er in der 25. Nacht des Arbaʿânijje-Monates, nach den Kerakijje ist er am stärksten in den letzten drei Tagen des Kânûn und den ersten vier Tagen des Šbâṭ, die el-Mustaḳriḍât heißen, weil sie den Reisenden zwingen, vom geraden Wege abzulenken, da sie alle Täler zu Wildbächen machen. Deshalb lassen die Kerakijje den Šbâṭ zu seinem Vorgänger, dem Kânûn, sagen:

O Vetter, in deinen drei und meinen vier (Tagen)	Jâ-bn ʿammi ṭalâṭak maʿ arabʿi
lassen wir das alte Weib im Verein mit dem Tale Lärm schlagen (wegen der Wassergefahr).	nuḫalli-l-ʿaǧûz maʿ al-wâdi taḳraʿi.

Doch das alte Weib lacht, nachdem die Gefahr vorüber ist:

Es traf der Šebâṭ ein und wurde alt
und wir lernten an seinem Ende
hundert Pfade kennen.

Fât šebâṭ wšâb šebâṭ
wdasejna bdllo mit miš'âb.

Den vierten Regen nennt man eš-Še'ri (Ẓl, Ḥw, Sd), eš-Še'ra, Syrius-Regen. Nach den Ẓullâm beginnt er in der 18. Nacht des Šbâṭ. Die Ḥanâǵre nennen diesen Regen Wasm el-milâde.

Im Rabî' fällt oft Regen, der es-Smâč, der Spica-Regen heißt.

Wenn der Regen lange Zeit ausbleibt, so bilden die Frauen aus zwei dünnen Stangen ein Kreuz und ziehen darüber ein Frauenhemd. Dann tragen sie diese (Fig. 1), umm el-Ḳejṭ genannte Figur durch das Lager oder durch die Stadt zum Zelte oder Hause des Häuptlinges — aber nicht auf dem kürzesten Wege — und singen dabei bei den Kerakijje:

O Mutter des Regens, beregne uns,
mache feucht den Mantel unseres Hirten,
mache feucht die Pferche der Niederlassung,
lasse ihre Bäche heftig tosen.

Jâ umm el-ṛejṭ ṛiṭîna
billi bšajt râ'îna
billi ḥuǵrat el-meḳ'ed
ḫalli sejâlha jid'eǵ.

O Mutter des Regens, des immerwährenden,
mache feucht unsere schlummernde Saat,
mache feucht die Saat des Vaters der N.,
der sich immer edel benimmt.

Jâ umm el-ṛejṭ jâ dâjem
billi zer'ana-n-nâjem
billi zer' abu flâne
illi lakram dâjem.

O Mutter des Regens, beregne uns,
mache feucht den Haarbüschel unseres Hirten;
unser Hirt ist Ḥasan der Kahle,
er läßt sich weder sättigen, noch zufriedenstellen,
außer mit Wurm, Wurm und Wurm,
sogar der Honig wird von ihm verschmäht.

Jâ umm el-ṛejṭ ṛiṭîna
billi šwêše râ'îna
râ'îna ḥasan el-aḳra'
mâ jišba' wlâ jiḳna'
ṛejr ed-dûd ed-dûd ed-dûd
wel-'asal 'endo mardûd.

O mein Allerhöchster Herr,
habe Mitleid mit den Waisen;
O Herr, besprenge mit leichtem Regen,
damit wir Nahrung zu essen haben.

Jâ rabbi jâ 'aljâni
taḥannen 'ala-l-jitmâni
jâ rabbi rušš rešîše
min šân nôkel 'îše.

O heiliger Elias, wir kommen zu dir,
das Ausströmen des Regens hängt von dir ab,
der Schlüssel des Himmels ist in deiner Hand
und wir sind heute deine Diener.

Jâ mâr eljâs ǵîna-lejk
šaḥab el-maṭar 'âjed lejk
miftâḥ es-sama' fi îdejk
w-eḥna-l-jôm 'abîdejk.

Die Terâbîn:

O Mutter des Regens, beregne uns,	Jâ-mma-l-ṛejt rajtîna
mache feucht den Schnappsack unseres Hirten;	billi šu'ên râ'îna
hebet sie (die Figur), leget sie	šîlenha, ḥoṭṭenha
auf (das Zelt des) N., er soll sie willkommen heißen.	'a-flân juhannîha.

O Mutter des Regens, o Schwangere,	Jâ-mma-l-ṛejt jâ 'wêšîre
deine Täler dröhnen;	wâdîki 'awâsîle
o Mutter des Regens, o Hungrige,	umm al-ṛejt jâ taḳ'a
du hast uns durch Kälte getötet.	ḳataltina fi-s-saḳ'a.

Die Liedchen werden alternativ von zwei Chören gesungen. Wenn die Mädchen zum Zelte des Häuptlinges gelangen, so befestigen sie die umm el-Ḳejt auf dem Vorderstricke und singen:

O N., Vater der N.,	Jâ flân abu flâne
die Mutter des Regens ist müde bei dir eingekehrt,	umm el-ṛejt tittannâk
gib ihr zu essen, laß sie weiterziehen	'aššîha wmaššîha
und beglücke sie aus deiner Rechten.	wahannîha min jimnâk.

Nun bewirtet der Häuptling all die Frauen und sie ziehen nachher auf Kamelen zum nächsten Lager und singen:

Sie setzten uns auf das Kamelchen	Raččebûna el-ḥuwejjer
und entfernten uns eine weite Strecke;	wab'adûna el-mesajjer
die Tränen meiner Augen bilden eine Lache	dmu' 'ajni jâ ṛadejjer
um derentwillen, die sich von mir trennten.	'ala illi fâraḳûni

Sie ließen uns eine alte Kamelin reiten	Raččebûna 'a-l-fâṭer
und entfernten uns auf den Wüstenpfaden,	wab'adû fil-maḳâṭer
die Tränen meiner Augen bilden Wasserleitungen	dmû' 'ajni ḳanâṭer
um derentwillen, die sich von mir trennten.	'ala illi fâraḳûni.

Die Tijâha opfern ein Lamm oder eine junge Ziege mit den Worten:

O Angesicht Gottes, dies gehört der umm el-Ḳejt, jâ wagh illâh hâda lumm-el-ṛejt, und fangen ein wenig Blut in die Hand, bespritzen damit die umm el-Ḳejt und sagen:

Hier ist deine Salbe, hôna binâki.

Fig. 1. Mutter des Regens, umm el-Ḳejt.

Der Regen wird immer von Gewittern begleitet und fällt in großen Mengen auf den ausgedörrten Boden. Da dieser oben eine zementartige Kruste trägt, so kann er das Wasser nicht schnell genug aufsaugen, darum sind die Niederungen im Nu vom Wasser bedeckt. Die Kamele stehen mit dem Kopfe in der Richtung des Regens und zittern, während Hasen, Gazellen und Springmäuse, die sich verspätet haben, auf höhergelegenen Stellen Rettung suchen. Wehe dem Lager, Kamelreiter oder gar Fußgänger, die der Regenstrom in einem tiefen Tale ereilt! Fast in einem jeden größeren Tale hört man von Ertrunkenen erzählen.

Aber auch in den lehmigen Ebenen kann das Regenwasser dem Kamelreiter höchst gefährlich werden. Der aufgeweichte Boden wird schlüpfrig, die Rinnsale füllen sich mit Wasser, und so kann das Kamel, das in seinen weichen Zehen nur wenig Stütze hat, leicht ausgleiten, was, wenn schon nicht seinen Tod, zum wenigsten einen schweren Knochenbruch bedeutet. Deshalb muß man das Kamel anhalten und warten, bis das Wasser abgelaufen und der Boden wieder genügend fest geworden ist.

In gewissen Tälern, wie w. es-Sulṭâni, al-Buṭum, al-Ḳadaf, al-Ǵerâfi, die oft als Lagerplätze benützt werden, kann auch ein weit im Oberlaufe niedergefallener Regen

Unheil anrichten. Oft ist der Himmel ganz klar und auch aus der Ferne ist kein Donnern zu vernehmen; auf einmal aber hört man ein schlangenartiges Zischen, dann ein dumpfes Tosen und plötzlich ist die Ebene mit einer schmutzigen, schäumenden Wassermasse bedeckt, aus welcher die Bäume und Sträucher phantastisch herausragen. Und das viele, viele Kilometer weit! — ein Zeichen, daß weit oben im Gebiete des Wâdi ein Wolkenbruch niedergegangen ist.

Alle diese Regenströme, die nur kurze Zeit andauern, sind für das Leben in jenen Gegenden so ziemlich belanglos. Denn nur der andauernde, ergiebige Regen aṭ-Ṭrajja, Enǵêdeḥ, bedingt den Pflanzenwuchs, er-rabiʿ. Nur dieser füllt die unterirdischen Quellenbehälter, tränkt den Boden und macht dadurch gewisse Niederungen zu fruchtbaren Feldern und verwandelt dürre Ebenen in blühende Steppen. Doch ist in diesen Gebieten sein Eintreffen und seine Fülle so unregelmäßig, daß oft zwei, drei Jahre vergehen, bis er sich einstellt. In solchen Jahren ohne Ṭrajja gibt es keine Weide, und die Folge ist der Hunger. Die ʿAraber ziehen mit ihren Herden in entferntere, glücklichere Gebiete, um daselbst gegen gewisse Abgaben ihre Kamele, Ziegen oder Schafe zu weiden. In solcher Zeit trifft man Stämme, die bei Tejmaʾ zu Hause sind, in den Gebieten von el-Kerak und ʿAraber aus der Gegend von Medâjen Ṣâleḥ an der Grenze Palästinas. Man hört dann überall sprechen: In unseren Gebieten gibt es heuer keinen Rabiʿ.

Nach einem ausgiebigen Ṭrajja-Regen ziehen die Kamelzüchter in die vom Wasser entferntesten Gebiete und tiefstgelegenen Steppen. Auch die Schaf- und Ziegenzüchter entfernen sich mit ihren Herden viele Stunden weit von ihren gewöhnlichen Tränkplätzen. Die saftige Weide nämlich ersetzt viel Wasser und, was man nebstdem braucht, das findet man in einer jeden Vertiefung des Talbettes. Deshalb kommt es oft vor, daß die Winterlagerplätze der Ziegenhirten von den Kamelzüchtern als Sommerlagerplätze bezogen werden. Alle in der Nähe von el-ʿAraba lebenden Stämme treiben ihre besten Pferde-, Kamel- oder Kleinviehherden in diese hinab, so daß ihre Ebenen und Täler von Tieren wimmeln.

Der vierte Regen, eš-šeʿri, ist ebenfalls recht erwünscht, weil er den jungen Pflanzenwuchs erfrischt, der dann die heißen Sonnenstrahlen länger vertragen kann. Nur er ermöglicht das Voll- und Reifwerden des Getreides.

Der Regen hält oft mehrere Tage an und wird recht unangenehm. Bei einer Temperatur von 5—8° C leidet man stark unter der feuchten Kälte, die einem hier viel empfindlicher vorkommt als in Europa. Noch schlimmer wird es, wenn im Hochlande die Temperatur unter Null sinkt und anstatt Regen Schnee fällt. In eš-Šera' soll es alljährlich, in el-Ǧebâl, um el-Kerak und 'Abde herum fast jedes zweite Jahr schneien. Gewöhnlich verschwindet der Schnee bereits nach wenigen Stunden, manchmal aber bleibt er, insbesondere in eš-Šera', zwei bis vier Tage liegen und erschwert, weil er eine Schichte von 30—70 *cm* bildet, das Verlassen der Zelte und das Herbeischaffen des Nötigen. Sonst gilt er aber als Vorzeichen ausgiebiger Weide, weil er den Boden tränkt und dadurch den Pflanzenwuchs stark befördert.

Von allen, 'Arabern wie Fellâḥîn, ist der trockene Frost, el-ǵelîd, gefürchtet, weil er die Pflanzen versengt und Tiere und Menschen krank macht.

Das Ende des Regens wird oft von hellem Regenbogen, ḳows aš-šta' (Sḫ), ḳows ḳadaḥ ('Am), begleitet, welcher der Erde Gnade vom Ertrinken bringt, amân lil-arḍ 'an al-ṛarîḳ.

Wenn es nicht regnet und auch keinen Schnee oder Frost gibt, so herrscht an manchen Tagen das schönste heitere und warme Wetter, nach dem sich der 'Araber herzlichst sehnt; denn sein und seiner Tiere ärgster Feind ist nicht die drückende Hitze, sondern die beißende Kälte. Deshalb sucht in dieser Zeit der Bewohner des Hochlandes für sein Zelt den Schutz einer Felswand, oder er verläßt es ganz, um sich in Höhlen, Grotten oder alten Grabanlagen häuslich einzurichten, denen er in der trockenen Jahreszeit gerne ausweicht.

In der zweiten Hälfte des Rabî' stellt sich die größte Hitze ein; sie ist die Folge des in dieser Zeit herrschenden Šerḳi-Windes oder, nach der Meinung der Einwohner, des Unwillens des Plejaden-Gestirnes, weil es untergehen muß, 'endn ṛejbt et-trajja, und man sagt:

Die Plejaden gehen nicht unter, bis das Gehirn des Viehes vor Hitze verschwindet.

Laṛâbat eṭ-ṭrajja ḥatta-l-ḥelâl jarîb dihno min eš-šôb.

Wenn der Untergang der Plejaden noch später eintreten sollte, so müßte die Welt verbrennen.

Et-ṭrajja law tazell ṛâjibe ćân eḥtaraḳat ed-dinja.

Die Plejaden verschwinden, wann die Aussaat reif wird und gehen auf, wann der Wasserschwall (den Weg) versperrt.

At-trajja trîb 'an zer' jâbes wtiṭla' 'ala ṛamr ḥâbes

In der trockenen Jahreszeit eṣ-Ṣejf findet der 'Araber die Tränke in den wenigen und, mit Ausnahme von en-Nahr, schwer zugänglichen Bächen und in den ebenfalls spärlich vorhandenen Quellen.

Ist das Hervorsprudeln des Wassers deutlich sichtbar, so heißt eine solche Quelle el-ʿajn, sonst aber moje, maʾ, mi.

Ganz kleine Tümpel nennt man Ṭemile, Tamâjel; fließt das Wasser unterirdisch und kommt in seichten Gruben zum Vorschein, so heißt es Ṭamad, die Gruben nennt man Bir, Ḥafîre oder Ḳalîb, wenn sie über 3 *m* tief im steinigen Boden ausgegraben sind und schiefe Wände haben, so daß ein Mann hineinsteigen muß, um den Schöpfeimer zu füllen und denselben hinaufziehen zu helfen. Da man jedoch auch birnförmige Zisternen Bir, Bijâr nennt, so bezeichnet man einen Quellbrunnen mit Bir ʿedd. Eine in Grottenform im Felsen ausgehöhlte Zisterne heißt Harâba.

Sehr lange hält sich das Regenwasser in tiefen, unten breiten und oben schmalen Felsrissen, dagegen trocknet es viel eher aus in den Šeľ-Rissen, Ḳadîr-Vertiefungen und insbesondere in den Ḫarâba-Senkungen, welche in der Sandwüste vorkommen und das Regenwasser aus weiter Umgebung ansammeln.

Alle diese Tränkplätze sind für jene Gebiete von größter Bedeutung und sind so wenig zahlreich, daß der echte Bdûi wie sein Kamel den Durst zu ertragen lernen muß. Man trinkt eben nicht, wann man Durst hat, sondern wann man etwas zu trinken hat.

Wie der Wassermangel, so zwingt die ganze Natur von Arabia Petraea den Menschen „sich zu gedulden“ und man hört auch kein Wort so oft wie oṣbor = gedulde dich. Ist es heiß, so gedulde dich, es wird schon kühler werden; frierst du, oṣbor, es wird bald die Sonne brennen; willst du rascher aufbrechen, wieder oṣbor, bis die Kamele geweidet haben; willst du in einer Ruine länger arbeiten, oṣbor, so gedulde dich, diesmal geht es nicht, es ist kein Wasser und keine Weide in der Nähe usw., usw.

Pflanzenleben.

Das Pflanzenleben ist infolge der klimatischen Zustände sehr arm. Rasenflächen von größerem Umfange habe ich dort nirgends gesehen. Nur ganz schmale Streifen umgeben die allernächste Nähe der Quellen und Bäche, freilich auch nur dann, wenn der Boden nicht felsig ist. Nach ausgiebigem Plejaden-Regen zeigt sich aber überall, wo der Boden nicht aus Kalk oder einem anderen festen Felsen besteht, tiefgrüner Pflanzenwuchs, welcher auf den fruchtbaren Kûra-, Nuḳra-, Ḥadde- oder Ḳâʿ-Ebenen begrenzte vielfarbige Teppiche bildet. In den Küstengebieten sind insbesondere die Iris und Anemonen zahlreich.

Auf den Ḥammâde- oder Ḥamde-Flächen sieht man lange, schmale, grüne Streifen. Es sind dies die seichten Niederungen, in denen sich das Regenwasser länger aufhalten und den hier angeschwemmten Humus tiefer tränken konnte. Öfters sieht man selbst in der Ḥarra kleine Inseln von grünenden Pflanzen, die sich von der nackten, schwarzen oder dunkelgrauen Umgebung malerisch abheben.

Kommt kein Šeʿraʾ-Regen, ist er nur kurz, oder ist der Šerḳi-Wind zu heiß, so gehen die meisten Blumen ein, ohne Samen entwickelt zu haben. Und wenn auch ein ausgiebiger Šeʿraʾ-Regen ihnen das Leben verlängert, so müssen sie dennoch unter den glühenden Strahlen der Maisonne sterben. Nur wenige Pflanzen können sich erhalten und bewahren, durch Tau erfrischt, ihr graues Grün auch in der trockenen Jahreszeit. Diese wie ihre dürren Schwestern bilden dann die Weide.

An den Ufern der Flußbetten großer Wâdi wachsen verschiedene, meist stachelige Büsche und Sträucher, in denen sich kleine Hasen, Wüstenhühner und etliche Vogelarten aufhalten. Am häufigsten begegnet man verschiedenen Arten des ʿAwseġi, dann einer Art stacheligen Strauches mit grauen, filzigen Blättern und roten, eßbaren, süßlichen Beeren, ferner Ratam und Ṭarfaʾ. In der ʿAraba bildet ein Strauch namens Ṛaḍaʾ auf manchen Sandflächen ganze Haine. Er wird 4—5 *m* hoch und behält selbst in der heißesten Jahreszeit das frische Grün des jungen Frühlings. An seinen langen, biegsamen Zweigen finden die Kamele gute Weide, bekommen aber davon Durchfall. Trocken ist das Holz dieses Strauches ganz weiß, brennt sehr gut und macht fast gar keinen Rauch. Weil seine Kohle die Glut lange Zeit behält, so verwendet man es gerne zum Brotbacken. Auf der Hochebene wie in den Küstengebieten habe ich Ṛaḍaʾ nirgends gefunden.

Die ständigen Wasserläufe des östlichen Teiles sind von dichtem und hohem Oleandergebüsch eingefaßt, welches das ganze Jahr hindurch mit unzähligen rosaroten oder weißen Blüten bedeckt von oben gesehen einen wunderschönen Anblick gewährt.

Eigentlich dichte Wälder traf ich nur an den westlichen Abhängen des Gebirges, welches die ʿAraba gegen Osten abgrenzt. In höheren Lagen bestehen diese Wälder aus starken Ballûṭ-Eichen mit dichtem Unterholz. Ihre Eicheln werden nach dem ersten Regen gesammelt und gegessen. In tieferen Lagen sind es schlanke ʿArʿar oder Lizâb, die unserem Wacholder oder Thuja ähnlich sind und der Landschaft ein düsteres Aussehen verleihen. Östlich vom Toten Meere habe ich ʿArʿar nicht gesehen.

Für das Küstengebiet wie für die 'Araba sind charakteristisch die verschiedenen Arten von Akazien, die in der 'Araba, insbesondere in den steinigen Seitentälern des w. el-Ǵerâfi, ganze Gruppen bilden. Am merkwürdigsten erscheinen die Sommar-Akazien, deren Kronen einem ausgespannten, nach oben gekehrten Regenschirme gleichen. Ihre kurzen, stacheligen Äste tragen selbst im Herbst noch kleine, schmale, graue Blätter und bilden die Unterlage für eine Schmarotzerpflanze, deren grünliche Zweige mit tiefgrünen Blättern und dunkelroten Blüten die flache Krone des Baumes überragen.

Feigenbäume findet man bei jedem Dorfe.

Die ersten Feigen sind groß, fadsüß, und heißen Ḏajfûr.

Die Bastardfeigen heißen Nafal, Nuffejl, sind im Innern weiß und ohne Geschmack.

Die kleinen Feigen, die hinter den Blättern bleiben und bald abfallen, werden Suḳḳêṭ genannt.

Die guten Feigen, tîn, werden auf doppelte Art getrocknet: man reinigt ein Stück Boden, schüttet darauf die reifen Feigen und läßt sie an der Sonne, bis kein Fleck mehr grün ist; diese heißen Tîn zebâli; oder man zerreißt die Feigen in zwei oder drei zusammenhaltende Stücke, ḳšûr, und legt sie auf trockene Pfeffermünze; diese nennt man Ḳuṭṭên.

Feigen, welche der Kanopus-Stern gesehen hat, welche also bis über den ersten Regen am Baume bleiben, haben keinen Geschmack, et-tin es-shejlâwi mâ lo ṭa'am.

Im Tale von el-Kerak stehen einige Ölbäume, oben in der Stadt gibt es ebenfalls zwei. Zahlreich sind sie bei Kufrabba, Ḫanzîra und den übrigen südlichen Ansiedlungen. Die Olivenernte ist im Oktober. Man sammelt die Früchte und läßt sie zuerst auf einem Haufen liegen, dann klopft man sie mit einem Steine oder walzt sie auf einem glatten Felsen. Nachher wirft man sie in siedendes Wasser und schöpft das Öl mit der Hand ab. Dieses Öl heißt Ṭfâḥ. In aṭ-Ṭafîle werden die Oliven auf einer großen, al-Bedd genannten Handmühle zerquetscht und dann ebenfalls in heißes Wasser geworfen.

Palmengebüsch und auch hohe Palmenbäume findet man in der Küstenzone wie in el-'Araba fast an allen ständigen Wasserstellen. Auf dem Hochlande kommen sie spärlicher vor. Schöne Haine der Dattelpalme sieht man bei ed-Dejr, el-'Ariš und al-'Aḳaba.

Der eigentliche Baum des Hochlandes ist der Buṭum, Terebinthe, unter dessen mächtiger Krone man gerne im Schatten ruht. Seine erbsengroßen Beeren, ḳḏâma, werden, wenn sie rot und reif sind, gesammelt und gegessen.

Die westlichen, dem feuchten Westwinde ausgesetzten Berglehnen des Ost- und Westgebirges könnten leicht bewaldet werden; allein weder Mensch noch Tier lassen es zu. Die Tiere und insbesondere die Ziegen weiden die jungen Schößlinge ab und den Rest verzehrt das Feuer. Um nämlich reichlichere Weide zu haben, zündet man im Spätsommer die dürren Pflanzen an, woraus ein Brand entsteht, der ausgedehnte Flächen versengt und die meisten Bäumchen entweder vernichtet oder arg beschädigt.

In den Jahren 1896 und 1897 habe ich über 500 Pflanzen gesammelt, getrocknet, mit arabischen Namen und mit Ort- und Zeitangabe versehen nach Österreich zur Bestimmung geschickt; sie sind jedoch niemals angekommen.

Was ich hier wiedergebe, sind nur die in den einzelnen Zonen am häufigsten vorkommenden Pflanzen, wie sie mir die Einwohner benannt haben.

In der Küstenzone zählt man zu den Ašğâr:

Eṯmâm,	Rummân,	Ṣirr,	Ḳaḍḍâb,
Òrbêt,	Rôṭ,	Ṭarfa',	Ḳaṭaf,
Tin,	Za'tar,	Ṭajjûn,	Koḥli,
Ǧummejz,	Zejtûn,	'Âḏer,	Littêne,
Ḫalfi,	Sidr,	'Ağram,	Meṭnân,
Ḫarrûb,	Sejâl,	'Arḍa',	Nateš,
Ḫôḫ,	Šebreḳ,	'Awseğ,	Naḫl,
Dwâli,	Šômar,	Ḳâr,	Janbût.
Ratam,	Šîḫ,	Fatrûḥ,	
Ru'ejli,	Ṣabr,	Ḳaṣba',	

Pflanzen der 'Araba.

Rimṯ	Ḳaḍḍîm	Ḳaṭaf	Talḥ
Ṭarfa'	Ḫašîr	Ḥeğîne	'Arḳad
Ḳaḍa'	Namaṣ	'Awseğ	Arbejjân
Ṯmâm	Naḫl	Sejâl	Ḥandaḳûḳ
Firs	Ratam	Ḳurâb	Rorl
Arṭa	'Aṣla	Sidr	Silla
Ḳerḍ	Ḥalfa	Sommar	

Einige Pflanzen des Hochlandes:

Semḫ
Ḥamṣîṣ
Ḫejṣâbân
Ḫemḫem
Dabwa
el-Ḳar'
Šômar
Drehême
Ḥwejre
Ḫardal
Ḫabaḳ
Ṣarêm ḳaṭṭ
Šaḫḫûm
Ḳa'fîr
Ḍibbaḫ
el-Kibse
Ḫarfaḳ
Emša'
Rîḫlan
eš-Šaǧera
Ḫwerre
Čarfes
Murâr
Ḫurfejš
Ḳrûn brejd
Eǧlibbâne
Ḳrûne
E'rêf ed-dîk
Bzêze baḳar
'Aṭrofân
Čahmûm
Ṭaršût
Bṣejle
Ḳarrâṭ
Ḫamejḍ
Ṭummejr
al-Čamân
Faṭar
Fejlaṛân
Ǧa'de
Ḫubejz
Ḳaṭaf
Erkêbe
Baša'
Šîḫ
Rḳôṭa'a
Fête
Kama'

Tierleben.

Man reist oft viele Stunden lang, ohne ein einziges Tier zu Gesicht zu bekommen. Insbesondere die Ḥamde- und Ḥarra-Flächen sind sehr arm an lebenden Wesen. Je näher jedoch die Weide- und Tränkplätze liegen und je reicher sie sind, desto zahlreicher werden die Tiere.

Von den Raubtieren ist es der Panther, en-nimr, der in den Schluchten des Ost- und Westgebirges der 'Araba haust, wo er Menschen wie Tiere bedroht. In den bewaldeten Teilen von eš-Šera' und el-Ǧebâl kommt die Wildkatze, el-ḳoṭṭ, sehr zahlreich vor. Sie ist dem Menschen nicht gefährlich, dafür aber umso mehr den jungen Ziegen und Lämmern. Die Hyäne findet sich im ganzen Gebiete. Sehr gerne hält sie sich in alten Gräbern auf, wo man sich vor ihr in acht nehmen muß. Am Tage ist sie sehr scheu und auch nachts greift sie nicht an. Nur verwundete Krieger, verlaufene Schafe und Ziegen haben sie zu fürchten. Leichname verschont sie nie. Von weitem schon spürt sie jeden Neubegrabenen auf und trachtet zu ihm zu gelangen. Darum sucht sie die Steine, die den Toten bedecken, wegzuschieben und geht dies nicht, so gräbt sie sich ein Loch, durch das sie entweder den ganzen Körper oder wenigstens einzelne Glieder herauszuziehen und zu benagen trachtet. Da kann man oft Unheimliches sehen: zerscharrte Gräber, abgenagte Füße und Hände, die zwischen den Steinen herausragen und darüber flatternde, zerfetzte Leichenkleider. In Mâdaba begrub man abends das einzige Söhnchen einer jungen Mutter. Mit Sonnenaufgang ging diese zum Grabe ihres Lieblings. Als sie lange ausblieb, ging man ihr nach und fand sie ohnmächtig, den abgenagten Schädel ihres Kindes umklammernd. Eine Hyäne hatte das Grab erbrochen —

Der Wolf zeigt sich ebenfalls im ganzen Gebiete. Im Jahre 1900 habe ich ein schönes Exemplar bei sejl el-Wâle geschossen. Er muß hier recht feig sein, denn ich habe nie gehört, daß er jemand am Tage angegriffen hätte.

Das verhaßteste Tier ist der Schakal, der zudringlich und feig zugleich ist. Nachts umkreist er in Schwärmen die Lager, Dörfer oder Hürden und wehe jedem kranken Stück Vieh, das etwa abseits liegen geblieben. Selbst die Eingeweide der geschlachteten Tiere macht der Schakal den Lagerhunden streitig, flieht aber sofort, wenn er eines Menschen ansichtig wird. Wenn Hyänen oder Wölfe des Nachts, oder am Tage die großen Aasgeier sich um ein Gastmahl versammeln, so ziehen sich die Schakale ehrerbietig zurück, bilden einen Kreis und heulen ohne Aufhören. Ihr Geheul drückt der Eingeborene durch den onomatopoetischen Namen Wâwi ziemlich getreu aus. Wenn man den Schakalen aus der Ferne zuhört, so meint man oft, halbwüchsige Knaben weinen zu hören. Gesellen sich dazu noch die Hyänen mit ihren heiseren, kurz ausgestoßenen Gurgeltönen, und die Wölfe mit ihrem Gekläff, so entsteht eine Musik, welche die Nerven gar arg mitnimmt.

In den Eichenwäldern, der ganzen ʿAraba und in mehreren Gebieten des Hochlandes kommt das Wildschwein, ḥalûf, ziemlich häufig vor. Es richtet insbesondere auf den Dura-Feldern großen Schaden an, weshalb es eifrig verfolgt wird.

In den Ḳâʿ- oder Kûra-Ebenen stößt man häufig auf starke Rudel von Gazellen. Insbesonders zahlreich sind sie in der nächsten Umgebung der ʿAraba und von el-Mšatta.

Antilopen, baḳar al-maha', kommen nur in den östlichen Ebenen vor; alljährlich werden einige geschossen oder gefangen.

Die Sandebenen belebt die Springmaus, jarbû', ǧarbûʿ. Sie lebt in langen Gängen, die sie sich gräbt und die auf der Oberfläche bemerkbar sind. Die Araber treten diese Gänge ein, wobei sie das Tier erjagen oder es hinaustreiben und es dann mit einem Stocke oder Steine erschlagen, um es zu braten.

Der kleine graue Wüstenhase, arnab, duckt sich unter die niedrigen Wüstenpflanzen, und da sein Fell fast genau so gefärbt ist wie der Boden, so schreitet man oft über ihn hinweg, ohne ihn zu bemerken.

In den Felsen des östlichen und westlichen 'Araba-Gebirges hält sich der Steinbock, beden, in ziemlich zahlreichen Rudeln auf. Selbst auf 'Arâjif en-Nâḳa habe ich ein Rudel von sieben Stück gesehen. Es sollen da zwei Arten von Beden vorkommen, die sich durch Größe und Form des Gehörns voneinander unterscheiden.

Von Raubvögeln findet man in den westlichen Gebieten den in Ägypten häufigen Geier. Überall kommt der Raḫama vor, den man schont und nur sehr selten schießt. Nach der Meinung der Rešâjde soll sein Fleisch gute Medizin gegen den Biß von tollen Hunden sein.

Der Wüstenrabe, el-ġurâb, kommt insbesonders im Keraker Gebiete sehr häufig vor. Von den Kamelzüchtern wird er gerne gesehen, weil er den Kamelen das Ungeziefer abpickt. Es ist recht komisch anzusehen, wie vorsichtig sich die Kamele benehmen, um die auf ihrem Höcker und Rücken arbeitenden Raben nicht zu verscheuchen.

In den östlichen Ebenen trifft man auch den Strauß an. Er heißt bei den Ṣḫûr an-Na'âme, ar-Rîl, ar-Rabda, aẓ-Ẓlîm, al-Muḏallel. Er kommt zwar sehr oft vor, wird aber nicht gezüchtet. Höchstens läßt man die jungen kleinen Strauße, die man etwa fängt, im Lager, bis sie ausgewachsen sind; dann werden sie entweder verkauft oder verschenkt oder verspeist. Die Eier sind sehr gesucht, und man findet deren bis 19 in einem Neste. Weil der Strauß schneller ist als das Pferd, so wird keine Hetzjagd auf ihn unternommen. Er ist sehr scheu; aber wenn er in eine Kamelherde hineingerät, läßt er den Hirten an sich herankommen, ohne zu fliehen, was ich selbst gesehen habe. Von den Arabern wird er sehr gerne mit dem Kamele verglichen.

Auf dem Hochlande sind die Ḥaǵal- und Šunnâr-Vögel recht zahlreich. Die meisten davon sah ich in den höhergelegenen Tälern in der Umgebung von el-'Araba. Unten aber in der 'Araba selbst traf ich keinen einzigen. Dasselbe gilt auch von den Ḳaṭa'-Vögeln, welche die Tränkplätze in großen Schwärmen aufsuchen. Gleich beim ersten Sonnenstrahl hört man ihren kurz ausgestossenen Ḳaṭa'-Ḳaṭa'-Ruf und sieht sie in dichten Schwärmen die Tränkplätze umkreisen. Haben sie sich überzeugt, daß niemand da ist, so läßt sich der Schwarm an der Quelle nieder. Einige Vögel scheinen Wache zu halten, während die übrigen trinken. Sobald einer von den Wächtern den kurzen Ḳaṭa'-Ruf erschallen läßt, erhebt sich der ganze Schwarm und fliegt mit scharfem, hörbarem Flügelschlage

2*

auf und davon. Nur an den Tränkplätzen, die in verlassenen Gebieten liegen, halten sie sich länger auf und baden daselbst. Erblickt man im Wasser viele Federn, so weiß man, daß in der Nähe kein Lager zu finden ist. Hier fühlt man sich aber nicht sicher, weil Räuber und Aufklärer solche Orte mit Vorliebe aufsuchen.

Nach den Ḳaṭa'-Vögeln erscheinen am Wasser die Tauben, die täglich zweimal, und zwar nach Sonnenaufgang und vor Sonnenuntergang, ihren Durst stillen, während die Šananîr zu Mittag beim Wasser erscheinen.

Die Singvögel sind nur spärlich vertreten. Einer von ihnen ruft dem Fellâḥ zu:

Mähe und schaffe auf die Tenne, oḥṣod woǵrod; ein anderer: O meine Kindlein! O meine Kindlein! jâ wlêdâti, jâ wlêdâti, und sein Genosse antwortet: Ich habe sie verfehlt und nicht mehr gefunden, ḫaṭejtom mâ laḳejtom.

Der Sperling hält sich bei allen Dörfern und Tennen auf; in der eigentlichen Wüste jedoch habe ich ihn nicht gesehen. Nach der Meinung der Einheimischen geht er nicht einmal so weit hinaus wie der Floh.

Die Königin der Flöhe soll den Sommer nur in el-Belḳa', den Winter aber in Damaskus zubringen; und wahrlich, nirgends habe ich so viele Flöhe gefunden wie in el-Belḳa' und besonders in Mâdaba. Im Zimmer, in dem ich wohnte, pflegte ich täglich von meinen Kleidern 100—150 Stück in mein Waschgefäß abzustreifen. Bevor man sich daran gewöhnt, kann man nachts nicht schlafen, es scheint, als ob diese Reiter jeden Augenblick den ganzen Körper wie jedes einzelne Glied in eine neue Lage bringen müßten. Nach etlichen schlaflosen Nächten findet man sich auch mit dieser Plage ab. Bleibt man von 10—12 Uhr ruhig liegen, so daß sich alle Hungrigen sättigen können, so kann man dann einschlafen.

Wenn man das Kamel besteigt und die Wüste betritt, so verlieren sich bereits am ersten Tage fast alle Flöhe, um den Fußgängern, den Läusen, Platz zu machen. Diese sind weniger lästig, weil sie ihre Hauptarbeit nicht auf die ersten Stunden der Nacht verlegen, sondern fast den ganzen Tag ruhig arbeiten. Nur nach Sonnenaufgang gönnen sie sich ein Schläfchen. Darum wiederholt sich täglich um diese Zeit dasselbe Schauspiel: alle Kamelreiter verstummen, lesen am Nacken, an der Brust, an den Hüften ... was sie vorfinden und werfen es vom ruhigschreitenden Kamele in die öde Wüste hinab. Der Besitz dieser

Tierchen gilt dem Bdûi nicht für schimpflich. Oft näherte sich mir ein ernster stolzer Häuptling, um mich zu grüßen, und auf seiner Wange saßen zwei bis drei solche Tierchen; und eben diese Wange drückte er auf meine Wange, küßte mich und ich küßte ihn. Und beim Essen! Wie oft sieht man da allerlei und muß mitessen!

Fische essen die Küstenbewohner sehr gern, die Kamelzüchter aber verabscheuen sie. Im Jahre 1898 hatte ich zwei Büchsen mit Sardellen mitgenommen; als ich sie essen wollte, wandten sich meine Begleiter, Ṣḫûr, ab und waren nicht zu bewegen, auch nur zu kosten. Ländlich sittlich! Sie essen Heuschrecken, Schlangen, Eidechsen, Springmäuse, die in ihren Gebieten vorkommen, Fische aber haben die meisten von ihnen nie gesehen und mögen sie auch nicht. In Mâdaba dagegen wie auch in el-Kerak ißt man Fische, und zwar gelten die von el-Ḥsa (Ḳerâḥi) und dem Kerak-Bache für schmackhafter als die von sejl el-Môǵib. Man verkauft ein Roṭol um eine Krone.

Die Heuschrecken bilden eine große Plage in jenen Gebieten. Fast jedes zweite Jahr vernichten sie einen Teil der Saat. Solange sie Auswahl haben, fressen sie nur die Ährenansätze und die zartesten Blätter, später aber oder in Gebieten, wo kein Getreide vorkommt, zernagen sie alles, was nicht ganz dürr oder verholzt ist. Die Bauern mit ihren Frauen und Kindern bilden dann lange Reihen, streifen mit ihren Kleidern die Heuschrecken vom Getreide ab und treiben sie ins Feuer.

Bienen gibt es insbesonders in eš-Šera'. Sie sind kleiner als die unseren und stechen auch nicht so stark. Der Honig wird nach Ma'ân oder Ṛazze transportiert.

Schlangen gibt es überall, am zahlreichsten sind sie in alten Ruinen; dafür aber finden sie sich in der eigentlichen Wüste nur selten. Am meisten wird die Hornviper gefürchtet, weil sie das Kamel oder das Pferd beim Weiden in die Lippen oder die Zunge sticht; der Biß ist tödlich.

Im allgemeinen notierte ich folgende Tiere:

Ḏîb Wolf, Ḏab' Hyäne, Ḥoṣejni Fuchs, Wâwi Schakal, Ke'êb („größer als Schakal“), Nîṣ Stachelschwein, Ṛazâl Gazelle, Arnab Hase, Ḳunfed Igel, Tell eḫlond Maulwurf, Ǵarbû' (wohl Jarbû') Springmaus, Fâr Maus, 'Arsa („größer als Maus“).

Vögel, aṭ-ṭujûr: Saḳr Falke, Nisr Adler, 'Aḳâb, Eḫdejje, Ṛurâb, Raḫam, Beǵ'e, Rahwa, Wazz, Baṭṭ, Ḳurejri, Murra, Ḳamar, abu-l-Ḥaḍar, 'Obêd abu murra, Zarzûr, 'Aṣfûr Sperling, Tôḳi, Zer'i, Fissi, Ḳêrwân aŝhab, Ḳaṭa, Ḳêrwân aswad, Ḥbejra, Raṭṭâs, Ǵemmâr, Ḥamâm barri, Šarḳûḳ, Dwêri, Ṭaḳṭîḳ, Ḥomri, Arbâdi, Bûma.

'Aḳrab Skorpion, Ḥajje Schlange, Ḥaniš oder Hâm schwarze Schlange, 'Ankabût Spinne, Ḥarbi („kurzes Tierchen auf Bäumen“), 'Arabâje, Melîḥe, Ḥukrûṣ, Rôṭ, Brejr, Ǵu'al, Ḥunfisân, Farrâše Motte, Niml Ameise, Ǵerâd Heuschrecke, Ǵindib kleine, zirpende, bunte Heuschrecke, Ǵuḥdem desgleichen, Ammu ǵnejḥ aṭ-ṭarma' Hornviper.

In der 'Araba leben: Ḳazâl, Arnab, Ḥṣêni, Ǵarbû', Ḍab', Dîb, Nimr, Beden, Ḥalûf, Ǵessâs = Semteḥ, Ḳoṭṭ, Fâr, al-Laf'i = al-Hâm, ad-Dûde = el-Ḥaje, al-'Aḳrab, Šabaṭ, 'Ankabût, Ḥamâm, Ḥaǵal, Šenânîr, Mar'a, Ḳurejri, Ḳurâb, Raḫam, 'Aḳâb, Zrê'i.

In dem Berglande: el-Ḳunfed oder abu-š-Šôk Igel, en-Niṣ im w. beni Ḥammâd, el-Wabr Klippschliefer, Beden, Ḳazal Gazelle, Ḥemri rote Gazelle, Ẓabi weiße Gazelle, el-Waḥš Wolf, el-Labwa, el-Ḥoṣejni Fuchs, en-Nimr, el-Ḫanzîr, eḍ-Ḍab', el-Errejre, größer als Hase, eš-Šenânîr, el-Ḥamâm, el-'Aḳâb, el-Eḥdejje, Ḳurḳuz, ed-Dwên, el-Leǵa' („ein stinkender Wurm“), Zaḥḥâf junge Heuschrecke, Ḳiḳ halb erwachsene Heuschrecke, Ṭajjâr fliegende Heuschrecke, Samman desgleichen.

Einwohner.

Die Einwohner von Arabia Petraea leben teils in beweglichen Zelten, teils in gebauten Häusern. Die ersteren heißen Araber, al-'Arab, die letzteren Fellâḥîn oder Ḥaḍrân. Bei ethnologischen Arbeiten hört man in Mâdaba oder in el-Kerak jeden Augenblick: Bei uns, bei den Fellâḥîn, 'endana 'enda-l-fellâḥ, ist es so und so, bei den Arabern aber, enda-l-'arab, ist es anders. In der Wüste fragt man: Wo lagern die Araber?

Ein Bewohner der Wüste nennt sich immer ibn 'Arab und weiß für den Ansässigen keinen anderen Namen als Fellâḥ oder Ḥaḍari. Den Namen Bdúi hört man sehr selten aus dem Munde des Sohnes der Wüste. Es scheint etwas Demütigendes darin enthalten zu sein; denn die Bewohner der Dörfer oder Städte sagen hochfahrend: Was will denn dieser Bdúi? Hie und da heißen auch die eigentlichen Bewohner der Wüste: Leute des Ostens, ahâli eš-šerḳ; die Östlichen, eš-šerḳijje, im Gegensatze zu den Ahâli el-ġarb, womit im Munde des arabischen Beduinen die Ansässigen, aber auch die ägyptischen Beduinen gemeint sein können.

Die Beduinen teilen sich in zwei Gruppen: die eigentlichen Araber, die Kamelzüchter, und die Halb-Araber, die Ziegenzüchter, el-Ma'âze, wie diese spottweise genannt werden.

Die Kamelzüchter sind der Adel der Wüste; sie sind die echten Vertreter des Arabertums, da ihnen das Kamel eine viel größere Bewegungsfreiheit gestattet als die Ziegen oder Schafe den Ma'âze. Das Kleinvieh muß nämlich jeden oder wenigstens jeden zweiten Tag zur Tränke getrieben werden, beansprucht eine ausgiebigere Weide und gestattet den Hirten nicht, nach Bedarf den Ort sofort zu wechseln. Weil sich die Ma'âze nicht leicht bewegen können und verhältnismäßig fruchtbare und besser bewässerte Gebiete innehaben, so finden sie leichter Gelegenheit, hie und dort ein Stück Boden anzubauen und ihn mit Gerste, Weizen, Ḏura oder Tabak zu besäen. Sie bilden somit eine Übergangsstufe zu den in Zelten wohnenden Bauern, den Halb-Fellâḥîn. Diese bebauen jährlich gewisse Feldstücke, halten auch Rindvieh und bleiben das ganze Jahr hindurch in dem kleinen, fest abgegrenzten Gebiete, das sie ihr eigen nennen und unter sich geteilt haben. Darum sind sie immer bereit, das Zelt mit einem Haus zu vertauschen, und sie tun es auch, wenn die Regierung ihnen hinreichenden Schutz gewährt.

Die eigentlichen Bauern, zu denen man in jenen Gebieten auch die Städter rechnen kann, besitzen feste Wohnsitze, die ihnen als Kornkammern dienen, und in denen sie einige Monate zubringen, wenn sie auch zur Zeit der Aussaat und der Ernte in Zelten wohnen.

Alle aber, Fellâḥîn wie Ma'âze, hängen von dem echten Araber, dem Kamelzüchter, ab, dem sie, solange keine kräftige Regierung da ist, Abgaben, ḫâwa, liefern müssen, damit er sie nicht ausraube und auch nicht ausrauben lasse. Oft nimmt der Kamelzüchter die fruchtbarsten Felder für sich in Beschlag, die dann der Bauer für ihn bebauen muß. Zur Erntezeit erscheint der Araber, lagert sich mit seinen Tieren in der Nähe und überwacht die Dreschtennen, um seinen Teil sofort in Empfang zu nehmen. Ist die Regierung ohnmächtig, und verweigern die Bauern oder Ma'âze ihre Ḫâwa-Abgaben, so überfällt er ihre Tennen oder Herden und nimmt sich, was ihm beliebt. Oder aber er kommt mit seinen Herden, schlägt bei oder auf den Feldern sein Lager auf und in wenigen Tagen weiden die Kamele den schönsten Weizen, die beste Gerste, die üppigste Ḏura ab, und der Fellâḥ ist ruiniert. Wenn sie dann noch aus seinen Zisternen tränken, so muß der Arme sein Dorf und seine Felder verlassen, will er nicht vor Durst sterben.

Auf diese Art zwingen die Kamelzüchter die Bauern, ihnen zu weichen, ohne die Dörfer zu zerstören, und nur dort, wo der Kamelzüchter mit seinen Herden nicht hinkommt, in wasserführenden Gebirgsgegenden, kann sich der Bauer halten. Und selbst wenn die Regierung stark ist, muß sie äußerst vernünftig und politisch vorgehen, will sie dauernden Erfolg erzielen. Den Fellâḥ, Halb-Fellâḥ und Kleinviehzüchter kann sie leicht unterjochen, der Araber aber, der Kamelzüchter, läßt sich nicht durch Gewalt zum Gehorsam bringen. Denn sobald die Regierung eine größere Truppenmacht aufbietet, verschwindet er samt seinen Zelten und Kamelherden, die selbst in der heißesten Jahreszeit vier, fünf und im Notfalle noch mehr Tage ohne Wasser bleiben können und sich mit karger Weide zufriedengeben. Soll ihn die Regierung verfolgen und ihre Truppen der Gefahr des Verschmachtens aussetzen? Der Kamelzüchter flieht immer tiefer in die Wüste hinein und macht das Wasser der ohnehin recht spärlich vorhandenen Tränkplätze für einige Tage dadurch unbrauchbar, daß er Pech, und was noch einfacher ist, einige Kamelladungen Heuschrecken hineinwirft.

Dieser seiner Macht ist sich der Kamelzüchter wohl bewußt, darum hat er keine allzugroße Achtung vor der Regierung der Ansässigen und bereitet ihr bei jeder Gelegenheit Schwierigkeiten. Er ist stolz, ernst, verschlossen und ein wahrer Meister der Selbstbeherrschung. Fremden gegenüber ist er scheu, mißtrauisch und gibt sich alle Mühe, sie zu belügen oder wenigstens zu täuschen. Gelingt es aber, sich sein Vertrauen zu erwerben, dann ist er aufrichtig, und man kann auf jedes seiner Worte fest bauen. Ist er in der Stadt, oder zeigt man ihm etwas, was er noch nicht gesehen hat, so durchbricht seinen Ernst eine oft kindliche Naivität, weshalb er von den Städtern nicht selten zum besten gehalten, verspottet und auch betrogen wird.

Die Gesetze der Wüste, besonders was Gastfreundschaft, Schutz oder Rache anbelangt, achtet er sehr hoch und wird lieber zugrundegehen, als sie verletzen. Er liebt seine Frau, seine Kinder, seine Blutsverwandten, seine Freunde und die Freunde seines Stammes, dafür aber haßt er seine Feinde, die für ihn zugleich Feinde seiner Blutsverwandten sind. Eine Beleidigung, oder was in der Wüste dafür gilt, straft er mit Blut, und wehe dem, der ihn daran hindern wollte! Für Erlaubt und Unerlaubt hat er seine eigenen Begriffe. Einen Fremden, der ohne Bewilligung seines Häuptlings sein Gebiet betreten und sich unter niemandes Schutz gestellt, zu überfallen und auszurauben, hält er für erlaubt.

Geistig ist er gewöhnlich sehr gut veranlagt und begreift in wenigen Minuten, was man ihm erklärt. Was Speise anbelangt, ist er sehr genügsam und erträgt leicht Durst wie Hunger, da er sich ohnehin nur selten sattessen oder sattrinken kann.

Von Statur ist der Araber mittelgroß, eher kleiner als größer, mager, mit braunen, scharf ausgeprägten Gesichtszügen, schöner Nase, spitzigem Kinn und muskulösen Gliedern. Die Frau ist ausnahmslos schlank, von angenehmen Gesichtszügen und einer edlen Haltung des Körpers.

Der Fellâḥ hat von allen diesen Eigenschaften etwas; allein dieses Etwas ist mit einer Verschlagenheit gepaart, wie man sie bei uns nur sehr selten findet. Eigennützig im höchsten Grade, fabelt er dem Fremden alles Mögliche vor, verspricht ihm den Himmel, wenn er auch weiß, daß er sein Wort nicht halten wird oder nicht halten kann. Er ist ein geborener Intrigant, der, wenn er etwas für sich zu gewinnen glaubt, die ganze Welt aufhetzt und entzweit. Seine Verschmitztheit spiegelt sich auch in seinen Gesichtszügen, die runder und voller sind als beim Araber. Auch heuchelt er gern religiöse Überzeugung, hat jedoch gewöhnlich nie so tiefen religiösen Sinn wie der Araber, der nur sehr, sehr selten von Religion spricht.

Alle Einwohner, sowohl Nomaden als Ansässige, teilen sich in Stämme.

Die großen arabischen Stammverbände bestehen fast immer aus zahlreichen Stämmen, welche meist verschiedenen Ursprunges sind. Solche Stämme, die zwar einen gemeinschaftlichen Namen haben, ihren Ursprung aber von verschiedenen Ahnherren ableiten, heißen al-Ḳabîle oder al-Bedîde. Kleinere Stämme (Clan), die, aus mehreren Geschlechtern zusammengesetzt, einen gemeinschaftlichen Ursprung haben, also von einem und demselben Ahnherrn abstammen, heißen al-ʿAŝîre oder al-Ḥamûle. Unter den Ansässigen teilen sich die Bewohner einer Ortschaft, wenn sie verschiedenen Ursprunges sind, in verschiedene Ḥamâjel, denn Ḥamûle bezeichnet auch bei ihnen alle Individuen, welche ihren Ursprung von demselben Ahnherrn ableiten oder wenigstens in sein Geschlecht adoptiert worden sind.

Die Ansässigen teilen die Ḥamûle in mehrere Familienhäuser, Sippen, ein, die Finde, fined, heißen. Bei den Beduinen wird öfters der Unterschied zwischen Finde und Ḥamûle nicht genau genommen. So hört man die Frage: Aus welcher Finde stammst du, ent min ajja finde? und gleich darauf: Und aus welcher Ḥamûle stammst du, w ent min ajja ḥamûle?

Die Grundlage eines jeden Stammes bildet die Familie, ʿajle, und die Blutsverwandtschaft. Die Bande des Blutes sind die stärksten, die es gibt, und dauern selbst dann noch an, wenn die Familie zum Vaterhaus, zum Geschlecht wird. Am festesten sind dieselben bis zum fünften Geschlecht. Doch ein Geschlecht allein bildet nicht den Stamm. Gewöhnlich zerfällt ein Stamm in mehrere Geschlechter, die alle blutsverwandt sind und ihren Ursprung von mehreren Söhnen eines und desselben Ahnherrn ableiten. Sie verbinden sich oft mit anderen blutsfremden Geschlechtern zu einem Stammverbande, dessen Name nach und nach einem gemeinsamen Stammherrn beigelegt wird, obwohl sie in Wirklichkeit von verschiedenen Ahnherren abstammen. Manchmal verbinden sich auch zwei oder mehrere Stämme miteinander und alle nennen sich Söhne eines Stammvaters, obwohl sie wissen, daß sie anfangs blutsfremd gewesen sind.

In die Blutsverwandtschaft kann man aufgenommen werden entweder durch Heirat oder durch Adoption. Wenn ein Fremder, ṛarîb, ein tüchtiger Mann ist, zalame ṭajjeb, so kann er mit den Seinigen bei einem Geschlechte seine Zelte aufschlagen und bei ihnen als Ṭanîb bleiben. Heiratet er ein Mädchen dieses Geschlechtes, so gehört er zur Familie des Mädchens, muß mit ihr den Blutpreis zahlen, ist aber nicht verpflichtet, die Blutrache auszuüben und muß somit auch nicht vor dem Rächer fliehen, lâ jiġla, hat jedoch vice versa in dem Geschlechte und der Familie keinen Rächer. Auch kann er, stirbt der Vater des Mädchens ohne männliche Nachkommen, von ihm nichts erben; denn das Erbe gehört den Geschlechtsangehörigen, el-wirṭe laṣḥâbha.

Will er voll aufgenommen werden und in den Genuß aller Rechte treten, so muß ihm der Häuptling des Stammes erklären:

Du zählst zu uns sowohl im Blutspreise als auch in der Rache, ent ma'na 'edâd fi-l-ḳirš w fi-d-damm.

Ist der Fremde verheiratet und hat er Söhne, so heiratet einer von diesen in den Stamm, wobei der Vater das Ḫaššâše-Opfer bereitet. Er schlachtet nämlich ein Schaf, das man Ša' ar-rôče nennt, und sagt dabei ('Amârîn):

Bezeuget, daß ich Gemeinschaft eingehe mit N. N. sowohl dem Namen als auch dem Blute nach. Ich will mit ihm zahlen, aber auch von der Schüssel essen.

Ešhedû inni ana dâḫel ma' flân samawi damawi aḫoṭṭ fi-l-mije wâkel fi-l-maṣrijje;

oder bei den Ḥêwât:

O N., ich trete mit dir in Gemeinschaft und dies ist mein Opfer;	Jâ flân ana ḫâšš ma'ak whâdi debîḥti;

ich ziehe mir dein Kleid an und stehe an deiner Stelle;	lâbes ṭôbak wḳâjem binôbak;
ich vertreibe, die du vertreibst, und verfolge, die du verfolgst.	ošred mušrâdak waṭred muṭrâdak.
Was bezeugst du, o N. und N.?	ʿAla mâ tašhed jâ flân w jâ flân.

Der Gefragte antwortet:

Daß N. mein Bruder ist dem Namen und Blute nach, inna flân aḫûj samawi, damawi.

Von nun an hat er dieselben Rechte wie der, in dessen Geschlecht er aufgenommen worden ist. Er muß (wegen Blutrache) verfolgen und verfolgt werden, jiṭred wjinṭared.

Bei der Verteilung des Feldes bekommt er den gleichen Anteil wie jeder andere. Auf diese Art kann auch ein ganzer Stamm aufgenommen werden, wenn der Häuptling oder die Häuptlinge in den neuen Stamm heiraten. Solche Clans, Geschlechter, führen dann offiziell den Namen des neuen Stammes, bleiben aber bei der alten Benennung. So sind die Zrêḳât den ʿAmârin einverleibt, lufûfa', denn ihr Häuptling heiratete die Tochter des ʿAmârin-Häuptlings Naṣîr.

Wenn sich somit große Stämme Söhne des N. nennen, so ist damit gar nicht gesagt, daß sie alle von N. abstammen müßten. Bei näherer Untersuchung findet man leicht, wie genau sie ihre Blutsverwandtschaft präzisieren.

Die meisten Stämme wissen von ihrem Ursprunge gar viel zu erzählen, dabei spielt aber die Phantasie eine recht große Rolle, weshalb Historisches vom Erdichteten nur schwer zu unterscheiden ist. In der Genealogie werden ganze Reihen von Mittelgliedern übersprungen und einer Person Taten zugeschrieben, die mehrere vollzogen haben. Zeitangaben fehlen überall. Frauen werden nur dann erwähnt, wenn sie irgendwann eine bedeutende Rolle gespielt haben. Werden die Häuptlinge mit anderen historischen Persönlichkeiten in Berührung gebracht, so kann man oft die Wahrnehmung machen, daß die Überlieferung auf historischer Grundlage ruht und um viele Jahrhunderte zurückgreift.

Alle Bewohner von Arabia Petraea sind imstande anzugeben, ob sie eingeboren oder eingewandert sind, und alle wissen den Namen ihrer ursprünglichen Heimat, wenn sie auch die Lage derselben nicht kennen.

Die Einwohnerzahl des ganzen Gebietes dürfte 70.000 kaum übersteigen, wovon der größte Teil auf die Städte el-Kerak, Maʿân und

Țfîle entfällt. Es ist sehr schwer, die richtige Zahl der Zelte herauszubekommen und darum kann man auch die Einwohner nur annähernd abschätzen.

Bei den einzelnen Stämmen werden die Unterabteilungen angeführt, wobei eine jede nach dem führenden Geschlechte (Sippe) benannt wird. Um den Namen nicht zweimal schreiben zu müssen, habe ich die Nennung des führenden Geschlechtes unterlassen.

Jeder Stamm und jedes Geschlecht führt ein gemeinsames Zeichen, wasm, das allen Kamelen, Schafen und Ziegen eingebrannt wird.

Jeder Stamm beansprucht ein eigenes Gebiet, doch ist es unmöglich, die Grenzen der größeren Araberstämme genau anzugeben. Bei den Halb-Fellâḥîn- und Ma'âze-Stämmen gehören gewisse Tränkplätze gewissen Geschlechtern, die dann in der Nähe lagern; doch können auch Familien eines Geschlechtes in verschiedenen von einander weit entfernten Gebieten lagern und weit entfernte Tränkplätze beanspruchen.

Einzelne Geschlechter haben oft weit von ihren dermaligen Lagerplätzen entfernte Begräbnisplätze noch von jener Zeit her, als sie in der betreffenden Gegend lagerten.

Die wenigsten kennen die Bedeutung ihres Stammnamens und selbst diese erklären ihn auf verschiedene Weise. So sagte mir ein Ṣaḫari, sein Stamm hieße deshalb Beni Ṣaḫr, weil sie Söhne eines Ṣaḫr seien; ein anderer meinte, ihr Ahnherr hätte anders geheißen, ibn Ṣaḫr sei aber sein Beiname, kunja, gewesen, weil ihn Allâh aus einem Felsen erschaffen hätte; andere erklärten wieder, der Name, Söhne des Felsens, bedeute ihre Festigkeit und Unbeugsamkeit, usw.

Al-Ḫanâǧre.

Al-Ḫanâǧre, al-Ḫanǧûri. Wasm + oder □. Sie lagern zwischen al-Ḫân und Beni Shejle im Süden, ez-Zrê'i, el-Ma'în, tell Ǵemma, Še'arta im Osten, umm Enzûr im Norden und dem Meere im Westen und sind einheimische Halb-Fellâḥîn.

Geschlechter:

az-Ẓawâhre, az-Ẓâheri; sie lagern nördlich von Sûḳ Mâzen. Ihr Häuptling heißt Salmân abu Msâ'ade. 20 Zelte,

al-Ḫamadât, al-Ḫamûdi; sie lagern südlich von en-Nahr und zählen 20 Zelte,

al-Bedarîn, al-Bedari; sie lagern bei eš-Šejḫ Nebhân und beim ḫ. el-Ḫarâmîs östlich von Še'arta. Häuptling 'Abdrabbo abu 'Ajâde. 20 Zelte,

al-'Arajbîn, al-'Arajbâni; sie lagern bei aš-Šejḫ Râšed und eš-Šôbâni;

Häuptling Sellâm abu Zekri. 20 Zelte,
Na'êmât, Na'êmi; sie lagern bei ḫ. Še'arta und Ṭabîše. 20 Zelte.

Geschlechter:	Sippen:	Wasserplätze:
Zawâhre:	Maṣâlḥe, ibn Miṣleḥ	Fṭeja
	Maâ'idijjîn, abu Meâ'ed	„
	'Amâwijjîn, 'Amâwi	—
	Šawâhle, abu Šahli	el-Mlêḥ
	'Awâmre, abu 'Âmer	„
	'Awâjše, abu 'Âješ	en-Nahr
Ḥamadât	el-Ḥaǧâǧîn, abu Ḥaǧâǧ	en-Nahr
	es-Smêrijjîn	„
	el-Manâdîl, abu Mindîl	„
	eṣ-Ṣwâwne, abu Ṣwêwin	„
Bedârîn	en-Nebâhîn, en-Nebhân	en-Nahr
	el-'Awâwde, ibn 'Awîd	„
	el-Mdûn, abu Middîn	„
	es-Sa'êdât, abu Sa'îd	„
'Arajbin	ez-Zakârwe, abu Zakarja	eš-Šwêḥi
	el-Melâlḥe, abu Mlûḥ	„
	el-Haǧâjre, abu Ḥǧejr	„
Na'êmât	el-Ḳarâḳde, abu Ḳarḳûd	„
	el-Ḥaṭâṭbe, abu Ḥaṭṭâb	„
	ed-Daḥârǧe, abu Daḥrûǧ	„
	eš-Šrejfât, abu Šrejf	„
	el-Hwâšle, abu Hwêšel	„

En-Nṣêrât.

Die Nṣêrât, en-Nṣêri, lagern an der Meeresküste nördlich und südlich von ed-Dejr und gehören zu der einheimischen halb-fellâḥischen Bevölkerung. Ihr Ahnherr el-Ḳdejjem ist ostnordöstlich von ed-Dejr begraben, wohin sie alle Jahre pilgern. Ṭabaš al-Musdar heißt ihr Häuptling. Im Ganzen sollen sie 40 Zelte zählen.

Geschlechter:	Sippen:	Wasserplätze:
Ḳadâjre, Ḳadîri	el-Masâdre, el-Musdar	bîr Ramaḍân
	ez-Zawâjde, abu Zâjed	„ „
	el-Maṭâwijje, abu Maṭwi	„ „

Geschlechter:	Sippen:	Wasserplätze:
Ḳadâjre, Ḳadîre	aš-Šlûṭ, ibn Šilṭ	bîr Ramaḍân
	el-Baṭâjḥe, abu Bṭejḥân	„ „
	aṭ-Ṭurejnijjîn, aṭ-Ṭurejni	„ „
Faḳîrijjîn, Faḳîri	el-Ḳarâbât, abu Ḳarâba	w. es-Selḳi, ed-Dejr
	es-Sa'âjde, ibn Sa'îd	„ „
	el-Blêmijjîn, abu Blême	„ „
	el-Ġarâbîn, abu Ġrejbân	„ „
	el-Barâ'eme, el-Brê'em	„ „
	el-'Aǵâjne, abu 'Aǵîn	„ „
	el-Ḳadâjme, el-Ḳdejjem	„ „

Al-Malâlḥe.

Überreste der einheimischen Bevölkerung, lagern an der Küste zwischen en-Nahr und Ṭwîl el-Emîr. Ihr Ahnherr ist abu Hrêra, dessen Grab sie alljährlich besuchen. Sie bilden nur eine Finde, zählen wenige Zelte und unterstehen dem Häuptlinge abu Ṣwêleḥ. Gewöhnlich werden sie samt den Nṣêrât zu den Ḥanâǵre gerechnet.

Dijârne.

Die Dijârne, Dîrawi, Felláḥîn von ed-Dejr (auch dejr el-Belaḥ) führen als Stammeszeichen el-Maṭraḳ | und teilen sich folgendermassen:

Geschlechter:	Sippen:
Ḥalâjle, ibn Ḥalîl	es-Sawâmre, abu Samra'
	Bešâjre, abu Bešîr
	Muṣâbḥe, abu Muṣabbeḥ
	Salâjme, abu Selîm
Ṣarâṣre, abu Ṣarṣûr	Felâjte, el-Felît
	aṭ-Ṭawâšje, Ṭawâši
el-Ḳawâdre, Ḳawêdri	Ḳawâsme, abu Ḳâsem
	Marâšde, Maršedi
	Salâmîn, Salâmi

Es-Shejlâwijje.

Die Felláḥîn von Beni Shejle heißen es-Shejlâwijje, es-Shejlâwi, und führen al-Ḥatm O als Wasm. Ihre Ḥamûle besteht aus folgenden Sippen:

el-Brûk, abu-l-Barake	el-Ǧawda', abu Ǧawde
ad-Daḳḳât, abu Daḳḳa	el-Ǧawâm'e, abu Ǧâme'
el-Brajmât, el-Brajmi	el-Ḥajjât, abu Ḥajje
el-Ḳerârwe, el-Ḳarra'	eš-Šawâmîn, eš-Šâmi
el-Fejâjde, abu Fejjâḍ	'Abâsne, 'Abasâni

Sie wohnen nicht nur in Beni Shejle, sondern auch in 'Abasân und 'Abêsên.

Fig. 2. Bewohner von Ḫân Jûnes.

El-Ḳalâ'ijje.

Die Bewohner von Ḫân Jûnes heißen el-Ḳalâ'ijje, el-Ḳlâ'i (Fig. 2). Als Wasm führen sie al-Ḫâtem O und bestehen aus folgenden 'Ajlât:

aṣ-Ṣuṭlân, el-Aṣṭal	el-Maṣrijjîn, el-Maṣri
el-Arâwât, el-Ara'	aš-Ša'ara', aš-Ša'ir
el-'Awâbde, abu 'Abdallâh	as-Saḳâḳwe, as-Saḳa'
el-Farârwe, el-Fara'	el-Ǧezârijje, abû Ǧezar
el-Bjûk, el-Bêk	

As-Swârke.

Die Swârke, es-Swêrki, lagern zwischen Šôkt aṣ-Ṣûfi im Norden und el-Ḳaṭja im Süden an der Küste. Ihre Nachbarn sind im Süden el-Ḳaṭâṭje im Südosten Htêm und Beli und im Osten at-Terâbîn el-barrâra. Sie gehören zur einheimischen Ma'âze-Bevölkerung, führen als Wasm die Zeichen Hꞁ und ez-Zenâṭ ▭ und bestehen aus folgenden Sippen:

ad-Dhajmât, ad-Dhajmi	el-Maḳâṭ'e, el-Mḳêṭ'i
az-Zjûd, az-Zjûdi	ez-Zwajjedijjîn, ez-Zwajjedi
'Arâdât, 'Arâdi	el-Manâj'e, el-Manî'i
el-Ǧerârât, el-Ǧerâri	es-Refâje'e, abu Rafî'
el-Waḳâḳde, el-Wḳâdi	en-Nmejlât, en-Nmejli
er-Rmêlât, er-Rmêli	

Die Rmêlât sind keine ursprünglichen Swârke. Die Häuptlingswürde ist in der Sippe der 'Arâdât.

At-Terâbîn.

Die Terâbîn, Turbâni, führen als Wasm: o el-Ḥadame am Ohre und ——ˎ Maṭraḳ auf der Nase, 'ala-l-ḥurṭûm, der Schafe oder Ziegen. Das Kamel trägt: o el-Ḥadame auf der Wange, ṣudr, ——ˎ Maṭraḳ am Halse, —— Derâ' auf dem rechten Vorderfuße.

Ihr Ahnherr heißt 'Aṭije und ist in der Sandwüste bei Swês am Hügel aš-Šaraf begraben. Als Kriegspatron verehren sie Ṣaldam.

Von allen Fremden, die durch ihr Gebiet reisen wollten, bezogen die Häuptlinge abu Sitte und aṣ-Ṣûfi von den Terâbîn und ibn 'Awâd von den Ḥanâǵre 1 Meǵîdi und nannten dies Rbâḥa. Die Bewohner von Beni Shejle mußten ihnen jährlich Ḥâwa-Tribut zahlen.

Die Terâbîn beanspruchen das Gebiet zwischen w. el-Azâreḳ im Süden, 'Abêsân im Westen, eš-Šerî' im Norden und abu Ṣadar, al-Mu'allaḳa und er-Rḥejbe im Osten. Die nördlichen Teile ihres Gebietes sind sehr fruchtbar, deshalb widmen sich die meisten dem Ackerbau und die daselbst hausenden Geschlechter werden bald die zahlreichen zerfallenen Dörfer neu aufbauen.

Geschlechter:	Sippen:	Lagerplätze:
Naǵamât an-Naǵami oder el-'Akrijjîn	'Awâdra, abu 'Âdra	nördlich von aṣ-Ṣini
	Šabâjbe, abu Šebâb	ḫ. es-Swêlme
	Ṣahâbîn, abu Ṣhejbân	„ abu Ṣhejbân
	Ṣawâṣîn, abu Ṣûṣên	„ el-Fâr
	Ǧabârijjîn, al-Ǧebâri	umm el-Kilâle
	Sanâjme, abu Snejjeme	ummu Snejjeme
	Ṣawafa, aṣ-Ṣûfi	ḫ. abu Ṣdar

Geschlechter:	Sippen:	Lagerplätze:
Naǵamât an-Naǵami oder el-ʿAkrijjîn	Neǵâlje, abu Nǵêli	ḫ. abu Ṣdar
	Maṣrijjîn, el-Maṣri	" " "
	Šindijjîn, abu Šindi	westlich von ḫ. abu Ṣdar
	Maḥâfẓe, abu Maḥfûẓ	östlich vom " " "
en-Nabâʿât, en-Nabʿi oder en-Nwêbʿe	Fejâjḍe, abu Fejjâḍ	w. el-Azâreḳ bis an die Küste des Roten Meeres
	Lemâmde, Lammâdi	
	Saḥâbîn, abu Saḥabân	" "
	Mawâsḥe, abu Majsûḥ	" "
	Ǧerâmne, abu Ǵermi	" "
	Dlûḥ, ad-Delḥ	" "
	Ḥsêse, al-Ḥsêsi	" "
	Ḥarâjre, al-Ḥarari	" "
	Delâdle, abu Daldûl	" "
en-Naʿêmât, an-Naʿêmi	Ǧelâdîn, abu Ǵlejdân	el-Manjel, abu Mhejzeʿ
	el-Ḳḍaʾ, el-Ḳâḍi	arḍ er-Râbija
	el-Wḥajšât, abu Wḥejš	ḫ. Melek
	Ḍawâbḥe, ad-Ḍwêbḥi	östlich von tell el-Fâreʿ
	Masâmḥe, abu Msâmeḥ	" "
	Ḥamdât, abu Ḥamd	" "
	ʿAwâzme, abu ʿAzûm oder ʿÂzem	südlich vom bîr Šeneḳ
el-Ḳṣâr, el-Ḳṣâri	ʿOrǵân, ʿOrǵâni	westlich von el-Ḳarn
	Bṭûn, el-Baṭn	" "
	al-ʿAnâḳwa, abu ʿAnḳa	" "
	an-Nḳejzât, abu Naḳîz	" "
	ar-Rǵêlât, abu Rǵêle	" "
	el-Lawâlḥe, al-Lôlḥi	" "
	aṭ-Ṭarâwijjîn, aṭ-Ṭarâwi	" "
	al-Ṛazâlijjîn, al-Ṛazâl	" "
	al-Ḫḍûr, abu Ḫiḍr	" "
	al-Ǧerâbʿe, abu Ǵrejbiʿ	" "
el-Ǧarâwîn, el-Garwâni	Ṛalâjne, abu Ṛaljûn	ḫ. abu Ṛaljûn
	Sebâtîn, abu Sbejtân	" "
	ʿAwdât, abu ʿAwde	" "
	Ṣaʿâlke, abu Ṣaʿêlik	" "
	Rawâḍje, abu Râḍi	" "

Geschlechter:	Sippen:	Lagerplätze:
el-Ġarâwîn, el-Garwâni	Gelâjde, el-Ġellâd	ḫ. abu Ḳaljûn
	Ḥejjân, abu Jaḥja	„ „
	ʿAmarât, abu ʿAmra	„ „
Ḳawâlje, el-Ḳâli (stammen aus dem Gebiete von el-Kerak)	as-Stût, abu Sitte	ḫ. el-Maʿîn
	Zrajʿijjîn, az-Zrajʿi	tell Ġemma
	el-Maṛâṣbe, abu Mṛêṣib	Ṭabaḳa Fellâḥ
	Ṭawâlḥe, abu Ṭêleḥ	ḫ. Swêlme
	Ḥattâlîn, abu Ḥatli	„ „
	aš-Šûjân, aš-Šâwi	as-Sarâwîl
	Ḥamâmše, abu Ḥammâš	w. abu ʿAṭiwi
	Šelâhbe, abu Šalhûb	eṣ-Ṣlejjeb
	Ḥṣejnât, aba-l-Ḥṣejn	ḳôz el-ʿEzz
	ʿWejlijjîn, abu ʿWejle	w. Maʿîn
	Šarâtḥe, abu Šrejteḥ	abu ʿAṭiwi
	ʿUdejnijjîn, el-ʿUdejni	„ „
	ʿAmûr, abu ʿAmr	„ „
	Bkûr, abu Bakra	Ṭabḳa Fellâḥ
	ʿAdâwîn, abu ʿAdwân	südlich von eṣ-Ṣini
	Smejrijjîn, as-Smîri	eš-Šejḫ Nûrân
	an-Nwêrijjîn, an-Nwêri	eš-Šellâle
	az-Zurḳân, el-Azraḳ	ʾAǧraʾ
	el-Gawâdle, abu Ġôdel	„
	en-Nawâǧje, abu Nâǧi	el-Barâjṣe
	el-Mlêḥijjîn, al-Mlêḥi	„ „
	el Ḥadâjǧe, abu Ḥdêǧe	nördlich von eṣ-Ṣini
	ar-Ršûš, ar-Ršûši	„ „
	el-Baṭlijjîn, el-Baṭli	„ „
	ad-Darâwše	w. er-Rḥejbe
	el-ʿAwâjde, abu ʿAwâjeḍ	„ „

Tijâha.

Die Tijâha kamen von O. unter der Anführung des Fürsten Rabbâb und ließen sich in der Wüste et-Tîh, westlich vom ǧ. Ḥelâl, nieder. Von dort verdrängten sie die ʿAzâzme, Beni Ḥamîs und Ḥanâǧre, welche die nördlich gelegenen fruchtbaren Gebiete besetzt hielten, und trieben sie bis Bîr es-Sebaʿ.

Rabbâb hatte fünf Söhne: ʿAmri, Ahnherrn des Geschlechtes ʿejâl ʿAmri, Ḥukk, Ahnherrn des Geschlechtes Ḥkûk, ʿAlam, Ahnherrn des Geschlechtes ʿAlâmât, Miṣleḥ, Ahnherrn des Geschlechtes Bdênât, Ḳdêr, Ahnherrn des Geschlechtes Ḳdêrât al-ʿOṯmân.

ʿAmri ibn Rabbâb besiegte die vereinten Feinde und zwang sie, die Oberherrschaft der Tijâha anzuerkennen. Als er starb, wurde er am linken Ufer des breiten w. al-Abjaḍ begraben und die Tijâha pilgerten von allen Seiten zu seinem Grabe, besonders vor einer entscheidenden Schlacht, da er als ganz besonderer Kriegspatron galt.

Einst kamen im Frühjahre mehrere Geschlechter mit ihren Kamelen und Opfertieren zu ihm und lagerten sich um sein Grab herum. Am Nachmittage bemerkten sie, wie weit im Osten ein Sturm losbrach, dem ein Wolkenbruch folgte. Einige wollten sofort fliehen, die meisten aber versicherten, es sei gar keine Gefahr vorhanden. Als es aber dunkel geworden war, ertönte von Osten das Brausen des sich heranwälzenden Wassers und bald hörte man Schreckensrufe. Man rief den ʿAmri an, allein das Wasser kam immer näher und so schnell, daß ihnen keine Zeit übrigblieb, ihre Zelte niederzureißen und ihre Schafe und Ziegen fortzutreiben. Man mußte sich damit begnügen, das nackte Leben der Frauen und Kinder auf Kamelen und Pferden zu retten. Man floh gegen Nordwesten in das höhergelegene Sandgebiet. Es begann aber stark zu regnen, der Boden wurde weich, deshalb glitten die Kamele aus und wurden scheu. Das Unglück zu vergrößern kam noch von Westen ein Reitertrupp dahergejagt, der sich ebenfalls retten wollte; beide Abteilungen stießen zusammen, die scheuen Kamele gingen durch oder stolperten auf dem schlüpfrigen Boden, warfen ihre Reiter ab und die Folge war, daß viele Männer, Frauen und Kinder umkamen oder schwer verletzt wurden.

Nach einer anderen Version geschah dieses Unglück folgenderweise: ʿAmri ibn Rabbâb war ein mächtiger Šêḫ der Tijâha und Ahnherr des Geschlechtes ʿejâl ʿAmri. Man pflegte zu seinem Grabe zu pilgern, um daselbst zu opfern. Einst kam auch eine Abteilung der ʿejâl ʿAmri, und nachdem sie ihren Kamelen die Vorderfüße gebunden hatten, rüsteten sie sich zum Opfer. Da kam aber plötzlich sehr rasch eine zweite Kamelreiterschar herangesprengt, wodurch die knienden Kamele der ʿejâl ʿAmri derart erschraken, daß sie scheu wurden. Da sie aber wegen der Bande an ihren Vorderfüßen nicht davonlaufen konnten, so sprangen sie im Kreise herum, stürzten die Halbzelte um und zerstampften mehrere Männer, Frauen und Kinder.

Das allgemeine Wehklagen, das jener Unglücksfall zur Folge hatte, verwandelte sich bald in Zorn, weil 'Amri ein solches Unglück nicht abwenden konnte oder wollte, und seit dieser Zeit wird er allgemein verflucht. Man wirft Steine auf sein Grab und ruft:

Verfluche dich Gott, o 'Amri, apage, allâh jel'anak jâ 'amri, iḫsi'! iḫsi'! Und wünscht man jemandem Böses, so sagt man:

Möge dich Gott mit 'Amri vereinigen, allâh jeǧ'alak fi 'aḳd 'amri!

Dadurch verlor das Geschlecht 'Amri die Oberherrschaft und der Häuptling der Ḥkûk aus dem Hause 'Aṭijje oder 'Aṭâwne wurde Fürst. 'Îd ibn 'Aṭijje wurde erster Oberhäuptling und einer seiner Nachfolger, 'Awde ibn Selîm al-'Aṭâwne, wurde von allen Stämmen südöstlich von Ṛazze nicht nur als Oberhäuptling, sondern auch als Feldherr anerkannt. Er bezog den Ḫâwa- oder Rbâḫa-Tribut von allen Bauern und Kaufleuten, ja selbst die Bürger von Ṛazze und Ḥebron fürchteten ihn. Deshalb stachelten sie seinen jüngeren Bruder 'Amr gegen ihn auf und unterstützten diesen und seinen Anhang mit Geld und Waffen. 'Amr rief die bei Swêṣ lagernden Terâbîn zu Hilfe, und so kam es zu einem Bruderkriege, der den fast völligen Machtverlust der Tijâha zur Folge hatte. 'Awde starb kinderlos und gebrochenen Herzens, die Kinder 'Amrs wurden nur teilweise anerkannt, und die Terâbîn setzten sich im Gebiete der Tijâha fest. Mit ihrer Hilfe riß nun das Haus Hzejjel von den Ǧilmân die größte Macht an sich und Solmân ibn 'Âli el-Hzejjel ließ die meisten Mitglieder des Hauses 'Aṭijje niedermetzeln.

Nun riefen die Bedrängten die türkische Regierung zu Hilfe. Truppen von Damaskus setzten sich in Ṛazze und im nördlichen Teile des Tijâha-Gebietes fest und nahmen Solmân gefangen. Er wurde in Damaskus geköpft, die alten Häuptlinge abgesetzt und neue Geschlechter zur Herrschaft berufen. Da die neuen eingesetzten Häuptlinge keine historische Berechtigung besaßen und sich nur auf ihr Geschlecht stützen durften, waren sie auf die Hilfe der türkischen Regierung angewiesen und wurden nach und nach zu treuen Regierungsbeamten. So wurde auch allmählich Ordnung geschaffen, und weil sich die Beduinen sicher fühlten, widmeten sie sich langsam der Feldarbeit. Die meisten nördlichen Tijâha sind jetzt Halb-Fellâḥîn und nach wenigen Jahren werden sie ganze Bauern sein.

Mehrere Unterabteilungen der Tijâha sind fremden Ursprunges. So stammen die Ḳalâzîn und Ramâḍîn von den Ǧbêrât ab.

Die Beni 'Aḳbe, welche bei Zuhejlîḳa lagern, sollen direkte Nachkommen der Midjan sein und Moses soll sie in diese Gebiete geführt

Fig. 3. Im Zelte des Häuptlings der Wḫêdât.

haben. Ursprünglich lagerten sie südlich von 'Arâd bei 'Ar'ara und el-Ḳêni, erst später kamen sie in die Gebiete von Zuhejlîḳa. Sie sind berühmt wegen ihrer Weisheit und gelten bei allen benachbarten Stämmen als gute Schiedsrichter. Von weitem kommen Streitende zu ihnen, um sich ihr Urteil zu erbitten und grüßen mit den Worten:

Möge dieser Ort bequem sein dem Geschlechte Jethro's und den Schwähern Moses', marḥaba biḳôm ša'îb waṣhâr mûsa!

Auch die Wḥêdât, al-Wḥêdi (Fig. 3), die ihre Abstammung von der Nachkommenschaft, derijje, Ḥasans und Ḥosejns ableiten, lagern mit den Tijâha.

Das Gebiet der Tijâha reicht im Süden und Westen von 'ajn Ḳdejs zum râs w. al-Mâjen, râs el-Ḳraje, al-Muhaššam, aṭ-Ṭamad, 'ajn Ṭajjibe, w. el-Mejsâḳ mit dem Wasser Hewâǧ, w. ez-Zerḳa' mit dem alten Wasserbehälter ma' Ḳrâ'e, w. el-Bijâr, dann gegen Westnordwesten zum w. al-Ǵnêz mit einer Quelle, w. al-Moǵâr mit dem Brunnen es-Seḳi, w. el-Ǵedîd mit dem Brunnen el-Jarḳa, ma' Mâlḥa, bîr eṣ-Ṣadr, bîr el-Ǵedi, bîr abu Ḳrûn, ǧ. Ḥelâl mit einem Brunnen am Westabhange, w. al-Ǵâjfe und gegen Norden bis zum ǧ. el-Ḥalîl.

Ihre Nachbarn im Südwesten und Westen sind die Ṭwara, Selimijjîn (Wasm IIV), Beli (Wasm X) 'Ajâjde und Sawârke. Sie teilen sich in:

al-Ḳdêrât, el-Ḳdêri
al-Ḥukûk, el-Ḥukki
'ejâl 'Amri, ibn 'Amri
an-Ntûš, an-Natši
al-'Alâmât, al-'Alami
ar-Ramâḍîn, ar-Ramâḍâni
aš-Šalâlijjîn, aš-Šalâli

al-Bdênât, al-Bdêni
Beni 'Aḳbe
al-Bnejjât, al-Bnejâwi
al-'Awâmre, ibn 'Âmer
aš-Štejjât, Štewi
Ṣḳêrât, ibn Ṣḳêr

Die Ḳdêrât zerfallen in:

Geschlechter:	Sippen:	Wasserplätze:
Ḳdêrât el-Ḥrejzât	ar-Reḳâjḳe, abu Rḳajjeḳ	
	aṣ-Ṣalaba, abu Ṣulb	'ajn el-Mufǧer
	al-Ḥuraṭa, al-Ḥurṭi	tell aš-Šerî'a
	al-Masâmre, abu Msêmîr	bîr abu-l-Ḥamâm im w. Aṛwên
	al-'Asjât, abu 'Aṣa	„ „
	al-Bṭejḥât, ibn Baṭîḥ	„ „
	al-Ḥamadât, ibn Ḥamad	„ „

Geschlechter:	Sippen:	Wasserplätze:
Ḳdêrât el-Ḫrejzât	al-Fezarât, abu Fezâra an-Naṣâṣre, abu Naṣṣâr al-Jesara, abu Jâser	bîr abu-l-Ḫamâm im w. Arwên
	ʿajlet abu Nâdi, abu Nâdi	tell eš-Šerîʿa
Ḳdêrât eṣ-Ṣâneʿ oder al-Maṭâr-ḳijje, al-Mṭêrḳi	ʿajlet abu ʿObajjed, abu ʿObajjed	aš-Šerîʿa
	an-Nabâbre, an-Nabâri	al-Mšâš aš-Šerḳi
	as-Sbejtât, abu Sbejt	„ „
	el-Mawasa, abu Mûsa	eš-Šerîʿa
	an-Nṭejlât, abu Nṭejle	„
	ibn Dhejnîn	—
	el-Marâḥle, abu Marḥâl	—
	aṣ-Ṣabâjre, abu Ṣbûr,	al-Mšâš aš-Šerḳi
	ʿajlet abu Mbârek, abu Mbârek	aš-Šerîʿa
	al-Ḫabâbze, abu Ḫubbejze	„
	al-Harâbde, abu Harbîd	„
Ḳdêrât el-ʿOṯmân	al-Kfûf, abu Kaff	al-Mšâš aš-Šerḳi
	al-Bṭûn, abu Baṭn	„ „
	al-Hawâšle, abu Hwejšil	„ „
	aṭ-Ṭuršân, al-Aṭraš	bîr aṭ-Ṭawîl
	Zâjed el-ʿAbîd, el-ʿAbd	„ „
	el-ʿAṭâmîn, ibn ʿAṭmi	„ „
	aṣ-Ṣulʿân, al-Aṣlaʿ	al-Mšâš aš-Šerḳi
	el-Ḫurmân, el-Ḫurm	„ „

Nur die ʿOṯmân sind Tijâha und stammen von ʿOṯmân ibn Rabbâb, dessen Grab sie bei ʿAšlûǵ verehren. Die übrigen Ḳdêrât kamen in unsere Gebiete von Medâjen Ṣâleḥ, und zwar vor den Tijâha und lagern jetzt gemeinsam mit den ʿOṯmân.

Die Ḥkûk zerfallen in:

Geschlechter:	Sippen:	Wasserplätze:
al-Ǵilmân, Ǵil-mâni oder el-Hzejjel	el-Brejḳijjîn, el-Brêḳi	bîr ez-Zmêli
	an-Nawâṣre, ibn Nâṣer	„ „
	al-Baḥarât, al-Bḥêri	„ „
	el-Harâbde, el-Herbid	„ „
	an-Nawâǵʿe, abu Nâǵeʿ	„ „
	al-Marâʿje, ibn Marʿi	„ „
	abu Munêzel	„ „

Geschlechter:	Sippen:	Wasserplätze:
al-ʿAmarât, al-ʿAmari oder Ǧemâʿat abu ʿAbdûn	al-ʿAwdât oder ʿajlet al-Asad	w. ʿAwǧân
	al-Ḥǧûǧ, abu Ḥaǧǧâǧ	bîr Fṭejs
	al-Ḥawâmde, abu Ḥâmed	eš-Šerîʿa
	al-Murannamijjîn, ibn Murannam	bîr ez-Zmêli
	az-Zmejlijjîn, az-Zmêli	" "
	al-Krejšijjîn, al-Krejši	" "
	as-Samâmre, abu Sammûr	" "
	el-Ǧebârîn, ibn Ǧibrîn	" "
al-Ḥamâmde, abu Ḥamûde	ʿajlet abu Ḳuffa	aš-Šerîʿa
	al-Farânǧe, al-Franǧi	"
	al-Ǧarrajjât, abu Ǧarri	"
	al-Ǧelâwîn, al-Ǧelâwi	"
	al-Mašâhre, abu Mšejhîr	"
	el-Hzejlijjîn, el-Hzejjel	"
	al-ʿAjûṭijjîn, al-ʿAjûṭi	"
ʿAṭâwne, ibn ʿAṭijje	—	el-Mkêmen
el-Brejkât, el-Brêki	al-ʿAḏâjde, al-ʿAḏêdi	el-Mâjen
	al-ʿAǧâjǧe, al-ʿAǧêjǧe	al-Ǧâjfe
	al-Hwâšme, ibn Hâšem	el-Mâjen
	al-Ḳaṭâṭwe, al-Ḳaṭṭâwi	Kûntil et ʿAǧrûd
	aṭ-Ṭawâfḥe, abu Ṭâfḥe	" "
	al-Liǧnân, al-Alǧan	al-Mwêleḥ
	ar-Rijâlât, abu Rijâle	"
	al-Jwasfe, abu Jûsef	"
	aḏ-Ḏbejʿât, aḏ-Ḏbejʿi	el-Mâjen
	an-Nwâjre, an-Nwêri	"

Die Brejkât sind keine Tijâha. Ihr Ahnherr heißt Brejk. Sein Grab zeigt und verehrt man bei al-Mâjen.

al-ʿAlâmât, ʿAlami,	el-Mezâríl, abu Mazrûl	el-Ḫwêlfe
	eš-Šlûḥ, abu Šilḥe	el-Baṭiḥa
	el-Ǧaḳêmât, abu Ǧaḳîm	el-Ḫwêlfe
	el-Ḥsûs, abu l-Ḥsûs	"
	el-Ḳujût, abu Ḳejt	el-Mlêḥe
	el-Finšân, el-Fnêš	"
	ed-Dawâḥa, ed-Dôḥ	"
	el-ʿAnâzîn, abu ʿAnêz	"

Geschlechter:	Sippen:	Wasserplätze:
Bnejjât, el-Bnejjâwi, (führen als Wasm das Zeichen: ıλı)	al-ʿUmûr, ibn ʿAmîre el-Ḥeǧâzijjîn, el-Ḥeǧâzi	zwischen ǧ. al-Bni und el-Mwêleḥ
	Nwâfʿe, ibn Nâfeʿ	" "
	Swâlme, ibn Sâlem	" "
	Hbêtijjîn, ibn Hbêṭ	" "
	al-ʿAǧâǧe, al-ʿAǧâǧ	" "
ʿAwâmre, ibn ʿÂmer, (führen als Wasm das Zeichen: ıΛ)	al-ʿOḳfân, al-ʿOḳfi el-Barâhme, el-Ibrahîmi	Umgebung von ḳalʿat en-Naḫl
	el-Karâdme, abu Krejdem	—
	el-Mḥammûd, ibn Mḥammûd	—
	el-Ḳnêmât, ibn Ḳnêm	—
Štejjât, Štewi, (führen als Wasm das Zeichen: H)	as-Sawâlme, ibn Sâlem	ǧ. Ḥelâl
	er-Rawâḍje, ibn Râḍi	"
Ṣḳêrât ibn Ṣḳêr	aṣ-Ṣabâbḥe, ibn Ṣbêḥ an-Narâmše, abu Nrejmeš	zwischen ǧ. ʿAmr und en-Naḫl
	al-Fwâsre, ibn Fâres	" "
	an-Nwâṣre, ibn Nâṣer	" "
	al-Ǵelâlât, ibn Ǵelâl	" "
	al-Ḳwânme, abu Ḳânem	" "
	eš-Šehbijjîn, ibn Šehbi	" "
	al-Ḳwâʿde, abu Ḳâʿed	" "

Die Barakât, ein Geschlecht der Ntûš, lagern südöstlich von eš-Šêḫ Zwajjed; die übrigen Unterabteilungen der Tijâha wohnen fast alle nördlich von sejl eš-Šeriʿa, somit außerhalb der Grenzen des durchforschten Gebietes, wo sie Ackerbau treiben.

Al-ʿAzâzme.

Die ʿAzâzme, die Saraḥîn ausgenommen, rechnen sich zur alten Maʿâze-Bevölkerung. Man findet sie in zerstreuten Lagern von el-ʿAwǵa im Westen bis zur ʿAraba im Osten, und von el-Mâjen im Süden bis Bîr es-Sebaʿ im Norden. Nirgends aber besitzen sie ausgedehntere Gebiete und stehen gewissermaßen unter der Oberherrschaft der Tijâha, denen sie im Laufe der Zeiten die fruchtbaren Gebiete abtreten mußten. Bei

Fig. 4. Ein ʿAzâmi.

ihren Nachbarn genießen sie keinen guten Ruf und gelten als hinterlistige Räuber, die, den offenen Kampf vermeidend, im Dunkeln der Nacht die Herden überfallen und die Hirten hinmorden.

Von den Sarâḥîn erzählt man: Sie wohnten mit den Juden nördlich vom w. Bîr es-Sebaʿ und eš-Šellâle und wanderten unter dem Häuptlinge Samʿân aus.

Das Stammzeichen al-Bâb oder el-Maḥalle ⊓ wird den Kamelen in den Oberschenkel des rechten Hinterfußes und das Zeichen aš-Šaḥmi T den Schafen in das rechte Ohr eingebrannt.

Die ʿAzâzme, ʿAzâmi (Fig. 4), teilen sich in:

Geschlechter:	Sippen:	Wasserplätze:
Mḥamdijjîn, Mḥamdi	el-Malâṭeʿe, el-Malṭaʿi od. el-Malṭaʿa	Bîr es-Sebaʿ
	ez-Zîlân, ez-Zôl	eṣ-Ṣini
	Šejâḥîn, ibn Šejḥa	el-Marṭaba
	Ḳaṭâṭwe, el-Ḳaṭṭâwi	el-Maʿallaḳa
	el-ʿUrûm, el-ʿArmi	el-Ḫalaṣa
	el-Mašâhîr, el-Mašhûr	eṣ-Ṣini
	el-Ǧeḥâdbe, ibn Ǧḥêdeb	"
Ṣubḥijjîn, Ṣubḥi	ar-Rawasa, abu Râs	el-Bîrên
	el-Banâdke, ibn Bandak	el-Ḫalaṣa
	aṭ-Ṭabâbʿe, ibn Ṭabbâʿ	er-Rsêsijje
	al-Ḳurejbât, el-Ḳarîb	ṭemâjel Râšed
	el-ʿEjâdât, ibn ʿEjâde	el-Bîrên
	aṭ-Ṭawâḳîn, aṭ-Ṭawaḳi	"
	el-ʿAṭâjḳa, ibn ʿAṭîḳa	el-ʿAjn
	el-ʿOḳlân, abu ʿOḳla	el-Marṭaba
	el-Wâfijje, el-Wâfi	"
	el-Ǧwâhre, ibn Ǧawhar	er-Rsêsijje

Geschlechter:	Sippen:	Wasserplätze:
Ṣubḥijjîn, Ṣubḥi	el-'Alâwîn, 'Alawi	er-Rsêsijje
	el-'Adâsîn, el-'Adêsi	—
Ṣawâḥne, Ṣuḥni	el-Ḥjûl, abu-l-Ḥejl	Bîr es-Seba' und el-Mwêleḥ
	ez-Zawâjde, ibn Zâjed	
	el-Jetâma, el-Jetîm	
	el-Fuḳara', el-Faḳîr	
	el-'Arâfîn, ibn 'Arfân	
Mrej'ât, Mrê'i	—	el-Marṭaba
Ṣbejḥât, Ṣbêḥi	—	ǵ. el-Ḳarn u. el-Ḫalaṣa
Mas'ûdijjîn, Mas'ûdi	er-Rḳêdât, er-Rḳêdi	el-Ḫalaṣa
	el-Ḥamâmde, ibn Ḥammâd	„
	el-'Awêḍât, ibn 'Awâḍ	„
	el-Ḳlû', el-Ḳal'	„

Sarâḥîn, Sirḥâni sie sind keine 'Azâzme. Ihr Ahnherr Swêlem, dessen Grab sie beim mojet ed-Defijje verehren, führte sie in diese Gebiete aus dem w. Sirḥân. Sie zerfallen in:

Geschlechter:	Sippen:	Wasserplätze:
el-Farâḥîn, el-Farḥâni	el-Ḳurrân, el-Ḳurra	el-'Aslûǵ
	el-'Awârîn, abu 'Ârûn	Bîr es-Seba'
	el-Ḫḍêrât, ibn Ḫaḍra'	el-'Aslûǵ
	en-Nawâṣre, abu Nwêṣre	„
	el-Ǵilḳân, abu Ǵalaḳ	„
	el-Ḥawâmde, ibn Ḥâmed	er-Raḥama
	el-Bu'êwât, el-Bu'êwa	el-Marṭaba
ez-Zaraba, ez-Zerbi	er-Ruḳêdât, er-Ruḳêdi	Bîr es-Seba'
	el-Ǵunûb, abu Ǵanb	„
	el-Ḳbêlât, abu Ḳbêle	„
	er-Rbâje'e, ibn Rabî'e	„
	el-Hawâšle, ibn Hwêšel	„
	aṭ-Ṭaršân, al-Aṭraš	„
el-'Aṣjât, abu 'Aṣa	el-Ḥawaṣa, el-Ḥawaṣi	el-Ramr
	el-Hdêbuwwât, el-Hdêbi	er-Raḥama
	er-Rakab, abu Rikbe	el-Ḫalaṣa
	el-Meǵâ'îm, el-Maǵ'ûmi	„
	el-'Arǵân, el-'Arǵâni	el-Ḫarrâr

Geschlechter:	Sippen:	Wasserplätze:
el-ʿAṣjât, abu ʿAṣa	et-Trâkijje, et-Turki	el-Ḫarrâr
	el-Mêṭûl, el-Mjaṭel	er-Raḫama
ez-Zejâdîn, ibn Zâjjed	el-Marâmje, abu Mrêmje	el-Ḳamr
	el-Ḫbêkât, abu Ḫabbâk	"

Eẓ-Ẓullâm.

Die Ẓullâm, Ẓullâmi verehren als Ahnherrn Mhanna, besuchen am 14. Ḫamîs sein Grab im w. el-Ḥafîr, bringen dort zahlreiche Opfer dar und gießen das Blut der Opfertiere auf sein Grab. Sie stammen aus dem Süden, von dem großen Stamme der Beli. Ihr Stammzeichen sind el-Maṭârḳa IIII, die auf die rechte Backe der Kamele eingebrannt sind.

Geschlechter:	Sippen:	Wasserplätze:
el-Ḳrejnât, el-Ḳrêni	ar-Raṭala, Erṭêli	el-Maṭrada und el-Ḥafîr
	el-Wuǵûǵ, Wǵûǵi	" " "
	aṭ-Ṭwâl, aṭ-Ṭawîl	" " "
	el-Genâbîb, Ganbûbi	" " "
	el-Kešâḫre, el-Kišḫer	" " "
	el-Mahâjae, ibn Mhanna	" " "
	el-Ḳwala, el-Ḳûli	" " "
er-Rabâjeʿe, ibn Rabîʿe	el-Hmêsât, Hmêsi	el-Meleḥ
	el-Ḫsênât, Ḫsêni	"
	el-Bdûr, ibn Badr	"

Mit den Tijâha verbunden, nahmen die Ẓullâm den ʿAzâzme nicht nur die fruchtbaren Auen bei Ksêfe, sondern auch gute Weideplätze südlich davon. So gehört ihnen ʿArʿara, Kornûb, der Anfang des w. el-Abjaḍ, arḍ el-Buṭmi, el-Melâḥi, die nördliche Hälfte von Ḳêṭûm, el-Maṭrada und umm Raṭâṭên.

Aṭ-Ṭawara'.

Die Ṭawara', Ṭawari, lagern in der Umgebung des ṭûr Sina. Als Ahnherrn verehren sie eš-Šêḫ Ḫajûs, zu dessen Grabe in der Sandwüste nördlich vom w. en-Naṣeb sie jährlich pilgern. Da ihre Weideplätze außerhalb des von mir durchforschten Gebietes liegen, so gebe ich hier nur ein kurzes Verzeichnis ihrer Geschlechter, wie ich es von meinem Gewährsmanne erfahren habe.

Geschlechter:	Sippen:	Wasserplätze:
el-Ḳarârše, Ḳrejši	Nwâṣre, ibn Nuṣejr	w. Fejrân
	awlâd Sa'îd, ibn Sa'îd	„
eṣ-Ṣawâlḥe, Ṣâleḥi	Ḥarâmše, Ḥarâmši	w. eš-Šêḫ
	Ṛamâmze, Ṛammâzi	„
	awlâd Rabî', ibn Ṛabî'	„
'Awârme, 'Ârmi	el-Lijjâle, el-Lîli	w. as-Sidre
	el-Fawânse, el-Fânûsi	„
	al-Maṣâbḥe, ibn Ṣabîḥ	„
	ḏiwi 'Armân, ibn 'Armân	„
el-'Alêḳât, 'Alejḳi	ḏiwi Mudabbel, ibn Muddabbel	w. Ṭarada', nö. von eṭ-Ṭûr
	ez-Zmejlijjîn, ez-Zmejli	w. Ba'ba' u. w. Naṣeb
	ḏiwi 'Ajid, ibn 'Ajid	w. aš-Šerem
Muzajna, Muzajni	eṣ-Ṣfejrât, eṣ-Ṣfejr	w. Ṭarada'
	el-Ḥḍêrât, el-Ḥḍejr	„
	el-Ġarbân, el-Aġrab	„
	el-'Awâṣje, abu 'Awêṣ	„
	er-Rwasa, abu Râs	„
	an-Nijaṣa', an-Nîṣ	„

El-Ḥêwât.

Die Ḥêwât, Ḥêwi, lagern südlich von den 'Azâzme und Tijâha zwischen der 'Araba im Osten, at-Ṭamad im Westen und dem Roten Meere im Süden. Sie verehren als Ahnherren die Šawâfîn, pilgern jedes Jahr zu ihrem Grabe, opfern daselbst Schafe, und zwar so, daß das Blut auf die Steinplatte rinnt, wa-d-damm jisîl 'ala-n-nuṣâjeb. Die Ḥêwât gehören zur einheimischen Bevölkerung, lagerten jedoch einst mehr im Norden, von wo sie von den 'Azâzme verdrängt wurden. Sie sind größtenteils Kamelzüchter. Ihr Hauptbegräbnisplatz liegt bei Ṛaḍjân. Das Stammzeichen al-Maṭraḳ ┌ brennen sie den Kamelen auf die rechte Backe, den Schafen in das rechte Ohr ein.

Geschlechter:	Sippen:	Wasserplätze:
Šawâfîn, Šawafi	Neġâmât, Niġmi	at-Ṭamad u. bîr Ḳurêt
	Ḳaṣâjre, al-Ḳaṣîr	„ „ „
	Rawasa, abu Râs	„ „ „

Geschlechter:	Sippen:	Wasserplätze:
Šawâfin, Šawafi	Mṭûr, abu Maṭar	Kuntilet el-Ǵerâfi
	Ḫalâjle, el-Ḫalîli	Ḳadjân
	Kasâsbe, ibn Kassâb	"
	el-Ḳawâšme, el-Ḳâšem	"
	Ṣafâjḥe, abu Ṣafîḥ	"
	Ḳurêḳânijjîn, el-Ḳurêḳâni	el-Ǵerâfi
	Mṭejrât, abu Mṭejr	en-Naḫl
Ḥamadât, Ḥamadi	aṭ-Ṭwâl, aṭ-Ṭawîl	el-Bḥejr
	el-Karâdme, ibn Krejdem	Ḥandes
	ed-Dalâlât, ibn Dalâl	"
	al-ʿAḳlân, abu ʿAḳla	el-Bḥejr
al-Ḫalâjfe, al-Ḫlajfi	el-Ḳawâḏme, ibn Ḳâḏûm	ʿajn Ṭâba
	el-Ḥawâṭre, al-Ḥâṭri	ʿajn Turbân
	al-Ḳṭûn, ibn Ḳaṭaʾ	"

Es-Saʿîdijjîn.

Die Saʿîdijjîn, es-Saʿîdi, lagern nördlich von den Ḥêwât und östlich von den ʿAzâzme auf beiden Seiten der ʿAraba. Ihre Grenze läuft von der Mündung des w. el-Merzeba in westlicher Richtung zum ǵ. Nafḫ, dann südwärts zu den bijâr el-ʿEdêd, naḳb el-Bejjâne und in östlicher Richtung zu miʾ Ḳarandal, ḫ. Delâṛa und nordwestwärts zu el-Ḥawwar, el-Ḳamr und Merzeba. Einst wohnten sie zwischen tell el-Fârʿe und ʿArʿara, wurden aber von dort von den Tijâha verdrängt. Ihr alter Begräbnisplatz liegt bei ʿArʿara in al-Falḥa. Als Wasm führen sie er-Rwêkêb U auf dem Hinterfuße und el-ʿAraḳa I auf der Stirne der Kamele und Ziegen.

Ihr Ahnherr as-Swêri ist eigentlich Ahnherr nur der Ramâmne.

Geschlechter:	Sippen:	Wasserplätze:
as-Sawârje, Swêri	Ramâmne, ibn Rammân	miʾ Mlêḥe, nördlich vom w. el-Leḥjâne
	er-Rwâḏje, ibn Rwêḏi	
	ad-Daṛâfḳa, ibn Edṛafaḳ	
	el-Ḥamadât, el-Ḥamadi	
	aṭ-Ṭalâḥîn	
	es-Srûrijjîn	Delâṛa
Ḳabâla, Ḳbâli	el-Madâkir, ibn Ḏikr	Ḳarandal
	as-Swejjât, es-Swej	bîr Ḥammâd

Geschlechter:	Sippen:	Wasserplätze:
Ḳabâla, Ḳbâli	el-ʻAmêrât, el-ʻAmêri	Ṛarandal
	el-Ḥamâjṭa, ibn Ḥmejṭa	el-Ṛamr
	en-Nḳûz, ibn Enḳêz	"
	el-Bḫejṣât, al-Bḫêṣi	"
	el-ʻAwnât, ibn ʻAwne	Delâṛa

Ed-Dbûr.

Die Dbûr sind ein uralter Stamm, der einst die Gebiete südlich von es-Sbejṭa besaß. Jetzt leben sie zerstreut als kleine Familien unter den Ḥêwât, Tijâha und Saʻîdijjîn.

ʻAḳabawijje.

Die Bewohner von el-ʻAḳaba besitzen keine Felder. Nur von den Ḥêwât pachten sie anbaufähige Flächen, insbesondere im w. el-ʻOḳfi, die sie bewirtschaften. Kleinvieh halten sie nicht, und die Zahl der Kamele beträgt kaum 200. Ihre Erwerbsquelle bildet der Transporthandel mit Ägypten und Arabien und dann die Palmen. Man zählt in der Umgebung ungefähr 3500 Palmen und schätzt den Ertrag einer ausgewachsenen Palme in guten Jahren auf drei Meǧîdi (K 14·40), in schlechten aber nur auf die Hälfte.

Sippen:	Ursprung:
ʻajlet el-Kibrîti	Ṛazze
ʻajle Mâḍi	Ṣaʻîd
ʻajlet eš-Šêḫ Mḥammad	"
" el-Ǵârḅi	el-Baḥîra
" ʻAbdelfattâḥ	ʻÂjed
" Jâsîn	Ḥalab
" ʻAbderraḥmân	Ṣaʻîd
" ʻAbdessallâm	"
" es-Sṭûḫi	Ägypten
" ʻAjîd	"
" el-Hendâwi	Indien
" el-Bederi	Ägypten
" abu ʻAjjâṭ	Ṣaʻîd
" abu Jûnes	"
" ʻAbdelǵwâd	Ägypten

Sippen:	Ursprung:
'ajlet abu Smâ'îl	Ägypten
„ el-'Abîd	Sûdân
„ el-Fâḫri	von den Ma'aze
„ el-'Âjed	„ „ „

Al-'Imrân.

Die 'Imrân, el-'Imrâni, lagern östlich und südlich von el-'Aḳaba.

Sippen:	Tränkplätze:
el-Hlêlijjîn, ibn Hlejjel	w. es-Sidre
el-'Aṣâbîn, 'Aṣbâni	Ḥaḳl
eš-Šemâsne, Šamsâni	„
er-Rwêkbîn, er-Rwêkbi	„
el-Ḳawâsme, ibn Ḳâsem	„
el-'Abâdle, el-'Ebdeli	el-Ḥmêḍa'

Ḥwêṭât et-Tihama.

Die Ḥwêṭâṭ et Tihama lagern an der Küste des Roten Meeres südlich von den 'Imrân und bestehen aus:

Geschlechter:	Sippen:	Wasserplätze:
al-'Omêrât, el'Omêri	al-Fawâjze, ibn Fâjez	w. 'Ejâl und el-Bada', östl. von Moǵâjer Ša'êb
	al-Ḥrûḳ, al-Ḥaraḳ	
	aš-Šhâbijjîn, aš-Šihbi	
	an-Nṣejrât, abu Naṣîr	
	al-Ḳadâjre, ibn Ḳadîr	
	ar-Rwâšde, ar-Râšdi	al-Bwara
	al-Fawase, al-Fâsi	„
al-Mesâ'id, al-Mas'ûdi	al-Lebâjde, al-Lebêdi	w. al-Ḥabṭ und Ḳijâl
	aṭ-Ṭarâfje, aṭ-Ṭarfâwi	„ „ „
	al-Ḳadâjre, al-Ḳadîri	„ „ „
	al-Ǧerâjre, abu Ǧrajr	„ „ „
	al-Farâḥîn, al-Farḥâni	„ „ „
aḍ-Ḍijâbîn, aḍ-Ḍîbâni	—	el-Ḥrejbe und 'Ajnûna
az-Zamâhre, az-Zambari	—	Zihd und 'Ajnûna

Geschlechter:	Sippen:	Wasserplätze:
aṭ-Ṭkêḳât, aṭ-Ṭaḳîḳi	ḍiwi Salâme, ibn Salâme	Ḍeba, wo auch ein Muḥâfeẓ des Wâli von Ǧedda residiert
	„ ʻAmêre, ibn ʻAmêre	
	„ ʻAlejjân, ibn ʻAlejjân	
Selêmijjîn, es-Selêmi	ad-Daḳajḳe, ad-Daḳîḳi	Ḍelʻe Šerma
	el-Orejnbât, el-Orejnbi	w. Saʻlawwa
	aš-Šawâmîn, aš-Šâmi	—
	aṭ-Ṭaḳâṭḳa, aṭ-Ṭaḳṭaḳi	w. al-Matâdân und
	as-Swejjât, as-Sawij	al-Badîʻa
al-ʻObejjât, al-ʻObêwâni, (stammen von den Ḥarb)	al-Lahâjbe, al-Lahîbi	al-Aznam
	an-Nwêǧʻât, an-Nwêǧʻi	ḫ. al-ʻAbdên
	aṭ-Ṭarâṭḥe, aṭ-Ṭrejṭuḥḥi	„
el-Mawase, al-Mûsi	al-Ḳdûd, abu Ḳadd	w. Ṣirr und an-Nǧejl
	an-Nǧâmât, ibn Nâǧem	w. Šaṛab
	Sabâtîn, ibn Sbejtân	„
	el-Ḥfaʼ, el-Ḥafjân	„
al-Mešâhîr, al-Mašhûri	al-Ḥaṭâjʻe, al-Ḥaṭîʻi	w. abu Ḳzâz
	an-Naṣâjre, ibn Nuṣejr	„
	el-Makâkwe, el-Makîk	„
	al-Bdûn, al-Badani	„
al-Ḳurʻân, al-Ḳurʻâni	ar-Rawâšde, ar-Rašîdi	w. Arzejḳân, el-Aznam
	ḍiwi Barâhîm, Barâhîmi	w. Murra
	el-Ǧelâwijje, Ǧelâwi	„
	an-Nuṣejrât, walad Naṣṣâr	„
	ḍiwi Ḥmûd, ibn Ḥmûd	„
al-Ǧawâhre, al-Ǧawhari	—	Liben, en-Nḫejre
al-Ḳbêḍât, al-Ḳbêḍi	aṭ-Ṭawâjre, abu Ṭâjre	sejl Ṛiḍjân
	ʻejâl Nwêfel, ibn Nôfal	Ḍeba
	el-Ǧawâsre, ibn Ǧâser	„
al-Faḥâmîn, al-Fḥêmâni	awlâd Saʻîd, ibn Saʻîd	ǧ. el-Ḥalâl
	awlâd Aʻlajje, ibn Aʻlajje	„
	el-Ḥamâdât, ibn Ḥmêde	w. Ṣadar
el-Ǧerâfîn, el-Gerfâni	al-Fṭûḥ, al-Fṭûḥi	w. Ḍeba
	el-Bisasa, el-Bsêsi	„

Beli.

Der große Stamm der Beli lagert südlich von den Ḥwêṭât et-Tihama und teilt sich in:

Geschlechter:	Sippen:	Wasserplätze:
al-Ma'âḳle, Ma'êḳli	er-Refâdât, ibn Refâde	el-Wiǵh
	diwi Selîm, ibn Selîm	"
	" 'Awôḍa, ibn 'Awêḍa	"
	" Miršid, ibn Miršid	"
	" 'Aîd, ibn 'Aîd	"
	" 'Aḳl, ibn 'Aḳl	"
	" Mbârak, ibn Mubârak	"
	eṣ-Ṣawâm'e, Ṣawm'i	el-Badî'
ar-Rmûṭ, ar-Rmûṭi	er-Ršûd, er-Ršûde	eṣ-Ṣadâra und
	el-Helbân, Helbâni	Ṭajjib Ism
	el-Ḥomrân, el-Ḥomrâni	el-Ḥarrâr
	el-Hmur, Hemri	en-Naḳbên
	el-Frê'at, Frê'i	el-Gajda
	el-'Efene, el-'Efîn	el-Ḥarrâr
al-Fawâḍle, el-Fâḍli	—	w. Neǵed
az-Zabbâle, az-Zabbâli	ar-Raṭâwîn, Raṭâwi	el-Kirr
	eṣ-Ṣarâbṭa, Ṣrôbṭi	w. Neǵed
	el-Ǵedûl, el-Ǵidli	abu Tirre u. ed-Ḍîl
	el-Bwênât, el-Bwêni	'Eddân
	el-Ḳarâ'aṭa, Ḳar'ûṭi	el-Kirr
as-Saḥame, as-Saḥami	el-Ǵem'ân, Ǵem'âni	el-Ǵwa
	diwi Mhanna, ibn Mhanna	el-Ḍâ'a
	es-Sâlem, ibn Sâlem	"
al-Wâbṣe, al-Wâbṣi	as-Sbûṭ, Sbûṭi	Badda'
	el-Ḳawâsme, Ḳâsmi	"
	az-Zrûṭ, Zerṭi	'Aḳbal
	el-Wêbân, ibn Wêbân	"
	el-Lwaṭa, el-Lûṭ	Ṣurûm
al-Mawâhib, al-Majhûbi	as-Seba', Seba'i	el-Fara'a
	aš-Šawâmîn, aš-Šâmi	es-Sidre
	diwi Ǵbêl, Ǵbêli	el-Fara'a

Geschlechter:	Sippen:	Wasserplätze:
el-Hrûf, Herfi	diwi Mḥammad, ibn Mḥammad	el-Maṣ‘
	„ Sâlem, ibn Sâlem	el-Anwa
el-Waḥše, el-Waḥši	„ Zejd, ibn Zejd	Ḥawṭale u. Neǵel
	ed-Daḳârma, Duḳrûm	„
	‘ejâl Mu‘alla’, ibn Mu‘alla’	ed-Dafne
el-‘Arâdât, ‘Arâdi	el-Ḳrûn, Ḳrûni	el-Kirr
	es-Sa‘êdât, Sa‘êdi	el-Ḥasana
	el-Hšejmât, el-Hšejmi	el-Ḳfêf
	el-Bwejjât, Bwej	„

Al-Ḥwêṭât.

Der große Stamm der Ḥwêṭât, Ḥwêṭi, leitet seinen Ursprung von Ḥwêṭ ab, der aus Ägypten stammte und auf einer Pilgerfahrt nach al-‘Aḳaba kam. Hier wurde er fieberkrank und blieb bei einem ‘Aṭîwi, einem Angehörigen des Stammes Beni ‘Aṭijje. Diese hatten Weizen und Gerste für die Pilgerkarawane zu besorgen. Es kamen Getreidehändler von eš-Šâm, Syrien, und die ‘Aṭijje mußten sie vor Überfällen schützen. Als Ḥwêṭ gesund geworden war, blieb er bei den ‘Aṭijje und begleitete als Naẓûr diese Getreidekarawane. Da er sehr verschlagen war, machte er es mit den Händlern ab, daß sie nördlich von ‘Aḳaba anhielten. Als die Pilgerkarawane ankam, war nicht genug Getreide in ‘Aḳaba und der Häuptling der Beni ‘Aṭijje wußte sich nicht zu helfen. Da wendete sich der Pascha, der die Karawane begleitete an Ḥwêṭ, und dieser verschaffte das nötige Getreide. Von der Zeit an wurde er mit der Besorgung des Getreides in ‘Aḳaba betraut; bald gesellten sich zu ihm mehrere Familien, welche den Namen Ḥwêṭât annahmen.

Andere wieder erzählen, daß Ḥwêṭ ursprünglich anders hieß, diesen Namen hätte er aber wegen folgender Begebenheit bekommen: Er war schon recht mächtig geworden und wollte dem Häuptlinge der Beni ‘Aṭijje nicht mehr Gefolgschaft leisten. Als dieser einst zu ihm kam und ihn zum Gehorsam aufforderte, zeichnete Ḥwêṭ im Sande diejenigen Gebiete, welche er sich nehmen wollte, und machte um sie mit seinem Harn einen Kreis. Nun schwur er, daß geradeso, wie ihm niemand seinen Harn nehmen könne, ihm auch niemand diese Gebiete entreißen werde. Wegen dieser mittels Harn gezeichneten Umgrenzung soll er den Namen Ḥwêṭ bekommen haben. Sein Grab liegt in Ḥesma.

Seine Nachkommen verdrängten verschiedene Stämme; so mußten ihnen im Süden die Beni 'Aṭijje weichen, im Osten die Šarârât, im Norden die Beni Ṣaḫr, im Westen die Terâbîn, und im Nordwesten zwangen sie die Ḥeǧâja und die Ṣalâjṭa zur Auswanderung. Auch führten sie oft Kriege mit den sich immer mehr ausbreitenden Beni Ṣaḫr, die sich ihre besten Weideplätze aneignen wollten. Öfters mußten die Ḥwêṭât weit nach Süden fliehen, manchmal aber wurden auch die Ṣḫûr besiegt, so in dem glorreichen Kampfe jôm al-Batra, in dem der 'Aḳîd der Ṣḫûr Ibn Ḥâmed fiel.

Die Ḥwêṭât sind Kamelzüchter und machen der türkischen Regierung viel zu schaffen. Der Oberhäuptling 'Arâr ibn Ǵâzi wurde 1894 durch List gefangen und in Damaskus eingekerkert. Da sich jedoch sein Stamm trotzdem nicht fügen wollte, wurde er nach zwei Jahren freigelassen und zum türkischen Beamten ernannt mit einem Monatsgehalte von 23 Meǧîdi. Nebstdem bekommen die Ḥwêṭât von der Regierung Ma'âše, und zwar in den Jahren, in denen politische Verwicklungen zu befürchten sind, regelmäßig und in ziemlicher Höhe; ist aber überall Ruhe, dann bekommen sie nur wenig.

Den Oberhäuptling der zweiten Gruppe der Ḥwêṭât, Mḥammad ibn Ǵâd, gewann die türkische Regierung durch große Geschenke, und er spielte unter den dortigen Beduinen eine große Rolle bis zu seinem Tode (1900). Im Herzen war er ägyptisch gesinnt, denn von Ägypten wurde er besser bezahlt. Die türkische Regierung fürchtete ihn; darum trachtete man, ihn durch Güte zu gewinnen. Er wurde nach Konstantinopel eingeladen, daselbst als Gast Seiner Majestät mit Ehren empfangen, bewirtet und erhielt alle möglichen Versprechungen. Er wurde zum türkischen Beamten ernannt, bekam schöne Waffen und Kleider, und fortan bezog er und sein Geschlecht jährliche Gaben, ma'âše, an Kleidern, Nahrungsmitteln und Geldern.

Als Ḫâwa bekommen die Ḥwêṭât:

Von den Šarârât, und zwar von jedem Zelte, je nach der Größe, 2—4 Meǧîdi.

Auch eš-Šôbak mußte ihnen die Ḫâwa zahlen.

Die Ma'ânijje mußten für etwa 60 Reiter jedem 1 Paar Ǵâzme, rote Stiefel, und je 2 Finǧân Kaffee entrichten.

Von den Na'êmât, Lijâṭne und es-S'ûdijjîn von Bṣejra zahlte jedes Zelt 3 Midd Gerste.

Die Ḥamâjde von Ṣenefḥe und die Ǵawâbre von Ṭfîle zahlten: jede Familie 2 Midd trockene Feigen, 2 Midd Weizen, 2 Midd Gerste und 3 Roṭl Öl.

Die Na'êmât von el-'Ejna je 1 Midd Gerste und 1 Midd Weizen.

Die Ḳawârne jedes Zelt 6 Ṣâ' Gerste und 6 Ṣâ' Weizen.

Die Einwohner von Tejma': jede Familie 2 Midd Datteln und insgesamt 2 Mäntel.

Die Einwohner von el-Ǵôf — aber nur zwei Quartiere — jährlich 6 Mäntel, während die übrigen fünf Quartiere nichts zu zahlen haben.

Die Bewohner von Sakâka, Itre und Kâf im w. Sirḥân: jedes Dorf 2 Mäntel.

Unternehmen die Ḥwêṭât einen Kriegszug in die östlichen Gebiete und werden sie geschlagen, so sind die Bewohner der aufgezählten Dörfer verpflichtet, die Flüchtlinge aufzunehmen, zu bekleiden und zu unterstützen, damit sie zu den Ihrigen gelangen können.

Die Ḥwêṭât teilen sich nach den herrschenden Familien in zwei Gruppen: Ḥwêṭât ibn Ǵâzi (800 Familien) und Ḥwêṭât ibn Ǵâd (100 Familien).

Ḳowm ibn Ǵâzi.

Die Ḥwêṭât, welche aš-Šera' und die östliche Wüste innehaben, heißen Ḥwêṭât eṣ-Ṣafḥa oder Ḳowm ibn Ǵâzi. Ihr Wasm ist al-Awfêḥeǵ: ᒥᒉ.

Geschlechter:	Sippen:	Wasserplätze:
at-Tawâjhe, abu Tâjeh	Frêǵât, Frêǵi	Ḍôr
	el-Muṣabḥijjîn, ibn Mṣabbeḥ	„
	el-Fatena, Fatni	—
	es-Smêḥijjîn, Smêḥi	—
	an-Nawâṣre, Nâṣri	al-Ǵafar
	as-Sûdân, al-Aswad	„
	el-Ǵebâhîn, abu Ǵebhe	„
	'ejâl Ḥamd, ibn Ḥamd	„
	'ejâl Salâme, ibn Salâme	„
	eš-Šumûṭ, aš-Šamṭ	„
el-Maṭâlḳa, Maṭlaḳi	'ejâl Ǵâzi, ibn Ǵâzi	„
	el-'Awdât, ibn 'Awde	„
	eḏ-Ḏijâbât, ibn Ḏijâb	„
	el-Hedbân, al-Hedbâni	„
	'ejâl Ḥamd, ibn Ḥamd	„
Darâwše, ibn Darwiš, (stammen von den Beli ab)	'ejâl Salmân, ibn Salmân	Odroḥ
	'ejâl Mûsi, ibn Mûsi	„

Geschlechter:	Sippen:	Wasserplätze:
ʿAmâmre, ibn ʿAmmâr	er-Rkêbât, abu Rukbe	aṣ-Ṣadaḳa
	el-Bḥêḥât, el-Bḥêḥi	"
	as-Slêmânijjîn, Slêmân	"
	el-Mezâjde, ibn Mizjad	"
	el-ʿAǵâlîn, ʿAǵlân	"
Marâʿje, Marʿâwi	aṣ-Ṣawâwne, aṣ-Ṣwêwîn	Ṭâsân und aba-l-Lesel
	el-Mešâʿle, ibn Mišʿal	
	er-Raṣâʿijje, er-Raṣâʿi	
	el-Ǵebaha, Ǵbêhi	
	el-ʿAlâdje, ʿAlêdi	
	el-ʿUǵûl, el-ʿAǵl	
	awlâd ʿAli, ibn ʿAli	
ad-Dmânijje, ad-Dmâni	ʿejâl Muḥammad, ibn Mḥammad	Ǵorba
	ʿejâl Mbârak, ibn Mbârak	"
	er-Rizaḳaʾ, ibn Rizḳ	"
	at-Terâmse, at-Trejmsi	"
al-ʿUṭûn, al-ʿAṭen	el-Maḥâsne, Maḥseni	el-Ǵafar
	er-Rawâšde, Râšedi	"

Den Ḥwêṭât aṣ-Ṣafḥa werden beigezählt auch die

Zawâjde, az-Zâjdi	awlâd Maṭlaḳ, ibn Maṭlaḳ	Iram
	aš-Šḥejtât, aš-Šḥejti	"
	al-Mizene, Mizni	"
	az-Zelâbje, Zelâbi	—

Ḥwêṭât ibn Ǵâd.

Die Ḥwêṭât ibn Ǵâd, auch el-ʿAlâwîn genannt, wohnen in el-Ḥesmi:

Geschlechter:	Sippen:	Wasserplätze:
Ṣwêlḥîn, Ṣwêlḥî	—	ǵ. Râmâm
Maḳâble, ibn Meḳbel	—	ʿajn Faḥḥâm
el-Maḥâmîd, ibn Maḥmûd	—	el-Heǵfe
el-Bdûl, el-Beden	—	el-Ḥeǵna u. w. Mûsa
eṣ-Ṣḳûr, eṣ-Ṣaḳr	—	eš-Šebîbi
el-Ḥḍêrât, el-Ḥḍêri	—	"
es-Sallâmîn, ibn Sallâm	—	Mlêḥ
el-Farrâǵîn, Farrâǵi	—	Ḥeǵna

Geschlechter:	Sippen:	Wasserplätze:
es-Srûrijjîn, ibn Srûr	—	Delâγa
el-Menâğe'e, el-Menğe'i	—	el-Ḥawwar
al-Ḳidmân, al-Ḳdejjem	al-Miḳbel, ibn Miḳbel	el-Ḳtejfe
	al-Ḥammâd, ibn Ḥammâd	—
	'ejâl 'Ali, ibn 'Ali	—
al-'Awâsa', al-'Awês	al-Ḳur'ân, al-Ḳra'	w.al-Fâleḳ, el-Heğfe
as-Sallâmât, as-Sallâmi	el-Ballâšîn, el-Belši	Mlêḥ
al-Ḳajâlîn, al-Ḳajâli	'ejâl Sâlem, ibn Sâlem	Ḳalḫa

Ar-Rawâğfe.

Die Rawâğfe, ibn Râğef, lagern westlich von den Srûr und sind alte Bewohner der Dörfer zwischen 'ajn Ḥbes und Delâγa. Sie wurden stets mehr und mehr verdrängt. Noch vor 30—40 Jahren besaßen sie 14 Stuten. In den letzten Jahren ruinierten die Ḳîḳ, Heuschrecken, ihre Felder, so daß manche auswanderten und viele vor Hunger starben. Jetzt zählen sie zehn Mann und drei Frauen. Wie mir mein Gewährsmann erzählte, können sie nicht heiraten, weil sie von ihren Nachbarn verachtet werden. Sie sind so arm, daß sie weder eine Schüssel noch einen Deckel zum Brotbacken besitzen.

Na'êmât eš-Šera'.

Die Na'êmât eš-Šera' werden oft den Ḥwêṭât beigezählt, obwohl sie Überreste der einheimischen Bevölkerung bilden und Kleinviehzucht betreiben. Ihr Stammzeichen ist Bâkûr und Maṭraḳ: ⌐

Geschlechter:	Sippen:	Wasserplätze:
al-'Alâjde, 'Alêdi	Rawâšde, ibn Râšed	al-Basṭa
	Nağâğme, ibn Nâğem	Ajl
	Ḳawânme, Ḳanmi	aba-l-'Aẓâm
	Sa'âdne, Sa'êdni	"
es-Slêmât, es-Slêmi	Za'âlîn, ez-Za'lân	"
	'Arâḳde, 'Arḳadi	"
	as-Sbû', as-Sab'	"
	es-Saḥâlîn, es-Saḥli	"
	Šetâtle	"
as-Salâmijjîn, Salâmi	'ejâl 'Abbâs, ibn 'Abbâs	"

Ma'ânijje.

Die südliche Stadt heißt Ma'ân el-Maṣrijje oder el-Kebîre oder el-Ḥeǧâzijje und zählt etwa 150 Familien. Die Bewohner Ma'ânijje, Ma'âni, führen als Wasm el-Ḥadame und Maṭraḳên: ꟗ.

Sie teilen sich in die Bewohner der Unter- und Oberstadt, die für sich befestigt sind und sich schon oft bekriegten: et-Taḥâta, Taḥtâni, und al-Karâšîn, ibn Krejšân.

Die Taḥâta zerfallen in:

Geschlechter:	Sippen:
el-Ḥawâlde, Ḥâledi	Ǧerârje, ibn Ǧerrâr
	'ejâl Ḥamad, ibn Ḥamad
	en-Nawâṣre, Nâṣeri
Ḥammâdîn, Ḥâmdi	Ḳabâb'e, Ḳabbâ'i
	'ejâl 'Awde, abu 'Awde
al-Bezâj'e, al-Bzê'i	el-Bawwâbîn, el-Bawwâb
	'ejâl Mḥammad, ibn Mḥammad
el-Fanâṭse, el-Funṭsi	'ejâl Dâûd, ibn Dâûd
	'ejâl Šwêṭer, ibn Šwêṭer
	el-Ḥuṭaba', el-Ḥaṭîb
	'ejâl 'Amr, ibn 'Amr

Die Karâšîn zerfallen in:

Geschlechter:	Sippen:
el-Helâlât, Helâl	'ejâl Ḥsên
'ejâl Mar'i, ibn Mar'i	—
el-'Abîd	—
el-'Aḳâjle, 'Aḳêli	'Arâ're, 'Ar'ari
	'ejâl Slîmân, ibn Slîmân
	at-Talâhîn, Telhûni
eṣ-Ṣallâḥât, Ṣallâḥ	—

Die nördliche Stadt heißt Ma'ân eṣ-Ṣarîre oder eš-Šâmijje, der alte Name lautet jedoch el-Morâra; es wohnen daselbst etwa 100 Familien.

Die Bewohner bestehen aus:

Geschlechter:	Sippen:
'ejâl el-Ḥaṣân, ibn el-Ḥaṣân	—
en-Nis'e, en-Nis'i	—
'ejâl 'Abdallâh, ibn 'Abdallâh	—

Geschlechter:	Sippen:
at-Tawâbṭe, Ṭôbṭi	—
ʽejâl Ḥajjâne, abu Ḥajjâne	—
el-Ḳarâmse	ar-Rašâjde, Rašîdi
	ʽejâl Ǵimʽe, ibn Ǵimʽe
	el-Ḫawaraʼ, el-Ḫûri
	el-Ǵrejjât, Ǵerwi
	ʽejâl eš-Šellêḫ

Die Bewohner von Maʽân widmen sich dem Handel und teilweise auch dem Ackerbau. Sie pachten nämlich anbaufähige Gebiete, arâḍi -sḳi, von den Beduinen, denen sie ein Fünftel des Reinertrages abliefern. Den Maʽânijje gehören nur unfruchtbare Gebiete, arâḍi el-baʽal. Man findet die Felder der Maʽânijje in den Gebieten von Basṭa, Ajl, aba -l-ʽAẓâm, welche sie von den Naʽêmât pachten, dann bei el-Fwêle und aba-l-Lesel, die den Marâʽîn gehören, und auch bei Ḍôr, der Besitzung der Frêǵât.

El-Lijâṭne.

Die Bauern von al-Ǵi heißen Lijâṭne, Lejṭâni oder Liṭi und zählen etwa 100 Familien. Ursprünglich wohnten hier die Beni Ḥamîde. Einst kam zu ihnen ein ʽAraber, namens Sâlem vom Stamme der Ḥarb. Er heiratete ein Mädchen der Beni Ḥamîde und seine Frau gebar ihm drei Söhne: Ḫalîfe, den Ahnherrn der Ḫalâjfe, Ḫlêf, den Ahnherrn der Ḫlejfât, Raḍi, den Ahnherrn der Rwâḍje. Zu diesen drei Geschlechtern gesellten sich bald andere und nannten sich gemeinschaftlich Šrûr. Mit Hilfe der sich vordrängenden Ḥwêṭât wurden die Beni Ḥamîde vertrieben. Nun verbanden sich die Šrûr mit den einheimischen ʽObêdijje, nahmen den Namen Lijâṭne an und besitzen seit dieser Zeit die Umgebung von al-Ǵi.

Ihr Gebiet reicht von er-Rsês im Süden bis el-ʽArḳaʼ im Norden und von den Bergrücken im Osten bis w. ed-Dêr im Westen. Daḥâḥa bildet die Grenze zwischen den Šrûr und ʽObêdijje. Sie haben den anbaufähigen Boden geteilt, der Besitz einer jeden Familie heißt Šuḳḳa.

Sie zahlten Ḫâwa den ʽAmârîn und den Ḥwêṭât ibn Ǵâzi, und zwar jede Familie drei Ṣâʽ Weizen.

Geschlechter:	Sippen:	Wasserplätze:
eš-Šrûr, Šrûri,	Ḫalâjfe, Ḫlâfi	el-Ǵiš
	Rawâḍje, Rwêḍi	eḍ-Ḍbâʽ

Geschlechter:	Sippen:	Wasserplätze:
eš-Šrûr, Šrûri,	Salâmîn, Salmâni	el-Mḥalle
	Farağât, Farği	ed-Daḥâḥa
	Sa'êdât, ibn Sa'îd	'ajn Emûn
	Falâḥât, Flâḥi	el-Mḥalle
	Ḫlejfât, ibn Ḫlêfi	'ajn Emûn
	el-Fḍûl, ibn Faḍl	ḫ. el-Feḍûli
'Obêdijje, 'Obêdi	Hlâlât, Hlâli	el-Mḥêlle
	Nṣârât, Naṣari	"
	el-Mašâ'ele, Maš'ali	w. Mûsa
	Ḥasanât, Ḥasan	ẓahrat el-Ḫâzne
	'Alâja, 'Âli	el-Ḫrejbe
	Nwâfle, Nowfeli	ẓahrat el-Ḫâzne
	Ḥamâdîn, ibn Ḥamdûn	"
	Šamâsîn	"
	'Amârât, 'Amâri	"
	Ṣbejḥât, ibn Ṣbejḥ	"

In al-W'ejra wohnte eine christliche Sippe, ḥamûle min en-naṣâra, die 40 Männer zählte. Sie lebten ganz für sich, hatten keine Gemeinschaft mit den Bewohnern von el-Ǧi und erlaubten nicht, daß diese an ihren Opfern teilnahmen. Einst schlachteten sie ein Opfertier und teilten das Fleisch nach der Zahl der Männer in 40 Teile. Es schlich sich jedoch unter sie Salâm abu Zṛejle, entwendete ein Stück Fleisch und floh, ohne bemerkt zu werden. Als sie nun die 40. Portion nicht finden konnten, betrachteten sie es für ein ungünstiges Zeichen und wanderten aus. Man glaubt jedoch, daß sie von den Arabern verdrängt wurden. Nach ihnen fiel el-W'ejra den Hlâlât zu.

'Amârîn.

Der Ahnherr der 'Amârîn, 'Amrâni, heißt 'Abdallâh. Sein Grab liegt bei den ḫafâjer er-Raḥama und wird hochverehrt. Vor dem Grabe stehen zwei Steinplatten (etwa 60 *cm* hoch), auf welche verschiedene Votivgegenstände gelegt werden. Als wir an dem Grabe vorbeiritten, sahen wir, wie es unser Führer verehrte. Er trug nur das Hemd und einen zerrissenen Mantel, aber er wollte doch dem 'Abdallâh etwas schenken. Darum zog er einige Fäden aus seinem Kopfstrange und legte sie — die Steinplatte streichend — auf diese.

Jetzt lagern die ʿAmârîn meistens am Ostrande der ʿAraba, und zwar in el-Hîše, dem nördlichsten Teile von eš-Šeraʾ. Ihr Gebiet wird abgegrenzt im Osten vom w. el-ʿArġaʾ, im Norden von râs ed-Deḥdel, im Westen von Raḥama und im Süden vom w. el-Bôḍaʾ. Sie züchten Ziegen und sind berüchtigte Räuber. Als Stammzeichen führen sie Rwêkeb: ⊣, zählen etwa 50 Familien und bestehen aus:

eš-Šawâše, abu Šûše
ʿejâl ʿAwâd, ibn ʿAwâd
ʿejâl Ḥamîd, ibn Ḥamîd
el-Ḳufûš. Ḳufši.

El-Ǵnêne.

Das Dorf el-Ǵnêne haben stete Fehden mit dem benachbarten Dorfe el-ʿErâḳ ruiniert. Als Ursache des letzten und blutigsten Krieges erzählt man, daß einst die Knaben von el-Ǵnêne mit den Knaben von el-ʿErâḳ spielten, wobei durch einen unglücklichen Zufall der Sohn des abu-l-Ḳnêʿân getötet wurde, enḳatal. Da abu-l-Ḳnêʿân den Täter nicht kannte und nicht wußte, ob er aus el-Ǵnêne oder aus el-ʿErâḳ sei, beschloß er, sich an beiden Dörfern zu rächen. Er ging nach el-ʿErâḳ und teilte dort im Geheimen mit, daß die von el-Ǵnêne ihre Tennen plündern wollen. Die Bewohner von el-ʿErâḳ wollten ihnen nun zuvorkommen und die Tennen von el-Ǵnêne überfallen. Da lief abu-l-Ḳnêʿân eiligst nach el-Ǵnêne und schrie, daß ein Überfall von el-ʿErâḳ drohe. Wohl bewaffnet erwarteten die von el-Ǵnêne die von el-ʿErâḳ. Abu-l-Ḳnêʿân versteckte sich hinter einem Felsen zwischen den beiden Parteien und schoß von dort einmal in die Reihen derer von el-ʿErâḳ, dann wieder in die Reihen derer von el-Ǵnêne, und traf jedesmal. Nun stürzten sich beide Parteien aufeinander und es fielen auf beiden Seiten so viele Männer, daß die Weiber mit den Kindern auswanderten und sich den Ḳawârne und Šôbakijje anschließen mußten.

Ein Teil der Bewohner von el-ʿErâḳ, die Sʿûdijjîn, ließen sich in dem sujûl en-Nḳâb genannten Gebiete am Südwestende des Toten Meeres nieder, wo sie Ziegen- und Schafzucht betreiben.

Er-Rešâjde.

Die Rešâjde, ibn Rašîd, sind mit den Ḥwêṭât blutverwandt. Sie führen als Wasm al-Awfêheǵ: ᒥ, zählen etwa 50 Familien und bestehen aus:

Sippen:	Wasserplätze:
'ejâl Mal'ab	eš-Šķêrijje und el-Ķwêr
Ķwâfle, Ķâfli	Ğwar Badda
Ķwânme, ibn Ķânem	„
Ķmûr, abu Ķamra	„
Maḥâziz, abu Muḥajziz	„

Al-Mesâ'îd.

Die Mesâ'îd lagern in den Schluchten des östlichen Randgebirges der 'Araba zwischen Fênân und w. es-Salamâni.

Sie stammen von den Rešâjde ab. Ein Angehöriger der Rešâjde hatte Umgang mit einer schwarzen Sklavin. Als der Häuptling Mal'ab ibn Rašîd erfuhr, daß die Sklavin schwanger sei, zwang er den Mann, sie zu heiraten. Deswegen wurde dieser vom Stamme ausgestoßen und floh in die 'Araba. Die Sklavin gebar einen Sohn, dem der Vater den Namen Mas'ûd beilegte. Mas'ûd heiratete wieder eine Sklavin, weil ihm kein Stamm eine Tochter zur Frau geben wollte, und dieser ist der eigentliche Ahnherr der Mesâ'îd, die nur eine Sippe bilden.

'Uṣejfât.

Die 'Aṣejfât lagern in el-'Araba gewöhnlich mit den Mesâ'îd. Sie stammen von den Beni 'Aṭijje ab und zählen etwa 20 Zelte.

El-Menâğe'e.

Die Menâğe'e stammen von den Ḥwêṭât ibn Ğâd, wurden aber ausgestoßen und zählen nur etwa sechs Familien. Sie lagern südlich von den Ķwârne, (südlich von den ed-Dabba genannten Hügeln), in el-'Araba und gelten mit den 'Uṣejfât und Mesâ'îd für die gefährlichsten Räuber. Sie haben wohl die meisten Überfälle der fahrenden Kaufleute auf dem Gewissen, und zwar aus dem Grunde, weil sie mit keinem großen Stamme in Verbindung leben und deshalb von der Regierung kein Häuptling für ihr Treiben verantwortlich gemacht werden kann.

Die fahrenden Kaufleute von Ḥebron müssen ihnen Tribut zollen. Einst verlangten sie auch von den in Ḥebron Ansässigen Tribut. Diese schickten ihnen einen Ledersack, in dem zuvor Traubenhonig gewesen war, mit der Aufforderung, sie mögen ihn ablecken. Die Erwähnung dieses Vorfalles betrachten sie für die größte Beleidigung.

Ahâli-š-Šôbak.

Den Bauern von aš-Šôbak gehört das Terrain vom ḫ. es-Smêra im Norden, bis el-Hîše im Süden. Sie zählen etwa 200 Familien und zerfallen in:

Geschlechter:	Sippen:
el-Malâḥim, Malḥâmi (Stammzeichen al-Bâkûr: ᒋ)	aṭ-Ṭwara'
	al-Bdûr, ibn Badr
	eš-Šḥejbijjîn, eš-Šḥejbi
	el-Ḫawârte, el-Ḫârṭi
	el-Hajâz'e, el-Hejza'i
al-Habâhbe, Habhûbi (Stammzeichen el-Ḫadame: O)	ar-Rawâšde, ar-Râšdi
	eš-Šḳêrât, eš-Šḳêri
	er-Rafâje'e, er-Rafê'i
	el-Ḫǧûǧ, el-Ḫâǧǧ
	eš-Šwêmijjîn, eš-Šwêmi
	el-Ḳanamijjîn, el-Ḳanami

Westlich unterhalb aš-Šôbak liegt ein zerstörtes Dorf, welches noch vor 60—70 Jahren von den Melâḥîm bewohnt wurde.

Nur die Ṭwara' sind alte Bewohner von aš-Šôbak. Die Habâhbe stammen von den Na'êmât ab.

Die Bewohner von aš-Šôbak waren immer Freunde der Christen. Den Türken leisteten sie lange Widerstand und ihre Häuptlinge waren mehrere Jahre in der Festung el-Kerak interniert.

Ahâli Ḍâna.

Die Bauern von Ḍâna beanspruchen das Gebiet zwischen šaǧarat aṭ-Ṭajjâr im Süden, 'ajn aṭ-Ṭariḳ im Osten und umm el-Ḫârbe im Norden. Einst gehörten ihnen viele Dörfer, aber infolge steter Kriege mit den Kerakijje, Ḥeǧâja und Rešâjde wurden sie teils getötet, teils vertrieben und konnten sich nur in dem schwer zugänglichen Ḍâna halten.

Das Dorf Ḍâna bewohnen etwa 70 Familien der 'Aṭ'aṭa, 'Aṭ'aṭi:

Geschlechter:	Sippen:
Ḫawâlde, Ḫâledi	el-'Awêḍât, el-'Awêḍi
	ez-Zrejbât, ez-Zrejbi
Na'ân'e, Na'na'i	—
Ḫaṣaba', Ḫṣêbi	—

Ahâlî Buṣejra.

Das Dorf Buṣejra bewohnen etwa 200 Familien einer Unterabteilung der Ḥamâjde, welche es-Sa'ûdijjîn, es-Sa'ûdi, heißt und das Becken von Ṛarandal beansprucht.

Geschlechter:	Sippen:
Safâsfe, es-Safsufi	ez-Zijâdne
	ḳôm el-Ḳalîd, ibn el-Ḳalîd
	'ejâl Ḥarzallâh, ibn Ḥarzallâh
	el-Msê'idijjîn, ibn Msê'îd
	eš-Šrûš, abu Širš
	'ejâl Eṛnêm, ibn Eṛnêm
	el-Ṛirbâl
el-'Aṭâwne, el-'Aṭawi	er-Rfû', ibn Rafî'e
	'ejâl Salmân, ibn Salmân
	'ejâl 'Awde, ibn 'Awde
	'ejâl 'Awnijje, ibn 'Awnijje

Ahâlî Ṣenefḥe.

In Ṣenefḥe wohnen etwa 150 Familien, die ebenfalls zu den Ḥamâjde gehören. Ihr Wasm ist en-Nâḫer: ∩ auf der Nase und Maṭraḳên: ═ auf dem Ohre der Tiere.

Geschlechter:	Sippen:	Wasserplätze:
el-Ḳṭâmijje, el-Ḳaṭâmi	er-Rawâšde, Râšedi	—
	el-Ḥasâsne, Ḥasâsni	—
	Šbâṭât, eš-Šbâṭ	—
	Hawade, el-Hawêdi	—
	Ḥumrân, el-Aḥmar	—
	'Awdât	—
Štejjât, Štejji	el-Bilmân, el-Ablam	El-Ḥannâne
	es-Swâlḳa, es-Sôlaḳi	„
	el-Ḳarâr'e, el-Ḳarrâ'	„
	el-Fḳara', el-Faḳîr	„
	el-Badâjne, abu Bdejn	„
	Šaḳârne, abu Šaḳra'	„
	Ma'âwis, al-Mi'wâs	„
	Ṣawâfîn, abu Ṣwêfân	„

Ahâlî-ṭ-Ṭafîle.

Aṭ-Ṭafîle bewohnen 400 Familien der Ǧawâbre, Ǧâberi, denen das Land bis zum ḫ. Ḳfêḳef im Osten gehört. Sie teilen sich in:

	Geschlechter:	Sippen:
al-Mḥamdijjîn el-Mḥamdi (Wasm el-Maḥǧân ᒥ, auf der Nase)	al-Halâlât, al-Hlâli	el-Farâhîd, Farhûdi el-Ḳṭêṭât, el-Ḳṭêṭi es-Sbûl, abu Sabla
	al-Whêbât, al-Whêbi	er-Rabbâje'e, er-Rabbâ' eš-Šerâjde, ibn Šrêde
	al-Ḥamadât, al-Ḥamedi	el-'Awrân, el-A'war el-Ḥawâmde, el-Ḥâmedi el-Mhâjre, el-Mâhri el-'Aṭêwijje, el-'Aṭwi el-Ǧerâdîn, el-Ǧrejdi el-Krêrât, el-Krêri
al-Kalâlde, el-Kallêdi. (Wasm el-Maṭraḳ ——)	el-Mḥejsen, ibn Mḥejsen	el-Ḳawâsme, el-Ḳâsmi el-Bdûr, abu Badra el-Ḥalâfât
	el-Ḳṭejfât, ibn Ḳṭejfân (Wasm aṣ-Ṣarîme Ձ)	el-Mrâjât, Mrâwi el-Frejǧât, Frejǧi el-Ḳabâbse, abu Ḳabbûs el-Ḥrejṣât, Ḥrejṣ
	en-Naǧarât, Naǧri (Wasm el-Maṭraḳên ||, auf der Backe)	el-Ḳawâb'e, Ḳôb'i el-'Amâjre, 'Amêri el-Marâhfe, Marhafi
	el-'Obêdijjîn, el-'Obêdi (Wasm el-Ḥadame O, auf der rechten Backe)	'ejâl Ḳânem, ibn Ḳânem 'ejâl Ḍibe, ibn Ḍibe eš-Šaḥâḥde, Šaḥḥâdi az-Zurḳân, el-Azraḳ

Ahâlî el-'Ejma.

Im Dorfe el-'Ejma wohnen etwa 200 Familien der Ṭawâbje, Ṭawâbi. Stammzeichen el-Maṭrâḳên ||.

Geschlechter:	Sippen:
al-Jisâr, Jisâri	es-Su'ûd, Su'ûdi er-Rbêḥât, Rbêḥi

Geschlechter:	Sippen:
al-Jisâr, Jisâri	el-Ḫawâlde, Ḫâledi
	el-Atâjme
el-Jamîn, Jamîni	el-'Akâlje, abu 'Okle
	ar-Ru'ûd, ibn Ra'ed

El-Heǧâja.

Die Ḥeǧâja lagerten einst an den Ostabhängen von aš-Šera', wurden jedoch von den Ḥwêṭât nordwärts gedrängt. Nach langen Kämpfen machten sie sich die Na'êmât tributpflichtig und besetzten den größten Teil ihres Gebietes zwischen at-Twâne und al-Leǧǧûn. Nur die Mannâ'ijjîn sind echte Ḥeǧâja, die übrigen sind fremden Ursprunges. Sie zählen etwa 550 Familien, züchten Kamele und Ziegen und sind berüchtigte Räuber.

Die Ḥeǧâja, Ḥaǧwi, Ḥeǧîwi, teilen sich in: Hedâjât und al-Mannâ'ijjîn.

Die Hedâjât zerfallen in:

Geschlechter:	Sippen:	Wasserplätze:
el-'Alijjîn,	Ḥamadât,	Ṣlejla und Ṣallûl
(Stammzeichen	Za'ârîr, abu Za'arûr	" " "
al-Bâb: ⊓.)	Ṭaḥâṭre, ibn Ṭaḥejṭer	" " "
	Zwâhre, az-Zâhri	" " "
	Serâḥîn, Sirḥâni	" " "
	el-Haṭlât, el-Ahṭal	" " "
	'ejâl 'Abdallâh, ibn 'Abdallâh	" " "
	al-Baṭane, el-Bṭêni	" " "
Šḥâḏât, ibn Šḥâḏe	'ejâl Mikbel, ibn Mikbel	" " "
	ḳowm ibn Beliṭa, el-Beliṭi	" " "
	ḳowm ibn Uḥmejjer, ibn Uḥmejjer	" " "
al-Maḥmûdijjîn,	'Alejjânijjîn, 'Alejjâni	—
Maḥmûdi	Štêwîn, Štêwi	er-Rḥâb
	'Adâsîn, ibn 'Adejsân	"
	az-Zbûn, ibn Zebn	"
	aṣ-Ṣrejdân, ibn Ṣrejdân	"
	al-Ḥumrân, al-Aḥmar	"
	at-Tarâkme, et-Turkmâni	"
	ḳowm ibn Mrêḥîl, ibn Mrêḥîl	el-Leǧǧûn

Geschlechter:	Sippen:	Wasserplätze:
al-Maḥmûdijjîn, Maḥmûdi	as-Swêlem, ibn Swêlem	el-Leǧǧûn
	ḳowm abu Aṣba', abu Aṣba'	„
	el-'Arǧân, al-'Arǧâni oder al-A'raǧ	„
	el-Aḏênât, abu Adêne	„

Die Mannâ'ijjîn zerfallen in:

Geschlechter:	Sippen:	Wasserplätze:
el-Mas'ûdijjîn, Mas'ûdi	el-'Aḳâr, el-'Âḳer	at-Twâna
	el-Bnejjân, Bnejjâni	„
	el-Bdûn, el-Bdûni	„
	el-Hawâmle, el-Hwêmel	„
	'ejâl Mar'i, ibn Mar'i	„
	el-'Aǧâǧre, abu 'Aǧǧûr	„
	el-Mešâhîr, el-Mešher	„
	'Alâlše, abu 'Allûše	„
	Manâje', ibn Mani'	„
al-Marâṛje, abu Mrêṛje	'Abâkle, ibn 'Abkal	al-Fâ'ûrijje und at-Twâna
	ar-Rawasa, abu Rwejs	
	'ejâl Eḥmejd, ibn Eḥmejd	
	Na'ra', Ni'ajri	
	Fawâlḥe, ibn Fâleḥ	
Ṣawâwje, eṣ-Ṣawwa'	'Amejrât, ibn 'Amejri	umm el-Ḥmejjeṭe und at-Twana
	Mannâ'	
	'Arǧân, el-A'raǧ	
	Ṣunnâ', Ṣâne'	

En-Na'êmât.

Die Na'êmât sind Halb-Fellâḥîn und zählen etwa 80 Familien. Stammzeichen el-Ḥadame O und el-Maṭraḳ ——, also _O_, auf der rechten Backe.

Geschlechter:	Sippen:	Wasserplätze:		
el-Ḥâmde, Ḥâmedi	er-Rwâšde, Râšedi	Dât Râs	und	el-'Ejna
	el-Brêkât, abu Brejk	„	„	„
	aš-Šlûḥ, aš-Šilḥ	„	„	„
	Hawâwre, el-Hawwâri	„	„	„
el-Ǧa'âfre, Ǧa'fari	'Abâdle, 'Abdali	„	„	„
	'Aḳâḳde	„	„	„
	Ḳarâwǧe, Ḳarwâǧi	„	„	„
	'Awâsa, 'Awâsi	„	„	„

El-Ḫrejše.

Die Ḫrejše, Ḫrejši — etwa 100 Familien — sind Halb-Fellâḥîn, die westlich von den Na'êmât lagern. Ihr Wasm ist el-Ḫadame O, auf dem Ohre.

Geschlechter:	Sippen:	Wasserplätze:
el-Ǵabalât	el-Ǵenâdbe, ibn Ǵindeb	el-Ḫôḅa
	el-'Aḳâlât, abu 'Aḳâl	„
	ed-Darârǵe, abu Darrâǵ	„
	el-'Uǵûl, el-'Eǵl	„
	el-'Awdât	„
es-Sa'êdâwijje, Sa'êdâwi	ḳowm ibn Wâdi, ibn Wâdi	umm Sidre
	el-'Abîd, el-'Abd	„
	eṣ-Ṣulmân, el-Aṣlam	„
	aš-Šamâsîn, ibn Šams	„
	ad-Ḍijâbât, ibn Ḍîb	„
	eṣ-Ṣuḫḫân, aṣ-Ṣâḫen	„
	ar-Rwama', ibn Rûmijje	„
	eš-Šemâ'în, ibn Šam'ûn	„
	el-Marâǵîn, ibn Marǵâni	„

Ahâlî Ḫanzîra.

Das Dorf Ḫanzîra bewohnen etwa 100 Familien der Bṭûš, al-Baṭeš.

Sippen:	Sippen:
al-Ḥǵûǵ, al-Ḥaǵǵ	el-Manâsje, ibn Mansi
en-Neǵêdijjîn, en-Nǵêdi	el-Ḥararât, el-Ḥrêri
el-'Aṭâmîn, 'Aṭmâni	en-Na'êmât, en-Na'êmi
ad-Ḍijâbât, Ḍijâbi	el-Ḳnejjât,
el-Marâzḳe, abu Mrazaḳ	(stammen von den Ka'âbne)

Da sie an der Grenze der Machtsphäre von el-Kerak und eṭ-Ṭafîle lagern, zahlten sie keine Ḫâwa, sondern entrichteten nur beiden Häuptlingen gewisse Ehrengaben, keramijje. Sie stehen in regem Verkehre mit el-Ḫalîl (Ḥebron), woher fast alle dortigen Kaufleute stammen, und bekommen Ḫâwa von den Ḳawârne aus eṣ-Ṣâfijje.

Ahâlî-l-'Arâḳ.

Die Bauern von el-'Arâḳ, el-'Arâḳijje, 'Arâḳi — etwa 70 Familien — entrichteten den Meǵâlje als Ḫâwa jährlich: jedes Haus ein Schaf, ein Roṭol Olivenöl, zwei Midd Ḳuṭṭên (trockene Feigen), zwei Midd Weizen und zwei Midd Gerste.

Als Slîmân, der Sohn des Oberhäuptlinges Ḫâlil, nach el-'Arâḳ kam und eine höhere Ḫâwa verlangte, wurde er getötet, was einen mörderischen Krieg zur Folge hatte, in dem el-'Arâḳ ganz zerstört wurde. Nur die Ölbäume ließen die Meǧâlje unberührt, weil sie sich nicht auf lange Jahre um das Olivenöl bringen wollten.

Um die übriggebliebenen einheimischen Sippen im Zaume zu halten, beriefen die Meǧâlje aus Sa'ar, im Gebirge Ḥebron, eine Sippe der Mawâǧde, die sich in 'Arâḳ niederließ. Ihr Wasm ist aš-Šâreb ◡, auf der rechten Backe, und el-Ḳaraẓ ||, auf dem rechten Ohre.

Sippen:

el-Mawâǧde, Mâǧûdi
el-Ḫṭêbât, abu Ḫṭejbe
Tejame, Tejmâwi
Ḫuṭaba', el-Ḫaṭîb
(oder auch Ǧammâḥîn, Ǧamḥâni)
aṭ-Ṭbûr, abu Ṭabar
Ǧammâ'în, Ǧam'âni
Marâbḥe, Mrejbeḥ

Ahâlî Kufrabba.

In Kufrabba herrschten einst die Juden. Die Bewohner von Kufrabba zahlten die Ḫâwa den Christen und al-Ma'âjṭa von el-Kerak, und zwar von je zehn Ölbäumen ein Ṣâ' Olivenöl, während der Ernte von jedem Grundstücke, širke, eine Ladung Getreidestroh, ḳâdem ḳašš, nach dem Abdreschen jede Familie, 'ajle, eine Ladung Gerste und eine Ladung, farde, Weizen. Die Christen betrachteten die Hälfte des Gebietes von Kufrabba als ihr Eigentum.

Auch Ṣâleḥ el-Hedâjât von den Ḥeǧâja bekam von Kufrabba jährlich drei Ladungen Weizen oder Gerste. Der Häuptling der Meǧâlje ritt jedes Jahr mit großem Gefolge hin und was er verlangte, das mußte er bekommen, gewöhnlich 200 Schafe, 48 Šuḳḳa oder Ḫêš u. a. m. Kaufte er eine Stute, so ließ er es den Bauern von Kufrabba melden und sich von ihnen den Kaufpreis ersetzen. Dafür standen sie unter seinem Schutze, und niemand, auch seine Stammesgenossen nicht, durften ihnen etwas antun. Stahl ihnen jemand etwas, so ritt der Häuptling mit seinem Unterhäuptling zum Täter, konfiszierte den Raub, und nun fingen

5*

Verhandlungen an, während welcher die geraubte Sache, wenn es eine Ziege oder ein Schaf war, gewöhnlich aufgezehrt wurde.

Während der „Tenne", d. h. während des Dreschens, hielten sich um Kufrabba herum 25—30 christliche Händler aus el-Kerak auf, die ihre Waren für Getreide, Lebensmittel, Schafe, Kerseenne u. dgl. austauschten.

Das Dorf Kufrabba oder Kutrabba bewohnen etwa 320 Familien der Barâršc, Barriši. Sie teilen sich in:

el-Ḳarâlje, Ḳrulli; ihr Wasm ist eš-Šâreb ᴗ, auf der Nase der Tiere und Ramâḍne, Ramaḍni; ihr Wasm ist an-Nâṭôḥ ∠, auf der Nase der Tiere.

Die Ḳarâlje zerfallen in:

Geschlechter:	Sippen:	Wasserplätze:
el-Maḫâtre, el-Mḫêtri	ʿAlijjîn	el-Ḳajṣârijje
	aṭ-Ṭrêmât, aṭ-Ṭrêmi	„
	Nasamât, Nasami	„
	ar-Rašâjde, ibn Rašîd	„
	Šannâʿât, abu Šannâʿe	„
el-Mahânje, el-Mahâni	ʿejâl Ḥâmed, ibn Ḥâmed	„
	el-Bzêrât, el-Bzêri	„
	Ṭalâlʿe	„
	Ḫrejṣât, Ḫrejṣi	„
ez-Zrejlât, ez-Zrejli	el-Fêlât, abu-l-Fêlât	„
	el-Ḥjûl, abu-l-Ḥejl	„
	ez-Zijjâdîn, ibn Zejdân	„
	Ḥšômât, abu Ḥšôm	„
es-Salâmât	Samârât, ibn Samâra	„
	Šarâtḥe, ibn Šrejteḥ	„

Die Ramâḍne zerfallen in:

Geschlechter:	Sippen:	Wasserplätze:
el-Maṭârne, Maṭari	—	—
Kasâsbe, Kassâbi	—	—
Rawâšde, Râšdi	el-Bkûr, abu Bakr	—
	el-Raṣâwne, Raṣwani	—
Ḥatâtne, Ḥattâni	eš-Šawara'. ibn Šâwer	—
	el-Fuḳara', el-Faḳîr	—

Ahâlî-l-Ġôza.

Die Bewohner von el-Ġôza' — etwa 70 Familien der Ḥamâḍne — heißen el-Ġawâzne, Ġawzeni. Ihr Wasm ist eš-Šâreb ◡ auf der Nase.

Sippen:

Taḫâjne, abu Tḫên
el-Ḫrûb
al-Ḥalâlme, Ḥallâmi
Ḍellâ'în, Ḍellâ'i
Ḥrejtât, Ḥrejti

Al-Ṛawârne.

Die Ṛawârne bestehen aus flüchtigen Bewohnern verschiedener Dörfer, die sich im Südosten des Toten Meeres niederließen und den dortigen, äußerst fruchtbaren Boden bebauen. Um sich vor steten Überfällen zu schützen, müssen sie „jedem, über dem die Sonne aufgeht, likull min ṭala'at eš-šams 'alêh", Ḫâwa zahlen und ihm dazu noch geben, was er verlangt. Insbesondere im Winter müssen die Ṛawârne die Bewohner der Hochebene aushalten, die ihre Herden in das Ṛôr treiben. Wehe dem, der sich weigern würde! Er muß sein letztes Schaf schlachten: „er ist ja ein Ṛawârni". Regelmäßig entrichteten sie aus jedem Zelte den 'Amr ibn Ṭbêt 1 Meǧîdi, 11 Midd Weizen, 11 Midd Gerste und 11 Midd Ḍura, was sie al-Ḥâṣel nannten. Der Šejḫ von el-Kerak kam gewöhnlich mit großem Gefolge und ordnete noch für sich eine Extraabgabe an, und zwar gewöhnlich 100 Rejâl meǧîdi, 400 Midd Weizen und 300 Midd Ḍura. Desgleichen taten auch andere Häuptlinge.

Die Ṛawârne eṣ-Ṣâfije (etwa 120 Familien) führen als Wasm el-Helâl ☾ und bestehen aus folgenden Sippen:

Ḫlejfât, Ḫlôfi
el-Baḥr
Mrejdât, Mrejdi
ed-Dbûr
el-Ma'âḳle, el-Ma'ôḳli
el-Bawwât
el-Ḳṭejfân, ibn Ḳṭejfân
el-Maḥâfẓe
en-Naṣṣâr, ibn Naṣṣâr
el-'Adâwîn
el-Marâjḫe, el-Mrejḫ
el-'Ušêbât, abu 'Ušêbi, denen der Häuptling Daḥrûm abu 'Ušêbi angehört

Die Ḳawârne, welche ṛôr el-Mizra' bewohnen — etwa 180 Familien — teilen sich in:

Geschlechter:	Sippen:	Wasserplätze:
el-Ḫlâf, (Stammzeichen aṣ-Ṣalîb +, auf der Nase)	el-'Awene	Ṭwâḥîn es-Sukr
	el-'Aǵâlîn, abu 'Aǵlûn	„
	an-Nawâjše, abu Nawâš	„
	el-Maṛâṣbe, ibn Mṛejṣib	„
	aš-Šabânât, abu Šbâne	„
	el-Ḫazâzḳe, el-Ḫazzâḳ	„
el-Ḫanâzre, el-Ḫanâzîri, (Wasm el-Ḫadame O)	el-Gu'ûrât, abu Ǧu'ûra	ṛôr el-Ḫadiṯe
	ed-Dṛejmât, abu Dṛêm	„
	en-Nawâṣre, ibn Nâṣer	„
	en-Nmûr, en Nimr	„

Al-'Amr.

Ein Angehöriger der 'Amr erzählte:

Die 'Amr, eine Unterabteilung der Beni 'Oḳba, lagern jetzt in der Umgebung von el-Kerak; ursprünglich lagerten sie im Gebiete Zenda' an der Nordgrenze von Jemen. Ihr Häuptling hieß Hazzâ' en-Nuṣejri.

Sie lieferten jährlich unter dem Namen el-Ḳawd vier Hengste dem Šerîf von Mekka. Einst meinten dem Šerîf gegenüber seine Ratgeber, daß die 'Amr, die sie Beni 'Oḳba nannten, jährlich 50 vollblütige Stuten und 1000 Kamele zahlen sollten. Der Šerîf sprach: „Nennet mir ihre besten Pferde." Sie taten es, und er notierte sich alle. Als dann die 'Amr mit ihren vier Hengsten erschienen, wollte sie der Šerîf nicht annehmen und sagte ihnen: „O Beni 'Oḳba, ihr werdet nur dann in euerem Gebiete bleiben, wenn ihr mir jährlich gebet, was ich verlange." Und was verlangst du? „50 Rassestuten, ḫamsîn faras aṣîl, und 1000 Kamele" antwortete er und bezeichnete die Pferde mit Namen. „Dies macht uns keine Beschwerden, hâḏa lâ jaḍurrna", meinten die 'Amr, „denn es ist ganz gleich, ob die Pferde bei Sr. Hoheit dem Šerîf eš-Šurafa' oder bei uns sind, da er uns beschützt und verteidigt. Gestatte somit, daß wir die Pferde zusammensuchen." „Gehet im Frieden", so lautete seine Antwort.

Auf der Heimreise fragte Hazzâ' en-Nuṣejri seine Begleiter: „Was sagt ihr zum Verlangen des Šerîf? Wollt ihr zahlen?" Darauf antworteten sie: „Wir sind keine Bauern und keine Feiglinge." Da befahl

Hazzâ': „Ihr Kamelreiter, suchet sofort ein jeder ein anderes Lager auf und fordert die 'Araber zum Aufbruche auf; das Ziel ist Muzannad. Die Krieger, aṣ-ṣanem, versammeln sich vor Mitternacht und werden den Zug der übrigen decken, el-maẓâhîr. Alle Hunde, al-ǵa'âri, werden mit Stricken an die Zeltpflöcke gebunden und auf den Lagerplätzen belassen.“ Dies geschah.

Der Śerîf erwartete die 'Amr vergebens. Dafür trafen einige wandernde Kaufleute ein und meldeten ihm das Verschwinden der 'Amr. Sofort entsendete er einen Trupp, um ihre Lagerplätze zu besichtigen. Man fand nur die Hunde und zahlreiche nordwärts zielende Spuren. Da stellte sich der Śerîf an die Spitze seiner Truppen und verfolgte die 'Amr; denn es war kein Zweifel mehr, daß sie aus dem Bereiche seiner Macht entfliehen wollten. Er erreichte sie im w. el-Ḫajl, das mit Gebüsch, ḥarš, bestanden war.

Hier ließ nämlich der Šôḫ Hazzâ' seine Krieger halten, rajjaḍ eṣ-ṣanem, schlachtete ihnen ein Kamel, naḥar lahom ǵarûr, und einige Frauen, die zurückgeblieben waren, sollten ihnen das Mittagessen zubereiten.

Als Hazzâ' von dem Herannahen des Śerîf erfuhr, lud er alle Krieger zu seinem Feuer, nahm ein Stück Fleisch in die Hand und sprach: „O Beni 'Oḳba, ihr wisset, daß der Śerîf sehr mutig ist und zahlreiche Truppen befehligt. Wollen wir uns retten, so muß er getötet werden. Dies ist das Fleisch des Śerîf, wer will es nehmen und essen, hâḏi laḥmet eš-šerîf min jâḥodha wjâkolha?“ Niemand wagte es zu nehmen, famâ ǵasar aḥad 'al-aḥḏiha.

Da trat eine alte Frau vor den Šêḫ Hazzâ', rief ihren Sohn zu sich und sagte: „O mein Sohn, ich habe dich nicht erzogen wie ein Lamm, um dich zu verkaufen, sondern ich habe dich erzogen für einen Tag, wie der heutige. Greif zu und nimm das Fleisch des Śerîf aus der Hand des Šêḫ Hazzâ' en-Nuṣejri, jâ waladi ana mâ rabbejtak mitl ḫarûf likaj abî'ak, bal rabbejtak limitl ha-n-nahâr. dûnak ḫoḏ laḥmet eš-šerîf min jad eš-šêḫ huzâ'.“

Ihr Sohn näherte sich dem Šêḫ, erfaßte mit der Linken die Spitze seiner Lanze und nahm mit der Rechten das Fleisch mit den Worten: „Es geschehe der Wille der Eltern, jâ riḍa' el-wâlidên“, und verzehrte es. Nachher meinte er: „O Beni 'Oḳba, ich kenne den Śerîf nicht.“

„Wir werden dir ihn zeigen.“ Und es ritten mit ihm fünf Reiter dem Śerîf entgegen. In der Nähe des Feindes angelangt, versteckten sie die Pferde, krochen auf den Gipfel eines Hügels, râs ṭa's, hinauf und beobachteten, auf dem Bauche liegend, die Gegend. Vor ihnen, unter dem Hügel, befand sich ein Wassertümpel, ṛadîr, wo die Truppen des Šerîf ihre Tiere tränken wollten. In der letzten Reihe kam auch der Šerîf, der seine Pfeife rauchte. Da sagten die Begleiter dem Jünglinge: „Dieser dort ist der Šerîf, haḏâk hu-š-šerîf", und kehrten zum Šêḫ Huzâʿ zurück.

Der Šêḫ sprang mit den Seinigen auf die Pferde und warf sich auf die tränkenden Feinde, die verwirrt zurückwichen. Nur der Šerîf mit seiner Begleitung, die noch nicht abgestiegen waren, hielten ihnen stand. Der Jüngling sprengte auf den Šerîf los, versetzte ihm einen Lanzenstoß und warf ihn aus dem Sattel. Sofort sprangen mehrere Säbelfechter, šillîḫ auf ihn zu und hieben ihn in Stücke. Seitdem nennt man deshalb jenen Ort eš-Šillîḫ bis auf den heutigen Tag, wa sammûh eš-šillîḫ min ḏâlek el-jôm ila-l-jôm.

Nach dem Tode des Šerîf flohen seine Truppen, und die ʿAmr konnten weiterziehen. Sie ließen sich in dem Gebiete südöstlich von el-ʿAḳaba nieder.

Einst fiel in den Gebieten südöstlich von el-ʿAḳaba kein Regen und es drohte Hungersnot. Da ritten zwei Häuptlinge der ʿAmr gegen Westen nach Ḳazze, um von dort Getreide zu holen. Sie hießen Dâûd el-Matârîk und al-Masʿûdi.

Zu Dâûd el-Matârîk flüchtete sich ein Sulṭân, der, aus el-Kerak vertrieben, mit seiner Enkelin in der Wüste Schutz suchte. Er ließ sein Zelt neben dem Zelte Dâûds aufschlagen und wohnte mit ihm als sein Ṭanîb. Die Enkelin des Sulṭâns begleitete Dâûd auf der Reise nach Ḳazze. Sie ritt in einem schönen Tragsessel, moḥna, auf einem kräftigen Kamele.

Die beiden Häuptlinge ritten voran, warteten bei der Quelle el-Ḥoṣob auf ihr Gefolge und spielten Schach. Ihr Gefolge kam, und an seiner Spitze schritt das Kamel der Prinzessin, das sofort niederkniete. Die Prinzessin schlief, wurde jedoch durch die Bewegungen des Kamels aufgeweckt und hob den Vorhang des Tragsessels, um zu sehen, was da geschehe. Da sah der Masʿûdi ihr Gesicht und erklärte, er müsse sie sofort besitzen. Dâûd mußte seine Schutzbefohlene, ṭanîbe, verteidigen, und es kam zu einem verzweifelten Kampfe, in dem 40 Kbejše-Rassestuten und viele Reiter fielen. Al-Masʿûdi rettete sich nur mit wenigen Genossen zu den Tijâha, die ihm el-Fâreʿa schenkten. Seit dieser Zeit nennt man el-Fâreʿa auch Fâreʿat el-Masʿûdi bis auf den heutigen Tag.

In jener Zeit beherrschte der Šêḫ Em'ejâš el-Wuḥêdi die Gebiete von Ġazze, el-Kerak, eṭ-Ṭafîle und lagerte in eš-Šera'. In el-Kerak residierte sein Statthalter Ṭurfejš.

Die 'Amr hätten sich sehr gerne in eš-Šera angesiedelt und unternahmen deshalb mehrere Ġazw-Züge gegen den Wḥêdi. Den Winter brachten sie immer im Osten zu, im Frühjahre lagerten sie jedoch an der Grenze von eš-Šera'. Dies dauerte mehrere Jahre.

Einst ordneten sie einen großen Ġazw-Zug gegen ihn. Kamel- und Pferdereiter, rakab w ḫejl, näherten sich seinen Lagerplätzen. Als sie ganz in der Nähe waren, versteckten sie sich und entsandten Aufklärer, aṭlaḳû-l-'ujûn. Diese kehrten bald zu den Ġazw zurück und sprachen: „Die Wḥêdât sind bereits aufgescheucht, el-wḥêdât mutadawwarîn." Und es sagten ihnen die Ġazw: „Was wisset ihr, wêš 'elmku?" Sie antworteten: „Wir hörten das Gewieher der Pferde wie Donner in der Mitte der Herden, und der Wḥêdi ist selbst anwesend, denn wir hörten seine Stimme, die der Stimme eines Hengstes gleicht, same'na ṣhîl el-ḫêl miṯl er-ru'ûd bwasṭ eṭ-ṭarš wa-l-wḥêdi bnafso, same'na ḥesso miṯl ḥess el-ḥṣân."

Da berieten die 'Amr, was zu tun wäre. Die einen wollten den Wḥêdi überfallen, murâdhom jaġîrûh, die anderen sprachen: „Dies ist kein günstiger Ġazw-Zug, lasset uns zurückkehren, mâhi umm el-ġazawât ḫallîna narġa'."

Der 'Aḳîd-Feldherr entschied: „Kehret zurück, o Ġazw, morgen früh erreichen wir al-Gafar, eṣder jâ ġazw bâčer naṣbaḥ bil-ġafar." Und es geschah so. In el-Ġafar versammelten sich alle Krieger am Feuer des 'Aḳîd und er sprach: „O Kaffeesieder, fülle ein Kaffeenäpfchen, jâ ḳahweġi oskob finġân." Er tat es; der 'Aḳîd nahm das Kaffeenäpfchen in die Hand und sagte:

„O Beni 'Oḳba, wir ziehen gegen el-Wḥêdi und Schande über uns, wenn wir zurückkehren, ohne ihn angegriffen zu haben, denn alle würden sagen: ‚Sie unternahmen einen Kriegszug gegen el-Wḥêdi und als sie ihn erreicht hatten, fürchteten sie sich und kehrten mit leeren Händen um, denn el-Wḥêdi ist sehr mächtig und stammt aus der Nachkommenschaft Ḥasans und Ḥosejns.' Deshalb sehet jetzt: dies ist das Kaffeenäpfchen des Wḥêdi, wer will es nehmen und trinken, jâ beni 'Oḳba, ḥena ġazejna-l-wḥêdi w 'ejb 'alêna narġa' biġejr ġâreh, lanna -n-nâs jaḳûlû ġazû-l-wḥêdi w jôm waṣalûh ḫâfu minno wa rṭadû (sic) balâš, wa-l-wḥêdi ṣâḥeb baḫt wa min durrijjet el-ḥasan wa-l-ḥosejn fal'ân hâda finġân el-wḥêdi min jâḫdo wjašrabo?"

Aber niemand griff nach dem Kaffeenäpfchen. Der ʻAḳîd wiederholte seine Worte, aber niemand nahm das Kaffeenäpfchen. Der ʻAḳîd sprach zum drittenmal: „Dies ist das Kaffeenäpfchen des Wḥêdi; wer es nimmt und trinkt, bekommt meine Tochter."

Da erhob sich ein Jüngling, der das Mädchen innig liebte, nahm das Näpfchen, trank den Kaffee und zerschmetterte es. Sofort sprangen alle auf ihre Reittiere und der ʻAḳîd teilte sie in drei Gruppen: el-Ḳajjâre, welche Pferde reiten, die feindlichen Herden überfallen und fortreiten — el-Kemîn, die sich verstecken und den verfolgenden Feind aus dem Hinterhalte bedrängen — und eṣ-Ṣabûr, Kamelreiter, welche weit vom Feinde halten, die erbeuteten Tiere von den Ḳajjâre übernehmen und in Sicherheit bringen sollten. Der Überfall kam über den Wḥêdi, der von ihrem Rückzuge benachrichtigt worden war, so plötzlich, daß die Ḳajjâre eine Unzahl von Kamelen und Ziegen den Ṣabûr übermitteln konnten, bevor sich die Wḥêdât geordnet hatten. Die Ṣabûr trieben die Beute fort, und die Ḳajjâre wandten sich gegen den sie verfolgenden Feind. Die Wḥêdât sprengten gesondert, je nach der Schnelligkeit ihrer Tiere, vorwärts und hielten nahe von den Ḳajjâre an, um die übrigen abzuwarten. Endlich kam die gepanzerte Begleitung des Fürsten der Wḥêdât. Er selber ritt einen Schimmel, trug einen Burnûs aus Straußfedern, ʻalêh burnûs min rîš en-naʻâm, und rauchte seine Pfeife, wa maʻo ṛaljûn muʻallaḳ. In die erste Reihe angekommen, warf er seine Pfeife zu Boden, das Zeichen zum Angriffe für die Seinen.

Der Jüngling, der den Kaffee getrunken hatte, drängte sich an ihn heran und versetzte ihm einen Lanzenstoß in die Brust. Die Spitze glitt aber von seinem Panzerhemde ab, und im nächsten Augenblicke lag der Angreifer, vom Säbel des Fürsten getroffen, unter seinem Pferde. Dies sah der ʻAḳîd der ʻAmr und bemerkte auch, welch ungünstigen Eindruck dieser Mißerfolg auf die Seinigen machte; deshalb forderte er den Wḥêdi zum Zweikampfe auf. Der Häuptling warf sich auf den Häuptling, und der Wḥêdi unterlag. Fast gleichzeitig umzingelten die Kemîn der ʻAmr die bestürzten Wḥêdât, so daß sich nur wenige retten konnten. Die ʻAmr erbeuteten viele Zelte, Einrichtungsgegenstände, Herden und Pferde und zwangen die Wḥêdât zum Auswandern. Diese zogen in die Gebiete von Ḳazze und wohnen dort bis auf den heutigen Tag.

Alle von ihnen abhängige Stämme erkannten nun die Oberhoheit der ʻAmr an und lieferten ihnen die Ḫâwa.

Nach und nach erweiterte sich ihre Macht bis nach el-Ǧôf. Damals gehörte el-Ǧôf den Bewohnern des w. Sirḥân. Ihr Häuptling hieß

'Adijje ibn Ramle, den die 'Amr zwei Jahre bekriegten. Im dritten Jahre zogen sie gegen ihn mit großer Übermacht, bil-ǧahâme, ergriffen Besitz von el-Ǧôf, istamlakû, und vertrieben die Sarâḥne.

Einmal suchten die 'Amr mit ihrem Fürsten Abu 'Orejne ihre Winterlagerplätze noch weiter im Osten auf und in el-Ǧôf blieben nur wenige Wächter. Dies wollten die Sarâḥne ausnützen, um el-Ǧôf zurückzuerlangen. Ihr Häuptling entsandte einen Reiter, namens 'Aṣmi eṣ-Ṣubêḥi, um die einheimischen Bewohner für das Vorhaben zu gewinnen.

Eṣ-Ṣubêḥi kam um Mitternacht nach el-Ǧôf und wollte in die Burg gelangen. Zwischen ihm und der Burg floß infolge des Winterregens ein reißender Wildbach, namens Fâre'a Ḥadma. Doch er trieb, lakaz, seine Stute in die Fluten. Als er in der Mitte war, konnte sich die Stute nicht mehr halten; darum schrie er um Hilfe, fanadah (sic). Der Burgverwalter rettete ihn und fragte ihn nach seinem Namen. Dann sprach er: „Tritt in das Innere, fût ǧâj." Aber eṣ-Ṣubêḥi lehnte es ab und bat ihn um ein Gefäß, mâ'ûn, um seine Stute zu tränken.

„Tränke sie von dem Wasser, bei dem du stehst."

„Sie fürchtet sich und will nicht trinken, denn sie sieht im Wasser den Schimmer der Lanzenspitze des Abu 'Orejne, ḫâjife lâ tašrab lannha tšûf lamî' ḥarbet abu 'orejne fi-l-ma'."

Da ließ ihm der Verwalter ein Tränkgefäß geben, bereitete ihm ein Abendessen und unterrichtete ihn über alles. Eṣ-Ṣubêḥi kehrte in derselben Nacht zurück, erreichte glücklich die Lagerplätze der Seinigen, die sich sofort zum Überfalle auf el-Ǧôf rüsteten. Bevor sie aber abzogen, wurden sie von den 'Amr überfallen. In der Schlacht wurde eṣ-Ṣubêḥi von der Lanze des Abu 'Orejne getroffen und fiel, sich in seinem Blute wälzend, tot zu Boden, ḳatîl w bidammih ǧadîl. Die Sarâḥne retteten einen Teil ihrer Herden, fakkû ǧazar min eṭ-ṭarš, einen Teil jedoch erbeuteten die 'Amr, waǧazar aḫadûh el-'amr. Bald nachher erklärten sich die Sarâḥne bereit, den 'Amr gewisse Abgaben zu liefern, und beide lebten in Frieden.

Unterdessen sandte der Häuptling von en-Nuḳra, d. h. der Ebenen von Ḥawrân, namens Ẓâher, Boten zu den 'Amr, um ihre Freundschaft zu erlangen. So reichte der Einfluß der 'Amr vom Roten Meere bis Damaskus und von el-Ǧôf bis gegen Ġazze.

Dijâb ibn Ḳejṣûma ließ sich mit einer Abteilung der 'Amr in den Gebieten von el-Kerak nieder.

El-Mesajjek beherrschte mit den Seinigen el-Belḳa' und ibn Su'êfân waltete im ġôr abu 'Obejda.

Den Ṭbêtât lieferten Ḥâwa die Ansässigen von Ḏer'ât, er-Remte, eš-Šaǵara; den Abu Ḳa'ûd wieder el-Ḥoṣon, eṣ-Ṣariḥ, en-Na'ême und den Lasâjme Boṣra und die Abhänge des angrenzenden Hochlandes, leḥf Boṣra.

Der Fürst der 'Amr konnte 1200 gepanzerte Reiter stellen und lagerte am liebsten im w. Sirḥân und el-Ǵôf. Nur von Zeit zu Zeit besuchte er seine Unterabteilungen, um von ihnen Geschenke zu empfangen.

Manche von den Häuptlingen suchten unabhängig zu werden. So insbesondere Ibrâhîm ibn Ḳejṣûma, der sich auf die Festung el-Kerak stützte. In el-Kerak wohnten damals viele Christen, und unter den Dâûdijje ließ sich ein Mann von den Môǵâlje aus Ḥebron (el-Ḫalîl) nieder und heiratete daselbst ein Mädchen. Auch wohnten in el-Kerak zahlreiche Familien der Ḥamâjde, denen die ganze Umgebung gehörte. Sie alle mußten die Oberhoheit des Ibn Ḳejṣûma anerkennen, der sich ein unabhängiges Reich gründen wollte. Er überfiel jede Karawane, welche die 'Amr aus w. Sirḥân begleiteten, und verweigerte dem Fürsten alle Geschenke.

Da sprach der Fürst der 'Amr in el-Ǵôf, namens Sejf abu Ezhejr: „O Beni 'Oḳba, ich will mit neun Reitern die Umgebung von el-Kerak aufsuchen, um zu sehen, was unser Stammgenosse, der Šêḫ Ibrâhîm ibn Ḳejṣûma macht.“ Und sie ritten fort. Aber kaum hatten sie el-Ǵôf verlassen, da bemerkte der Fürst seinen jungen Sohn al-Munḏir, der auf einem dreijährigen Hengst ihm nachjagte. Derselbe bat, an dem Zuge teilnehmen zu dürfen; doch der Fürst wies seine Bitte zurück, und er mußte umkehren. Al-Munḏir aber folgte ihnen doch, in Tälern Deckung suchend. Am ersten Abend gesellte er sich zu ihnen, bat den Vater nochmals um die Erlaubnis, ihn begleiten zu dürfen, und dieser willigte ein.

In el-Kerak angelangt, ließen sie sich bei den Christen nieder, lafû. Ibn Ḳejṣûma lagerte südlich von el-Kerak unter den Zelten. Als er von der Ankunft des Fürsten erfuhr, beriet er mit den ihm ergebenen Häuptlingen der Ḥamâjde, was zu tun wäre. Es wurde beschlossen, den Fürsten zu überraschen und auf der Rückkehr zu überfallen.

Die Christen von el-Kerak, die meisten Muslimîn, dann die Barâhme und en-Na'êmât, denen el-Leǵǵûn gehörte, samt ihrem Häuptling Ibn Sarrâb erklärten sich bereit, dem Fürsten zu folgen.

Als er nach zwei Nächten zurückkehren wollte, sprach er: „O Gastgeber, bereitet unser Abendessen recht zeitlich und gebet unseren

Pferden ihr Futter, damit wir abreisen, jâ ma'âzib sawwû 'aśâna badri w'allekû 'a hejlna likaj naṣder." Dies teilten die Zuträger dem Ibn Ḳejṣûma mit und seine Anhänger kreuzten dem Fürsten den Weg, masakû lhom eṭ-ṭarîk. Vor Sonnenaufgang wurde der Fürst mit seiner Begleitung überfallen, und da er die Übermacht sah, befahl er den Seinigen, zu fliehen. Sein Sohn al-Mundir blieb nach einiger Zeit zurück, da sein dreijähriger Hengst den übrigen nicht folgen konnte, und bald erreichte ihn Sâlem, der Sohn des Sehers Slîmân el-Wâbṣi, der el-Ġarîbe, die schnellste Stute der Ḥamâjde ritt. Al-Mundir die Gefahr erkennend, stieß sein Kriegsgeschrei aus, versetzte ihm einen Lanzenstoß, warf ihn aus dem Sattel, sprang auf seine Stute und jagte den Seinigen nach. Der Fürst wandte sich auf der Flucht zu den Zelten der Barâhme und Na'êmât, und seine Verfolger mußten unverrichteter Sache umkehren.

Sâlem, der nur verwundet war, wurde seinem Vater, dem Seher Slîmân el-Wâbṣi, gebracht. Dieser fragte ihn:

„Wer hat dich getroffen, min illi ḍarabak?"

„Ein Knabe, den ich gering schätzte, walad kunt mustaḥḳero."

„Als er dich traf, was sprach er, lamma ḍarabak wêś ḳâl?"

„Er sagte: ‚Reiter des Râśed, al-Mundir, ḫajjâl ar-râśed, al-mundir.'"

So erfuhren sie, daß es der Sohn des Fürsten war.

Sofort sprang der Seher auf ein Reitkamel und ritt dem Fürsten nach. Als er zu ihm gelangte und sein Kamel niederknien ließ, nawwaḫ, erkannte ihn der Fürst und war nicht wenig bestürzt, da er sich den Fluch des Sehers nicht zuziehen wollte. Er sprach zu ihm:

„O Wâbṣi, was führt dich hierher? Bist du denn nicht mein Feind und kommst, um zu fordern die Ġarîbe, die mit den ersten, die uns überfielen, war, jâ-l-wâbṣi wêś ġâbak, alast ḳômâni ġâji taṭlob el-ġarîbe whi ma' awwal el-muṛajjerât 'alêna?"

Der Wâbṣi gab ihm zur Antwort:

„Wähle entweder die Stute oder deinen Sohn, iḫtar amma-l-faras, w amma waladak."

Da sagte der Fürst: „Nicht doch, o mein Herr, ich setze mich unter deinen Schutz, lâ jâ sajjidi, daḫlak." Er fürchtete ihn und deshalb gab er ihm die Stute.

Die Großen der Ḥamâjde klagten nun bei Ibn Ḳejṣûma die Kerakijje des Verrates an, inna ahâli-l-kerak ḫawwanû ma' ibn zhejr 'alejk. Da befahl Ibn Ḳejṣûma, alle Bewohner der Stadt el-Kerak zu vertreiben.

Dies geschah, und die Kerakijje wanderten in das Gebirge der Ḳejs, ǵ. Ḳejs, d. h. in das Gebiet von Ḥebron, aus. Damals heiratete der Fürst des Gebirges von Ḥebron, namens el-Ḥamedi, Farḥa, die Tochter des Ḫalîl el-Meǵalli von el-Kerak. Dadurch erlangten die Kerakijje seinen vollen Schutz, die Familie der Meǵâlje gewann an Ansehen, und Ḫalîl bekam den ersten Platz unter den Häuptlingen der Auswanderer.

Ibn Ḳejṣûma mußte sich bald von den Ḥamâjde manches gefallen lassen und suchte deshalb neue Freunde. Er begab sich mit seinen Kriegern in das Gebiet von aṭ-Ṭafîle, teils um die Ḫâwa-Abgaben einzunehmen, teils um die südlichen Stämme für sich zu gewinnen.

Während seiner Abwesenheit besuchten sein Lager die Großen der Ḥamâjde und kehrten bei ihm als Gäste ein, ḍâfûh. Ibn Ḳejṣûma hatte einen treuen Sklaven, der sein Zelt niemals verlassen durfte, und den Gastgeber immer vertrat. Der Sklave kannte alle Häuptlinge. Er schlachtete ihnen ein Tier zum Mittagessen, ḏabaḥ lahom ṛada', und bereitete ihnen auch ein gutes Abendmahl. Um Mitternacht, 'end intiṣâf el-lêl, erhob sich der Häuptling Fâ'ûr ibn Ṭurejf und drängte sich an die Frau des ibn Ḳejṣûma, lâḏ 'al-ḳejṣûmijje. Diese erwachte, ergriff seine rechte Hand und fragte leise nach seinem Namen. Als sie ihn vernahm, überlistete sie ihn, iḥtâlat 'alêh, und sagte:

„Harre bei uns aus, denn die Ḳajâṣîm haben viele Güter und ihre Schlachttiere entfernen sich niemals von den Zelten. Was mich anbelangt, so habe ich jetzt Menstruation, oṣbor 'endana lanna ḫejr el-ḳajâṣîm ketîr wa ṛnâm eḏ-ḏabḥ lâ tab'ad 'an el-bejt, w ana-lân 'alajji ḥêḍ en-nisa'". Und Fâ'ûr ließ sich überreden und wollte warten.

Doch die Frau ging sofort zu dem Sklaven und sagte ihm: „Stehe auf, steige auf deine Stute und hole deinen Herrn ein. Wenn er dich fragt, so sage ihm: „Ein gewöhnlicher Hengst will die Rassestute bespringen, inna-l-kdîš murâdo jišbi 'ala-l-aṣîl'".

Der Sklave erreichte Ibn Ḳejṣûma auf der Hochebene von el-'Arâḳ und erzählte ihm alles. So erfuhr Ibn Ḳejṣûma, daß unter dem gewöhnlichen Hengst ein Häuptling der Ḥamâjde gemeint sei. Sofort ließ er aufbrechen und zu seinem Lagerplatze zurückkehren.

Die Häuptlinge der Ḥamâjde waren jedoch bereits fort, denn in der Frühe fiel ihnen die Abwesenheit des Sklaven auf, und als sie sich darnach erkundigten, sagte ihnen Fâ'ûr, was er in der Nacht getan. Da sagte ihm Muslim abu Rbêḥa: „Beschäme dich Gott, šawwar allâh waǵhak, du hast uns etwas Gutes vorbereitet. Die Sättel her, ẓhûrhenn!" Und sie ritten fort.

Ibn Ḳejṣûma mußte die Ehre seines Zeltes rächen, doch war er allein zu schwach und dazu drohte ihm Gefahr von dem Fürsten der ʿAmr. Deshalb entsandte er sofort Boten mit reichen Geschenken zu ihm zum Zeichen, daß er seine Oberhoheit anerkenne, und suchte Hilfe bei anderen Unterabteilungen der ʿAmr, da er wußte, daß die einheimischen Stämme viel eher den einheimischen Ḥamâjde beistehen werden.

Um sich die Hilfstruppen recht bald zu verschaffen, ließ er neun Stuten mit schwarzem Zelttuch umhüllen, ḳalladhenn šuḳḳe, und wandte sich mit neun Begleitern zum Gebiete von el-Ḥammân, wo Ibrâhîm ibn Ṭbejt lagerte. Als sie dem Lagerplatze nahekamen, sahen sie die Leute vom Zelte des Ibrâhîm und sagten von der Stute des Ibn Ḳejṣûma, der an der Spitze ritt: „Diese ist umhüllt mit Zelttuch.“ Die Umhüllung mit Zelttuch hat jedoch eine eigene Bedeutung bei den Arabern, denn sie zeigt, daß der Reiter verunehrt und hilfsbedürftig sei, wa-l -muḳallade leha bâb ʿenda-l-ʿarab w hi delâle ʿala inna ṣâḥeb el-muḳallade maẓlûm wa mʿaṭi ʿala ḥable.

Da sagte Ibrâhîm: „Das ist ja Ḍijâb ibn Ḳejṣûma. Keine geringe Sache bringt ihn zu uns, mâ ǵâbo ši ḳalîl, bereitet für ihn Teppiche und rufet die Häuptlinge zusammen.“

Sobald Ḍijâb mit seiner Begleitung angekommen war, erzählte er das Geschehene. Entrüstet zerschnitten die Häuptlinge das Zelttuch seiner Stute, schickten die Teile allen Kriegern und ritten mit ihm in großen Haufen nach el-Kerak.

Nach drei Tagen erfuhr el-Maḥfûẓ, Šêḫ der Sardijje, die westlich von Ḥawrân lagerten, von dem Zuge der ʿAmr ibn Ṭbêt gegen die Ḥamâjde von el-Kerak. Nun standen aber die Ḥamâjde unter seinem Schutze, da sie ihm el-Ḫâwa lieferten. Deshalb schickte er sofort dem Ibn Ṭbêt einen Boten mit 40 Reitern nach.

Der Bote sollte dem Ibn Ṭbêt erklären: „Die Ḥamâjde sind meine Brüder, wer ihr Eigentum nimmt, gleicht dem, der das Eigentum der Sardijje nimmt, inna-l-ḥamâjde eḫwâni wa min aḫad ḥalâl el-ḥamâjde čanno mâḫed ḥalâl es-sardijje.“

Der Bote erreichte den Ibn Ṭbêt bei el-Leǵǵûn, übernachtete im Zelte des Sakrân beim ruǵm el-Ǵâzûr und gelangte am nächsten Tage zum Lager des Ibrâhîm ibn Ṭbêt beim ḫ. abu-l-Kbâš. Da sah der Bote alle Zelte niedergerissen und auf Kamele geladen, w kân eš-šil bizhûr el-bel. Die Herden bewegten sich westwärts, wa ṭ-ṭarš sarah rarb, und die Reiter hielten sich in ihrer Mitte.

Die Ḥamâjde lagerten bei ez-Zuḳêbe, westlich von Šîḥân, und ihre Krieger erwarteten die Ankunft der ʿAmr am Südfuße des ḳarʿa Šîḥân. Sie überfielen die Herden der ʿAmr noch bevor der Bote den Šêḫ Ibrâhîm sprechen konnte, wurden aber zurückgeschlagen. Doch leisteten sie tapfer Widerstand, bis ihre Frauen und Kinder samt den Zelten und Kleinviehherden el-Môǧib und el-Hejdân überschritten hatten. Dann folgten sie ihnen und retteten sich in das ɣôr Ibn ʿAdwân. Die ʿAmr verfolgten sie bis zum sejl el-Hejdân und kehrten dann in die Gebiete von el-Kerak zurück.

Nun konnten sie unbehindert trinken in el-Ḥsa, el-Leǧǧûn und eṭ-Ṭamad, w kânû jašrabû min el-ḥsa wa-l-leǧǧûn wa-ṭ-ṭamad.

Sobald die Kerakijje, die im ǧ. Ḳejs hausten, von der Vertreibung ihrer größten Feinde, der Ḥamâjde, erfahren hatten, frohlockten sie und sandten zwanzig Männer zum Šêḫ Ibrâhîm ibn Ṭbêt. Diese zwanzig nahmen ihren Weg über moɣârat Usdum, gelangten unbemerkt zu Ibrâhîm östlich von el-Ḳuṭrâni und sagten: „O Beni ʿOḳba, heilet unseren Zustand! Wir mußten in fremde Gebiete fliehen, unsere Kinder können die fremde Luft nicht vertragen, und unsere Frauen quälen uns mit Bitten, in unser Land zurückzukehren.“ Da sammelte Ibrâhîm die Häuptlinge der ʿAmr, sie berieten alles und sprachen: „O Kerakijje, nehmet morgen alle Maultiere und Esel, die wir den Ḥamâjde genommen haben, und bringet darauf euere Kinder und Geräte nach el-Kerak. Vor Ibn Ḳejṣûma werden wir euch beschützen.“ Nun wurde der Zeitpunkt bestimmt, an dem sie das Gebiet von el-Kerak berühren sollten. Dann ritten die Kerakijje mit allen Maultieren und Eseln der Ibn Ṭbêt nach dem Gebirge Ḳejs, um die Ihrigen abzuholen.

Als der bestimmte Zeitpunkt gekommen war, sammelte Ibrâhîm seine Krieger, ǧammaʿ ḳowmo, führte sie zum ɣôr eṣ-Ṣâfije und versteckte sie, akmanahom, im šeʿîb en-Nâr, welchen Ort sie von nun an el-Mkômen nennen. Dann wandte sich Ibrâhîm mit fünf Reitern zum Lagerplatze des Ibn Ḳejṣûma beim umm Sidre im ɣôr el-Mezraʿ und stieg als Gast in seinem Zelte ab.

In der Frühe sah man von weitem die Karawane der Kerakijje. Ibn Ḳejṣûma fragte: „Wem gehört denn diese Karawane, limin hâdi -ẓ-ẓaʿûn?“ Ibrâhîm antwortete: „Es sind die Lasttiere der Kerakijje.“ Da befahl ibn Ḳejṣûma, die Kerakijje anzuhalten und zu fragen, mit wessen Erlaubnis sie die Grenze seines Gebietes überschreiten. Ibrâhîm sagte jedoch: „Das sind ja arme Bauern, von denen man nur Nutzen hat, hadôla nâs fellâḥîn masâkîn mâ jiǧi minhom illa-l-ḫejr“. Ibn Ḳejṣûma aber antwortete: „Sie werden el-Kerak niemals betreten!“ Da sandte Ibrâhîm einen Reiter zu seinen Truppen, die sich hinter den Kerakijje hielten, sie umzingelten und nach el-Kerak brachten, wo damals niemand wohnte.

Sowohl den Boten zum Šêḫ Ibrâhîm als auch den übrigen Kerakijje diente als Aufklärer, ʿajn, ein Häuptling der Ḥeǵâja, namens ʿAlejjân, der mit seinen Kriegern die Handelsleute von Ḥebron nach Osten und zurück zu begleiten pflegte. Seit der Zeit bezog er von den Kerakijje jährlich gewisse Ḫâwa-Abgaben.

Da die Felder viele Jahre brachlagen, so litten die Kerakijje Mangel an Lebensmitteln, aber auch da half ihnen Ibn Ṭbêt. Drei Jahre lang führten ihnen die ʿAmr die Lebensmittel, el-mîr, aus Ḥawrân auf ihren Kamelen nach el-Kerak zu.

Die Ḥamâjde brachten den Winter, jušattû, im Gebiete von Ḥâret, beim Ḥawrân zu und holten ihren Lebensunterhalt im Lande der Sardijje. Endlich bot der Häuptling der Sardijje seine Krieger auf und zog an der Spitze von 1000 Mann gegen el-Kerak, um die Ḥamâjde in ihre Heimat zurückzubringen. Er lagerte mit den Seinigen bei el-Leǵǵûn, während die ʿAmr und die Kerakijje bei el-Ḳaṣr lagen. Die Sardijje und Ḥamâjde griffen an, und es entspann sich eine Schlacht, wištabak el-ḥarb, in der die ʿAmr geschlagen wurden. Sie flohen gegen Süden bis in die Nähe von Middîn, wo die Ihrigen lagerten.

Den Frauen blieb keine Zeit übrig, die Zelte niederzureißen und mit den Herden zu fliehen, da ihre Männer und Beschützer an keinen Widerstand dachten, und die Ḥamâjde und Sardijje nach reicher Beute lechzten. Diese betraten bereits die Zeltgasse, ṭenijje, sprangen von ihren Pferden herab und eilten in die Zelte, um recht viel zu rauben. Da sah Mšêriḳ abu Rʿijje einen Mann der Sardijje, namens Ibn Bâša, wie er seiner Frau Teppiche aus den Händen riss und sie schlug. Empört darüber, stieß er das Kriegsgeschrei aus, warf sein Pferd um und, gefolgt vom Bruder der Frau, bot er den Feinden die Stirne. Ibn Bâša und mehrere raubende Sardijje fielen unter ihren Säbeln. Da folgten vier Reiter der Ṭaḥâṭre von den Ḥeǵâje ihrem Beispiele, ließen ebenfalls ihr Kriegsgeschrei erschallen, und in wenigen Augenblicken wurden die Verfolgten zu Verfolgern. Von nun an nennt man jenen Ort el-Maradd bis auf den heutigen Tag.

Die Sardijje und Ḥamâjde wurden gejagt bis zum ajn el-Leǵǵûn und ihre Herden flohen gegen ǵ. ed-Dabbe und ḳṣûr Bšêr. Ihr Lager bei el-Leǵǵûn fiel in die Hände der Sieger, die sich dann bei er-Rabba niederließen.

Von nun an blieb das ganze Gebiet der ʿAmr unangefochten, wabaradat el-arḍ lil-ʿamr.

In der Stadt el-Kerak und im westlichen Gebirge von el-Hejdân im Norden bis eš-Šera' im Süden waltete Ibn Ḳejṣûma mit seinen Häuptlingen. Der Oberhäuptling residierte in der Umgebung von el-Kerak und sein Bruder in aṭ-Ṭafîle. Die Winterlagerplätze bezogen sie immer im Ġôr.

Einst kam Salâme ibn Wâdi, genannt auch Ḏîb eš-Šrejf, leiblicher Bruder, aḫ min ummih, des Oberhäuptlinges von el-Kerak, aus seiner Residenz eṭ-Ṭafîle auf Besuch zu seinem Bruder, der damals im ġôr el-Mezraʿ überwinterte.

Der Oberhäuptling hatte die Gewohnheit, jeden Tag Aschenbrot mit Kamelmilch zu frühstücken. Niemand durfte mit ihm gemeinschaftlich essen, nur wen er ehren wollte, dem ließ er von seinem Frühstück vorlegen. Salâme erwartete, daß ihm solche Ehre zuteil werde, doch Ibn Ḳejṣûma ließ ihm nichts vorlegen. Als sich Salâme darüber beschwerte, bekam er zur Antwort: „Ein Stück Aschenbrot und ein Schluck Kamelmilch im Ġôr ist nicht für jedermann." Beleidigt darüber, rührte Salâme das für ihn gebratene junge Schaf gar nicht an, sprang auf seinen Hengst er-Ru'ejl und kehrte nach eṭ-Ṭafîle zurück.

Kurz darauf sandte er einen Vertrauensmann zu den Häuptlingen Ibn Ṭbejt und Ibn Laṣîm mit der Mitteilung: „Wollt ihr gegen Ibn Ḳejṣûma etwas unternehmen, so tut es. Ich werde euch weder beistehen, noch euch hindern." Kurz darauf starb Salâme; er wurde südlich von el-Kerak bei el-Mṣâṭeb begraben und man nennt sein Grab bis auf den heutigen Tag ruǵm ibn Wâdi.

Beiden Häuptlingen kam die erwähnte Mitteilung sehr willkommen. Sie berieten, was zu tun wäre, teilten jedoch ihren Untergebenen gar nichts mit.

Ibn Ṭbêt sagte zu seinem Sklaven: „Geh' zum Ibn Ḳejṣûma und sage ihm: ‚Mein Herr bittet dich um die Erlaubnis, die Regenperiode im Ġôr zubringen zu dürfen. Nachher wird er wieder fortziehen und das Land bleibt dein Land.' Ich weiß, daß er dich fortjagen wird. Doch wenn du zurückkehrst, so erkläre: ‚Ibn Ḳejṣûma erlaubte, daß wir im Ġôr überwintern.'"

Der Sklave tat, wie ihm sein Herr befahl, und als er vor Ibn Ḳejṣûma erschienen war, sprach dieser: „Ohne Zwang kein Dank, mâ ǵâ šukr illa biǵabr. Was willst du?" Der Sklave sagte, was ihm sein Herr aufgetragen hatte und bekam zur Antwort: „Ruhe, emraḥ, diese Nacht bei mir und in der Frühe packe dich fort. Deinem Herrn sage, daß ich ihm alles nehmen werde, falls ich ihn hier ertappen sollte."

Der Sklave kehrte zu Ibn Ṭbêt zurück und erklärte in der Versammlung der Ältesten: „Ibn Ḳejṣûma erlaubt euch, während der Regenperiode im Ṛôr zu lagern." Sofort lud man die Zelte auf, bestieg die Reittiere, faśâlat ḥâlat, und der ganze Haufen bewegte sich gegen das Ṛôr. Ibn Ṭbêt rüstete sich jedoch zum Kampfe. Seine Tochter setzte sich als 'Aṭfa in vollem Schmuck auf ein Reitkamel und ritt an der Spitze der ersten auserlesenen Truppe, salaf. Der Häuptling selbst ließ die Harnische seiner Krieger auf Kamele laden und folgte mit ihnen dem ersten Trupp. Als er beim tell ez-Zerâ' angelangt war, ließ er die Kamele mit den Harnischen niederknien, nawwaḫ, und sprach: „O Beni 'Oḳba, jetzt wird Ibn Ḳejṣûma eure Herden rauben, denn er erlaubte nicht, daß ihr herkommet. Doch hier liegen eure Harnische, dûnku drû'ku." Sofort legten sie ihre Harnische an und von der Zeit an nennt man jenen Ort tell Minkat ed-drû'.

Das Zelt des Ibn Ḳejṣûma stand auf einer Bodenwelle im ṛôr el-Mezra', und es wehte der Ostwind, eś-śerḳi. Da trat seine Tochter vor das Zelt und sagte: „O Vater, die 'Amr kommen!" — „Woher weist du das?" — „Der Geruch ihrer Körper und ihrer Harnische trifft meine Nase."

Ibn Ḳejṣûma ritt sofort mit seinen Kriegern gegen Osten. Er und die meisten seiner Leute rauchten ihre vollgestopften Pfeifen, ṛalâjenhom mu'abbaje wmu'allaḳe. Als sie den Feind erblickten, befanden sie sich eben bei einem Ṭalḥa-Baume. Da warf Ibn Ḳejṣûma seine Pfeife gegen den Stamm der Ṭalḥa, biḳâ'ha, und die übrigen folgten seinem Beispiele. Der durch den Ostwind ausgedörrte Stamm fing von den brennenden Pfeifen Feuer und die Ṭalḥa verbrannte. Ihr abgebrannter Rumpf steht heute noch, wḳâ'ha lha-s-sâ' mawǧûd, und man nennt ihn śaǧarat el-Ṛalâjîn.

Beide Abteilungen stießen aufeinander, tanâṭaḥû eṭ-ṭarfên. Unter Ibn Ḳejṣûma fielen drei Stuten, und endlich wurde auch er durchbohrt. Dann flohen die Seinigen in das ṛôr abu 'Obejda und wohnen dort bis auf den heutigen Tag.

Ibn Ṭbêt wurde nun zum Alleinherrscher des ganzen Gebietes von el-Kerak und er teilte es unter seine Geschlechter. Das Ṛôr behielt er für sich, und so beziehen seine Nachkommen von dort Abgaben bis auf den heutigen Tag.

Nach einiger Zeit wurden die 'Amr uneinig und es gelang allmählich den Bewohnern von el-Kerak an Einfluß und an Terrain zu

6*

gewinnen. Sie verständigten sich mit den Ḥamâjde, und diese kehrten wider den Willen der ʿAmr in ihre Gebiete zurück. Damals stand an der Spitze der Kerakijje Ḫalîl el-Meǵalli von den Dâûd.

Mit der Zeit wurden die ʿAmr zur Auswanderung genötigt, und die dablieben, mußten sich mit den unfruchtbaren Gebieten zufriedenstellen. Sie zählen etwa 100 Familien, führen als Stammzeichen al-Ḫadame O auf der Backe und teilen sich in:

Geschlechter:	Sippen:	Wasserplätze:
el-ʿArâjne, abu ʿArêne	—	—
et-Tbêtât, ibn et-Tbêt	eš-Šawâhîn, ibn Šâhin	ḫ. Dimne
	elʿAwêḍât, ibn ʿAwêḍa	„
	eš-Šelâlḥa, eš-Šillîḥ	„
	el-ʿAṣâjde, el-ʿAṣîdi	„
	er-Radâjse, er-Raddûs	„
	ad-Drêʿât, abu Drêʿe	„
	el-Ḳaṭâmîr, el-Ḳaṭmîr	„
	el-Laṣâjme, ibn Laṣîm	el-Mḥajj und el-ʿEjna.
	al-Ḳašâm, ibn Ḳašâm	ḫ. abu Trâba u. el-Môǵib
	el-Ǵarâdât, ibn Garâd (ihr Wasm ist es-Saḥale: ⊢)	ḫ. Dimne

El-Kerak.

Die meisten Geschlechter, ḥamâjel, der Fellâḥîn von el-Kerak sind ihrer Familientradition nach von andersher eingewandert.

So erzählen die ʿAzêzât, welche jetzt in Mâdaba wohnen, daß sie ursprünglich in Môte hausten.

Die Zrêḳat und ʿAkaše glauben fest, daß ihren Vorfahren einst ḫ. Mḥêlle, östlich von w. Mûsa, gehörte.

Die Halasa stammen aus Ägypten. Ihr Ahnherr siedelte sich in el-Kerak an, heiratete ein Mädchen aus dem Geschlechte der Ḥaddâdîn und gründete ein neues Geschlecht.

Die Ḥeǵâzîn wohnten einst weit im Süden in Ḥeǵâz, wanderten von dort aus und ließen sich in el-Kerak nieder.

Die Mdânât bewohnten einst Middîn.

Die Bḳâʿîn erzählen ebenfalls, daß sie aus dem Gebiete el-Beḳʿe kamen. Dieses Gebiet suchen einige in Mittelsyrien, andere wieder, was wahrscheinlicher ist, in der Gegend von Buṣejra.

Die Ṣunnâʿ sind Handelsleute aus Damaskus, welche nach el-Kerak Geschäfte halber kamen und sich daselbst niederließen. Ursprünglich waren sie griechisch-katholisch, später aber sind sie zum Schisma übergetreten.

El-Ḥaddâdîn, stammen aus ḫ. el-Ḥaddâd;
as-Serâjre, „ „ ḫ. ez-Zuṭṭ;
el-Ḥabâšne, „ „ ḫ. Ḥbêš;
el-Maʿâjṭa, „ „ ǵ. el-Ḫalîl;
eḍ-Ḍmûr, „ „ el-Ḫalîl und Beni Nâjem;
eṭ-Ṭarâwne, „ „ ḫ. el-Mḥêlle;
el-Aṛawât, at-Ṭanâšât, el-Mḥâmîd, } sind alte, bereits vor Jahrhunderten nach el-Kerak eingewanderte Geschlechter, welche „die Stadt bauten, hawla muʿammerîn dmûs el-Kerak“;
el-Ḳḍa' und el-Bašâbše, } sind Ureinwohner von el-Kerak.

Die zwei letzten werden nur selten zugelassen, einen Anspruch auf ein Terrain mit Eid zu bekräftigen, weil sonst immer zu ihren Gunsten entschieden werden müßte.

Der Westturm gehörte ursprünglich den Ṭanâšât, der Ostturm den Aṛawât, die Ḳalʿa-Festung den Bašâbše und der burǵ el-Ḥaǵâb bei dem nördlichen Wasserbehälter den Ḳḍa'.

Die alten Herren des Gebietes von el-Kerak sind die ʿAmr im Süden und Ḥamâjde im Norden.

Die ʿAmr teilten sich in:

I. Gruppe:	II. Gruppe:
ibn Ṭbêt	ibn Jâser
ibn Laṣîm	ibn Ḳejṣûma
abu ʿArêne	ibn ʿAwn

Der I. Gruppe gehörte das Terrain von el-Ḥasa im Süden und Toten Meere im Westen, bis zum sejl eḍ-Ḍrâʿ, et-Tenijje, el-Moreјṛa im Norden und darb el-Ḥaǵǵ im Osten.

Die II. Gruppe besaß die nördlichen Gebiete, und zwar bis zum w. Beni Ḥammâd, el-Mesann, el-Leǵǵûn und darb el-Ḥaǵǵ.

Die Felder bei el-Ḳamarên waren Eigentum des Häuptlinges Ibn Jâser.

Die Umgebung von el-Wesijje beanspruchte der Häuptling Ibn ʿAwn und die von Činnâr der Häuptling Ibn Ṭbejt.

Den Ḥamâjde gehörte das Gebiet nördlich von den ʿAmr, und zwar im Osten bis zum Môǧib (el-Mḫêreṣ).

Die Bewohner der Stadt Kerak, die Kerakijje, besaßen keinen Grundbesitz. Sie bebauten die Felder für die ʿAmr oder Ḥamâjde und trieben mit ihnen Handelsgeschäfte. Nach und nach gerieten die ʿAmr bei den Kerakijje in Schulden und verkauften ihnen einzelne Felder als Mulk, Privateigentum. Am Anfange des 19. Jahrhunderts hatten die Kerakijje bereits ansehnlichen Besitz in der Umgebung von el-Kerak.

Um diese Zeit bekamen sie auch tüchtige Anführer in der Familie der Meǧâlje, welche durch kluge Politik ihre Macht zuerst in el-Kerak

Fig. 5. Don Alessandro Maccagno, Abûna Skandar.

begründeten und dann auch außerhalb der Stadtmauern erweiterten. Sie nützten die Reibereien zwischen den einzelnen Häuptlingen der ʿAmr aus und bemächtigten sich nach der Vertreibung des Ibrâhîm Bâša der Gebiete von el-Mešhed im Süden bis el-Mesann im Norden.

Unter der 40 jährigen Regierung des ʿAbdelḳâder wurden die ʿAmr gänzlich geschwächt und die Macht der Kerakijje reichte bis el-Ḥsa im Süden. Sein Sohn und Nachfolger, der eiserne Mḥammad ibn ʿAbdelḳâder, wollte auch die Ḥamâjde unschädlich machen und es gelang ihm, sie zu schlagen und ihr Gebiet nur auf das Gebirge nördlich von sejl Beni Ḥammâd und die Ebene westlich von Šîḥân zu beschränken.

Die Kerakijje haben ihren Besitz, mulk, nur den Meǧâlje zu verdanken. Dessen waren und sind sich auch die Meǧâlje wohl bewußt, deshalb nahmen sie für sich das schönste Terrain. So gehören ausschließlich ihnen die Felder bei Rabba und al-Ḳaṣr und die fruchtbarsten Stücke in den übrigen Teilen.

Das eroberte Gebiet ließ Mḥammad unter alle Kerakijje teilen, und zwar wurde und wird nach den Gruppen: 1. Šeraḳa', 2. Ḳuraba', 3. Naṣâra jedes Terrain in drei Teile geteilt. Ein solcher Teil heißt Ḫâne. Jede Ḫâne wird dann in soviele kleinere Stücke zerteilt, als die Stadtgruppe selbständige Familien zählt. Wo die verheirateten Söhne mit dem Vater zusammenwohnen, bekommen alle nur ein Stück. Das für eine selbständige Familie bestimmte Stück heißt Duḫâne (Ḏuḫâne) und wird durch Steine, rfâf, abgegrenzt.

Ist der Anteil, ḫâne, z. B. der Naṣâra bestimmt, so wird er in zwei Hälften geteilt. Die Naṣâra bilden 180 Familien. Von

Fig. 6. 'Îsa' el-Meḫalli.

diesen gehören 80 den Halasa und Ḥaddâdîn, mit ihnen geben 10 andere Familien — also 90 — die Hälfte, während die übrigen 90 Familien die andere Hälfte ausmachen. Nun bezeichnet ein Steinchen die westliche und ein Ästchen die östliche Hälfte. Ein Mann hält sie hinter dem Rücken, und der Vertreter der ersten 90 Familien wählt sich z. B., was in der linken Hand ist; hält diese das Steinchen, so gehört die westliche Hälfte den Halasa. Die Halasa teilen dann ihre Hälfte in Viertel oder Fünftel, je nach der Gruppierung der einzelnen Familien in Sippen, so daß jede Sippe ein Viertel bekommt, welches dann an die Familien verteilt wird. Eine solche Teilung wurde jedes Jahr, und zwar im Šbâṭ oder Tišrîn ṯâni vorgenommen.

Ausgenommen waren die unkultivierten Striche. Wer einen solchen Strich urbar machte, kasar el-arḍ, der durfte ihn dreimal besäen, also mit den Jahren der Ruhe 6 Jahre besitzen. Nach 6 Jahren gehörte das Land bereits unter die Felder und wurde verteilt.

Die Nordgrenze des Keraker Besitzes bildet jetzt eine gerade Linie gezogen von ḫ. Fuḫâra nach Šṭḥân, dann wendet sie sich zum Anfange des Weges darb es-Sinîne unten im Môǵib-Tale, biegt mit sejl el-Môǵib südwärts nach el-Leǵǵûn, el-Ḥanakên, el-Batra, ruǵm el-Mismar, Naḫl, dann gegen SW. an Ḍât-Râs vorbei, hierauf wieder südwärts nach el-ʿAjna, dann westwärts am Rande des Ḥsa-Tales zur Quelle Smêṭ, Mḳêr, und endlich gegen Norden zum w. es-Sinîne, šaǵarat el-Mêsc, ḫ. el-Btênc, el-Mzêrib und Fuḫâra.

Den Christen von el-Kerak gehören im Westen, und zwar am linken Ufer des Keraker Baches, ḫ. umm Ǵemʿân, ḫ. Mefâḫit, ed-Dabbe, el-Mikbas und ihre Umgebungen, dann im Osten eṭ-Tenijje, Ader, el-Mnêṭir, es-Smakijje, Ḥmûd, ʿAlejjân, Ḥmêmât, er-Râkîn, el-Wesijje, el-Ḳamarên, el-Ċinnâr mit der nächsten Umgebung.

Die Christen, Maʿâjṭa und Ḥabâšne entrichteten die Ḫâwa den Ḥeǵâja, und zwar: jedes Zelt 1 Midd Weizen und 1 Midd Gerste; den Resâjde und Mannâʿijjîn: je 1 Ṣâʿ Weizen; dafür waren diese verpflichtet, geraubtes Vieh ihnen wiederzuverschaffen; sie waren also Darrâkîn der Christen. Den ʿAmarîn mußten sie abliefern: je $^1/_2$ Midd Weizen; den Saʿdûn ibn al-Fâjez: je 1 Meǵidi, 1 Midd Weizen und 1 Midd Gerste; und alle zusammen 10 Šḳâḳ oder 10 Aḫjâš, Zelttücher.

Von der türkischen Regierung waren die Kerakijje vollkommen unabhängig. Nur von Zeit zu Zeit, wenn sich die türkische Macht in Damaskus oder Jerusalem sicher fühlte, sendete sie eine starke Abteilung nach el-Kerak, um daselbst Steuer einzuheben. Man erzählt von mehreren solchen Expeditionen, von denen eine angeführt wurde von ʿAḳêle abu Ḳwêṭîn, der von einer jeden Familie 4 Schafe verlangte; eine andere befehligte Ḥsên Bûzu, der von einer jeden Familie 25 Piaster einhob; eine dritte Expedition führte ein Mann, der die Oberhäuptlinge von el-Kerak ‚Šejḫan mǵalḳamaʿ nannte, und eine vierte leitete Abu Ǵâber, dem jede Familie Getreide abliefern mußte. Den Transport sollte der Oberhäuptling Mḥammad besorgen, der sich jedoch das Getreide aneignete.

Fig. 7. Katholische Schüler aus el-Kerak.

Zur Zeit des Oberhäuptlinges Ismâʿîn brachte Ḳufṭân Aṛâsi ägyptische Soldaten nach el-Kerak und besetzte die Festung. Seine Soldaten belästigten jedoch die Frauen, und so kam es zu einem Aufstande. Die Soldaten hielten die Festung und die beiden Türme eš-Šerḳi und eẓ-Ẓâher besetzt. Die Christen sollten die Türme erobern, die übrigen die Festung. Isḥâḳ von el-Ḥeǵâzîn war Anführer der Christen. „85 Soldaten erschlug er mit seinem Säbel, der ihm infolge des strömenden und getrockneten Blutes in der Faust kleben blieb.“ Die Festung wurde ausgehungert, sodann alle Soldaten niedergemetzelt, so daß man das Blut bis in den Bach von el-Kerak fließen sah.

Nach einem Jahre kam Emîr Elwa mit starkem Heere und vier Söhnen, aber auch er wurde getötet.

Nachher kam Ibrâhîm Bâša und schlug sein Lager bei eṭ-Ṭenijje auf. Nach dreitägigem Kampfe übergab ʿAbdallâh aṣ-Ṣunnâʿ die Fahne der Christen dem Ibrâhîm Bâša. Die Muslimîn flohen mit ihrer Habe nach dem Ṛôr, an die Küste des Toten Meeres.

Das Heer des Ibrâhîm Bâša zerstörte die Mauern, riß Teile der Festung nieder und verübte an den Christen allerlei Plackereien. Diese flohen nun ebenfalls und wollten sich in die Gebiete von Jerusalem durchschlagen. Bei ʿajn Ḥumr begegnete ihnen Ismâʿîn el-Meǵalli, der sie zum Widerstande anfeuerte. Während der Verhandlung wurden sie vom Heere des Ibrâhîm Bâša umzingelt und viele von ihnen gefangengenommen. Unter den Gefangenen war der Šêḫ Ismâʿîn und Ṣâleḥ, der Sohn seines Bruders Abdelḳâder. Beide wurden in Jerusalem beim Jaffa-Tore, bâb el-Ḫalîl, enthauptet und begraben.

Ibrâhîm Bâšas Heer verwüstete das ganze Gebiet, als er jedoch Palästina verlassen mußte, kapitulierte auch seine Besatzung in el-Kerak. Es wurde ihnen gestattet, ohne Waffen nach Ägypten zurückzukehren, aber ihre Führer brachten sie auf dem Wege nach der ʿAraba in eine Schlucht, in der sie mit Steinen erschlagen wurden.

Nach und nach kehrte die zerstreute Bevölkerung zurück, ʿAbdelḳâder ibn Jûsef wurde Oberhäuptling und nach ihm Mḥammad ibn ʿAbdelḳâder. Unter Mḥammad kam nach el-Kerak Ibn Bûzu Bâša, der ihm große Geschenke von der türkischen Regierung brachte, um seine Sympathien zu gewinnen. Er kehrte jedoch zurück. Später kam Mḥammad Saʿîd Bâša, der sich ebenfalls nicht lange hielt, bis endlich am 23. Dezember 1893 die türkische Regierung daselbst festen Fuß faßte. Jetzt liegen in el-Kerak zwei Ṭâbûr Infanterie (etwa 2000 Mann) mit einigen Kanonen und 150 berittene Gendarmen.

Die Mitglieder der Meǵâlje wurden zu türkischen Beamten ernannt und beziehen als solche festen Gehalt. So bekommt Šejḫ Ṣâleḥ monatlich 50 Meǵîdi, Ḫalil ibn Muṣṭafaʾ ebenfalls 50 Meǵîdi und Fâres ibn Salâme auch 50 Meǵîdi. Sie und ihre Familien sind steuerfrei, alle übrigen Bewohner zahlen jedoch seit 1894 Steuer. So zahlten 1898:

Christen	64.000	Piaster
Meǵâlje	12.000	„
Ṛurabaʾ	80.000	„
Šeraḳaʾ	83.000	„

Kuṭrabba	60.000	Piaster
el-'Arâḳ	25.000	"
Ḫanzira	40.000	"
Ḫaraša	20.000	"
Na'êmât	30.000	"
Ḥeǵâja nördlich von el-Ḥsa	13.500	"
el-'Amr	32.000	"
Ḥamâjde el-Kerak	60.000	"
" el-Ǧbâl	80.000	"
" el-Kûra	80.000	"
	682.000	Piaster ṣâr
etwa Kronen	177.320	

Bis in die Vierziger Jahre des 19. Jahrhunderts hatten die Christen in el-Kerak keine Kirche. Die schöne Kreuzfahrerkapelle in der Festung hatten die Muslimîn inne, und die Kirchen in der Stadt waren längst zerstört. Als eine solche zerstörte Kirche gilt der Ruinenhaufen el-Ḫaḍr mit einem Ölbaume und einem schönen Architrav. Obwohl er im Muslimînviertel liegt und von diesen ebenfalls hochverehrt wird, konnten sich hier die Christen versammeln und daselbst an großen Feiertagen ihre Andachten verrichten.

In den Vierziger Jahren baute das griechische Patriarchat in Jerusalem für die Keraker Christen eine Kirche und setzte bei ihr einen Pfarrer ein. Der Pfarrer, ein Einheimischer, der oft kaum lesen und schreiben konnte, kümmerte sich wenig um die religiöse Erziehung seiner Gemeinde, die auch keine Schule besaß, so daß man von einer religiösen Überzeugung kaum reden kann.

Einst begleitete mich ein alter, gutmütiger Christ, der vor dem Aufbruche das Kreuzzeichen machte und dabei etwas lispelte. Als ich ihn fragte, was er gesagt habe, gab er zur Antwort: „Im Namen des Vaters, der Mutter und des Sohnes. Amen.“ Ein anderer nannte mir die drei göttlichen Personen: Gott-Allâh, Jesus-'Îsa und Muḥammad. Selbst der jetzige griechische Pfarrer ist überzeugt, daß Gott keine Sünde vergibt, die man in der Jugend begangen hat und erst im Alter oder in der Krankheit, wo man sie nicht mehr begehen kann, bereut. Häufig war die Bigamie daselbst. Sehr oft wird die Ehe geschieden. Nicht nur der Ehebruch, sondern auch der Aussatz und die Leukorrhöe gelten als gültige Ursache der Ehescheidung mit dem Rechte, eine neue Ehe zu schließen. Da die Feststellung dieser Krankheiten ohne jeden

Arzt und oft ganz willkürlich geschah, so war es sehr leicht, einer Frau loszuwerden.

Die neugeborenen Knaben der Muslimîn werden zum griechischen Kurat gebracht, der sie ebenfalls tauft, d. h. dreimal in das Wasser taucht, nicht um sie zu Mitgliedern der Kirche zu machen, sondern um ihnen nach der Meinung der Muslimîn ihre Gesundheit zu stärken.

Jeder Irrsinnige, Paralytiker, Apoplektiker, ja selbst stark Fieberkranke wird für einen Besessenen gehalten. So erkrankte eine kräftige

Fig. 8. Katholische Schülerinnen aus Mâdaba.

Frau an Typhus und wälzte sich im Delirium auf ihrem Lager hin- undher. Man hielt sie für besessen und trug sie in die Kirche, wo sie die Nacht zubringen sollte. In der Frühe versammelten sich ihre Angehörigen, setzten sich zu ihr und tranken gemütlich ihren Kaffee. Als sich die Kranke nicht beruhigen wollte, mußte der böse Geist exorzisiert werden, was vom Pfarrer unter Geschrei und wiederholtem Springen und Laufen von dem Tore zu der Kranken geschah.

Die Ṣunnâʿ, welche als Handelsleute in reger Verbindung mit Jerusalem standen, waren vom griechischen Patriarchate als Vertreter der Christen von el-Kerak anerkannt. Sie behoben jährlich im griechischen Patriarchate einen bedeutenden Betrag, den sie unter alle christlichen Geschlechter verteilen sollten. Das taten sie jedoch nicht, sondern behielten das Meiste für sich, machten einigen einflußreichen Häuptlingen Geschenke, gaben den Armen hie und da ein Kleidungsstück und ließen sich dafür loben, als ob sie es aus eigener Tasche geschenkt hätten.

Fig. 9. Ḥanna el-Ḳalanze aus el-Kerak.

Ende 1872 war ein Angehöriger der Ṣunnâʿ mit seinem Anteile an dem Patriarchatsgelde unzufrieden; er verlangte mehr, und als man ihm es verweigerte, erzählte er öffentlich, wie es die Ṣunnâʿ seit Jahren getrieben hätten. Dies hatte einen Ausbruch des Volksunwillens gegen die Ṣunnâʿ zur Folge, die jedoch die Häuptlinge zu kaufen suchten; es gelang ihnen auch, bald die meisten Geschlechter zu beschwichtigen. Nur die Ḥeǧâzîn, Beḳâʿîn und ʿAzêzât blieben standhaft und wollten von den Ṣunnâʿ nichts wissen. Als ihnen hierauf der griechische Kurat die heiligen Sakramente nicht spenden wollte, wählten sie den mutigen Ṣâleḥ eṣ-Ṣwâlḥe, brachten ihn durch 20 Berittene nach Jerusalem und verlangten vom griechischen Patriarchen, daß er ihn zum Priester weihe und zu ihrem Kuraten bestimme. Der Patriarch willigte ein, und Ṣâleḥ blieb im Patriarchate, um das Lesen zu erlernen. Unterdessen strengten sich die Ṣunnâʿ aus allen Kräften an, um diese Spaltung zu verhindern, und wurden darin vom griechischen Patriarchate unterstützt. So gelang es ihnen, noch die Ḥeǧâzîn und Beḳâʿîn zu gewinnen, nur die Stammgenossen des Ṣâleḥ, die ʿAzêzât, blieben fest. Als nun Ṣâleḥ das Lesen erlernt hatte, verlangte der Patriarch von ihm das Verzeichnis seiner Anhänger. Ṣâleḥ kehrte deshalb nach el-Kerak zurück und, als er sah, daß er nur auf die ʿAzêzât rechnen könne, blieb er daselbst, ohne die Priesterweihe anzunehmen.

Während der Jahre 1874 und 1875 waren die ʿAzêzât ohne religiösen Beistand. Endlich machte Marâr el-ʿAzêzât den Vorschlag, mit dem lateinischen Patriarchate in Verbindung zu treten.

Msgr. Vinzenz Bracca oder, wie er allgemein genannt wurde, Sajjedna el-Manṣûr, empfing die 14 berittenen Vertreter der ʿAzêzât sehr freundlich und schickte den Missionär von es-Salt, Josef Gatti, nach el-Kerak, um sich zu überzeugen, wie die Sachen stehen. Don Gatti blieb mehrere Wochen in el-Kerak, taufte viele Kinder, lernte die Verhältnisse kennen, kaufte auch eine Missionshütte an und berichtete an den Patriarchen, daß zwar sehr viele Schwierigkeiten zu überwinden seien, die Mission aber dennoch guten Erfolg verspreche. Daraufhin beschloß der Patriarch die Begründung einer Mission in el-Kerak und befahl dem Missionär Alexander Maccagno, sich dorthin zu begeben.

Alexander Maccagno, am 20. September 1841 zu Entraque in Piemont geboren, am 10. Juni 1865 zum Priester ordiniert, war im September 1866 nach Jerusalem gekommen und 1868 als Missionär nach Bîr Zejt geschickt worden.

Ein hoher, knochiger Mann von ernsten Gesichtszügen, unbegrenzter Geduld und Milde und voll felsenfesten Vertrauens auf die Hilfe Gottes, kannte er für seine Person gar keine Bedürfnisse, gab sich mit der dunkelsten Grabhöhle, mit dem feuchtesten Keller zufrieden, wenn er nur das geistige, religiöse Niveau seiner Gemeinde heben konnte. (Fig. 5).

Am 1. Januar 1876 gelangte er nach vielen Gefahren in das Lager der ʿAzêzât und brachte daselbst das hl. Meßopfer dar. Am gleichen Tage begab er sich, von den bewaffneten ʿAzêzât begleitet, in die Stadt. Die Ṣunnâʿ und ihr Anhang traten ihnen entgegen, und es wäre zum Kampfe gekommen, wenn nicht die Meǵâlje dazwischengetreten wären. Die Feindseligkeiten dauerten aber an und die ʿAzêzât konnten sich in el-Kerak nicht länger halten.

Da gelang es dem lateinischen Patriarchen, das Ruinenfeld von Mâdaba anzukaufen und er schenkte es den ʿAzêzât. Diese verließen nach dem Osterfeste 1880 el-Kerak in nördlicher Richtung, blieben mit dem Missionär einen Monat nordwestlich von ḳarʿa Sîḥân, Pfingsten feierten sie auf el-Kûra und Maria Himmelfahrt auf den Tennen von Mâdaba. Der Missionär ließ sich in einer alten Grabanlage nieder und eiferte durch Wort und Tat die Gläubigen an, sich in Mâdaba Hütten zu bauen und mit den benachbarten Stämmen Frieden zu halten. Nach dreijähriger Arbeit war die Gemeinde Mâdaba gesichert, der Missionär übergab sie einem jüngeren Priester und kehrte 1883 nach el-Kerak zurück.

Fig. 10. In einem Zelte der Katholiken aus el-Kerak.

Es gelang ihm hier, nach und nach neue Gläubige zu gewinnen und, wenn er auch manches Ungemach zu ertragen hatte, so war doch bei Lebzeiten des Fürsten Mḥammad seine Lage erträglich. Als jedoch dieser 1888 starb und sein Sohn und Nachfolger Ṣâleḥ, „der noch niemand getötet", die Zügel in die Hand nahm, kam es zu einer wahren Anarchie, und der Missionär schwebte oft in Lebensgefahr.

Die inneren Streitigkeiten im Gebiete von el-Kerak nützte die türkische Regierung aus, setzte sich mit einigen Geschlechtern ins Einvernehmen und am 23. Dezember 1893 zogen türkische Truppen in el-Kerak ein und besetzten die Festung.

Mit dem Erscheinen der Truppen Sr. Majestät beginnt eine neue, bessere Periode für ganz Kerak und somit auch für die katholische Mission.

Der erste Gouverneur von el-Kerak, Ḥsên Ḥilmi, ein gebildeter, intelligenter Mann, der nie einen Para annahm, gegen jedermann gerecht zu sein suchte, befestigte ohne Gewaltmittel die türkische Macht binnen kurzem so, daß sie kein fremder Anschlag mehr gefährden konnte. Als überzeugter türkischer Patriot ertrug er nur schwer das Einmengen eines fremden Konsuls in innere Angelegenheiten des Reiches und war aus diesem Grunde der katholischen, unter französischem Protektorat stehenden Mission nicht sehr gewogen; aber dennoch gedenkt man seiner in Gutem. Ihm hat die türkische Regierung ihren Einfluß im peträischen Arabien zu verdanken, er hat diese Gebiete der Kultur eröffnet.

Zu dieser Zeit gewann die katholische Mission einen mächtigen Beschützer in der Person des tapferen und gefürchteten ʿÎsa ibn ʿAbdelḳâder (Fig. 6), eines Angehörigen der Meǵâlje. Anfangs ein erbitterter Feind der Christen, hatte er seine Gesinnung völlig geändert, als — wie er glaubte — infolge eines Gelübdes, er wolle fortan die Christen und Armen beschützen, sein langgehegter Wunsch, einen Sohn zu haben, in Erfüllung gegangen war. Nach anderen Äußerungen seiner Freude, wie Einladung aller Vorübergehenden zu großen Schmausereien u. dgl., hatte er dem Ḫaḍr-Heiligtum eine kostbare Altardecke gewidmet und der katholischen Mission ein an die Wohnung des Missionärs anstoßendes Grundstück zu sehr billigem Preise verkauft.

Don Alessandro war in den letzten Jahren oft krank. In der kalten, feuchten, kellerartigen Wohnung hatte er sich ein Brustleiden zugezogen, doch war dank seiner Bemühungen die Gemeinde stets im Wachsen begriffen. Im Jahre 1893 gewann er das ganze Geschlecht der Ḥeǵâzîn und 1894 bekam er einen Mitarbeiter in dem frommen, intelligenten und arbeitslustigen Don Anṭûn ʿAbdrabbo, der ihn bis August 1902 unterstützte und eine Knabenschule eröffnete (Fig. 7, 8, 9, 10). 1897 wurde ein neues Haus für die Mission erbaut, 1902 ein Lokal für die Mädchenschule adaptiert und diese 1904 von arabischen Rosenkranzschwestern eröffnet. Im Januar 1905 starb der fromme Gründer dieser Mission und wurde in el-Kerak begraben.

Die Bewohner von el-Kerak — etwa 1140 Familien — teilen sich in:

el-Ḳurâba', Ḳarbi
aš-Šerâḳa', aš-Šerḳi.

Die Ḳurâba' bestehen aus:

el-Meġâlje, Meġalli,	80	Familien,	Stammzeichen	en-Nâṭeḥ c—
el-Maʿâjṭa, el-Maʿâṭ,	300	„	„	„
el-Ḥabâšne, Ḥbejši,	110	„		
en-Naṣâra, Nuṣrâni,	200	„		
el-Maṣârwe	100	„		

Die Meġâlje zerfallen in:

Geschlechter:	Sippen:	Wasserplätze:
el-Jûsef, ibn Jûsef	ʿejâl Mizʿel, ibn Mizʿel	er-Rabba, el-Jârût
	ʿejâl Ḫalîl, ibn Ḫalîl	„ „
	el-Ġbûr, ibn Ġaber	„ „
es-Slêmân, ibn Slêmân	ʿejâl Muṣṭafa', ibn Muṣṭafa'	el-Ḳaṣr, Tedûn
	ʿejâl Salâme, ibn Salâme	„ „
	ed-Dâûd, ibn Dâûd	„ „
el-Ḳbûn, el-Ḳaben	el-Maʿâsfe, ibn Maʿsef	„ „
	el-Ḳnâḳât, el-Ḳnâḳ	„ „
	el-Ḳuṣûb, ibn Ḳaṣeb	„ „

Die Maʿâjṭa zerfallen in:

Geschlechter:	Sippen:	Wasserplätze:
Zaḳâjle	alîd Ġwêfân, ibn Ġwêfân	Adar
	alîd Ibrâhîm, ibn Ibrâhîm	„
	ʿejâl ʿAjjâd, ibn ʿAjjâd	„
	ʿejâl Muṭlaḳ, ibn Muṭlaḳ	„
	en-Neẓâmijje, en-Neẓâmi	„
Rašâjde, ibn Rašid	el-Ḥġûġ, el-Ḥâġġ	Betîr, el-Mrejsel
	ʿejâl Ḫalîl, ibn Ḫalîl	

Geschlechter:	Sippen:	Wasserplätze:
Rašâjde, ibn Rašîd	ʿejâl ʿÂjd, ibn ʿAjd	
	el-ʿAbîd, el-ʿAbd	
	eš-Šurafa', eš-Šerîf	Betîr,
	el-Ġelâmde, ibn Ġlêmde	el-Mṛejsel
	el-ʿAbejsât, el-ʿAbejsi	
	as-Sawâdḥe, ibn Swêdeḥ	
eḍ-Dnêbât, abu Ḍnêbe	Helâlât, Helâli	el-Ṛurâb
(Wasm eš-Šâreb ᴗ	el-Ḥuṭaba', el-Ḥaṭîb	"
auf der Backe und	alîd Ġibrîn, ibn Ġibrîn	"
eš-Šaʿbe < auf dem	el-Farâje, el-Fara'	"
Ohre)	el-Kfâwîn, el-Kfâwi	"
	eš-Šwêlât, eš-Šwêli	"
el-Bijâjḍe, el-Bajjûḍ	alîd ibn Edṛejm, ibn Edṛejm	Middîn
	eṭ-Ṭaḥḥânîn, eṭ-Ṭaḥḥân	"
	ʿejâl ʿAli, ibn ʿAli	"
	ḳowm abu Râbeḍ, abu Râbeḍ	"
	ḳowm es-Smêri, es-Smêri	"
eš-Šamâjle, Šamûli	el-Madâdḥe, el-Maddâḥ	sejl ʿAjnûn
	Ḥawânîḳ, Ḥânûḳ	"
	el-Mḥâdîn, ibn Mḥêdîn	"
	eš-Šnûb, abu Šanab	"
	ʿElâwijje, ʿElâwi	"
al-Aṛâwât	aṭ-Ṭawâhre, aṭ-Ṭâhri	er-Rsês
	aṭ-Ṭanâšât, aṭ-Ṭanâš	"

Die Ḥabâšne, Ḥbejši, zerfallen in:

Geschlechter:	Sippen:	Wasserplätze:
el-Âdla'	—	Ḥbêš
el-ʿArûd, ibn ʿArde	—	"
ʿAwêsât, ʿAwês	—	"
Ramâḍîn, Ramaḍni	—	"
er-Rahâjfe, ibn Rahîf	—	"
ʿAsâsfe, ibn ʿAssâf	—	"
al-Ġaʿâfre, Ġaʿfari	aš-Šḥâḍât, Šaḥâḍi	el-Ḥdêb
	Zerâbîn, Zerâbi	"
	ḳowm abu Ḥamde, abu Ḥamde	"

Die Naṣâra teilen sich in:

Halasa', Halisi, Stammzeichen en-Nâṭeḥ ♀ und eṣ-Ṣalîb +;
Ḥeǵâzîn, Ḥeǵâzi, Stammzeichen el-Maḳaṣṣ ×;
'Akaše, 'Akêši, Stammzeichen eṣ-Ṣalîb + auf der rechten Backe;
Ḥaddâdîn, el-Ḥaddîd;
Mdânât, Madâni;
Zrejḳât, Zrejḳ;
eṣ-Ṣunnâ', eṣ-Ṣâne', Stammzeichen el-Bâkûr ſ und aṣ-Ṣalîb +;
el-Beḳâ'în, el-Beḳâ'i.

Die Halasa' zerfallen in:

Geschlechter:	Sippen:	Wasserplätze:
el-Ḳsûs, el-Ḳasîs	el-'Amârîn, ibn 'Amrân	el-Kerak
	'ejâl Mis'ad, ibn Mis'ad	—
ḳowm el-Ḥowâ, ibn el-Ḥowâ	'ejâl Slîmân, ibn Slîmân	Ḥmûd
	el-Ḥejṭân, abu Ḥejṭ	„
	el-'Awdât	„
	el-Ḥanâjne, el-Ḥanîni	„
'ejâl 'Aid, ibn 'Aid	Šarâjḥe, abu Šarîḥe	el-Kerak, Ḥmûd
	eš-Šwâreb, abu Šwâreb	„ „
	Dahâmîn, ed-Dahâmi	„ „
	Ẓwâhre, abu Ẓâher	„ „
	'ejâl Jûsef, ibn Jûsef	„ „

Die Ḥeǵâzîn zerfallen in:

Geschlechter:	Sippen:	Wasserplätze:
el-Ḥursân, Ḥursâni	Štêwîn, ibn Štêwi	es-Sinîne und el-Bâlû'
	'ejâl Saḥâḳ, ibn Saḥâḳ	es-Sinîne und el-Bâlû'
	'ejâl Ḳaṭṭâs, ibn Ḳaṭṭâs	es-Sinîne und el-Bâlû'
er-Rbejḳât, er-Rbejḳi	Ṣlâ'în, eṣ-Ṣlê'e	es-Sinîne und el-Bâlû'
	'ejâl Msallam, ibn Msallam	es-Sinîne und el-Bâlû'
	'ejâl Drejm, ibn Edrejm	es-Sinîne und el-Bâlû'
	Ḳalanze, Ḳalanzi	—
	'ejâl Ǵim'e, ibn Ǵim'e	—
	el-Maṭârwe, ibn Mitri	—

Die 'Akaše zerfallen in:

Sippen:	Wasserplätze:
Naṣrâwîn, Naṣrâwi	es-Sinîne
Zijâdîn	„

7*

Sippen:	Wasserplätze:
‘Awâbde	es-Sinîne
Bwâlse, ibn Bûlos	„
Msâ‘ede	„

Die Ḥaddâdîn zerfallen in:

Sippen:	Wasserplätze:
Ma‘âčîz	Ḥmûd
ḳowm Šaḥâḍe, ibn Šḥâḍe	„

Von den Mdânât gehören zu den Ṛurâba’:

Sippen:	Wasserplätze:
aṭ-Ṭûrmân, al-Aṭram	el-Kerak
‘ejâl ‘Abdallâh, ibn ‘Abdallâh	„

Die Zrejḳât zerfallen in:

Sippen:	Wasserplätze:
‘ejâl Slîmân, ibn Slîman	el-Ḳana’, ‘ujûn abu Sa‘îd
‘ejâl Ṛânem, ibn Ṛânem	

Die Ṣunnâ‘ zerfallen in:

Sippen:	Wasserplätze:
Ma‘âje, el-Ma‘we	
Salâjṭa’, ibn Slêṭi	
‘Aǵêlât, el-‘Aǵêl	el-Kerak
Smâ‘în, ibn Sam‘âni	
Mesannât, el-Mesann	

Die Beḳâ‘în zerfallen in:

Geschlechter:	Sippen:	Wasserplätze:
el-Ḳaṭâṭât, el-Ḳṭâṭi	‘ejâl Saḥâḳ, ibn Saḥâḳ	
	abu Ǧerde	
	el-Meṣârwe, el-Maṣri	
el-Ḥḍêrin, ibn Ḥḍêri	el-Kwâlit, el-Kâlûti	el-Wesijje
	‘Abâbse, ibn ‘Abbâs	
	Ḍwêḥin, Ḍwêḥi	
	‘ejâl Sâlem, ibn Sâlem	

Die Šerâḳa’ bestehen aus:

at-Ṭarâwne, at-Ṭarw, Wasm el-Maḥǧân ᛚ auf der Nase und el-Maṭraḳên ═══ auf dem Ohre;

en-Nawâjse, abu Nwâs

el-Ḳaṭâwne, el-Ḳaṭwi, Stammzeichen el-Utâm ∩ auf der Nase;
eṣ-Ṣarâjre, abu Ṣarrâr, Stammzeichen el-Bâkûr ʃ auf der Backe und Maṭraḳên ═══ auf dem Ohre;
el-Bašâbše, el-Bašbaš, Stammzeichen eš-Šâreb ∪ auf der Nase;
el-Ḳḍa', el-Ḳâḍi, Stammzeichen eš-Šâreb;
eṣ-Ṣa'ûb, ibn Ṣa'ab, Wasm el-Ḫadame O;
el-Mbejḍîn, el-Mubejjeḍ, Wasm el-Ḫadame O;
aḍ-Ḍmûr, aḍ-Ḍamra
el-Mdânât, Stammzeichen el-Ḫadame O;

Die Ṭarâwne zerfallen in:

Sippen:	Wasserplätze:
'ejâl 'Awde, ibn 'Awde	al-Ǧa'far, el-Mḳêr
el-Mǵâmi'ijje, el-Mǵâmi'i	„ „
el-Ḥǵûǵ, el-Ḥâǵǵ	„ „
el-Mḥâmîd, abu Maḥmûd	„ „

Die Nawâjse zerfallen in:

Sippen:	Wasserplätze:
ḳowm el-Mḳermez, ibn el-Mḳermez	al-Ǧa'far, el-Mḳêr
'ejâl Salmân, ibn Salmân	„ „

Die Ḳaṭâwne zerfallen in:

Sippen:	Wasserplätze:
el-Ḥǵûǵ, el-Ḥâǵǵ	ed-Dabbâče, 'ajn ez-Zaḳûḳa'
'ejâl Mḥammad, ibn Mḥammad	
'ejâl Selîm, ibn Selîm	
'ejâl Mûsa, ibn Mûsa	

Die Ṣarâjre zerfallen in:

Geschlechter:	Sippen:	Wasserplätze:
el-'Ali	'ejâl Miḳbel, ibn Miḳbel	Sûl, es-Smêṭ
	ḳowm 'Arejdân, ibn 'Arejdân	„ „
	ḳowm 'Ajjâd, ibn 'Ajjâd	„ „
	'ejâl Mar'i, ibn Mar'i	„ „
	'ejâl 'Awâd, ibn 'Awâd	„ „
ad-Dâûd	el-Ḥǵûǵ, el-Ḥâǵǵ	Môte, el-Mrejsel
	el-Ḳašâmil, Ḳašmûl	„ „
	'ejâl 'Îsa, ibn 'Îsa	„ „

Geschlechter:	Sippen:	Wasserplätze:
ad-Dâwûd	ʿejâl Ibrâhîm, ibn Ibrâhîm	Môte, el-Mrejsel
	ʿejâl Šaḥâḍe, ibn Šaḥâḍe	„ „
	ʿejâl Mḥammad, ibn Mḥammad	„ „
	ʿejâl Maṭlaḳ, ibn Maṭlaḳ	„ „
	ʿejâl Ḥsên, ibn Ḥsên	„ „
	alîd Ǧâber, ibn Ǧâber	„ „

Die Baśâbśe zerfallen in:

Sippen:	Wasserplätze:
ʿejâl el-Aḳraʿ, ibn el-Aḳraʿ	el-Kerak
ʿejâl ʿAbdallâh, ibn ʿAbdallâh	„

Die Ḳḍaʾ zerfallen in:

Sippen:	Wasserplätze:
Maḍâʿîn, Maḍʿâni	w. es-Saḳra
alîd Ḥâmed, ibn Ḥâmed	„
el-Ṛurbân, abu-l-Ṛurbân	„
ʿejâl Sâlem, ibn Sâlem	„
ʿejâl Ḥsejjân, ibn Ḥsejjân	„

Die Ṣaʿûb zerfallen in:

Sippen:	Wasserplätze:
ʿejâl Ḳâsem, ibn Ḳâsem	el-Feǧǧ, eṭ-Tenijje
el-Hawârîn, ibn Hârûn	„ „
ʿejâl Aḥmed, ibn Aḥmed	„ „
ʿejâl ʿAwâd, ibn ʿAwâd	„ „
ʿejâl Rabîʿ, ibn Rabîʿ	„ „
ʿejâl Jâsîn, ibn Jâsîn	„ „

Die Mbejḍîn zerfallen in:

Sippen:	Wasserplätze:
ʿejâl Ḥamad, ibn Ḥamad	el-Feǧǧ, eṭ-Tenijje
el-Ḥǧûǧ, el-Ḥâǧǧ	„ „
ʿejâl Flêḥân, ibn Flêḥân	„ „
ʿejâl Salmân, ibn Salmân	„ „
el-Bkûr, abu Bakr	„ „
el-Ḳalâjne, el-Ḳlên	„ „
el-Frêǧât, el-Frêǧi	„ „
es-Smejrât, es-Smêri	„ „
el-Lwâjḥe, Liḥw	„ „

Die Ḍmûr zerfallen in:

Sippen:	Wasserplätze:
'Aḍâjle, abu 'Aḍla'	et-Ṭenijje
Sḫejmât, abu Sḫejm	"
'ejâl Rabî', ibn Rabî'	"
'ejâl Bûlâd, el-Mbôlad	"
alîd en-Nims, en-Nims	"
el-'Aḳûl, ibn 'Aḳl	"
alîd 'Awde, ibn 'Awde	"
el-Benwîn, el-Benwi	"
el-Karaki	"
el-Ġarâġre, el-Ġarġûri	"

Die Mdânât zerfallen in:

Sippen:	Wasserplätze:
'ejâl Slîmân, ibn Slîmân	el-Wesijje
'ejâl Saḥâḳ, ibn Saḥâḳ	"

Ḥamâjde.

Die Ḥamâjde oder Beni Ḥamîde, Ḥamîdi, sind Überreste der uralten einheimischen Bevölkerung, welche das östliche Randgebirge von der 'Araba und dem Toten Meere innehatte. Nach und nach aus dem Süden verdrängt, halten sie sich heute noch zwischen dem w. Beni Ḥammâd im Süden und Zerḳa' Mâ'în im Norden auf. Sie zählen etwa 800 Familien, sind Halb-Fellâḥîn und besitzen auf el-Kûra schöne Felder.

Die Ḥamâjde teilen sich in:

aṭ-Ṭurafa', ibn Ṭarîf (ihr Begräbnisplatz befindet sich in al-Atajjem und aṣ-Ṣarfa);

aš-Šarâwne, Šarwani (Stammzeichen el-Libdi //; Begräbnisplatz in Barza);

el-Fawâḍle, el-Fâḍli (Stammzeichen el-Fâḍli ⲩ; Begräbnisplatz in Saḳaṭ und Swêḳeṭ.

Die Ṭurafa' zerfallen in:

Geschlechter:	Sippen:	Wasserplätze:	
el-Mawâḍje, ibn Mâḍi (Wasm el-Bakûr ᒋ)	Ḥamâjse, abu Ḥamîs	Mra',	Ġbêba
	el-Leṣâṣme, al-Leṣṣâm	"	"
	el-Ḥaṭâbe, abu Ḥaṭṭâb	"	"
	er-Râŝdât, Rušêdi	"	"
	Rwala', er-Rwêli	"	"

Geschlechter:	Sippen:	Lagerplätze:
aḍ-Ḍarâb'e, aḍ-Ḍarba'	el-Ftênât, abu Ftên	el-Ǧehîr
(Wasm eṣ-Ṣarîme ⅄)	el-Ḳṭâmijje, el-Ḳṭâmi	"
	el-Ḳabâb'e, Ḳabbâ'i	"
er-Rwâḥne, ar-Riḥâni	eṣ-Ṣabbâḥ, ibn Ṣabbâḥ	'Arâ'er
(Wasm aš-Ša'abe Ɣ)	aš-Šarâjde, aš-Šrîd	"
	er-Rǎûd, er-Rǎûdi	"
	al-Ḥamadât, abu Ḥamîde	"
	el-Ḳwijjîn, abu Ḳwej	"
eš-Šḳûr, abu Šaḳr	'Awâmre, abu 'Âmer	Ṣarfa, 'ajn el-Bêḍa'
(Wasm el-Ḥaṭâm ∩)	Telâbîn, Telhûni	" "
	'Amârîn, 'Amrâni	" "
	Ḥamâdîn, Ḥamdâni	" "

Die Šarâwne zerfallen in:

Geschlechter:	Sippen:	Wasserplätze:
er-Rbêḥât, abu Rbêḥa	as-Snêd, ibn Esnêd	el-Barza, el-Hejdân
	es-Sawâ'ede, ibn Sâ'ed	" "
el-Libde, Libdi	el-Iwânse, el-Iwansi	Ḍîbân, 'Ajênât
	el-Ḳawâmse, el-Ḳâsem	" "
	er-Rawâšde, er-Râšedi	" "
	el-Ḥmêd, ibn Ḥmêd	" "
el-'Awasa, 'Asêwi	el-Ḥawâtme, ibn Ḥâtem	eḏ-Ḏhejbe, el-Wâle
	el-Ḥawjân, abu-l-Ḥwaj	" "
	el-Hawâwše, ibn Hawwâš	" "
	el-Ǧenâdbe, el-Ǧendeb	" "
	ez-Zu'êrât, ez-Zu'êri	" "

Die Fawâḍle zerfallen in:

Geschlechter:	Sippen:	Wasserplätze:
al-Brejzât, abu Brejz	el-'Awêḍât, el-'Awêḍi	al-Ḳrejjât
	el-Ḥamad, ibn Ḥamad	"
	el-Ḳṭejšât, el-Ḳṭejš	"
el-'Aǵâlîn, 'Aǵlâni	—	bîr Mlêḥ
el-Ḳbêlât, el-Ḳbêli	—	an-Naḳûba,
el-Hâšem, ibn Hâšem	—	el-Ḥammâm, el-Ḳrejjât
en-Nawâf'e, ibn Nâfe'	—	"
el-Ḥḍûr, el-Ḥuḍri	—	tlâ' el-Ḥazanât, nördlich von el-Ḳrejjât

Geschlechter:	Sippen:	Wasserplätze:
aṭ-Ṭawâlbe, ibn Ṭâleb	—	tlâʿ el-Ṛarâjes, südwestlich von en-Naḳûba
es-Samârât, ibn Samâra	es-Salâmât, ibn Salâme	el-Ḳrejjât
	eš-Šbêlât, abu Šbêl	ḳbûr en-Niswân, el-Hejdân
at-Tawâjhe, abu Tâjhe (Wasm el-Helâl ©)	Fuḳaha', el-Faḳhâwi	ʿAṭârûs
	el-Mûsa, ibn Mûsa	„
	eš-Šwara', ibn Šawer	el-Mčâwer, el-ʿAṭûn
	el-Ḳaʿâjde, abu Ḳaʿûd	„ „
	ar-Rubaṭa', ar-Rabîṭ	ed-Dejr, bijâr Ǧum'
	el-Ḥdêṭât, abu Ḥadîṭe	el-Meâneḳa
	el-Hrûṭ, el-Harṭ	el-Ḥazanât, ʿAṭârûs

Mit den Tawâjhe lagert auch eine Abteilung der Ṭurafa', und zwar die Dijârne, Dejrâni, welche zerfallen in:

Geschlechter:	Sippen:	Wasserplätze:
el-Ḥajṣe, el-Ḥêṣi	ʿejâl Salâme, ibn Salâme	ed-Duḥufra
eš-Šaḥânbe, abu Šaḥenab	el-Ǧemâʿîn, Ǧemʿâni	w. er-Rmêmîn
	el-Hawâwre, el-Hawâri	„
	el-Fellâḥât, abu Fellâḥ	„
	el-ʿAmri, ibn ʿAmri	„
	en-Nmêsât, abu Numejs	„
	el-Bawârîd, el-Bârûd	„

In der zweiten Hälfte des 19. Jahrhunderts kam den Ḥamâjde zu Hilfe ein Geschlecht ihrer bei Bṣejra lagernden Stammesgenossen, welche sich bei ḳarʿa Sîḥân niederließen. Sie heißen:

	Sippen:	Wasserplätze:
Ḥamâjde Bṣêra	az-Zejdijjîn, az-Zejdân	Faḳûʿ, el-Ǧedîra
	el-ʿAmêrijjîn, el-ʿAmêri	„ „
	el-Bdêrât, el-Bdêri	„ „
	el-Jemûn, ibn Jemen	„ „
	ed-Dhejsât, abu Dhejs	„ „

Salâjṭa.

Die Salâjṭa oder es-Slîṭ, Slîṭi, verehren als Ahnherrn Ḥmûd, dessen Grab sie jährlich besuchen. Ursprünglich lagerten sie östlich von eš-

Šôbak, wurden jedoch von den Ḫwêṭât verdrängt; jetzt beanspruchen sie das öde Gebiet am rechten Ufer des sejl el-Mḫêreṣ und östlich von Ǵmejl, und zwar von el-Leǵǵûn im Süden bis zum w. aṭ-Ṭamad im Norden. Sie sind Kamelzüchter und zählen etwa 280 Familien.

Geschlechter:	Sippen:	Wasserplätze:
ʻAmêrât, ʻAmêri (Wasm el-ʻAmêri × auf den Kamelen und el-Maṭraḳ —— auf den Ziegen)	el-Ḳaṭâja, el-Ḳaṭjân	el-Mšêrfe, aṭ-Ṭamad
	ez-Zrejḳât, abu Zrejḳ	„ „
	eš-Šbejkât, eš-Šubêki	„ „
	en-Naʻâmîn, ibn Naʻmân	„ „
	el-Ḳṭejfân, ibn Ḳṭejfân	„ „
el-Madââle, Midleši (Wasm der Kamele el-ʻArḳaʼ ✗ und des Kleinviehs eṣ-Ṣarîme ⅄)	er-Rǵêlât, abu Rǵêle	umm er-Rṣâṣ, ʻajn Saʻîde
	el-Ǵerârîn, el-Ǵerâri	„ „
	Ḳawânme, ibn Ḳânem	„ „
	ʻAjênât, abu ʻAjêne	„ „
	ez-Zḫejlât, ez-Zḫejl	„ „
	el-Karâzme, el-Karzan (sic)	„ „

Ahâlî Mâdaba.

Die Bewohner von Mâdaba — etwa 200 Familien — teilen sich in:

Geschlechter:	Sippen:	Wasserplätze:
Karâdše, Kardeši (Wasm el-Ḫṭâm ∩ und eṣ-Ṣalîb +)	Hlâlât, Hlâli	Mâdaba
	ʻejâl Ǵâber, ibn Ǵâber	„
	ʻejâl Daḫlallâh, ibn Daḫlallâh	„
	ʻejâl ʻAwâḍ, ibn ʻAwâḍ	„
	eṣ-Ṣlôlîn, aṣ-Ṣlôli	„
	el-Ḫarâmne	„
el-Maʻâje, el-Maʻwe (Wasm el-Bâḳûr ᒋ und eṣ-Ṣalîb +)	eṣ-Ṣunnâʻ, Ṣâneʻ	„
	Salâjṭa, ibn Slîṭi	„
	ʻAwêmrîn, ibn ʻAwêmer	„
	el-ʻAǵêlât	„
	es-Semâʻîn	„
	Bejtǵâǵle	„
ʻAzêzât, ʻAzîzi (Wasm eṣ-Ṣalîb + auf dem rechten Ohre)	eṣ-Ṣwâlḥe	„
	aṭ-Ṭwâl, aṭ-Ṭawîl	„
	el-Ḳṣâr, el-Ḳaṣîr	„
	Šwêḥât, abu Šwêḥe	„
	Ḳiâân	„

Geschlechter:	Sippen:	Wasserplätze:
'Azêzât, 'Azîzi (Wasm eṣ-Ṣalîb + auf dem rechten Ohre)	Zwâjde, ibn Zâjed	Mâdaba
	Ḍbâ'în, ibn Ḍab'ân	"
	ḳowm Ṭannûs, ibn Ṭannûs	"
	'ejâl Farḥ, ibn Farḥ	"
	Ḫzûz, el-Ḫezz	"
	el-Msannât, el-Mesann	"
	'Alâmât	"
	el-Maṣârwe	"

Die Karâdše genießen in Mâdaba keinen guten Ruf und wohnen in dem Nordwestteile des Dorfes.

Die Ṭwâl sind sehr angesehen. Die Maṣârwe stammen von einem gewissen Šḥâde, der aus Ägypten kam und ein Mädchen der Šwêḥât heiratete.

Die Ṣunnâ' stammen aus Damaskus und waren ursprünglich uniert, traten aber aus Geschäftsrücksichten zum Schisma über. Da sie Handel treiben und Verwandte in Damaskus haben, üben sie großen Einfluß aus. Ihnen gehören die Hütten im Nordosten.

Die Bejtǵâǵle kamen aus Bêtǵâla bei Bethlehem und haben Mädchen der Ma'âje geheiratet.

An Steuern zahlt jede Familie:

4 Piaster ṣâṛ für jedes Schaf,
4 Meǵîdi für jedes Paar Rinder, kull fiddân baḳar,
1 Meǵîdi 'Askarijje, Militärsteuer.

Kamele halten sie nicht; von Mauleseln und Eseln zahlen sie nichts, weil sie diese der Regierung immer zur Verfügung stellen müssen, wenn sie ihrer bedarf.

Bis auf wenige Ausnahmen sind alle Bewohner von Mâdaba Christen, und zwar gehören sie fast zu gleichen Teilen der griechisch-orientalischen und der römisch-katholischen Kirche an.

Die katholische Mission krönt den Gipfel des Dorfhügels und besteht aus einer schönen, 1905 erbauten Kirche, je einer Knaben- und Mädchenschule und der Wohnung des Missionärs. Die Baulichkeiten der griechischen Mission liegen am Nordende des Dorfes.

Mâdaba ist Sitz eines türkischen Mudîr und Post- und Telegraphenstation der türkischen Ḥeǵâz-Linie.

El-Belḳâwijje.

Die Bewohner des Belḳaʾ heißen el-Belḳâwijje, Belḳâwi. In unseren Gebieten lagern die Ḳanamât, abu-l-Ḳanam (etwa 240 Familien).

Die Ḳanamât zerfallen in:

el-Azâjde, Azâjdi (130 Familien).
el-ʿAǧârme, ʿAǧrami (190 Familien).

Geschlechter:	Sippen:	Wasserplätze:
el-ʿAbdallâh, ibn ʿAbdallâh	el-Mesânde, el-Misnedi	ʿujûn Mûsa
(Wasm el-Ḥadame	el-Meǧâwle, abu Meǧwel	"
und el-Maḳaṣṣ X)	eš-Šâhîn, ibn Šâhîn	"
	el-Ḥarrâwijjîn, el-Ḥarrâwi	"
	el-ʿAli, ibn ʿAli	"
	el-Ḥamad, ibn Ḥamad	"
	el-Ḳaʿâḳʿe, el-Ḳaʿḳaʿ	"
	eš-Šuʿraʾ, eš-Šuʿîri	"
el-Edajjât, el-Edâwi	el-Marâšde, Meršedi	}
(Wasm el-Maṭraḳ |	es-Sjûf, ibn Sejf	el-Ḳfejr eš-Šerḳi,
auf der Nase und	el-Buṭnân, ibn Baṭîn	ʿajn Ḥesbân
dem Ohre)	ed-Dahâm, ibn Dahâm	
	er-Raḳḳâd, ibn Raḳḳâd	
el-Waḥjân	ʿejâl ʿAwde, ibn ʿAwde	eṣ-Ṣijâṛa, ʿujûn Mûsa
(Wasm el-Ḥadame	el-ʿAṭêwîn, abu ʿAṭêwi	" "
und el-Maḳaṣṣ X)	el-ʿAmejšât, abu ʿAmejš	" "
	el-Ḳrênât, abu Ḳrên	" "
	el-Medwed, abu Medwed	" "
	el-Libâjde, ibn Libbâd	" "
aš-Šwâbke, Šôbeki	Meṣâlḥe, Miṣleḥi	}
(Wasm el-Maḥǧân ᚨ)	el-Mrâjḥe, abu Mrêḥ	
	aṭ-Ṭwâḳne, abu Ṭwêḳ	al-Ǧrejne,
	el-Hdêb, abu Hdêb	ʿujûn Mûsa
	eḍ-Ḍawât, eḍ-Ḍawi	
	el-Maṭâjbe, el-Maṭîbi	
el-ʿAwâzem, ʿÂzemi	el-Wendijjîn, abu Wendi	en-Nfêʿijje
(Wasm al-Maṭraḳ |	en-Neǧâda, en-Neǧdi	"
auf dem Ohre)	el-Ḥmêmât, abu Ḥmejme	"
	eš-Šerâjde, abu Šerîde	"
	el-ʿArâmîn, abu ʿArmân	"

Geschlechter:	Sippen:	Wasserplätze:
el-Madâjne, abu Medine	es-Slêm, ibn Selîm	abu Raṭîf, 'ujûn ed-Dîb
	el-Mawâzre, el-Mwêzer	
	el-Ǵfêrât, abu Ǵfêra	
	ez-Zrejlât, abu Zrejle	
	es-Snejjân, abu Snejjân	
	el-Ḥalâḳijje, el-Ḥalâḳ	
eš-Šawâkre, Šwêkri (Wasm el-Maṭraḳ │ auf der Backe und el-Maṭraḳên ═ auf dem Ohre)	el-Ṛulêlât, abu Ṛulêle	Ḥanîna
	el-Ǵelâṛîf, abu Ǵalṛîf	"
	Šaḥâtre, abu Šuḥejter	"
	el-'Abîd, el-'Abd	"
	el-Ṛunejm	"
	el-Frûḫ, el-Farḫ	"
	es-Sa'êdât, es-Sa'îdi	"
el-Ḥnêṭijjîn, Ḥnêṭi (Wasm el-Ḥadame O auf der Backe)	ez-Zijâra', ez-Zîr	abu 'Alenda'
	el-Ḥadîd, ibn Ḥadîd	"
	el-Ḥawjân, abu-l-Ḥawej	"
	el-Ḳahâwîn, el-Ḳahêwi	"
	el-Ma'âwîd, ibn Ma'wad	"

Die Azâjde zerfallen in:

Geschlechter:	Sippen:	Wasserplätze:
eš-Šrûḳijjîn, eš-Šrûḳi (Stammzeichen el-Mḥajâwi ⊃)	Ḥalâjbe, abu-l-Ḥalib	el-Maṣlûbijje, el-Ǵdejd
	at-Tijan	
	aṭ-Ṭurmân, al-Aṭram	
	al-Ma'â'je, abu Ma'we	
	Fasâṭle, el-Fosṭol	
	el-Fšêkât, el-Fšêki	
	ed-Daḳâḳîn, ed-Daḳâḳ	
	el-Ma'jûf, ibn Ma'jûf	
Ḳrênijjîn, el-Ḳrêni (Stammzeichen el-Manǵal ⌐‾‾¬ auf der Backe	el-Ḥawâṭre, ibn Ḥâṭer	Mâ'în
	'Abâbse, el-'Abbâs	"
	el-Ḥabâbse, el-Ḥabbâs	"
	ez-Zwâjde	"
	el-Fuḳaha', Faḳhâwi	"
	el-Ḥrejbât, abu Ḥrejbe	"

Die ʿAǧârme zerfallen in:

Geschlechter:	Sippen:	Wasserplätze:
Ḥarâfîš, al-Ḥarfûš (Wasm al-Maṭraḳ | auf der Backe)	ʿAfâšât, abu ʿAfâš	umm el-Ḳanâfed
	Manâʿse, abu Menʿes	„
	Masâʿfe, abu Mesʿef	„
	Barâri, abu Barri	„
	az-Zwaṛa, abu Zwêṛa	„
	aš-Šîḥân, abu Šîḥân	„
	el-ʿAwâwde, abu ʿAwwâd	„
	el-Marʿi, ibn Marʿi	„
	el-Mašâʿele, abu Mešʿel	„
	el-Mṭêrijjîn, al-Mṭêri	„
	aš-Šûfijjîn, aš-Šûfi	„
	el-ʿAḳêl, ibn ʿAḳêl	„
el-Isafe (Wasm el-Ḥadame O)	el-Flejjeḥ	umm el-Ḥanâfîš, el-Kindib
	es-Sawâʿîr, es-Sâʿûri	
	Ḥalâḥle, abu Ḥlêḥel	
	ad-Drûbi, ibn Drûbi	
	eš-Šhawân, ibn Šhawân	
	en-Nâʿûr, ibn Nâʿûr	
	Ḥsâbijjîn	
	Fuḳaraʾ, el-Faḳîr	

El-ʿAbbâd.

Nördlich von dem durchforschten Gebiete lagern etwa 900 Familien der ʿAbbâd, ʿAbbâdi; Stammzeichen el-Maṭârek ///. Sie zerfallen in:

Geschlechter:	Sippen:	Wasserplätze:
el-Manâṣîr, Manṣûri	ʿEwine, ʿEwini	el-Baḥḥâṭ
	en-Naṣâṣre, Enṣeri	„
	Manâǧle, Manǧali	„
	Asâlme, Islami	„
el-Fuḳahaʾ, Fiḳhâwi	Ḥsâmijje, Ḥsâmi	w. es-Sîr
	Mhejrât, abu Mohr	„
	Rajjân	„
ez-Zujûd, Zujûdi	Dwêǧât, Dwêǧi	Mâḥeṣ
	Gujaraʾ, Oǧejri	„
	Šarrâb	„

Geschlechter:	Sippen:	Wasserplätze:
el-Bḳûr, Buḳûri	Raḥâmne, Raḥmâni	eš-Še'ejb
	Zijâdât, Zijâdi	"
	'Alâwîn, 'Alwâni	"
en-Nu'êmât, en-Nu'êmi	Jâṣğijje, Jâṣği	el-'Arḍa
	Ḳanâjem, Eṛnâmi	"
	Ḥwârât, Eḥwâri	"
el-Ḫaṭâlîn, el-Ḫaṭlâni	Ramâḍne, Ermêḍni	"
	Ḥağâḥğe, Ḥağḥûği	"
	Em'âdât, Em'âdi	"
	Ṣanâbre, Eṣnêbri	"
	Iğrûm, Iğrûmi	"

Ed-Da'ğe.

Die Da'ğe, ed-Da'êği, zählen etwa 150 Familien, führen als Wasm en-Nâṭeḥ Λ und zerfallen in:

Geschlechter:	Sippen:	Wasserplätze:
eš-Šbejkât, eš-Šbêki	eš-Šwârbe, abu Šûrâb	Jâğûz
	Habâkbe, Habhûbi	"
	Zaṛârît	"
er-Rešâjde, er-Rašîdi	Gawâmis, abu Ğamûs	'ujûn Ḳazâl
	'Ubûs	"
	Ṭullâs, al-Aṭlas	"
	Mlêfijjîn, el-Mlêfi	"
	el-Ḳaṭâme	"
	el-Habârne, el-Habri	"
	el-'Êfân	"
el-Ḫṣejlât, abu Ḫuṣla	el-Ḳirêr, ibn Eṛrêr	Jâğûz
	el-Himlân	"

Al-'Adwân.

Die 'Adwân, ibn 'Adwân, zählen etwa 300 Familien und zerfallen in:

Geschlechter:	Sippen:	Wasserplätze:
eṣ-Ṣâleḥ, ibn Ṣâleḥ	el-Ja'ḳûb, ibn Ja'ḳûb	el-Gbejl, 'ajn Ḥesbân
	el-Ḥmûd	" "
	el-'Ali	" "
	el-'Abbâs	" "

Geschlechter:	Sippen:	Wasserplätze:
eṣ-Ṣâleḥ, ibn Ṣâleḥ	el-Fejâjde, ibn Fejjâḍ	el-Ǵbejl, 'ajn Ḥesbân
	ed-Dôlân	" "
an-Nimr, ibn Nimr	el-Fâḍel, ibn Fâḍel	
	el-Ḳublân	
	el-'Abdel'aziz, ibn 'Abdel'aziz	Mâsûḥ, 'ajn Ḥesbân
	'ejâl Fendi, ibn Fendi	
	el-Ḥabîb, ibn Ḥabîb	
el-Ḥamâjel, abu-l-Ḥamâjel	es-Sejf, ibn Sejf	Mâsûḥ, 'ajn Ḥesbân
	el-Ǵerwân, ibn Ǵerwân	" "
	eṭ-Ṭallâḳ, ibn Ṭallâḳ	" "
	el-Medleǵ, ibn Medleǵ	" "
	el-Msallam, ibn Msallam	" "
eč-Čâjed, ibn Čâjed	el-Ajjûb, ibn Ajjûb	Jâǵûz
	es-Sa'îd, ibn Sa'îd	"
	el-'Assâf, ibn 'Assâf	"
	el-Warejčât, abu Warejč	"
	el-Lôzijjîn, el-Lôzi	"
	ed-Dijâb, ibn Dijâb	"
	ez-Zâmel, ibn Zâmel	"
	eš-Šibli, ibn Šibli	"
	es-Sukar, ibn Sukar	"

Beni Ṣaḥr.

Die Beni Ṣaḥr oder Ṣḥûr zelten zerstreut von Ma'ân im Süden bis zum Ḥûle-See im Norden und bestehen aus drei nicht miteinander verwandten Gruppen:

Beni Ṣaḥr, die im Norden,

Ka'âbne, die in der Mitte, und

aṭ-Ṭûḳa, die in unseren Gebieten lagern.

Für uns kommt nur aṭ-Ṭûḳa in Betracht. Ihre Lagerplätze reichen von al-Ǵafar im Süden bis Ḥawrân im Norden. Die Westgrenze bildet ungefähr eine Linie, die über Da'ǵânijje, Mḥajj, el-Leǵǵûn, el-'Âl, el-Mdejjene, el-Mrejǵmet el-Ḳarbijje, Ǵelûl, Barazên, ruǵm el-Ḥammân und ruǵm eš-Šâmi gezogen wird. Die östliche Grenze ist unbestimmt. Ihre Nachbaren sind daselbst die 'Arab eš-Šammar und im Südosten eš-Šerârât und el-Fežir (el-Feḳir).

Mit aṭ-Ṭûḳa lagern verschiedene Stämme, die fremden Ursprunges sind, sich jedoch ebenfalls Beni Ṣaḫr nennen. Die eigentlichen Ṣḫûr lagerten ursprünglich in el-Maṣr bei el-'Öla. Von da wanderten sie aus und ließen sich in unseren Gebieten nieder, die damals den 'Adwân gehörten. Daselbst verbanden sich mit ihnen die kleinen Stämme Ibn Ka'ab, Ibn 'Âmer, Ibn Mḥammad und Ǵbûr; die zwei letzteren sollen blutsverwandt sein.

Alle Einwohner zwischen Ma'ân und Damaskus mußten ihre Oberhoheit anerkennen, doch verloren sie infolge von Zwistigkeiten unter den Häuptlingen im Laufe der Zeit ihre Macht und mußten schließlich selber anderen Tribut, ḫâwa, entrichten. Dies dauerte bis zum Erscheinen der Ṭûḳa-Gruppe, die ebenfalls aus el-Maṣr kam und sich ihnen beigesellte. Von dem Ursprunge der Ṭûḳa erzählt man folgendes:

Einst begleitete ein Bâša den Pilgerzug und übernachtete im Zelte des Häuptlings der Dahâmše. In der Nacht raubte er ihm seine Tochter und floh mit ihr nach Mekka. Auf dem Wege vergewaltigte er sie, ḏabbaḥ 'alejha. Ihr Bruder suchte sie und folgte dem Pilgerzuge, mit dem der Bâša sich wieder vereinigt hatte. Bald erfuhr er von der Dienerschaft, daß der Bâša ein Mädchen mitführe, und aus allen Angaben wurde es ihm gewiß, daß es seine Schwester sei. Darum machte er die Pilgerfahrt mit und hielt sich auf dem Rückwege an das Gefolge des Bâša, râfaḳ miḳṭaru. Dieser hatte stets das Mädchen auf dem Kamele in einem geschlossenen, zeltartigen Tragsessel, at-taḫt, bei sich.

Eines Abends ging das Kamel ein wenig abseits von den übrigen; das benützte der Bruder und, indem er sein Kamel hart an das des Bâša lenkte, drängte er dieses weiter in die Wüste hinein. Der Bâša schlief und das Mädchen, das ihren Bruder erkannt hatte, schwieg still und band die Haarzöpfe des Schlafenden mit einem langen Stricke an die Stangen, awârîd, des Tragsessels an.

Als es Tag geworden war und der Bâša erwachte, sagte der Bruder des Mädchens:

„Es gibt keinen Gott außer Allâh; der Morgen bricht herein über den Frevler, lâ ilâh ill allâh, aṣ-ṣubḥ aṣbaḥ 'ala ḳaṭṭâ' al-ǵizzâm."

Der Bâša antwortete darauf: „Der Morgen bricht über deinesgleichen herein, aṣ-ṣubḥ aṣbaḥ 'ala miṯlak."

Nun griffen beide zu ihren Säbeln, allein als der Bâša ausholen wollte, wurde er von seinen Zöpfen zurückgerissen, so daß er niederfiel. Der Bruder versetzte ihm darauf einen tödlichen Streich, schlug ihm den Kopf und die Füße ab, warf die Leiche zu Boden und kehrte mit seiner Schwester nach Hause zurück, wa rawwaḥ ʿala ahlih.

Das Mädchen, al-bint, welches schwanger war, ẓaharet ḥubla, gebar einen Knaben, den der Bruder des Mädchens, ḥâlu, im Sande verscharren wollte. Die Mutter gab es aber nicht zu, und so blieb das Knäblein am Leben. Der Bruder, der ihm einen Namen geben sollte, nannte es Ṭwejḳ und schenkte ihm das, was seine Kamelstute im Bauche trug, naḥalu fi baṭne nâḳtih. Sie warf ein Stutenfohlen, ǵâbat bakra. Als dieses drei Jahre alt war, ḥedǵe bint talâṭ sinîn, und einen Reiter tragen konnte, kamen die Sardijje-Araber und verlangten von den Dahâmše die Abgaben, ḫâwa. Diese wollten ihnen unter anderem auch die Ḥedǵe, die dreijährige Kamelstute des Ṭwejḳ, geben, allein die Sardijje wollten sie nicht nehmen. Als der Knabe es hörte, ging er nachts zu den Kamelen der Sardijje und fand sie mit gebundenen Vorderfüßen vor einem Zelte liegen. Er band sie los, saraḥhom, und trieb sie auf die Weide. Dort schnitt er einem jeden mit dem scharfen Wirč-Eisen ein Stück von der Unterlippe, brâṭam, ab und brannte ihnen mit demselben Eisen das Wappen seines Stammes ein. Dann band er die abgeschnittenen Stücke an die Śdâd-Sättel an und lockerte die Gurten.

In der Früh wählten die Sardijje die Kamele aus, welche die Ḫâwa-Abgabe bilden sollten. Die Ḥedǵe-Stute des Ṭwejḳ sprang unter sie hinein und fing an, sich an allen zu reiben und tolle Sprünge zu machen, ṣârat tataḥaḳḥaḳ. Dies gefiel den Zuschauern nicht, und die Sardijje erklärten, sie möchten so eine dumme Stute um keinen Preis haben. Da sagte ihnen Ṭwejḳ: „Ihr lacht über meine Stute, es werden aber euere Kamele ausgelacht werden.“ Man verstand ihn nicht.

Nun wollten die Sardijje abreisen, und man holte ihre Tiere. Als sie sahen, was mit ihnen geschehen war, meinten sie, die Dahâmše wollten sich empören, und trachteten, so schnell als möglich zu entkommen. Sie sprangen in die Sättel, allein, als die Tiere sich in Bewegung setzten, fielen die Reiter herunter, weil die Gurten nachließen.

Ṭwejḳ und seine Genossen nahmen nun die Dabbûs genannten Holzkeulen und hieben damit auf die Fremden ein, so daß diese eiligst ihren fliehenden Kamelen nachliefen. Als sie nach Hause kamen und man sie dort nach den Ḫâwa-Abgaben fragte, sagten sie, daß die abgeschnittenen Lippen der Kamele eine Empörung der Dahâmše ankündigen.

Nun rüsteten sich die Sardijje zum Kriege gegen die Dahâmše. Diese verließen eiligst ihre Gebiete in Šṭâje und Nḳâbe und verbargen

Fig. 11. Ṭalâl ibn al-Fâjez.

sich in Schluchten, wo sie von den Sardijje wohl angegriffen wurden, sich aber tapfer wehrten.

Als Ṭwejḳ erwachsen war, leitete er die Gegenwehr. Einmal überfiel er mit seinen Gefährten in der Nacht die Sardijje und tötete ihrer viele. Sie stellten ihm zwar nach, es gelang ihnen aber nicht, ihn zu ergreifen. Aus Furcht stellten sie die Fehde ein, und die Dahâmše zahlen von da an keine Ḫâwa mehr.

Später heiratete Ṭwejḳ ein Mädchen von den Dahâmše und zeugte, wallad, den Knaben Ṣaḫr. Dieser heiratete und hatte drei Söhne: Ḳa'ûd, Ṛubejn und Ḳuful. Ḳa'ûd ist der Ahnherr des Stammes Ḳa'ûd, Ṛubejn ist Ahnherr des Stammes Ṛubejn und Ḳuful ist Ahnherr des Stammes Ḳuful.

Ṛubejn hinterließ, ʿaḳḳab, vier Söhne: Salâme, den Ahnherrn des Geschlechtes al-Mṭejr, Raḥama, den Ahnherrn des Geschlechtes al-Fâjez, Ḍurêm, den Ahnherrn des Geschlechtes aḍ-Ḍurrêm, und Ḫlejjel, den Ahnherrn des Geschlechtes al-Ḫlejjel.

Raḥama brachte, ǵâb, Faḍl, den Vater der Sippe al-Faḍl und dieser zeugte Fâjez und Ḥâmed.

Fâjez zeugte Dbejs, Ḳa'dân, Mḥammad und Mar'i. Dbejs brachte, ǵâb, ad-Dbejs.

Ḳa'dân hinterließ, ḫallaf, al-Ḳa'dân und ač-Čnê'ân. Mḥammad brachte Ṣaḳr und Ḍijâb.

Mar'i brachte al-Ṛôri.

Ṣaḳr zeugte aṣ-Ṣaḳr.

Ḍijâb zeugte ʿAwâd und Baḫît. ʿAwâd zeugte Slîmân und ʿAbbâs abu Ǵnêb. Baḫît zeugte As'ad aš-Šlâš. ʿAbbâs zeugte Fendi und dieser Saṭṭâm, Ṭalâl (Fig. 11), Hâjel und ihre Brüder.

Das Grab des Ṭwejḳ kennt man nicht, dafür verehrt jede ʿAšîre, jeder Stamm und jedes Geschlecht der Ṣḫûr das Grab ihres eigentlichen Ahnherrn und schwört bei ihm.

So verehren die Fâjez den Ḳa'dân und die Zeben den As'ad; ihre Gräber liegen beim bîr Bâjer.

Die Ḫuršân verehren Selîm, dessen Grab sie weit östlich in dejr aš-Ša'âr besuchen.

Die ʿAbbasa pilgern zum Grabe des Mbârek bei al-Azraḳ, und die Ǵeḥâwše zum Grabe des Mžejbîl in al-Mšatta.

Wie bereits erwähnt, zahlten die Ṣḫûr vor dem Auftreten des Ṭwejḳ, ḳabl ṭlû' ṭwejḳ, die Ḫâwa den Ṭajjâr und as-Sardijje, und zwar: jedes Zelt eine Ḥedǵe, dreijährige Kamelstute, bint ṭalâte sinîn.

Nachher hörte dieser Tribut auf, baṭalat al-ḫâwa, und sie zwangen andere Stämme zum Tribut, so die Kerakijje und Ma'ânijje, wo jede Familie jährlich einen Rijâl meǧîdi, einen Krug, kûz, Olivenöl und 10 Midd Weizen, ʿašarat emdâd, liefern mußte.

Dasselbe mußten abführen die Bewohner von aṭ-Ṭafîle, Ṣenefḫe (Ṣelfḫe), aš-Šôbač und ʿEjme.

Die Šarârât, welche sich im Gebiete der Ṣḫûr aufhalten, zahlen für jedes Zelt einen Rijâl meǧîdi.

Die kleinen Stämme und die Dörfer von Ḥawrân waren ihnen ebenfalls untertan, freilich nur zeitweise, weil sie, wenn die Ṣḫûr mit den Rwala Krieg führten, sich gewöhnlich den letzteren anschlossen. Ihre jährliche Abgabe war deshalb nicht fest bestimmt, dafür aber diktierten ihnen die Ṣḫûr, wenn sie mächtig genug waren, was sie wollten, jirmû 'ala-l-ḳerâja ṭarḥ. Eine solche Abgabe heißt Ḫâwa ramijje und ist nicht präzisiert, mâ hi maḥdûde.

Von den Händlern wie von allen, die regelmäßig durch ihr Gebiet zogen, nahmen sie auch die Ḫâwa, so von den Kaufleuten aus Damaskus (aš-Šawâm), as-Salṭ, Ḳuds und Nâblûs.

Im anbaufähigen Terrain beanspruchen die Ṣḫûr verschiedene Gebiete, die sie von ihren Lohnarbeitern bestellen lassen. So gehört den

Ibn al-Fâjez	ḫ. umm el-ʿAmad	samt Umgebung
Ibn al-Ḫeḏîr	Ḳraje Sâlem	„ „
Nimr ibn Knêʿân	ḫ. Menǵa'	„ „
Ṭrâd ibn Zeben	ḫ. Nitil	„ „
Felâḥ ibn Šlâš	ḫ. el-Ḫawwâra'	„ „
Mnâwar ibn Fahhâr	ḫ. Ǵelûl	„ „
Matʿab ibn Eǵrejjed	ḫ. ummu Ḳṣejr	„ „
Ḳufṭân ibn Ḥâmed	ḫ. el-Mrejǵme	„ „
ʿAjd ar-Rdêni	ḫ. ed-Dlêlet el-Ḳarbijje	„ „
Ibn er-Rwêʿi	ḫ. Ṣûfa	„ „
Ḍejfallâh al-Môr	ḫ. umm er-Raṣâṣ	„ „
ʿEjâl Fâres	ḫ. el-Mrejǵmet el-Ḳarbijje	„ „

Die aṭ-Ṭûḳa genannte Unterabteilung der Beni Ṣaḫr besteht aus zwei nicht verwandten Gruppen:

al-Ḳubejn, Ḳubejni
al-ʿÂmer.

Alle Ḳubejn führen als Wasm den Ṭwêži an der Kruppe und zerfallen in:

Geschlechter:	Sippen:
al-Fâjez, ibn al-Fajez (Wasm: ad-Dâre' am linken Vorderfuße)	ad-Dijâb, ibn Dijâb al-Ḳa'dân, ibn Ḳa'dân al-Knê'ân, ibn Knê'ân an-Nimr, ibn Nimr al-Mar'i, ibn Mar'i
al-Ḥâmed, ibn Ḥâmed (Wasm: aš-Šâreb über der Nase)	al-Mnâḥi, ibn Mnâḥi al-'Aḳâb, ibn 'Aḳâb al-Ḳublân, ibn Ḳublân al-Mu'êdi, ibn Mu'êdi al-Fejjâḍ, ibn Fejjâḍ al-Ǧâjed, ibn Ǧâjed al-Brejčân, ibn Brejč al-Fšejḳ, ibn Fšejḳ
al-Mṭejrât, ibn Mṭêr (Wasm: aš-Šâreb über der Nase)	—
ad-Duṛêm (Wasm: aš-Šâhed am Halse)	—
al-Ṛuful (Wasm: al-Miḥǧân am Vorderfuße)	—
al-Ḳa'ûd (Wasm: al-Bâb am Schulterblatt)	—
al-Ḥlejjel (Wasm: aš-Šâhed auf der Nase)	—
ad-Dahâmše, ad-Dahamši oder ibn Edhamaš (Wasm: an-Nâḥer ((auf der Nase und al-Miḥǧân am Halse)	as-Sbê', ibn Sbê' aḍ-Daṛâṛme, ibn Duṛrêm
el-Ǧeḥâwše, el-Ǵḥûši oder ibn Eǧḥawaš (Wasm: an-Nâḥer ((auf der Nase und al-Miḥǧân am Halse)	as-Sḥêm, ibn Sḥêm al-Marâ'je el-Ṛawâṭne an-Nwâfle aṣ-Ṣa'âjde al-Wḍaḥân aḍ-Ḍlejl aṣ-Ṣhejba

Die Ǧeḥâwše und Dahâmše stammen nicht von aṭ-Ṭwejḳ ab, sondern sind Überreste älterer hier wohnender Stämme.

Die 'Âmer teilen sich in al-Hḳejš und az-Zeben, die zerfallen in:

Geschlechter:	Sippen:
al-Hḳejš	al-Môr al-Mhanna

Geschlechter:	Sippen:
al-Ḥkejš	al-Bašîr
	az-Zejdân
	as-Sâlem

Die Zeben zerfallen in:

Geschlechter:	Sippen:
an-Nowfal	al-Mnâwer
	ad-Drejbi
	aš-Šlâš
	aṭ-Ṭallâḳ
	el-Fahhâr
al-ʿAbdalḳâder	al-Ḳamʿân
	al-Mḥâreb
	al-Medwad
	aš-Šammûṭ
	aṣ-Ṣbêḥ
al-ʿOṯmân	an-Nwêrân
	aš-Šâjeʿ
	al-Ǵuḍûʿ
	al-ʿArḳûb
	al-Mḥammad
	al-Meǵḥen
	aš-Šhawân
	al-Ḫalaf

Auch die ʿÂmer stammen nicht von aṭ-Ṭwejḳ ab, sondern sind nach der Anschauung der Ḳubejn viel älter und haben sich freiwillig mit aṭ-Ṭûḳa verbunden. Da die Oberherrschaft im Geschlechte al-Fâjez von al-Ḳubejn ruht, so herrscht zwischen ihm und az-Zeben Eifersucht, die sich die türkische Regierung zunutze macht, indem sie bei jeder Gelegenheit den Häuptling der Zeben bevorzugt und ihn gegen al-Fâjez ausspielt. Der jetzige Häuptling heißt Ṭrâd ibn Ḳamʿân, ibn ʿAwde, ibn Mufâwar, ibn Hdêres, ibn Nôfal, ibn Faraǧ, ibn Zeben.

Al-Balâwne.

Mit den Ṣḫûr lagert der selbständige, von den Beli ausgewanderte Stamm der Balâwne, Bluwi. Stammzeichen el-Maṭâreḳ ☰.

Geschlechter:	Sippen:
Fawâḍle, Fâḍeli	ʿObêdât, ʿObêdi
	el-Ḥamîdijjîn, el-Ḥamîdi
	el-Ḥbêṭât, el-Ḥbêṭi
el-Wâbṣijje, el-Wâbṣi	ḳowm Ḫalîl, ibn Ḫalîl
	ḳowm ʿAbdennebi, ibn ʿAbdennebi
	ḳowm Mûsa, ibn Mûsa
	ḳowm Ḍejfallâh, ibn Ḍejfallâh
	ḳowm ʿAlejjân, ibn ʿAlejjân

Al-Kaʿâbne.

Die Kaʿâbne, Kaʿîbni oder ibn Kaʿab, zählen etwa 80 Familien, lagern beim ruǧm ʿAlejjân und tränken in aṭ-Ṭamad. Stammzeichen eṣ-Ṣarîme ∩ auf der Nase.

Sippen:	Sippen:
Faḍâlât, ibn Faḍâla	Burḳân, el-Abraḳ
Ḫunnân, el-ʿAḫn	Aḏênât, abu Aḏêne
ʿEmêrât, ʿEmêri	Labâbde, ibn Libbâd
Ktêlât, Ktêli	er-Rwâʿijjîn, Rwâʿi

Al-Ḥeẓîr.

Vor ungefähr 150 Jahren ließ sich im Gebiete der Ṭûḳa der Stamm al-Ḥeḍîr (al-Ḥeẓîr) nieder; der Häuptling heiratete ein Mädchen von al-Ḳubejn und wurde als Ṭanîb samt seinem Stamme in die Ṭûḳa aufgenommen. Stammzeichen ⚲ auf den Schenkeln. Sippen:

el-Barâdʿe
al-Mezâhîf
al-Ḳnûʿ
al-Fḍûl { (Stammzeichen ♈ auf der Kruppe und eṣ-Ṣalîb + am Vorderfuße)

Al-Ḫrejša.

Mit aṭ-Ṭûḳa lagert auch der Stamm al-Ḫrejša — etwa 120 Familien — der vom Euphrat her eingewandert ist. Stammzeichen Ṣandûḳ [·].

Geschlechter:	Sippen:
al-Ḥamad	al-Ḥanîf
	as-Salmân
al-Klejb	

Die Klejb sind keine Ḫrejša, sondern ein kleiner Stamm, der sich ihnen auf der Wanderung beigesellt hat; mit ihnen lagern auch die Beni Mḥammad.

Aš-Šarârât.

Die große Ḳabile der Šarârât lagert im Neǧed in dem Gebiete al-Baṭiǧ.

Ihre Nachbarn sind:

im Osten	Ibn es-Sa'ûd	im Westen	Beni 'Aṭijje
	al-Ḥâwij		at-Tajâmne
	Wuld 'Ali	im Süden	ar-Rummân
	'Arab aš-Šammar		al-'Awâfi
	Wuld Slimân	im Norden	die Bewohner von el-Ǧôf
	al-Hešîm		

In ihrem Gebiete liegen die Ruinen al-Ǧawijje, al-Makdar, al-Milḥa, al-Moṛejra, al-Faǧra, al-Ḥiza und andere.

Die Šarârât sind durch ihre Tapferkeit bekannt, aber arm, denn sie besitzen kein eigentliches Land, worauf sie sich stützen könnten, mâ lahom dîre jirčû 'alejha.

Als Gott die Welt verteilte, schlief ihr Ahnherr und unterließ es, seinen Anteil in Besitz zu nehmen, jôm taḳsîm ad-dijar (sic) ǧiddom ẓall nâjem w saha 'anno an jâḫod ḳismo. Sie erzählen selbst, daß ihr Ahnherr nichts bekam, weil ihn der Schlaf überwältigte, ṣâbato kabwa; deshalb bat er dann Gott, er möge den Segen werfen auf sein Zeugungsglied und seine Kamelin, ṭalab min allâh an jarmi-l-barače fi dělo wa fi nâḳto. Seit der Zeit ist ihre Fruchtbarkeit und ihre Kamelzucht allbekannt, doch, da sie auf fremdem Boden weiden, müssen sie die Ḫâwa zahlen. Daher werden sie weder von den Arabern noch von den Fellâḥîn als ebenbürtig anerkannt, und es findet sich kaum einer, der ihnen seine Tochter zur Frau geben würde.

Sie unterstehen dem Fürsten Ibn Rašîd, der in Ḥâjel residiert und dem sie Tribut zahlen. Diesen treibt jährlich ihr Oberhäuptling Mḥammad walad Ǧerîr ein und dafür behält er ein Drittel für sich. Jedes Zelt zahlt 1 Meǧîdi, von 5 Kamelen auch 1 Meǧîdi und von je 20 Schafen ein Schaf.

Auch den Ḥêwât zahlten sie Ḫâwa, doch seit 25 Jahren, als sie diese besiegten, zahlen sie ihnen nichts mehr. Bis vor etwa 20 Jahren waren sie auch verpflichtet, den Ibn er-Ḳwêḏi gewisse Geschenke abzuliefern, ṭîbe ḫâṭer.

Ihr Ahnherr heißt Šarâr. Sein Vater stammte von den Beni Helâl ab, wohnte in Ḥisme im Neǧd al-ʿAriḍ und unternahm unzählige Ḳazw-Züge gegen die Tamîm-Araber. Schon ergraut, heiratete er und hatte einen Sohn Šarâr; dieser hatte vier Söhne: Slejm, Ḍabʿân, ʿAzzâm und

Fig. 12. Ein Zelt der Šarârât.

Ḫalîs. Diese sind die Ahnherren der vier Unterabteilungen, fnad, der Šarârât (Fig. 12).

Nach der Meinung der Saʿîdijjîn stammen sie von den Htêma ab, die Ṣḫûr aber halten sie für echte Araber.

Ihr Stammzeichen ist al-Čiffe o⊣ unter dem Knie, aṭ-ṭifne, des linken Hinterfußes und aš-Šwêṛer < dem Kamele mit dem glühenden Eisen, al-maḫṭar, in die linke Backe eingebrannt.

Die Unterabteilungen der Šarârât sind:

ad-Dabâwîn
al-ʿAzzâm
al-Ḫalese
aḍ-Ḍabâʿîn
el-Flêḥân.

Al-ʿAṭâwne.

Die ʿAṭâwne lagern in den Ḥarra-Gebieten, barâḍi-l-ḥarra, östlich von der Küstenstrecke Maṣr des Meerbusens von el-ʿAḳaba.

Ihre Heimat ist sehr wasserarm und bedeckt mit schwarzen Steinen. Ihre Nahrung besteht aus Semḥ, Milch, Heuschrecken, Wüstenhonig, al-ʿasal al-barri, da sich in vielen Tälern zahlreiche Bienenschwärme aufhalten, und nur selten aus Weizen, Gerste oder Ḏura. Viele von ihnen tragen nur Felle.

Die ʿAṭâwne besitzen große Ziegenherden, die ausschließlich von Frauen gehütet werden. Auf die Weide nimmt jede Frau einen kleinen Ledersack, maḫlâje, eine kleine Tasse, Semḥ- oder Heuschreckenmehl, das mit Milch gegessen wird. Hat sie ein kleines Kind, so nimmt sie zwei etwa 70 *cm* lange Stäbe, hängt eine lederne Tasche daran, gibt ihr Kind hinein und trägt es am linken Arm.

Die ʿAṭâwne unternehmen ihre Ḳazw-Züge gegen die Araber des Ibn Rašîd und gegen die Ḥwêṭât.

Im Gebiete von el-Kerak, und zwar zwischen w. el-Ḳwejṭa und sejl eš-Šḳejfât, lagerte bis zum Jahre 1902 eine Abteilung der Beni ʿAṭijje, welche el-ʿAḳêlât heißt und aus ed-Dhêmât und el-Msêmîr besteht.

Rwala.

Die Rwala teilen sich in folgende Gruppen:

Ibn Šaʿlân (Stammzeichen ar-Rdejni ∩)	el-Kawâkbe (Stammzeichen el-Bâb ⌈⌉)
Ibn Miʿǧel	el-Ḳaʿâǧaʿa
Ibn Ǧandal	el-ʿAwâǧe
al-Mašhûr	

In ihren Gebieten liegt: ḳaṣr Barḳaʿ (eine Tagreise östlich von Ḥawrân);

ʿOḳde, eine kesselartige Ebene mit Gärten, Wasser, Palmen und nur einem einzigen Eingange. Diesen versah Ibn Rašîd mit einer Mauer und einem Tore und flieht dorthin, wenn er sich in Ḥâjel nicht sicher fühlt;

Ḥaḍawḍa (eine Tagereise östlich von Kâf), bei ihm erhebt sich der hohe, schwarze ǧ. el-Mismân.

Wohnungen.

Das Zelt.

Die meisten Bewohner von Arabia Petraea wohnen unter Zelten, die sie kurzweg al-Bejt oder Bejt aš-ša'ar nennen und aus Ziegenhaartuch errichten. Diejenigen Stämme, welche keine Ziegen züchten, kaufen die Ziegenhaare von den Beni 'Aṭijje und nur sehr selten fertige Tücher von fahrenden Kaufleuten.

Fig. 13. Spinnende Mädchen.

Die Ziegen werden im Sommer, el-ḳêẓ, geschoren. Das geschorene Haar einer Ziege heißt Ǵizze und wird in zusammengenähten Decken, ṛafâr, aufbewahrt. Die Verarbeitung desselben geschieht durch die Frauen, die es kämmen, jikardešenno, klopfen, jiṭruḳenno, und dann Garn daraus machen, jiṛazlenno.

Die spinnende Frau (Fig. 13) nimmt das Haar (die Wolle) unter den Arm, hält in der Linken den hölzernen Spindelstock, 'ûd el-maṛzal, dreht am rechten Knie den Faden, der durch einen kleinen Ring, summârat el-maṛzal, geht und auf dem Kopfe der Spindel aufgewickelt wird. Ist die Spindel voll, so wird der Knäuel herabgenommen und heißt Duḥriǵe, daḥâreǵ. Mehrere solche Knäuel zusammengewickelt nennt man Naṣl, enṣûl, oder Barîm. Beim Weben wird der Faden doppelt genommen, gezwirnt, ḫêṭ mabrûm, und auf die beiden im Boden befestigten Querhölzer, ḫašabet en-nîre, mis'ad, des Webstuhles, el-minjar, angebunden, und zwar dicht nebeneinander in einer Breite von 0·50 bis 0·75 *m*. Darunter kommt eine zweite parallele Reihe und beide werden durch den Strick, el-ḳlâde, voneinander getrennt. Die so befestigten Zwirnsfäden heißen Madad, Nôl (Fig. 14, 15). Nun werden je zwei untereinander gezogene Zwirne miteinander zusammengewoben mittels des Kammes al-Mêša' (in el-Kerak el-Môša'), der durch al-Minsâǵ, Madri, Miśḳa' gehalten wird. Ebenso wird die Wolle bearbeitet.

Ein Stück Ziegenhaartuch, šuḳḳe, šḳâḳ, ist gewöhnlich 70 *cm* breit und 7 *m* lang. Für die Zeltbreite näht man gewöhnlich 3—6 Stücke der Länge nach zusammen. Für die Länge eines kleinen Zeltes genügt

Fig. 14. Eine Ṣaḫarijje beim Weben.

die Länge einer Šuḳḳe, für größere Zelte nimmt man 2—4 Šuḳḳe und näht sie der Breite nach zusammen.

Die kleinere Zeltdecke wird durch 3, die größere durch 5, 7, 9 Reihen von je drei Stangen gestützt. Wo die Zeltdecke auf die Stangen zu liegen kommt, wird der Breite nach ein schmaler, wollener Streifen, bṭânet el-bejt, ṭarîḳa, ṭarâjeḳ, angenäht. In die Enden dieses Streifens wird je eiñ etwa 10 *cm* langes Hölzchen, dwêḫel, der Länge nach eingenäht, und darauf je ein gabelförmiger Ast oder eine Holzöse, 'aḳafa, danabe, angebunden. Eine jede solche Spange bekommt einen Strick.

An die beiden letzten Ṭarîḳa-Streifen sind der Länge nach je 3—5 kurze wollene Spangen angebracht und auch diese haben je einen Strick, der die Schmalseiten, raffat el-bejt, der Zeltdecke halten soll. Auch zwischen die einzelnen Ṭarîḳa an den beiden Langseiten werden solche Ḥzâm-Spangen angenäht, die jedoch nur für die Regenperiode bestimmt sind.

Die Zeltdecke heißt κατ' ἐξοχὴν el-Bejt und bildet den wichtigsten Teil des Zeltes. Soll dieses aufgeschlagen werden, jibnû-l-bejt, so breiten die Frauen die Zeltdecke derart aus, daß die Schmalseiten gegen Norden und Süden gerichtet sind. Dann ziehen sie alle Stricke, ḥbâl el-bejt, an und treiben bei jedem einen spitzen Holzpflock, witad, watad, mit einem kleinen hölzernen Hammer, medaḳḳe, in den Boden hinein. An jeden Pflock wird dann ein Strick angebunden. Nun nimmt man die etwa 2·2 *m* lange Mittelstange, al-wâseṭ, hebt ein wenig die Zeltdecke, lehnt die Stange in der Mitte des Mittelstreifens an und stellt sie aufrecht. Die Wâseṭ-Stange ist die wichtigste von allen; die Stelle, wo sie sich anlehnt, heißt Ḳuṭb al-bejt, oder ʿErḳa'.

Steht die Hauptstange, so werden die übrigen gleichlangen Mittelstangen, ʿemdân, angelehnt und aufgestellt. Damit sie das Zelt nicht zerreiben, werden viereckige Stücke Wolltuch, ṭnûb, oder kleine Brettchen mit einer Vertiefung in der Mitte, al-ġâzel, untergelegt. Dann werden die etwa 1·7 *m* hohen Seitenstangen, šâdeḥ el-bejt, aufgestellt. Diese führen verschiedene Namen. Jede der vier Eckstangen heißt Šaʿebe, die Mittelstange der Hinter(West-)reihe heißt Mejḥar, die beiden Seitenstangen der Mittelreihe heißen ʿÂmer, die mittleren Stangen der Vorderreihe heißen vor der Frauenabteilung al-Miḳdem, vor der Männerabteilung eš-Šâreʿa.

Bei den Ṣḥûr heißt je die erste Stange der Mittelreihe (rechts und links von der Wâseṭ-Stange) al-Kasar, die zweite al-ʿUmmar, die dritte al-ʿÂmer. Nach den Seitenstangen werden die Zeltstricke benannt. Die Stricke an den Schmalseiten, die nach vorn gerichtet sind, nennt man Îd, die nach hinten Riǵl.

Sind alle Stangen aufgestellt, so werden die Zeltstricke nach Bedarf angezogen oder nachgelassen und das eigentliche Zelt, al-bejt, ist fertig.

Um sich vor Wind, Sand, Regen usw. zu schützen, wird an der Rückseite (West), zâfret el-bejt, an die Zeltdecke der Länge nach mittels scharfen Holznadeln, ḫlâl, ḫelle, ein Wolltuch, rwâḳ, angeheftet. In der kalten Jahreszeit wird zu dem Rwâḳ-Tuche noch ein anderes langes Tuch aus schlechter Wolle, sfâle, befestigt, das 0·5 *m* am Boden liegt, mittels Pflöcken festgenagelt wird und das Zelt vollkommen abschließt.

Fig. 15. Webende Frauen in Mâdaba.

Will man das Zelt auch an den Schmalseiten schließen, so senkt oder entfernt man die letzten Stangenreihen und bindet die Stricke ganz kurz an (Fig. 16).

Die Vorderseite, meḳdem el-bejt, ist offen; nur in der kalten Periode wird auch hier mittels der Aḫelle-Hölzchen ein Woll- oder Ziegenhaarstoff befestigt, der ebenfalls bis zum Boden reicht und Ḥadnet el-bejt genannt wird. Wenn dann noch in die Ḥzâm-Spangen Sicherheitsstricke befestigt und alle Pflöcke fest eingerammt sind, so widerstehen die Zelte dem stärksten Winde.

Fig. 16. Das Zelt des Hâjel ibn al-Fâjez.

Im Inneren wird das Zelt durch ein etwa 1·7 *m* breites, an die Stangen der Länge nach befestigtes Stoffstück in zwei Abteilungen geschieden. Ist es aus Wolle weiß und schwarz (Fig. 17), selten auch rot gewirkt, so heißt es Maʿnâd, ʿEnâd, Sâḥa, und jedes dreieckige Ornament nennt man Nmêle; ist es ganz einfach, so nennt man es gewöhnlich Meḥǵâr. Dieses Scheidetuch reicht vom Boden 1·7 *m* hoch, deshalb kann man darüber in die andere Abteilung sehen. Die erste Abteilung dient als Küche, Schlafstätte, Magazin und heißt gewöhnlich Mḥellet en-niswân oder Bejt el-meḥram, die andere ist Empfangsraum für Gäste und heißt eš-Šiḳḳ.

Im Šiḳḳ hängt an der Mittelstange auf einem Nagel ein Körbchen aus dünnem Holze, ǵûne, in dem Kaffeekannen, ibrîḳ, ḏelle (delle), eine hölzerne Büchse, muḥmar, mit zwei oder drei Kaffeenäpfchen, finǵân, und eine lederne Düte, meǵraba, ḏajbe, mit Kaffeebohnen, benn, aufbewahrt werden.

Fig. 17. Ṭalâl ibn al-Fâjez vor dem Scheidetuch sitzend.

Nahe bei der Šâre'a-Stange ist im Boden ein Loch, ǵûra, ausgegraben, in dem ein Feuer angemacht wird. Daneben befindet sich immer ein kleiner Vorrat von Brennmaterial, und zwar entweder trockener Kamelmist oder trockene Ḥaṭab- oder Šaǵara-Äste. Der Mörser, ǵurn, und der langstielige Kaffeebrennlöffel, miḥmâse, liegen dabei. In einer Ecke sieht man noch zwei oder drei Kamelreitsättel, šdâd, und sonst nichts.

Gewöhnlich halten sich im Šiḳḳ junge Kamele oder Ziegen auf; kommt ein Gast, so werden sie hinausgetrieben, der Boden wird rasch gereinigt und an der vom Winde geschützten Seite, gewöhnlich an der Scheidewand, am Boden eine bunte Decke, mizwade, und darüber zwei oder drei rot und blau gewirkte Teppiche, bsâṭ, ausgebreitet. Darauf legt man für einen jeden Gast einen Kamelreitsattel, auf den er sich mit der rechten Hand stützen kann. Bei besonders wohlhabenden Zeltherren reicht man statt der Reitsättel Kissen, ṭarrâḥa oder ʿelw. Dann wird Feuer gemacht und Kaffee gekocht. Die Asche wird aus dem Loche sorgfältig auf einen Haufen vor der Šâreʿa-Stange gelegt und, mit Erde und Sand vermengt, hält sich ein solcher Haufen lange, und seine Größe bezeugt die Gastfreundlichkeit des Zeltherrn.

In der anderen Abteilung des Zeltes bereitet sich die Frau ihre Schlafstätte und legt darauf alle ihre Kleider, Decken und Teppiche. In der Regenperiode gräbt man um das Zelt einen Wasserabfluß, šeri, und die Frau macht aus der ausgehobenen Erde einen Wall um dasselbe herum; auch errichtet sie aus Steinen 10—20 *cm* hohe Bänke, raṣfûr al-mesrân, im Inneren, bedeckt diese mit dünnen Ratam-Ästen und bereitet darauf ihre Schlafstätten.

Wenn sich die Araber ganz sicher fühlen oder in großer Anzahl lagern, werden die Zelte in langen, parallelen Reihen aufgeschlagen, so daß eine jede Familie und ein jedes Geschlecht nebeneinander lagert. In gefährlichen Gebieten greifen die Zeltstricke der Schmalseiten so übereinander, daß man zwischen ihnen nicht unbemerkt durchschlüpfen kann, und die Zelte bilden eine Ellipse mit zwei Ausgängen an den Enden der Längsaxe. Diese Öffnung heißt Turʿa oder Ṯenijje, kann leicht bewacht werden, und die Herden, die sich im Inneren befinden, können nicht geraubt werden. Ein solches Ellipsenlager heißt Dwâr (Fig. 18).

Das Zelt des Häuptlings muß immer an einem leicht zugänglichen Punkte stehen. Bei den Kamelzüchtern steht es gewöhnlich in der Mitte, bei den Halb-Fellâḥîn, die ein gemeinschaftliches Gastzelt, šiḳḳ, besitzen, befindet sich dieses am Eingange, und der Fremde wird hinverwiesen.

Die Maʿaze und die Halb-Fellâḥîn verstecken gerne ihre Zelte weit abseits von den besuchten Wegen oder frequentierten Wasserplätzen, teils um sich vor Räubern zu sichern, teils um sich allzuvielen Gästen zu entziehen. Die Gastfreundschaft ist eben eine schöne Tugend, aber nicht Jeder sehnt sich nach deren Ausübung.

Das Lager bleibt so lange an demselben Orte, als die Umgebung genug Weide bietet. Von der Beschaffenheit des Grases wie des Wassers hängt die Dauer einer Lagerperiode ab. Deshalb haben fast alle Stämme

Fig. 18. Dwâr der Naʿêmât.

andere Lagerplätze im Winter und andere im Sommer, die sie alljährlich beziehen und wo sie sich viele Wochen, ja selbst viele Monate aufhalten.

Soll das Lager abgebrochen werden, so ruft der Häuptling von seinem Zelte: „Ladet auf, es wird aufgebrochen, šîlû! raḥîl!“

Sogleich tragen die Frauen alles heraus, lösen den Rwâḳ, ziehen die Pflöcke heraus, ḳalʿan awtâd, entfernen die Zeltstangen, und die Zeltdecke senkt sich, el-bêt jaṭîḥ. Nun legen sie die Pflöcke samt den Stricken auf die Decke, falten diese erst der Länge, dann der Breite nach zusammen, jiṭṭawan el-bejt, binden jede Hälfte, ziehen die Stricke in der Mitte durch und befestigen dann die Zeltdecke auf einem Lastkamel. Der Rwâḳ wird daraufgelegt, und die Zeltstangen zur Seite angebunden.

Sind alle Zelte aufgeladen, so ruft der Häuptling: „Auf den Weg, jallâ eẓ'anû!" In gefährlichen Gebieten wartet man, bis alle marschbereit sind, was aber nur eine Stunde dauert. Dann stellen sich die Krieger, eṣ-ṣanem, an die Spitze, hinter ihnen kommen die Herden, die von den reitenden Frauen überwacht werden, an den Flanken schwärmen Krieger und schließen auch den Zug. Fühlt man sich aber sicher, so reitet jeder, wie er will. Da werden aber oft die Zurückgebliebenen, el-meẓâhîr, von Räubern überfallen.

Der Zug bewegt sich sehr langsam, weil die Tiere unterwegs weiden. Abends, sobald der Häuptling mit seinem Tiere anhält, halten alle. Für eine oder für zwei Nächte werden die Zelte nicht aufgeschlagen. Man bildet nur aus dem Rwâḳ-Stoffe eine niedrige, auf drei Stangen gestützte Wand, hinter der die Kinder vor Wind geschützt schlafen.

Der verlassene Lagerplatz, insbesondere wenn er längere Zeit bestand, bleibt viele Jahre erkennbar. Die Feuerlöcher, angerauchte Steine, auf denen die Kessel standen, Aschenhaufen, Wasserrinnen, Schlafbänke, zerstampfter Boden, Staubflächen, morâṛa, wo sich die Kamele zu wälzen pflegten, erzählen deutlich, was da war. Nach der nächsten Regenperiode wuchern daselbst auf dem gedüngten Boden allerlei Pflanzen und liefern gute Weide für Kamele und Gazellen. Die Hirten oder Reiter zeigen sich die einzelnen Zeltplätze, und alte Erinnerungen werden aufgefrischt. Höchst eigentümlich, ja selbst melancholisch ist der Eindruck, den eine solche Stätte auf den einsamen Reiter macht. Weitherum in der Wüste gibt es kein menschliches Wesen, und doch waren noch vor kurzer Zeit hier Menschen. Hier stand das Zelt des A., dort des B., gleich daneben wohnte mein Vater, meine Liebe . . . Dort habe ich sie gesprochen, dort bin ich bei dem Aschenhaufen in lustiger Gesellschaft gesessen und heute bin ich so verlassen, so einsam . . . Da bemächtigt sich eines jeden Heimweh, man treibt das Kamel zur Weiterreise an, fort, fort muß man, um den Seinigen näher zu kommen.

Das Haus.

Die Fellâḥîn und Ḥaḍrân wohnen in Häusern, die zumeist niedrig sind. Von der Straße aus betritt man einen kleinen Hof, ḥôš, und daraus dann die übrigen Räumlichkeiten (Fig. 19).

In einer Hofecke befindet sich der Backofen, ṭâbûn. Es ist das ein 1·5—2 *m* hoher kegelförmiger Bau mit einem schmalen, niedrigen Eingange (Fig. 20), durch den man in das Innere gelangt, welches gewöhnlich 1 *m* im Durchmesser hat. In der Mitte sieht man eine kreisförmige Vertiefung, raḍaf, von 0·6 *m* Durchmesser, die mit kleinen Kieselsteinen gepflastert ist — in Mâdaba nimmt man mit Vorliebe Mosaiksteinchen dazu — und um sie herum läuft ein erhöhter Rand, samaḳa. Hieher werden die Brotkuchen gelegt und mit einem eisernen Deckel, ṛaṭa' aṭ-ṭâbûn, zugedeckt, worauf man ringsherum Stroh und trockene Mistfladen, zible, anzündet.

Ein Teil des ummauerten Hofes ist um 0·5 *m* tiefer gelegen und dient im Sommer dem Vieh zum Aufenthalte. Im Winter bleiben die

Fig. 19. Ein Hof in Mâdaba.

Tiere im Stalle, el-jâḫûr, in den aus dem Viehhofe eine niedrige Tür führt. Ein Teil des Stalles ist für das Stroh bestimmt, matban, ein größerer für das Brennmaterial zum Brotbacken, welches aus Viehmist und Strohhäcksel, tibn ḫišen, mit Wasser übergossen, in Fladen geformt, an der Hofmauer getrocknet und dann aufbewahrt wird. Im Sommer dient der Stall den Feldarbeitern, ḥarrâṭîn, als Wohnung, welche von ǧ. el-Ḫalîl, el-Ḳudus und en-Nâblûs herkommen.

Fast in keinem Hofe fehlt der Ḳunn ed-duǧâǧ, d. i. ein halbkugelförmiger, etwa 0·3 *m* hoher Behälter aus Lehm mit einer größeren Seitenöffnung und einem kleinen Loche im Scheitel (Fig. 21). Durch die Seitenöffnung legt man Stroh und Eier hinein und setzt darauf die

Bruthenne. Dann wird die Seitenöffnung zugemacht, und die Henne kommt erst mit den Küchlein heraus. Zum Sitzen hat sie Platz genug, kann aber nicht aufstehen. Den Hals und Kopf steckt sie durch das Loch im Scheitel heraus, trinkt, frißt und sieht sich um. Die Hühnerzucht ist groß, die Eier und die Küchlein aber sind wohlfeil. Ich habe 7 Hühner mit 11 Piastern (K 2·20) bezahlt.

Rechts und links von der Haustür befindet sich eine 0·6 *m* hohe und über 1 *m* breite gemauerte Bank, maṣṭabe. Auf der linken sieht man ein hölzernes Joch, nîr, und einen seichten und einen großen, kupfernen Kessel, dist und ḳidr; über der rechten Bank ist eine Zeltdecke ausgebreitet und ein kleines Zelt aufgeschlagen, welches ʿArîše heißt.

Fig. 20. Ein Backofen in Mâdaba.

Jedes größere Haus hat eine Zisterne, bîr, deren Öffnung mit einem großen, runden Decksteine, ḥarze, versehen ist, in dessen Mitte sich ein rundes Loch befindet, durch welches das Wasser geschöpft wird. Dies geschieht nie mit irdenen oder hölzernen Gefäßen, sondern stets mittels eines ledernen Sackes, delu, oder einer Blechkanne, ṣaṭl, welche an einen Strick gebunden wird. Aus dem Delu gießt man das Wasser entweder in einen Krug oder, soll das Vieh getränkt werden, in einen größeren oder kleineren primitiven Steintrog, ǧurn oder ḥôḍ. Um das Wasser vor Verunreinigung, besonders aber vor Heuschrecken zu schützen, wird das Loch mit einem hölzernen Deckel zugedeckt, ṭâḳat el-bîr, welcher sehr oft auch verschlossen werden kann, um so das Wasser vor Dieben zu sichern.

Aus dem Osthofe führt eine Tür in die Vorratskammer, dukkân, wo man die besten Kleider, Teppiche, Decken, Wirtschaftsgeräte aufbewahrt. Man sieht hier kleine, bunte Teppiche, ẓebijje, die für den Gast zum Anlehnen dienen, Felle, ǵawâ'ed, welche als Winterpelze, farwa, gebraucht werden, buntgefärbte, nicht schaukelbare Wiegen, serîr, kleine Ledersäcke, šanne, mit trockenem Käse u. ä. m.

Die Vorratskammer und die eigentliche Wohnung pflegen mit einer niedrigen Holztüre versehen zu sein. Die Türe bewegt sich in zwei hölzernen Angeln, ṣîr. Die Türpfosten, kalb el-bâb, die Oberschwelle, ʿatabe, und auch die Türschwelle, dawwâše, pflegen mit Vorliebe aus festen ʿArʿara-Balken (die etwa 6 Kronen kosten) oder wenigstens von Ḳarab-Holz zu sein. Der Schlüssel ist aus Holz und manchmal recht künstlich gearbeitet, weshalb er nicht leicht zum Öffnen anderer Wohnungen taugt.

Fig. 21. Eine Hühnerbrutstätte in Mâdaba.

Das Dach des einzigen Wohnzimmers ruht auf ein, zwei oder drei steinernen Bögen, ḳanṭara, welche von vortretenden Pfeilern getragen werden. Die Wände und die Pfeiler sind Gußmauerwerk, die Bögen aber sind zumeist aus Hausteinen alter Bauwerke errichtet. Da die Pfeiler bis auf 2 *m* weit vortreten, so entstehen zwischen ihnen und der Mauer Räume, welche verschieden benützt werden. So ist der linke Raum gleich an der Türe durch eine Tonschichte in einen 1·2 *m* hohen Behälter, râwije, adaptiert, worin Weizen aufbewahrt wird. Dieser wird durch eine Öffnung von oben hineingeschüttet und kann unten wieder durch ein verschließbares Loch herausgelassen werden.

Die übrigen Räume haben 0·6—1 *m* hohe Böden und bilden so Masṭabe, die von den einzelnen Mitgliedern der Familie als Schlafstätten benützt werden.

Der Türe gegenüber ist längs der ganzen Wand aus trockenem Lehm ein 2 *m* breites und 1·2 *m* hohes Behältnis, ćiwâre, ćawâjer, angebaut, das aus mehreren Abteilungen, ḳwâ'îd, besteht, in welche ebenfalls von oben Korn oder Mehl geschüttet wird, um unten durch kleine Öffnungen ausgelassen zu werden. Darüber liegen einige Ziegenhäute mit Butterschmalz, medhene, Wolle, ṣûf, platte Teller, tanaka, ein großes Küchenmesser, ṭabbâḫijje, und ein schön gearbeiteter Kamelsattelsack, mizwede.

Auf die Ḳanṭara-Bögen legt man als Decke Ḫaśab, d. i. dicke und dünne Balken von Sidr-, Ṭalḥ- oder Ḳarab-Bäumen, darüber eine Schichte Schilfrohr, ḳṣejb, das man in Mâdaba von 'ajn el-Kenîse holt, und darauf Äste von Oleander oder verschiedenem Gestrüpp, bilân. Auf das Ganze kommt trockene Erde, turâb, die mit Asche, Kuhmist und Wasser präpariert wird und jedes Jahr im September aufgefrischt werden muß, jiṭajjen.

Ist das Haus fertig, so wird auf dem Dache oberhalb des Einganges ein Schaf oder eine Ziege geopfert, so daß das Blut über die Türe herabfließt. Auf diese Weise wird die Wohnung dem Einflusse böser Geister entzogen.

Fenster hat man gewöhnlich keine; nur in der Wand gegenüber der Türe gibt es blinde Fenster, ṭâḳa, und zwischen ihnen steckt ein Holzpflock, watad, auf dem allerlei Gegenstände hängen; so eine kleine Kanne, ibrîḳ, ein runder Strohkorb für Kaffee, sabate, ein seichter Holzteller, ṛazel und ein kleiner steifer Ledersack, 'elbe, für Kaffeetassen. In anderen Lederbeuteln wird das Schießpulver, kabaka, und die Zündhütchen, miġraba li-l-ḫrûḳ, aufbewahrt. Auch sieht man gewöhnlich ein Kollyrium-Fläschchen, ḳzâzet eć-ćoḥl, hängen.

In der Mitte der Stube befindet sich ein kreisförmiger, 0·6—0·8 *m* im Durchmesser zählender Lehmrand, in dem Feuer angemacht wird, ġûra. Im Sommer kocht man im Hofe und nur der Kaffee wird im Zimmer bereitet. Deshalb liegen neben dem Feuerherd eine Kupferkanne, delle, und ein großer eiserner Röstlöffel, miḥmâse.

Zerstampft wird der Kaffee entweder in einem hölzernen, ġurn, oder kupfernen, runden und großen Mörser, miṣḥân oder hûn, der immer hübsch verziert ist. Zum Stampfen gebraucht man einen langen Schlägel aus Holz oder Kupfer, mihbâġ.

Von außen führt gewöhnlich eine schmale Treppe auf das Dach, wo man in den Sommermonaten ein kleines Zelt aufschlägt, um darin zu schlafen. In Ma'ân ist das Dach gewöhnlich von einer zinnenartigen Brustwehr aus Luftziegeln umgeben und trägt in einer Ecke ein 'Alijje-Zimmer, das, weil es am luftigsten ist, dem Gaste überlassen wird.

Nahrung.

Alle Bewohner von Arabia Petraea leben fast ausschließlich von Milch und Feldfrüchten, wobei bei den Kamelzüchtern und Ma'aze die Milch vorherrscht, während bei den Fellâḥin das Umgekehrte der Fall ist. Das Fleisch bildet nirgends die Hauptkost, sondern gilt als Festessen. Als Getränk wird neben der Milch nur Wasser genommen.

Küchengeräte.

Die Nahrungsmittel und Getränke werden in Gefäßen aufbewahrt und zubereitet, von denen die ledernen und hölzernen von den Einwohnern selbst hergestellt werden, während man die aus Kupfer getriebenen von fahrenden Kaufleuten oder in den Städten kauft.

Das Gerben der Felle wird gänzlich den Frauen überlassen. Sie sammeln die Gerbstoffe, dibâṛ, und zwar: Eichenrinde, ḳiâr ballûṭ, die sie aus den Gebieten von es-Salṭ oder el-Ǧebâl kaufen, dann die Wurzel des 'Eren-Baumes aus dem Gebiete der Ḥamâjde, die Rinde der Rummân-Granatäpfel und Blätter wie Rinde der Lizâb- oder 'Ar'ar-Bäume aus el-Ǧebâl. Außerdem gebrauchen sie noch Salz, Mehl und saure Milch. Sind die Felle gegerbt, so nähen sie diese zu Wasserschläuchen zusammen und, sind sie für Milch oder Butter bestimmt, so legen sie Erbâb-Kraut, ein Stück Traubenhonig, dibs, oder trockene Feigen hinein, um das Leder weich und rein zu erhalten.

Aus Leder wird verfertigt:

Rub'ijje, ein kleiner Milchschlauch;

eš-Šrâ', ein Schlauch aus einer beim Schwanze offenen Zickleinhaut. Die Hirten nehmen ihn für Milch oder Wasser mit und binden ihn am Halse des Leittieres an;

ez-Zuǩra, ein Schlauch aus Ziegenhaut, in den die Milch zum Sauerwerden gegossen wird, ṛabîb. Dann gießt man sie in einen Schlauch aus Ziegenbockhaut, es-sḳa', wo sie geschlagen wird; dieser heißt auch Maḫaḍḍa;

Rwâb, ez-Ziḳḳ, Merwaba, Merwab, ein großer Schlauch für geronnene Milch;

Mizbed, Ḳâṭûs, ein kleiner Butterschlauch;

el-Marw, Miǵlad, ein Schlauch für 3—5 Roṭol Butterschmalz;

Midhene, Ẓirf, ein Schlauch für 20—30 Roṭol Butterschmalz;

el-Ḳu'ra, 'Edel, Ǧerâb, ein Schlauch für 1 Roṭol Butterschmalz oder Mehl;

Delu, Schöpfsack, welcher durch ein Holzkreuz, zurḳa', oder 'arâżi-d-delu, offengehalten und an einem Stricke, irša', in den Brunnen hinuntergelassen wird;

Sabaḳ, ein Wasserschlauch, bei dem Hals und linker Vorderfuß zugenäht sind, der rechte Vorderfuß ist am rechten Hinterfuße befestigt, der linke Hinterfuß aber ist offen;

el-Ǧûd, es-Se'en, Bedra, ein kleiner Wasser-(Milch-)Schlauch;

Fig. 22. Ein Ḳirbe-Wasserschlauch

Ḳirbe, Wasserschlauch. Zwei volle Ḳirbe mit Stricken, 'aṣâm, auf einem Esel befestigt, bilden die Last, raḥal, eines Esels; sie werden mit Wika'-, Awka'-Strikken zugebunden und mit Ǧâzel, einem Ästchen oder Knochen, geknotet (Fig. 22).

Râwije, der größte Wasserschlauch aus einer gegerbten Kamelhaut. Er kommt auf den Lastsattel eines Kamels derart zu liegen, daß die Öffnung in der Mitte bleibt und die beiden Hälften zu beiden Seiten des Tieres herunterhängen. Er ist sehr schwer, deshalb füllt man ihn auf dem knienden Tiere.

Hölzerne Küchengeräte:

Ḳarwa, Bâṭijje, eine runde, flache Schüssel;

Muḥmar, ein viereckiges oder rundes tieferes Gefäß (2—3 Liter);

al-Ḳadaḥ, ein kleines hölzernes, topfartiges Gefäß;

'Elbe, ein größeres hölzernes, topfartiges Gefäß;

Čermijje, Ehnâbe, kleines (1 Liter) Gefäß von der Form eines Troges, ausgehöhlt aus Buṭum-, Sidr- oder Ṣafṣâfe-Holz;

Mitwâr, langes dünnes Brettchen, mit welchem die Speisen im Kessel gerührt werden;

Ḥalwijje, ein kleines längliches Trinkgefäß mit einem Griffe an der Schmalseite;

Ṭi'be, Trinkgefäß mit Henkel und Schnabel;

Miṛrâf, ein kleines (0·5—1 Liter) rundes Gefäß mit einem Griffe;

Rûri, ein rundes, 0·3 *m* hohes und breites Gefäß aus dünnem, gebogenen Holze mit zwei Ringen an den Seiten (Fig. 23);

Ǵurn, verzierter Mörser aus Holz;

Miḥlabe, ein Tongefäß (3—4 Liter);

Ḳa'ba, Ǵerra, ein bauchiges Tongefäß (10—15 Liter), welches die Frauen der Fellâḥîn sich selbst verfertigen.

Finǵân, Kaffeenäpfchen.

a *b* *c*

Fig. 23. *a)* Rûri-, *b)* Ḳa'ba-, *c)* Miṛrâf-Gefäß.

Kupferne Gefäße:

al-Ḳidr, ein großer (15—25 Liter) Kupferkessel. Je größer dieser, um so gastfreundlicher ist sein Eigentümer;

Ṭâsijje, Dist, ein kleiner (3—5 Liter) Kupferkessel;

Ṣaḥen, Laḳen oder Minsaf, großer und flacher Kupferteller;

Saḥale, kupferne Schale;

el-Ḳalâje, kupfernes Gefäß mit Henkel;

Miḥmâse, großer flacher Löffel mit langem Griffe und einem zweiten eisernen, an einem Kettchen befestigten Löffelchen, îd miḥmâse;

Mihbâǵ, Kaffeestoßer:

Delle, eine bauchige Kupferkanne, in welcher der alte Kaffeeabsud nochmals gekocht wird;

Miṣfa' oder Ibriḳ, eine ähnliche Kaffeekanne, in welcher der Kaffee frisch gekocht wird.

Einen Herd kennt man nicht. Ein seichtes Loch im Boden, drei 20—40 *cm* hohe Steine daneben und der Herd ist fertig. Den Kessel setzt man auf die Steine, dmûs, und macht mittels Stahl, Feuerstein, trockenen, gequetschten Wüstenpflanzen und trockenem Kamelmist Feuer, legt darauf trockenen Šîḫ und schwingt ihn so lange in der Rechten im Kreise herum, bis der Šîḫ anfängt zu brennen. Nun gibt man es in das Loch, legt trockenen Mist oder trockene Pflanzen darauf und kann kochen. In manchen Gebieten ist das Brennmaterial sehr selten, und die Frauen müssen es von weit her zusammenholen.

Desgleichen kennt man keinen Tisch. Bei den Arabern werden die Schüsseln direkt auf den Boden gestellt, bei den Fellâḥîn wird hie und da erst ein Stück Leder, sufra, ausgebreitet.

Die Milch.

Die Kamelmilch gehört zu den wichtigsten Nahrungsmitteln der Araber.

Um zu verhüten, daß auf der Weide junge Kamele an den Stuten saugen, legt man diesen an das Euter eine Binde, jušammelû-n-nâḳa fi šamle. Diese Binde bedeckt das Euter und ist über den Hüften festgebunden. Die Šamle-Binde wird aus Kamelhaar verfertigt. Andere binden wiederum der Stute einen Strick um, der über die Hüften und das Kreuz läuft und das Euter berührt. An diesen Strick werden dann um das Euter spitzige Stäbchen befestigt, welche das junge Kamel ins Maul stechen und somit vom Saugen abhalten.

Soll ein Kamelfohlen, al-ḥawâr, entwöhnt werden, ju'azzemû, so bekommt es ins Maul ein hartes, spitziges Stäbchen, so daß dieses zwischen der Oberlippe und der Nase herauskommt, juḫallû al-ḥawâr bil-ḫalâl. Zwischen der oberen Zahnreihe und der Nase hat das junge Kamel nämlich keine Knochen, sondern nur Haut, diese wird also durchstochen, so daß die Spitze hervorsteht, jaḫoṭṭûh min saḳf al-famm w jaṭla' min al-minḫar. Will das Junge saugen, so sticht es die Alte, welche nun ausschlägt und es vertreibt. Oder das Junge wird mit frischen Exkrementen, hrâr, beschmiert, oder man wickelt es in Kleidungsstücke ein, so daß die Stute es nicht erkennt und aus Furcht vor ihm ausreißt, tankeru ummu.

Um sich die Kamelmilch länger zu erhalten, nehmen sie, wenn eine Nâḳa-Stute ein Junges geworfen hat und nach 20—30 Tagen eine andere Stute wieder ein Junges hat, der ersten das Junge und bestreichen es mit dem frischen Plazentarblute oder mit dem Blute des geschlachteten Jungen oder ziehen ihm seine Haut an und geben beide oder nur das erste unter die zweite Kamelstute, jaǧurrûn ǧerâra, indes sie die erste weitermelken.

Haben zwei Stuten zur selben Zeit geworfen, so bestreicht man das eine Junge mit der Geburtsflüssigkeit und den Schleimhäuten der stärkeren Stute, gibt beide Tiere unter diese und melkt die zweite.

Das Melken der Kamelin (Fig. 24) geschieht in der Weise, daß die Šamle-Binde entfernt und ihr Junges zugelassen wird, worauf die Stute die Milch fließen läßt, sfâǧât, erbarmt sich ihres Jungen, taḥenn 'ala ḥwârha. Nun wird das Tier abseits gehalten und, wer melken will, stellt sich links von der Stute auf, ergreift mit drei Fingern die Euterspitze, ad-dîd, und die Milch, al-ḥalîb, fließt in al-'Elbe, al-Ḳadaḥ oder

Fig. 24. Das Melken einer Kamelin.

Se'en und wird dann in as-Sḳa' oder az-Zučra gegossen. Das Melken muß sehr rasch geschehen, weil die Kamelin sehr gerne die Milch zurückzieht, tfawwet.

Jeder Wanderer darf bei einer Kamelherde anhalten und eine Nâḳa für sich melken. Gewöhnlich saugt man die Milch direkt aus dem Euter. Wenn der Araber einen vollen Se'en-Schlauch hat, so ist er vollkommen zufrieden und man sagt:

O Söhnlein, die Richtung der Weißen (Kamelin), wo mag sie sein?
welch ein Wohlgefühl, der kleine Se'en-Schlauch ist voll saurer Milch!

Jâ bunajja ḥada' (sic) al-waḍḥa' wên,
w-al-ḥubbe, jâ leben bis-su'ên.

Die Kamelmilch wird viel getrunken, ist sehr dick, nahrhaft, aber von unangenehmem Geruch. Das Euter ist niemals rein, weil in seiner nächsten Nähe der kalk- oder salzhaltige Urin eine Kruste angesetzt hat. Auch riecht man aus der Milch jene Pflanzen heraus, welche das Tier zuletzt gefressen hat; insbesondere penetrant riecht aš-Šîḥ.

Frisch gemolkene Kamelmilch wirkt rasch abführend, und zwar so heftig, daß man sich vor Schmerzen windet. Dies dauert aber nur wenige Minuten. Bei den Beduinen heißt es immer: die beste Milch ist Kamelmilch, aḥsan ḥalîb ḥalîb al-ǵemâl.

Während der Regenperiode, bajjâm aš-šta', wird die Milch in dem Sḳa'-Schlauche gebuttert, jiḥaḍḍ. Diese Butter heißt Ǵebâbe und ist

Fig. 25. Das Anbinden der Jungtiere.

der Ziegen- oder Schafbutter ähnlich, nur ist sie dicker und schmackhafter. Die Ǵebâbe-Butter wird dann zerlassen, juḳšidû, wie es auch mit der Schafbutter, zibde, geschieht; sie schmeckt aber nicht wie Schmalz, sondern wie Fett. Der Butteransatz ist jedoch nur gering, und im Sommer gibt es überhaupt keinen, bajjâm al-ḳêẓ lâ jinḥaḍd.

Die Kamelmilch gilt als gute Medizin im Falle einer Erkältung, zikme. Man nimmt nämlich frische Milch, geht zu einem Kamele und rührt sie mit dessen Schwanzspitze, 'ajn aḍ-ḍîl, so lange, bis sich die den Schwanz bedeckende Salzkruste aufgelöst hat; dann wird die Milch getrunken. Oder man gießt in die Milch Kamelurin, rührt sie mit der Schwanzspitze, wärmt und trinkt sie.

Schafe und Ziegen werden meist von den Frauen gemolken. Die Frau stellt das Miḥlabe- oder Miṛraf-Gefäß auf den Boden, fängt das Tier ein, führt es zum Gefäße, steckt seinen linken Hinterfuß unter ihr linkes Knie und melkt mit beiden Händen, indem sie je eine Zitze des Euters mit flacher Hand umfängt, tiṭbaḳ el-kaff 'ala ḥilm ed-dîd.

Die Ḥanâǵre melken nur mit dem Daumen, bâhem, und Zeigefinger, šâhed.

Die Muttertiere werden erst gemolken, wenn die Jungen 40 bis 60 Tage alt sind; dann werden diese entwöhnt, ṭarrejna-l-fuṭmân. Zu diesem Zwecke bindet man an die Vorderstricke des Zeltes mehrere kurze Stricke, dreht je zwei zusammen, ribḳ, und befestigt das Ende mit einem Stückchen Holz im Boden. Am Morgen zieht man das Hölzchen heraus und steckt den Hinterfuß des Jungen in die zusammengedrehte Schlinge (Fig. 25). So bleiben die Jungen, bis die Muttertiere fort sind. Dann werden sie losgelassen und erst vor Sonnenuntergang wieder angebunden. Wenn abends die Muttertiere von der Weide zurückkehren und das Meckern der Jungen hören, werden sie gemolken, aber nicht ganz, sondern man läßt etwas Milch zurück, für die Geißen, 'abûr, mehr als für die Böcke, ḫarûf, die entweder geschlachtet oder verkauft werden. Nun läßt man die Jungen von den Ribḳ los.

Fig. 26. Buttern bei den Halb-Fellâḥîn.

Die Milch wird in die Zuḱra- oder Merwab-Schläuche gegossen, worin etwas geronnene Milch, râjeb oder ṛabîb, enthalten ist. Ist sie dick geworden, jarûb, so gießt man sie in es-Sḳa' oder Maḫaḍḍ und bindet diesen Schlauch an drei Stangen, er-rakkâbe, er-râkûb. Nun machen die Frauen darunter ein kleines Feuer an, in welches sie 'Adabe (eine Mischung von Salz, Gerste und Weizenmehl) hineinwerfen. Wenn diese Mischung brennt, sagt die Frau:

O feines Weizenmehl aus der Mühle!
du scheinst ein Heilmittel zu sein, und ich wußte es nicht!

Jâ daķîķ el-bejt,
aṭârîk daw' w-ani mâ darejt.

Das soll gegen den bösen Blick helfen. Darauf bewegt sie allein, taḫoḍḍ (Fig. 26) oder noch mit einer anderen Frau den Sķa'-Schlauch so lange, bis sich die Butter, zibde, von der Buttermilch, leben, ḫâmeḍ, getrennt hat.

Die Stangen, an denen dieser Schlauch hängt, sind etwa armstark, 2·5 *m* lang und heißen 'Ejdân er-rakkâbe. Eine von ihnen muß von Oleander-, difla, die zweite von Sidr- und die dritte von Weidenholz, ṣafṣâf, sein. Diese drei Holzarten üben eben vereint den besten Einfluß auf das Buttern aus, sie sind nämlich eifersüchtig aufeinander, und ein jedes Holz will die meiste Butter erzeugen. Deshalb sagt man von eigennützigen Beamten, sie seien wie diese Stangen, mitl 'ejdân er-rakkâbe.

Die Butter, zibde, wird im Ķâṭûs-, Medhene-Schlauch aufbewahrt und, ist man mit dem Buttern fertig, zerlassen. Man macht dazu ein Feuer an, stellt den Ķidr-Kessel auf drei Steine, tut in den Kessel zwei bis drei Handvoll Ǧerîše-Getreidekörner, Safran, wohlriechende Pflanzen 'Arîfet ed-dîk, 'Oṣfor, Za'ĉtmân, Ḥalbe oder Šîḥ nebst zwei bis drei Zwiebeln und Salz, um eine schöne Farbe und guten Geschmack zu erzielen, und legt die ausgepreßte Butter darauf. Bei den 'Amârîn wird die Butter auf 40 Pflanzen zerlassen, taḥûǵ fi arba'nijjât. Das Umrühren geschieht mit einer stacheligen Pflanze, wobei sich die Haare an den Stacheln ansammeln und entfernt werden. Das Zerlassen geschieht nur im geschlossenen Zelte, wo nur Frauen sein dürfen, die weder singen noch laut reden, um den Segen nicht zu verscheuchen. Jede Eintretende grüßt:

Es möge sich der Segen (hier) niederlassen, ḥallat el-barake, und bekommt zur Antwort: Er möge sich niederlassen, o du Angesicht des Segens, ḥallat jâ weǵh el-barake.

Der Abschaum, raṛwa, wird mit dem Mal'aķe-Löffel gesammelt und die Butter in den Marw- oder Zirf-, Medhene-Schlauch gegossen, dieser dann mit dem Awka'-Faden zugebunden und an einem kühlen Orte aufbewahrt. Die mit dem Butterabsud getränkte Ǧerîše heißt Ķušde, Ķišde und gilt als Leckerbissen.

Im Sķa'-Schlauche bleibt dann nur die Buttermilch, leben, welche die Hauptnahrung der Leute bildet und entweder allein getrunken oder mit anderen Speisen genossen wird. Oft vermengt man sie mit Wasser und dann heißt sie Nasijje und dient so als Getränk. Hat man viel Buttermilch, so läßt man das Wasser austropfen, miṣ, maṭar jiǵeff, salzt den Topfen und macht daraus Käsekuchen nach Art unserer „Quargeln“, za'amûṭe, kišk, 'afîḳ, welche getrocknet für die milcharme Zeit aufbewahrt werden. Um das Gerinnen, ǵamd, zu befördern, erwärmt man zuweilen den Leben im Ḳidr-Kessel. Diese geronnene Topfenmilch heißt Ǵerǵeb, Ǵibǵib (Ḥw). Sie wird in einen Schlauch gegeben, bis die Flüssigkeit, miṣ, verschwindet, dann wird sie gesalzen und in kleine, dünne, viereckige oder runde Formen geknetet, die Meris oder Ṭwâlîl heißen.

Der süße Käse, ǵibne, wird aus süßer Milch, ḥalîb, gemacht. Man tut ein Stück von dem Magen eines Zickleins, genannt Masa', hinein; sie gerinnt sofort, wird im Ḳidr gekocht und in größere Käskuchen geknetet. Das süße Milchwasser, maṣl, wirkt abführend, maṣl el-ǵibne jisallek el-bâṭne (sic Ḥṭ).

Die Schafmilch ist schwerer zu verdauen, aṭḳal, als die Kuh- oder Ziegenmilch.

Brot und Salz.

Von den Getreidearten dienen zur Nahrung Weizen, Gerste, Semḥ, Mais und Linsen. Sie werden genossen im Naturzustande oder als Mehl.

Als einfachste Mühle benützt man auf der Reise oder in der Wüste eine flache Steinplatte, auf der mittels eines Steines die Körner zerquetscht werden; sonst bedient man sich fast allgemein einer kleinen Handmühle. Sie heißt bei den Ṣḫûr Erḥa', bei den Ẓullâm Erḥi, und besteht aus zwei Steinen, dem oberen, farde 'alja, 'âli, 'elji, und dem unteren, farde taḥta, safel, sifli, welcher in der Mitte einen hölzernen oder eisernen Zapfen, al-ḳalb, trägt, um den sich der obere Stein dreht, was mittels eines Holzgriffes, al-hâdi, ḳâjed, farâše, geschieht.

Den Stein kauft man von den Šarârât oder aus dem Ḥawrân gewöhnlich für 1 Rejâl meǵîdi. Die Handhabe macht man sich selbst aus Ratam- oder Buṭm-Ästen.

Die 'Amârîn machen sich ihre Handmühlen selbst, weil sie in ar-Râǵef und in aṭ-Ṭôr die nötigen Steine finden.

Soll gemahlen werden, so breitet die Frau auf dem Boden ein Stück Leder aus, legt die Mühle darauf, setzt sich daneben, schüttet mit der Linken Getreide in die Öffnung des oberen Steines und dreht mit der Rechten den Stein (Fig. 27). Das Mehl, ṭaḥîne, wird fast nie gesiebt, auch wird nie mehr gemahlen, als man für den Augenblick braucht. Muß man aber auf die Reise Mehl mitnehmen, so tut man es in den ʿEdel-Ǵerâb-Schlauch oder in einen baumwollenen Kis-Sack.

Wenn man Teig machen will, ju'aǵǵenû, so nimmt man dazu den flachen Ṣaḥen-Teller oder die Holzschüssel, ḳarwa, bâṭije, muḥmar. Auf der Reise genügt sehr oft auch das Lederstück, das auf dem Sattel liegt. Man macht eben eine kleine Grube im Sande, legt das Leder darauf und kann schon den Teig machen. Ein ʿAṭiwi erzählte mir, daß, wenn man in der Wüste zufälligerweise Semḥ oder Heuschrecken gefunden hat und nichts besitzt, worin man den Teig anmachen könnte, sich ein Mann niederlegt und ein anderer auf seinem Bauche aus Semḥ- oder Heuschreckenmehl den Teig anmacht. Der Teig wird immer gesalzen.

Fig. 27. Getreidemahlen bei den Halb-Fellâḥîn.

Die Terâbîn und Ẓullâm bringen das Salz aus der Sabḫa und von dem Toten Meere. Wenn sie Salz kaufen, nehmen sie eine Handvoll davon, streuen es im Zelte aus und sagen:

O Gott, gewähre uns Befreiung von Sorgen, wie uns die Befreiung von Sorgen gewährt das Salz.

Jâ-llâh faraǵ zej faraǵ el-meleḥ.

Das Salz wird niemals geraubt oder gestohlen, und auch der Salzhändler darf nicht angerührt werden; wer ihn beraubt, den wird Allâh berauben, min ḫâno jaḫûno-llâh.

Die Ḥanâǵre bringen das Salz aus eš-Šejḫ Zwajjed und aus einem Orte östlich von el-'Ariš.

Wenn ein Ḥanǵûri einen andern loben will, so sagt er: (Du bist unentbehrlich) wie das Salz zur Nahrung; ohne dich gibt es kein Wohlbefinden, zaj malḥ al-'ajš mâ 'annak ṛana'.

Die 'Amârîn holen sich das Salz aus al-Uḫejmer im Ṛôr und aus der Gegend am Mittellaufe des w. al-Ǵerâfi, wo Salz gegraben wird. Die Sa'îdijjîn graben es in umm Sidre, die Tijâha in Kuntile, die Ḥêwât im w. al-Ǵerâfi, die Ṣḫûr finden es im w. eṣ-Ṣwân. Dort besteht der Boden und auch die Uferabhänge aus lauter Salz, das man einfach abhackt. Reiner ist das Salz im sejl aš-Šâjeb, einem Bache im w. Sirḥân, dessen Wasser sehr salzig ist. Man gräbt neben dem Wasser Gruben, füllt sie mit Wasser und gewinnt durch dessen Verdunstung Salz.

Fig. 28. Brotbacken bei den Halb-Fellâḥîn.

Das Salz gilt auch als Arznei.

Wenn jemand verwundet ist, so wird Salz gewärmt oder in Wasser gekocht und dann auf die Wunde gelegt, was den Kranken vor dem Einflusse der Sterne schützen soll, 'ân an-nǵûm. Ein triefendes Auge, 'ajn ramda', wird in Salzwasser gebadet. Hat die Stute den

Bauch geschwollen, saṭḥ al-faras, so bekommt sie Salzwasser zu trinken. Bei Verstopfung wärmt man Salz, verschluckt es, jalhamûh, und trinkt darauf, jaǵra'û warâh, Wasser. Das Salz gilt auch als einziges Mittel gegen Würmer in Wunden und gegen übelriechende Entleerung, niṭâne (mit deutlichem ṭ).

Die Kamelzüchter betrachten das Brot nur als Leckerbissen, das man Gästen vorsetzt. Die 'Amârin sind froh, wenn sie einmal im Monat trockenes Brot, ḫâšef, bekommen. Die Kerakijje essen in der trockenen Jahreszeit nur ungesäuertes Brot, faṭîr, da sie glauben, daß der Genuß von gesäuertem Brote, el-ḫâmer, zu dieser Zeit die Waḫam-Magenkrankheit verursacht. Die Ẓullâm essen nur ungesäuertes Brot, faṭîr, gesäuertes kennen sie überhaupt nicht. Die Sa'îdijjin essen in der trockenen Jahreszeit, biṣ-ṣejf, ungesäuertes, in der Regenzeit, bil-mešta, biš-šti, gesäuertes Brot, el-ḫmêra, al-ḫamîr, el-mraḫraḫ, ḫammâri (Nṣ). Die Ḥêwât und Ṣḫûr essen in der Trockenperiode, bil-ḳejẓ, ungesäuertes Brot, faṭîr, in der Regenzeit gesäuertes, ḫamîr.

Im Zelte wird das Brot gewöhnlich in der Form von Fladen oder Kuchen zubereitet und gebacken, indem man über glühende Kohlen eine dünne, eiserne Schüssel, ṣâǵ, umstürzt und darauf den Teigkuchen ausbreitet (Fig. 28). Ist dieser Kuchen groß und der Teig festgeknetet, so heißt das Brot Šrâk, šarakât, Faršaḫe, farâšeḫ; ist der Kuchen groß, aber dünn und der Teig ziemlich wässerig, so heißt das Brot Maṣlije, Ḫubez mall ('Am), Melle (Kr); ist der Kuchen ganz klein, so heißt das Brot Lazâḳi, Ka'ak, Ḥamâḫeḳ. Auf der Reise macht man zumeist nur Aschenbrot, ḳurṣ nâr, indem man einen dicken Teigfladen auf heiße Asche legt und wieder mit Asche zudeckt.

Fleischspeisen.

Fleischspeisen werden aus geschlachteten oder erjagten Tieren zubereitet. Zu den ersteren gehören Kamele, Schafe, Ziegen und hie und da auch Rinder.

Soll ein Kamel geschlachtet werden, so läßt man es niederknien, nâjeḫ, und stößt ihm das krumme Šibrijje-Messer in den Hals, wo er in die Brust übergeht. Nachher drückt man den Hals auf den Rücken nieder und schneidet dem Tiere den Kopf ab. Darauf wird der Höcker, snâm, der Länge nach aufgeschlitzt und von dem Schnitte angefangen die Haut abgezogen, jasluḫûh. Nun wird zuerst der Höcker, dann werden die Hinterfüße, awrâku, dann die Vorderfüße, îdêh, abgeschnitten, hierauf wird das Tier geöffnet und ausgeweidet, und endlich wird der Rücken zerhackt.

Dem Schafe wird der Schlund zerschnitten und die Haut von den Hinterfüßen an abgezogen, jaslehûha min ʿend riĝlêha. Dann wird es aufgehängt, juʿallekûha, gewöhnlich auf einem Stocke, den zwei Männer auf den Schultern halten; man nimmt es aus und zerteilt es in kleine, eiergroße Stückchen, welche direkt in den Kupferkessel, al-ḳidr, geworfen werden; die Knochen, welche man mittels des krummen Messers, šibrijje, und Steinen zerkleinert, kommen ebenfalls hinein. Die Ẓullâm werfen den Kopf samt der Haut in den Topf, was die Beduinen verabscheuen, ja manche essen den Kopf gar nicht (Barakât und Ḥwêṭât et-Tihama).

Auf das Fleisch wird dann Wasser mit eingebrocktem Käse, merîse, oder süße Milch, ḥalib, oder auch Topfenmilch, leben, gegossen; denn das Schaf- oder Ziegenfleisch schmeckt am besten, wenn es in Milch gekocht ist. Nun übernehmen die Frauen den Kessel, streuen Salz hinein und machen sich an das Kochen. Ist das Fleisch gar, baʿad an jistwi, so wird der Kessel vom Feuer entfernt.

Unterdessen hat man Brot gebacken oder ʿEjš, d. i. gebrochene Gerste, Weizen oder Heuschrecken gekocht und zerquetscht. Nun nimmt man die großen, flachen Kupferteller, ṣḥûn, minsaf, leḳen, welche mit Brotstücken oder ʿEjš belegt sind, und tut darauf das Fleisch, welches man mit einem großen Holzlöffel aus dem Kessel herauszieht. Das Ganze wird dann noch mit der Fleischbrühe, maraḳa, mlêḥijje, übergossen und dem Gaste vorgelegt.

Eine andere Art der Zubereitung von Fleisch heißt Ẓarb. Man baut aus Steinen und Lehm einen 0·4 *m* hohen, hutförmigen Ofen und macht darin Feuer. Sind die Steine glühend heiß, so legt man hinein gesalzene Fleischschnitzel und verdeckt die Öffnung mit einer Steinplatte und Erde. Etwa nach einer Stunde wird das Fleisch herausgenommen und gegessen. Im Zelte wird ein solcher Braten dem Gaste nie vorgelegt, wohl aber bewirten die Hirten auf der Weide den Ankömmling damit.

Als Leckerbissen gelten die Fettstücke. Es wird als Geringschätzung des Gastes aufgefaßt, ḳillet iʿtibâr laḍ-ḍejf, wenn ihm kein Fleisch von der Keule, al-mḥâḥ (Ḥn), auf der Minsaf-Schüssel vorgelegt wird. Das Schaf wird gewöhnlich der Ziege vorgezogen; für einen besonderen Gast schlachtet man nicht eine „Schwarze", samra' (d. h. Ziege), sondern eine „Weiße", bêḍa' (Schaf). Dies ist aber ohne Belang, denn bei manchen Stämmen findet man gerade das Gegenteil.

Nie darf einem Gaste vorgelegt werden: Sâḳ, die Hinterbeine von dem Knie herunter, und ebenso Ḏrâʿ, die Vorderbeine.

Auch sieht man nicht gern auf der Schüssel el-ʿAḏale, die Vorderbeine vom Knie bis zur Schulter, und el-Ċitef, die Schulter.

Weggeworfen, nicht gegessen werden: al-ʿAḳala, al-Ġôza, al-Fahḳa, Lunge al-faššе, After al-ʿefûš, Scham el-mešaḫḫa, eš-Šoḏaʾ, Fleischstücke bei der Vereinigung des Nackens mit den Schultern el-bawâder oder ḳarâtât eċ-ċitef, die Venenlöcher beim Herzen âḏân el-ḳalb, rifrâfet el-ḳalb, die Mandeln el-waradên, Penis und die Arterien awrâd, die Hauptmuskel im Hinterfuße ʿerḳ bil-wirk wa-s-sâḳ, die Galle el-marâra, die Niere eċ-ċela. Diese Sachen sind der Gesundheit schädlich, ṭarijje wa šḫarijje.

Das Blut soll ebenfalls nicht gegessen werden, weil darin die Seele, nefs, wohnt, die dann in den Esser übergehen würde. Aus diesem Grunde soll man auch das Fleisch der erstickten Tiere nicht genießen.

Die Šarârât sollen jedoch, wenn sie ein Kamel schlachten, naḥarû, das Kamelblut auffangen und, wenn es geronnen ist, es kochen oder backen, worauf sie es essen.

Aber auch andere Beduinen trinken das Kamelblut, freilich nur, wenn sie vor Durst sterben.

Das Rindfleisch ißt man nicht gerne, weil man sagt:

Das Rindfleisch verursacht Krankheit,
die Kuhmilch ist jedoch Medizin.

Laḥm el-baḳar daʾ
wlebenha dwaʾ

(laḥamhenn diʾ
wlabenhenn dwiʾ Ḳ̇ln).

Sonst gibt es Tiere, deren Fleisch nur den Männern erlaubt ist, ḥelâl, und wieder andere, die nur von den Weibern gegessen werden. So dürfen nur Männer von dem Fleische eines Schafes oder einer Ziege genießen, die während oder gleich nach dem Werfen geschlachtet werden mußte; solche Ziegen heißen el-ʿAnz el-maʿâser. Muß aber ein männliches Tier beim oder während des Kastrierens getötet werden, so ist sein Fleisch den Weibern erlaubt, ḥelâl lin-nisaʾ, den Männern aber verboten, muḥarram ʿa-r-rǵâl. Männer, welche tapfer und unerschrocken sein wollen, dürfen das Herz der Vögel und ebenso das Hirn der Schafe oder Ziegen, dmâṛ aš-šaʾ, nicht essen. Im ersten Falle würden sie so furchtsam sein wie Vögel, im zweiten bekämen sie ein Schafshirn und würden nachts nie den rechten Weg finden können, jiḳmar.

Von allen Tieren darf man das Fleisch essen. Nur die Fellâḥîn sagen, daß sie Wildschweine nicht essen. Ihre Nachbarn behaupten aber das Gegenteil von ihnen.

Von Schlangen wird eine Art, die aš-Šahja ammu ǵnejb gegessen. Man schneidet ihr den Kopf und den Schwanz ab, nimmt das Fett heraus, wickelt die Schlange hinein und röstet sie, taḳlih bišaḥmih.

Die dem Ḫardaun ähnliche Ḍabb-Eidechse wird in ihrem Loch, ǵuḥr, gefangen, um gebraten und gegessen zu werden.

Bei den S'ûdijjîn werden nur jene Schlangen gegessen, tatôkal, welche zwei Hörner, ḳarnên, haben. Diese Kopfansätze werden aufbewahrt, weil sie die beste Medizin gegen den Biß von giftigen Schlangen sein sollen. Man legt dem Menschen oder Schafe ein Viertel davon auf die Wunde, und die Wunde heilt — wenn Allâh will.

Heuschrecken, und zwar die gelben, al-ǵerâd al-aṣfar, werden in der Früh noch während des Taues, ʿala-n-nida, in tiefe Gräben getrieben. Unterdessen zündet man in der Nähe breite aber schwache Feuer an, hebt die Heuschrecken heraus, wirft sie ins Feuer, wo sie dörren. Nachher werden sie zu Mehl gemahlen, welches man aufbewahrt, weil es mit Datteln, tamar, oder Butterschmalz verschieden zubereitet wird. Frisch gefangene Heuschrecken werden auch auf Steinplatten oder ins Feuer gelegt, geröstet und so gegessen, dies heißt Ǵerâd muḥammaṣ (Sḫ, Ḫt, Šr). Bei den Rwala und Šarârât legt man dem Gaste eine Speise, genannt al-Madlûk, vor, welche aus gemahlenen Heuschrecken, Semḥ-Mehl und Datteln besteht.

Gemüse und andere Gerichte.

Eigentliches Gemüse essen nur die Fellâḥîn, welche Gartenbau betreiben. Der Bewohner der Wüste kennt jedoch so manche Pflanze, die er ebenfalls verspeist.

Die Fellâḥîn nehmen die Gurken, el-ḫijâr, schneiden das Innere heraus, jufarrerû, füllen sie, juḥšû, mit Hackfleisch und Reis und kochen sie dann. Dasselbe tun sie mit el-Faḳḳûs oder Kûsa. Auch Weinblätter werden so behandelt. Diese Speise nennt man Maḥši oder Malfûf.

Die Tomate, el-bandôra, wird mit Fleisch oder auch nur mit Zwiebeln in Butterschmalz gekocht. Man röstet nämlich die Zwiebel in Schmalz, tut die Liebesäpfel dazu und gießt Wasser oder Fleischbrühe darüber, maraḳa.

El-Kûsa, eine Gurkenart, wird ebenfalls gekocht, dann mit in Wasser eingebrocktem Käse, merîse, übergossen, wozu nebstdem Salz und Schmalz oder Öl hinzukommt.

Die Kürbisse, al-ḳar', werden in saurer Milch, leben, oder mit Linsen, 'ades, oder in Öl gekocht.

Alle diese Gemüsearten werden aber mit Vorliebe auch roh genossen.

Ganz roh werden gegessen:

Šômar,	Ḍibbaḥ,	Šaḥḥûm,
Ḥwejre,	Drehême,	el-Kibse,
Ṣarêm ḳaṭṭ,	Ḫardal,	Ḥarfaḳ.
Ḳa'fîr,	Ḥabaḳ,	

Ferner:

Ḫubejze, gekocht mit Olivenöl — oder roh — (wächst im Wasser);
Fête und Ḥarfaḳ, roh, mit Leben begossen (wächst an Abhängen);
Čibse, mit Leben und Brot (wächst in der Steppe);
Ḳaṭaf und Ča'ûb, mit Leben;
Kama, Kahmûn oder 'Aṭrofân, wachsen in der Wüste östlich von darb el-Ḥâǧǧ und werden roh gegessen.

Ḥwerre,	Eǵlibbâne,
Čarfas (wächst im Wasser),	E'rêf ed-dîk,
Murâr,	Bzêzet baḳara,
Ḳerṣa'ne (sic),	Dôm, Frucht des Sidr-Baumes,
Ḥurfejš,	Ḳḍâma, Frucht des Buṭum-Baumes,
Ḳrûn burejd,	Naḫît, die jüngsten Sprößlinge der Palmenkrone.
Ḳrûne,	

Die Wüstenbewohner essen noch:

Emša',	Bṣejle,	al-Čamân,
Riḥlan,	Ḳarrâṭ,	Faṭar,
Ḥamṣejṣ,	Ḥamejḍ,	Fejlaṛân.
Ṭaršût,	Tummejr,	

Die größte Wohltat für die Wüste ist die Semḥ-Pflanze. Nach reichlichem Ṭrajja-Regen zeigt sich diese zarte Pflanze auf den Ḥamâde-Flächen in großen Mengen und reift nach acht Wochen. Sie wird in Säcke gesammelt, mit Wasser begossen und ihre schießpulvergroßen Körner werden aufbewahrt, um wie Getreide verwendet zu werden.

Gewöhnlich ißt man täglich zweimal. In der Frühe, wenn die Kamele, Schafe und Ziegen gemolken werden, bekommen alle Familienangehörige, al-'ajle, regelmäßig Milch zum Frühstück, fṭûr, und abends beim zweiten Melken zumeist wieder dasselbe zum Nachtmahl. Doch wird oft nach Sonnenuntergang noch ein zweites Essen, 'aša', bereitet, das ausgiebiger ist.

Die Speise, welche am häufigsten gekocht wird, heißt el-'Ejš.

Bei den Fellâḥîn werden folgende Speisen verabreicht:

Die Hauptspeise Ferîke; grüner Weizen wird am Feuer geröstet, gedörrt und wie Reis zubereitet; oder

Ǧerîše; grüner, gebrannter Weizen wird gebrochen, dann mit Wasser übergossen, welches er aufsaugt, und mit Butterschmalz gegessen. Seltener ißt man

Burrul; reifer Weizen wird mit Wasser übergossen, welches er aufsaugt, dann getrocknet, gebrochen und mit Wasser gekocht. Darauf kommt noch Butterschmalz oder Leben;

Ḳelijje; auf eisernem Deckel, sâǵ, gedörrter Weizen;

Madḳûḳa; Weizen wird in einem steinernen Mörser gestampft, gereinigt, und gekocht mit Wasser oder Leben;

Munammaš; Weizen wird gebrochen, gereinigt und gekocht;

Faṭîre; warmes, ungesäuertes Brot mit Leben oder Merîse, nach Fleisch die beste Speise;

Mafrûke; warmes, ungesäuertes Lezâḳi-Brot wird mit Butterschmalz übergossen, dann gebrochen und mit Zucker bestreut;

Mukassert el-ma'âḍed; gemahlene Ferîke, gekocht mit Butterschmalz;

Basîse; warmes Butterschmalz mit Zucker oder mit Traubenhonig, debs, dem jedoch Mehl zugegeben wird;

Gerste, ša'ir; wird mit Wasser übergossen, gequetscht und mit Leben gekocht;

Mais, ḏura; wird gebrochen, von den Schalen gereinigt, tatadarra, und im Sommer in Merîse gekocht; im Frühjahre ohne Merîse.

Bei den Ẓullâm, Terâbîn und teilweise auch 'Azâzme und 'Amârîn bildet die Hauptspeise Ejš:

Blâw; gebrochenes Getreide, ǵeriše, gekocht nur in Wasser, bimoje jâbese;

Mardûde; dasselbe mit Schmalz;

Hajṭelijje oder 'Aṣîde; Milch mit eingekochtem Mehl.

Als Festspeisen gelten:

Mǵellele; eingebrocktes Brot in Leben mit Butterschmalz;

Rḳâḳa; lange, schmale Teignudeln, in Wasser gekocht, dann mit Semen übergossen;

Faṭîre; in Wasser, bimi', eingebrocktes Brot mit Butterschmalz;

Mafrûke; Brot mit Butterschmalz;

Maṭbûḫa; gekochter Leben, in den Brot eingebrockt ist;

el-Ḫalâṣa, Ḳuśde; gebrochenes Getreide, gekocht in Butterschmalz;

Ḳamûs; Linsen oder Bohnen in Wasser gekocht;

Madîde; Linsen mit Ǧeriše in Wasser gekocht.

Haben die Kamelzüchter Getreide, so bereiten sie dem Gaste diese Speisen daraus; sonst aber leben sie zumeist von der Milch und sind froh, wenn sie nur diese haben. Im Rabi' gibt es Milch im Überfluß, aber in den späteren Monaten der trockenen Jahreszeit, wenn die Kamelinnen keine ausgiebige Weide mehr finden, muß man mit der Milch sparen. Das Gleiche geschieht auch bei den Ma'aze und Fellâḥîn. In Mâdaba, wo doch ziemlich viel Kühe gehalten werden, ist von Juli ab keine Milch mehr zu haben, weil die Kühe nur aus Zisternen, folglich sehr notdürftig getränkt werden können. Nur dort, wo reiche Quellen oder fließendes Wasser genug Weide für das ganze Jahr hervorbringen, kann man zu jeder Zeit frische Milch haben, und deshalb träumt der Wüstenbewohner von solchen Gebieten, in denen immer Wasser und folglich auch immer Milch fließt.

Die Ma'aze oder Fellâḥîn können sich für die Sommerdürre mit Käse und Semen versorgen, der Kamelzüchter aber kann es nicht. Denn die Kamelmilch gibt keinen Käse und nur sehr wenig Ǧebâbe-Schmalz. Er muß deshalb sowohl den Semen als auch den Käse sich kaufen oder eintauschen. Wie oft, wenn der Fellâḥ in den heißen Sommermonaten sich aus dem Käse, den er in Wasser auflöst, ein angenehmes, erfrischendes Getränk bereitet, muß sich der Araber mit schmutzigem, lauwarmem Wasser begnügen, und während der Fellâḥ oder Ma'azi fast keine Speise ohne Semen genießt, ist der Araber froh, wenn er sich sein Ǧeriše im „trockenen" Wasser kochen kann.

Wie die meisten Milchprodukte, so muß sich der Kamelzüchter und auch der Ma'azi alles Getreide eintauschen oder kaufen. Wenn er dazu noch eine Stute hat und auch für sie die Gerste besorgen muß, so ist er gezwungen, mit dem Getreide recht sparsam umzugehen. Deshalb wird in manchem Zelte monatelang kein Brot gebacken, man ist froh, wenn man für den Gast etwas Weizen oder Gerste vorrätig hat. Oft findet man in den Lagern der Ma'aze kein einziges Getreidekörnlein; kommt ein Gast, so schlachten die braven Leute für ihn eine Ziege, deren Fleisch ohne jede Zugabe verzehrt wird. Brot ist wie gesagt ein Leckerbissen.

Bei den Fellâḥîn und Ma'aze wird wohl öfters Fleisch gegessen, von dem Kamelzüchter aber kann man es nicht behaupten. Ihm repräsentiert ein Kamel einen großen Wertgegenstand; denn der arme Araber weiß wohl, daß er es für sich und seine Familie unumgänglich braucht. Kamelinnen werden darum nur dann geschlachtet, wenn sie krank, verwundet oder unfruchtbar sind. Eher schlachtet man die Jungen und erbeutete Kamelhengste, wenn man sie nicht mit den Herden weiden lassen will und nicht sofort verkaufen kann. Um aber den Gästen dennoch Fleisch vorsetzen zu können, pflegt man sich an einen Händler zu wenden, wie sich solche beim Lager des Oberhäuptlings mit einigen Schafen und Lämmern aufhalten, und denen ihre Gehilfen immer frische Tiere zuschicken.

Wird ein Tier geschlachtet, so verbreitet sich die Kunde davon wie ein Lauffeuer in dem oft mehrere Kilometer langen Lager und sogleich kommen von allen Seiten die Männer gravitätischen Schrittes zum Zelte, wo geschlachtet wurde. Manche gucken in das Zelt hinein, andere wieder bilden vorne einen weiten Halbkreis und warten.

Gewöhnlich um 10 Uhr abends ist das Essen fertig. Da kommt ein Sklave oder ein Sohn des Gastgebers heraus, trägt in der Rechten die Ebnâba mit ein wenig Wasser und ruft:

„Waschet (euch die Hände), o Gäste!"

Mit der Linken hält er vorne seinen Mantel und gießt einige Tropfen auf die Fingerspitzen der rechten Hand, die ihm die Gäste vorhalten. Die „gewaschene" Hand wird gewöhnlich nicht abgetrocknet, sondern man schüttelt die paar Tropfen von den Fingern ab. Inzwischen ziehen sich alle Lagergenossen zurück, und es bleiben im Zelte nur die Gäste. Kurz darauf erscheinen zwei Sklaven oder zwei Söhne und tragen die oft sehr umfangreiche Platte oder die hölzerne oder kupferne Schüssel mit der Fleischpyramide. Hinter ihnen schreitet der Gastgeber einher, indem er seinen Mantel weit hinter sich schleppt, und hält gewöhnlich in der Rechten den Ḳadaḥ mit der Fleischbrühe. Das Fleisch wird vor den angesehensten Gast hingestellt, und es greifen nur die Gäste allein mit den Worten: „Im Namen Gottes" zu. Ist noch Platz übrig, so ruft der Gastgeber den einen oder den anderen

Lagergenossen beim Namen und ladet ihn ein, mit den Gästen zu speisen. Dieser entschuldigt sich, aber seine Nachbarn stoßen ihn und drängen so lange, bis er geht. Der Gastgeber setzt sich beim ersten Gaste nieder, begießt vor ihm das Fleisch mit der Fleischbrühe und sucht ihm die schönsten Stücke aus. Man ißt ohne Löffel, ohne Messer, ohne Gabel, ohne Tisch und ohne Serviette . . . Man schiebt den Ärmel der rechten Hand zurück und nimmt, indem man sich zur Schüssel neigt, das Fleisch heraus, das man zwischen den Fingern zerdrückt, knetet nebstbei Brot oder Ǧerîše zu kleinen Kugeln und wirft eines nach dem anderen in den Mund. Bei einigen Stämmen wird das Fleisch in großen Stücken vorgelegt und der erste Gast muß es verteilen, wobei er auf die Gastgeberin nicht vergessen darf. Das Essen dauert nur wenige Minuten. Dann leckt man die Finger ab und kann sich die Mundwinkel und Hände an den Zeltstricken und der Zeltdecke reinigen.

Der Gastgeber schiebt darauf die Schüssel weg, und hat er noch Fleisch, so legt er es samt den Knochen darauf und ladet eine zweite Gruppe ein. Auch wirft er einzelnen Bekannten größere Stücke Fleisch oder Brot zu, die sie sehr geschickt aufzufangen wissen. Wenn noch Brot oder Ǧerîše übrigbleibt, so begießt er es mit der Fleischbrühe und schiebt die Schüssel vor das Zelt hinaus, und jetzt greift zu, wer Hände hat, um wenigstens einige Bissen zu erhaschen. Niemand entfernt sich, ohne dem Gastgeber „Gott soll es dir ersetzen, allâh jiḫlef ʿalejk“ zugerufen zu haben.

Im Kessel, in dem das Fleisch gekocht wurde, muß immer etwas für die Köchinnen übrigbleiben. Ist der Kessel ausgeliehen, so muß er immer mit einigen Stücken Fleisch und etwas Brot oder Ǧerîše zurückgegeben werden.

Bei den Kamelzüchtern und Maʿaze ist der Genuß von Kaffee nicht besonders häufig. Man bereitet zwar für einen angesehenen Gast stets schwarzen Kaffee, die Araber selbst aber trinken ihn nicht gern. Oft mußte ich guten starken Kaffee wegschütten, weil ihn meine Begleiter nicht trinken wollten, und ich bekam zu hören: „Warum soll ich mir, o Mûsa, etwas angewöhnen, was ich nicht immer haben kann?“ Die Fellâḥîn dagegen trinken sehr gerne Kaffee (Fig. 29).

Süßigkeiten haben alle sehr gerne, Araber wie Fellâḥîn. Zucker, Trauben- oder Bienenhonig wird kein einziger verschmähen. Oft, wenn ich einen ortskundigen Führer brauchte und von den an der Tränke anwesenden Männern keiner mitgehen wollte, nahm einer meiner Begleiter den einen oder den anderen beiseite und versprach ihm nebst anderem auch recht viel Dibs — Traubenhonig — und das war gewöhnlich aus-

Fig. 29. 'Îsa el-Meğalli trinkt Kaffee.

schlaggebend. Wenn mich mein Führer nach längerem, anstrengendem Marsche noch auf eine hohe Kuppe begleiten sollte, wo ich kartographische Arbeiten vorzunehmen beabsichtigte, und er sich dazu nicht recht verstehen wollte, versprach ich ihm Zuckerwasser, und er lachte sofort. Bei den Beni ʿAṭijje tröstet die Mutter ihre auf langen Märschen weinenden Kinder mit den Worten:

„Ich werde euch Milch und Honig geben, eʿṭîku ḥalib w asal;" da freuen sich die Kinder. Der Araber ist eigentlich in mancher Hinsicht selbst ein großes Kind.

Es gilt allgemein als Regel, daß man nicht ißt, wenn man hungrig ist, sondern wenn man etwas zu essen hat. Man sagt:

Wer oben ist (der Städter), wünscht sich Hunger,
wer unten, wünscht sich Nahrung.

Illi fôḳ, beddu ʿôḳ,
illi taḥt, beddu baḥt.

Doch gibt es auch darin einen Unterschied zwischen dem Araber und dem Fellâḥ. Dieser dient gar oft seiner Eßlust wegen jenem zum Gespötte. Man hört oft folgende Verse, welche die Klage über Unwohlsein eines übersättigten Fellâḥs ausdrücken:

Mein Magen tut mir wehe und ich kenne die Ursache nicht;
ich aß ja doch nur 60 Eier mit 40 Brotfladen,
dann den Jordan voll Fleischbrühe und einen Hügel von Wassermelonen.

Galbi bôğaʿni wa mâ beʿref ṭabâjʿo
aĉelt bess sittîn bôḍa w-arbaʿîn raṛîf
wa-š-šerîʿa maraḳa wa-l-čittâr ṭabîḫ.

Als Getränk dient dem Araber nebst Milch nur Wasser, obwohl er, wenn es Wein gäbe, diesen gern trinken würde. Denn, wenn ich meinen Begleitern Wein anbot, haben sie ihn nie verschmäht, ja ein Häuptling der Kamelzüchter bat mich sogar, ihm einige Flaschen zukommen zu lassen. Als ich ihm dann mit der nächsten Karawane 25 Flaschen schickte, gab es in seinem Lager, wie ich später erfuhr, einige recht vergnügte Abende. Der Weinverkauf ist im Kulturgebiete aber strenge verboten, und so kommt der Araber nur sehr selten zu einem Schluck Rebensaft, den er obendrein noch recht teuer bezahlen muß.

Er trinkt nur Wasser, das aber fast nie so rein ist, wie wir es kennen. Es wird nämlich bereits von den Tieren an der Tränke verunreinigt; so kommt es in die verschiedenen Schläuche und wird dann stundenweit in der größten Hitze getragen und tagelang aufbewahrt, so daß es eine graue bis dunkelgelbe Färbung bekommt, nach nassem

Leder riecht und widerlich schmeckt. Man muß es aber dennoch trinken. Den Fellâḥîn, die auf das Zisternenwasser angewiesen sind, geht es im Herbst auch nicht besser; denn zu dieser Zeit geht das Wasser schon zur Neige und der Bodenschlamm wird jedesmal beim Schöpfen aufgerührt; daher ist es kein Wunder, wenn zu dieser Zeit jahraus jahrein der Typhus grassiert.

Kleidung.

Die Tijâha benennen einzelne Teile des menschlichen Körpers folgendermaßen:

Riğl Fuß (arba'a riğlêl vier Füße), Oṣba' Zehe, Bahâm, Bâhem große Zehe, el-Ma'naḳel die Biegung der Zehen, Ḍafr (Ẓafr) Fingernagel, Mušṭ er-riğl Fußbiegung, Ka'ab Ferse, el-Mufâṣel Knöchel, Sâḳ Fußbein, Ğerwa Wade, Rukba Knie, Wirk Schenkel, Baṭn Bauch, Ḳalb Magen, Ḳuḍrûf Knochen über dem Magen, Ṣadr Brust, Dide, djûd Warzen, Ḍal', ḍlû' Rippe, Riḳaba Hals, 'Aḳala Gurgel, Ẓahr Rücken, Kitf, ktûf Achseln, 'Arûr die Vertiefung im Nacken, Râs Kopf, Ḳrâje Schädel über der Stirne, Siddân Stirne, Nuḳra Schläfen, Ṣudṛa Wange, Idne Ohr, Ḳarḳûš Ohrläppchen, Ḥâğeb Augenbrauen, Ramûš Wimpern, Karša Augenklappe, Ḫašem Nase, Šalâṭif Lippen, Ḍrâ' von der Schulter bis zum Ellenbogen, Kû' Ellenbogen, Bû' von der Biegung bis zur Faustbiegung, Karsû' Faustbiegung, Ẓahr îd der obere Teil der Faust, Kaff der untere Teil der Faust, Bâhem Daumen, Šâhed Zeigefinger, el-Ḫonṣor kleiner Finger.

Alle Männer tragen Schnurrbart, šawâreb, der gewöhnlich kurz und nicht allzudicht ist. Der Bart unter der Unterlippe heißt 'Anfaḳa, 'Adisa und wird immer stehengelassen. Desgleichen der Kinnbart, laḥje, daḳn, und der Backenbart, 'awâreḍ, 'awâṛ, dürfen niemals rasiert werden. Der Bart unter dem Kinn, ğarğûr, ḥanğara, wird dagegen immer rasiert und man bekommt oft zu hören: Rasiere mir den Bart unter dem Kinn, ḥanğerni.

Das Kopfhaar heißt ar-Râs, aš-Šûše, und man fragt: Hast du (lange) Haare, ilak ar-râs?

Der Hinterkopf bis zu den Ohren wird immer glatt rasiert und das Haar, welches hier wächst, wird Ḥawwâfa, Nâṣije, 'Ar'ûr genannt. Das übrige Haar wird gewöhnlich nicht geschoren (Fig. 30, 31).

Nur die Mädchen und junge Frauen kürzen ein wenig das Haar über der Stirne und lassen es die Stirne überschatten; dieses Haar heißt Ḳudle, Židle, Ḳible (Sd), Naṭḫa, Ḳuṣṣa. Putzsüchtige Mädchen machen aus dem Ḳudle-Haar mehrere kleine Zöpfchen, šâḳi, mašḳijje, die auf die Stirne fallen. Das Haar über den Ohren und Schläfen nennt man Masḫe, masâjeḫ, Dwêbe, dwâjeb. Dieses wird gewöhnlich nicht geflochten, sondern fällt frei auf die Brust.

Das lange Haar auf dem Scheitel heißt Zuṛla und wird in zwei bis vier Zöpfe, ḳrûn, dafâjer, geflochten, die oft eine beträchtliche Länge haben und mit einem Bande, 'eḳaṣ, enden.

Fig. 30. Haartracht in Mâdaba.

Wer sich den Hinterkopf nicht rasieren läßt, sondern das Kopfhaar so trägt, wie es gewachsen, heißt Ḳwêli. Wer sich den Vorderkopf kurz schneiden läßt, trägt kurzes Haar, felile.

Alle jungen Männer tragen Zöpfe und die stolzen schneiden sie niemals ab (Fig. 32); sonst tut man es gewöhnlich im 35. Lebensjahre, oder, wie man sagt: Wenn man zur Vernunft gelangt, läßt man von der Parade ab, jôm ji'ḳel jubaṭṭel an-naṣeb.

Die Mädchen und Frauen schneiden ihre Schläfenzöpfe, dwâjeb, zum Zeichen der Trauer ab und hängen sie auf das Grab ihrer Lieben. Wenn man einer Frau Unheil wünscht, so ruft man ihr zu:

Es soll (bei Gott) Gnade finden dein (Vater, Sohn), o du Trägerin der Schläfenlocken, marḥûm abûk (ibnak) jâ bu dwâjeb, oder:

Sie möge sich das Haar schneiden, ḳaṣṣat râsha.

Du sollst (dir das Haar) abschneiden über (deinen) Liebling, teḳuṣṣ 'a-l-ṛâli.

(Gott) soll deine Haare ausrupfen, jim'aṭ râski.

(Gott) soll deine Haare rasieren, juzajjen râski.

Sagt man einem Manne: Gott möge dir den Bart ausrupfen, jim'aṭ leḥîtak, so gilt es als eine große Beleidigung, wie überhaupt das Abschneiden des Haares oder Bartes den Verlust der Ehre nach sich zieht.

Ḥanna el-Ḳalanze von el-Kerak war mit einigen Begleitern ausgegangen, um das von einigen Angehörigen der Ǵehalîn (im Gebirge Ḥebron) vergossene Blut zu rächen. Sie trafen einen von den Ǵehalîn, dieser aber war nur einäugig und bot daher für den Ermordeten keinen vollen Ersatz. Darum töteten sie ihn nicht, schoren ihm aber mit ihren Messern die Hälfte des Bartes und des Kopfhaares ab. Diese Beleidigung hatte zur Folge, daß sich seiner der ganze Stamm der Ǵehalîn annahm und allen Christen von el-Kerak den Krieg erklärte.

Fig. 31. Haartracht in Mâdaba.

Das Rasieren geschieht mittels scharfen Messers, indem sich der zu Rasierende auf die Erde setzt und seinen Kopf auf die Knie des Raseurs legt. Beim Rasieren fließt fast immer Blut. Nach dem Rasieren bedankt sich der Rasierte, denn er wird umsonst rasiert:

Belohne dich Gott und nehme deine Reue an,	Âǵarak allâh wa tâb 'alêk
und erbarme sich unsrer und deiner Eltern	w jirḥam wâldêna w wâldêk
und möge dir Macht verleihen über deinen Feind,	w ḳadderak 'ala 'aduwwĕk
und dein Feind möge nicht Macht haben über dich.	w 'aduwwek mâ jiḳdar 'alêk.

Jede Frau läßt sich tätowieren. Sie kauft aus dem Ḳôr, von den Ḳawârne Indigo-, nîl, Blätter, kocht sie in ein wenig Wasser, läßt den Absud verdunsten, dann den Bodensatz trocknen und bewahrt ihn in kleinen, kaum linsengroßen Stücken auf. Wenn eine Nûrijje (von den Nwara-Zigeunern) kommt, so löst diese ein Stückchen im Wasser auf und zeichnet die Ornamente auf die Haut. Das gezeichnete Ornament wird dann mit einer Nadel ausgestochen, so daß das Indigo in die Haut eindringt. Die Stelle schwillt zwar etwas an, was jedoch bald vergeht.

Das tätowierte Ornament heißt Daḳḳ oder Šâm, auf der Stirne heißt es Hlâl, Neumond, auf der rechten Wange Dwâr, auf der linken Wange Ḍifdaʿi, bei den Mundwinkeln Sajjâlât, auf dem Kinn Ḥabel, auf der Hand und zwar auf der Vorderhand oben Swâra, auf dem Vorderarme Naḫla, auf der Brust (zwischen den Brüsten) Naḫla, auf den Waden Mišṭ.

Fig. 32. Baḫît ibn al-Fâjez ohne Kopftuch.

Wenn Wasser vorrätig ist, verwendet es der Bdui gerne zum Waschen. Anders bei Wassermangel. Jeden Tag früh kann man sehen, wie der oder die Schöne mit aufgelöstem Haar sich hinter ein Kamel stellt und, wenn dieses den Harn läßt, sich den Kopf damit wäscht oder es in einer Schüssel auffängt, um die Kinder zu waschen. Deshalb haben die Kamelzüchter fast keine Kopfläuse, an denen dagegen die Fellâḥîn sehr reich sind.

Jede Frau und jedes Mädchen braucht Kiḥl und Ḥenna zum Schminken. Kiḥl wird aus Damaskus gebracht, zerrieben und von einer kundigen Frau mittels eines scharfen, glatten Messerchens, mirwâd, aufgetragen. Das Mirwâd wird mit Speichel befeuchtet, dann in Kiḥl tüchtig gerieben, worauf damit die Augenlider gefärbt werden.

Ḥenna wird ebenfalls aus Damaskus geholt. Ein Roṭol kostet 10—20 Piaster. Im Wasser aufgelöst dient sie zum Waschen und Färben der Haare, Hände und Füße, welche ganz gelbrot werden. So färbt sich die Braut und ihre nächsten weiblichen Verwandten vor der Hochzeit. Die rötliche Farbe, al-ašḳar, gilt als die schönste.

Fig. 33. Baḫît ibn al-Fâjez.

Wie bereits erwähnt, waschen die Frauen den Kopf fleißig in Urin, und zwar in Schaf-, Ziegen- oder Kamelurin, bûl el-ṛanam aw el-bl. Doch ist der erstere besser, weil die Haare davon länger werden. Dann kämmen sie die Haare mit hölzernem Kamm, mišṭ, und flechten sie, biǧidlû, und zwar immer zu drei Haarsträngen in einen Zopf. Seinen Abschluß bildet ein Ḳarmûl, das ist eine aus Silberdraht verfertigte Agraffe mit 7—10, etwa 10 *cm* langen, roten wollenen Bändern. Auf die Agraffe wird oft der Zamâmir-Schmuck (siehe Fig. 39, Z. 23) befestigt, und zwar zu dreien auf jeden Zopf.

Bei den Ohren hängen zwei Zöpfe, die, wenn einer der nächsten Verwandten stirbt, abgeschnitten und auf das Grab gelegt werden. Bei weiterer Verwandtschaft werden die Haare nur aufgelöst und ihre Spitzen abgeschnitten.

Auf bloßem Leibe, und zwar am Bauche, trägt jeder Araber drei, fünf bis sieben Lederstreifen, die parallel laufen und nur vorne und hinten zusammengeheftet sind; sie heißen al-Ḥaḳu oder auch Ezra, Setra. Den Grund, warum sie getragen werden, konnte ich nicht ermitteln; man sagt nur, damit man das Hemdkleid, ṭôb, darunterschieben kann, wenn der äußere Bauchgürtel einmal reißt. Die Aṭâwne tragen oft nur einen Lederschurz, den sie an die Lederstreifen befestigen und ebenfalls Setra, Ezra nennen.

Beinkleider, sirwâl, sind selbst bei den Fellâḥîn äußerst selten.

Das eigentliche Kleid bildet ein weißes, hemdartiges Gewand, ṭôb, das bis an die Knöchel reicht und von dessen weitgeöffneten Ärmeln, ardân ṭwâl, bei wagrecht erhobenen Händen die Zipfel einen Meter lang herabhängen. Der Aufschlitz, ḳubba, auf der Brust bleibt entweder offen oder ist mit Schnürchen unter dem Halse zugebunden. Dieses

Fig. 34. Ein Häuptling der Ḥwêṭâṭ.

Gewand entbehrt jeden Schmuckes. Manche ziehen es nie aus, andere tun dies abends in der trockenen Jahreszeit und schlafen lieber im Mantel, ʿaba, weil er mehr kühlt. Das Ṭôb-Kleid ist aus Baumwolle, Linnen, ḥâm, oder Bast. Die Fellâḥîn tragen es mit engen, kurzen Ärmeln, erdân kjâs. Wohlhabende tragen über dem Ṭôb ein aus Baumwolle, Seide oder Wollstoff bestehendes Kleid namens Kibr, das bis an die Waden reicht. Dieses ist ebenfalls hemdartig, vorne aber ganz offen, hat enge gestickte Ärmel und ist bei den Beduinen ganz weiß, ṣâje bêḍa', bei den Ansässigen und Kindern buntfarbig und mit Seidenfäden durchwirkt, muḥarrar. Die breiten und langen Ṭôb-Ärmel zieht man durch die Kibr-Ärmel hindurch, läßt sie heraushängen und im Winde flattern.

Ṭôb und Kibr werden durch einen Gürtel, ḥzâm, zusammengehalten. Ist dieser aus Leder und breit, so heißt er Sêr, ist er schmal, so heißt er Kšâṭ, ein baumwollener heißt Šwêḥijje, ein wollener Kamar. Mit dem Ledergürtel sind verbunden etwa 3 *cm* breite Lederstreifen, die nach Art unserer Hosenträger vorne und hinten sich kreuzen. Auf der Brustseite sind darauf befestigt drei oder vier messingene Hülsen, ṛâb, für Pulver und Zündhütchen. Am Gürtel hängt ein hölzernes, mit

Fig. 35. Ein Mann aus Mâdaba.

Silbernägeln beschlagenes Pulverhorn, el-lḥâm, das 2 Meǧîdi kostet; ist es aus Messing, so heißt es Mudaḫḫar bawwâbi und kostet 4 Meǧîdi. Die Fellâḥîn tragen noch unter dem rechten Arme eine handgroße, viereckige Ledertasche, kîs, die 4—6 Abteilungen hat und mit einer Lederschnur zugebunden wird. Darin trägt man gewöhnlich den Siegelring. Hinter dem Gürtel steckt in zierlicher Scheide ein krummes Dolchmesser, šibrijje, und das Feuerzeug.

Die Fellâḥîn tragen über dem Kibr noch eine Weste, ṣidrijje, und einen bis zu den Knien reichenden Rock, ǧibbe, aus tiefblauem Wollstoff. Statt dessen tragen die Armen den Rock Naṣijje ḥamri aus Baumwolle.

Das wichtigste Kleidungsstück ist der Mantel, ʽaba, ʽabâje, šâle. Er wird aus Schaf- oder Ziegenwolle, šâle šeʽor, oder aus Kamelhaar, wabar, verfertigt. Bei den Fellâḥîn und Maʽâze ist er gewöhnlich braun oder grau mit breiten weißen, horizontalen Streifen, ʽaba dabbâšijje, raʽwijje, embedaʼ, bei den Kamelzüchtern einfarbig. Im Sommer trägt man einen ganz dünnen leichten Mantel, ʽaba ḥašijje. Die Kamelhaarmäntel werden aus Baġdâd, Mešhed oder al-Ǧôf importiert.

Fig. 36. Ein Ehepaar aus Mâdaba.

Der ʽAba besteht aus zwei Hälften, deren jede ein längliches Rechteck bildet. Diese werden mit den Langseiten zusammengenäht; sodann werden die Ecken des Oberteiles nach innen eingeschlagen und so angenäht, daß eine Öffnung zum Durchstecken des Armes freibleibt. Die Farbe der Mäntel ist bei den einzelnen Stämmen verschieden. Die Kamelzüchter zeigen aber Vorliebe für die braungelbe und graue Färbung der Wüste.

Haupt und Oberkörper zugleich bedeckt ein weißes oder dunkles Tuch aus Baumwolle oder Seide, mindîl, hlêlijje oder ḥaṭṭa, in der Form eines Dreieckes bis an die Hüften reichend. Um die Stirne wird es mittels eines dicken, schwarzen Stranges aus Wolle, ʽaṣâba, ʽaḳâl, mirîr, oder aus Kamelhaar, Mkâʽab genannt, festgehalten, so daß es eine Haube bildet. Die vorderen Zipfel werden unter dem Kinn gekreuzt, unter den Strang gezogen und hängen über die Ohren etwas herab (Fig. 33, 34, 35).

Es gibt aber auch Stutzer unter den Arabern sowohl wie auch unter den Fellâḥîn. Ein solcher trägt einen feinen schwarzen Mantel, eš-šâle, und man sagt: Die Parade zeigt sich im Mantel, en-naṣeb fi-š-šâle. Auf dem Kopfe hat er eine wollene Mütze, ṭaḳijje, darauf ein weißes Tuch, ma‘raḳa bêḍa', ein rotes seidenes Tuch, ḥaṭṭa ḥamra', und einen langen buntfarbigen Seidenrock, kibr ḥarîr; im Sommer trägt er einen blauen Rock, ǵible zerḳa', im Winter einen blauen Pelz, farwe zerḳa', maksijje.

Fig. 37. Eine Frau aus Mâdaba.

Die Füße sind in der Regel unbekleidet. Nur in der heißen, mit spitzigen Steinchen reichlich besäten Wüste zieht der Beduine Sandalen, ḥḍa', an, die er sich selbst verfertigt. Wenn ein Kamel verendet, zieht ihm der Beduine ein Stück Haut ab, schneidet sie nach der Form seines Fußes in mehrere Teile, läßt diese Lederstücke trocknen und führt sie dann in seinem Sattelsacke mit. Im Bedarfsfalle wird darin vorne, an der Stelle der großen Zehe, ein Loch und hinten zwei ähnliche für die Ferse gebohrt und auf solche einfache Weise eine Sandale hergestellt, indem durch die Löcher eine Schnur aus Kamelhaar zum Festhalten durchgezogen wird.

Die Häuptlinge tragen beim Reiten hohe Schuhe, ǵazme, aus rotem oder gelbem Leder, die zwar so bequem sind, daß der Fuß ohne Nachhilfe hineinschlüpft, sich aber eben darum zum Gebrauche beim Gehen wenig eignen. Den Absatz vertritt ein hufeisenförmiger Beschlag, durch dessen Schall sich das Herannahen eines Häuptlings ankündigt. Die Fellâḥîn tragen niedrige Ṣurmâje- oder Waṭa'-Schuhe.

Fig. 38. Eine Frau aus Mâdaba.

Zum Antreiben und Lenken des Kamels dient ein 60—70 *cm* langer Stab, maḥǵan, maḥǵân, der am Ende in einen Doppelhaken ausläuft, dem beschopften Kopfe eines Ibis nicht unähnlich. Dieser Stab, den der Araber fast nie aus der Hand läßt, wird mittels einer Schnur an das Handgelenk gebunden, so daß er leicht gehandhabt werden kann und doch nicht entgleitet. Die Fellâḥîn und Ma'aze tragen gewöhnlich keinen Stab.

Die Frau oder das Mädchen trägt auch zumeist ein einziges Kleidungsstück, entweder aus Baumwolle oder Linnen, aber immer von tiefblauer Farbe, tôb azraḳ. Es hat die Form eines Hemdes ohne Kragen mit breiten, 1·5 *m* langen, aufgeschlitzten Ärmeln und ist um 1 *m* länger als die Person, die es trägt. Zusammengehalten wird es durch einen Gürtel, ḥzâm, aus weißer Wolle, über den man öfters einen zweiten roten, ṣefîfe, anbringt. Vorne wird das Kleid etwas aufgeschürzt, so daß daraus eine Art Rock entsteht, während es hinten nachgeschleppt wird. Letzteres gilt auch von den Ärmeln. Beim Gehen hebt die Frau mit der Linken das Kleid ein wenig. Am Kopfe trägt sie eine Haube, awḳa', aus rotem und grünem Wollstoff, die unter dem Kinn mit zwei Bändern befestigt wird (Fig. 36). Darüber wird über der Stirne ein zusammengelegtes Tuch, 'aṣâba, so gebunden, daß der Knoten am Hinterhaupte zu sitzen kommt. An den Füßen trägt die reiche Frau, wenn sie überhaupt etwas trägt, rote Schuhe, ṣurmâje, die arme Sandalen, ḥdâ'. Das ist die gewöhnliche Kleidung.

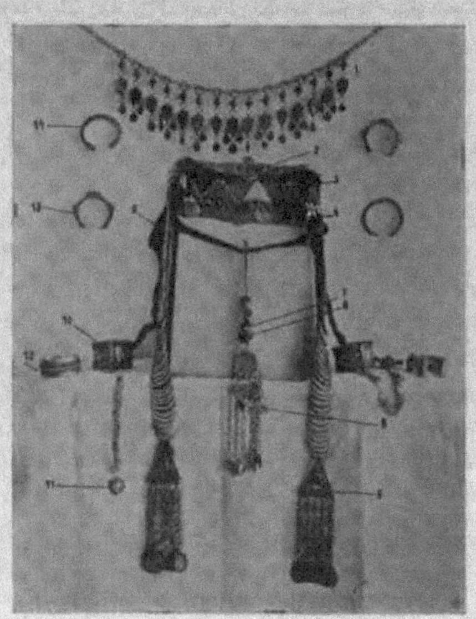

Fig. 39. Schmucksachen aus el-Kerak.

Bei feierlichen Anlässen trägt die reiche Frau eine Bluse, ǧibbe, aus rotem Tuch mit breiten, reichgeschmückten Ärmeln und wirft darüber noch einen schwarzen 'Aba-Mantel aus feiner Wolle um, und zwar so, daß er auch den Kopf bedeckt und auf dem Scheitel ruht. Die arme Frau aber trägt bei solchen Gelegenheiten eine Bluse aus schwarzem, baumwollenem Stoff, naṣijje, und darüber einen weiten Überrock, kumbâz, von verschiedener Farbe.

Nasenringe fand ich nur bei den 'Amârîn, und zwar nur ganz kleine. Auch in den Ohren tragen die Frauen gewöhnlich nichts.

Will eine Frau im Putz auftreten, so nimmt sie ein Ṭôb-Kleid, dem an den Seiten vom Gürtel herab dreieckige, schmale, bunte Seidenstreifen eingenäht sind, und zwar rechts und links. Auch die Brustöffnung, el-ǵib, ist mit Seide verziert. Der Gürtel ist mit silbernen Fäden durchwirkt und heißt Raḫt. In die Zöpfe werden bunte Seidenbänder, ḳarâmîl, eingeflochten. Die Kopfhaube ist mit Münzen reich verziert und darauf kommt Miḳna', ein großes, gelbes, rot und schwarz gestreiftes Seidentuch. Dieses legt sie mit einem Zipfel auf den Kopf, so daß es ihn bedeckt und auf die Schultern herabfällt. Der Zipfel wird über dem linken Ohre unter der 'Aṣâba-Binde befestigt. Letztere besteht dann aus einem gelbseidenen, zusammengelegten Tuche, ḫaṭṭa. Bei Festlichkeiten bedeckt die Frau den Kopf mit einem langen schwarzen oder roten Seidentuche, šambar, mit Fransen, jassaḳ, welches die ganze Gestalt einhüllt.

Jüngere Modedamen, banât naṣâbât, tragen keine 'Aṣâba, sondern nur das Kopftuch Mindîl wie die Männer und lassen es oft auf die Schultern fallen, um ihr Haar zu zeigen. (Fig. 37, 38). Auch tragen sie anstatt des Mindil das bunte, aus Seide oder Baumwolle gewebte Schultertuch Bôšijje über dem Ṭôb-Kleide.

Jede Frau trägt gerne Schmucksachen und legt diese bei jeder feierlichen Gelegenheit an. Vorne über der Stirne näht sie sich an die Haube die lange und schwere Ṣaffa, Burḳa', an (Fig. 39, Z. 2). Sie besteht oberhalb der Stirne aus zwei Reihen Silber- oder Goldmünzen, 'orǵe ḏahab, die durch Korallenmosaik, ḫaraz, voneinander getrennt sind. Über den Schläfen bilden die Münzen nur eine Reihe, sind jedoch größer, reichen bis an die Brust und enden in kleineren, auf schönen Kettchen hängenden Münzen, ḫammâlât ma' ǵirre (vgl. Fig. 38).

Auf das Awḳa'-Band unter dem Kinn werden Edelsteine, ḫali und herr, befestigt, als Schutzmittel gegen den bösen Blick. Dem gleichen Zwecke dienen allerlei Halsbänder, wie Maḫnaže wezri, Maḫnaḳe ḫaraz und andere, die den ganzen Hals umschließen, wie Libbe, Maḫnaḳe mučallabe, Maḫnaḳe mḫassače, 'Ašâri oder das drei Finger breite, mit vielen Kettchen versehene Burma'-Band.

Anstatt der Ṣaffa tragen Mädchen und junge Frauen, solange sie keine Kinder haben, nur Šenâšel oder Šbêke. Das Ṭôb-Kleid wird auf der Brust zusammengehalten von einer großen, halbmondförmigen Spange, kurdân. Auf jeden Finger kommen ein bis zwei Ringe. Am Handgelenke trägt sie Šwâra mit einem langen Kettchen (vgl. Fig. 38), das den breiten Ring 'Afâra hält, der auf den Daumen gesteckt wird. Unter den Ellbogen kommen die Spangen Swâjer mḳôbaġât oder maġdûlât. Auf den Oberarm zieht sie Mḳâwis, Meʿdal und Melwi. Hat sie Kopfweh, so befestigt sie Meʿḍal auf die ʿAṣâba-Binde. Eine solche Frau heißt Maḥdijje. Am Halse trägt man sehr gerne Ḫerez mit zahlreichen

Fig. 40. Schmucksachen aus el-Kerak.

darin versteckten Amuletten. Um die Fußknöchel trägt die Frau breite Spangen, Ḫalâḫel. Kinder tragen am Kopfe Ṭâse oder Ḳuruṣ.

Die Form einzelner Schmucksachen, wie sie in el-Kerak und Mâdaba gebraucht werden, ist aus den Bildern Fig. 39, 40 ersichtlich.

1. Libbe.	3. Ḫaraz.	5. Ûḳaʿ.
2. Ṣaffa.	4. ʿOrġet ed-ḍahab.	6. Ḫall.

7. Herr.	14. Melwi.	a) Ṭarbûš,
8. Maḫnaḳa wezri.	15. Maḫnaḳa mučal-labe.	b) Širšibe,
9. Ḥammâlât ma'ǵirre		c) Ǧerret el-ḳurṣ.
10. Swâra.	16. Me'ḏal, mšenšel.	21. Ḥerez.
11. 'Afâra.	17. Mḳâwis, rôš.	22. 'Orǵe.
12. Swâjer maǵdûlât.	18. Maḫnaḳa mḫassače	23. Zamâmîr.
13. Ḳôbaǵ oder Swâjer Mḳôbaǵât.	19. Maḫnaḳa 'ašâri.	24. Maḫnaže ḫaraz.
	20. Ḳurṣ oder Ṭâse:	25. 'Orǵe maṣâri.

Wenn eine Araberin einherschreitet, trägt sie den Oberkörper ganz gerade, hebt mit der Linken ihr Ṭôb-Kleid, macht kurze aber schnelle Schritte, ohne dabei mit dem Kopfe zu nicken, und scheint, weil sie ihre Schleppe weit hinter sich herzieht, schwebend näher zu kommen.

Die Kleider werden nur sehr selten gewaschen. Nur vor einem Ḳazw-Zuge wäscht der Bdûi oder seine Frau das Ṭôb-Kleid; dasselbe geschieht auch, wenn sie sich zufällig längere Zeit bei reichlichem Wasser aufhalten.

Wenn ein fahrender Händler ankommt und sein weißes Zelt, ḫejme, beim Lager oder Dorfe aufschlägt, so gehen in den ersten Tagen darauf fast alle Knaben und Männer in weißen Ṭôb-Kleidern; nach und nach aber wird das Ṭôb gelblich, bräunlich, nimmt die Farbe des Bodens an, bis es weggeworfen wird.

Die Mäntel und die Frauen-Ṭôb-Kleider werden nie gewaschen, obwohl man sie zu allem Möglichen benützt. Der Mann im Mantel und die Frau im Schoßkleide bringen trockenen Kamelmist zur Feuerung, Gerste oder Stroh für die Stute herbei, tragen damit die Asche aus dem Kochloche, und wenn sie sich abends niederlegen, ziehen sie die Knie fast bis zum Munde und wickeln sich darin ein. Auch trägt man gerne in den langen Ärmeln des Ṭôb Mehl, Salz, Tabak und andere Sachen eingebunden.

Am langen Zipfel des Kopftuches tragen die Fellâḥîn-Frauen ihre Pfeifenräumer. Der Fellâḥ trägt seine Pfeife hinter dem Kopfstrange; denn er raucht sehr gerne (Fig. 41, 42). Die Frauen rauchen aus kleineren Pfeifen mit langen, zumeist Weichselrohren. Die Männer ziehen oft den Rauch direkt aus der Pfeife ein ohne Pfeifenrohre. Viele verfertigen ihre Pfeifen selbst aus porösem Kalkstein. Zigaretten werden wenig geraucht. Bei den Kamelzüchtern aber ist das Rauchen ziemlich selten.

Liebe.

Kein gesunder Mann und keine gesunde Frau bleibt ledig, und dürfen es auch nicht bleiben, sonst würde sie der Stamm ausschließen. Alle Stammgenossen sind verpflichtet, für die Erhaltung des Stammes und Geschlechtes zu sorgen, und das geschieht eben durch die Heirat.

Bei der Wahl der Frau muß der Mann gewisse Gewohnheiten berücksichtigen. Seine Auserwählte muß einem vollbürtigen Stamme angehören. Wenn ein Araber das Mädchen eines minderwertigen Stammes, z. B. der Šarârât oder Htejm heiratet, so wird sein Sohn nie für vollberechtigt angesehen, da sein Ursprung für verirrt gilt, aṣlo tâjeh, und der Vater bekommt oft zu hören: „Dein Sohn ist ein Htejmi."

Fig. 41. Rauchende Häuptlinge der Wḥêdât.

Bei den Ṣḫûr darf niemand zu gleicher Zeit zwei Schwestern heiraten; erst wenn sein Weib keinen Knaben gebiert, kann er auch ihre Schwester nehmen. Nie, mâ 'omr, darf ein Mann seine Halbschwester, d. i. die Tochter seines Vaters und einer anderen Mutter, heiraten; das gilt auch von der Tochter seiner Mutter und eines anderen Vaters. Der Bruder oder dessen Sohn heiraten gewöhnlich, oder besser sie „nehmen" die Witwe des Bruders, jâḫoḏ mara aḫîh ba'ad al-mawt. Bei den 'Amârîn und Terâbîn ist dies aber nicht erlaubt.

Wenn jemand bei den Tijâha eine Witwe heiratet, so darf er nicht zu gleicher Zeit auch ihre Tochter heiraten.

Bei den ʿAzâzme, Saʿîdijjîn und Ḥêwât kann der Bruder die entlassene Schwägerin heiraten. Nach dem Tode des Bruders heiratet fast immer der lebende zweite Bruder die verwitwete Schwägerin. Der Mann darf kurz nach Vollziehung der Ehe die Schwester seiner Frau heiraten. Bei den Tijâha darf man die entlassene Schwägerin nicht heiraten, bei den übrigen Stämmen ist es aber erlaubt.

Bis zum vierten Verwandtschaftsgrade ist die Ehe verboten, und zwar bildet der Vater den ersten, die Mutter den zweiten, der Sohn den dritten und die Tochter den vierten Verwandtschaftsgrad. Ein Angehöriger eines Geschlechtes hat Anrecht auf ein Mädchen desselben Geschlechtes.

Fig. 42. Ein rauchender Tîhi.

„Meine Verwandte lasse ich nicht ziehen, ich bin ihr ja näher als du, bint ʿammi mâ-fûtha ana-dna minnak."

Das Mädchen gehört zunächst dem nächsten Verwandten, al-ḳrâba' ûla fi bint al-ʿamm. Dieser kann jeden abweisen, der das Mädchen heiraten möchte. Ja, wenn schon alles zur Hochzeit vorbereitet ist, und das Mädchen auf dem Kamele dem Bräutigam zugeführt wird, kann er das Mädchen noch vom Kamele nehmen, jâḥodha minnu law inha râčebe ʿa-l-ǧemal, wenn er es haben will und es zustimmt.

In einem solchen Falle pflegt jedoch der Bräutigam das Mädchen zu entführen, ḫaṭaf, was aber sehr vorsichtig geschehen muß; denn wenn ihn einer der nächsten Verwandten des Mädchens ertappt, so muß ihn dieser töten. Deshalb flieht er mit ihr zu fremden Arabern, stellt sich unter den Schutz des Häuptlings und verhandelt mit ihren Verwandten. Die Entführte, maḫṭûfa, mantûše, darf mit ihrem Entführer nicht im gleichen Zelte wohnen. Das muß der Häuptling überwachen, denn sonst wäre die Aussöhnung unmöglich, und der Entführer verfiele der Blutrache.

Die Liebe spielt bei der Heirat unter den Arabern eine recht große Rolle. Bemerkt der Jüngling, daß seine Auserkorene seine Liebe nicht erwidert, so nimmt er ihr einige Haare und schickt diese zum Beschwörer, der einige Worte darüber murmelt und sie dann über einem kleinen, mit Wasser gefüllten Gefäße verbrennt. Einen Teil dieses Wassers muß der Jüngling austrinken, mit dem Reste besprengt der Beschwörer ein Blatt Papier, welches der Jüngling in seinem Kopftuche tragen muß; dann ist er der Liebe seines Mädchens sicher. Das tun aber auch die Fellâḥîn, wenn sie sich der Liebe ihrer Frauen versichern wollen.

Die Liebenden sollen vor der Hochzeit weder öffentlich noch im geheimen miteinander sprechen. So erheischt der Anstand, daß der Liebhaber, ibn ʿammiha, mit seiner Geliebten, bint al-ʿamm, nicht spreche, lâ tḥâči, denn es ist das eine Schande, lannu ʿajb. Es steht ihr jedoch gänzlich frei, ihn im geheimen, min taḥat sirr ḥafâje, wissen zu lassen, daß sie ihn liebe, dâjirijjetu:

„Du bist eingedrungen in den Kamm meines Kopfes, enet ḫâšš mušṭ râsi.“

Verliebt sich ein Mann in eine verheiratete Frau, und diese erwidert seine Liebe, so kann er sie sich von ihrem Manne abtreten lassen. Falls dieser seine Frau nicht besonders liebt, erklärt er sich damit einverstanden und sucht daraus Nutzen zu ziehen. Der Liebhaber muß ihm alles vergüten, was er dem Vater seiner Frau geben mußte und noch mehreres dazugeben.

So verliebte sich Mifleḥ ibn al-Fâjez in eine verheiratete Frau. Ihr Mann war bereit, sie zu entlassen, verlangte aber 43 Kamele, 1 Stute, 1 Kamelstute der besten Rasse, ḥorr, 1 Martinigewehr und 1 Revolver. Mifleḥ zahlte alles das, ruinierte sich dadurch vollkommen, bekam aber das geliebte Weib zur Frau und ist sehr zufrieden. Allâh wird ihm schon andere Kamele als Beute zukommen lassen.

Der Jüngling bekennt seine Liebe, indem er den Namen seiner Auserkorenen in die Heğîne- oder Ṛana-Lieder einflicht und sie dann öffentlich singt. So zum Beispiel:

So schildert dieser Mann (sein Mädchen):
Gruß euch, o Araber, bei denen Ğezʿe (wohnt)!
Ihre Brüste — köstliche Kaffeenäpfchen —
reißen das Hemdchen der Schönen in Stücke
ähnlich dem erhobenen Goldfuchsschweif,
den nicht einholt der feindliche Renner.

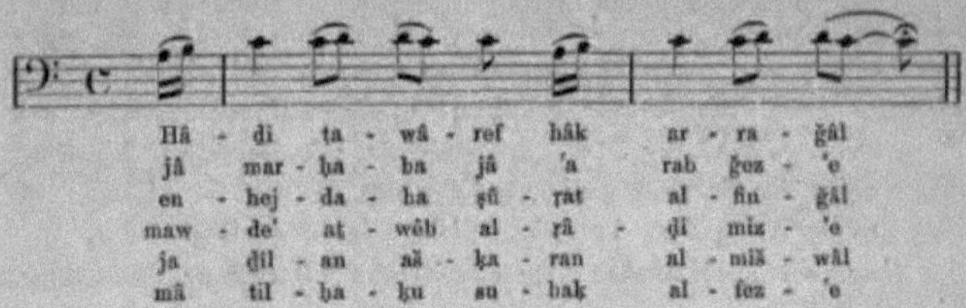

So schildert dieser Mann (sein Mädchen):
Gruß euch, o Araber, bei denen Ḏowḳa (wohnt)!
(Ihr) Kuß (schmeckt) wie feiner Zucker mit Butterschmalz
auf kleinem Teller mit Honig darüber.

hâḏi ṭawâref hâk ar-raǧâl
jâ marḥaba jâ ʿarab ḏowḳa
al-ḥebbe jâ saḥḥatan bidhân
bisḥejltaten wa-l-ʿasal fowḳa.

So schildert dieser Mann (sein Mädchen):
Gruß euch, o Araber, bei denen Wejsi (wohnt)!
Die Schöne besitzt Tätowierung — du wirst sie Halbmond nennen —
kaufet ihr ein mit gelber Seide geschmücktes Ṭôb-Kleid.

Hâḏi ṭawâref hâk ar-raǧâl
jâ marḥaba jâ ʿarab wejsi
at-tirf abu radʿe teḳûl helâl
ešrû lu at-towb al-wrejsi.

So schildert . . . . Wejsi!
Ihr Auge gleicht einem Weiher im Talbette,
bevor zu ihm kommen die zeitlichsten Tränker.

Hâḏi ṭawâref . . . . . Wejsi
ʿejnha ṛadîran ʿala-l-masâl
ḳabl jiǧûh al-ʿawwâsejsi.

So schildert . . . . Wejsi.
Ihre Rede wird zur Ausführung ebenso angenommen,
wie ein Meǧîdi, den man braucht.

Hâḏi ṭawâref . . . . . Wejsi
ḥaǧju jinaḳḳad ʿala-l-ʿemâl
lôn el-meǧîdi illi wejsi.

Treibe die alten Weiber in die Ṣwân-Wüste,
daß sie austrocknen wie die Dürre von ʿAlâhîbi,
und was von ihnen übrigbleibt, das werden die Wölfe fressen;
Unüberwacht werden dann bleiben die Weißen, die
mich willkommen heißen.

Kett al-ʿaǵâjez il-aṣ-ṣwân
jajbisan jibs al-ʿalâhîbi
willi baḳa jâkelu-ḍ-ḍîbân
jufdan al-ṛurr al-muhalli (sic) bi.

O Wolf, o der du den Südwind treibst,
ich kenne nicht das Wehen des Nordwindes
aus dem Auge der ʿÂlja und des Abu Zejd
und des Völkchens der hohen Schlösser.

Jâ ḍîb jâ ṭâred el-hêf
mâ-dri hbûb eš-šemâli
min ʿên ʿâlja w abu zêd
w uhejl el-ḳṣûr el-ʿawâli.

O Mädchen, o ihr jungen Gazellen,
einen Schafhirten nehmet euch nicht!
Der muß ja den Weibern Holz und Wasser holen,
und mit dem Reste in kleinem Schlauche tränken sie ihn.
Es erfreut sein Herz das Blöken der Schafe,
aber von Reitkamelen versteht er nichts.

Jâ bîḍ jâ ǵidâl al-ṛuzlân
serw al-ṛanam lâ tâḫoḏennu
ḥaṭṭâb warrâd lan-niswân
emwâṣet as-seʿen tisḳennu
ṛada biḳlejbu žerîʿ aḍ-ḍân
wa-l-heǵen tarak hawâhennu.

O Fürst, der du reichlich bewirtest die Blinden
und jedermann, dessen Fuß ein Fehler entstellte,
ich habe geschworen, kein Freund der Ansässigen zu sein,
solange ich auf einer alten Kamelin aushalte.
Die Ansässigen färben ja ihre Bärte (sind treulos),
um zu verraten die Gastgeber.

Jâ-mîr jâ msaǧǧem al-ʿemjân
w-illi šajjan riǧlu al-ʿîbi
ḫalaft mâ-ṣâfi al-ḥaḏrân
wa-na ʿala-l-fiṭar aš-šîbi
al-ḫaḏar ṣabbâret al-adḳân
ḫawânatan l-il-maʿâzibi.

Reitkamele, o die ihr nur bei den Frauen sitzet,
man kann sich nicht trennen von ihnen.
Gestern abends waren sie im Gebiete der Feinde,
heute früh in Gebieten ihres Stammes.

Al-heǧen jâ-mḳâʿed an-niswân
mâ jinẓaher min ǧiza'henne
amsan bidîret el-ʿadwân
w aṣbaḥan bidjâr ahalhenne.

Auf dem Sattel einer jungen Kamelin
ritt ich durch die Ebenen,
angenehmer als des Bauern Stimme
ist des göttlichen Windes Wehen.

Blond sind die Schläfenlocken der Zuhra,
fallen bis auf die Hüften.
Bei Gott — es gibt nichts über den Liebling —
o wären doch die Nächte länger.

Šuḳra dwâjeb Zuhra
ʿala-l-radâjef mâlan
w allâh mâ dûn al-ṛâli
law al-lejâli ṭâlan.

O mein Freund mit so treffsicherem Auge,
ich wünsche, daß du meiner nicht vergessest;
und wenn dich die Araber meinetwegen schmähen,
dann ertrage die Schmach um meinetwillen!

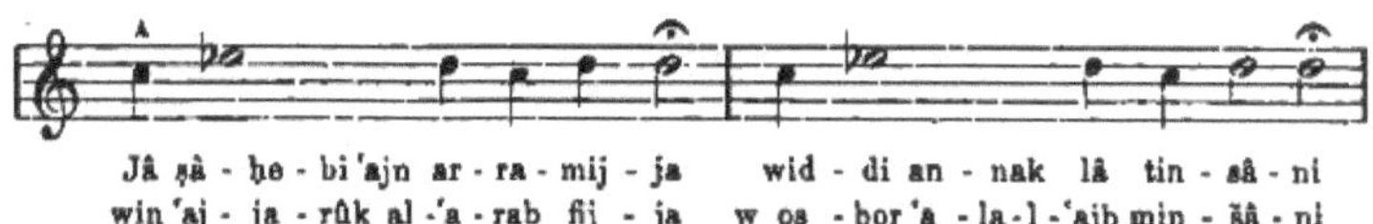

O Freund, bist du denn ein Verräter?
O, ich kenne den Verrat nicht.
Ich stieg auf den Gipfel des Berges,
es wehte der Wind über mir.

Jâ šowḳ čannak bâjeḳ
ana mâ-ʿref al-bowḳi
ašraft birâs al-merḳâb
habb al-hawa min fowḳi.

O der du schläfst unter steten Bewegungen,
o der du den Kopf stets von oben nach unten bewegst,
oben im Sattel der roten Kamelin;
sie folgen dir, dem bewährten ʿAḳîd (Anführer).

Jâ nâjiman bin-nowde
jâ nâjidan manâdi
min fowḳ kûrat el-ḥamra'
jitlan ʿaḳîdan ʿâdi.

Wie süß sind in diesem Jahre diese Nächte,
ich verkaufe das Billige und kaufe das Teuere
und kaufe einen Kuß um tausend Rejâl (Meğîdi).

W ḥelw al-ʿâm ha-l-lejâli
abîʿ ar-raḫîṣ w-ašri-l-ġâli
w ašri-l-ḥebbe belf rejâli.

Kehre zurück, o Kamelchen, diese Weide ist mager,
das Töchterlein Waḏḥa' — sie ist (voller) List —
ich wünschte von ihr einen Kuß diese Nacht.

Erğaʿ jâ ḏowd hâḏi ʿejle
ebnajje waḏḥa' biha ḥejle
widdi-l-ḥebbe minha-l-lejle.

Er stritt mit mir ohne jeden Grund
— nur der Geizige und Feige wird verhöhnt —
der weiße mit den zarten Vorderzähnen.

12*

Hâwašni 'ala rejr ḫlâf
al-fâjen wa-l-radi jin'âf
al-aš'al wa-t-tamân erhâf.

Es ist Nachtruhe, und wozu der Gast?
Das Gazellchen weint bei seinen Verwandten,
o Beischlaf, o ersehnter als Speise!

Mrawweḥ wa-l-'azîb liwejši
wa rzajjel 'enda-hejl 'amejši
jâ fada' jâ haftân al-'ejši.

Brautwerbung bei den Arabern.

Bei den Arabern darf der Jüngling nicht eher heiraten, als bis er einen Schnurrbart hat, das Mädchen erst dann, wenn die Frauen kräftigen Haarwuchs an ihrem Körper bezeugen.

Auf der Weide, während des Holzsammelns, bei der Tränke hat sie Gelegenheit einen Jüngling kennenzulernen, mit dem sie dann während der Mittagshitze plaudert. Er ist ihr Hawij, 'Ašîr, ihr Liebling; am liebsten nennt sie ihn Ḫâšš mišti. Haben sie sich verständigt, so begibt sich der Jüngling mit seinen Verwandten zu ihrem Vater, um sie zu werben.

Die Brautwerber heißen el-Ġâhe. Ihr Vertreter, en-nasîb, sagt zum Vater der Braut:

„O N., dieses Mädchen pflegt diesem Jüngling nachzueilen den ganzen Tag, sobald er zum erstenmal seine Herde austreibt; ihre Seele ist in ihm und seine Seele ist in ihr, jâ flân, ha-l-binet ṭwâl an-nhâr lâḥaḳat al-walad ma' awwal ranamo, nafesha bih wnafsu biha".

Der Vater antwortet: „Wohnt ihre Seele in ihm und seine Seele in ihr, so trenne ich Seele von Seele nicht. Höret sie selbst! Falls sie ihn nehmen will — ich gebe sie, und der Segen soll ihr folgen und sie führen, mâ dâm in nafesha bih w nafsu biha ana mâ-ḳta' nafes min nafs, esma'û min râsha, w in kân enha mâḫeditu ana muntiha, wa-tsûḳha ebrake wa-tḳûdha ebrake."

Die Werber begeben sich nun zu dem Mädchen und fragen: „O N., willst du deinen Liebling nehmen oder willst du ihn nicht nehmen, jâ flâne anti tâḫdi hawiki amma lâ tâḫdînu?"

Wenn sie antwortet: „Ich nehme ihn, ana mâḫdîtu," so sagen sie: „Bestimme deinen Bevollmächtigten, wakkelî."

„Ich bestimme zum Bevollmächtigten N., ana mwakkele flân.“

Da fragen die Brautwerber diesen und dann die Zeugen:

„O N., was kannst du bezeugen? Daß sie den Bevollmächtigten bestimmt hat oder nicht, jâ flân, wêš tišhad? enha wakkalat aw mâ wakkalat?“

„Wir bezeugen, daß sie den Genannten bestimmt hatte, nišhad enha wakkalat.“

Nun gehen die Werber mit dem Bevollmächtigten zu dem Jüngling und sagen ihm:

„O N., deine Geliebte verlangt dich, willst du sie nehmen oder nicht, jâ flân, hawitak ṭâlibetak enet tâḫoḏha aw mâ tâḫoḏha?“

„Ich will sie nehmen, âḫeḏha.“

„Bestimme den Bevollmächtigten, wakkel,“ und er bestimmt einen Mann zu seinem Mandatar.

Nun versammeln sich im Zelte der Braut: der Vater des Bräutigams und der der Braut, der Bräutigam und die Braut, die Zeugen, die beiden Bevollmächtigten und verhandeln über den Brautpreis, sijâḳ. Bei den Ẓullâm fragt der Vater den Vertreter des Verlobten:

„Zu wieviel hat er euch verpflichtet, mâ akrahku?“

Bei den ʿAmârin fordert der Vater die Werber auf:

„Strecket euer Maß aus und zahlet, middû madîdku w edfaʿû!“

„Verlange von uns, oṭlob ʿalejna!“

„Ihr habt ja noblen Charakter, šimatkû ʿendaku. Um Gotteswillen, ich verlange nur, was man gewöhnlich verlangt, ḥâ šâ lillâh an aṭlob ṭulba.“

Bei den Slîṭ sagt der Verlobte dem Vater seiner Braut:

„Ich will dir zahlen aus meinem Kamelplatze ein oder zwei Kamele und drei Kamele, die ich erbeute, ana dâfeʿ lejk min ṭaraf elmrâḥ baʿîr am baʿîrên wa ṯalâṯet abʿiret emkassab.“

Der Vater fragt: „Welche Eigenschaften haben denn die drei, wêš henn eṯ-ṯalâṯe?“

„Eine (Stute) von ihnen ist Ḥeḳḳa (steht im 4. Jahre), die andere ist Mafrûde (steht im 2 Jahre) und die dritte, siehe, sie ist Fâṭer, schon alt, min henn ḥeḳḳa wa min henn mafrûde w aṯ-ṯâlte min henn atar enha fâṭer.

Und ich will dir noch geben eine Eselin mit ihrem Jungen und dazu 10 Ziegen, welche trächtig sind, w ana mun ik behîme w waladha w anṭik ʿašara maʿzi maḏâriʿ.“

Wenn dies angenommen wird, fährt der Bräutigam fort:

„Siehe, ich habe dir diese Sachen bezahlt; aber sollte deine Tochter von mir fliehen, siehe, vor dem Angesichte meines Bevollmächtigten sollen sie mir doppelt zurückgegeben werden: eine Ziege durch zwei Ziegen, eine Kamelin durch zwei Kamelinnen, atar enni dafa'et lejk ha-l-ḳejjât w in kân bintak ḳawṭarat ʿanni atar henn bwaǧh flân muṭnijjât el-ʿanze biʿanztên wa -n-nâḳa bnâḳtên."

Der Vater der Braut erwidert:

„Nur das nicht, bei Gott! Siehe, sollte sie aber von dir fliehen, so sind meine Herden gleich den Herden eines Bewohners des Ġôr, du kannst dich ihrer bemächtigen, wie es bezeugen wird der N. Wenn aber, behüte Gott, du meine Tochter quälen solltest, siehe, ich werde meine Tochter von dir nehmen, und deine Hand wird leer sein von diesen Sachen. N. wird sich für mich verbürgen. Dies ist der Rechtsbestand, und weder dir noch deinem Stamme sollen deshalb Plakereien entstehen, lâ billâh atarha in ḳawṭarat ʿannak ḥalâli ḥalâl ɼawârni bimidrake lejk biwaǧh flân — w in kân lâ billâh enet ǧurt biʿawrti atar enni âḫed ʿawrti minnak w ente matrûb el-jad ʿan ḳijjâtak, wa kefili flân, w el-ḥaḳḳ mâ minnu miǧzaʾ lâ ʿalejk w lâ ʿala ḳabîlak."

Sollte der Vater nicht zustimmen, daß das Mädchen den geliebten Jüngling heiratet, so kehrt dieser oder sein Vertreter, nasîb, mit einem großen Gefolge zurück und bringt die als Brautpreis festgesetzte Anzahl der Kamele mit. Er verlangt von neuem das Mädchen und, wenn es der Vater noch verweigert, so kehrt er samt den Kamelen zurück. Tags darauf kommt er wieder, bringt jedoch um ein Kamel weniger, und dies wiederholt sich, wenn der Vater widerstrebt, bis er kein Kamel mehr mitbringt. Dann darf er das Mädchen heiraten wider Willen des Vaters, denn der ganze Stamm würde ihn gegen seine Anschläge verteidigen.

Brautwerbung bei den Fellâḥîn.

Bei den Fellâḥîn werden ganz kleine Kinder verlobt.

Der Vater des Knaben oder, wenn er tot ist, der Vormund, von zahlreicher Gesellschaft begleitet, begibt sich in das Haus oder Zelt des Vaters des Mädchens und sagt, nachdem alle Platz genommen haben:

„Wir wollen deine Tochter und deine Verwandtschaft, widdna bintak w nasabak."

„Nach deinem Wunsche (deiner Geldtasche), 'ala čisak." Nun wird ihnen Kaffee angeboten; bevor sie ihn trinken, sagt der Vater des Knaben:

„Wir kommen zu dir als Bittende und sind weder von Gott noch von dir abzuweisen, ğinak ṭallâbîn wa min allâh wa min 'endak mâ -ḥna ḥâjebîn."

„Eure Ankunft sei willkommen geheißen; die Dunkelheit hinter euch, der Mondschein vor euch, ḳabûlku 'ala-l-marḥaba; eẓ-ẓulma warâku wa-l-ḳamra ḳuddâmku." Jetzt nehmen sie den Kaffee an. Der Werber fragt nach dem Preise mit der Phrase:

„Ich bin das Kamel und du bist das Messer, ana-l-ğemal w ent es-sikkîn."

Der Vater des Mädchens antwortet: „Ich will für meine Tochter, biddi fi binti . . ." und nennt eine ungeheure Summe, z. B. 500 Meğîdi, 100 Schafe, 200 Ziegen, 1 Stute, 2 Kühe, 1 Esel, 1 Revolver, ein Stück Feld, 100 Säcke Weizen . . . Einer der Anwesenden unterbricht ihn:

„Du zerstörst sein Zelt — genug . . ., ḫirbet bêto, tamâm." Ein anderer sagt:

„Dieser Mann ist ja arm und besitzt nicht so viel, du läßt ihm ja gar nichts und entziehst ihm jeden beweglichen wie unbeweglichen Besitz, ha-z-zalame faḳîr w mâ 'endo ši, mâ ḫallejt 'endo ši w ṭalla'to min es-silk w al-milk."

Dann erheben sich alle Begleiter des Brautwerbers und gehen, die Mäntel nachziehend, fort. Die Verwandten der Braut eilen ihnen nach, suchen sie zu besänftigen und bringen einen nach dem anderen in das Zimmer zurück. Der Vater der Braut sagt:

„Wie seid ihr da gleich aufgebracht! Es ist ja gar nicht nennenswert, was ich verlange."

Nun fragt ihn ein Begleiter des Brautwerbers:

„Wieviel willst du Gott nachlassen, mâḏa tfût il-allâh?"

„Gott lasse ich 100 Meğîdi und 30 Schafe nach." Dann muß er nachlassen dem Pfarrer, den Großeltern des Bräutigams, seinen Taufpaten, dem Dorfschulzen und dem Gaste. Die Höhe des Nachgelassenen entspricht der Achtung der genannten Person, und so fühlt sich mancher mißachtet, und der Vater muß mehr nachlassen. Hierauf kommen die Frauen an die Reihe und verlangen einen Nachlaß, und zwar für sich, für den Kaffee, der bei der Hochzeit getrunken werden soll, und den der Bräutigam somit bezahlen muß u. ä. m.

Ist dem Vater des Nachlassens schon zuviel, so springt er auf, holt mit seinem krummen Messer aus und schreit:

„Von nun an weiter will ich mich von meinem Kopfe trennen und erkläre für nichtig diese ganze Werbung; und wenn meine Tochter Greisin werden sollte, werde ich sie nicht verheiraten, wa min al-ân w ṣâʿed ʿalajje-ṭ-ṭalâḳ min râsi w ubaṭṭel hâḏi-l-ǵîze kullha ubaṭṭelha w lô ṣârat binti ʿaǵûz mâ uzawweǵha."

Endlich verständigt man sich zu einem annehmbaren Preise, gewöhnlich 50—60 Napoleons, und ein Teil des Brautpreises wird sofort ausgezahlt. Von nun an heißt der Knabe Ḫaṭîb und das Mädchen Ḫaṭîbe, Verlobte, und dieses bekommt jedes Jahr vom Vater des verlobten Knaben 1 Ṭôb-Kleid und 1 Mindîl. Wenn das Mädchen 10 und der Knabe 12 Jahre alt sind, findet die Heirat statt.

Brautpreis.

Bei uns bekommt die Braut ihre Mitgift vom Vater, bei den Arabern aber muß der Bräutigam dem Vater der Braut zahlen. Ist bei uns der Bräutigam selbständig und hat nichts mehr von seinem Vater zu beanspruchen, so behält er die Mitgift für sich und seine Frau. Wenn bei den Arabern die Braut allein dasteht oder keine Brüder hat, so gehört die Mitgift ihr und ihrem Manne. Sonst bekommt bei uns wie bei den Arabern die Braut nur die Ausstattung und ein Geschenk vom Vater oder vom Bräutigam.

Bei den Ṣḫûr gibt der Sohn des Häuptlings dem Vater der Braut als Brautpreis, mohr el-bint, gewöhnlich 20 (Kamele) und eine Stute (Pferd), ʿašrîn wa faras. Sonst zahlt man allgemein für ein verwandtes Mädchen, bint al-ʿamm, vom 5. Grade 5 Kamele, ḫamse baʿârîn, und zwar für den 1. und 2. Grad je ein Bikr, für den 3. und 4. Grad je ein Ṭenw und für den 5. Grad eine Nâḳa. Wer nichts hat, gibt auch nichts. Die Braut bekommt in diesem Falle von ihrem Vater, wenn er wohlhabend ist, in kân ḳawwi, außer der Ausstattung, eine Kamelstute, baʿir; sonst erhält sie nichts mehr. Wenn Vermögen da ist, schenkt, janḳoṭ, ihr auch der Bräutigam oder die Anverwandten Kamele oder Ziegen und das alles gehört der Braut. Aller Zuwachs gehört nur ihr, und sie kann damit schalten und walten nach Belieben.

Bei den ʿAmârîn beträgt der Preis des Mädchens, al-ǵezije oder as-sijâḳ: 1 zweijährige Kamelstute, ḥâši, oder 5 Schafe, ḫamse šjaʾ. In den letzten Jahren waren jedoch so wenige Mädchen, daß man bis dreißig Schafe geben mußte.

Der Brautpreis, mohr, einer Jungfrau beträgt bei den Terâbîn 25 Lire, einer Witwe 12—13 Lire. Ist sie jedoch aus einem fremden Stamme, so muß man bis 100 Lire zahlen.

Bei den Tijâha beträgt der Brautpreis, sijâķ, 5 Kamele, und zwar: Mafrûd 1 Kamel im 1. Jahre, Libni 1 Kamel im 2. Jahre, Marbûț 1 Kamel im 3. Jahre, Ḥeķķ 1 Kamel im 4. Jahre, Ǵeḏ' 1 Kamel im 5. Jahre.

Für eine Jungfrau oder Witwe desselben Stammes, bint el-'amm, ist der Brautpreis immer gleich, für fremde je nach Übereinkunft.

Für die Braut kauft der Bräutigam: Ṭôb asmar, dunkelbraunes Hemdkleid, Ḥaṭṭa ḥarîr, seidenes Kopftuch, welches 'Aṣâba genannt wird, Ṣurmâje, rote Schuhe, Maḫâneķ, Ḫawâtem und Ma'âri oder Šâweš, Schmucksachen für den Kopf.

Bei den Tijâha: 'Aba sôda', einen schwarzen Mantel, und Firǵâlât, Schmuck für die Brust.

Bei den 'Azâzme beträgt der Brautpreis, sijâķ el-binet, 5 Kamele, ḫamse ǵemal, und zwar: Mafrûd 1jährig, Libni 2jährig, Ḥeķķ 3jährig, Ǵeḏ' 4jährig, Ǵemal 10jährig.

Der Brautpreis einer Witwe, 'azabe, beträgt: Gemal rabâ', das ist ein sechsjähriges Kamel, ibn sitte sinîn.

Die Braut muß folgende Kleidungsstücke von dem Bräutigam bekommen: Ṭôb, blaues langes Hemd, 'Aba sôda', schwarzen Mantel, Wķâ', Kopfhaube, Šbêke, Stirnband mit Münzen.

Dieses Stirnband trägt sie nur das erste Jahr nach der Hochzeit, dann trägt sie el-Burķa'.

Bei den Ḥeǵâja beträgt der Brautpreis 1 Eselin und 4 Schafe, behîme w arba'a na'âǵ, ja man sagt spottweise:

Ein Ḥeǵiwi kann für eine Eselin 14 Weiber heiraten, ḥeǵiwi tazawwaǵ arb'at 'ašer mara biḥemâra wâhede.

Bei den 'Aṭâwne sagt der Vater dem Werber: „Zahle mir ihre Fünfzahl, edfa' li ḫamsha,“ ihren Preis nämlich der aus: 3 Kamelen, und zwar 1 zweijährigen, 1 dreijährigen und 1 alten besteht; ferner 10 Ziegen 'ašara rûs mâ'ez — und zwar 5 alten, 5 jungen —, und das erste Kamel, das der Bräutigam nach der Hochzeit erbeutet. Ein Drittel oder die Hälfte von diesem Brautpreise wird nachgelassen.

Die Sa'îdijjîn zahlen 9—20 Kamele; die Šarârât nur 1 Kamel und die Ẓullâm 2 dreijährige, marbûțên, und ein vierjähriges.

Ist das Mädchen augenkrank, so sinkt der Brautpreis auf die Hälfte.

Hochzeit bei den Fellâḥîn.

Vor der Hochzeit geht bei den Fellâḥîn der Bräutigam, al-ʿaris, die Ausstattung kaufen, jataǧahhaz, für die Braut, el-ʿarûs, und für sich. Die Braut soll die ganze Ausstattung, hdûm, von dem Bräutigam erhalten. Vom Vater bekommt sie nur Schuhe, eṣ-ṣurmâje, und Schmucksachen, eṣ-ṣîre.

Der Bräutigam kauft für sich — wenn er vermögend ist —: Ḥaṭṭa, seidenes Kopftuch, Ǧubbe ǧôḫ, blauwollenen Überrock, Kibr ḥarîr, seidenen langen Rock, Ṣidrijje, bunte Weste, Tôb, Hemd, Mirîr, Kopfstrang, Ḥzâm, wollenen Gürtel, Ṣurmâje, rote Schuhe oder Ǧazme, rote Stiefel, und die Kleidungsstücke der Braut: Kibr, Ǧubbe ǧôḫ, Ḥaṭṭa ḥamra', 2 Bôšijje, lange Schultertücher.

Wenn der Bräutigam und die Braut arm sind, so kauft er ihr ein Kopftuch, mindîl, 1 Paar Schuhe, ṣurmâje, und einige Schmucksachen wie Ṣaffe, Zamâmîr, Snâsel, einige Gewürznägelein, ḳrunfel, welche sie anlegt als Maḫnaḳe in der Hochzeitswoche.

Wenn die Ausstattung, ǧihâz, vollendet ist, so wartet man auf den nächsten Sonntag. Vor Sonnenuntergang wird in der Tür der Wohnung des Bräutigams ein Pflock befestigt und darauf werden die Hochzeitskleider der Braut und des Bräutigams, el-ʿarsân, zur Schau ausgehängt. Da versammeln sich die Weiber, besichtigen die Kleider und es beginnt die Naṣṣa-Unterhaltung. Wenn die Frauen zu der ersten Abendunterhaltung kommen, so singen sie:

Sage oft: Willkommen, o Vater des N.,
von ferneren Gebieten sind wir, o wie lange, hergegangen.

Kaṭṭer el-terḥâb jâ-baj flân
min bilâd baʿîde jâ mâ mašêna.

Auf dem Aufenthaltsplatze des Kleinviehes liegt hingeworfen das Messer des N.;
weder eine Unfruchtbare noch eine Zweijährige ist ihm geblieben (alle hat er geschlachtet).

Bil-mrâḥ marmi sikkin flân
ḥâjel w lâ ṭenijje mâ ẓallat ilo.

Willkommen am Wege, o Zelt des N.;
möge bei dir nicht eintreten der Mangel, sondern die Allmacht Gottes.

Halli ʿa-ṭ-ṭarîḳ jâ bejt flân
mâ jfût el-ḳille bal ḳudrat allâh.

Vermehre Gott euren Besitz,	Katter allâh ḫejrku
gewähre euch Ersatz!	jaḫlef ʿalejku!
Wir trafen keinen außer euch,	mâ laḳejna ɼejrku
der so viele Wüstenbewohner ertragen könnte.	ḥeml el-bawâdi.
Wir kamen aus der Steppe,	Min ḥammâdi ǵina
— o, wie weit sind wir gewandert —	jâ mâ mašîna
lassen uns nieder und nehmen ein Mittagessen ein,	ḥaṭṭêna wa ɼdîna
o Väterchen des N.	jâ-baj-flân.
Zum Sonnenuntergang,	ʿEnda-l-ʿaṣîr
und wenn die Herden zurückkehren —	wa ʿenda tarwêḥt el-mâli
zum Sonnenuntergang	ʿenda-l-ʿaṣîr
werden wir mit Kopftüchern beschenkt.	nataʿâṭaʾ-l-manâdîli.
Ich bin gekommen, um zu singen,	Kunt ǵit uɼanni
ich habe jedoch keine Lust zu singen.	w lâ li ḳalb uɼanni bo.

Der Bräutigam verteilt an die nächsten Verwandten Geschenke, welche meistens aus Kopftüchern bestehen.

Nach Sonnenuntergang holt der Bräutigam Holz und macht Feuer vor dem Hause, ʿala sâḥa. Dann wird Kaffee gekocht, und zwar sowohl schwarzer als auch weißer „Kaffee“, der nur aus zerkochtem Zucker mit Zimmetrinde, ḳirfe, besteht und den alle Anwesenden, Männer, Frauen, Knaben und Mädchen, trinken. Die Männer tanzen und singen dabei. Gewöhnlich bilden sie eine Reihe und vor ihnen tanzt ein junger Mann in der Tracht eines Mädchens, oder ein verschleiertes Mädchen mit einem oder zwei Säbeln in den Händen. Die tanzende Person heißt, ob sie Mann oder Weib ist, el-Ḥâšî.

Die Männer singen dabei:

Die Tänzerin ist eine Düte von Süßigkeiten,
Glücklicher! der sie zusammenrollte;
ihr Hals ist ein Zuckerhut,
wie man ihn beim Kaufmann eingewickelt findet,
die Locken über der Stirne — die feinen Straußfedern!
geschwungen über den Augenbrauen;
ihre Zähne — Hagelkörner!
und die Mundöffnung — ein Lûfa-Blatt!

El-ḫâši ṭabaḳ ḥalâwa
el-mis'ad jâ-lli taḫûfa
erḳubtu meḥkân es-suker
'enda-l-ḫawâǵa malfûfa
el-ḳuḏle jâ dabdûb er-rîš
fôḳ el-ḥawâǵeb marṣûfa
esnûnu jâ lahwet barad
el-burṭom jâ waraḳ lûfa.

Wenn die Tänzer müde sind, gehen sie nach Hause.

Am nächsten Morgen versammeln sich die Frauen im Hause des Bräutigams und richten die Hochzeitskleider zu. Für sie wird vorbereitet Kaffee, Erśêdijje oder Basîse, trockene Feigen, ḳuṭṭên, frische Feigen, Trauben oder andere Früchte. Die Frauen werfen die Früchte auf den Boden, wo sie die Kinder auflesen, was Naṭṭe, Nuṭâre, heißt.

Wenn die Kleider zugerichtet sind, so begeben sie sich zur Wohnung der Braut und bringen ihr die Kleider. Sobald die Braut ihrer ansichtig wird, flieht sie; aber die Frauen eilen ihr nach, fangen sie und bringen sie in das Haus oder Zelt, wo sie sie waschen und mit Ḥenna die Haare, Füße und Hände salben. Dann ziehen sie ihr die Hochzeitskleider an und bekommen Fleisch zu essen, dbîḥet el-ḥenna.

Mittwoch vor Sonnenuntergang sattelt man eine Stute, ein Maultier oder ein Kamel, bedeckt den Sattel mit den schönsten Teppichen und nimmt eine Fahne. Die Braut unterdessen hat auf ihrem Kopftuche eine Straußfeder befestigt, das Gesicht vollkommen zugedeckt, hält in der Hand ein Šibrijje-Messer, und sitzt im Hause. Nun rufen die Frauen ihrem Vater und den Brüdern zu, sie mögen die Braut zum Stehen bringen, ḳawwemha.

Der Vater tritt zu ihr und sagt: „O meine Tochter, steh' auf! Dies ist ja die Last, welche die Menschen tragen müssen; ich bestimme dir 20 Meǵîdi, welche ich dir nach dem ersten Dreschen auszahlen werde, jâ binti ḳûmî, hâḏa kâr en-nâs w ana msawwi laki 'aŝrîn meǵîdi fi-l-bêdar e'ṭiki-j-jâhem."

Dieses Geld gehört ihr allein.

Der Vater nimmt sie bei der Hand, erhebt sie und die Frauen setzen sie auf das bereitstehende Tier; dabei singen sie die Tarawwud-Lieder:

Das Kamel der N. macht viele Kunststücke
und vermehrt so die Leidenschaft der Neider.

Ǧemal flâne jafenn fenûn
jizîd el-mubṛeḍât ǧenûn.

Das Kamel der N., o wie schön ist es,
und bei ihm stoßen sich die Lanzen.

Ǧemal flâne jâ ḍâḥi
w'endo daḳḳ el-ermâḥi.

O Hügelchen von Reis, o N.,
von deiner Schlafstätte sprang N. auf.

Jâ tlêl er-ruzz jâ flâne
min manâmki fazz eflân.

O du Verliebte, o N.,
Reis und Milch ist dein Leib.

Jâ-mm el-ḥbejjeb jâ flâne
ruzz w ḥalîb ǧismki.

O Mädchen, wer sind deine Oheime?
Meine Oheime sind diese Zende'ijje,
sie lagern niemals in verborgenen Senkungen,
sie lagern nur auf hohen Kuppen,
sie schlachten nur zweijährige Schafe (Ziegen).

Jâ bint minnom eḫwâlki
eḫwâli ha-z-zende'ijje
mâ jenzelûn el-ṛabijje
mâ jenzelûn illa-l-anbijje
mâ jidbeḥû illa-ṭ-ṭenijje.

Sobald sie fortziehen wollen, ergreift der Bruder ihrer Mutter, ḫâl, den Zaum des Tieres und läßt ihn nicht los, bis ihm der Vater der Braut 9 Piaster, tis'atha, gibt, welchen Betrag er der Braut schenkt.

Die Christen führen die Braut in die Kirche, wo der Bräutigam schon wartet, und der Priester soll sie sofort trauen.

Wohnt der Bräutigam in der Stadt, die Braut jedoch unter den Zelten, oder jeder in einem anderen Lager, so holen die Frauen, die Verwandten des Bräutigams, die Braut. Sie setzen sich tags vorher auf Maultiere und werden von den Männern, welche Pferde reiten, begleitet. Dieser Zug heißt Ḳaṭṭâr.

Die Frauen singen, die Männer schießen und spielen mit den Pferden. Aus dem Lager der Braut kommen ihnen Reiter entgegen, die ebenfalls schießen und spielen. Diese Unterhaltung heißt aš-Šâra. Alle werden bewirtet. Dann begeben sich die Frauen zur Braut und am nächsten Morgen führen sie die Braut, begleitet von Männern, zum Bräutigam und singen die Fârde- oder Zaffe-Lieder:

O Jubelnde,	Jâ hejl el-farḥ
Gott segne euch!	allâh jubârek lekom
Jedwede Überfülle	kull ezṛajjer
soll jedes Jahr bei euch anzutreffen sein.	'alė-l-ḫôl jadroǵ lekom.
Leget euch den Halsschmuck an,	Ḳallidû-l-ebrejǵ
riechet den Geruch der Straußfeder!	šammû rîš en-na'âm
Das Mädchen bringt in Unordnung	ṭaflitan taǵmaḥ
das Kleid zwischen ihren Schenkeln.	eṭ-ṭowb bên riǵlêha.
(Sie ist) wie eine grüne Kuppel (ein Heiligtum),	Ḳubbetan ḫaḍra'
deren Besuch angenehm ist.	ḥelw mezârha
Bändige ihr Kamel — es will durchgehen —	eḳbar ǵamalha jaǵûl
bis ihre Brüder ankommen.	lamâ-ḫwânha jaǵûn.
Wahrlich, wie der Teich in der Stadt,	W burka bil-medine
dessen Wasserspiegel glänzt (ist sie).	zâhi ǵammaha
O meine Leutchen, ziehet fort	jâ-uhejli-erḥalû
und lasset euch bei ihm nieder.	w enzelû jammaha.
Vor dem Gewieher der Pferde,	'An ǵalîz el-ḫêli
o Feigling, steig ab!	jâ naḍel ḥawwel
O die ihr des Nachts reitet,	sârijjin belêli
o Brüder der Ṣabḥa (Kriegsruf).	jâ-ḫwât ṣabḥâ.
In der Steppe lärmt es,	Fi-l-ḫamâdi jiḳra'
Getöse des Wassers!	jâ ḫess el-moje
Wie die immerfließende Quelle des Tränkortes	miṯl 'edd el-mišra'
(bist du), o Haus des N.	jâ dâr flân.
O Herde warte doch	Jâ ṛanam oṣborî
und nage jeden Ast ab!	w eḳreḍi kulla 'ûd
Warum soll ich mich damit plagen, dich zu behüten,	wêš balâni bra'jâki
wenn deine Leutchen müßig sitzen.	w whejlki ḳa'ûd.

O dessen Grab gebenedeit,
dieser da, o Miṣleḥ!
Im fremden Lande
deine Stimme erfreut.

Jâ raḥîm et-turba
haḏâk jâ miṣleḥ
fi bilâd el-ṛurba
ḥessak jiwannes.

Geschlossen mit dem Siegel,
Haus des N.!
O der du vor dem Regenten (sitzest)
o Väterchen des N!

Musakkare bil-ḫâtem
jâ dâr flân
jâ ḳubajjel el-ḥâkem
jâ-bajja flân.

Gegen Osten ein Obergemach
bauet für N.;
die ganze Gemeinde gehorcht
der Regierung seines Schwertes.

Biš-šerḳ ʿellijje
ebnû liflân
ṭâʿat el-kullijje
min ḥukm sêfo.

Die Braut steigt vor dem Zelte oder Hause des Bräutigams ab, die Frauen geben ihr einen Granatapfel, und sie zerschlägt ihn auf der Türschwelle, ʿatabe, oder der Vorderstange. Nun wirft sie die Körner in das Innere des Hauses oder Zeltes, wo bereits ein erhöhter Platz in einer Ecke mit Teppichen bedeckt ist, unter dem sie Ḥabaḳ-Pflanzen ausgestreut haben. Dort setzt sich die Braut, wartet auf den Bräutigam, und die Frauen singen die Mahâha-Lieder:

Drei Tauben (weilen) im tiefen Tale,
die Stirne geschmückt mit Gold, die Nacken fein;
Gruß dir, o Vater des N., o Hort des Heiles,
du tötest deinen Feind und sein Stoffmantel kann verkauft werden.

Ṭalâṭ ḥamâmât fi-l-wâdi-l-ṛamîḳ
mukattabât eḏ-ḏahab wa ʿnûḳhenn erfâʿ
jusallimak jâ-bajje flân jâ hêkal en-neffâʿ
taḳtol ʿadawwak wa tṣbeḥ ġôḫto tinbâʿ.

Euere Gesamtheit, o Versammelte, ist wie die Blüten im Garten,
aber N., der unter euch sitzt, gleicht dem Sohne des Regenten,
insbesondere, wenn er seinen Stoffmantel über den Seidenrock zusammenzieht;
seid ihr Fürsten, so ist er unter euch Sulṭân.

Kullîtku jâ ha-l-ġemâʿa zahar fi bustân
amma flân mâ bênku ʿeddo walad ḥeččâm
beḫoṣṣ mâ zarzar el-ġôḫa ʿala-l-fusṭân
entu el-emâra wa hu bênku sulṭân.

N., o unsere hohe Burg, wir ließen uns vor dir nieder,
o dunkle Rose, sie öffnet sich jeden Tag vor dir;
ich flehte zum Herrn des Himmels, auf daß vermindert werden deine Feinde,
auf daß sich dir geduldig zeige der Schicksalswechsel, damit du erreichst deinen Wunsch.

Flân jâ burǧna-l-'âli nazelna ḥadâk
jâ ward ǵûri juftaḥ kull jôm ḥadâk
saalet rabb es-sama' an teḳill 'adâk
jaṣber 'alêk ed-dahr lamin tenûl manâk.

O mögen der, die dich schmäht, ihre Verwandten entrissen werden,
möge sie ihren Kopf scheren und ihre Kinder beklagen,
mögen sterben ihre Männer, und wir ihr Beileid bezeugen,
möge verbrennen das Feuer ihre Zelte und ihre Obergemächer!

Jâ rêt min sabbatki tafḳod ahâlîha
teḳoṣṣ râsha wa tḥedd 'ala 'ejâlîha
temût erǧâlha wa narûḥ nu'azzîha
tel'aǧ en-nâr bjûtha wa -'lâlîha.

N., o Braunfarbiger, sie beschimpfen mich deinetwegen,
sie beschimpfen mich nur wegen der Größe meiner Liebe zu dir.

Flân jâ-l-asmarâni 'ajjarûni fîk
mâ 'ajjarûni illa zôd ḥebbi fîk.

Gott sei Lob, diese Fenchel brachte Samen,
sie breitete ihre Zweige aus, nachdem sie bereits dem Untergange nahe war.

W al-ḥamd lillâh ha-š-šômara ṛallat
dallat ṛuṣûnha min 'uḳub mâ wallat.

O möge das Auge, welches Jünglinge sieht und sich nicht freut,
vergehen im Kelche der Blindheit und nachher verschwinden.

Jâ rêt 'ejnan šâfat eš-šabâb wa mâ hallat
tibla fi kâs el-'ama' wa ba'ad wallat.

Des Toten — erbarme dich seiner, o Gott —
und gewähre Leben dem N. an seiner Statt.

W al-majet jâ allâh jirḥamo
wa juslem flân maṭraḥo.

O Zelt des N., o du Blüte des Tales,
o (weißes) Zelt der Kraft, aufgestellt ohne Zeltpflöcke!
ich grüße dich, o Väterchen der N., o du ausgiebiger Ernährer
bei den Sitzungen; dein Andenken wird bewahrt unter den Freigebigen.

Jâ bejt flân jâ ḫanûnt el-wâdi
jâ ḫejmet el-ʿezz mabnijje balâ awtâdi
usallimak jâ-baj flâne jâ-ṭ-ṭaʿâm ez-zâdi
ʿenda-l-maḳâʿid w ḏikrak bôn el-eǵwâdi.

Ich wünsche dem N. von schönen Frauen fünfe:
eine auf seinen Knien und eine andere auf dem Teppich,
eine bringt das Nachtessen, und eine andere (ruft): Komm und iß,
aber die N. soll auf den hohen Absätzen herumgehen.

Tamannét li flân min zên el-ḥarîm ḫamsa
wâḥde ʿala rkabto w al-oḫra ʿala-l-farša
wâḥde taǵîb el-ʿaša' w al-âḫre taʿâl taʿašša
wamma flâne ʿala-l-ḳabḳâb tatmašša.

Wir sind drei unter dem Klosterturme,
mit uns ist ein Jüngling, seine Stimme zwitschert mit den Vögeln um die Wette,
wenn er seinen Haarbüschel entblößt und Gürtel loslöst:
Gute Nacht, o sitzende Versammlung!

Eḥna ṭalâṭe taḥet burǵ ed-dêr
maʿna ṣabi ḥesso jinâṛi eṭ-ṭêr
lan naṭṭar eš-šûše w ḥall es-sêr
masiku jâ ǵmâʿat el-ḳâʿedîn bḫêr.

Wir drei besuchten unsere Familie,
essen und trinken und treten in unsere Obergemächer;
o deine Angst, o du Junggeselle, wenn du uns begegnest,
deine Farbe wird gelb und du bist außerstande, dich mit uns zu unterhalten.

Eḥna ṭalâṭe habtna ʿal-ahâltna
nâkel w nišrab w naṭlaʿ fi ʿalâlina
jâ ḥaṣratak jâ-hal ʿazab jôm telâḳîna
jiṣfarr lônak w lâ tiḳdar teḥâčina.

Glaubet nicht von uns, daß wir uns infolge der Ferne irrten,
wir sind doch die Ältesten des Dorfes, und der Rat liegt in unseren Händen.
O Vater des N., steh, steig auf und laß uns weiterziehen,
mache fest dein Herzchen und schau' nicht auf unsere Feinde.

Lâ teḥasbûna min el-ṛurba ḍallêna
w aḥna šujûḥ el-balad wa-š-šôr fi-dêna
jâ-baj flân ḳum erčab w 'addêna
ḳawwi ḳlêbak w lâ tšuf fi-l-'adw fêna.

Ihr alle, o Versammlung, seid wie Blüten in einem Garten,
doch der N. ist wie der Sohn des Statthalters —
und ohne Übertreibung, wenn er den Haarbüschel auf den Rock fallen läßt,
seid ihr Fürsten, er jedoch unter euch Sulṭân.

Kulluku ğamâ'a zahr fi bustân
amma flân kanno walad ḥakkâm
w balâ ḥeṣṣ lan naṭṭar eš-šûše 'ala-l-ḳufṭân
entu amâra' w hu bênku sulṭân.

O unser Oheim, steh auf und ziehe die Linien meines Grabes
und rufe herbei die Helden, daß sie es ausgraben,
bring her die großen Steinplatten von ez-Zerḳa'
und al-Ḳerje und (lege) den Liebling darunter.

Jâ 'ammina ḳum ḥoṭṭ ḳabri
wa-d'i-n-nišâma jḥûfûno
hât en-naṣâjeb min ez-zerḳa'
wa-l-ḳerje wa-l-ṛâḍi dûno.

Du hast mich fortgejagt, o Liebling, jage dich Allâh fort!
Mein Völkchen ist weit entfernt, und ich bin barfuß,
und wehe mir und meinen Füßen bei dem glühenden Boden,
falls ich stehen bleibe in der schwarzen Wüste.

Šallêtani jâ-l-ṛâḍi šallak allâh
ahejli ba'îdîn w ana ḥâfi
w wejli w riğleji min el-malla
w ana 'ala-l-ḥarra waḳḳâfi.

Der Bräutigam ging schon mittags mit seinen Hochzeitskleidern in das Haus eines seiner Freunde oder Verwandten, wo er sich wäscht und die Hochzeitskleider anzieht. Sein Freund begleitet ihn auch in die Kirche, kehrt mit ihm aber wieder in sein Haus zurück. Dort reicht er ihm den krummen Kamelstab, maḥğâne, und führt ihn auf einen Platz, wo sich die Männer zum Tanze versammelt haben. Hier wird für ihn ein Teppich ausgebreitet, und er unterhält sich mit den übrigen.

Der Bräutigam bekommt verschiedene Geschenke und ruft dabei immer den Namen des Gebers sowie die Höhe der Gabe mit lauter Stimme aus.

Wenn es dunkel wird, kommen Mädchen mit ihren gefüllten Öllampen, setzen sich nieder und singen. Spät abends begleiten sie den Bräutigam in sein Haus oder Zelt, wo die Braut wartet. Hier steht schon eine Ziege oder ein Schaf bereit zum Ḥelijje-Opfer.

Das Ḥelijje-Opfer ist unbedingt notwendig, wenn man die Ehe vollziehen will. Das Opfertier muß immer ein Weibchen sein; es darf nicht einäugig, kränklich, drehkrank, dôra oder maǧ'ûma, sein, auch kein Schaf, keine Ziege, die in den letzten sieben Tagen Junge geworfen hat.

Der Bräutigam opfert selbst das Ḥelijje-Opfer auf dem Dache über der Türe oder in der Türe oder im Raume, wo die Ehe vollzogen wird, und besprengt mit dem Blute die Braut. Dann steigt er auf den Sitz der Braut, und diese muß ihm das Abendessen bringen, das gewöhnlich aus Brot und Butterschmalz besteht.

Nachdem er gegessen, gibt er der Braut 1 Meǧîdi, schneidet mit seinem Messer die Straußfeder von ihrem Kopftuche ab und wirft diese vor seine Füße.

In der Früh, noch vor Sonnenaufgang, kommt die Mutter oder nächste Verwandte der jungen Frau und bringt den jungen Eheleuten Brot mit Schmalz oder Fleisch, was Ṣubḥat el-'ursân oder el-Fuṭra, genannt wird. Nach Sonnenaufgang versammeln sich die Männer, hängen den Kopf des Ḥelijje-Opfertieres irgendwo auf, schießen mit dem Bräutigam darnach, und wer ihn trifft, dem gehört er.

Hierauf nimmt der junge Mann und Šbino, sein bester Freund, ein Opfertier nach dem anderen, tragen es auf das Dach und opfern es so, daß das Blut über die Türe des Raumes, wo die Braut weilt, auf die Schwelle herabfließt. Das Fleisch wird gekocht und verzehrt; dies heißt Eḳra' el-'ors. Der Freund trägt von dem Fleische Geschenke zu den Kaufleuten, welche ihm dann Kleinigkeiten geben wie Seife, Tüchlein, Kamm, Zucker u. a., und dies nennt man Ḥerfe.

Sieben Tage dürfen sich die jungen Eheleute mit gar nichts beschäftigen, und die Frau darf das Haus nicht verlassen. Bei Anbruch der siebenten Nacht versammeln sich vor ihrer Wohnung die Frauen, schlachten ein Tier, dbîḥat el-ḥenna, tanzen, salben die Frau mit Ḥenna und essen das Fleisch. In der Frühe des siebenten Tages verläßt die

13*

junge Frau ihre bisherige Wohnung, die jetzt ausgekehrt wird, denn während der sieben Tage darf man die Wohnung der Braut nicht kehren, will man den Ǵânn und somit den frühen Tod beider nicht herbeirufen. Die junge Frau nimmt die Wäsche und begibt sich, begleitet von ihren Freundinnen, zum Wasser. Hier unterhalten sie sich bis zum Abend, und dann muß sie ihren Arbeiten obliegen.

Die ersten sieben Tage nach der Heirat heißen die Brautleute 'Orsân, der Bräutigam 'Aris, die Braut 'Arûs. Nachher heißen sie wieder der oder die Verlobte, Ḫaṭîb oder Ḫaṭîbe, und zwar bis zur Geburt des ersten Kindes. Von nun an heißt der Mann Ǵôz, die Frau Mara.

Hochzeit bei den Arabern.

Die Hochzeit, al-ḫuṭba, kann jeden Tag gefeiert werden, am schicklichsten aber gilt die Nacht von Donnerstag auf Freitag, lejlt al-ǵum'a, denn man sagt: der Freitag (der Vereinigungstag) ist ein Vereiniger, al-ǵum'a ǵammâ'a. Passend ist auch die Nacht von Sonntag auf Montag, lejlt al-etnên, oder von Mittwoch auf Donnerstag, lejlt al-ḫamis.

Bei den Ṣḫûr beglückwünschen die Frauen und Mädchen die Verwandten der Brautleute, ahl 'örs, mit folgenden Worten:

Sehr gesegnet (mögen sein) die Tage eurer Hochzeit, o Araber, abrak ajjâm 'örsekom, jâ 'arab!

Wenn sie zum Zelte der Braut kommen, singen sie kurze Lieder, und zwar chorweise:

Heißet uns willkommen! Ausgebreitet sollen für uns werden die kurzen Teppiche!	Ḥallû bana firš al-ḳaṭâjef lana.
Das Brautgefolge ist zu dir gekommen, o Braut, tritt hervor!	Al-fawâred ǵânnik jâ 'arûs enḫâši.
O Hâjel gib mir deinen Mantel, er paßt doch nur für mich!	Jâ Hâjel a'ṭni 'abâtak mâ tiṣlaḥ illa 'alajje

Wenn bei den Swârke eine junge Witwe einen alten Verwandten ihres Gemahls heiraten soll, so singt sie:

Den ärgsten Tod (will ich sterben), aber kein Greis möge mich umarmen;
sein weißer Bart ist wie ein Skorpion, der meine Brust sticht.

Mite šeni'e w lâ šâjeb ju'âneḳni
šêbô 'aḳâreb 'ala ṣidri jurašše ḳni.

Der Verwandte antwortet:

Morgen wollen wir in eine Färberei gehen,
und ich werde dir zuliebe meinen Bart färben lassen,
und es wird aus mir ein schöner Junge,
der seinesgleichen unter den Beduinen sucht.

Bâker niği al-maṣbara
w oṣbor leki daḳni
w abḳa walad baḥbaḥi
mâ fi-l-ʿarab mitli.

Die Mutter oder nächste Verwandte der Braut befestigt sieben Tage vor der Hochzeit auf dem Zelte eine Stange mit einem weißen Tuche, ar-râjet al-ʿâmrijje oder râjet el-faraḥ; dabei lassen die Frauen ihren Zaġarît, welcher jedoch bei den Terâbîn Edfejdʿi genannt wird, hören. Nun werden bei dem Zelte der Braut die Arwâd-Lieder gesungen:

Wir stiegen vom Berge ʿArafât,
o N., Durchbrecher der Scheiben!
Wir stiegen vom Berge Ḍâḥi,
o N., du Wolf der Hürden!
O N., spanne dein Netz aus!
O, der du einen feinen Tuchrock trägst!

Nazelna min ğebel ʿarafât
jâ flân kasser eš-šârât
nazelna min ğebel ḍâḥi
jâ flân ḍîb el-emrâḥi
jâ flân sidd nâmûsak
jâ dḳajjeḳ el-ğôḫ malbûsak.

Unterdessen bilden die Männer und Jünglinge, Frauen und Mädchen gruppenweise einen Kreis von etwa 10 *m* Durchmesser. Nahe am Umfange des Kreises wird ein Feuer angezündet und Kaffee gekocht. Beim Feuer sitzen Männer und Greise, welche nicht spielen. Ihnen gegenüber stehen im Halbkreise Jünglinge, wogegen die Frauen und Mädchen seitwärts sitzen. Ein tief verschleiertes Mädchen tritt, mit einem oder zwei Säbeln bewaffnet, in den Kreis vor die Jünglinge und tanzt ihnen zugewendet. Die Jünglinge trachten, sie zu berühren, was das Mädchen mit dem Säbel abwehrt. Unterdessen singt ein Jüngling verschiedene Lieder, und nach jedem Verse oder nach jeder Strophe fallen die übrigen ein und wiederholen die Worte:

„O sei willkommen, willkommen, jâ hala bu jâ hala."

Dabei verneigen sie sich rechts und links, stampfen mit den Füßen, klatschen in die Hände und bedrängen die Tänzerin. Diese wehrt sich, muß jedoch nach und nach weichen, wobei sie die Frauen und Mädchen zum Widerstande aneifern. Wenn die Jünglinge allzu zudringlich werden, so ergreift ein Mann seinen Säbel, stellt sich zum Mädchen und wehrt die Zudringlichsten ab. Sollte die Tänzerin bis an das Feuer zurückgedrängt werden, so kniet sie nieder, alle Jünglinge tun dasselbe und das Spiel setzt sich in dieser Stellung fort, bis das Mädchen ganz müde ist. Dann springt es auf und flieht zu den Frauen, wohin ihm niemand nachfolgen darf. Dieser Tanz heißt Sâmer oder Daḥa.

Die Tijâha und Terâbîn singen dabei die Mušraḳijje-Lieder:

Zweie traten miteinander heraus —	Teutên ṭala'enn sawa
und du sagtest, daß sie stammen aus derselben Sippe —	w tḳûl min 'ajle
und du sagtest, daß der Statthalter erschien,	w tḳûl sanǵaḳ lafa
angetan mit prächtigem Gewande.	w mlabbesan ḥajle
Sie ließen aufstehen Sâlme	Ḳawweinû sâlme
von der Wonne des Bettes,	min laḏîd al-manâm
und sie zog den Damaszener,	w sallat ad-dimašḳi
welcher der Straußfeder gleicht.	mitl riš en-na'âm.
O Herz werde zu einer Stadt	Jâ ḳalb ḥallak medîne
und teile dich in zwei Marktplätze,	w inḳasem sûḳên
und ich werde kommen und kaufen	w aǵi ana w aštari
von dir die schwarze Farbe für die Augen.	minnak kḥêl el-'ên.
Vor dem Zelte des jungen Fürsten	Ḳuddâm bejt el-umajjer
steht eine junge Stute mit weißem Stirnmal	muhritan ɣarra'
und angeschirrt mit Gold,	wi mšelšele bid-ḏahab
sie wird nicht in die Wüste hinausgelassen.	mâ tanṭale' barra.
Mein Herr kaufte sich ein Kamel,	Sîdi šara lu ǵemal
das den Fesselstrick nicht frißt,	mâ jôkel el-'âḳûl
es frißt nur Datteln,	mâ jôkel illa-t-tamar
mit Zucker vermengt.	bis-sukkar el-ma'ǵûn.

Ich will dich treten, o Berg,
bis deine Kiesel zermalmt sind,
o du, der du den Pfad der Liebenden
jenseits von dir in die Länge ziehst.

Adhak ʿalejk jâ ġebel
lamin ḫaṣâk telîn
jâ-lli ṭarîḳ el-ḥabâjeb
min warâk temîl.

O Auge, traue nicht,
der Traum auf der Schlafstätte ist ein Lügner.
Glaube nicht, außer dem armen Lieblinge,
wenn er einem Seher begegnet.

Jâ ʿejn lâ tṣaddeḳi
ḥelm el manâm kaḏḏâb
lâ tṣaddeḳi-lla-l-ġurajjeb
ṣâdaf en-naġġâb.

Am bîr Šeneḳ ist
ein Wächter, der nicht schläft,
und Reitkamele sind dort
wie ein Taubenschwarm.

Bîr šeneḳ ʿalêh
ḥâresan mâ janâm
w ar-rekâjeb ʿalêh
mitl riff el-ḥamâm.

O ihr Schläfer, setzet euch!
Der Schlaf, was hat man von ihm?
der Schlaf, wirst du von ihm satt?
und den Tod hält er nicht ab.

Jâ nâjemîn oḳʿodû
an-nawm wêš minnu
an-nawm tišbaʿ minnu
w al-mawt mâ ʿannu.

Bei den ʿAzâzme bilden die Jünglinge zwei Chöre:

1. Chor: O Lieblinge, o die ihr uns tötetet durch euer Wegziehen,
keinen Tag und keine Stunde können wir euch vergessen.

Jâ ḥbâb jâ-lli ḳataltûna bṭerijâku
lâ jôm waḥad wa lâ sâʿa nasinâku.

2. Chor: O Jammer, über den, den die Spuren der Welt irreführen,
aber wer sich sättigte in eurer Gesellschaft — Heil ihm!

Jâ hamma lilli aṭâr ed-dinja ġawâlo
w illi šabeʿ min rofḳetku jâ hanîjo.

1. Chor: Seit langer Zeit seid ihr, die das Herz verwundetet, nicht erschienen,
niemand anderer ließ das graue Haar auf dem Kopfe wachsen als ihr.

Zamâm jâ-lli ġaraḥtul-ḳalb mâ bintu
mâ nabbat eš-šêb fôḳ er-râs ġejr entu.

2. Chor: Ich fürchte um deinetwillen, o Salâme, die Blattern im Herbst
und gelobe für dich ein Kamel und will es schlachten mit dem Säbel.

Ḫâjef ʿalêk jâ slâme min ǧedâri-l-ḫarêf
w anḏer ʿalêk el-ǧemal w aʿkeru bis-sêf.

O Herz, du machst mich verwirrt,
und ich warnte dich seit langer Zeit
vor denen (Mädchen), die leichten Verstand haben.
Doch ertrage, was dir geschieht.

Jâ ḳalb tuʿajjetîni
w ana min zamân anhâk
ʿan ḫafîfât el-ʿuḳûl
wa oṣbor ʿala mâ ǧâk.

Jede Heimsuchung ist leicht zu ertragen,
aber du bist nicht zu ertragen;
es verzehrt mich ein Feuer wie das von ausgepreßten Oliven
und vom Olivenholz.

Kull el-balâwi jahûnen
w ente mâ tathûn
nâr el-ʿaṣâri akaletni
w al-ḥaṭab zejtûn.

O Gemslein — hinter seiner Mutter
pflückt es die Nefal-Blüten ab;
streife ich es mit meinem Ärmel,
befällt mich Zittern.

Jâ ṛufejjer wara ummo
jarumm en-nefal
lan ḫabaṭṭo bridni
ṛašîni ǧefal.

Die Ḥêwât singen:

O unser verstorbener Ahnherr
hinterließ uns Ḏahab (Oase westlich von al-ʿAḳaba an der Küste);
wir trinken Wasser
und essen Datteln mit unseren Händen.

Marḥûm jâ ǧiddena
ḫallaf ḏahab lêna
nišrab min el-moje
w nâkel tamar bidêna.

Ǧebel el-Melâḳi und ǧ. aṭ-Ṭûr erheben sich nebeneinander, und das Meer zwischen ihnen ist ruhig ohne Wellen.

Ǧebel el-melâḳi w ǧebel eṭ-ṭûr muḳtarnât
wa-l-baḥr bênhenn râked balâ môǧât.

(Für das Gebiet) von ḥarbt el-Fâr	Min ḥarbt el-fâr
bis zum ḳôz abu Slîme	la ḥadd ḳôz abu slîme
und ḳôz Naṣṣâr	w jâ ḳôz naṣṣâr
ist immerwährende Öde angedroht.	maw'ûd bil-maḥal dîme

Beim bîr Zemzem ist ein Wächter, der nicht schläft,
und Reitkamele weilen bei ihm wie ein Taubenschwarm.
O Šmâlije, man schmückte sie mit Straußfedern.

bîr zemzem 'alej ḥâresan mâ janâm
w ar-rekâjeb 'alej mitl riff el-ḥamâm
jâ šmâlije ḳalladûha briš an-na'âm.

Bei den 'Amârin versammeln sich die Frauen und Mädchen vor dem Zelte der Braut, bilden zwei Chöre, sitzen und singen die Ḳana'-Liedchen, und zwar so, daß der erste Chor einen Vers singt, der andere ihn wiederholt:

O du Blondhaarige; o N.,
o du Blondhaarige; o Hê . . .
O dein Vater triebe die Soldaten zu Paaren,
triebe die Soldaten zu Paaren, o Hê.
Wenn er die Wurfkeule schwänge, o N.,
wenn er die Wurfkeule schwänge, o Hê.

Ammu šu'êr ašḳar jâ flâne
ammu šu'êr ašḳar jâ hê . . . hê
nâṭeḥ el-'askar jâ-bajjak
nâṭeḥ el-'askar jâ hê . . .
law laḥḥ ed-dabbûs jâ flâne
law laḥḥ ed-dabbûs jâ hê

Bei den Terâbîn:

O Jüngling, der du mit dem Ärmel winkest,
deine Familie hat während des Taues aufgeladen.

Walad jâ mṭôṭeḥ ridnak
ahejlak bi-n-nada šâlû.

Geh gradaus, o Vater der flatternden Ärmel,
in der Frühe wirst du auf dem Frühlingsweideplatze hinsinken.

Iršid jâ-bu ṭwâṭîḥ
bâker fi-l-mirba‘ taṭîḥ.

Gott möge dich uns am Leben erhalten, bis unsre Schönen (Männer) kommen.	Allâh juḥajjîkina lammâ jiğû erjâdina.
Treibet eure Mädchen aus euren dunklen Zelten.	Aṭle‘û banâtku mín taḥat ṛaṭjâtku.

Bei den Ṣḥûr tanzen die Mädchen den Hawlijje-Tanz. Sie setzen die Brautjungfer auf ein Kamel, führen sie auf einen freien Platz und singen dabei:

Setzt hinauf die Brautjungfer,
ziehet hinaus die Zeltgasse!
O du schnelle Kamelstute! O ihr Tapferen!
O du Blitzstrahl der Zeltgasse!
Möge N. viele milchreiche Kamelstuten rauben
und sie mir dann schenken!

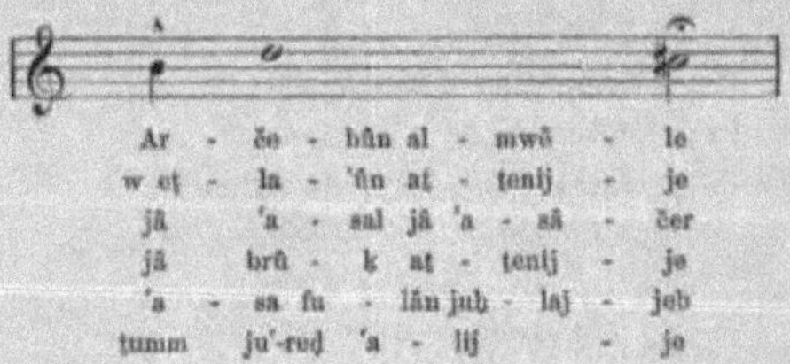

Draußen angelangt, bilden sie um die Reiterin einen Kreis und wiederholen das Lied, den Körper ununterbrochen hin und her bewegend. Zum Schlusse lassen sie die Hände frei, stampfen mit den Füßen, klatschen in die Hände und singen:

O du Hölzchen von Nedd (scharfem Geruch)
sei stark, sei stark!

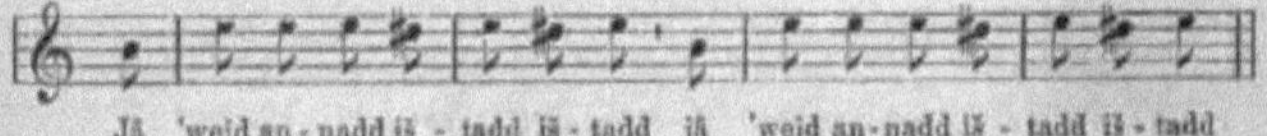

Dann reichen sie einander neuerdings die Hände, drehen sich im Kreise um die Mwêle und singen:

Mein Vater gab mir den Geliebten,	Abuj ʿaṭâni-š-šowḳ
aber seine Mutter wehrt.	w ummu maʿijje
O gräßlich sei ihr Tod,	jâ mitetha ḳašrân
weil sie nichts vergönnt:	mâ hi raḥijje
Sieben schwarze Hunde seien	sabʿat eklâben sowd
seiner Mutter Opfer am Totengedächtnistage.	lummu ḍaḥijje.

Und wieder hüpfen sie, klatschen in die Hände und singen:

Zwei Jahre und ein Jahr	ʿÂmên wa ʿâm
gingen wir nicht nach Syrien (Damaskus).	mâ ǵina-š-šâm.

Ähnlich wird auch Raḳṣa getanzt. Die Frauen und Mädchen bilden zwei Kreise, halten sich bei den Händen, tanzen und singen dabei:

1. Chor: Der Allmächtige, der Allmächtige, Schöpfer des Lieblinges.

2. Chor: Der Allmächtige, der Allmächtige schenkt und gönnt.

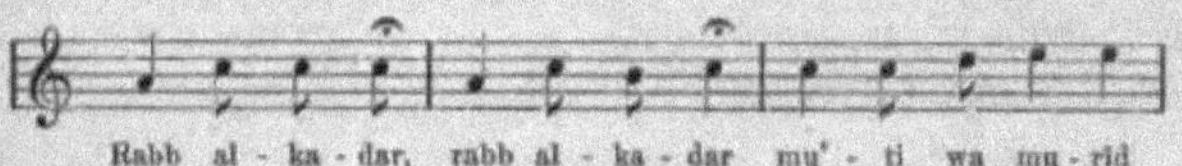

1. Chor: Einen Gang zum Trauerplatze wünsche ich mir nicht, wünsche ich mir nicht.
Mašja-l-maʿîd, mâ-rîd ana, mâ-rîd ana.

2. Chor: Den N. zum Lieblinge wünsche ich mir, wünsche ich mir.
Flân wadîd, arîd ana, arîd ana.

1. Chor: Der Allmächtige, der Allmächtige, der das Eisen bricht.
Rabb al-ḳadar, rabb al-ḳadar fâk al-ḥadîd.

2. Chor: Der Allmächtige, der Allmächtige schenkt und gönnt.
Rabb al-ḳadar, rabb al-ḳadar muʿṭi wa murîd.

1. Chor: Sûḳ al maʿîd, mâ-rîd ana, mâ-rîd ana.

2. Chor: Flân wadîd, arîd ana, arîd ana usw.

Oder:

Rufet den Namen des Rǎšêd an,	Sammû bi rǎšêd
o Liebende,	jâ rǎšedîn
und die (eheliche) Liebe	wa-r-rišed
soll ein Omen sein für Zuhörer.	fâl sâme'în.

Sobald die Jünglinge die ersten Tanzmelodien vernehmen, begeben sie sich zum Tanzplatze und singen am Wege die Sira'-Liedchen:

Ich trat auf ein giftiges Reptil,
während ich nachts zum Tanze ging;
Erretten kann mich das Auge, das belebende,
das Auge der Lieblichen,
wie das Auge einer jungen Kamelstute.

Der Gang der beladenen Kamele	Mašja-z-zemâjel
ist schwerfällig;	hadâjef
sei doch sicher meinerseits,	a'men biǧâli
o Furchtsamer,	jâ ḫâjef
die Zöpfe meiner Lieben	eḳrûn šowḳi
fallen hinten herab.	radâjef.
Mancher Mann	Ḫaṭwa-r-raǧâl
kann sich nicht vorstellen	mâ jinhadaf
die Zöpfe der Lieben,	eḳrûn aš-šowḳ
die schwarzen, hinten herabfallenden;	sowd emraddaf
gib mir das seidene Kopftuch	'aṭni-l-ḫaṭṭa
und enthülle dich.	wa ṭraddaf.
Den Säbel an seinen Hüften	Sejfu 'ala matnu
ging er zur Abendunterhaltung;	ḳawṭar ju'allal
Vater von schwarzen Augen	abu 'ujûnên sowd
wie die Federn des alten Straußes.	rîš al-muẓallal.
Ich fürchte mich nicht,	Mâ-ni ḫâjef
ich fürchte mich nicht	mâ-ni ḫâjef
vor den Zöpfen der Schönen,	eḳrûn ez-zên
den mit Safa' geschmückten.	jâ-s-safâjef.

O Kamelchen eile,	Jâ ḥwâr efreḳ
murre nicht!	lâ tirazzam
Die Zöpfe der Schönen	eḳrûn az-zên
sind nicht zusammengebunden.	lâ mḥazzam.

Am Hochzeitabend, lêlet en-naṣṣa', sitzt der Bräutigam auf einem Teppiche vor einem kleinen, zu diesem Zwecke aufgestellten Zelte, birze, barza, und die Anwesenden geben ihm allerlei Geschenke, janḳetûh. Der „Freund" des Bräutigams muß dafür öffentlich danken, darum heißt er el-Muḥallef. Er tut dies, indem er laut ruft: Vergelte dir Gott, o N. N., ḫalaf allâh 'alejk, jâ flân al-flâni.

Die Braut muß von ihrer Mutter oder ihren Schwestern gewaschen und mit dem besten Gewande bekleidet werden; sie ist immer verschleiert. Wenn sie von dem Gefolge, el-ḳaṭṭâr, abgeholt wird, schreit sie:

„O mein Bruder, o mein Vater, jâ-ḫûjâ, jâ-bûjâ".

Dies tut sie anstandshalber, daß es nicht heiße, sie ziehe gern vom väterlichen Zelte fort. Sie setzt sich auf ein Kamel und hinter ihr setzt sich auf das Tier der Bruder ihrer Mutter, der sie halten muß, damit sie nicht entfliehe. Wenn man beim Barza-Zelte angekommen ist, erhält der Vater den Brautpreis, sijâḳ, dann nimmt er einen Halm, ḳaṣale, entweder von der Neǵile- oder der 'Ašbe-Pflanze, reicht ihn dem Bräutigam und sagt dreimal:

„Das ist der Halm meiner Tochter, hâḏi ḳaṣale binti."

Der Bräutigam nimmt den Halm und steckt ihn hinter seinen Kopfstrick, el-mirir. Der Vater der Braut oder sein Vertreter sagt weiter:

„O N., schau sie, ich lege sie heute zwischen den Halssaum deines Hemdes und deinen Speichel, und ich lege sie in den unteren Saum deines Hemdes und in das, was aus deinem Penis fällt, jâ flân tarâha ana-l-jowm ḥâṭṭha bên ziḳak wa riḳak, w-ana ḥâṭṭha bâelilak w mâ tâḥ min aḥlilak."

Bei den Ḥowâṭ holen zwei Männer die Braut aus dem Zelte ihres Vaters. Dieser reicht dem Vertreter des Bräutigams einen grünen Halm, ḳaṣale ḫaḍra', und sagt:

„Nehmet den Halm der N.! Ich lege ihn von meinem Nacken auf den eurigen, hâkû ḳaṣale flâne! wḥaṭṭejtha min ruḳubti ila erḳâbku."

Der Bevollmächtigte, wekil, nimmt die Ḳaṣale, führt die Braut zum Zelte des Bräutigams, vor dem auf einer Stange eine Fahne weht, wiederholt diese Worte und steckt die Ḳaṣale hinter den Kopfstrang des Bräutigams. Nun wird das Ḥelijje-Opfer dargebracht, wobei der Wekîl, welcher opfert, die Worte spricht:

„Das ist das Ḥelijje-Opfer des N. (Bräutigams) für die N. (Braut), hâḏi ḥelijje flân ʿala flâne."

Mit dem Blute wird der Bräutigam wie die Braut besprengt, jaruššû ʿa-l-ʿarîs wa-l-ʿarûs min damm al-ḥelijje, wobei gesagt wird:

„Sei gelöst (vom Bann), es hat dich Gott gelöst, ḥellî ḥallki allâh!"

Bei anderen Stämmen schlachtet der Bräutigam das Ḥelijje-Opfertier, tritt dann zu seiner Braut, wischt das Blut von dem Schlachtmesser an ihrem Ärmel ab und sagt: „Ḥellî ḥallki allâh."

Die Braut flieht sogleich von ihrem Bräutigam weit in die Wüste hinein. Der Bräutigam muß seine Braut in der Wüste aufsuchen, und zwar mit Mundvorrat und zwei Fellen zum Zudecken. Sechs Tage bleibt die junge Frau in der Wüste und nur ihr Mann kennt ihr Versteck und kommt zu ihr. Während dieser Zeit dürfen sie sich nur mit Fellen zudecken. Wenn die Frau nicht flöhe, würde sie sich große Schande zuziehen und feige Kinder gebären. Eine solche wird angeredet: „Jâ rabûḫ, o Unverschämte!"

Bei den Ḥeǵâja flieht die junge Frau jeden Abend wenigstens durch ein halbes Jahr, bei den Ḥâmâjde wenigstens einen Monat, bei den Salâjṭa und bei einigen Stämmen der Ṣḫûr ebenfalls über ein halbes Jahr.

Bei den Terâbîn und ʿAmârîn flieht die Braut nicht. Der Bräutigam betritt das Zelt mit einem Stabe, maḥǵân oder bâkûr, aus Mandelholz in der Rechten und einem Meǵîdi (K 4·40) in der Linken und läßt die Braut wählen. Diese zeigt sich nicht durch sieben Tage. Der Bräutigam aber kann ausgehen und wird jeden Tag von den Nachbarn zum Essen eingeladen.

Am siebenten Tage begibt sich die junge Frau mit ihren Gefährtinnen zum Wasser, um die Kleider des Bräutigams zu waschen. Nach ihrer Heimkehr wird sie von den Nachbarn zum Essen eingeladen. Nach weiteren vier Tagen, also vier Tage nach der Oktav der Trauung, besucht sie ihre Eltern.

Bei den Ṣḫûr besucht die junge Frau, maḫṭûba, am siebenten Tage, jowm as-sâbeʿ, ihre Verwandten. Sie nimmt einige Nahrungsmittel mit, wenn möglich ein Schaf, das dann bei den Ihrigen verspeist wird. Während des Essens bekommt sie von ihren Anverwandten allerlei Geschenke: junge oder ältere Kamele, ein Füllen, mohra, einen Mantel, ʿabaʾ, kurz, wie man es eben kann. Alles das gehört ihr allein, sie kann und soll es selbständig verwalten, und niemand darf es ihr nehmen.

Ehepflicht.

Der Ṣaḫari darf so viele Frauen heiraten, als er will, ḳadr mâ jurîd, denn er ist nicht beschränkt auf viele oder wenige, mâ hu maḥdûd ʻalej al-kuṯr wa-l-ḳall. Die Fellâḥîn glauben, daß sie höchstens vier Frauen nehmen dürfen. Doch findet man bei den Arabern sehr selten mehr als eine Frau. Nur wenn diese keine Knaben gebiert, nimmt der Mann eine zweite Frau. Wenn bei den kleinen Maʻâze-Stämmen kein erwachsener Jüngling vorhanden ist, und dem heiratsfähigen Mädchen Gefahr droht, ledig bleiben zu müssen, heiratet sie gewöhnlich der Häuptling oder ein anderer angesehener Mann, damit das ohnehin schwache Geschlecht nicht noch mehr geschwächt werde.

Hat ein Ṣaḫari zwei Frauen, al-mutazawwaǵ ṯentên, so soll er jede Nacht bei einer zubringen oder, wenn er es nicht will, vor dem Zelte schlafen; dies wird aber in Wirklichkeit nicht eingehalten.

Bei den Ḥeǵâja muß der Mann jede Nacht bei einer Frau liegen oder aber draußen schlafen. Bringt er die Nacht bei einer anderen zu, als er sollte, so nimmt sich die Verschmähte in der Frühe ein Schaf oder eine Ziege und bezeichnet das Tier als ihr Eigentum, weil es der Preis für ihre Nacht ist, ḥanâṣe laha ʻan lêltha. Der Mann darf dagegen nichts einwenden, denn dies ist bei den Arabern anerkanntes Recht, ḥuḳûḳ al-ʻarab w durûb al-mâšijje. Das Nachtmahl bereitet dem Manne jene, der die Nacht gehört.

Bei den Ẓullâm, Ḥêwât und ʻAzâzme muß der Mann jeder Frau in ihrer Nacht beiwohnen, lêltha, oder vor dem Zelte schlafen. Wohnt er einer anderen bei, so begibt sich die Verschmähte zu ihrer Familie und diese läßt dem Manne sagen: „Wir verlangen von dir das Recht, widdna minnak el-ḥaḳîḳe“, und er muß die Nacht bezahlen.

Bei den Terâbîn flieht die Frau in der Frühe in das Zelt ihrer Angehörigen und beklagt sich auf die Frage:

„O Weib, warum bist du so aufgebracht, jâ ḥurma lêš maʻûle?“ mit den Worten:

„Ich entbehre sowohl des Bettes als auch des Lebensunterhaltes, ana maʻdûmet el-frâš wa-l-maʻâš.“

Nun wird die Sache dem Häuptlinge mitgeteilt und der Mann vorgeladen. Wenn er schwört:

„Fürwahr, ich habe weder vorgezogen noch vertauscht in ihrer Nacht, w ana mâ ʻazzejt wa lâ baddalt fi lejletha“, so wird er für unschuldig erklärt, sonst muß er der Frau für ihre Nacht 1 Lira geben.

Der Beischlaf ist untersagt während der Trauer, el-ḥdâd, aus Anlaß des Todes des Vaters, Bruders, Sohnes vier Tage lang, während der Menstruation, el-ḥêḍ, el-ʿedr, sieben Tage, und nach der Geburt, el-wilâde, durch 40 Tage.

Außerdem ist der Beischlaf untersagt am 10. Juli, denn an diesem Tage übt der Stern al-Balde, „der in der Mitte zwischen dem Monde und aṭ-Ṭrajja' zu sehen ist", einen unheilbringenden Einfluß, und am 10. August, wegen des Einflusses „des Sternes al-Ḳrân".

In el-Kerak gilt der Beischlaf am Tage für eine Schande, ʿejb. Nur die Meġâlje können sich nicht enthalten. Vor Tagesanbruch soll man sich ebenfalls enthalten. Auch übt man die eheliche Pflicht in der Nacht von Samstag auf Sonntag nicht aus.

Findet bei den Fellâḥîn der Bräutigam seine Braut entjungfert, so verstößt er sie sofort. Ersetzen ihm ihre Verwandten den für sie bezahlten Preis, so muß er schweigen. Spricht er aber, und hat sich das Mädchen wirklich vergangen, so müssen es ihre Verwandten töten, ganz gleich, ob der Fehltritt bereits vor geraumer Zeit oder erst vor kurzem geschah, in kân mâḥûḍ waġhiha ḳabl aw ġedid.

Erfahrene Frauen, und zwar Frauen aus allen besseren Familien, müssen das Mädchen untersuchen. Stellt es sich aber heraus, daß das Mädchen unschuldig ist, wird der Bräutigam getötet. Ist es ihm möglich, so flieht er, und es werden dann Verhandlungen angestellt wie bei der Blutrache. Es gibt kein Vorzeigen des Brautnachttuches.

Wenn bei den Šarârât ein Mädchen vergewaltigt worden ist, so schreit sie, schlägt ihr Gesicht, läßt ihre Haare niederfallen und beklagt die ihr von jenem Manne angetane Schmach, taṣîḥ fi ḳowmha w talṭom waġhaha w tarḫi šaʿraha w tarti liʿârha min hadâk ar-raġol.

Findet ein Šarâri-Bräutigam in der Hochzeitsnacht, daß seine Braut keine Jungfrau ist, so bindet er einen Strick um ihren Hals und führt sie in das Zelt ihrer Familie.

Wenn bei den Terâbîn der Bräutigam seine Braut beschuldigt, daß sie keine Jungfrau mehr war, so muß er vor ihren Angehörigen sofort fliehen, weil ihn diese als ihren größten Feind, ḳômâni, verfolgen und ihn töten, falls sie seiner habhaft werden. Er stellt sich unter den Schutz eines mächtigen Mannes, der Boten zu den Verwandten der Braut mit der Einladung zur Verhandlung der Sache sendet. Diese kommen zu ihm, und der Vertreter der Braut erklärt gewöhnlich:

„Ich wünsche den Minšad-Spruch, damit er meine Ehre, wie er sie anschwärzte, wieder weiß mache, ana widdi ḥaḳḳ minšad zaj mâ sawwad ʿarḍi jubajjeḍ.“

Einen solchen Minšad-Spruch können bei den Terâbîn nur die Vertreter folgender drei Sippen erlassen:

Abu Bakra
Abu-l-Ḥaǧǧâǧ
Abu Glêdân.

In el-Kerak der Vertreter der

Meǧâlje
Ibn Tbejt
Abu Sarâr.

Bei den Tijâha:

al-Hzajjel
Abu Šunnâr
Ibn Nebhân.

Nun gehen beide Parteien zu einem von diesen und geben ihm je 1000 Piaster als Rizḳa. Dann tragen sie ihr Anliegen vor und stellen Bürgschaft, daß der Spruch des Richters erfüllt werden würde. Der Richter erwägt alles und findet er, daß die Beschuldigung nur erfunden ist, so muß der Bräutigam dem Vater der Braut 100 Nira (Lire) geben und seine Ehre weiß machen. Er hängt ein weißes Tuch auf einen Stock, geht im Lager herum und ruft:

„Gott möge dein Angesicht weiß machen, o N., allâh jubajjeḍ waǧhak, jâ flân!“

Dann befestigt er die weiße Fahne auf dem Zelte des Vaters der Braut, ar-râjet el-bêḍa' tilfa' ʿala flân.

Wenn der Bräutigam diesen Richterspruch nicht annehmen will, so begeben sich beide Parteien zum zweiten Minšad-Richter und, wenn er auch da nicht zufrieden ist, zum dritten. Freilich muß jeder von diesen seine Rizḳa (1000 Piaster) bekommen. Nun steht es dem Bräutigam frei, den Ausspruch des ersten oder zweiten Richters anzunehmen, und er erklärt:

„Der Ausspruch des N. hängt auf seinem festen Stricke
und ich will ihn nicht zerreißen.

Ḥaḳḳ flân ʿala mašaddo
w ana mâ ahoddo.“

Die unschuldige Partei bekommt ihre 1000 Piaster zurück.

Fügt sich der schuldige Bräutigam nicht, so ist er ehrlos, und niemand darf ihn aufnehmen oder beschützen.

Wird die Braut schuldig befunden, so hängt es von ihren Angehörigen ab, wie sie sie bestrafen. Dem Bräutigam muß alles ersetzt werden; er kann sie jedoch auch behalten.

Wenn jemand in eš-Šôbak eine Frau mit einem fremden Manne sieht und sie des Ehebruches anklagt, muß sie mit der Zunge ein glühendes Eisen belecken, el-bil'e. Beweist sie dadurch ihre Unschuld, so wird der Kläger verfolgt, als ob er ein Mörder wäre, und er und die Seinigen müssen fliehen, jiǵla'. Ist sie schuldig, so soll sie getötet werden.

Wenn sie noch unverheiratet, bint el-bejt, war, sind ihre Verwandten nicht verpflichtet, sie zu töten, aber niemand darf sie heiraten.

Wenn bei den Tijâha ein Mann eine Jungfrau entführt, muß er den Blutpreis zweier Männer zahlen. Wenn er sie dann heiraten will, muß er ihren Brautpreis voll entrichten.

Mein Begleiter Sa'îd scherzte einst mit einem Mädchen und wollte es küssen. Sie wehrte ihn ab, stürzte dabei und schrie um Hilfe. Zwei Hirten eilten herbei und, wenn Sa'îd nicht geflohen wäre, hätten sie ihn getötet. Er stellte sich unter den Schutz eines Häuptlinges, leistete den gefürchteten Ḥuṭṭa-Schwur, daß er dem Mädchen nichts anderes antun wollte, und mußte dennoch dem Vater des Mädchens einen elf Handbreiten hohen Sklavenknaben geben.

Wenn bei den Ḥwêṭât ein Mann und eine Frau in außerehelichem Verkehr in flagranti ertappt werden, werden beide getötet. Verführt ein Mann eine Jungfrau oder eine Frau, so wird sie von ihren Angehörigen getötet, und diese verlangen dann von den Angehörigen des Verführers den Blutpreis für vier Männer. In el-Kerak wurde vor kurzem eine Frau des Ehebruches beschuldigt. Ihr Bruder überzeugte sich von ihrer Schuld und jagte ihr eine Kugel ins Herz. Dann begab er sich zu den Verwandten ihres Liebhabers, der bereits zu den Ḥamâjde geflohen war, und sagte:

„Entweder werdet ihr ihn töten, oder ich muß einen von euch töten."

Da ging ein Bruder des Liebhabers diesem nach, fand ihn richtig bei den Ḥamâjde und erschoß ihn.

Bei den Šarârat mißbrauchte 1899 ein Vater seine eigene Tochter; nachdem seine Söhne davon erfahren hatten, erschossen sie ihn sofort.

Eherecht.

Bei den Arabern wie bei den Fellâḥîn muß die Frau mehr arbeiten als der Mann. In el-Kerak hört man oft:

Das Weib ist am Tage eine Eselin, in der Nacht aber ein Weib, el-mara fi-l-jôm ḥemâra w fi-l-lêl mara'.

Die Ća'âbne sagen:

Der Säbel krümmt sich nicht, außer um Weiberwillen,
weil alle Weiber Sünderinnen sind.

Es-sejf mâ inḥana illa lin-nisa'
lanna-n-nisa' kullhenn ḥaṭa'.

Die Arbeiten der Frau, wâǧijât al-mara', sind mannigfaltig. Sie webt aus Ziegenhaaren die Zeltdecken und näht diese zusammen, sie stellt das Zelt auf und bricht es ab, sie ladet das Gepäck auf und ab: das ganze Hauswesen obliegt ihrer Sorge. Sie muß das Brennmaterial besorgen und alles nötige Wasser herbeischaffen, was recht schwierig ist, weil sie die Wassergefäße oft stundenlang auf dem Rücken oder auf dem Kopfe schleppen muß. Sie hat auch für die nötige Nahrung zu sorgen, das vorrätige Getreide zu mahlen, sei es auf einer Hand- oder anderen Mühle, die Kamele und Ziegen zu melken, die Milch aufzubewahren und daraus Butter oder Käse zu bereiten. Bei den 'Amârîn und 'Azâzme hütet sie die Ziegen. Sie muß auch das Kamelhaar, wabar, sammeln, daraus oder aus Wolle Teppiche weben, alles nähen und flicken.

Sind Gäste angekommen und ist der Zeltherr, ṣâḥeb al-bejt, nicht zugegen, so bringt die Ṣâḥbet al-bejt die Teppiche, macht Feuer, holt das Kaffeegeschirr und trinkt mit den Gästen den Kaffee.

Bei den Fellâḥîn, wo von einer Heirat aus Liebe keine Rede ist, bekommt die Frau oft Schläge, was sie sich, solange kein Blut fließt und kein Knochenbruch vorliegt, gefallen lassen muß. Denn „das Fleisch des Weibes gehört ihrem Manne, ihre Knochen aber ihrer Familie, laḥm el-mara lizowǧha w 'aẓâmha lahalha". Wenn sie auch zu dieser flieht und sich beschwert, wird sie gewöhnlich gezwungen zurückzukehren, weil sonst der Brautpreis rückersetzt werden müßte. Deshalb flüchtet sie sich bei Mißhandlungen zu einem angesehenen Manne und sagt:

„Ich stelle mich unter deinen Schutz, weil mich meine Verwandten zu meinem Manne zwingen, ich will aber nicht; deshalb stelle ich mich

14*

unter deinen Schutz, ana dâḫle ʿalejk w ahli mrâdhom jirṣobûni ʿalêh w ana mâ li ḫâṭer, ana dâḫle ʿalejk."

Nun kann sie im Zelte oder Hause des Beschützers bleiben, bis die Verhandlungen, welche dieser mit ihrem Manne und mit ihren Verwandten eingeleitet hat, abgeschlossen sind. Oft bereut der Mann seine Handlungsweise und schickt zum Beschützer seiner Frau einen Boten mit den Worten:

„Meine Seele kann sich von ihr nicht trennen, nafsi mâ hi ḫâreǵe ʿanha."

Hat er mit ihr keine Söhne, oder ist er mit ihr überhaupt unzufrieden, so läßt er ihrem Beschützer sagen:

„O Vater des N., ich stoße Holz gegen Holz,
und die Scheide will das Holz nicht nehmen.

Jâ-ba flân adukḳ el-ḫašab bil-ḫašab
w al-ḳâʿijje lâ taḳbel el-ḫašab."

Im Allgemeinen entläßt der Fellâḥ nur ungern sein Weib, weil er dadurch den bezahlten Brautpreis und eine Arbeitskraft einbüßt. Der Araber, der zumeist aus Liebe heiratet, tut es noch seltener.

Dem Manne steht es gänzlich frei, seine Frau zu entlassen, und er ist nicht verpflichtet, einen Grund dafür anzugeben. Bei den Kaʿâbne sagt er:

„Ziehe fort, du Verschleierte, du hast meine Zuneigung zu dir verzehrt, rûḥi jâ mastûra akalti naṣabki min ʿendi!"

Wenn eine Frau endgültig entlassen werden soll, muß ihr Mann vor einem ehrbaren Manne erklären:

„O N., diese Frau ist dreimal entlassen durch deine Vermittlung, jâ flân ha-l-ḥorma mṭallaḳe bitlâte ʿala jaddak." Dann darf sie der Mann nicht mehr zurückverlangen, und sie kann einen anderen heiraten.

Die Ḥeǵâja sagen: „O N., dein Kopftuch ist über dein Gesicht herabgelassen, jâ flâne, maḍfi ǵelâlki ʿalêki."

Die Frau nimmt ihr Eigentum und zieht damit zu ihrer Verwandtschaft, darf jedoch so lange nicht wieder heiraten, bis der Mann vor zwei Zeugen erklärt:

„Gehe fort, siehe, du bist dreimal entlassen, rûḥi tarâki ṭâliḳe bit-ṭalâte."

Dann muß die Frage nach dem Brautpreise gelöst werden, d. h. es muß entschieden werden, ob der Mann berechtigt war, seine Frau zu entlassen oder nicht. Von der Lösung dieser Frage hängt es ab, ob der Mann den ganzen Brautpreis, sijâḳ, oder einen Teil davon oder gar nichts zurückbekommt.

Hat die Verstoßene ein unmündiges Kind, so verlangt sie ein Kamel als Ammenentschädigung. Das Kind bleibt ihr, bis es entwöhnt ist, dann kommt es aber in das Zelt seines Vaters. Bei der Scheidung nimmt die Frau ihr ganzes Eigentum mit, das sie auf ein Kamel oder Maultier ihres Mannes aufladet, das Tier gehört dann auch ihr.

Öfters ersucht die Frau selbst um Entlassung mit den Worten: „O Mann, gib meinen Nacken los, jâ zalame fikk raḳubti."

In el-Kerak zahlt man für die Ammenpflicht einer entlassenen Frau 500 Piaster.

Seine Frau oder Kinder zu verkaufen, ist dem Ṣaḫari nicht erlaubt. Auch darf er sie nicht verpfänden, denn sie gehören nicht ihm, sondern seinem Stamme. Er darf auch nicht seine Frau oder Kinder töten. Nur die ehebrecherische Frau kann und muß sogar getötet werden; dasselbe Los harrt auch der Tochter, die vor der Hochzeit schwanger wurde oder mit einem Manne entflohen ist.

Wie mich glaubwürdige Männer verschiedener Stämme versicherten, ist es erlaubt, neugeborene Mädchen oder krüppelhafte Säuglinge im Sande zu verscharren.

Der Sa'îdi darf seiner Frau bei Lebzeiten etwas von seinem Eigentum, min rizḳih, geben, jûheb. Dieses Geschenk, ha-l-wahbe, gehört ihr, und sie kann es sich anstandslos, bdûn mu'âdere, nach des Gatten Tode nehmen. Nie aber darf er ihr etwas vermachen, was zum eigentlichen Erbgute gehört, oder sie zur alleinigen Erbin erklären. Dies würde nie anerkannt werden, weil dadurch der eigentliche Erbe geschädigt würde, und der Erblasser als Hasser seines Erben erschiene und dem Erben verhaßt würde, muḥsed wâreto.

Bei den 'Azâzme bekommt die Frau nach der Entwöhnung eines Knaben ein Geschenk. Auch wenn ihre Töchter heiraten, bekommt sie etwas. Dies und alles, was sie in die Ehe mitgebracht hat, ist ihr ausschließliches Eigentum, worauf niemand anderer ein Anrecht hat.

Die Witwe kann ihren Brautpreis behalten, oft aber wird sie von den Anverwandten gezwungen, ihnen diesen auszufolgen.

Bei den Ṣḫûr kann, ṣaḥḥ lu, der Sterbende, al-munâze', seiner Frau etwas geben oder vermachen, gewöhnlich wird es ihr aber nach des Gatten Tode von den Erben, al-waraṭa', genommen. Denn die rechtmäßigen Erben, und zu diesen gehören weder die Frau noch die

Töchter, meinen, der Erblasser hätte aus Haß gegen sie so gehandelt, hâdâ muḥsed warit, und sagen:

„Der Geber gab, und der Erbe erkannte es nicht an, a'ṭa-l-mu'ṭi wa 'ajja-l-wâret."

Geburt.

Der sehnlichste Wunsch eines jeden Arabers ist eine zahlreiche, gesunde, männliche Nachkommenschaft; denn sie schafft ihm Einfluß und Schutz und stärkt den Stamm. Auch Mädchen hat er gern, allein, wenn seine Frau lauter Mädchen zur Welt bringt, ist er unglücklich.

Die Araber kennen keine Hebammen; entweder helfen sich die Frauen gegenseitig oder sie gebären auch ohne jede Hilfe. So die 'Aṭiwijje, die auf der Weide gebiert und dann ihr Kind samt ihren Ziegen mit nach Hause bringt.

Bei den Ḥanâǧre steht die Mutter während der Geburt. Zwei Frauen stützen sie unter den Armen und der Mann, der vor ihr hockt, empfängt das Kind auf seine Knie.

Die Wöchnerin, al-mara al-mawḍi', wird von ihren Verwandten und Nachbarn mit Speisen beschenkt. Bei den Ṣḫûr bringt man ihr, wenn ihre Verwandtschaft reich ist, in kân aṛnija', Fleisch, in saurer Milch gekocht, oder Fleisch in Butterschmalz oder Brot mit Butterschmalz.

Bei den 'Amârin bringt man ihr, wenn Vermögen, misare, da ist, dünne Brotkuchen, raḳâḳe, oder Brot mit Butterschmalz und Milch. Ist sie arm, so muß sie sich mit allem begnügen, was man ihr gibt.

In el-Kerak legt man ihr die Pflanze Erḳêṭa in Wasser mit Eiern und Butterschmalz gekocht vor. Linsengerichte aber darf sie 30—40 Tage nicht essen. Zum Geschenke, wâǧeb, bekommt sie von den Frauen Mehl, Butterschmalz, ein gekochtes Huhn, ǧâǧe (sic), oder Eier. Die Besucherinnen grüßen sie mit den Worten:

„Du sollst es in Frieden genießen, hanîti bis-salâme,"

worauf sie antwortet:

„Gott schenke euch Frieden, allâh jusallemken."

Die Šarârât bringen ihr das Gericht el-'Aṣide, das aus Mehl, Milch und Butter besteht.

Bei schwerer Geburt trinkt sie den Absud der Gewürznägelein, ḳrunfel.

Wenn in el-Kerak ein Kind am Freitag geboren wird, glaubt man, daß es unglücklich sein werde. Deshalb muß man es vom Unglück befreien. Zu diesem Zwecke wird ein Hahn oder ein Böcklein geschlachtet, das Kind mit dem Blute besprengt und das Opfertier dort begraben, wo das Kind zur Welt kam.

Wenn eine ledige Person oder eine verheiratete Frau ein uneheliches Kind gebiert, wird diesem gleich nach der Geburt die Nabelschnur herausgezogen und man verscharrt es im Sande.

Die ʿAmârin schneiden dem neugeborenen Kinde ein Stückchen vom Nabel, sirre, ab und binden es an den Hals einer Kamelin, einer Ziege oder eines Schafes mit den Worten: „Dies ist die ʿAḳûde des N., ha' ʿaḳûde flân."

Dieses Tier gehört dann samt allem, was es bringt, taḫlef, dem Kinde.

Das neugeborene Kind wird bei den Ṣḫûr am ersten und siebenten Tage nach der Geburt mit Öl und Salz eingerieben. Nur ausnahmsweise wird es in verdünnter Buttermilch, nasije, gewaschen und dann mit Salz eingerieben. Ein Opfer wird nicht dargebracht.

Die ʿAmârin waschen es eine ganze Woche lang täglich in lauwarmem Wasser und reiben es mit Salz ab. Geschähe dies nicht, so würde es sehr furchtsam werden.

In el-Kerak heißt das neugeborene Kind Ṭwêreš; es wird mit Salz und Olivenöl gesalbt, und zwar am ganzen Körper, im Munde und in den Ohren. Dies tut man durch sieben Tage, jeden Tag einmal. Dann wird es in Kuhharn gewaschen.

Bei den Ḥwêṭât heißt das neugeborene Kind ebenfalls Ṭwêreš; es wird ihm Schmalzbutter mit Schwefel, kibrît, in den Mund eingeflößt, juḫannikûh.

Bei den Terâbîn wird es mit Wasser und Salz gereinigt, und zwar während der ersten sieben Tage, ila saba'at el-wǧûb; dann wäscht man es mit Kamelurin und reibt es mit Salz ab.

Bei den ʿAzâzme und Ḥêwât heißt das neugeborene Kind Libbâd oder Lâfi. Den Vater grüßt man: „Gesegnet sei dein Lâfi, mubârak lâfîk!" oder: „Gesegnet sei der Kamelhirt, mabrûk râ'i-l-bel!"

Die Ḥwêṭât sagen: „Gesegnet sei dieser Kamelzüchter, mubârak haṭ-ṭwêreš! Gott mache ihn zu einem von den Langlebigen, allâh jeǧʿalu min ṭwîl al-aʿmâr!"

Der Vater antwortet: „Gott werfe den Segen auf eure Herden und eure Familie, allâh jeṭraḥ al-barake fi mâlku w ʿajâlku!

Bei den Ḫanâǵre fragt man nach der Geburt den Vater:

„O N., was kam zu euch, jâ flân wêš ǵâku?"

„Ein Hirt, eine Hirtin, râ'i, râ'ijje."

„Gesegnet sei der Neugeborene, mabrûk al-lâfi."

Bei ihnen heißt das Kind am ersten Tage nach der Geburt al-Lâfi, dann al-Libbâd.

Am siebenten Tage wird bei den Terâbîn, 'Azâzme und Tijâha das Opfer Sabû' oder Ṭulû' dargebracht und dabei spricht der Opfernde:

„Dies ist das Löseopfer, um Gotteswillen, Gott, hâḏi fedw lawiǵh allâh."

Dann wird dem Knaben der Name gegeben, und die Anwesenden beglückwünschen den Vater mit den Worten:

„Gesegnet sei, o N., dieser Junge, mabrûk, jâ flân, ha-l-ṛulâm!" und er antwortet einem Verheirateten:

„Gut Glück für dich, al-'oḳba lak!"

einem Ledigen: „Gut Glück zu deiner Hochzeit, al-'oḳba lafarḥak!"

einer Verheirateten: „Gut Glück zur Hochzeit deiner Kinder, el-'oḳba lafarḥ 'ejâlki!"

einer Ledigen: „Gott soll dich verschleiern und deinen Brüdern Frieden schenken, allâh jister 'alejki w jusallem ḫwânki!"

Alle geben Geschenke, nuḳûṭ, dem Vater oder der Mutter.

Bei den 'Azâzme wird nach sieben Tagen, 'ala-s-sabû', das Opfer Mrûḳa dargebracht und der Opfernde sagt:

„Du sollst (uns) rechtfertigen, und wir sollen leben! Ich verrichte eine heilige Handlung, und Gott möge (sie) bessern, 'alêki-z-zaka' w 'alêna-l-ḥaja, ana-zku w allâh jarku!"

Die Ẓullâm sagen beim Opfern:

„O Angesicht Gottes, dies gehört dir, jâ wiǵh allâh hâḏi lak."

Die Sa'idijjîn opfern schon nach drei Tagen die Mrûḳa und sagen dabei:

„O Angesicht Gottes, dies gehört dir! Was du gegeben hast, sei darauf nicht gierig, jâ wiǵh allâh hâḏi lak, illi a'ṭajtu lâ tašeḥḥ bih!"

Mit dem Blute des Opfertieres salben sie den Knaben auf dem Scheitel, 'ala ḳuṣṣatih.

Das Opfer Mrûḳa oder Bdûl ist am achten Tage nach der Geburt nach der Meinung der 'Amârîn unumgänglich notwendig, denn es gilt für wichtiger als das Ḍaḥijje-Opfer, aḥsan min aḍ-ḍaḥijje. Es wird von dem Vater ein Schaf oder eine Ziege geschlachtet, wobei er spricht:

„O Gott, hier ist das Opfer des N., jâ allâh hâ mrûḳa flân."

Das Kind bekommt bei den Ṣḫûr am 40. Tage nach der Geburt den Namen. Bis zu dieser Zeit heißt es Ḫrejjân. Seine Familie bereitet ein Mahl aus Brot, ḫubez, mit Butterschmalz, semen, und ladet die Ersten des Lagers ein. Ist das Zelt nicht groß genug, so benützt man das Zelt des Häuptlings. Sind die Gäste beisammen, so nimmt der Vetter oder Onkel oder Bruder der Mutter den Knaben, bringt ihn vor die Versammelten, legt ihn einem Angesehenen, ṣâḥeb al-baḫt, in die Arme und dieser gibt ihm einen Namen. Jeder der Anwesenden beschenkt dann das Kind, jinḥalu; dieses Geschenk heißt Ṭulû'a und gehört dem Knaben.

Bei den Ḥwêṭât opfert der Vater eine Ziege oder ein Schaf für den Knaben und besprengt ihn mit dem Blute des Tieres, jumalleḥû damm ed-ḏbîḥe 'alej. Die Mutter bereitet das Fleisch, legt es auf eine Schüssel, nimmt den Knaben, und geht von einem Mädchen begleitet, das die Schüssel trägt, in die Männerabteilung, legt das Kind auf die Arme eines angesehenen Mannes, ṣâḥeb baḫt, stellt die Schüssel vor ihn hin und sagt:

„Wir kommen zu dir, daß du uns benennest diesen Neugeborenen, ǧînâk tusammi lena ha-l-mawlûd."

Er nimmt nun Speichel aus seinem Munde, legt ihn in den Mund des Knäbleins, haucht es an und sagt:

„Nimm Speichel von meinem Speichel	Ḫod rêḳ min rêḳi
und wandle meinen Weg	w imši ṭariḳi
und du sollst heißen N. N.	w innak tusamma flân al-flâni."

In eš-Šôbač wird der Neugeborene von allen Anwesenden benannt. Am Tage des Ḍaḥijje-Festes bringt der Vater den neugeborenen Sohn, aṣ-ṣabi, in das Gemeindehaus oder in seinen Šiḳḳ. Die Anwesenden essen, was man ihnen vorsetzt, geben dem Knaben allerlei Geschenke und auch, abwechselnd, jeder einen Namen. Der Name, der allen gefällt, bleibt dann dem Kinde, denn man sagt, „er sei auf ihm geboren, al-ism illi jûlad 'aleh jusammûh bih."

Der Name hat immer eine Bedeutung: er soll die gewünschten Eigenschaften angeben, wie sich das Kind nicht nur gegen die Seinen, sondern auch gegen seine Feinde benehmen soll. Oft entspringt der Name der augenblicklichen Stimmung des Vaters. So nannte ein Christ, der genug Töchter, aber keinen Sohn hat, seine neugeborene Tochter „Ärger" Z'ûl, ein anderer „Genug" Tamâm, „Beleidigung" Ṛejẓa und ähnlich.

Bei den Ṣḫûr habe ich gelegentlich folgende männliche Eigennamen notiert:

Ebnejje	Ḥarb	Sûdân	Farḥân
Eǵdi	Ḥamed	as-Sijjed	Felâḥ
Ezʿêter	Ḥamdân	Šâher	Flajjeḥ
al-Aswad	Ḥamûd	Šibli	Fahad
Eṙnêm	Ḥwejmed	Šaṭṭân	Fhejd
Ekṭêred	Dâbes	Šoṭṭi	Ḳufṭân
Emṣawwer	Dibbân	Šams	Meḏwed
Emʿejdi	Durzi	Šiḥân	Merǵed
Emnâčed	Duḳḳi	Ḍejfallâh	Mislaṭ
Ehḏêrem	Danhar	Ṭalâl	Maṭar
Baḫît	Ḍawḳân	Ẓâher	Maʿâḳer
Bḫajjet	Ḍijâb	Ẓwejher	Mifleḥ
Badr	Râǵeḥ	ʿÂref	Mnâwer
Barǵas	Raṭʿân	ʿÂjed	Nâṣer
Barṙaš	Rwejli	ʿAbṭân	Nedaʾ
al-Bṭejjen	Rišân	ʿAssâf	Naṣṣâr
Balḳaṣ	Zejdân	ʿOṭejjeḳ	Nimr
Turki	Sâher	ʿAḳâjel	Nûrân
Ṭamad	Sḫejmân	ʿOḳla	Nwêrân
al-Ǧedi	Sallâm	ʿAwwâd	Hâjel
Ǧdêʿ	Salâme	ʿAjd	Haǵr
Ǧerâd	Sulṭân	ʿal-ʿEjṭ	Hadbân
Ǧeru	Samr	Ṙâleb	Hazim
Ǧerajjed	Sammûr	Ṙâšem	Hejdar
Ǧilbâṭ	Smîṭ	Ṙalmiš	Wadʿân
Ǧawfân	Sahar	Ṙanâjem	Wâdi
Ḥâmed	Shejr	Fâres	Wâčed
Ḥatmal	Shûǵ	Fâjez	Walmân

Bei den ʿAmârîn:

Abu Zemʿ	Ehrejs	Ṙrejd	Swêlem
Eǵdêʿ	Bešîr	Dḫejlân	Šaʿṭân
Erhejjef	Ǧadʿân	Damak	eš-Šôli
Emḥâreb	Gedûʿ	Rizeḳ	Ṣabbâḥ
Emṣabbeḥ	Ǧirǵib	Rašîd	Ṭrejmân
Emfarreǵ	Grejbiʿ	Selmi	Ṭallâḳ

Ṭalab	ʿAḳl	Meršed
ʿAtiḳ	ʿAḳil	Muṭlaḳ
ʿAǧram	Farrâǧ	Mehrâs
ʿAṭallâh	Faraǧ	Nwêṭeḥ
ʿAṭwân	Ḳâsem	Hâres
ʿAṭijje	el-Kuʿajjed	Harrâs
ʿAfnân	Maḥsen	Hawwâs

Bei den ʿAzâzme: Smâʿîn, Smaʿel, Ṣallûʿa, Fariḥ, Ḳṭêfân, Miṭleḳ.

Für einen verstorbenen Säugling wird das Opfer ʿAḳîḳa dargebracht. Noch vor dem Feste eḍ-Ḍaḥijje schlachtet der Vater ein Kamel oder ein Schaf und sagt dabei:

„O Gott, zu dir mögest du (wohlgefällig) aufnehmen die ʿAḳîḳa des N. Sohnes N., allâhumma ilajk taḳabbalt ʿaḳîḳa flân."

Beschneidung.

Die Beschneidung heißt bei den Terâbîn Ṭuhr, Farḥ, bei den Tijâha Ṭuhr, Farḥ, Zejj, bei den ʿAzâzme Ṭuhr, Farḥ, Zejj, el-Farâḥ, bei den ʿAmârîn aṭ-Ṭohr und wird feierlich vorgenommen. Beschnitten werden Knaben und Mädchen. Am wenigsten gefährlich ist die Beschneidung im dritten Lebensjahre; es können aber, wie manchmal geschieht, auch ältere Kinder beschnitten werden.

Der Beschneidung geht eine Vorfeier, en-naṣṣa, voraus. Diese beginnt in der Nacht von Mittwoch auf Donnerstag oder von Donnerstag auf Freitag, wogegen die Beschneidung am liebsten Montag gegen Abend vorgenommen wird. Nur darf dieser Montag nicht auf den 6., 16., 7., 17., 9., 19. und 21. (eine eigentümliche Aussprache: sittaṭ-ṭaʿaš, sabʿaṭṭaʿaš) Tag im Monate fallen. Am besten ist es, wenn der Montag auf den 1. oder 15. Tag fällt; Mittwoch und Donnerstag gelten dabei als Unglückstage, makrûhîn.

Die Mutter, Schwester oder die nächste Verwandte befestigt vor der Mitte des Zeltes eine Lanze oder Stange mit weißem Mindîl und einer Straußfeder mit den Worten: „Diese Fahne ist um Gottes willen (aufgestellt), ha-r-râje lawiǧh allâh".

Die Tijâha binden dazu noch bunte Bänder, ṣafâjef, und nennen die Fahne Râjet el-farḥ. Sie bleibt einen Monat stehen. Sobald die Fahne aufgestellt ist, lassen die Frauen ihr Zaṛârît hören und stimmen dann die Lieder ʿAwêmrijje, ʿômrijje, an:

O N., der du mit der Schimmelstute spielst,	Jâ flân lâ'eb er-zerka'
lasse sie Ausdauer sich angewöhnen.	ḫallîha 'a-š-šalas tiḏra.'

O wie schuf unser Herr im Stamme schöne Menschen!
Und der Verstand ist wie die Edelsteine; wer ihn hütet, hat Ruhe.

Jâ mâ ḫalaḳ rabbna fi-l-ḫajj nâs emlâḥ
wa-l-'aḳel zaj aǧ-ǧawâher ṣâjino mirtâḥ.

Von der Stange der Vorderreihe bis zur Stange der Mittelreihe	Min miḳdem el-bejt
zwei Tagereisen,	li-l-wâseṭ safar jômên
und wenn du kommst als Gast,	win ǧît ṭarrâš
wo wirst du deinen Kaffeekrug aufstellen?	tanṣob bakraǧak wên.

O Vollmond, was sind es für Reitkamele,	Jâ badr wêš er-rkâb
die sich nähern dem Zelte?	alli lifen 'a-d-dâr
Da ist ja eine Karawane mit Freunden,	hadâk ẓu'un el-ḫabâjeb
die sich in der Wüste verirrten.	fi-l-ḥamâd eḥtâr.

Habe ich dir nicht gesagt, o Faraǧ,	Mâ ḳulet lak jâ faraǧ
tue nicht allzusehr wehe?	lâ tkaṭṭer et-tawǧi'
Kein einziger säet guten Samen	w lâ-ḫad zara' ṭajjibe
in unseren Bergen, der nicht aufkäme!	fi ǧebâlna w taḏi'.

O Vollmond, hast du sie nicht gesehen,	Jâ badr mâ šufetha
wie sie (die Stute) Licht hervorbringt auf felsigem Boden,	tuḏawwi 'a-l-waǧên
und wenn sie dahineilt auf bewässertem Terrain,	w in ṭammat fi-l-mruwijje
können wir sie im Auge nicht behalten.	mâ nôkedha bil'ên.

Zwei Mädchen gruben ein Wasserloch,	Tentên ḫafaran ṭemile
und es kamen zu ihm die Ǧnejhât;	ṭabbha eǧnejhât
o seine Fülle bestehet aus Honig,	jâ ǧammha min 'asal
als Getränk für die Schönen.	mašrûb liz-zênât.

O (die Fahne) eurer Beschneidung, die aufgepflanzt,	Jâ zajjiku-lli-ntaṣab
wir alle freuen uns deshalb:	kullna fareḥna lu
Genug gibt es für alle Wanderer	ǧaza' al musâferîn
und für jeden, der vor ihm erscheint.	w illi ta'anna lu.

Gesegnet sei euer Lager,	Mubârake dârku
o ihr, die ihr es bewohnt;	jâ-lli nazeltûha
nur frische Pflanzen sollt ihr abweiden lassen,	el-'eśeb tar'û
und die alten mähet ab.	wa-l-ḳurna tḥaśśûha.
Habe ich dir nicht gesagt, o Augapfel,	Mâ ḳulet lak jâ ḥadîḳ el-'ejn
steig nicht (auf den Hügel)?	lâ tuśref
Es würden dir sicher erscheinen deine Freunde,	jiṭran (sic) 'alejk el-ḥabâjeb
und deine Tränen würden fließen.	dim'atak tadref.
O der du auf den Hügel steigst,	Jâ muśref el-ḳôz
versöhne dich mit mir ohne Qual.	hâwedni bilâ ẓulma
Wenn man dich verläßt,	in kân fâtûk
wird man dir sicher das Wasser ersetzen.	ja'ûḏen 'alêk el-ma'.
Seid ihr von den weißen Gazellen,	Entu min er-rîm
oder von verbündeten Arabern?	w illa min 'arab ḥawwi
Und du wirst den Strunk einsperren	w tuṣleḥ el-'ûd
und drinnen das Haar abschneiden.	w tikef eś-śa'ar ǵawwi.

Abends ladet einer der Väter, dessen Kind beschnitten werden soll, zum Essen ein. Das junge Volk versammelt sich vor dem Zelte und tanzt, jisḥaǵû, die Daḥa-Tänze, wobei sie wiederholt dieselben kurzen Lieder singen:

Wir wollen euch hüten	Ḥerez 'alejko
vor dem Schneidenden;	'enda-l-ḳaṭṭâ'
wir wollen euch hüten.	ḥerez 'alejko.
Schneide, o Schneidender,	Iḳṭa' jâ ḳaṭṭâ'
mache nicht Wehe dem N.	lâ tôǵa' flân
Schneide, o Schneidender!	iḳṭa' jâ ḳaṭṭâ'.
Gib acht auf das Rohr,	'Ala-l-ḳaṣab
o mein Liebling,	jâ śôḳi
gib acht auf das Rohr.	'ala-l-ḳaṣab.

An den folgenden Abenden bewirtet, jiḳri, ein anderer Vater eines der zu beschneidenden Kinder die Araber.

Unterdessen wird auf einem hervorragenden Platze, am liebsten in der Mitte des Lagers, ein großes Zelt errichtet, und auch da stellen sie eine Fahne auf, jirzû-r-rîš. Montag werden die Kinder reingewaschen und ihnen weiße Hemden, tijâb bîḍ, lange rote Röcke, kbûr ḥumr, und rote Kopftücher, manâdîl ḥumr, angezogen.

Bei den Ḥwêṭât nimmt der Knabe vor der Beschneidung den Säbel, läuft dem zum ʿAḳîre-Opfer bestimmten Tiere nach und zerschneidet ihm an den Hinterfüßen die Sehnen, jaʿḳerha, worauf das Tier sofort geschlachtet wird. Von seinem Fleische dürfen nur Männer essen.

Dann werden alle Knaben in das Zelt gebracht, ihnen die Füße gereinigt und jeder auf einen großen Stein oder auf die Handmühle gesetzt. Nun wird das Zelt geschlossen. In diesem befindet sich der Beschneider, el-muṭahher, und die nächsten männlichen Verwandten der Knaben, oder die Beschneiderin und die nächsten weiblichen Verwandten der Mädchen. Alle müssen aber rein sein, d. h. sie durften in der letzten Nacht keinen geschlechtlichen Umgang gepflogen haben, auch nicht menstruieren oder vor weniger als 40 Tagen niedergekommen sein. Wenn der Beschneider das Zelt betritt, sagt er dem Vater oder Bruder oder dem Vormund:

„O N., die Sünde dieses auf meinen Nacken! Was willst du ihm schenken, jâ flân hâda ḫaṭijtu birḳubti, wejš tinḥalu?“

Er antwortet: „Ich schenke ihm die Stute N. oder die Kamelin N., ana nâḥlu fi-l-faras el-flânijje, fi-n-nâḳa.“

Diese gehört von nun ab dem Knaben und wird auch nach dem Tode des Vaters von dem Erbe ausgenommen. Wenn der eine oder der andere Knabe Furcht bekommt, so beschwichtigen ihn die Anwesenden, indem sie ihn auffordern:

„Rufe den oder jenen Verwandten an, intaḫi!“ Das Kind ist schon belehrt, daß es dann ein Geschenk bekommt, deshalb ruft es:

„Unter deinen Schirm, o Oheim N. oder Vetter N., ʿajnâk jâ ʿammi flân, jâ ḫâli!“

Der Verwandte tröstet ihn dann und verspricht ihm Geschenke.

„Freue dich über die Kamelin N., das Schaf N., die Ziege N., ibšer bin-nâḳa, bi-n-naʿǵe, bi-l-ʿanz, el-flânijje“, oder: „Freue dich über meine Tochter, meine Schwester, ibšer fi binti, fi oḫti!“ Das Versprochene gehört dann dem Knaben, und das Mädchen gilt als seine Verlobte.

Während der Beschneidung stehen die verwandten Frauen und Mädchen hinter dem verschlossenen Zelte, ḳafa-l-bejt, schlagen mit den

Šabâri, krummen Messern, auf das Zelttuch und lassen die Zaṛârît-Laute erschallen, um den Beschnittenen vor dem bösen Blick, ʿan al-ʿajn, zu schützen. Dafür bekommen sie von den Vätern der beschnittenen Knaben ein kleines Geschenk.

Dem Knaben wird die Vorhaut, ḳufla oder ṛufla, abgeschnitten und das Blut fließt auf den Stein. Nun nehmen die Frauen das Kind samt dem Steine oder der Handmühle, tragen es dreimal um das Zelt, schreien: „lu-lu-lu-lu-li-a . . .", und das Blut tropft. Dann legt die Mutter oder die nächste Verwandte den schweren Stein auf ihren Kopf und hält ihn so lange, bis der Beschnittene ihr etwas von dem Eigentume seines Vaters schenkt; er sagt ihr:

„Wirf ihn ab und was du wünschest, das soll geschehen. Ich gebe dir das und das, irmîh willi fi ḫâṭerki jaṣîr, ana muʿṭîki eš-ši el-flâne." Dieses Geschenk heißt ʿAṭaʾ oder ʿAṭwaʾ und gehört der Frau. Darauf bringen die Verwandten dem Beschnittenen Geschenke, und diese heißen el-Mṛaddi oder Ḳawad. Ḳawad nennt man bei den Tijâha ein geschenktes Kamel. Dieses wird mit roten Bändern geschmückt und von vier Frauen dem Beschnittenen zugeführt.

Nach der Beschneidung singen Männer und Frauen chorweise die Lieder Ḥefle:

Neu ist dein Kleid, o Hirt des Neuen!	Ǧadîdak jâ râʿi-l-ǧadîd
O, er möge gesegnet und glücklich sein!	jâ lejtu mbârak w saʿîd
Seine Beschneidung sei wie ein Festtag!	jâ ṭuhru miṯl jowm al-ʿaîd

Gesegnet sollst du sein, o du, der du aufstelltest die Feder,
gesegnet sollst du sein und das Knäblein soll leben,
gesegnet sollst du sein sovielmal als Bäume im Walde sind!

Tbarrak jâ min ṛazza-r-riš
tbarrak wa l-wulejd jaʿiš
tbarrak ḳuṭr nabt al-hiš.

Reitkamele kommen zu mir raschen Schrittes,
und auf ihnen wiegt sich ein Steppenpilger.
O, wer ist der Steppenpilger?
O N., du Steppenpilger!

Rečâjeb ǧânni dumejlijât
w ʿalejhen miṣʿad an-nijâṭ
jâ minnu miṣʿad an-nijâṭ
jâ flân miṣʿad an-nijâṭ.

Wer kaufte die Ma'naḳijje-Stute,	Minnu šara-l-ma'naḳijje
wer kaufte sie?	minnu šara
Möge er glücklich sein mit der Glücklichen,	lawa hanijju bil-hanijje
möge er!	lawa
N. kaufte die Ma'naḳijje-Stute,	fulân šara-l-ma'naḳijje
N. kaufte sie;	fulân šara
Möge er glücklich sein mit der Glücklichen,	lawa hanijju bil-hanijje
möge er!	lawa!

Wir freuen uns, aber die Feinde blicken scheel;	Farâḥan wa-l-'uda' čerhîn
o N., o Augapfel,	jâ fulân jâ maḍnûn al-'în
wir freuen uns, aber die Feinde blicken scheel.	farâḥan wa l-'uda' čerhîn.

Ich würde nicht aufhören zu seufzen, selbst auf der Bahre ausgestreckt,
und selbst wenn die Knochen verfallen und Fleischstücke den Würmern (gehören).

Mâ abṭel al-wan (sic) lanni 'a-n-na'nš mandûd
wa-l-'aẓm jibla wa sujûr al-laḥm lad-dûd.

Sklaven und andere Bewohner des Zeltlagers.

Sklaven, al-'abîd, al-mwâli, findet man bei allen Stämmen, und sie gehören gewissermaßen zur Familie. Nicht nur Schwarze sind Sklaven, sondern auch Angehörige anderer Stämme, insbesondere aus Nordafrika. Dort und in Ägypten werden Kinder gestohlen, die dann auf den Märkten in Madâjen Ṣâleḥ, Mekka und auch in Ma'ân und Ḳâhira-Miṣr veräußert werden.

Die Preise sind nicht gleich und schwanken zwischen 50 bis 110 Meǵidi = 220 bis 484 Kronen.

Der Sklave wird bei den Ṣḫûr und Ḥwêṭât fast immer mit einer Sklavin verheiratet und dient seinem Herrn, schläft in dessen Zelte und begleitet ihn auf den Kriegs- und Raubzügen (Fig. 45). Auch hütet er seine Herde und genießt fast vollständige Freiheit; darum fliehen auch die wenigsten. Mein Begleiter, der Sklave 'Abdallâh, erzählte mir, er hätte mehrmals seine Angehörigen in Ägypten besucht, sei aber immer zu seinem Herrn zurückgekehrt, da er es bei diesem besser habe als zu Hause.

Wird der Sklave schlecht behandelt, so flieht er in das Zelt eines anderen Stammgenossen, der ihn dann so lange beschützen muß, bis sein Herr erklärt, ihn von nun an besser zu halten.

Hat sich ein Sklave bewährt, und will ihn sein Herr freilassen, sajjidu juḥarreru, so beruft er die Stammesangehörigen in den Gastraum seines Zeltes und sagt:

„Wie ihr mir bezeugen sollt, gebe ich den N. für Gott frei, ʿala mâ tašhadû, inni muʿteḳ flân lillâh“ oder:

„Bezeuget N. und N.!
Ich entlasse meinen Sklaven N. um Gotteswillen.
Ich habe auf ihn keinen unerledigten Anspruch,
und nach meinem Tode haben auch meine Kinder keinen Anspruch auf ihn.
O N. und o N.!
Ich entlasse meinen Sklaven und beschenke ihn, und du bist der Bürge seiner Entlassung.
Ešhedû jâ flân w jâ flân
ana muʿtiḳ ʿabdi flân lawiǵh allâh
mâ li ʿendo ḥaḳḳan nastaḥaḳḳo
winn mitt mâ lawlâdi ʿendo ḥaḳḳ
jâ flân w jâ flân
ana muʿtiḳ ʿabdi flân wa msâḥo w ent (w ent) kefîl ʿatḳih.“

Nun verläßt der frühere Sklave das Zelt als freier Mann, muḥarrar.

Man kennt viele berühmte Sklaven. So wird viel besungen ʿAbdallâh, der Sklave des tapferen Helden Miṣleḥ el-Meǵalli von el-Kerak. Er wurde nach dem frühzeitigen Tode seines Herrn als der Repräsentant seines Hauses anerkannt, und obgleich andere Verwandte da waren, erzog er dessen Kinder. Denn obwohl Sklave, genoß er dennoch ein solches Ansehen, daß ihm niemand entgegenzutreten wagte.

Zu den Terâbîn werden die Sklaven aus Ägypten importiert, zumeist um den Preis von 15 Napoleon = 300 Kronen. Der Herr kann der Sklavin, wenn sie keine Schwarze ist und ihm gehört, beiwohnen, gehört sie aber seiner Frau, so darf es nur mit ihrer Einwilligung geschehen. Die Sklavin der Frau ist eben nicht das Eigentum ihres Herrn. Die Kinder, die er mit ihr gezeugt, darf er nicht verkaufen, sie sind seine Kinder; dagegen sind sie zur Erbschaft nach ihm nicht berechtigt und bekommen nur eine Abfindung.

In einem jeden größeren Lager wohnen Handwerker, aṣ-ṣunnâʿ. Sie kommen aus verschiedenen Orten zu den Arabern, stellen ein schwarzes Zelt, bejt, nie ein weißes, ḫejme, auf und bleiben da lange, oft auch für immer. Dazu bedürfen sie stets der Einwilligung des Häuptlings, wofür sie ihm unentgeltlich eine Arbeit verrichten; sonst zahlen sie nichts. Besonders gern gesehen sind die Kürschner, farrâ'.

Gegen Ende der Regenperiode, wenn die Araber an der Grenze der Wüste lagern oder zur Zeit, wenn die Halb-Fellâḥîn dreschen, kommt der fahrende Kaufmann, ḫawâǵa, ḫawâǵat (im ḫ. el-'Arâḳ hörte ich ḫuǵǵa'), mit seinem Zelte. Wenn er in einem großen Lager sein weißes Zelt, ḫejme, bei den schwarzen Zelten, bujût, der Araber aufschlagen will, jibni, so muß er dem Häuptling jenes Geschlechtes 500 Piaster zahlen und diesem, dessen Frau und Kindern ein Hemd, ṯowb, geben; dafür kann er dort ein Jahr bleiben. Bei den armen Ma'âze und Halb-Fellâḥîn gibt der Händler dem Häuptling ein Geschenk, einige Kleider für die Frau und etwas Kaffee; das Geschenk übersteigt aber nie den Betrag, ḳîme, von 200 Piastern.

Fig. 43. Ein Sklave der Beni Ṣaḫr.

Der Händler verkauft gewöhnlich alles: Kleidungsstücke, Hufeisen, Kaffee, Getreide usw. sowohl gegen bare Bezahlung wie für Tauschgegenstände, z. B. Wolle, Kamel- oder Ziegenhaar, Getreide, Tiere, Butter, Käse usw.

Fast jeder Stamm ist verschuldet, und der Hauptgläubiger ist gewöhnlich der fahrende Kaufmann, dem man regelmäßig Zinsen abführen muß. Die Zinsen werden fast nirgends für ein ganzes Jahr berechnet, sondern vielmehr bis zum nächsten Frühjahre, rabî', wo die Jungtiere verkauft werden, oder, wie bei den Fellâḥîn, bis zum nächsten Dreschen, bêdar, wenn das Getreide verwertet werden kann.

Die Zinsen führen verschiedene Namen. So heißen sie bei den Ḥwêṭât Fâjeḍ (sic), bei den 'Aṭâwne Fâjide oder Term, bei den Ṣḫûr Fâjeḍ oder 'Aṭal, bei den 'Amârin Ribeḥ oder Fâjide; 'Azâzme: er-Rbi'; Ẓullâm: Ribeḥ, Ribâḥa; Terâbîn: Ribḥ, Erbâḥ oder Tirm; Ḥêwât: Erbâḥa oder Tirm (für Ṭirm?).

Die Höhe des Zinsfußes ist nicht gleich. Wenn ein Araber von seinem Stammesgenossen Geld leiht, zahlt er gewöhnlich 5—13%. Will er von einem Fellâḥ oder Händler Geld haben, so muß er ihm ein Geschenk bringen. Wenn er z. B. 4—5 Meǧîdi ausleihen will, so gibt er ihm Butter, Wolle, ein Lamm oder ein Zicklein, aṣhab, als Gabe, ǵôde, ḳwâde, bisle. Dann bekommt er den gewünschten Betrag und zahlt 25—45% bis zum nächsten Rabî'.

Die meisten Kamelhändler stammen von den 'Aḳêl, und somit wird jeder Kamelhändler kurzweg 'Aḳêli genannt. Er hat in jedem Stamme einen Beschützer, der den Transport von Waren oder Tieren überwacht und für diese verantwortlich ist.

Um allerhand Betrügereien vorbeugen zu können, trachten die Häuptlinge der Beduinen, lesen und schreiben zu lernen. Deshalb halten sie sich oft im Lager einen fellâḥischen Lehrer, der ein Zelt zur Benützung hat und jährlich 500 Piaster bekommt. In diesem Zelte wird die Schule abgehalten. Mit Sonnenaufgang versammeln sich hier die Knaben mit Blechtafeln, auf welche der Lehrer die Lektion mit Tinte aufschreiben muß. Bücher sah ich keine. Schlagen darf der Lehrer seine Schüler nie; denn ein Bdûi wird sich von einem Fellâḥ, und der Lehrer ist ja nur ein Fellâḥ, nie ungestraft schlagen lassen. Je eher die Knaben lesen und schreiben erlernen, desto besser für den Lehrer, weil er dann von dem Vater eines jeden noch ein Geschenk bekommt. Nebstbei verdient sich der Lehrer noch etwas durch Schreiben von Amuletten und Lesen eingelangter Schriftstücke.

Die Araber haben keine Priester. Der Fürst opfert für den ganzen Stamm, der Häuptling für sein Geschlecht und der Vater für seine Familie. Im Zeltlager hört man nie den Aufruf zum Gebet; die Beduinen haben keine Mueḏḏin. Nur einmal war ich Zeuge eines Aufrufes. Die Ṣḫûr lagerten bei ihren Ḳerâja, d. h. westlich von der Pilgerstraße, wo der Boden von den Fellâḥîn für die Ṣḫûr angebaut wird. Die Fellâḥîn stammten aus dem ğ. Nâblûs, also aus der Gegend von Sichem, wo die größten muslimischen Fanatiker zu Hause sein sollen, und hatten ihren Dorfpriester, ḫâṭeb, mit. Sie kamen ins Lager, um sich auszuweisen, und als die Zeit des Abendgebetes anbrach, lud ihr Ḫâṭeb zum Gebete ein. Die Fellaḥîn beteten; von den Ṣḫûr aber regte sich keiner, sie unterhielten sich weiter und kümmerten sich um die anderen gar nicht. Die Fellâḥîn blieben über Nacht im Lager, und in der Früh erscholl wieder der Aufruf des Ḫâṭeb. Darüber erwachte Hâjel, der neben mir schlief, und sagte: „Was brüllt der Esel schon wieder? Hat er schon wieder Hunger?"

Das Fasten im Monate Ramaḍân bekritteln die Salâjta, indem sie über dessen Ursprung folgendes erzählen:

Ramaḍân war Moḥammads Sklave. Er hatte eine hübsche Frau. Einst teilten ihm die Leute mit, daß Moḥammad eben seiner Frau beiwohne. Er trat in sein Zimmer und sah es. Da war Moḥammad sehr erbost über seine Leute. Um Ramaḍân zu beruhigen, ordnete er an, daß ein Monat nach ihm benannt werde, und um die Leute zu strafen, ordnete er an, daß alle Menschen 10 Tage lang im Monate Ramaḍân fasten. Da er jedoch nicht bestimmte, welche diese 10 Tage sind, und die Menschen neue Strafen fürchteten, wenn sie die unrechten Tage auswählten, so fasteten sie an allen Tagen des Monates Ramaḍân.

Oft kommen in die Lager die Nwar. Sie halten sich zumeist westlich von Beğğet el-Mzâriʿb im-Ġôr auf, wo sie in Zelten wohnen. Ihr Ahnherr heißt Ğesâs. Die Nwar sagen den Fellâḥîn von el-Kerak:

„Allâh soll gnädig sein dem Ğesâs, der euch zwang, zu arbeiten mit dem Pflugstachel, allâh jirḥam ğesâs illi aʿabedku ḳaḍb el-minsâs."

Die Fellâḥîn sagen wieder den Nwar:

„Allâh möge sich erbarmen des Zîr, der euch zwang, Esel zu reiten, allâh jirḥam ez-zîr illi aʿabedku rkûb el-ḥamîr."

Die Nwar wandern in der Wüste herum, wie bei uns die Zigeuner. Bevor sie ein Lager betreten, rufen sie von weitem:

„Beim Leben des Šejḫ N., ʿala ḥajât aš-šejḫ flân",

und das wiederholen sie einige Male. Erst dann betreten sie das Lager. Gewöhnlich haben sie einen Affen, saʿdân, bei sich. Sie spielen auf der Handtrommel, lassen den Affen tanzen und schlafen, und zwar den Schlaf einer Alten, nam nowmt al-ʿaǧûz, und der Affe legt sich auf den Bauch und läßt gewisse Töne hören; dann heißt es wieder:

„Schlafe wie ein Mädchen, nam nowmt aṣ-ṣabijje",

und der Affe legt sich schön nieder, jinğaḍaʿ ṭajjeb. Öfter kommt auch eine Tänzerin mit, die man Faṭûma nennt. Sie tanzt auf einem Seile, das über zwei Stangentriangel gespannt ist. Unter ihr auf dem Boden tanzt wieder ein buntgekleideter Mann, der abu Nâʿase heißt; dieser singt:

„Gott möge dir Glück geben, allâh juʿṭîn (sic) al-ʿâfije ʿalejki“, worauf sie antwortet:

„Und auch dir, o abu Nâʿase, möge er Glück geben, w ilak jâ-bu nâʿase allâh juʿṭîn al-ʿâfije ʿalejk.“

Manchmal haben sie auch Ṭabl, Tamburine, und Maḳrûn, Flöten, mit; dann spielen und singen sie:

„Beim Leben des Šejḫ N., wir wünschen einen Mantel (Rock), wir wünschen ein Geschenk von dir und werden deinen Ruhm weitertragen, ʿala ḥajât aš-šejḫ flân biddna ʿabaʾ (kibr) biddna ʿaṭâk w anḳul tanâk.“

Wenn er ihnen das Geforderte gibt, loben sie ihn überall und rufen laut, was er ihnen gegeben; wenn er es aber nicht tut, so schimpfen sie über ihn und erzählen seine Fehler, kurz tun ihm Schande an, šanaʾ.

Spiele.

Die Kinder, Knaben wie Mädchen, müssen der Mutter bei ihrer Arbeit helfen. Nie habe ich bei den Arabern gesehen, daß ein Kind geschlagen wurde; und dennoch gehorchen die Kinder ihren Eltern auf jeden Wink. Bei den Fellâḥîn hört man oft, wie die Eltern ihren Kindern fluchen, und nur zu oft antworten die Kinder in gleicher Weise. Doch sind dies mehr gedankenlos hingeworfene Worte, denn die gegenseitige Liebe ist groß.

Das jugendliche Alter liebt das Spiel. Solcher Spiele gibt es auch in der Wüste genug. Spielend erlernen die Knaben das Stein- und Stockschleudern, auch spielen sie gerne Darûh, Hîbe und Ḥôma.

Beim Spiele Darûh bilden die Knaben zwei parallele Reihen, jataṣassamû ṣaffejn, und halten die Hände an den Leib. Ein jeder trachtet, dem ihm Gegenüberstehenden mit dem Fuße einen Stoß zu versetzen, wobei sie rufen: dîremḥ, dérûh!

Gelingt es einem, seinen Gegner umzuwerfen, so wirft er sich auf ihn und, flieht derselbe, so verfolgt er ihn und stößt das Siegesgeschrei „jûh, jûh“ aus.

Beim Spiele al-Hîbe oder Ešlâd zeichnet ein Knabe einen Kreis in den Sand. Nun stellt sich die eine Hälfte der Spieler in den Kreis und bildet einen Halbkreis, während die andere Hälfte draußen bleibt. Von diesen tritt einer, auf dem linken Fuße hüpfend, in den Kreis und trachtet, einem der dort Stehenden mit dem rechten Fuße einen Stoß zu versetzen. Der Getroffene verläßt den Kreis und setzt sich nieder. Wenn der hüpfende Knabe mit dem rechten Fuße den Boden berührt, muß er auch den Kreis verlassen und sich niedersetzen. Das geht so lange fort, bis die eine Hälfte gesiegt hat.

Auch das Ḫôma-Spiel ist beliebt. Ein Knabe setzt sich nieder, ein zweiter stellt sich zu ihm und legt seine Rechte auf das Haupt des ersten. Die übrigen Knaben trachten, den Sitzenden mehr oder weniger sanft zu berühren, während der Stehende mit dem Fuße nach ihnen stößt. Der Getroffene muß die Stelle des Sitzenden einnehmen.

Sind mehrere Knaben beisammen, so bilden sie bei den Terâbîn und ʿAzâzme zwei Reihen und tanzen Raza'. Sie neigen sich gegeneinander, wiegen den Körper rechts und links, stampfen mit den Füßen, klatschen in die Hände und singen chorweise die Lieder Razzâʿe oder Sâlfe:

(Die Ruine) ar-Râbijje hat ihren Mann entlassen,
sie wird (das Gebiet) ad-Dankûr nicht nehmen,
sie nimmt jedoch nur (den Brunnen) eš-Šenek̦,
der bringt ihr rote Korallen.

Ar-râbijje ṭallak̦at
mâ tâḫod ad-dank̦ûr
mâ tâḫod illa-š-šenck̦
jaǧîb laha ḫṣûr (sic).

Aš-Šejḫ Semʿûn kommt zu tränken
von jenseits el-Bîrên,
schau ihn, wie er seine weißen Zelte aufgeschlagen hat,
oberhalb von râs el-ʿEjn.

Aš-šejḫ semʿûn wâred
min wara'-l-bîrên
šûfu dak̦k̦ak̦ ḫijâmu
min fôk̦ râs-el-ʿên.

Eš-Šejḫ Semʿûn war ein mächtiger Häuptling am Südabhange des Ḫalîl-Gebirges und wanderte gegen el-Bîrên aus.

Seit dem Tage, als Rafaḥ zur Herrschaft kam
und die Feindschaft ausbrach,

zog eš-Šejḫ (Sem'ûn) sogleich fort
in die Gebiete von tel'et el-Ḥaǧǧe.

Min jôm malket rafaḥ
w ṣârat al-'aǧǧe
eš-šejḫ jôm inšarad
fi tel'et el-ḥaǧǧe.

Ḫ. Malek ist rebellisch,
und Sem'ûn will es Gehorsam lehren,
er hat seine Truppen gesammelt
und zieht in ihre Gebiete.

Ḫirbet malek 'âṣije
wa Sem'ûn ṭawwa'ha
w lamlam ǧurûdeh
w jimši fi mṭârehha.

Umm 'Akbar fürchtet sich,
daß sie tränken gehen wird bis nach el-Ǧâjfe
und doch liegen die Tränkplätze von az-Za'ḳ, Ḫwêlfe
und al-Baḳar ganz nahe.

Umm 'akbar ḫâjfe
min wrûd el-ǧâjfe
az-za'aḳ wa ḫwêlfe
w al-baḳar metwâlfe.

Habe ich dir, o Gazelle, nicht gesagt:
setze dich und wandere nicht;
wir werden trinken Milch von unseren Ziegen
und den Lebensunterhalt Gott anheimstellen.

Mâ ḳulet lak jâ ṛazâl
oḳ'od balâ mimša
nišrab leben 'anzena
w ar-rizeḳ bid allâh.

Wâdi er-Rḫejbe paßt vollkommen in Länge und Breite
für denjenigen, der die Waffen trägt (als Schlachtfeld).

Wâdi-r-rḫejbe wâfi-l-'arḍ w aṭ-ṭûl
la'ejn illi jinḳol el-muṭlaḳâti.

Wâdi er-Rḥejbe ist ein Paradieschen, tretet es nicht,
es trägt Granatäpfel, welche dem Kranken munden.

Wâdi-r-rḥejbe ǵenâjen lâ tuṭbinnu
jiṭraḥ rummânan maṭʿûm al-ʿalîl minnu.

Fast jeder Knabe versteht die Rbâba und Maḳrûn zu spielen. Ar-Rbâba ist ein unserer Geige ähnliches Instrument. Es besteht aus einem dünnen und langen Halse, al-ǵemal, ḳôs, und einem viereckigen Bauche, al-ḳadaḥ, der oben und unten mit Leder überzogen ist, lbâs, šemâšîr ṭarâwa, und in den Holzseiten einige runde Öffnungen, ʿujûn, hat. Auf dem Bauche ist ein dünnes, kleines Brettchen, ṛazâl, angebracht, und darauf eine Saite aus Pferdehaar, sebîb ḫejl, befestigt, die oben am Halse an einen Wirbel, el-marzel, ḫalâl, angebunden ist. Gespielt wird dieses Instrument mit einem Ḍâreb, ʿAṭem, Ṭuʿem, Lubân genannten Bogen, nämlich einem Aste, der durch eine Pferdehaarsaite gespannt ist. Den schönsten Klang sollen die Geigen haben, welche aus dem Holze jener Pflanzen verfertigt sind, deren Blätter von Ziegen und Schafen gerne gefressen werden.

Ein zweites Instrument heißt al-Maḳrûn. Dieses besteht aus zwei nebeneinander befestigten Pfeifen aus Schilfrohr, welche 6—8 Löcher, ḫzûḳ, haben. Eine jede Pfeife heißt en-Nâje und ihr Mundstück Bint el-maḳrûn oder Rîše. Eine einzelne Pfeife heißt Zummâra oder Šebbâba.

Dichter und Gedichte.

Vieles erlernen die Kinder beim Lagerfeuer. Die Männer sitzen da um das Feuer herum, hinter ihnen hocken die Knaben, die Mädchen drängen sich bei der Frauenabteilung zusammen, und alle hören mit größter Spannung zu, wie der eine oder der andere die Traditionen des Stammes oder Geschlechtes vorbringt, die Genealogien aufzählt, die Heldentaten der Stammesgenossen preist und sich über einen feindlichen Stamm lustig macht. Das wiederholt sich jeden Abend. Die Kinder wie die Erwachsenen hören es zum tausendsten Male, aber sie hören doch aufmerksam zu und, wenn der Erzähler etwas ausläßt oder hinzufügt, verbessern sie ihn sogleich. Oft berichten 3—5 Augenzeugen über dasselbe Faktum, und dann ist es interessant, zuzuhören, wie ein jeder seine Auffassung verteidigt und sich auf seine Genossen beruft. Aber auch von uralten Begebenheiten findet man bei verschiedenen Geschlechtern verschiedene Rezensionen, wobei zumeist die Vorfahren des betreffenden Geschlechtes mehr hervorgehoben werden.

Was die Kinder am Lagerfeuer lernen, das wiederholen sie auf der Weide oder auf dem Wege zur Tränke. So lernen sie es auswendig und kennen genau die „Geschichte" ihres Stammes oder Geschlechtes.

Nebst solchen prosaischen Erzählungen hören die Kinder am Lagerfeuer auch allerlei Gedichte, insbesondere die Ḳaṣâjed-Gedichte. Die Ḳaṣîde ist eine poetische Erzählung in Versen und hat gewöhnlich einen bekannten Šâ'er, Dichter, zum Autor. Sie verherrlicht zumeist die

Fig. 44. Streit um die Autorschaft eines Verses.

Ruhmestaten des Stammes und Häuptlings oder schildert einen Schlachttag. Die meisten Ḳaṣâjed haben nur für die Zeitgenossen ein Interesse und geraten in Vergessenheit, wenn diese gestorben sind.

Oft sind solche Gedichte ziemlich lang, und fast niemals komponiert sie der Dichter auf einmal. Gewöhnlich macht er bloß einige Verse, wiederholt sie seinen Freunden und Kindern, um zu verhüten, daß er sie vergesse, und fügt später neue hinzu. Die Freunde oder andere Zuhörer machen ihn auf die oder jene Tat aufmerksam, die er übergangen hat; nun muß er sie ebenfalls erwähnen und die entsprechenden Verse an passender Stelle einfügen.

Da geschieht es oft, daß diejenigen Bekannten, welche das Gedicht in seiner ursprünglichen Form kennengelernt haben, in einem anderen Lager andere Verse hören, die sie nicht kennen, ja nicht einmal annehmen wollen, bis sie den Dichter selbst darnach befragt haben. Oft ersetzt der Dichter selbst einige Worte, ja sogar ganze Verse durch andere, die ihm besser gefallen, die aber andere nicht kennen und oft auch nie annehmen. So hört man von der Ḳaṣîde nicht nur eines toten, sondern auch eines lebenden, ja sogar anwesenden Dichters mehrere Rezensionen, die der Dichter alle für sein Eigentum anerkennt, obwohl sie oft, was Länge und Reihenfolge anbelangt, stark auseinandergehen. Wenn solche Gedichte beim Lagerfeuer vorgetragen werden, und der

Fig. 45. Streit um die Autorschaft eines Verses.

Dichter nicht anwesend ist, streiten oft die Anhänger der einzelnen Versionen darüber, sprechen den oder jenen Vers dem Dichter ab und weisen denselben anderen zu (Fig. 44, 45). Verschmelzungen von Versen verschiedener Dichter sind insbesondere dann sehr leicht, wenn sie dieselbe Silbenzahl und denselben Reim haben, obwohl sie ganz verschiedene Begebenheiten besingen. Dabei werden die Personen- und Ortsnamen durch andere ersetzt, und der Diebstahl ist fertig.

Wenn der Dichter seine Ḳaṣîde zu Ehren eines Stammes oder Häuptlings vollendet hat, so begibt er sich zum Ältesten des Stammes oder zum Häuptling und trägt sein Gedicht feierlich in einer großen Versammlung vor.

Als Dichter sind berühmt bei den Ṣḫûr:

'Âješ al-Kḏêbi von den Šarârât; er starb ungefähr 1890;
Ḫalaf ad-Da'ǧât von den Šarârât; er starb ungefähr 1870;
Muḥsen el-Hazzâli von den 'Aneze;
el-Wḏejḫi von den Šammar;
Nimr el-'Adwân von den 'Adwân;
Miḏwed el-Ḫrejša von el-Ḫrejšân (Ṣḫûr); er lebte noch 1901;
abu-l-Kebâjer von den Šarârât; er lebte noch 1901;
ar-Ružêdi von den Šarârât; er lebte noch 1901;
aṭ-Ṭrejbân, einer von den Handwerkern der Ṣḫûr, sâne' min ṣunnâ' eṣ-ṣḫûr;
Ma'ârek von den Šarârât; er starb vor vielen Jahren;
Eṭ'ejs von den Šarârât; er starb etwa 1895;
al-Amâmi von den Šarârât; er starb etwa 1885;
al-Abraḳ von den Šarârât; er starb 1898.

Bei den Sa'îdijjîn:

Hlejjel el-E'mâwi von den Daṛâfḳe; er starb ungefähr 1892.

Bei den 'Azâzme:

'Ajd ibn Nwêṣer al-Farḥâni und Swêlem abu 'Arḳûb, der ungefähr 1894 starb.

In el-Kerak:

Slîmân el-E'mâwi; starb 1890;
Ḳânem el-Halasa; lebte noch 1900;
Helâl el-Ma'âni; lebte noch 1900.

Bei den Šarârât:

'Oklat eš-Šâ'er; starb 1891;
al-Ḳdê'i; lebte noch 1900.

Bei den Tijâha:

Swêlem abu Haddâf; starb 1899;
abu 'Arḳûb von den 'Azâzme; lebte noch 1902;
abu Nwêṣer von den 'Azâzme; lebte noch 1902;
Sâlem aṭ-Ṭurejni von den Leuten, ḳowm, des abu Nṣêr; lebte noch 1902;
abu Ḫubejza von den Ḳdêrât.

Die Ḳaṣâjed-Gedichte werden meist in Begleitung der Rbâba vorgetragen. Der Sänger rezitiert die einzelnen Verse derart, daß er mehrere

Silben verschluckt, die wichtigsten Namen herausschreit und betont, die letzten Worte im Fistelton hebt und in die Länge zieht, welchem Vorgange er auch die Töne seines Instrumentes anpaßt (Fig. 46). Die Zuhörer wiederholen gewöhnlich das letzte Wort. Man ist an diese Art des Hersagens der Ḳaṣâjed so gewöhnt, daß man nicht imstande ist, eine Ḳaṣide, die man doch auswendig kennt, in gewöhnlicher eintöniger

Fig. 46. Ein Šâ'er-Dichter mit der Rebâba.

Weise vorzutragen. Dieses beobachtete ich oft, wenn ich ein Gedicht aufzeichnen wollte, und der Sänger deshalb die einzelnen Verse langsam Wort für Wort aussprechen mußte. Er blieb dabei oft stecken und mußte, wollte er sich die Fortsetzung ins Gedächtnis zurückrufen, wieder und wieder vom Anfang an singend zu rezitieren beginnen.

Ich notierte folgende Ḳaṣâjed (Bruchstücke), wie ich sie eben gehört habe:

Mḥammad ibn Smejr, Oberhäuptling der Belḳâwijje, dem Oberhäuptlinge der Ṣḫûr, als sie sich 1893 dem Vordringen der türkischen Regierung nicht widersetzten:

1. Das Gebiet, das vom Safran staubig ist,
dessen Bevölkerung über Nimrîn wohnt,
2. gebet es auf und überlasset es dem Geheul seiner Wölfe!
Schämet euch, ihr habt eine Schande verdient groß wie Ḥawrân!
3. Fürwahr, ihr solltet es mit europäischen (Gewehren) färben
und ihr bliebet auf den folgsamen (Pferden) mit untätiger Rechten.
4. Es-Salṭ muß folgen und es bleibt daselbst kein Freiheitssinn.
Deine Belḳa' übte Verrat und richtete die Zelte der ʿAdwân zugrunde.
5. Deine Belḳa' soll ihren Untergang nicht so rasch unterschätzen,
denn wer fällt unter die Karbatsch-Peitschen, der bereut es —.
6. Und dein Fendi! Er gewährte keinen Schutz seinem Nachbar;
ich fürchte um deine (Ehre) wegen des Geheimnisses, das bekannt wird.

1. Ad-dîre illi min zaʿfarân turâba
illi ahalha fôḳ nimrîn ḳuṭṭân
2. eḳfû w ḫallûha tiʿâwan ḏijâba
eḫsû (sic) ḫassejtu ḫassûtan kubr ḥawrân
3. ḥaḳḳan ʿalejku bil-farangi ḫiḍâba
w entu ʿala-ṭ-ṭawʿât ṭalḳîn el-îmân
4. as-salṭ ṭâʿ w lâ jabḳa bih ṭilâba
belḳâk bâḳat w-aḫrabat bêt ʿadwân
5. belḳâk lâ tuzhi seriʿan ḫarâba
illi waḳaʿ taḥt al-kerâbîǧ nadmân
6. w fendik illi mâ a'man fi-l-ǧenâba
ḫaufi ʿalejk min al-muṛabba illa jabân.

Zur Zeit der ägyptischen Invasion besetzten ägyptische Truppen in el-Kerak die Festung el-Ḳalʿa nebst dem Viertel der Christen und der Ḳḍa'. Die Kerakijje rüsteten zu einem Aufstande, und ihr Oberhäuptling Ismâʿîl ließ folgendes Gedicht verbreiten:

1. Was meinst du, o Ismâʿîl,
die Regierungstruppen beschimpfen uns,
2. was meinst du, o Ismâʿîl?
Er sprach: Haut die Regierungstruppen nieder!
3. Was die Abteilung in der Festung betrifft,
verbarrikadiert das Tor der Festung;
4. von der Abteilung im Viertel der Christen
lasset fließen das Blut ihres Anführers Enḍâm;
5. die Abteilung in deinem Viertel, o Ḳâḍi,
lasset die Leber ihres Anführers Ḳâsem braten.

1. Wêš râjak jâ-smâ'în
ed-dowle ḳâmû jasibbûna
2. wêš râjak jâ-smâ'în
ḳâl ed-dowle edbaḥûna
3. illi fi ǵwat el-ḳal'a
jâ bâb el-ḳal'a siddûna
4. w illi bidâr en-nuṣrâni
damm el-enḍâmi erbeṣûna
5. w illi bidârak jâ ḳâḍi
jâ kibde ḳâsem šawwûna.

Swêlem abu Haddâf sprach von dem Siege der Terâbîn über die Tijâha und el-Ǧebârât:

1. O der du reitest oben auf dem gebogenen Rücken eines Abgemagerten,
dessen Bauchflanken infolge des Marsches gefaltet sind,
2. grüß' mir 'Îd und 'Awde,
bring' mein Wort weit zu den Ḳejsijje:
3. Al-Ḥsi soll euer Wasser und al-Ǧebâl euere Weide sein
und bei aš-Šerî'a soll euch keine Stätte bleiben!
4. Vor euch steht Ṣaldam, der Bändiger der Ehrlosen,
wie die Zerâba bei den 'Arabern berühmt.
5. Frage die Töchter Brejrs, was geschah bei el-Ǧurn,
als euere Reiter ihre Unterwerfung anboten den berühmten (Terâbîn).
6. Die Ḥanâǧre vergaß ich nicht,
ihre Lanzen sind mit Vipergift getränkt.
7. Verwehrt ist euch der Friede, ihr werdet ihn nicht erblicken
. . . .
8. es sei denn, daß der Wolf beim Sâmer-Tanze hüpfen,
und daß der Strauß den Schakal säugen wird.

1. Jâ râkiban fôḳ rôǧen muḍammar
siṭân baṭneh min as-safar maṭwijje
2. sallem li 'ala 'îd wa 'awde
waṣṣel kalâmi râd 'ala-l-ḳejsijje
3. al-ḥsi mâku w al-ǵebâl mafiâku
wa lâ ẓall lejku 'ala-š-šerî'a nijje
4. ḳiddâmku ṣaldam eḫzâm al-'âjeb
zej az-zerâba bil-'arab masmijje
5. es'al banât brejr bil-ǵurn wêš ṣâr
wa ḫjûlku-lḳat 'ala-l-masmijje

6. ḫanâğraten mâ naṣithom
ḫarâbhom samm al-afâʿ maskijje
7. jiḫram ʿalejku aṣ-ṣulḥ mâ tešûfûh
. . . .
8. illa-ḏ-ḏîb jirzaʿ bis-sâmer
w illa-n-naʿâme tarḍaʿ al-wâwijje.

Ḫalaf al-Iḏen von den Šaʿlân gegen die Ṣḫûr, fi-ṣ-Ṣḫûr:

1. Errichtet sind die Kriegszelte über el-Libben,
schmachvoll gebunden sind die durstigen Kamele in el-Mâatta.
2. Sie setzten das mit Federn Geschmückte (Mädchen), als Schmuck auf das Schöne (Kamel),
die Tochter der Häuptlinge schlägt es an die Schläfen mit dem Nasenriemen.
3. O Rumejḫ, schmählicherweise von den leichtbeweglichen (Kamelen) blieb euch nichts übrig,
von denen mit breiten Nasenflügeln und hohen Höckern.
4. O Rumejḫ, wenn nicht der Verrat, so seid ihr gar nicht schlecht,
die Normen der Kriege und das Zartgefühl für die Menschen (ist euer).
5. Es entzündete sich das Schießpulver aus den Händen der beiden Reihen
in den langen Büchsen, welche die festen Knochen brechen.
6. Es sprengten (die Reittiere) an den verlassenen Blondbärtigen davon,
sie überholten die Schamhaften mit den blauen Tätowierungen.
7. Munâwar und Ṭâha und die acht Berühmten,
ihr Töter befindet sich nicht im Zustande der Sünde.

1. Binjan bujût al-ḥarb fowḳ al-lebâbên
šiḳḫan tuʿaḳḳal bil-mâatta maẓâmi
2. ḫaṭṭû ḫalijet ar-riš zênan ʿala-z-zên
bint aš-šujûḫ taṣadru bil-ḫazâmi
3. jâ rmejḫ šiḳḫan an-niṣ mâ-lku ʿaḳabên
kanf al-ḫušûm w nâbijât as-sanâmi
4. jâ rmejḫ law lâ-l-bowḳ mâ-ntu radijjên
ḳajd al-ḫurûb w ṣabbaku lil-adâmi
5. ṭâr al-emzejbeḳ min kfûf al-farîḳên
bimserbaṭen jaḳṣem matîn al-ʿaẓâmi
6. aḳfen bšuḳr aš-šwâreb muʿejfên
taʿaddû al-ḫafrât zurḳ al-awšâmi
7. munâwar w ṭâha w aṭ-ṭamân al-musammên
ḏabbâḥom mâ hu bḫâl al-aṭâmi.

Ein Ḥwēti:

1. O Reiter, dessen schneller Ritt nicht abnimmt,
du brichst von Ḳâhira bei erster Morgendämmerung auf;
2. wenn es oben auf al-Meḳreḥ anlangt, beschleunigest die Bewegung,
du beobachtest die Quellen (ʿujûn Mûsa), welche wie Lampenlicht erglänzen,
3. bei al-Mâlḥe ziehe den Bauchgürtel des Reitkameles an,
es begegnen ihm die Pfade der Pilger, welche genau abgegrenzt scheinen.
4. O wie viele mit der Nafîle-Pflanze (bewachsene) Niederungen es durchquert,
als ob es beladen wäre mit Verzagtheit und nicht mit Mut.
5. Von Naḫl reitest du fort, nachdem du getränkt hast dein dürres Tier,
und es begegnen ihm Pfade, wie mit der großen Schere zugeschnitten.
6. Du gelangst nach el-ʿAḳaba, wo nichts zu verladen ist,
und es begegnet ihm das nördliche Jitm-Tal, und du gehst zu Fuß.
7. Du gelangst zu Zelten, die lange Reihen bilden,
o wie sie streiten um den Gast mit dem Scheidungsschwur vom Kopfe.
8. Du gelangst zu Mḥammad (ibn Ǵâd, Häuptling der ʿAlâwin), der ähnlich ist einem unversiegbaren Brunnen,
und zu seinem Volke, wie sie bei den schöngearbeiteten Kaffeemörsern sitzen.
9. Ibn Ǵâd befriedigt jeden, der bei ihm einkehrt,
seine Kaffeebohnen wälzen sich auf dem glühenden Rostlöffel;
10. (er ist) der Wolf von Ǵdejjed, (wo er großen Sieg errang, so daß) er reichlich füllen konnte mit seiner Beute
eine große Tenne, und dennoch machten Drescher (Gäste) die Tenne leer.
11. ʿArâr (Häuptling der Ḥwēṭât ibn Ǵâzi) gleicht dem Morgenstern, wir beobachten sein Feuer,
er bedeckte die Männer der Manâḍir (ʿAṭâwne) mit Schmach.
12. ʿAṭejâ (ein Häuptling der Ḥwēṭât) ist wie ein Panther, du hörst sein Gebrüll,
er beschützt ihre Zurückgebliebenen am Tage der Niederlage.
13. Der Hirt der Grauen (Sâlem ibn Dijâb, Kriegsherr der Ḥwēṭât) befriedigt jeden, der zu ihm kommt,
er nahm ihren (der ʿAṭâwne) Frauen die Beute, während sie im Lager saßen;

14. er sättigt die Vögel der Wüste und er sättigt die ihm Gleichen (Wölfe = Ḍijâb),
er sättigt die Vögel, indem er herabfallen läßt die Köpfe der Besiegten.
15. Ibn Rašîd, dessen Kriege sonst voller Schärfe waren,
seinen altbewährten Freund bekriegte er, o wie (ist das möglich), o Leute?
16. Und heutzutage lebt er wie ein Schutzgenosse, nichts Schönes wird von ihm erzählt,
und wenn er auch Preis bringt, ist er an Ehre gebrochen.
17. Die Kraft zwischen Ma'ân und aṭ-Ṭafîle (repräsentiert) er ('Arâr)
und er ist der rechtmäßige Häuptling über alle Geschöpfe.
18. Die Kinder des Ṣaldam (Terâbîn) (lagern) bei den Toren der Getreidestadt (Gaza),
ihre bewaffnete Reiterei! die frißt die Menschen!
19. Sobald sie den Rufer vernehmen, kommen sie zu dir im Galopp —
wie manche lassen sie sich niederlegen ohne Kopf!
20. Meine Stammverwandten (lagern) bei den Toren von Medîna,
wie viele tränken sie mit der Bitterkeit ihrer Zähne (Lanzen)!
21. Lob sei Gott, ausgebreitet sind wir (in unserem) Stamme
von Ägypten bis nach Syrien und bis nach den Gebieten der 'Abbâs.

1. Jâ râkeb illi mâ twâna ḍômîle
min maṣr tisra bil-fiǵâri w al-admâs
2. in ṭall 'al-meḳreḥ tezâjed ǵefîle
tar'a 'ujûn kanhenn ḍaw miḳbâs
3. 'al-mâlḥe karreb ebṭân heǵîne
w laḳu drûb al-ḥâǵǵ henn dâr biḳjâs
4. jâ kuṭr mâ jiḳta' rijâḍ an-nafîle
kannu mkajjel bihfâhîf w lâ bâs
5. min naḫl tiṣdor ba'ad trawwi ṣamîle
w laḳu drûb mwâsijâtan bimifrâs
6. telfi l-'aḳaba 'âḳbe bilâ mkîle
w laḳu al-jitm aš-šemâli w dawwâs
7. telfi bujûtan nâzele biṭ-ṭawîle
jâ ṛlâṭhom 'a-ḍ-ḍejf ṭaḳan (sic) min ar-râs
8. telfi mḥammad lown 'edd an-neǵîle
w rab'u 'a-zên al-ma'âmîl ǵillâs

9. ibn ǵâd minwedd alli jiǵî le
bennu jitakalleb 'a-lahâlib miḫmâs
10. dîb al-ǵdejjed muḫaṣban bil-maktle
ǵurnan kebîran w habbaṭ al-ǵurn darrâs
11. 'arâr lown an-niǵum nirkub šaʻîle
sawwa 'a-zelm al-manâḑîr birǵâs
12. 'aṭejš mitl an-nimr tisma' zeḫîre
hu ḫâmi-kṭî'hom jowm al-anḫâs
13. râ'i al-mlêḫa' minwedd alli jiǵî le
ḫalla' walâjâhom 'ala-d-dâr taḫtâs
14. jušbi' ṭujûr el-barr w jušbi' meṭîle
w jušbi' ṭujûran mawke' rûs al-aṭ'âs
15. ibn rašîd alli ḫarâbu ṭarîre
ḫârab siddîk al-ǵidd hu kejf jâ nâs
16. al-jowm ṭanîb w lâ ba'adu ǵemîle
law innu jiǵîb al-ḫamd maksûr nowmâs
17. al-'ezz bên ma'ân hu wa-ṭ-ṭafîle
w šejḫan 'a-kull al-maḫlâjek bikjâs
18. 'ejâl ṣaldam 'a-bawâb al-mekîle
w jâ ḫejlhom duǵǵân hi tâkel an-nâs
19. lannu same'en aṣ-ṣâjeḫ jeǵinnak debîle
kam wâḫedan ḫallûh jirkod bilâ râs
20. 'ejâl 'ammi 'a-bawâb al-medîne
kam wâḫedan jiskûh min murr al-aḑrâs
21. al-ḫamed lillâh wâse'in al-kabîle
min maṣr laš-šâm w ladjâr 'abbâs.

Autor unbekannt (Ṣḫûr):

1. Ich hinterlasse dir, o du kieselsteinige Straße den Auftrag — täusche mich nicht,
melde den Herden, die zur Tränke gehen nach al-Bzé'ijje:
2. O die ihr den Helden suchet, er liegt frisch gepflückt bei uns,
es tötete ihn der Feind, während er seine Stammgenossen verteidigte.
3. Ich bin die Šamsarrîḫân-Blume, ich bin die edle Rose
und der Gegner pflückte die schönen Rosen meiner Wangen ab,
4. wie die jungen Kamele die Köpfe der Kräuter abpflücken;
wenn ich sterbe, so begrabet mich auf dem Rücken von 'Âlijje.

1. Ana a-wṣîk jâ ḫaṭṭ al-ḥaṣa lâ taṛurr bi
   ʿallem ṭurûš wâredîn al-bzê'ijje
2. jâ mdawwerîn ʿa-fâres hu ṭarij ʿendana
   ḳatalu ʿedw bintiṣârih al-mwâṭnijje
3. ana šams ar-rîḥân ana wardet el-ʿala'
   w aḍ-ḍidd ḳaṭaf ward ḫaddi-z-zâhijje
4. kama tiḳṭaf al-ḫîrân rûs al-ʿašâjebe
   in mitet edfenûni fôḳ ẓahr el-ʿâlijje.

Autor unbekannt (Tijâha):

1. Es sang ein Jüngling, dessen Geiste die Trennung vorschwebte,
   in der öden Wüste, o Geschöpfe Gottes!
2. Eine lange Palme weitreichend mit ihren Zweigen,
   du hast sie nicht erblickt in der Anpflanzung der Beduinen;
3. dicht aneinander sind ihre Dattelbüschel, und gereift ihre Datteln
   wie Damaskusäpfel wohlriechend und süßer als Granatäpfel.
4. Ihr Kopf ist der Kopf einer Taube, und kein Zweifel,
   du wirst sagen: eine furchtsame Gazelle in der Wüste;
5. und ihr aufgelöstes Haar — nie hast du seinesgleichen gesehen —
   fällt zur Erde bis an den Vorderteil der Füße.
6. Ihr Gesicht ist wie der Vollmond am Tage seines Aufganges,
   übertrifft denjenigen, den man nennt den Neumond des Šaʿbân.
7. Was die Augenbrauen anbelangt, sie sind hochgezogen, Lob meinem Schöpfer,
   Lob meinem Gott, o Geschöpfe des Barmherzigen.
8. Ihre Augen — sag — ihre Farbe sei die des Meeres,
   mit einem vollen Blinzeln über den der Wangen.
9. Doch ihre Lippen — nie hast du ihresgleichen gesehen —
   wie Damaszenerschwert oder der Schläger von Ḫorâsân.
10. Ihre Zähne, — sage — ihre Farbe sei die der Hagelkörner,
    du wirst sagen, das sind Perlen, eingefaßt in Korallen.
11. Sie hat einen Hals wie der reine Kristall,
    wenn sie trinkt, so kommt das Wasser aus ihm zum Vorschein.
12. Und ihre Brust, Papierplatt — sage — sei ihre Beschaffenheit,
    zarter als das, woraus man den Ḳaftân verfertigt.
13. Der Bauch, mit Gold ausgelegte Seidenfalten,
    kein Kaufmann besitzt solche im Laden.

14. Und erst ihr Nabel, eine Au von Sahne,
der ist mein Ruhekissen, wenn der Schlaf wohl tut;
15. und ihre Waden, Lob sei meinem Schöpfer,
Lob sei Gott für die Form der Beine.

1. Ḳanna ṣabi lawwaḥ el-bên ḫâṭru
fi maǧhalen jâ ḫulḳat ar-raḥmân
2. naḫla ṭawîla w šâjeḥa biǧrûdha
mâ šufetha fi ṛirsat el-bedwân
3. danat ḳanwânha w istawat tamrha
tuffâḥ šâmi aḥla min ar-rummân
4. râsha râs el-ḫamâm w lâ budda
tḳûl ṛazâl fi-l-ḫala' ǧilfân
5. w ša'arha-l-musbal mâ ra'êt waṣaftu
murḫi 'ala-ṭ-ṭara laḥadd aḳdâm
6. waǧha kal-badr jôm ṭulû'ih
jiṛleb 'ala-l-musammi helâl ša'bân
7. amma-l-ḥwâǧeb 'âl subḥân ḫâleḳi
subḥân ilâhi ḫulḳat ar-raḥmân
8. 'ujûnha-l-baḥr ḳul lônhom
biramš wâfi 'ala-l-ḫdûd ḍiblân
9. amma šafâjefha mâ ra'êt awṣâfhom
sêf dimišḳi w illa ḳarrâḥ ḫorêsân
10. isnânha ḥabb el-barad ḳul lônhom
tḳûl lu'lu' muḫâlaṭe marǧân
11. 'alêha ruḳbe ka-l-bannûr eṣ-ṣâfi
in šaribet el-moje minha tbân
12. w ṣidrha ṭalḥ el-waraḳ ḳul waṣaftu
an'am min illi jinšaṛel ḳuftân
13. el-baṭn ṭajjân el-ḥarîr muzarkaše
mâ ḥâzha tâǧer fi dukkân
14. w lâken es-surre rôḍe min ez-zibd
hâḍa marḳadi lamma jṭîb el-manâm
15. w ṣabwet riǧlêha subḥân ḫâleḳi
subḥân ilâhi ḫilḳet es-siḳân.

Mḥejsen aš-Šarâri liebte ein Mädchen. Er war jedoch arm und konnte keinen Sijâḳ bezahlen, weshalb ihm das Mädchen verweigert wurde. Nun erfuhr dies sein Freund Ḫalaf ad-Da'êǧa und riet ihm, das Mädchen zu entführen. Seinen Rat kleidete er in folgende Verse:

1. O Reiter der Roten (Kamelin), die von frischem Gras fett ist,
deren Flanken voll sind, deren Höcker einem Steinhaufen gleicht,
2. die da abweidet bunte Blüten, welche mich wie Blitze blenden —
Gras des Plejadenregens, auf den Abhängen zerstreut.
3. Lege den (weichen) ʿAḳêli-Sattel an und befestige ihn auf der Unruhigen
und entziehe ihren Hals dem Einflusse des südlichen Shejl-Sternes.
4. Ihre Augen lodern wie die glühende Raḍa-Kohle,
sie ist eine fünfjährige Kamelin, welche die festesten Sattelgurte reißt,
5. wenn sie ihre Vorderbeine ausstreckt, so eilen diese um die Wette
— verzeihe o Gott — mit den zartesten Tauben.
6. Sie ging noch nicht herum mit dem ersten säugenden Jungen als vierjährige Kamelin,
und es leckte sie nicht das einjährige Junge am Tage des Entwöhnens.
7. Was ist es denn mit Mḥejsen? Er hat mich so hingerissen, daß ich an meine Sippe nicht denke;
die ihr (ihm) diese Nachricht bringt, lebt wohl ihr und er!
8. wenn mich selbst mein kleines Kamelchen zum Lieblinge brächte.
Nimm den Stock, herrsche sie alle insgesamt an
9. und schlage die (Mädchen), welche in einzelnen Zelten sitzen und (ihre) Zelte, und schilt —
nur über das nicht, in dem sich versteckt die Verbotene —
10. mit der Musikantin (Büchse), die mir mit dem stinkenden Speichel ihres Mundes zur Beute hilft,
und die auf gewisse Beflügelte ein sicheres Treffen hat.
11. O Wunden meines Herzens! So oft ich sage: Heile mich!
reißen sie wieder auf die mit Indigo Blautätowierten;
12. es ließen mich in die Zisterne herab, die mich nicht herauszogen,
und ließen die Vögel der Wüste meine Knochen abnagen;
13. die Weißen (Frauen), o hätten die Weißen mich nicht fassungslos gemacht!
auf ihren Begleiter wirft man Verdächtigungen.
14. Die Weißen haben schon früher als mit dir mit meinem leichten Verstande gespielt,
so daß mir in den Doppelreimen der richtige Ausdruck fehlt.
15. Der triftigste Rat bei uns fordert mich auf:
ausgedehnt ist die Steppe zwischen Ägypten und Syrien.

1. Jâ râkiban ḫamra' min al-'ešeb tabni
ḫejr ad-dufûf mrôğiman bis-senâmi
2. tar'a zahar nawwâr barḳan ğeḏabni
'ešb aṭ-ṭrajja 'a-r-rahârîḳ zâmi
3. ḫoṭṭ al-'eḳôli w oḳrubo fôḳ zabni
w efreḳ nḫarha 'an sehejl al-jemâni
4. 'ujûnha ğamar el-ṛaḍa teltehebni
ğid'îtan taḳṭa' matên al-ḫazâmi
5. lan šâwaḫat dar'ânha w ektarebni
istaṛfer allâh ma' rafîf el-ḫamâmi
6. mâ daraǧat ma' awwal aḍ-ḏôd libni
wa lâ lassaba-l-mafrûd jôm al-faṭâmi
7. wejš bâl mḫejsen dûn rab'i ğeḏabni
jâ ġâbîn ha-l-'alem dimtu w dâmi
8. lan kân ḏôdi lal-ḫbajjeb jeğibni
ḫod al-'aṣa w derheš lihenn at-temâmi
9. w-aḫta ḳu'ûd el-bejt wa-l-bejt wa-bni
ṛejr allaḏi taḏfi 'alejh el-ḫarâmi
10. ma' muṭribe taflât fummha tiṣebni
wa lha 'ala ḫaṭw al-mğenneḫ marâmi
11. jâ ğrûḫ ḳalbi kull mâ aḳûl ṭibbni
ju'allihenn bin-nîl zurḳ al-wašâmi
12. dalâni fi-l-bir min lâ ğeḏabni
w ḫalla ṭujûr al-ğaw tanḫol 'aẓâmi
13. el-bîḍ reji al-bîḍ mâ jirtağibni
rafîḳhenn jirman 'alejh at-tahâmi
14. al-bîḍ ḳablak bi'oḳêli la'ebni
ken aḫlafni 'an maṭâni kalâmi
15. ar-râji al-aṣwab 'endana jintadibni
emfağiğe mâ bên maṣren wa šâmi

Terâbîn, Autor unbekannt:

1. O du Reiter einer Fuchsstute mit gleichmäßigen weißen Malflecken an den Füßen,
welche dem auf der Wage geteilten Golde gleichen
2. und umgeben die zierlichen Hufe wie Fesseln;
wenn sie anstürmt, gleichen ihre Ohren den Flügelfedern des Adlers,
3. und ihren Schweif kann man mit zwei Spannweiten nicht ausmessen.
Es ruft ihr zu aus Furcht vor Straucheln der Reiter,

4. und trägt auf ihr einen Säbel, der sich von selbst aus der Scheide
nicht herauszieht
und eine Gefräßige (Lanze), die auf die Flanken stößt
5. und trägt auf ihr eine Doppelpistole, die immer geladen ist,
die nicht losgeht, außer auf seinen Druck — und nicht heimtückisch.

1. Jâ râkiban šakra' eḫġalha twalli
mitl ad-dahab lanno tšallef bimizân
2. w jidîr fi zên el-ḫwâfer eḫġalli
wa mfazze'e ädânha riš 'eḳbân
3. w dêlha šibrên mâ jilḫaḳenni
ṣâḫi laha min ḫôf 'aṭrât ḫaṣṣân
4. w jinḳol 'alejha sejf mâ jistaselli
wa mġarrezen jinhaz min fôḳ al-emtân
5. w jinḳol 'alejha ġôz el-wezir el-msalli
mâ jiṭla' illa 'a-naṭiḫo w lâ duhân

Es sprach aṭ-Ṭurejni ibn Sâlem über el-Wḫêdi:

1. O der du reitest ein edles Kamel, das bis zehn Tage ohne Wasser aushält,
von dem sich kein ähnliches findet im Gebiete von el-Fâre',
2. (es ist wie) ein Segelschiff, das sich bewegt auf hoher See,
ein Segelschiff, das ausgebreitet hat die dünnen Segel,
3. zum Wḫêdi überbringe meinen Gruß;
unter ihm ist eine Schimmelstute von wunderhübschen Vorderfüßen,
4. und schau und halte an, am Tage wenn sie einherkommt —
und er findet keinen Käufer, falls er sie verkaufen wollte.
5. Die Wḫêdât stammen von Ḥosejn ab, o Fürsten,
und alle Araber folgen seiner Klugheit.
6. Vor dem Manne von guter Herkunft fürchte dich nicht,
er kennt keine ungeordnete Verwaltung.
7. Fürchte dich nicht, außer vor einem gemeinen (Bastard),
der keine gerechte Verwaltung kennt.

Ḳâl aṭ-Ṭurejni ibn Sâlem fi-l-Wḫêdi:

1. Jâ râkeb el-ḫurr el-'ašâri
w lâ lu mṯâl fi bilâd el-fari' (sic)
2. safîne sâfarat wasṭ el-bḫûr
safîne ṭalaḳat ḳil' er-rafi'
3. 'a-l-wḫêdi balleṛ salâmi
taḫtu selâle w bidrâ'e badi'

4. w šuf w ḳef jôm innha taḳbel
w lâ lu šâri biddu jabî'
5. w ḥêdijje ḥosejnijje jâ umara'
w kull el-'arab liḥikmatih taṭi'
6. ṣâḥeb el-aṣl minnu lâ tḫâf
illi lâ ḥakam ḥukme šanî'
7. w lâ tḫâf illa min el-ǧi'âdi
illi lâ ḥakam ḥikme šafî'

Es sprach aṭ-Ṭurejni ibn Sâlem über Slîman ibn 'Âmer:

1. O der du von uns reitest auf einem fetten Kamel
und drückst im Sattel den Sohn eines Sa'îdi-Kamels
2. Folge den Linien der Straße, tritt nicht auf die Brachfelder!
Es soll es führen die Spur, auch wenn die Reise lange währet,
3. bis du anlangst zum Slîmân, dem vielberühmten Quellbrunnen,
zu dem in Masse trinken kommen die Eisennagenden.
4. Slîmân, hohe Burg über den Burgen,
sein Blick betrachtet die Nähe und Ferne.
5. O Retter der Überreste einer Truppe und Salz bei Rachedurst,
und der den Schrecken den Reitern einflößt,
6. wie der Adler, wenn er sich stürzt, einen Star erkennend,
o der im Sattel fesselt den wütenden Habicht!

1. Jâ râkiban min 'endana fôḳ ṛandûr
w muklefan bil-kûr walad es-sa'îdi
2. eḳdi ḫaṭîṭ ed-darb lâ taṭla' el-bûr
iḳâdu el-ḳaṭ' law kân maši ba'îdi
3. telfi 'ala slîmân jâ 'edd maḫbûr
jatawâredannu muḳarriḍât el-ḥadîdi
4. slîmân jâ ḳaṣr 'âli 'ala-l-ḳṣûr
naẓârtu tašûf ḳirb w ba'îdi
5. jâ ḥiman 'aḳâb el-ǧim' w melḥ biṭûr
w jatawa''ed el-fursân minnu wa'îdi
6. miṯl el-'aḳâb in ḫâṭ 'âref zarzûr
jâ muḳ'idan fi-s-serǧ ṣaḳran kabîdi.

Es sprach, ḳâl, Sa'îd abu Ḥammûdi über 'Ajjûṭi abu Ḥasan:

1. Ich wünsche dir guten und glücklichen Morgen,
O Vater Ḥasans, du mein Begehr und mein Wunsch!

2. Du hast ein Gesicht wie eine Lampe, die leuchtet in der Finsternis
zur Nachtzeit, in tiefer Dunkelheit.
3. Wenn zu dir ein Armer kommt, der deinem Lager zueilt,
sobald er dein Antlitz erblickt, gelangt er zum Glück.
4. Du schenkst Geschenke von Gold und bestem Silber,
du schenkst Geschenke von Reitpferden und edlen Sa'ìdi-Kamelen.
5. O der du dich wohltätig erweist den fremden Hirten in den Jahren
der Unfruchtbarkeit,
o der du dich wohltätig erweist den Reisenden und den zur Tränke
Ziehenden,
6. dein Ruhm gelangte zu den Griechen und dem Gebiete von er-Rha
und erstreckte sich auf Boṣra und ebenfalls auf Baγdâd;
7. ich kam zu dir, als mein Reittier zugrunde ging,
als meine Leber, o Fürst, zerplatzte.
8. Ich kam zu dir auf einer langen, abgemagerten Kamelin,
und nichts schadete ihr von mir, wie die weite Entfernung.
9. Ich lobe 'Ajjûṭi, euren Fürsten, euren Sulṭân,
mit Aufrichtigkeit, Würde und Eifer.
10. Ich lobe Abu Ḥasan, den Fürsten eures Gebietes,
und wie viele Hymnen haben über ihn bereits die Dichter gesprochen!
11. Ich lobe die Araber (Beduinen) alle insgesamt,
denn die Letzten von den Letzten sind doch Fürsten.

1. Aṣbaḥt bil-ḫejr w al-as'âdi
jâ-bu ḥasan jâ munjati w murâdi
2. ilak waǧh kal-miṣbâḥ judawwi fi-d-duǧa
fi ǧunḥ lêlen γâmiḳen bisawâdi
3. in aǧâk faḳîr mu'assiran limnâzelak
lamma jara waǧhak janâl el-as'âdi
4. tu'ṭi-l-'ata ḏahaban w aḥsan fuḍḍa
w tu'ṭi-l-'aṭa ḫejlan w ibl sa'âdi
5. jâ mukrem eṭ-ṭarrâš fi snên el-maḥal
jâ mukrem es-saffâr w al-warrâdi
6. ṣîtak waṣal er-rûm w bilâd er-ruha
w 'amm 'a boṣra w kada baγdâdi
7. aǧitak lamma tlefat maṭijti
lamma šaḳḳat jâ-mîr akbâdi
8. aǧîtak 'a-nâḳa ṭawîle muḍammare
w lâ ḍarraha minni sawa-l-ab'âdi

9. amdaḥ ʿajjûṭi emirku sulṭânku
bis-ṣuḥḥ w al-ʿadl w al-awkâdi
10. amdaḥ abu ḥasan šêḫ bilâdku
w kam ḳâlat eš-šuʿraʾ fîh enšâdi
11. amdaḥ el-ʿarab ǵumle ǵamîʿan
w dûn dûn ed-dûn hija sijâdi

Eine Ḳaṣîde kann auch zum Spottgedichte, heǵw, werden. So kam Ḫalifet aṭ-Ṭajjâr von Wlid ʿAli (ʿAneze) zum Häuptlinge Ibn Brejk, dem zu Ehren er eine Ḳaṣîde gedichtet hatte. Ibn Brejk belohnte ihn jedoch nicht, und so „warf auf ihn" der erzürnte Dichter folgendes Gedicht:

1. Ibn Brejk, wenn er kommt, schwätzt mir alles Mögliche vor,
windet sich, wie sich windet der Schweif des „Gott mit uns",
2. läßt ertönen Lüge über Lüge,
sein Verstand läßt nach, o Mann der Güte und Sünde!
3. Wenn er sich umgürtet sieben Waffen nebst dem Rüstzeuge,
wirst du sagen, es sei ein Rammler, den die Niederträchtigsten in die Flucht jagen,
4. oder ein Mädchen von Leuten, die zahlreiche Kläffer besitzen — o wie rasch stürmen sie zum Angriff — wenn das Schaf blöckt!
5. O den schönen Liebling! Es fehlen ihm die Vorderzähne,
und seine Schläfenzöpfe sind zusammengeflochten mit dem Haare des Hinterkopfes.

1. Ibn Brejk w in lafa ḥaǵḥaǵâni
jilwi kama jilwi danab ʿawḍ billâh
2. zarzîr zîr muzarzarâni
jiḫem ʿaḳlu jâ fata-l-ǵûd w al-aḫṭa
3. in iḥtizam bseba' al-ʿedad w al-awâni
taḳûl ḳirman mḥârebinu danâja
4. bint ar-rubûʿ alli lihom laǵlaǵâni
jâ sorʿ fezʿethom in barrat aš-šaʾ
5. jâ šowḳ rerwen šâleḫ illu ṭanâni
w ḳrûnu muʿakkafe maʿ emḳafaʾ

Heǵw (Sḥûr):

1. O junger Mann, bring das Reitkamel her,
leg den Sattel auf die stolze Kamelstute.

2. Wir zogen ostwärts gleich mächtigen, auf drei Hauptstangen errichteten Zelten
und wandten uns gegen Westen gleich zerlumpten Wassersuchern.
3. Die Zwei, welche feige flohen,
machet sie zum Gegenstande des Schimpfes.
4. Der Eigentümer der kurzatmigen Fuchsstute
floh, so daß ihm der Mantel flatterte;
5. der Bart des Rḫajjeṣ ist lang
gleich dem Schweife eines scheuen Kleppers —
6. wie die Staubwolken der Fellâḫîn,
wenn sie zum Bache trinken gehen;
7. er leert die große Schüssel Burrul,
selbst wenn ihm die rechte und die linke Hand abgeschnitten würde.

1. Jâ walad denni-ḏ-ḏelûl
čarreb min fowḳ aḏ-ḏejjâle
2. šarraḳna bujûtan metâliṭ
ṛarrabna miṯl as-sammâle
3. al-eṯnên alli-šrodû
ḫaṭṭûhom kowm ar-raḏâle
4. râʿi-š-šaḳra'-l-malhûfa
ḳawṭar w al-ʿelḳa tibrâle
5. laḥje rḫajjeṣ ṭawîle
jâ ḏêl el-kdišet al-ʿaṭâle
6. miṯl zwâl al-ḫarrâtîn
in waredû ʿala-š-šellâle
7. ḳaṭṭʿ muḫmar al-burrul
w in inḳaḏab al-jimna w aš-šemâle.

Heǧw (Tijâha):

1. O Emîr, wahrhaftig du bist ein Emîr!
Du speisest nicht den Bettler (am) Gaumen,
2. schlachtest zwar fette Widder,
doch, pfui dir, du tischest das Fette nicht auf!
3. Du trägst eine lange Lanze,
aber käme zu dir ein Schakal, so jagte er dich in die Flucht.

1. Jâ-mîr milla ent amîr
mâ teṭʿam as-sâjel ḥanak
2. ḏabbâḥ al-kabš as-samîn
jâ ḫejf mâ tirmi wadak

3. naḳḳâl ar-rumḥ aṭ-ṭawîl
lan ǧâk al-wâwi ǧaffalak.

Am Lagerfeuer werden auch Rätsel, šurûḥ, gelöst. Ich notierte bei den Tijâha folgende:

Der Lange und Weitausgreifende,	Aṭ-ṭawîl al-muṭâwil
der seine Länge zur Geltung bringt	alli bṭûlu mutḥâwil
und Brokatkleider anlegt im Innern?	lâbes ṭôb ad-dîbâǧ ǧaw.
Ist das nicht ein Hahn	Mâ hu dîk
— Gott wolle dich leiten —	allâh jihdîk
der aus Hühnereiern herauskam?	min bêḍ al-farârîǧ ǧaw?

Er sagte ihm: Nein, ḳâl lu lâ.

Ist es nicht ein junges Kamel	Mâ hu ḥorr
von der Reitkamelrasse,	min al-ḳaʿedân
wie uns soeben eingefallen ist?	lâfîna fi ʿelmen taw?

Er sagte: Nein.

Ist es nicht ein Festland (ein Schiff)	Mâ hu brûr
inmitten des Meeres,	fi baṭen bḥûr
auf dem die Leute gehen und kommen?	râḥû fîh an-nâs w ǧaw?

Er sagte: Richtig, ḳâl ṣaḥîḥ.

Was meinst du von einem Vogel, der fliegt,	Wêš ḳôlak fi ṭêren ṭâr
dessen Kopf ein Paradies ist und dessen Schweif ein Feuer (Hölle)?	râsu ǧinne w dîlu nâr?
Dies ist ja ein Reitkamel,	Hâ jâ ḥorr al-ḳaʿedân
welches weiterschafft die Kunde und bringt die Nachricht.	jwaddi ʿulûm jeǧîb ḫbâr.

(Der Kopf des Kameles gilt als sehr schön. Der Kamelmist wird als Brennmaterial gebraucht.)

Was sagst du von einer aufsteigenden Regenwolke,	Wêš ḳôlak fi miznen hall
die den Donner bringt, aber nicht regnen läßt?	jihedd ruʿûd mâ jirmi mi'?
Dies ist ein Maulheld,	Hâ ar-raǧol al-baṭṭâl
der viel plappert, aber nichts ordnen kann.	jahreǧ mâ jusammel ši.

Und was sagst du zu diesem Schiffe ohne Mast, wie es sich bewegt?	Wêš ḳôlak fi ha-l-mirkab balâ ṣâri kêf jimši?
Das ist die Kamelin des Häuptlings, welche ein mutiger Junge reitet.	Hâ hi nâḳat aš-šêḫ râkebha šabban ḳawi.

Bei Gott, es ist mir etwas Eigentümliches eingefallen:
Wie kann ein Kamelhengst von einer Kamelstute befruchtet werden,
und wenn er empfängt, muß er ein Junges bringen,
und wenn er gebiert, wird er beim Schenkel gepackt.

Allâh w fikri min al-fkâr
kêf al-ǧemal juṭleḳ min an-nâḳa
w in laḳaḥ lâzem jiǧîb ḥwâr
w in waled mamsûk min as-sâḳa.

(An-nâḳa, Kamelin, bedeutet hier den Löffel, auf dem Blei geschmolzen, al-ǧemal, Kamel = die Form, ḳâleb, in welche das Blei gegossen wird, und die mit einem Griff, sâḳ, versehen ist; ḥwâr, Kameljunges = die Kugel, er-ṛṣâṣ el-masbûk.)

O ihr Windvolk — ein Windschloß — ich ging zu ihm,
fand in diesem Windschlosse eine höchst merkwürdige Sache:
Ich fand ein Knäblein, das auf Befehl die Mutter schlägt,
die Mutter säugt, wodurch der Knabe entwöhnt wird.

Jâ ahl al-hwa ḳaṣr al-hwa ruḥt jammo
laḳejt fi ḳaṣr al-hwa a'ǧab al-'ulûm
laḳejt 'ajjel in ḥukam jiḍrob ammo
al-amm tarḍa' w al-walad ṣâr mafṭûm.

(Windvolk = Reiter; Windschloß = Stute; 'ajjel = Knäblein = der Maulzaum al-leǧâm)

Das Kamel und seine Zucht.

Sobald die Kinder das achte Lebensjahr erreicht haben, müssen sie die Nahrungssorgen ihrer Eltern teilen. Der Araber ist sehr genügsam; er ist vollauf zufrieden, wenn er soviel hat, daß er sich sattessen kann. Reichtümer sammelt er nicht und ist sich seiner Armut wohl bewußt. Oft, sehr oft, hört man das Sprichwort:

Reichtum! Was hat man denn vom Reichtum?
Und was die Armut anbelangt, kein Volk wird uns in ihr übertreffen.

Ḳana' mâ min ṛana'
w al-faḳr mâ msâbeḳna 'alej nâs.

Alles, was der Araber braucht, liefern ihm seine Herden, oder aber er muß es rauben. Ackerbau betreibt er nicht und aufs Erben verläßt er sich nicht; denn wer heute in der Wüste 1000 Kamele besitzt, kann morgen, wenn dem Feinde der Überfall gelungen, in der Lage sein, selbst ein Reit- oder Lastkamel von anderen zu erbetteln. Darum heißt es in der Wüste allgemein:

Das Vermögen des Bdûi stammt von der Weide oder der Zeltgasse; das Vermögen des Bauern stammt von dem Erbe und der Feldarbeit.

Al bdûi ṛanâtu min ra'ijje aw ṭenijje
al-fellâḥ ṛanâtu min wirṭe aw ḥarṭe.

Das nützlichste Tier der Wüste ist das Kamel, ohne welches das Leben daselbst unmöglich wäre. Das Kamel begnügt sich mit der spärlichen Weide, welche ihm die Senkungen in der Wüste oder in der Steppe bieten, kann mehrere Tage ohne Wasser aushalten und verlangt von dem Menschen fast gar nichts. Dafür liefert es Milch und Fleisch zur Nahrung, Haar und Haut zur Kleidung und Aufbewahrung von allerlei Gegenständen, es trägt den Menschen und sein Gepäck auf der Reise und gibt ihm noch das nötige Brennmaterial. Der Araber ist auch von der Unentbehrlichkeit des Kamels vollauf überzeugt.

Über die Entstehung desselben gibt es verschiedene Sagen.

Die Ṣḥûr und Ḥwêṭât meinen: als der erste Mensch in die Wüste gekommen sei, habe er sich beklagt, daß er hier nicht reisen und auch nicht leben könne. Gott erbarmte sich seiner und schuf ihm aus dem Sande der Wüste das Kamel.

Ein 'Azâmi erzählte:

Das Kamel wurde aus Lehm gemacht: aṣl el-bil min eṭ-ṭîn. Einst wollten die Juden, welche in die Wüste kamen, ein großes, starkes Tier machen, um die Beduinen zu unterjochen. Sie nahmen Lehm und bildeten daraus ein Tier; sie waren aber damit noch nicht fertig, als sie die Araber in der Ferne erblickten. In größter Eile klebten sie dem Tiere die Schulterblätter an, laṣaḳû ktûfo talṣîḳ, und flohen davon. Neugierig betrachteten die Araber das eigentümliche Tier, und siehe, es begann sich zu bewegen und folgte ihnen. Das war die erste Kamelstute. Darum erscheint auch noch heute das Schulterblatt beim Kamele wie angeklebt, ektûf el-bil malṣûḳât.

Auch nach der Ansicht der Ḥêwât stammt das Kamel von den Juden. Sie hatten die Kamele in einem großen Hofe eingesperrt und wollten kein einziges verkaufen. Da kamen nachts die Araber und ließen in den Hof einige Affen springen und unter dem Tore große Ameisen hineinkriechen. Dadurch wurden die Kamele scheu, brachen durch das Tor aus, und das erste, das herauskam, war eine Ḥamra', das zweite eine Waḍḥa'-, dann eine Zerḳa'- und endlich eine Ṣafra'-Kamelin. Die Juden gaben sich bis heute alle Mühe, die Kamele in ihre Hände zu bekommen.

Die Tijâha erzählen:

Im Lande der ʿAbâbde hütete ein Kamelhirt die Kamelin Zrêḳa'. Plötzlich sprang aus dem Meere ein Kamel heraus, belegte die Kamelin, ṭalaḳ ʿa-n-nâḳa, und verschwand. Nach einem Jahre hatte die Stute ein Junges, das dem Hirten sehr gefiel. Am Ende des nächsten Jahres wollte er es sich als Lohn ergattern und stach ihm eine Nadel unter die Zunge. Es schrie und der Eigentümer war froh, daß er seiner los wurde. Es wurde daraus ein prächtiger Kamelhengst, und weit und breit führte man ihm Stuten zu. Für jede Stute bekam der Hirt eine Ṣâʿ Gerste oder einen halben Rejâl. Die Nachkommen des Hengstes Zrêḳân bilden die beste Kamelrasse, die Zrêḳânât.

Wie beim Pferde so gibt es auch beim Kamele allerlei Farben und Schattierungen. Ein weißes Kamel heißt Awḍaḥ, ein rötliches Aḥmar, ein aschgraues Aškaḥ, ein gelbweißes Amlaḥ, ein schwarzbraunes Ašʿal, ein schwarzes Aṣfar.

Am gesuchtesten sind ganz weiße Kamele, al-wḍûḥ. Vor 15 Jahren wurden die Ṣḥûr zwischen al-Mšatta und Ziza' von den Šammar überfallen und verloren dabei 79 weiße Kamelstuten.

Die Kamele werden eingeteilt in Reitkamele und Lastkamele, ḏelûl und ǵemâl. Die Reitkamele, reine Rassentiere, sind sehr schlank, leicht gebaut und werden bei den einzelnen Stämmen in verschiedenen Rassen gezüchtet.

Die Zuchtrassen der Kamele, ḍrûbât eḏ-delûl, sind nach der Einteilung der Tijâha folgende: es-Smêḥa', eš-Šuʿêla', el-Fḏêḥa', el-Mlêḥa' und ez-Zrêḳa', die am meisten geschätzt wird, da sie am schnellsten ist.

Bei den Terâbîn werden als Ṣâfije, Vollblut, anerkannt nur die Hengste der Rassen: Zrêḳân, aṣ-Ṣaʿîdi, an-Naʿmâni, Awḍêḥân, und nur diese werden zur Zucht verwendet.

Die ʿAlâwîn züchten: Zrêḳân, Awḍêḥân, Naʿaǵân, Ḳemrân, Šḥejlân, Ḍuʿêfân, Aslân und el-ʿAbadi. El-ʿAbadi wird am meisten gesucht und stammt aus bilâd es-Sûdân; el-Awḍêḥân stammt von den Šarârât.

Den Saʿîdijjîn sind folgende edle Rassen bekannt: Zrêḳân, stammt von den Tijâha; Awḍêḥân, von den Šarârât; Sumḥân, von den Ẓullâm;

'Äkâb, von den 'Adwân; Ed'éfân, von den Ḥwêṭât et-Tihama; Bahlân und Ġerwân.

Die Beni 'Aṭijje züchten: Zrêkân, Banât Ša'élât, Awḍêḥân; eine mindere Rasse sind die: Ḥawwârât.

Bei den Ṣḥûr werden zur Zucht verwendet Hengste, er-rĉâb illi ṭaḍreb: Awḍêḥân, Oš'élân, Sa'îdi.

Nur von diesen werden die Kamelstuten belegt, und es wird nur ein Hengst, der von einer vollblütigen Stute derselben Rasse stammt, zur Zucht verwendet.

Wenn jedoch eine nicht vollblütige Kamelstute z. B. von einem Awḍêḥân-Hengste trächtig wird und eine Kamelin wirft, welche wieder zu einem Awḍêḥân-Hengste geführt wird, und wenn dies so weiter geschieht, so gehört das fünfte Tier, ob Hengst oder Stute, zur edlen Awḍêḥân-Rasse und kann zur Zucht verwendet werden, ṣâfi 'ala-l-ḥamse, doch ist der Hengst der 10. Generation, 'ala tis', der beste zur Zucht.

Eine gute Kamelin muß aufweisen: schmächtige Flanken, ḍâmeret eṣ-ṣulb, langen Stützauswuchs unter dem Bauche, ṭawîlet ez-zûr, kleinen Huf, ṣaġîret el-ḥuff, schöngeformten Hals, zênt er-rakaba, Ohren wie Lanzenspitzen, 'idânha kal-ḥrâb, der Hals soll lang sein, er-rakaba ṭawîle, der Vorarm lang, drâ' ṭawîl, der Rücken lang, die Kruppe groß, msammaṭ kebîr, der Schweif kurz und breit, ḍîl kaṣîr ġalîẓ, der Höcker direkt über dem Nabelloche, es-senâm wazen es-surr.

Zum ersten Male wird die Kamelin gedeckt, wenn sie 4 Rabî' alt ist, so daß sie im 5. Rabî' wirft, teled. Mein Begleiter Baḥît besitzt eine Kamelin, die bereits 25 Junge zur Welt gebracht hat, also über 40 Jahre alt ist.

Die Kamelin wirft in drei Jahren zweimal, tiġi biḥwârên. Zur Zucht der Ḏelûl darf nur ein Rassenhengst, zur Zucht der Ġemâl jeder Hengst verwendet werden. Für das Decken durch einen Ḥorr-Hengst zahlt man 1 Rejâl meġîdi (4·40 K). Die brünstige Kamelin, 'aâara, kniet so, wie wenn sie beladen werden soll, und in dieser Lage, bârĉe, deckt, ḍarab, ṭalak, sie der Hengst. Nach einer Woche wird sie wieder dem Hengste zugeführt, und wenn sie sich wehrt, ist dies ein Zeichen, daß sie trächtig ist. Von nun an heißt sie Mu'aššara bis zum 5. Monate; wenn das Junge fühlbar wird, heißt sie bis zum Wurfe Kaḥḥa. Nach 12 Monaten wirft sie ein Junges, teled 'ala ṭna'aš (sic) šahr, nâka wledat wġâbat ḥwâr, und heißt dann ein ganzes Jahr Ḥalfa'.

An einem männlichen Füllen hat man wenig Freude und es wird gewöhnlich geschlachtet.

Von Rabiʿ bis Mitte Sommer, also vier Monate, heißt das Junge Ḥwâr, dann bis zum 10. oder 12. Monate Maḥlûl. Nach dem 10. bis 12. Monate wird es entwöhnt und heißt Mafrûd bis zum nächsten Rabiʿ, also bis zum vollendeten zweiten Jahre. Das zweijährige Kamel heißt bei den Terâbîn Embâri, das dreijährige Libni, das vierjährige Ḥeḳḳ und das fünfjährige Ǵedaʿ.

Im allgemeinen heißen die männlichen Tiere vor dem 4. Lebensjahre Ḳaʿûd, die weiblichen Bakra oder Ḥâjel und nach dem 4. Jahre Nâḳa. Das über 20 Jahre alte Kamel nennt man Fati oder Fuṭar.

Fig. 47. Kamele bei einer Tamad-Wassergrube.

Das Ḥeḳḳ murrt beim Aufladen, ḥeḳḳ bḥamlo jineḳḳ, das Ǵedaʿ wirft sich zum Aufladen nieder, ǵedaʿ ila ḥamlen jiḳaʿ.

Das Verhalten der Kamele bezüglich ihrer Trinkbedürfnisse ist je nach der Jahreszeit und Rasse sehr verschieden. Im Rabiʿ nach ausgiebigem Regen, wenn die Kamele nur frische salzlose Pflanzen fressen, brauchen sie oft 20—30 Tage kein Wasser, und die Araber können die vom Wasser weiter abgelegenen Weideplätze beziehen. Im Frühsommer, solange die Kamele noch immer solche Graspflanzen, ʿešeb, in genügender Menge finden, also in den Monaten Mai bis Juni, können sie auch 10 Tage ohne Wasser bleiben. In der trockenen Jahreszeit führt der Kamelhirt, aṣ-ṣabi, seine Herde jeden 5. Tag zur Tränke. Jôm al-ḫâmes ʿala-l-maʾ, den 5. Tag beim Wasser, heißt die Regel, denn die Ḥeǵîne, Rite und andere Pflanzen, welche die Nahrung der Kamele bilden, sind sehr salzig und „wenn du Salz ißt, kannst du ohne Wasser aushalten?“. Vier Tage bleibt das Kamel auf der Weide, am fünften wird es zur Tränke getrieben; darum müssen die Beduinen im Sommer immer solche Weideplätze aufsuchen, die vom Wasser nicht über 30—40 *km* entfernt sind.

Dies gilt aber nur von den Kamelen der Wüste. Die Kamele der Oasen- und Küstenbewohner oder auch der Stämme, welche in der Nähe vom Euphrat lagern, können nicht solange ohne Wasser aushalten. So hatte ich 1898 zwei Kamele von el-ʿAriš und 1901 vier Kamele von

Fig. 48. Kamele bei einem Ḳalib-Brunnen.

Beni-Shejle, die kaum zwei Tage ohne Wasser bleiben konnten. Die Ṣḥûr nennen solche Kamele Gawâd und sagen, daß sie in der Wüste nicht gedeihen, „sie sind ähnlich den ägyptischen Büffeln, welche ebenfalls nur am Nilufer leben können, mitl ǵâmûs min al-baḳar“.

Aus tiefen Bijâr- oder Ḳalib-Brunnen wird das Wasser mittels des Delu geschöpft. Am Rande des Brunnens wird im Sande eine Vertiefung gemacht und mit einem Stück Leder so ausgelegt, daß sie Wasser hält. Ist die Wassergrube nur seicht, so steigt ein nur mit einem Lendentuche bekleideter Mann hinein und schöpft mit einem ledernen oder hölzernen Gefäße das Wasser auf das Leder, worauf die Kamele trinken. Sie drängen sich dabei um die Wassergruben, wobei sie stets Harn lassen, der die Brunnen verunreinigt, indem er sie gelbrot färbt und ihnen salzigen Geschmack und üblen Geruch verleiht. Nach dem ersten Trunke entfernen sich die Kamele, weiden oder wälzen sich im Staube und kommen nach einer Viertelstunde wieder, um sich vollends sattzutrinken (Fig. 47, 48).

Beim Wasserschöpfen singt der Araber die sogenannten Ḥedâwi-Lieder. So bei den Ṣḫûr:

Tränken möge dich Allâh, o Brunnen, mit Regen in Hülle und Fülle.	Saḳḳâḳ allâh jâ bîr min al-wabel šaḥâtîr.
Quill, o Wasser, fließ' in Fülle!	Ebḥer jâ ma' erḍi ǧemâma.
Trink, (o Kamelin), verschmähe es nicht, mit einem Stabe haben wir es ausgegraben.	Ešrabi lâ tâferînu biḳaḍîben ḥâferînu.
Niemand tränkt die ausgelassene Kamelin als ein großer Schlaucheimer, oder ein kräftiger Junge.	Mâ jarwi al-maǧhûle ġejr ad-dli al-hûle w illa walad ḥamûle.
O Herr, versuche uns nicht und wende jedes Unheil von uns ab!	Jâ rabbi lâ temḥenna w enḥa-l-blâwi ʿanna.
O du mit geflochtenem Haare (rufe) hawh dem Kamel (zu)! Es hört auf sich zu bewegen, das schnöde Handelnde (Kamel).	Jâ bu maǧdûl hawh lal-ǧemal ʿajja jeṭûr ḥabiṭ al-ʿamal.
Die Wohlriechende, (rufe) hawh den Kamelen, geriet auf ihresgleichen, hawh den Kamelen!	Riḥat aʿṭûr hawh lal-ǧamal waḳaʿ biṭ-ṭûr hawh lal-ǧamal.
Heute kommen zur Tränke die Ǵhejne, eine Familie, welche schöne Töchter hat.	Al-jowm warad al-ǧhejne uhejl al-banât az-zejne.
O Verrat der Verwandten! Sie wollen nichts wissen von der Trägerin der Schläfenzöpfe.	Jâ ḥânat al-ḳarâjeb ʿajjû babu ḍawâjeb.
O Brunnen von at-Taslûmi, es kamen zu dir nickende Kamelinnen.	Jâ ḳalîb at-taslûmi ǧawk az-zaʿâjen tûmi.

17*

Das Wasser kommt aus dem Dunkel nicht zum Vorschein	Mâ jizher al-mâ' min ad-dmâs
ohne deinen Strick und die Schnüre, (mit denen der Sack angebunden ist)	ṛejr ḥabalak w al-emrâs
außer durch einen tüchtigen Mann und durch Anstrengung.	ṛejr min dawwâs wa dâs.
Führe herbei dein Kamelchen und ziehe fort,	Danni ǵmejlki w erteḥli
die du von Koḥl geschwärzte Augen hast.	ʿujûnki sowda' bil-keḥli.

Terâbîn:

Hab' ich dir nicht gesagt, o Hâni,	Mâ ḳult lak jâ hâni
laß dich nicht auf der Ebene nieder,	lâ tenzel al-ḳiʿâni
ich fürchte um dich vor einem Trupp,	ḥâjef ʿalêki min sorba
dessen Anführer ist al-Ḥiwâni (ein berühmter ägyptischer Mädchenräuber).	'aḳîdha el-ḥîwâni.
O du Lasttragende und Mutter der Trächtigen	Šâjele jâ-mm aš-šwâjel
hast heuer und voriges Jahr nicht empfangen.	ha-s-sene w al-ʿâm ḥâjel.
Das Wasser bleibt nicht frei,	Mâ zâl al-mi ḥâli
laß es ausgießen auf die Kamelinnen und ihre Jungen.	ṣubbu ʿala-l-matâli.
O was geschieht dem Schläfer?	Jâ mâ ǵara lin-nâjem
Seine Provision bildet die Ṛaḍa-Pflanze der Sanddünen.	zawdu ṛaḍa ḳasâjem.
O mein Schwesterlein, o Schwester,	Jâ ḥajjiti jâ ḥajje
es drängen sich die Brüllenden auf mich.	ṭâr al-ʿaǵâǵ ʿalajje.

ʿAzâzme:

Al-Meleḥ hat sehr gutes Wasser,	Al-meleḥ min ṭîb ma'
zahlreiche Kamele liegen bei seiner Tränke.	el-ʿaṭîn ʿala ǵêbaʿh.
O ʿArʿara, du Mutter der Trinkenden,	ʿArʿara jâ-mma-l-wurûd
du hast uns nicht erinnert an den Kamelhengst.	mâ ḏikarti lina ḳaʿûd.
Teile die frohe Nachricht dem Geffâl mit,	Beššir ǵeffâl
daß el-ʿOḳfi voll Wasser fließt.	el-ʿoḳfi sâl.

Die Schöne gleicht einer furchtsamen Kamelin;	Ez-zêne kannha balha
wer möchte mich zum Sklaven bei ihrer Familie bestellen?	min ḫaṭṭani ʿabdan lahalha.

Ẓullâm:

Die milchende Kamelin, welche meine Kinder nährt,	Fâṭiran tuhǵi ʿejâli
kann viele Nächte in el-Ḳrêḳ (weiden).	fi-l-ḳrêḳ ilha lejâli.
O Quellbrunnen, o Tränkplatz,	Jâ ʿedd jâ mêrûdi
es hat dich umschwärmt eine Pferdeschar.	ḥâmat ʿalejk al-ḳûdi.
Melke für die Trägerin des Schmuckes,	Eḥleb labu sejrâni
du, der du hinter dem Kameljungen gehst.	jâ mdawwereǵ el-ḥejrâni.

Solange die Kamelinnen gute Weide haben und regelmäßig getränkt werden, geben sie Milch; im Spätsommer und Herbst nimmt die Milch ab, ja manche Kamelin verliert sie ganz. In gefährlichen Gebieten werden alle Kamele jeden Abend ins Lager zurückgetrieben und übernachten in den Zeltgassen, ṭenijje, sonst aber kommen, wenn das Lager nicht gerade an einem Tränkplatze gelegen ist, gewöhnlich nur die milchenden Kamelinnen samt ihren Jungen ins Lager und werden abends und in der Frühe gemolken. Die übrigen Kamele und Kamelinnen, die nur wenig Milch geben, übernachten, dicht aneinandergedrängt, in gedeckten Senkungen. Auch da werden die Stuten in der Frühe gemolken, und die Milch schickt man in einem großen Schlauche in das Lager.

Reitet ein Araber an einer weidenden Kamelherde, ṭarše, vorbei, so darf er auch für sich eine Kamelin melken, und wird von den Hirten fast immer dazu eingeladen. „Steig ab, melke dir ḥawwel eḥteleb!“ bekommt man fast immer zu hören, und nur ein Geizhals unterläßt diese Einladung. Wenn der Bdûi in der Steppe schon von weitem weidende Kamele erblickt, freut er sich sofort auf einen Schluck Kamelmilch und wird dann umso unangenehmer berührt, wenn er etwa vom Hirten hören muß, daß es nur junge oder trächtige Tiere seien, und daß er nur eine einzige milchende Kamelin für seinen eigenen Bedarf habe.

Der Araber schont die milchenden Kamelinnen soviel als möglich. Soll er eine längere Reise unternehmen, so reitet er lieber die Tiere, welche nicht trächtig sind, keine Milch geben, oder aber einen Hengst.

Der junge Ḳa'ûd-Hengst ist kräftiger und ausdauernder als jede Ḥâjel-Stute. Nebst der Milch liefert das Kamel auch noch Haare, wabar, die ihm im Frühjahr ausfallen, emṭer oder meṛsel, und welche die Frauen und Mädchen jeden Tag in der Frühe einsammeln oder auch sanft ausrupfen, jihlesennu.

Fig. 49. Meine Begleiter.

Das Kamelhaar wird von den Frauen verarbeitet. Sie machen daraus Teppiche, Satteltaschen, Stricke, Gürtel, Mäntel und füttern damit die Wiṭr- und Śdâd-Sättel sowie die Sattelkissen. Über 20 Jahre alte Kamele liefern nicht viel Wabar. Man sieht an ihnen zahlreiche haarlose Stellen, die von weitem glänzen, wie wenn sie poliert wären.

Alte Tiere werden zumeist nach Ägypten verkauft. Es gibt fahrende Händler, 'aḳêli, welche sie den einzelnen Geschlechtern abkaufen oder als Tauschmittel übernehmen und in großen Herden nach Ägypten treiben, wo sie als Schlachtvieh ausgemästet werden. Je älter das Kamel, desto schmackhafter soll sein Fleisch sein.

Zum Reiten werden zumeist junge Tiere genommen. Das Reitkamel, delûl, trägt auf der Stirn ein buntgesticktes Band, 'edâr, welches mit Muscheln und allerlei, auch silbernen oder vergoldeten Zierraten behangen ist. Auf dem Nasenrücken ist ein zweites ähnliches Band, 'ârân. Beide sind unter den Ganaschen miteinander und mit einem Streifen aus Kamelhaar verbunden, der hinter den Ohren auf dem Genick

Fig. 50. Kamelsattel ohne die weiche Decke.

liegt und dies alles zusammenhält. An dem Nasenstreifen ist bei der Kinngrube der Halfter, rasan, angebunden, dessen eine Hälfte aus einem Kettchen, ṣarîme, besteht, während die zweite, die der Reiter in der Hand hält, gewöhnlich aus Kamelhaar gewirkt ist und Ǧedîle heißt. (Fig. 49).

Der Kamelsattel, eš-šdâd, besteht aus je zwei gekreuzten, 0·5 *m* langen Stangen, 'aṣjân eš-šdâd, die mit festen Stricken, erbêṭ, zusammengebunden sind. An den Enden der Stäbe sind zwei Brettchen, ẓalâf, befestigt, und zwar so, daß sie sich mit je einer Schmalseite berühren, dann aber auseinandergehen. Über der Berührungsfläche steht ein hölzerner, 20 - 30 *cm* hoher Knopf, ẓazâl. Unter den Stäben und Brettchen liegen weiche Polster, libâd, damit das Tier nicht wundgerieben werde. Ein kleines Polster, mîrake, ist auf dem Vorderknopfe befestigt und dient zur Unterlage für die Füße des Reiters. Die Sattelknöpfe pflegen mit zierlichen Nägeln beschlagen zu sein. Die besten Šdâd kommen aus Neǵed (Fig. 50).

Wenn das Kamel gesattelt werden soll, läßt man es niederknien und legt den Sattel auf den Rücken, so daß der Höcker zwischen die Stäbe und Brettchen kommt und weder gedrückt noch gerieben wird, da sich die Ẓlâf vor und hinter ihm auf dem Rücken stützen. An den 'Aṣjân ist ein fester Strick, ebṭân, aus Kamelhaar angebunden, der unter dem Bauche, und zwar vor dem Zûr-Auswuchse, straff angezogen und auf der anderen Seite an die 'Aṣjân befestigt wird. Ein zweiter Strick, ḥaḳab, wird bei dem Euter angezogen und verhindert das Rutschen des Sattels. Nun legt man auf den Sattel, und zwar zwischen die beiden Ḳazâl-Knöpfe, eine weiche Decke, lubbâde, und man kann aufsitzen (Fig. 51).

Zum Lasttragen verwendet man den etwa 1 *m* langen Witr-Sattel, der statt der Ḳazâl-Knöpfe einen horizontal befestigten Stab hat.

Steigbügel habe ich bei den Arabern am Kamele nie gesehen. Nur ganz ungeübten Reitern macht man aus Stricken provisorische Steigbügel, die man an den Vorderknopf anbindet. Auf den Sattel legt man gewöhnlich einen Proviantsack, mezwede; dieser ist 1·40 *m* lang, 0·7—0·8 *m* breit und hat in der Mitte auf der einen Breitseite einen Schlitz, auf der anderen zwei Löcher. Er wird so auf den Sattel gelegt, daß die beiden Ḳazâl-Knöpfe durch die Löcher herausragen und der Schlitz nach oben kommt. Diese Sattelsäcke sind aus Kamelhaar oder Wolle, immer bunt gewirkt, haben viele Fransen und Besätze und in jeder Ecke eine rote Quaste an einem über 1 *m* langen Bande. Die besten verfertigen die Ḥanâǵre.

An den hinteren Sattelknopf bindet man einen kleinen Wasserschlauch, und an der anderen Seite wird das Gewehr aufgehängt. Der vordere Knopf bleibt frei, da er als Stütze für die Füße dient.

Schon während des Sattelns murrt das Kamel in gurgelnden Tönen, entleert sich, breitet den kurzen Schwanz fächerartig aus, schlägt mit ihm nach rechts und links, schiebt sich auf den Knien vorwärts und wieder rückwärts und will aufstehen. Da aber das Schienbein und der Vorarm seines linken Vorderfußes zusammengebunden sind, so kann es nicht in die Höhe.

Noch unruhiger ist das Tier beim Aufladen. Es seufzt und brüllt, als ob man es stechen wollte, wirft den langen Hals nach rechts und links, zeigt die Zähne, schnappt nach dem Menschen, will aufstehen, springt vorwärts und wirft die Ladung herab. Da muß man Gewalt anwenden, indem ein Mann es beim Schwanze und zwei am Kopfe niederdrücken. Dann legt sich gewöhnlich ein Mann auf seinen Hals und hält diesen tief an den Boden, während das Tier stöhnende Klagelaute ausstößt, die dem Rollen des entfernten Donners nicht unähnlich klingen (Fig. 52).

Beim Satteln wie beim Aufladen muß man sehr vorsichtig zu Werke gehen, damit der Höcker nirgends gedrückt oder gerieben werde,

Fig. 51. Kamelsattel mit der weichen Decke.

denn bei keinem anderen Tiere ist eine wenn auch kleine Wunde so gefährlich wie beim Kamele.

Will man in den Sattel steigen, so stellt man sich mit dem linken Fuße auf den linken Vorderfuß des Tieres, löst den Strick, womit der Fuß zusammengebunden ist, erfaßt mit der Linken den vorderen Sattelknopf und schwingt sich mit einem Satze über den hinteren Sattelknopf in den Sattel. Gelingt dieser Sprung nicht, sei es, daß man an das Gewehr angestoßen oder mit dem Kleide an dem Sattelknopfe hängen geblieben ist, so kann man sehr leicht herabgeschleudert werden, denn das Kamel erhebt sich unter zornigem Murren in dem Augenblicke, wo man den linken Fuß gehoben hat. Ist der Sprung in den Sattel gelungen, so muß man mit den Füßen sofort den Vorderknopf umfassen, um nicht aus dem Sattel herausgeworfen zu werden. Das Kamel erhebt sich zuerst auf den Hinterfüßen und wirf den Reiter dadurch nach vorne, sogleich aber stemmt es sich auf die Vorderfüße, und der Reiter bekommt einen Ruck nach hinten. Es erfordert schon eine gewisse Übung, sich dabei im Sattel zu erhalten, und man muß Vorsicht anwenden; denn nach der Meinung der Araber ist es angenehmer, siebenmal vom Pferde als einmal vom Kamele zu stürzen.

Höchst unangenehm und recht gefährlich ist es, wenn man ein ausgeruhtes kräftiges Tier zum Reiten bekommt. In seinem Übermute geht es mit allen Vieren in die Luft und versucht alles mögliche, um den Reiter loszuwerden. Insbesondere im Rabí' sind die „verliebten" Kamele und Kamelinnen fast gar nicht zu bändigen.

Beim Gehen greifen manche Tiere weit, andere wieder kurz aus. Am beliebtesten sind diejenigen, welche leichten Schritt haben, schnell und weit ausgreifen. Auf diesen sitzt man wie auf einem Ruhebett. Die Bewegungen sind so sanft und regelmäßig, daß man, ohne sich fast zu halten, und ohne Steigbügel zu benützen, schreiben, zeichnen, schießen und schlafen kann. Ermüdend wirkt dagegen das Reiten auf einem Tiere, welches schweren Schritt hat und kurz ausgreift. Es versetzt dem Reiter bei jedem Schritt einen Ruck nach vorne und wieder nach hinten und, da der Schritt kurz ist, so wird der Reiter derart geschüttelt, daß er meint, seine Eingeweide verlieren zu müssen. Auf Lastkamelen bin ich nie geritten, und kann darum die Wirkung ihrer Bewegung aus eigener Erfahrung nicht schildern.

Weder Perde noch Kamele werden durch Worte nach rechts oder links gelenkt. Ebenso geschieht dies weniger mittels des Halfters als vielmehr durch Schläge auf den Hals. Man sitzt nämlich so, daß die Füße über dem Widerrist gekreuzt sind. Will man nun nach rechts abbiegen, so klopft man leicht mit dem Fuße auf die linke Seite des Halses und umgekehrt. Das Tier weicht dem Fuße aus, neigt den Kopf und Hals und läuft in dieser Richtung weiter. Hat der Reiter einen Stab, so klopft er mit diesem auf den Hals des Tieres, aber nicht jeder Araber hat einen Stab; wenn aber, so schätzt er ihn hoch. Die meisten Stäbe werden aus Mandelholz, lôz, verfertigt, sind etwa 0·7 *m* lang, haben 1 *cm* im Durchmesser und verschiedene Formen.

Soll das Reitkamel den Schritt beschleunigen, so ruft man ḥeḍ, ḥed, daß es langsamer gehe: š-š, daß es umkehre: hede-hede, daß es weide:

ṭa'-ṭa', daß es grasend vorwärtsschreite: ḥôjiba'-ḥôjiba', daß es trinke: hawh-hawh. Vernimmt das Tier gewisse Melodien, so geht es selbst in raschen Trab über. Dabei wirft es den Reiter mit in die Luft, doch sind die Bewegungen des Tieres so regelmäßig, daß jener immer in den Sattel zurückfällt. Das Tier hält dabei den Hals nach vorn gestreckt, senkt bei einem jeden Sprunge den Kopf zu Boden, so daß es den Eindruck macht, als ob es graben wollte, zieht die Unterlippe hinauf und herunter, streckt die Zunge heraus, die Ohren stehen ganz steif, der Schwanz bewegt sich wie ein Ruder, und die Füße scheinen den Boden

Fig. 52. Niederkniendes Kamel.

gar nicht zu berühren. Nur das Klirren der nach allen Seiten fliegenden Kieselsteine und Sandkörner bezeugt, daß das Tier nicht ganz in der Luft schwebt.

Doch läßt der Araber das Kamel nur im Notfalle oder beim Rennen so rasch laufen, sonst aber nie, weil er es nicht unnütz ermüden will. Gewöhnlich legt es 5—6 *km* in einer Stunde zurück und behält diese Geschwindigkeit bei 8—10stündigem Tagesritt auch durch mehrere Wochen. Das hält kein Pferd aus. Am ersten Tage schreitet das Pferd in den ersten Stunden weit vor dem Kamele, am zweiten Tage geht es schon mit ihm, am dritten Tage bleibt es bei den Lastkamelen zurück und am vierten muß es angekoppelt geführt werden.

Führt der Weg bergauf, so vermindert sich die Schnelligkeit der Kamele. Das Tier atmet bei jedem Schritte tief und muß immer nach einer kurzen Strecke stehen bleiben, um sich auszuschnaufen. Ist die Steigung steil, so muß man absteigen und es an die Leine nehmen. Geht es bergab, so weiß sich das Tier keinen Rat. Bevor es einen Schritt macht, betastet es den Boden, rutscht jeden Augenblick aus und, hat man es an der Leine, so muß man es mit aller Kraft nachziehen. Darum bindet man gewöhnlich die Leine an den Sattel und treibt das Tier mit kräftigen Schlägen mittels des Stabes; man muß aber fort und fort genau achtgeben, daß es den Weg nicht verläßt. Denn es hat die böse Gewohnheit, wenn der Reiter es auf einen Augenblick aus den Augen läßt, sofort abzubiegen, und zwar gewöhnlich in jener Richtung, welche der Reiter nicht will. Da es das Steigen bergauf und bergab scheut, geht es leicht durch, klettert zwischen Felsen und Steinen und gerät dadurch in die größte Gefahr, herabzustürzen. Da hilft kein Warnen und kein Rufen, der Reiter muß dem Tiere nach, muß es überholen, um es durch Schläge und Steinwürfe zurückzutreiben, und kaum hat es den rechten Weg betreten, läuft es nach ein paar Schritten von neuem fort. Da glaubt man manchmal, verzweifeln zu müssen ....

Auch die Lasttiere erfordern die ganze Aufmerksamkeit ihrer Begleiter. Denn beim Steigen bergauf und bergab geschieht es sehr leicht und sehr häufig, daß der Sattel lose wird und sich mit der Ladung nach vorne oder nach hinten verschiebt; sofort fällt dann das Tier auf die Knie, und man muß ihm nachhelfen und die Waren umladen. Bei größerer Steigung muß auf jeder Seite ein Mann die Ladung auf dem Tiere unterstützen und, ist der Weg so schmal, daß das nicht geht, so müssen Teile der Ladung herabgenommen und von Menschen weitergetragen werden. Während dieser aufregenden und anstrengenden Arbeit sieht man plötzlich, wie die Reitkamele über einem Abgrunde einherziehen; denn aneinanderbinden darf man sie nicht, weil sie daran nicht gewöhnt sind. Müde und abgehetzt muß man ihnen folgen und, will man das Tier an einer ebenen Stelle fassen, um in den Sattel zu steigen, jagt es wie ein Pfeil davon und verliert alles, was nicht fest am Sattel angebunden war. Der arme Reiter muß nun die Sachen nach und nach aufklauben und dem Tiere nachlaufen. Wenn sich auch noch der Sattel umdreht und aus den Satteltaschen das meiste herausfällt, wird die Liebe zu dem Tiere auf die höchste Probe gestellt. Dieses läuft jedoch so lange weiter, bis ihm der Sattel jede Bewegung unmöglich macht, oder bis es ihm einfällt, stehenzubleiben. So benimmt sich das Kamel, auch wenn man es monatelang reitet und verpflegt.

Recht vorsichtig muß man auch sein, wenn man über staubige Strecken reitet; denn an solchen Stellen pflegt das Tier sofort auf die Knie zu fallen und ohne jede Rücksicht auf den Reiter oder das Gepäck sich im Staube zu wälzen.

Höchst gefährlich ist für das Kamel weicher Lehmboden. Da es in den fleischigen Zehen keine Widerstandskraft hat, so gleitet es sehr leicht aus, und ein einziges Ausgleiten bedeutet für das Tier zumeist den Tod, weil es gewöhnlich den Fuß bricht und infolgedessen verloren ist.

Die Araber nehmen für ihre Kamele keinen Proviant mit. Dafür müssen sie, wo es Pflanzenwuchs gibt, langsamer reiten und die Tiere täglich einige Stunden weiden lassen. Für Gebiete, wo es keine Weide gibt, muß man Futter mitnehmen. Ich habe nur einmal, und zwar 1902, für meine Kamele Gerste mitgenommen. Einige Tiere wollten sie gar nicht fressen. Als sie sich auch nach zwei Tagen noch weigerten, obwohl wir keine Weide gefunden hatten, mußten wir sie abends binden und wie Gänse stopfen. Erst nach drei Tagen begannen sie von selbst zu fressen.

Alle Reitkamele werden, wenn auch noch so gut verpflegt, von langen Reisen so stark angegriffen, daß sie langsam Bauch wie Höker verlieren, mâ lu baṭn mâ lu snâm, und man muß ihnen dann mehrere Wochen, ja oft monatelang Ruhe gönnen, wenn sie sich erholen sollen. Besonders auf den Ġazw-Zügen, wo die Weide- und Tränkplätze nur vorsichtig besucht oder ganz gemieden werden, müssen die Kamele fast Unglaubliches leisten. Oft und oft hörte ich von solchen Wunderleistungen. Wenn ein zersprengter und verfolgter Ġazw-Trupp dennoch entkommt, hat er es nur der Schnelligkeit und Ausdauer seiner Kamele zu verdanken. Mein Freund und Begleiter Hâjel liebkoste seinen Kamelhengst, der ihm 1897 das Leben gerettet hatte, und Baḫîts Bruder Fahad kehrte damals auf seinem Kamele nicht im Sattel, sondern im Sattelsacke zurück. Bei solchen Anlässen, wo der Durst die Verfolgten quält, legt sich der fast wahnsinnige Reiter nach vorne, umfaßt mit der linken Hand den Hals seines Tieres und stößt ihm mit der Rechten das Šibrijje-Messer in die Brust und saugt und saugt das hervorbrechende Blut. Das Tier fällt zusammen und wird mit anderen, deren Reiter fehlen, geschlachtet. Der Bauch wird aufgeschlitzt und der „Magen“, čarš, herausgenommen. Darin befindet sich eine breiige

Flüssigkeit. Manche, die sich nicht mehr beherrschen können, trinken sie; doch bezahlen es die meisten mit dem Leben. Läßt man jedoch den „Magen" während der Nacht oder aber einige Stunden im Schatten liegen, so klärt sich die Flüssigkeit, wird kühl, schmeckt ganz gut und wird getrunken. Ṭalâl, Hâjel, Baḫît von den Fâjez und andere glaubwürdige Araber, und zwar von verschiedenen Stämmen, versicherten mich, dieses Ćarâ-Wasser getrunken zu haben, und ich habe keine Ursache, ihre Angaben zu bezweifeln. Die Menge des Wassers hängt davon ab, wann und wieviel das Tier zuletzt getrunken und welche Weide es inzwischen gefunden hat.

Ein gutes Kamel muß sich nachts in der Wüste ganz ruhig verhalten, darf weder beim Aufsteigen noch beim Abladen murren, um nicht seinen Herrn zu verraten. Nur wenn es ein menschliches Wesen in der Nähe wittert, gibt es eigentümlich klagende Flüstertöne von sich, schiebt sich oft zum schlafenden Reiter und macht ihn auf die drohende Gefahr aufmerksam, indem es ihn mit dem Kopfe streichelt.

Wo Kamele weiden, sind immer Raben zu sehen. Sie stehen gewöhnlich auf dem Höcker des weidenden Tieres und klauben aus seiner Haut allerlei Schmarotzer heraus. Das Kamel benimmt sich dabei ganz ruhig, um seinen guten Freund nicht zu verscheuchen.

Ergreifend ist die Liebe der Kamelin zu den Jungen. Eine menschliche Mutter kann um ihr Kind nicht besorgter sein. Jeden Augenblick hebt sie den Kopf und schaut, wo ihr Liebling weidet; wenn sie saftige Pflanzen findet, ruft sie ihn zu sich; wenn er nicht weidet, so mahnt sie ihn; grollt ihm, wenn er sich fremden Kamelinnen beigesellt; tadelt ihn gleichsam, wenn er sich zu weit entfernt, und eilt ihm wehmütig seufzend nach, wenn sie ihn aus den Augen verliert. Und wie weint und klagt sie, wenn ihm ein Unglück zustößt, oder wenn man ihn geschlachtet hat! Tag und Nacht ertönen ihre betrübten Laute, sie verschmäht jede Nahrung und jeden Trank und zeigt sich erfreut, wenn sie wenigstens das ausgestopfte Fell ihres Jungen zu sehen und zu riechen bekommt . . .

Das Pferd und seine Zucht.

Alle Einwohner von Arabia Petraea sind der Ansicht, daß Gott das Pferd in ihren Gebieten nicht erschaffen hat. Es wird auch nirgends als einheimisch betrachtet, da es nur mit Mühe ernährt werden kann. Viele Stämme halten überhaupt keine Pferde, und selbst die Fellâḥîn, die sich doch Wasser und Gerste am leichtesten beschaffen können, geben die Pferdezucht langsam auf. So haben in el-Kerak und Mâdaba, wo noch 1896 jeder Mann ein Pferd besaß, die Fellâḥîn jetzt fast lauter Maultiere oder Esel. Nur jene Stämme, welche den Krieg lieben und herrschen wollen, widmen sich der Pferdezucht. Aber auch bei ihnen findet man nicht gar viele Tiere. Selbst der Fürst Ṭalâl besitzt nur eine einzige Stute, ebenso Hâjel.

Die Araber benennen die einzelnen Glieder und Teile am Pferde folgendermaßen:

Das Genick waṣṭ er-râs, der Schopf el-ḳuṣṣe, en-nâṣje, Ohren ʼdân, Nasenrücken maḥall eṣ-ṣarîme min fôḳ, die Kinnkettengrube môḍaʻ eṣ-ṣarîme min taḥt, das Nasenloch el-minḥar, die Oberlippe el-barṭamet el-ʻalja, die Unterlippe el-barṭamet et-taḥta, die Ganaschen el-ḥanač, die Angesichtsleiste eṣ-ṣudr, die Augengrube ǵûrat el-ʻejn, das Hinterkiefergelenk milḳaʼ el-ḥanačên, den Kamm er-raḳba, die Kehle el-manḥar, den Widerrist el-čitf, el-čtûf, den Rücken eẓ-ẓahr, die Brustwandung er-rḳâla, die Unterbrust ez-zûr, den Bauch el-baṭn, die Flanken eš-šaḍaʼ, der Schlauch ḥejḍe, die Schulter lôḥ eč-čitf, das Buggelenk mradd el-jadd min ḳuddâm.

Nach der Meinung der Tijâha schuf Gott das Pferd aus einer Handvoll Wind, ḫalaḳ al-ḫejl ḳubḍe min er-rîḥ, und zwar im wâdi el-Lûf (ʻAz).

Die Čaʻâbne erzählen: Die Rassepferde, al-ḫejl al-aṣâjel, stammen von fünf Stuten ab, welche am Meeresufer gefunden wurden. Lange konnte man ihnen nicht beikommen, da sie bei jeder Annäherung sofort im Meere verschwanden. Erst nach längerer Zeit gelang es, als sie einmal aus einer Süßwasserquelle tranken, ihnen den Rückweg zu verlegen, und so bemächtigte man sich ihrer. Man hatte aber keinen Hengst; darum wurden die Stuten bei der Quelle angebunden, und siehe, da stieg aus dem Meere ein schöner Hengst heraus und befruchtete die Stuten. Von diesen fünf Stuten stammen fünf Hauptrassen ab:

Saḳlâwijje, so benannt, weil sie den Hirten mit dem Fuße gestoßen hat,

ʻObejje, so benannt nach ʻObejj, ihrem ersten Eigentümer,

Kḥejle, so benannt nach Kaḥlân, ihrem ersten Eigentümer,

Mʻanaḳijje, so benannt, weil sie den Hals beim Rennen stolz trägt,

Maḥladijje, so benannt nach Ḫâled, ihrem Hirten.

Das Pferd ist entweder edel, Rassepferd, aṣîl, oder unedel, gewöhnliches Pferd, kdîš.

Das edle Rassepferd ist entweder anerkannt, sein Ursprung kann durch Zeugen bestätigt werden, muṭabbat, oder es wird angezweifelt und seine edle Abstammung kann nicht nachgewiesen werden, mutawwah, marṭûm (wenn z. B. eine edle Stute von einem edlen Hengst gedeckt worden ist, ohne daß es zwei Zeugen gesehen haben).

Von den edlen Rassen, arsân, werden in al-Kerak nur folgende als ursprüngliche anerkannt, und nur Hengste dieser Rassen dürfen decken, jišba, jušabbi, jatašabba: Saḳlâwijje ḳudrânijje, Maḥladijje, Kḥejle ǵâzijje, Ma'naḳijje ḥedraǵijje, Kbejše ǵaḳma'.

Wenn eine unedle Kdîš-Stute von einem Hengste dieser fünf Rassen gedeckt wird und ein kräftiges weibliches Füllen bringt, und dieses von einem Hengste aus der Rasse des Vaters gedeckt und gut gepflegt wird, und man so bis in die fünfte Generation verfährt, gehört die Stute der fünften Generation der edlen Rasse des Hengstes an und wird als solche von allen anerkannt.

Im Gebiete von el-Kerak wird am meisten geschätzt die Maḥladijje-Rasse und man sagt von ihr:

„Verflucht und Sohn eines Verfluchten, der sich vor ihr nicht erhebt, mal'ûn ibn mal'ûn illi mâ jaḳûm fi waǵha.“ Von dieser Rasse gibt es keine Abarten, bejt wâḥed; von den übrigen unterscheidet man folgende anerkannte Abarten ersten Ranges:

Saḳlâwijje 'ôbejnijje und Kḥejlet el-'aǵûz, deren Hengste im Notfalle decken können.

Nebst diesen kennt man eine Menge anderer Rassen oder Abarten, deren Hengste zur Zucht nicht verwendet werden dürfen, falls die Jungen als Muṭabbat gelten sollen. So findet man: Saḳlâwijje nǵêmt eṣ-ṣubḥ, Saḳlâwijje ḳirnâsijje, Saḳlâwijje rḳêbijje, Kḥejle skêtijje, (stammt von den 'Aneze), Kḥejle refâšije, (stammt von den 'Aneze), Kḥejle sâ'at allâh, Kḥejle murâdijje, Kḥejle ḥamâsijje, Kḥejle bil'âsijje, Kḥejle ḥallâwijje, Kḥejle el-muṣinne, Kbejše zḳêḳijje, Kbejše lôlaḥijje.

Folgende Rassen gelten für anerkannte Rassen zweiten Ranges: Hadba' enzeḥi, anerkannt bei den 'Aneze, Ḥamdânijje sâmri, Ǵilfet istâm bûlâd (sic), 'Obejje šarrâḳijje, 'Obejje umm ǵurejs, 'Obejje umm 'arḳûb šwêhe, 'Obejje nôfalijje, Šnêne ṣabbâḥijje, Šnêne bêḳijje (bêžijje), anerkannt bei den Ṣḫûr.

Nicht anerkannt sind folgende Arten: Ḥamdânijje simri, Ḥamdânijje ǵâfel, Ǵilfe, 'Obejje, Šnêne ẓâherijje.

Das Junge erbt die Rasse der Mutter. Wenn jedoch z. B. eine Ǵilfe-Stute von einem Saḳlâwi-Hengst gedeckt wird und die Nachkommen ebenfalls, so kann man die fünfte Generation sowohl der Gilfe- als auch der Saḳlâwi-Rasse zurechnen.

Bei den Tijâha werden nur folgende Rassehengste zugelassen: Kḥejlân, el-Maḫladi, Hadbân, ʻObejjân, Kbejšân.

Bei den Terâbîn decken, jihedd, nur Hengste folgender Rassen, hdûd: Kbejšân, Hadbân, ʻObejjân šenâni, Maḫladi, Kḥejlân el-ʻaṣi, Ǵlejfân, eṣ-Ṣwêtân.

Bei den ʻAzâzme gilt als beste Rasse ʻObejjân šenâni; als echte Rasse, hdûdi, wird anerkannt jede Stute: en-Naʻâme, Maʻanaḳijje hedraǵijje, al-Ǵrejb, aṭ-Ṭwejse, ʻObejje šeraki.

Pferderassen, von denen Hengste zur Zucht verwendet werden, el-ḫejl illi tašba, sind bei den Ṣḫûr folgende: Kḥejle, Saḳlâwijje, Šwême, ʻAbadijje ḥamdânijje, umm ʻArḳûb, aṣ-Ṣwêtijje, el-Kbêše, Ǵilfe zaṭâm al-bâlûd (sic), Maʻnaḳijje ḥedraǵijje.

Die Ẓullâm und Ḳdêrât schätzen am meisten die Rasse ʻObejjân šenâni, züchten jedoch auch folgende: al-Maḫladi, an-Nôfeli, die zu den schnellsten gehört, min muʻteḳât ar-rkâb, aṣ-Ṣwêti, Ǵrejbân, Ǵilfân.

Für den Sprung eines vollblütigen Hengstes zahlt man einen Ǵijâl im Betrage von 1 Meǵidi. Am 40. Tage wird die Stute zum zweiten Male zugeführt um zu sehen, ob sie trächtig ist, ʻašrat, oder nicht. Wehrt sie den Hengst ab, heißt sie ʻAšraʼ und, wenn das Junge fühlbar wird, bâṭeḥ.

Wenn eine Stute ein männliches Junges wirft, wird es sehr oft im Sande verscharrt oder auf eine andere Art umgebracht; ist es jedoch ein weibliches Füllen, so lassen die Frauen ihre Zaġârît ertönen, und von allen Seiten beglückwünscht man den Eigentümer mit den Worten: „Gesegnet sei die junge Stute mubârakat el-mohra!“ Es wird ein Festessen bereitet wie bei der Geburt eines Knaben.

Das Junge heißt Felu. Der weiche Huf, el-ḥâfer eṭ-ṭari, wird zugeschnitten und in Salzwasser gebadet, die Ohrenspitzen werden zusammengebunden, und die Schweifwurzel wird nach oben gerichtet oder von unten hinauf angebrochen, daß die Stute im Laufe den Schweif schön hinaufgerichtet trage.

Das Felu bleibt bei der Mutterstute, muflijje, entweder 33 oder 45, ja bis 72 Tage. Die ersten drei Tage heißen Lejâli el-faraḳ, denn wenn das Felu in dieser Zeit verendet, so gilt es, als ob die Stute kein Junges geworfen hätte, d. h. der zweite Eigentümer behält sein Recht. Nach den folgenden 10 Tagen werden Zeugen angerufen, ʻala -l-ʻašara jatašahhed.

Am 3. + 10. = 13. Tage führt der Eigentümer die Mutterstute mit dem Jungen bei den Fellâḥîn auf den Platz vor das Šiḳḳ-Zelt, läßt beide untersuchen, ḳalabûha und, wenn sie gesund befunden sind, so sagt er zu dem zweiten Eigentümer:

„Nimm, was dir gehört, ji'zel šerič min es šerič", und von nun an ist das Junge sein Eigentum, und wenn es verendet, so verliert er es.

Je nach den Bedingungen über die Dauer des Verbleibes des Jungen bei der Mutterstute bleibt das Junge noch im Zelte des Eigentümers der Mutterstute. Ist jedoch keine bezügliche Vereinbarung getroffen, so muß der zweite Eigentümer jetzt schon, nachdem das Junge erst 13 Tage alt ist, dieses in sein Zelt nehmen. Er bindet es mittels des Šille-Halsstrickes in seinem Zelte an und sucht bei seinen Stammgenossen 6—12 milchgebende Ziegen, manâjeḥ, manûḥa, um das Felu ernähren zu können. Solche Ziegen leiht ihm jedermann, er muß sie, nachdem das Felu entwöhnt ist, wieder zurückgeben.

Wie oben gesagt, wird das Felu nach 13—72 Tagen entwöhnt und von der Stute entfernt. Von nun an heißt es Ṭariḥ, und zwar bis zum vollendeten ersten Jahre.

Die ein Jahr alte Stute heißt Ǧeḏa', die zweijährige Ṯeni, die dreijährige Rbâ', die vierjährige Ḫamâs, die fünfjährige Sadâs; dann heißt die Stute Faras, der Hengst Ḥṣân bis zum 15. Jahre, nachher nennt man beide 'Awde. Bei den Tijâha heißt das Pferd nach dem 8. Jahre Ḳâreḥ.

Ein gutes Pferd soll folgende Eigenschaften besitzen: der Kopf soll mächtig und lang sein, râsha ṛaliẓ w ṭwîl, das Kieferbein breit, ḳnûčha a'râḍ, die Augen groß, die Ohren lang, die Nüstern groß, el-minḫar wâsi', der Hals lang, ṭawîlat ar-raḳbe, und am unteren Rande dünn, al-madbaḥ rfî', der Rücken kurz und breit, eẓ-ẓahr ḳaṣîr w 'arîḍ, die Schweifwurzel abstehend, maṛazz aḏ-ḏîl murtafi', die Muskeln des Unterarmes emporstehend, laḥm as-sâḳ murtafi', die Vorder- und Hinterfüße gerade, mḳawwamet al-jadên w ar-riǧlên, der Schopf reich, čtîra š'ar en-nâṣijje, der Huf niedrig und mächtig, bejt eš-šḳâl ḳaṣîr w ṛaliẓ, das Brustbein gewölbt, az-zôr nâfer, die Brust breit, so daß, wenn das Pferd die Vorderfüße mit den Knien und Hufen dicht nebeneinanderstellt, man zwischen dem Kniegelenke zwei Finger hindurchstecken kann. Den Schweif soll es immer hoch tragen, šawwâl. Der Hals soll stark hervortreten, birḳabe ḫâreǧe, wenig und zartes Fleisch haben, bilaḥm mumaššal, das dem Fleische der Gazelle ähnlich ist, zej laḥm el-ṛazâl, und der Hals soll einem Maste gleichen, der sich im Winde bewegt, el-ʿunḳ ṣâri fi hawa riḥ naǵǵâb. Die Mähnenhaare sollen dicht und lang sein, es-sabib ṛazîr w ṭawîl, der Widerrist hoch, el-ḥawârek ʿâlijjât, die Schweifwurzel niedrig, ed-dîl ḳaṣîr, mit dichten und langen Haaren, abu ṛazîr w ṭawîl es-sebîb, so daß sie den Rücken hinter dem Sattel bedecken können, marḥi sabîb ed-dîl fowḳ el-furûdi. Die Köte kurz und fest, el-ḳîn marṣûʿ, die Füße sollen weiße Fesseln haben, der rechte Vorderfuß aber nicht, muḥaǵǵalet eṭ-ṭalâṭe maṭlûḳ el-jemîn, auf der Stirne ein weißer Fleck, der bis zum Maule reicht, so daß er vom Wasser berührt wird, ṛurra slimânijje tišrab bah el-miʾ. Auch muß ein gutes Pferd zwei feste Haarstreifen zu beiden Seiten des Halses haben; naḥlatên maʿ ḥebâlên er-raḳabe. Ist der Streifen rechts kürzer, so gilt es als besonderes Zeichen für die Schnelligkeit des Tieres; denn eine Stute, welche solche Haarstreifen hat, gelangt immer zuerst an das Ziel und kann nicht überholt werden, tisboḳ w lâ tinsabeḳ; wenn beide gleichlang sind, wird sie niemals das Ziel erreichen, lâ tisboḳ.

Bei den ʿAzâzme soll der weiße Stirnfleck so groß wie ein Rejâl sein, al-ṛurra bên al-ʿujûn tekûn kibr ar-rejâl.

Als schönste Farbe gilt den Ćaʿâbne der Schweißfuchs, ḥamraʾ ṛurraʾ, den Terâbîn der Starschimmel, ḥadraʾ fûṭijje, oder der Eisenschimmel, ḥadra ḥamâmijje. Die östlichen Stämme, welche den Überfällen mehr ausgesetzt sind, halten für die schönste Farbe den Goldfuchs, al-ḥamraʾ aṣ-ṣammaʾ, oder Schweißfuchs, aš-šaḳraʾ al-ṛurra. Als schlechte Farbe gilt der Rappe, al-ḥadîdi.

Beim Pferdekauf muß man sehr vorsichtig sein, denn „das Pferd kann dem Besitzer so verhängnisvoll werden wie die Frauen oder die Türschwellen, al-ḥejl miṯl al-ḥarîm aw al-ʿetab“. Gute Eigenschaften der Frau oder der Türschwelle machen den Mann oder Hausbewohner glücklich, und so ist es auch beim Pferde. Darum muß man auch die Eigenschaften oder besser Vorzeichen des Pferdes, das man sich zum Reiten auswählt, genau untersuchen. Wer imstande ist, jedes günstige oder ungünstige Vorzeichen, sijâse, eines Pferdes oder überhaupt eines Tieres anzugeben, heißt Sâjes.

Bevor man den Kaufpreis erlegt, führt man das Tier zu einem solchen Sâjes und, wenn er ein ungünstiges Merkmal findet, ist der Kaufvertrag gelöst. Man beginnt die Untersuchung beim Haarwirbel, fatîle, und zwar nicht bloß seiner Form, sondern auch seinem Sitze nach.

Es gilt als ungünstig, wenn die Fatîle vorne in der Mitte des Halses liegt: „sie zerreißt das Ṭôb-Kleid vorne an der Brust, šâṭḥet elǧejb", weil sie dem Besitzer sicheren Tod bringt. Ist die Fatîle auf der Stirne und reicht sie bis zu dem Nasenrücken, so heißt sie das Grab, el-ḳabr, denn sie öffnet dem Reiter das Grab. Ist die Fatîle auf dem Oberschenkel, so heißt sie Entlassung, aṭ-ṭalâḳ; sie zwingt den Reiter, seine Frau zu entlassen. Ist sie aber auf der Seite des Halses, dann ist sie sehr günstig, weil dadurch alle anderen Vorzeichen unschädlich sind. Auf der Kruppe schadet die Fatîle dem Eigentümer des Pferdes nicht, dagegen allen, die dem Pferde nachjagen, šarrtom ʿala ṭâredom.

Die Terâbîn kennen folgende schlechte Vorzeichen, sijâse radijje:

el-Mhêrimât, Haarwirbel auf dem Hinterteile der Stute, fatâjel fi-l-kwâd, verursachen den Tod der Zeltfrau oder, daß sie vom bösen Geiste besessen wird, tinǧann;

Ḳabr bil-ḳûra, Haarwirbel in der Mitte der Stirne;

Naddâbât biṣ-ṣudr, Haarwirbel auf der Angesichtsleiste;

Ṣâṭeḥt el-ǧêb, Haarwirbel auf der Brust.

Bei den ʿAzâzme:

Ḳêd al-ḳudra, weiße Fessel auf beiden Vorderfüßen;

al-Ḳabr;

Šerîkên fi-l-ḥṣân, ein Haarwirbel auf jeder Halsseite des Hengstes;

al-Ḥaǧale bal-jemîn, weiße Fessel am rechten Vorderfuße;

Šubrâṣ, weiße Fessel nur am rechten Vorder- und rechten Hinterfuße, gefährlich für den Begleiter, nicht für den Reiter.

Der Kauf einer Stute ist eine sehr wichtige Sache, zu der man immer zahlreiche Zeugen heranzieht. Ist die Stute von einem Sâjes untersucht worden, so muß ihre Abkunft wie Reinheit der Rasse durch glaubwürdige Zeugen bewiesen werden, was immer nur mündlich geschieht. Denn schriftliche Zeugnisse über die Abkunft der Pferde werden unter den Arabern nie ausgestellt. Nur bei den Ḥaḍrân oder, wenn ein Ansässiger von einem Araber die Stute kauft, wird das Zeugnis aufgeschrieben. Ist der Kaufvertrag geschlossen, so legt der Verkäufer der Stute den Sattel, Kopfzaum nebst dem Rasan-Stricke an und befestigt hinter dem Sattel den Futtersack, ʿaliḳa, mit dem Fußeisen, ḳêd. Der Verkäufer hält den Schopf des Pferdes von unten, der Käufer nebst einigen Weizenkörnern von oben und sagt:

„Hast du mir die Stute verkauft und dich auf Gott verlassen, beʿtini el-faras w ittičalt ʿal-allâh?"

„Ich habe sie dir verkauft in Anwesenheit Gottes, beʿtaḳ w ḍift allâh."

„Lasse den Schopf los, eṭleḳ en-nâṣje!“

Dieser tut es, und der Käufer hält nun den Schopf und die Weizenkörner fest.

Eine Stute wird fast immer mit der Bedingung verkauft, daß der Verkäufer noch zwei weibliche Füllen von dem Käufer bekommt. Ein solcher Kaufvertrag heißt Bî' bimṭâni.

Ein Kaufvertrag ohne jede Bedingung heißt Bî' mḳalfa'. Da kommt aber zum Preise der Stute auch der Preis der ersten zwei weiblichen Füllen hinzu, und zwar rechnet man für das erste 500 Piaster und für das zweite 250 Piaster. Von der Ǧilfe-Stute verlangt man in el-Kerak immer drei weibliche Füllen. Wird eine trächtige Stute verkauft, so geschieht es oft mit der Bedingung, daß dieses Junge ausgenommen sei, mâ fiha nâjer. Wenn die Stute durch ein Verschulden des Käufers verendet, so muß er den Preis für die Füllen ersetzen, und zwar für das erste 500 und für das zweite 250 Piaster.

Wenn jemand eine Stute tötet, so zahlt er den Preis der Stute und der beiden zu erwartenden Füllen und nebstdem noch den Preis ihrer zwei letzten. Findet der Käufer im Laufe eines Jahres einen Fehler, den ihm der Verkäufer verschwiegen hat, so ist der Vertrag ungültig. Ist er mit der gekauften Stute unzufrieden, so sagt er:

„Du Rotstute, ich habe dich um vier (Reitkamele) gekauft,
ich will nicht Verlangen nach dir haben.

Ḥamra'-štarajtak barba'
mâ-rîd minnak maṭma'.“

Von Pferdekrankheiten erwähne ich:

es-Saṭḥ entsteht, wenn das erhitzte Pferd frißt oder trinkt; man kauterisiert es auf dem Bauche.

es-Saḳâwa, Erkältung; es wird Knoblauch in Merîse-Milch gekocht und dem Tiere gegeben.

el-Ḥumra ist die Folge zu reicher Nahrung; dem Tiere wird die Ader unter dem Auge geöffnet.

Faḍḍ, Wasser in den Füßen; Aderlaß.

Sarâǧe ist die Folge von zu wenig Bewegung. Der Huf wird lang und die Brust schmal; Kauterium auf der Brust.

Enḳâf wird durch den Stich kleiner Fliegen, el-mišmišijje, verursacht, welche in tiefen Tälern zahlreich vorkommen. Das Tier wird kauterisiert auf der Nase, dem Kreuze und der Schweifwurzel.

Ẓifr, Neubildung in der Nase; wird ausgeschnitten.

'Edem, Unfruchtbarkeit; wird geheilt durch Ta'dîl, indem man die Gebärmutter herauszieht und reinigt.

el-Ḫerke, Folge von schlechter Nahrung oder Weizenfutter, wenn das Pferd nicht daran gewöhnt ist; es bekommt die abgekochte Pflanze Maḫrûṭe zu trinken und wird unter der Schweifwurzel, nâzijje, und dem Nabel, surre, kauterisiert.

at-Taḫnîk ist eine Maulkrankheit. Das Pferd verliert den Speichel und kann deshalb die Gerste nicht schlucken. Man nimmt ein spitzes Stäbchen, ḫelâl, und sticht das Tier im Maule oberhalb der Zunge so lange, bis Blut herauskommt.

Der Huf ist mit dünnen Eisenplatten beschlagen, die in der Mitte ein kleines eliptisches Loch haben. Jeder Araber hat immer einige solche Hufeisen, na'al, vorrätig und der fahrende Händler führt sie immer mit. Das Pferd beschlägt der Eigentümer selbst.

Das arabische Pferd trägt gewöhnlich ein ganz einfaches, aus dünnen Schnüren hergestelltes Zaumzeug, das nur selten mit einem Kettchen als Maulbremse versehen ist. Bei der Kinngrube ist ein Strick befestigt, der so lang ist, daß ihn der Reiter in der Linken hält, sich ihn um die Hand wickelt und mit dem übrigbleibenden Ende in der Rechten das Tier durch sanfte Schläge auf die Flanken antreibt. Der Sattel ist sehr leicht, die Steigbügel fast wie der halbe Fuß breit und mit scharfen Kanten versehen, die als Sporen benützt werden können.

Am Sattel hängt gewöhnlich ein kleiner Sattelsack, ḫurǵ, der dem Kamelsattelsack sehr ähnlich ist, nur daß in der Hälfte keine Löcher, sondern ein länglicher Schlitz angebracht ist, durch den die hintere Sattellehne hindurchgeht. Unter der Lehne sind zwei kleine Ringe und in diesen je eine Schnur. Auf den Sattelsacksaum wird der aus Ziegenhaar verfertigte Futtersack gelegt; in diesem befindet sich eine 1 *m* lange, mit zwei Fußspangen und einer Sperrvorrichtung versehene Kette oder eine ebenso lange Strickkette mit einem Pflocke aus Holz oder Eisen. Alles das wird mittels der zwei Schnüre unter der hinteren Sattellehne an den Sattel befestigt. Oft ist der Futtersack mit Gerste gefüllt und muß darum vorsichtig angebunden werden, um nicht herabzufallen.

Trägt der Araber eine Lanze, so stützt er sich mit der Linken auf sie und springt in den Sattel, sonst hält er sich mit der Linken an der Mähne an. Das arabische Pferd, die jungen oder brünstigen Stuten ausgenommen, geht sehr ruhig, ja gemütlich; den Kopf zu Boden gesenkt, sucht es nach einem passenden Bissen, und der Araber stört es nicht. Der Schritt ist ziemlich lang und ganz eigentümlich auf die einzelnen Füße verteilt, so daß es scheint, als ob das Pferd jede Viertelstunde eine andere Stütze hätte. Im Vergleiche zum Kamele ist der Ritt zu Pferde ermüdender, weil es nie so ruhig, gleich und regelmäßig schreitet. Auf dem Kamele kann man sitzen, wie man will, auf dem Pferde geht das nicht, da es der Sattel nicht erlaubt, und der Reiter jeden Augenblick eines falschen Trittes oder einer starken Bewegung gewärtig sein muß, weshalb man niemals auf dem Pferde so sorglos sitzen und schreiben kann wie auf dem Kamele. Eine wahre Plage für Pferd und Reiter sind die zahllosen großen und kleinen Fliegen und Mücken, die in manchen Gegenden vorkommen.

Nebst langem Schritt kennt das arabische Pferd einen sprunghaften Trab und einen schönen Galopp. Der Trab wird ihm künstlich beigebracht. Er besteht aus einer Reihe streng abgeschiedener, unterbrochener Sprünge, bei denen das Pferd immer mit den Vorderfüßen in die Höhe geht und auf den Hinterfüßen ein wenig ruht. Diese Gangart ist für das Tier und auch für den Reiter ziemlich ermüdend und wird nur bei festlichen Anlässen, der Fantasia, bei friedlicher Begegnung zweier Häuptlinge angewendet. Wunderschön ist dagegen der Galopp eines Vollblutes. Sein ganzes Äußere wird auf einmal anders. Die schläfrige Miene ist plötzlich verschwunden, die halblahmen Füße beginnen zu tanzen, jede Ader ist hoch geschwollen, der Hals tritt stark hervor, die Ohren sind gespitzt und emporgerichtet, die Nüstern blutrot, der Schweif ist gehoben und bedeckt wie mit einem Schirme das Hüftgelenk, der Rücken gleicht der gespannten Sehne eines Bogens, und sobald der Reiter das Zeichen gibt (zwei, drei schnalzende Töne), schwebt das Tier mit dem Reiter in der Luft. Sandkörner und Kieselsteine werden weit fortgeschleudert, Steinbänke, Wasserrinnen und Löcher werden übersetzt, die Umgebung fliegt an dem Reiter vorüber, während er so ruhig und bequem im Sattel sitzt, als ob er auf einem Ruhebette sich befände. Die Mähne des Pferdes, die langen Ärmel des Reiters, sein Kopftuch und, wenn dieses infolge des Luftdruckes samt dem Kopfstrick auf den Nacken fällt, seine Haare und Zöpfe — alles schwimmt gleichsam in der Luft und bietet einen schauerlichen Anblick.

Aber auch im schnellsten Galopp behält der Reiter das Pferd in seiner Gewalt, und ein einziges Anziehen des Zaumstrickes bringt das Tier zum Stehen, wobei der Reiter allerdings in die Gefahr kommt, über den Kopf des Pferdes hinabgeschleudert zu werden. In großer

Gefahr ist der Reiter auch dann, wenn der Bauchriemen oder der Steigbügelriemen reißt; aber auch da kommt es oft vor, daß das Pferd dem Reiter beisteht. Beispiele davon habe ich selbst erlebt.

Im Jahre 1896 erwarb ich einen Vollbluthengst der Rasse Saḳlâwi ḳudrâni, der von den Beni Ṣaḫr stammte. Als ich ihn zum ersten Male besteigen wollte, mußten ihn vier Männer halten, und sein Eigentümer flehte laut zu Gott, er möge mich nicht herabwerfen, verwunden oder sterben lassen, solange er für das Tier verantwortlich sei. Der Hengst gab sich alle Mühe, mich loszuwerden, ich blieb aber im Sattel, und so wurden wir langsam Freunde. Bald darauf begab ich mich nach wâdi Mûsa. In Odroḥ trafen wir auf einen Tscherkessen, der türkischer Grenzgendarm war. Dieser wollte mein Pferd probieren, kaum war er aber im Sattel, lag er schon auf dem Boden, und ich hatte alle Mühe, ihn vor den Hufen des Tieres zu retten. In Ma'ân wollte ich den Hengst beschlagen lassen und ließ darum zwei türkische Militär-Hufschmiede kommen. Mein Hengst mochte den roten türkischen Ṭarbûš nicht leiden, er sprang gegen die Soldaten wie ein Hund, und diese mußten rasch fliehen. Nun stellten wir ihn in einen schmalen Raum, fesselten ihn, und ein Araber sollte ihn beschlagen. Da ihm niemand den Fuß halten wollte, so tat ich es, und das Pferd ließ es ruhig geschehen. Zum Unglück zeigte sich wieder ein Soldat mit rotem Ṭarbûš und das Tier wurde wieder rasend. Der Araber lief davon, das Pferd riß sich von mir los, und ich kam zu Falle; allein obwohl der Hengst einige Male mich übersprang, geschah mir nichts.

Von Mâdaba ritt ich mit einem Fellâḥ nach Nitil, um dort eine arabische Inschrift zu kopieren. Während der Arbeit vernahm ich den schrillen Ruf meines Begleiters: Feinde in Sicht, ḳôm, ḳôm. — Sofort nahm ich das Abklatschpapier, lief zur Ruine hinaus, sah im O. vier unbekannte Reiter und vernahm die Sätze der Stute meines nach NW. fliehenden Begleiters. Im Nu zog ich den Bauchriemen an, sprang in den Sattel und floh, um die Feinde zu teilen, gegen W. Mein Saḳlâwi flog schnell wie ein Vogel. Westlich von Harbaǵ erstiegen wir eine Bodenwelle, hinter der sich eine über 4 *m* breite und tiefe Wasserrinne hinzog, und deren östliches, mir näheres Ufer um gute 3 *m* höher war als das linke. Da die Wasserrinne durch die Bodenwelle vollkommen gedeckt war, erblickten wir sie erst, als wir an ihrem Rande waren. Wir beide erkannten die Gefahr, da das Terrain sehr bröckelig und ein Anlauf absolut unmöglich war. Ich stemmte mich in den Steigbügeln nach rückwärts, das Pferd sprang und erreichte glücklich das andere Ufer. Doch war der Anprall so stark, daß der alte Riemen meines linken Steigbügels riß. Ich stürzte, mit dem rechten Fuße im Steigbügel hängend, über den Hals des Pferdes vornüber und verlor das Bewußtsein. Als ich nach einigen Augenblicken zu mir kam, lag ich zwischen den Vorderfüßen des Tieres, noch immer mit dem Fuße im Steigbügel hängend. Das edle Tier stand wie angenagelt an derselben Stelle, die Hinterfüße bei den Vorderfüßen und beleckte mich. Hätte es nur einen Schritt gemacht, so wäre ich schwer verwundet oder gar getötet worden.

Einst ritt ich mit einem reichen Bethlehemiter um die Wette, die ich auch gewann. Auf dem Rückwege von Bethlehem nach Ṭanṭûr ritt ich auf der Straße im schnellsten Galopp, weil ich wissen wollte, wieviel Minuten ich brauchen werde. Bei der starken Biegung vor Ṭanṭûr, wo der Weg zwischen Steinmauern führt, riß der Bauchriemen, im selben Augenblicke drehte sich der Sattel um, ich zog rasch die Füße aus den Steigbügeln, erfaßte die Mähne und sprang zu Boden. Obwohl das Pferd im schnellsten Galopp war, hielt es augenblicklich an; wäre es noch einige Schritte weiter gelaufen, so hätte es mich an die Mauer werfen müssen.

Im Jahre 1898, als der Muḥâfeẓ von el-ʿAḳaba mich gefangen nahm und seine Soldaten mein Pferd fortführen wollten, zerriß es mehreren derselben die Uniform und war nicht zu bändigen. Dasselbe wiederholte sich auch in Maʿân, wo es zwei Soldaten biß, sich losriß und mir in den Hof des Regierungsgebäudes nachkam.

Unvergeßlich bleibt mir die schauderhafte Szene beim Übersteigen der Schlucht von sejl Šêẓam. Das schmale Bett des Tales ist von mehr als 100 *m* hohen, fast senkrechten Felsen eingeschlossen. Die Felsen bestehen aus mehreren parallelen, horizontal gelagerten glatten Schichten, von denen jede höher gelegene um 1—1·5 *m* zurücktritt. Auf diesen Vorsprüngen führt der Weg. Gefährlich sind die stufenartigen Ubergänge von einer Schicht zur anderen. Die Stufen sind 0·4—0·6 *m* hoch und schmal, und das Tier muß springen und klettern zugleich, wenn es sie überschreiten soll. Gleitet es aus und findet nicht sofort an den steilen und glatten Felsen einen Rückhalt, so muß es herunterkollern und zerschmettert an den Felsvorsprüngen der über 100 *m* hohen Uferwand. An solch gefährlichen Stellen pflegte ich immer abzusteigen, und der Hengst folgte mir nach wie ein Hund. Aber diesmal war ich fieberkrank und todmüde; darum konnte ich mich kaum auf den Füßen halten. Mein Begleiter hatte nur die linke Hand, denn die rechte hatte er in einem Kampfe verloren, und ritt eine Stute, die infolge einer Verwundung in einer Schlacht gelähmt war. Er ritt voraus. Anfangs folgte ich dem Pferde zu Fuß, doch auf der dritten Stufe mußte ich mich in den Sattel setzen. Das brave Tier ging so vorsichtig, daß ich schon glaubte, die Höhe glücklich zu erreichen. Als aber der Hengst von der vorletzten auf die letzte und oberste Schicht gelangen wollte und einen Stufenübergang in kurzen Sätzen passieren mußte, verschob sich der Bauchriemen nach hinten, der Sattel rückte auf das Kreuz und die Kruppe zurück, das Pferd fiel mit den Vorderfüßen auf den höheren, mit den Hinterfüßen auf den unteren Absatz, und ich sah mich bereits mit zerschmetterten Gliedern unten in der Talschlucht. Einen Schreckensruf ausstoßend, zog ich rasch die Füße aus den Steigbügeln, neigte mich nach rechts und kam teilweise unter das Tier zu liegen. Wenn dieses nur eine Bewegung gemacht hätte, so wären wir beide verloren gewesen; aber es blieb an dem geneigten, glatten Felsen wie angeklebt liegen. Ich zog vorsichtig meinen rechten Fuß unter dem Pferde hervor, kletterte hinter seinen Hinterfüßen hinab, stemmte mich, auf dem Bauche liegend, mit den Füßen auf den unteren Felsen, umfaßte die Hinterfüße des Tieres und drückte die Hufe auf den Felsen nieder. Erst jetzt gab das Pferd ein Lebenszeichen von sich und wollte aufstehen. Der erste Versuch mißlang, weil der Sattel hinderte. Vorsichtig legte sich das Tier wieder nieder. Beim zweiten Versuche glitt der Sattel über das Hüftgelenk herab, ich zog ihn an mich heran, stemmte mich gegen die Hinterhufe, das Tier bekam hinten einen festeren Halt, es richtete sich auf und in wenigen Sätzen war es oben. Dieser Vorgang dauerte kaum Minuten, aber der Hengst, der nur selten schwitzte, war ganz mit weißem Schaum bedeckt und zitterte an allen Gliedern. Als ich dann mit dem Sattel nachkam, wieherte er freudig auf und liebkoste mich; wir hatten einander das Leben gerettet.

Ich könnte noch mehrere andere derartige Beweise anführen; denn die Araber erzählen wahre Wunder der Treue und Klugheit ihrer Pferde.

Nirgends habe ich aber gesehen, daß man dem Pferde überschwängliche Sorgfalt und Pflege angedeihen ließe. Gewöhnlich steht die Stute bei einem Zeltpflocke angebunden den ganzen Tag gesattelt vor dem Zelte. Ist in der nächsten Nähe des Zeltlagers eine Weide, so fesselt man der Stute mit einer Eisenkette oder mit einem Strick die Vorderfüße und läßt sie weiden. Der Hengst hat gewöhnlich einen Vorderfuß mit einem Hinterfuße kreuzweise gefesselt und ist am Hinterfuße angebunden. Ist in der Nähe des Lagers keine Weide und hat man nur wenig Gerste für die Tiere, so reiten die jungen Männer mit den Pferden zu den Kamelen und lassen sie in deren Mitte weiden. Nie verlassen alle Pferde das Lager, einige müssen immer gesattelt da sein, um einen möglichen Überfall abzuwehren. In gefährlichen Gebieten pflegt man die eine Hälfte der Pferde im Lager, die andere in der Mitte der weidenden Kamele zu behalten. Gefüttert und getränkt werden die arabischen Pferde nur einmal des Tages. Vormittags bringen ihnen die Frauen Wasser und gießen es auf eine große Schüssel, aus der dann das Tier trinkt. Abends bei Sonnenuntergang bringt wieder die Frau den Futtersack, ʿalîḳa, mit Gerste und hängt ihn dem Tiere um den Kopf. Bleibt etwas übrig, so bekommt es den Rest den nächsten Tag in der Frühe. Besonders wertvollen Tieren werden abends die Füße in eine Eisenkette geschlossen, und den Schlüssel nimmt der Zeltherr. Der Sattel wird selbst nachts nicht immer abgenommen; nur die Steigbügel werden auf dem Rücken gekreuzt, damit sie das Tier beim Liegen nicht drücken.

Vor einem Ḡazw-Zuge werden die Pferde frisch beschlagen und den trächtigen Stuten wird die Scham an einer Stelle der Quere nach zugenäht. Die Stuten werden nicht geritten, sondern gehen neben oder hinter den Kamelen, an die sie angebunden sind. Nur früh und abends werden sie ausgeritten. Im Augenblicke der Gefahr springt der Besitzer vom Kamel in den Sattel und wirft sich auf den Feind, wogegen sein Begleiter mit dem Kamele zurückflieht. Keine Schar von Kamelreitern kann dem Anpralle eines um die Hälfte schwächeren Reitertrupps widerstehen. Die Kamele lassen sich nicht so gut lenken, werden störrisch, fallen auf die Knie, werfen den Reiter ab oder zwingen ihn, zu fliehen, wenn er der Gefangennahme entkommen will. Darum ist ein Überfall auf Kamelen nie so leicht und sicher wie auf Pferden. Wenn sich im Gebiete eines Maʿaze-Stammes drei oder vier Pferdereiter zeigen, schreien die Wächter auf allen Höhen und fliehen mit ihren Herden. Je mehr Pferde ein Stamm besitzt, desto mächtiger erscheint er seinen Nachbarn.

Andere Haustiere.

Nach den Kamelen sind die Ziegen das wichtigste Zuchtvieh der Araber. Die arabische Ziege ist kleiner als die unsrige, hat einen kleinen Kopf und langes, ziemlich feines Haar. Berühmt ist die Dḥejwijje-Ziege der 'Aṭâwne, die viel Milch gibt und immer mehr als ein Junges wirft.

Schafe züchten zumeist nur die Fellâḥîn. Sie sind so groß wie die unsrigen, nur ist der Schwanz dicker, ohne aber jene Größe zu erreichen, die man bei den Schafen des Libanon bewundert.

Jene Lämmer und Zicklein, die zum Schlachten bestimmt sind, werden von den Knaben und Mädchen gehütet. Sie kehren jeden Tag vor 9 Uhr nach Hause und werden nach 3 Uhr nachmittags wieder ausgetrieben. Die Schafe oder Ziegen hütet ein Hirt oder eine Hirtin, nämlich der Sohn oder die Tochter des Besitzers oder ein armer Fellâḥ oder Beduine. Er wird für ein Jahr gedungen, und zwar von Februar an, wenn die Jungen von Ende Dezember und Jänner (sie heißen Badâra) auf die Weide gehen, und bekommt als Lohn nach je zehn Tieren ein Junges, und zwar zur Hälfte Böcke und zur Hälfte Geißen, 'alêhenn ṭêli aw hadîǵ, ein Tôb-Kleid, einen Mantel, einen Pelz, farwe, ein Kopftuch, einen Kopfstrick, Schuhe, die er immer anhaben muß, er-râ'i lâ jiḥfi, und die notwendigste Nahrung.

Bei den Tijâha bekommt ein Hirt nach je 150 Tieren zwei Hemden, zwei Kopftücher, einen Mantel, für die Füße Waṭa' oder ein Na'al und 40 Meǵidi. Er kann aber auch so lange für ein Mädchen dienen, bis er den Brautpreis abgedient hat. Das Mädchen wird ihm vor Zeugen versprochen, und ist er mit seiner Dienstzeit zu Ende, so kann er es heiraten.

Auf die Weide nimmt er mit einen Stock, 'aṣa', und zwar entweder Maḥǵâne mit einem hakenförmigen Griff, oder Bâkûr mit einem halbrunden Griff, oder Ḥanefa mit einem geraden Griff, oder Madrûb ohne Griff, oder Dabbûs, eine Keule und eine lange, miḳlâ'a, oder kürzere, rǵêlijje, Schleuder, oft auch ein Gewehr und eine Pistole, ridnijje, immer aber das krumme Dolchmesser, šibrijje, den Ledersack, ǵerâb, se'en, und die Šibbâbe- oder Maḳrûn-Flöten. Man frägt ihn nie, wie viele Tiere er hüte, sondern:

„Wie viele Tiere hast du ausbedungen, 'a-kam šarṭak?"
und darnach berechnet man sogleich die Größe der Herde.

Der Hirt muß Tag und Nacht bei den Tieren bleiben. In der trockenen Jahreszeit übernachtet er mit seiner Herde in den Ṣîre-Hürden, die er sich am liebsten in alten Ruinen herstellt, indem er einen ebenen Platz mit einem Steinwall umgibt. In der Regenzeit bezieht er mit seiner Herde tiefergelegene Täler, wo er unter überhängenden Felsen, in Grotten oder in alten Gräberanlagen vor Regen und Kälte Schutz sucht. Ist aber das Lager in der Nähe, so bleibt er daheim.

In der trockenen Jahreszeit muß er täglich seine Herde zum Wasser führen, was gewöhnlich um die Mittagszeit geschieht. In der Nähe eines stark besuchten Tränk- oder Weideplatzes errichtet man auf dem höchsten Punkte aus Steinen einen viereckigen oder runden, etwa 2 *m* hohen Turm, von dem stets ein Hirt Ausschau hält, um bei nahender Gefahr durch Schreien, Schwingen seines an einen Stock gebundenen Kopftuches, Feuer und Rauch die übrigen zu warnen. Der Hirt ist nur für jenen Verlust verantwortlich, den er verschuldet hat, dagegen gehört aber auch jeder Zuwachs seinem Herrn. Der Šejḫ Mḥammad el-Mǵalli hatte einen Hirten, der einst, um sich an einem Ḳazw-Zuge beteiligen zu können, während der Dauer desselben seinem Vater die Herde überließ und vier Kamele erbeutete, die aber der Šejḫ in Anspruch nahm, weil er sie als Zuwachs seiner Herde betrachtete.

Für die Ziegen in den Ansiedlungen wird ebenfalls von Februar bis Ende Juli ein Knabe als Hirt gedungen. Er erhält außer der Kost und ganzen Bekleidung nur eine oder zwei Melkziegen. Von August bis Februar bekommt der Hirt von dem Eigentümer, mi'lân, ein Viertel vom Reinertrage, weiter aber gar nichts.

Die Schafe, en-na'ǵe, schert man, jaǵuzzû, Ende März oder Anfang April, die Ziegen aber erst im Mai mit dem Mûs-Messer.

Bei dieser Gelegenheit kommen viele Gäste zusammen, denen ein Mahl vorgesetzt wird. Der Arme bereitet 'Ajš mit Semen, d. i. zerkochten Weizen in Butterschmalz, der Reiche, al-muḳtader, gibt Fleisch.

Bei der Schur wird das Tier auf die Erde gelegt, jubaṭṭeḥha; man beginnt an den Hinterfüßen und singt dabei die Ḳana'-Liedchen:

O Schäflein, dir Heil!
Fluch jedoch deiner Scham!

Jâ na'ǵe ḥajjiki
jil'an abu ṭajjiki.

Es ließ nach der Strick, sie fing an sich zu rühren,
die Tochter der Schwarzen, deren Vater schwarzköpfig ist.

Istarḫat el-kurbâs ḳâmat tadla'i
bint el-rubejš illi abûha-d-dra'i.

Kahl sind die Hälse und viel ist ihrer Wolle,
kahl sind die Hälse und setzen den Scherer in Erstaunen.

Ǵurd er-rḳâb wa ṣûfhenn rekâsi
ǵurd er-rḳâb wa te'ǵeb el-ḳaṣṣâṣi.

Die Sa'idijjîn singen:

Scheret die Schafe der Selmijje,
es sind unter ihnen 40 Mutterschafe.

Ǧizzû ṛanam selmijje
fîha-rba'în ṭenijje.

Terâbîn:

Dem Nachbarn, der seinem Nachbar nicht hilft, (möge Gott) seine Erstgeburt mit Krätze heimsuchen.

Ǧâran mâ ju'în ǵâro
jibla bil-ǵerab fi bkâro.

'Azâzme:

O der du sie schenktest,
sollst sie segnen.

Jâ mu'ṭîha
tbârek fîha.

O du bewegliches Schaf,
deine Wolle ist von Seide.

Jâ na'ǵe jâ rârijje
ṣôfetki ḥarîrijje.

Wäre nicht der Schwanz und die Schamlippen,
so könnte ich an einem Tage mit hundert fertig werden.

Lô lâ-ḏ-ḏanabe w al-lijje
bijômi aṭleḳ mijje.

Wenn du Nateš-Körner fressen wirst,
so wirst du rascher dick, als was sonst immer.

Mâkele ḥebb en-nateš
tismeni asra' min šî.

Alle Kleinviehzüchter bestimmen gewöhnlich die Erstgeburt der Schafe und Ziegen, bikr al-ṛanam, in einem Jahre zum Opfer und schlachten sie entweder zur Zeit der Schur oder aber beim dritten Buttern, liṭ-ṭalâṭe.

Die 'Amârîn schneiden der Erstgeburt eines Jahres die Spitze eines Ohres ab, jiǵda'u, und dieses Tier gehört nun ihrem Schutzpatron Hârûn oder Mûsa.

Das erste männliche Junge einer Ziege oder eines Schafes bekommt in el-Kerak ein spezielles Zeichen und wird dadurch einem Heiligen gewidmet oder, wie man zu sagen pflegt, „vor einen Heiligen gestellt, waḳḳafto lil-ḫaḍr aw liš-šêḫ ṣalâḥ". Wenn dieses Tier ausgewachsen ist, so darf es nicht verkauft werden, sondern es muß zu Ehren des erwähnten Heiligen geopfert werden.

Die Ẓullâm bereiten nach dem dritten Buttern ein Faṭîre-Essen vor. Die Ḥewâṭ opfern die erste Geburt, el-bikr, eines Tieres des betreffenden Jahres den Šwâfîn, die Sa'idijjîn dem Swêri und sagen dabei:

„Wem es gehört, der soll es groß werden lassen, illi hu lu jurlîzu lu."

Bei den Tijâha wird ein Männchen von der Erstgeburt dem Abu Farâǧ mit den Worten geopfert:

„Dies ist ja von dir und kehrt zu dir zurück, und sein Lohn und sein Verdienst gehören dem Herrn abu Farâǧ, inna hâḏa minnak w jarǧa' lak w uǧro w ṯawâbo lis-sajjed abu farâǧ."

Die Terâbîn backen mit der ersten Milch drei Kuchen, ṭalâṭ ḫaḏât, und opfern sie ihrem verehrten Häuptlinge Maḏ'ân, 'aša maḏ'ân.

Wenn im Frühjahre die Haustiere wieder Milch geben, so darf in el-Kerak von dieser neuen Milch und Butter niemand genießen und man sagt:

„Es muß von der Milch das Smâṭ-Opfer dargebracht werden, el-ḥalib 'alej smâṭ."

Man nimmt gebrochenen Weizen, kocht ihn in Wasser und gießt auf diese, el-Ḳrênijje genannte, Speise Milch und opfert sie einem Heiligen, und zwar ohne Unterschied, ob es Christen oder Muslime sind. So opfert man sie: der Jungfrau Maria, Friede über sie, lil-'adra' Marjam 'aléha-s-salâm! eš-Šêḫ Ṣalâḥ, as-Sa'êdât, Ǧa'far, Ḥmûd, Nûḥ (Noe) oder al-'Âmri.

Man geht oft weit, um auf dem Grabe oder dem Heiligen geweihten Orte dieses Smâṭ-Opfer darzubringen, denn, wenn man es unterläßt, muß man die Rache des vernachlässigten Beschützers und Patrons fürchten.

Der Ertrag, an-nâteǧ, von einem Schafe beläuft sich in einem Jahre auf 3—4 Meǧîdi, und zwar schätzt man das Junge auf 2 Meǧîdi, Butter und Milch 1 Meǧîdi, Käse, ǧibne, 0·25 Meǧîdi und Wolle auf 0·5 Meǧîdi.

Der Ertrag einer Ziege wird mit 2 Meǧîdi und 1 Šabak geschätzt, und zwar das Junge, aṣhab, 1 Meǧîdi, Butter und Milch 1 Meǧîdi, die Haare, ḳṣâṣetha, 1 Šabak.

Ein fremdes Tier, das sich einer Herde anschließt und ihr überall nachfolgt, heißt el-Lamûma.

Findet jemand ein Tier, so müssen dieses zwei Zeugen bestätigen, damit der Eigentümer den Finder nicht des Diebstahles beschuldige und er vierfachen Ersatz leisten müßte. Das gefundene Tier heißt Laḳijje und bleibt beim Finder so lange, bis sich jemand darum meldet. Bei den Ṣḫûr bringt der Finder das gefundene Tier in sein Zelt und hält es bei seinen Tieren. Meldet sich der Eigentümer, so bekommt er es zurück, wenn nicht, so gehört es nach drei Jahren dem Finder.

Die ʿAmârîn und die kleineren Stämme rufen an jedem Ḍaḥijje-Feste im Lager laut:

„O Eigentümer des Verlorenen, komme her und gib sein Stammzeichen an, jâ râʿi aḍ-ḍâhebe taʿâl ḥaṭṭ wusûma." So verfährt man durch drei Jahre; hernach gehört das Tier dem Finder.

Die Ẓullâm rufen an drei Ḍaḥijje-Festen:

„Mit euch ist ein zurückgelassenes Schaf, das ich gefunden habe auf dem Bergrücken N., maʿku el-wâdeʿe laḳajet ha-š-šaʾ fi-ẓ-ẓahrat el-flânijje."

„O wer verlassen hat dieses Schaf, hole es ab, jâ min adhab ha-š-šaʾ jaǵi laha."

Nach dem dritten Ḍaḥijje-Feste gehört es dem Finder.

Die Saʿîdijjîn rufen nur an einem Ḍaḥijje-Feste.

Geht etwas, sei es ein Tier, sei es eine Sache, verloren, so ruft bei den Ṣḫûr der Eigentümer abends oder in der Frühe so laut als möglich im Lager:

„O wer bemerkte oder anfaßte oder sah oder erfuhr und vernahm dies und das, soll es mitteilen; die Belohnung und das Botengeschenk ist folgendes . . ., jâ min aw ḥass, aw ǵass, aw šâf, aw ḫubber, aw ʿullem (al-baʿîr) . . . wa-l-ḥalâwa wa-l-bšâra kada . . ."

Die Amârîn sagen:

„O wer bemerkte, o wer folgte den Spuren, o wer benachrichtigte, o wer benachrichtigt wurde oder aber nahm oder aber sah den, der die Sache N. nahm . . . und verehrt den Ḳurajšiten Muḥammad . . ., soll es mitteilen und der Lohn und das Botengeschenk ist folgendes . . ., jâ min ḥass, jâ min ḳaṣṣ, jâ min ʿellem, jâ min eʿtelem, w illa aḫad, w illa šâf min aḫad eš-šaj el-flâni w hu juṣalli ʿala-l-ḳrejšîm ḥammad . . . wa-l-ḥalâwa wa-l-bšâra kada."

Wenn sich niemand zum Worte meldet, schreit er weiter:

„Ich lege es auf die Milchenden und auf die Frau, die kein Kind bringen soll. Sie soll mit dem Besitz in der Frühe auf die Weide gehen und soll, wenn sie abends zurückkehrt, ihre Kinder verlieren. Sie soll auf eine Stange laden wegen Mangel an Kamelhengsten, sie soll auf das Schienbein einer Ziege laden wegen Mangel an milchender Kamelin, w ana ḥâṭṭha fi ḥalâbât el-ḥalîb w fi-l-mara w mâ taǵîb tisraḥ maʿ al-ḥalâl w trawwaḥ ʿala lâ ʿejâl tašîl ʿala-l-ʿûd min ḳillet el-ḳaʿûd tašîl ʿala-ẓ-ẓelfe min ḳillet el-ḫelfe."

Ḥwêṭât: „O wer sah das Geflohene, Gott soll ihm zurückgeben jâ min ʿajjan aḍ-ḍâhbe allâh jiʿḳel ʿaléh."

Wer es hört, antwortet: „Mögest du es erfahren! wir haben nichts gesehen, ʻasâk tiʻḳel, mâ ʻajjanna."

Dann setzt der Ausrufer hinzu:

„O der leugnet, soll verleugnet werden,
und sitzen auf den drei schwarzen Steinen, auf denen der Kessel ruht.

Jâ ǵâḥed, jâ maǵḥûd
w jâ ḳâʻed ʻa-d-dâjâ-s-sûd."

Šarârât:

„O wer sie bewahrt und verbirgt,
wähle Gott oder sie.

Jâ ḥâwîhenn jâ zâwîhenn
aḳsem billâh w illâ bîhenn".

Wenn ein Ḥanǵûri ein Tier oder eine Sache vermißt, ruft er sie öffentlich aus, jinšed ʻanno:

„O wer bemerkte, o wer berührte, o wer erblickte, o wer erwähnte
die Sache N. . . . und es leugnet,
der soll aus Mangel einer milchenden Kamelin auf das Fersenbein
(das man von der geschlachteten Ziege wegwirft) laden und
aus Mangel einer Frau einen steinernen Topf heiraten.
(Ich lege die Sache) auf sein Zelt, und wer dort sein Feuer anzündet,
soll sich in Schmerzen winden,
und die Kinder vor seinem Zelte sollen sich nicht herumtummeln.
(Ich lege die Sache) auf die Mähne und die Frau, die nicht gebären sollen,
auf die Stätte, wo er schläft und wo er steht,
auf das, was er sieht und worüber er sich freut.
Wer die Sache verleugnet, möge sein Andenken verleugnet
und sein Lastsattel abgeworfen werden!

Jâ min ḥass, jâ min dass, jâ min
iṭṭalaʻ, jâ min dakar eš-šaj
el-flâni . . . w illi jinkeru
min ḳillet al-ḥilfa, jašil ʻa-z-zilfa
min ḳillet al-ḥurma, jâḥoḏ el-burma
fi dâro w môḳed nâro ḥadroǵ
wa-l-ʻajjel ḳuddâm al-bejt lâ jadroǵ
fi-s-sabîb w al-mara lâ taǵîb
fi-l-manâm w al-maḳâm
fi-n-naẓar w al-bašar
illi jinkero junkar dikro
w juḥawwel wiṭro."

In el-Kerak:

„O wer bemerkte ...	Jâ min ḫass ...
er soll alles, was er besitzt, laden auf eine Stange,	juḫammel ʿala-l-ʿûd
aus Mangel eines erwachsenen Kameles;	min ḳillet el-ḳaʿûd
er soll umarmen ein Tongefäß,	jataʿabbed el-ğarra
aus Mangel einer Frau;	min ḳillet el-mara
er soll seufzen zum Throne (Gottes),	jisraḫ lil-ʿarš
wenn er sich abends niederlegt;	w jirûḫ ʿa-l-farš
ich lege sie	w ana ḥâṭṭha
auf seine milchenden Tiere,	fi ḥalâbât el-ḥalîb
die Frau soll nicht gebären	w al-mara lâ tağîb
und auf seine langmähnige Stute.	wa fi nâṭret es-sabîb.“

Um ein verlorenes Tier vor den Raubtieren zu schützen, gebraucht man in el-Kerak die Zeremonie el-Liğâme:

Man nimmt in die Rechte das nackte Šibrijje-Messer oder den Säbel und sagt:

„An ihrer ersten Stelle: im Namen Gottes, an ihrer zweiten Stelle: im Namen Gottes, an ihrer dritten Stelle: drei Schwüre bei Gott. Daniel kam heraus aus der Löwengrube, und es ertönte eine mächtige Stimme, und er sprach: Was ist denn diese mächtige Stimme? und sie sagte: Die Witwen werden abgewiesen, die Waisen vergewaltigt, die Gräber öffnen sich, die Steine wenden sich um. Halte zurück, o Herr, von dem Schafe des N., Sohnes der (sic) N., die männliche und weibliche Hyäne, den Wolf und die Wölfin, den Schakal und die Schakalin und alle Vierfüßler der Erde, damit sie ihm (dem Schafe) die Haut nicht zerreißen, die Knochen nicht zerbrechen, solange nicht das Meer austrocknet, auf der inneren Handfläche Haare wachsen, der Rabe grau wird und die Toten aus dem Staube auferstehen. Tausendmal, tausendmal (wiederhole ich den Satz), es gibt keine Kraft außer durch das Wort des allmächtigen Gottes. (Wird dreimal gesprochen.)

Awwalha bism allâh, w ṯâniha bism allâh, w ṯâletha ṯalâṯ amanât billâh. ṭalaʿ dânijâl min ğubb es-sbâʿ, w ḫarağ ṣôt ʿaẓîm, w ḳâl wêš ha-ṣ-ṣôt el-ʿaẓîm. ḳâl el-arâmel intaharat w el-jitâma inḳaharat w el-ḳbûr tafattaḥat w el-ḥeğâr taḳabbalat. elğem jâ rabb ʿan šaʾ flân ibn flâne ʿan eḍ-ḍabʿ w aḍ-ḍabʿa, w aḏ-ḏîb w aḏ-ḏîbe w al-waḥš w al-waḥše, w ʿan kull ad-dabbâbât el-arḍijje, lâ jaḳuddan laha ğild, w lâ jiksran (sic) laha ʿaẓm ḥatta jinšef el-baḥr w jinbet bil-kaff šaʿr w jišîb el-ġurâb w taḳûm el-môta min taḥt et-trâb. ulûf, ulâf w lâ ḳuwwa illa bism allâh el-ʿaẓîm . . .“

Nachdem er diese Formel gesprochen hat, steckt er das Ṡibrijje-Messer oder den Säbel in die Scheide und darf sie nicht herausziehen, bis er das Tier gefunden hat. Denn nun ist das Maul der Raubtiere gesperrt, sie dürfen sein Tier nicht angreifen, und zwar solange er das Messer oder den Säbel nicht herauszieht.

Kühe werden nur von den Fellâḥîn und auch von diesen nur in geringer Zahl gehalten, weil es an Wasser und in der Regenperiode oft an Futter fehlt. Der Fellâḥ kennt kein Heu, und da in der Nähe der Dörfer bis zum Spätsommer alles abgeweidet ist, so hat er nur Stroh (oder eigentlich Häcksel), das er auf der Dreschtenne, in alten Zisternen, Gräberanlagen und Gruben aufbewahrt. Oft verursacht schon der erste Regen Fäulnis desselben, und da der Graswuchs erst im Beginnen ist, so leiden die Kühe bis zum Rabiʿ Hunger.

Die dortige Kuhrasse ist klein, rötlich, hat eine dicke Haut und struppiges Haar, gibt wenig Milch und wird zumeist gehalten, um den Pflug zu ziehen und das Getreide auf der Dreschtenne auszutreten. Nur die Ḳawârne züchten große, starke Kühe, die wegen ihres Milchreichtums bekannt sind, sich aber auf der Hochebene nicht halten.

Keinem Fellâḥ fehlt ein Esel, und auch die Maʿâze halten sehr viele dieser Tiere. Die schönsten Esel züchten die Ṣlejb. Man sagt, daß sie wilde Esel einfangen und diese zur Zucht verwenden. Sie kommen gewöhnlich zur Zeit der Pilgerfahrt nach Maʿân, um dort ihre Esel zu verkaufen. Diese sind groß, stark, äußerst geschmeidig gebaut, von weißer Farbe und mit einer olivenbraunen Leiste am Widerrist. Ihr Schritt ist lang, sehr leicht und schnell, so daß sie im Schritte jedes Pferd, ja jedes Kamel überholen. Da sie äußerst vorsichtig auftreten, so kann man auf ihnen die steilsten Abhänge erklettern, ohne einen Unfall fürchten zu müssen. Im Preise stehen sie höher als ein Vollbluthengst (200—300 K), und jeder Gouverneur und jeder reiche Mann sucht einen echten Ṣlejb-Esel zu besitzen, den er bei feierlichen Anlässen reitet. Ein echter Araber aber, insbesondere ein Kamelzüchter, wird es unter seiner Würde finden, sich auf einen Esel zu setzen. Und dennoch ist man in ganz Arabia Petraea der Ansicht, daß der Esel das pfiffigste Tier ist.

Maultiere halten nur die Fellâḥîn. Sie werden meistens daheim gezüchtet. Ein starker Esel und eine Kdiš-Stute werden berauscht und mit zugebundenen Augen in einen Stall eingesperrt. Anders würde man die Tiere nicht zur Paarung bringen.

Die Maultiere sind dem Fellâḥ unentbehrlich und darum nehmen sie in dem Maße zu, als die Vollblutpferde abnehmen. In letzter Zeit hat auch die türkische Regierung ihre regulären Truppen in Ma'ân und Ṭafîle mit Maultieren beritten gemacht.

Hunde findet man bei jedem Zelte und in jedem Dorfe und man kann sie auch zu den Haustieren rechnen, weil jeder Hund seinen Herrn hat und auch kennt. Sie sind etwa so groß wie unsere Schäferhunde, meist gelblich und zottig und leisten den Hirten gute Dienste. Im Zeltlager kümmert sich niemand um sie, man läßt sie auch nicht in das Zelt hinein. Eine Ausnahme bilden nur die schönen Sulḳân-Hunde, welche unseren Windhunden ähnlich sind. Sie sind fast 1 *m* hoch, lang und zart gebaut und so schnell, daß sie die schnellste Gazelle einholen. Sie liegen immer zu Füßen des Herrn, auf weiten Märschen hinter ihm auf dem Kamele, wogegen die gewöhnlichen Hunde hinten oder seitwärts folgen. Diese sehen auch sehr mager aus, denn sie müssen sich mit den letzten Abfällen begnügen. Oft habe ich gesehen, wie sie Heuschrecken fingen und verzehrten.

Alle Fellâḥîn haben endlich Hühner. Sie sind nicht so groß wie die italienische Henne, legen aber viele und gute Eier und liefern schmackhaftes Fleisch.

Andere Tiere werden nicht gezüchtet.

Ich notierte folgende Preise der Tiere:

	Ẓullâm	Ḥanâǵre	Ḥôwât	
Gutes Kamel	50	70	50	Meǵîdi
gewöhnliches Kamel . .	25	30	25	„
gute Stute.	100	300	140	„
gewöhnliche Stute . . .	40	50	50	„
gute Ziege.	$2^1/_2$	$2^1/_4$	2	„
gewöhnliche Ziege . . .	$1^1/_2$	$1^1/_2$	1	„
gutes Schaf	4	3	4	„
gewöhnliches Schaf . .	2	2	3	„
guter Stier	15	13	—	„
gewöhnlicher Stier . . .	6—7	6	—	„
gute Kuh	20	14	—	„
gewöhnliche Kuh . . .	10	7	—	„
guter Esel.	10	10	10	„
gewöhnlicher Esel . . .	4	4	5	„

Ṣḫûr: Eine gute Rassestute ist soviel wert wie 20 gute Kamele, 'asrîn ba'îr, eine gewöhnliche Stute 4—5 Lastkamele, ǵemâl. Ein Reitkamel, delûl, kostet 80 Meǵîdi, ein Lastkamel kann man auch um 10 Meǵîdi kaufen.

Die 'Amârîn schätzten eine gute Rassestute auf 300—400 Rejâl meǧîdi, aber dabei muß der Käufer das erste und zweite weibliche Füllen dem Verkäufer übergeben.

Jetzt kostet bei ihnen eine gute Stute 100 Rejâl und Awla' w ṯânijje, eine gewöhnliche Stute kostete früher 100 Rejâl, jetzt höchstens 30 Rejâl, ein gutes Maultier, el-baǵl, kostet 50 Rejâl; der Wert einer Kuh, el-baḳara, schwankt zwischen 20—10 Rejâl, der eines Stieres, aṯ-ṯowr, zwischen 30—15 Rejâl, der eines Esels, el-ḥmâr, zwischen 15—8 Rejâl, der eines Schafes, en-na'ǧe, zwischen 4—1½ Rejâl, der einer Ziege, el-'anz, zwischen 2½—1¼ Rejâl.

Von Krankheiten der Haustiere sei erwähnt er-Rîḥ, Geschwülste an den Füßen der Schafe und Ziegen, die folgenderweise geheilt werden: Man fängt die ‚rote Schlange' al-ḥajjet el-ḥamra', und bringt sie lebend in das Zelt. Nun geht die Frau von Zelt zu Zelt, bittet sich Butterschmalz aus, gibt es in den Kessel und, wenn es anfängt zu kochen, tut sie die Schlange lebend hinein und bedeckt den Kessel mit dem hohlen Sâǧ-Deckel. Eine halbe Stunde läßt man es kochen, taucht dann ein Stück Wolle hinein und reibt mit diesem Lappen die kranken Tiere zwischen den Hörnern, den Vorder- und Hinterfüßen. Was übrigbleibt, wird von den Anwesenden verzehrt. Die schwarze Schlange el-Hîm wird nicht gegessen.

Ackerbau.

Ohne Einwilligung seiner Verwandten darf niemand ein Feld verkaufen, weder zu Lebzeiten noch auf dem Sterbebette, denn dadurch würden die Erben verkürzt werden, muḥsed el-warîṯ. Auch ist der Privatbesitz sehr selten. Nur bei neuangelegten Dörfern, wie in Mâdaba, besitzen die Fellâḥîn eigene Grundstücke, die sie von den Beduinen gekauft haben. In älteren Dörfern oder bei den Halb-Fellâḥîn gehört das Land gewöhnlich dem ganzen Stamme und wird jedem seiner Angehörigen, der ein Haus oder Zelt hat, also selbständig wirtschaftet, stückweise zur Nutznießung überlassen.

Darum werden bei den 'Amârîn jedes Jahr Mitte März die Felder mit einem Stricke, ḥabel, gleichmäßig eingeteilt. Die einzelnen Teile sind soundso lang, soundso breit, bekommen Grenzmarken und werden an die einzelnen Familien verlost. Der Vertreter einer Familie nimmt ein Zeichen: ein Steinchen, einen Faden, ein Hölzchen u. dgl. und legt es in ein dafür bestimmtes zugedecktes Gefäß, welches ein Knabe in der

Hand hält. Der Šejḫ nimmt die Parzellen einzeln vor und der Knabe zieht immer einen Gegenstand, es-sihme, aus dem Gefäße heraus. Wem nun der Gegenstand gehört, dem fällt auch die betreffende Parzelle zu.

Bei den Ḫanâǧre teilt man den ganzen Boden mit Stricken in Partien für jede einzelne ʿAšîre. Hierauf nimmt jeder Vertreter einer ʿAšîre ein Zeichen, ein Steinchen, ein Stück Mist u. dgl., das ein Unbeteiligter einsammelt und einem Knaben übergibt, der es in die Hand nimmt. Kommen sie zu einer Parzelle, so sagen sie:

„Wirf unser Los aus, irmi ḳurʿatna!"

Der Knabe nimmt einen Gegenstand heraus und zeigt ihn mit den Worten:

„Hier habt ihr euer Los, hâkû ḳurʿatku."

Wessen Los es ist, dessen ʿAšîre gehört das Feld. Die Mitglieder derselben verteilen dann in gleicher Weise die Parzellen, aḥbâl, untereinander und setzen auf die Grenzen der einzelnen Teile Bâṣûl-Pflanzen.

Der anbaufähige Boden hat verschiedene Bezeichnungen; so heißen leere Flächen in alten Ruinen ed-Demeṭe oder arḍ el-Madâmel, Ruheplätze der Schafe oder Ziegen arḍ el-Mezâbel und alte verlassene Lagerplätze dâr el-ʿArab; alle drei taugen ausgezeichnet für Gerste.

Roter Boden, arḍ el-ḥamra, wie überhaupt jeder schwere Boden, arḍ taḳîle, ist wieder gut für Weizen. Guter Weizenboden hat bei den ʿAmârin zumeist rötliche Farbe, arḍ el-ḥamra' mufîde akṯar lil-ḳameḥ, während der dunkle Boden, arḍ ed-duḥma', besser für Gerste und Wicke, kursinne, taugt.

Bei den Ẓullâm gilt für den besten Weizenboden Waṭât es-samra' und für den besten Gerstenboden Waṭât eṣ-ṣaḳra' (sic, wohl šaḳra').

Bei den Saʿîdijjîn: Waṭât el-ḥamra' für den Weizen und Waṭât el-bêḍa' für die Gerste.

Südöstlich von Gaza wird angebaut: Weizen, Gerste und Ḏura (Mais).

Von Weizenarten, el-ḳamḥ, kennt man: Dibbi, Garbâwi, Ḳaṭrâwi und Nûrsi, der am meisten geschätzt wird.

Die beste Gerste, eš-šaʿîr, ist es-Shejlâwi, doch sät man auch Ḏil ǧemal, Ḳannâri, Firḳdi.

Ḏura ist Bêḍa' und Franǧijje.

Östlich vom Toten Meere gilt für den besten der Weizen Zṛejbijje; er hat vierzeilige Ähren, arbaʿa burûǧ, und große gelbe Körner.

Die Gerste el-Ḳannâri ist besonders groß, aber sie gedeiht nur im Ġôr.

Dura aṭ-ṭubâšijje hat den Namen nach einer Ortschaft im ǧ. Nâblûs.

Jene Geschlechter in el-Kerak, die viel Boden besitzen, verpachten einzelne Stücke davon an fremde Fellâḥîn. Ist das Feld sehr gut und nahe am Wasser gelegen, so bekommt der Eigentümer als Pachtschilling ein Viertel des „Rein"ertrages und ein Geschenk, ʿala-r-rubʿa w bisle. Gewöhnlich aber wird das Feld um ein Fünftel, mḫâmase, oder gar um ein Sechstel, msâdase, des Ertrages verpachtet, das man sich gleich von der Tenne holt.

Wenn die ʿAraber urbares Land haben, verpachten sie es an die Fellâḥîn unter folgenden Bedingungen:

War das Grundstück noch nie angebaut, iḏa kânat al-arḍ ḫrâb, so übernimmt es der Pächter auf drei Jahre umsonst und genießt alles, was es während dieser Zeit trägt, jaʾkol ṛilâlha ṭlâṭ sinîn, weil er es nutzbringend macht, ʿammarha.

War das Grundstück bereits angebaut gewesen, also Al-arḍ al-ʿamâra, so gehört ein Fünftel des Reinertrages, ʿala ḫums an-nâteǧ, dem Araber und vier Fünftel dem Pächter. Der Eigentümer hat gar keine Ausgaben, bdûn an jaḫser ši.

Die Feldarbeiter heißen Mrâbʿijje und kommen gewöhnlich vom ǧ. el-Ḫalîl, Nâblûs, aus der Gegend von Ḥebron und Jerusalem entweder allein oder mit ihren Familien und Kühen. Die Fellâḥîn von el-Kerak und insbesondere von Mâdaba mieten sie entweder für die Zeit der Aussaat oder der Ernte oder des Krâb-Ackerns.

In der Zeit der Aussaat müssen sie alle Feldarbeiten verrichten, pflügen und säen; freilich gibt ihnen der Mietsherr das nötige Zugtier und den Samen, und sie bekommen dafür von einem Feddân 10 Meǧîdi = 44 K voraus, silfat el-mrâbeʿ, ein Ṯôb-Kleid und Schuhe. Zur Zeit der Ernte arbeiten sie zu dreien auf dem Felde wie auf der Tenne und bekommen von einem Feddân ein Viertel des Reinertrages. Der Feddân ist eine Feldfläche, welche mit 20 Midd Weizen (etwa 360 *kg*) und 20 Midd Gerste (etwa 240 *kg*) besäet werden kann (bei den Tijâha 40 Ṣâʿ). Die Kost bekommt der Arbeiter von seinem Mietsherrn, nur muß er sich das nötige Brennmaterial einsammeln, das Getreide in die Mühle schaffen und das Zugvieh überwachen. Für das Krâb-Ackern bekommt er von einem jeden Feddân 3 Meǧîdi = 13 K im voraus. Wenn er alle Arbeit im Jahre verrichtet, bekommt er ein Viertel des Ertrages, rubʿ nâteǧ eṛlâl feddân.

Die Feldarbeit richtet sich nach den Regenperioden. Um eine gute Ernte zu haben, sind vier Regenperioden notwendig, und zwar, wie bereits gesagt: 1. et-Trajjâwi, Ende Oktober und Anfang November, 2. el-Ġôza', Mitte Dezember, 3. Kânûn, Ende Jänner und Anfang Februar, und 4. el-Ḫamîs, Ende März und Anfang April, damit die Körner auswachsen.

Im März beginnt die Feldarbeit. Der Fellâḥ bindet den Pflug mittels des Salaba-Strickes an den Witr-Sattel des Kameles oder Maultieres. Der Pflug besteht aus einer langen Holzstange, fard, an deren einem Ende der Salaba-Strick und am anderen die kurze, hölzerne oder mit Eisenblech beschlagene Pflugschar, sikke, befestigt ist. An

Fig. 53. Pflug, Witr- und Ḳâdem-Sattel.

der Verbindungsstelle steht eine Holzstange, ḥamâmet el-fard, die oben einen Griff, îd, trägt. Der Arbeiter hält in der Rechten diesen Griff und in der Linken einen langen, spitzigen Stock, el-minsâs, mit dem er das Tier sticht und antreibt, jisûḳ (Fig. 53).

Geackertes Land heißt Ḥâmâr (sic), brachliegendes Bûr, die Furche Ḫaṭṭ. Es wird zweimal geackert; das erstemal der Länge nach und dabei wird immer eine Furche ausgelassen, jišuḳḳû. Dieses Ackern heißt Šḳâḳ. Wem es möglich ist, wiederholt nach einigen Wochen diese Arbeit, etna, und säet dann Ḏura.

Wer starke Kühe hat, ackert im Herbst zum dritten Male, und dieses Ackern heißt Krâb tibni, Strohackern, weil zu dieser Zeit die

Kühe mit Tibn, dem kurzen Stroh von den Tennen, gefüttert werden. Mitte Oktober und im Ṛôr Anfang Dezember beginnt das eigentliche Ackern, ḥarâṭ, durch das der ausgesäete Same in die Erde kommt.

Von diesem vierfachen Ackern sagt man: Wir berührten den Boden mit vier Pflugeisen, ḍarabna-l-arḍ arba' sikak.

Der Ackersmann heißt in dieser Zeit 'Affâr und das Weib, welches ihm Wasser und Nahrung bringt, heißt 'Affâra.

Wenn die Felder weit entfernt sind, sucht man in der Nähe eine Grotte auf, in der man sich vor Kälte schützt. Um sich vor Bösem zu sichern, opfert man ein Tier oder eine Speise dem Geiste, der diese Grotte innehat.

Wenn sich der Mann zum Pflügen anschickt, sagt er: „Es möge uns beistehen Gott und Abraham, ḳallaṭna-llâh w al-ḫalîl."

Wenn er den Pflug in die Hand nimmt und die erste Furche zieht, spricht er:

„Zum ersten Male werden Holz und Eisen einherschreiten,
nachdem wir unseren Herrn Jesus, den Liebling, gelobt haben,

Awwal mâ sâr el-ḫašab w al-ḥadîd
ba'ad mâ ṣallejna 'a-sajjidna 'îsa-l-ḥabîb."

So sagen alle, Muslime und Christen, ohne Unterschied. Nachdem der Ackerer ein Stück Erde gepflügt hat, sagt er:

„Wir haben dich gefaltet wie ein Buch,
es möge nach uns über dich kommen ergiebiger Regen und Nebel.

Ṭawwajnâk ṭajj ečtâb
w ja'ḳebna 'alêk ṛazir el-maṭar w as-sḥâb."

Der Säemann, baḍḍâr, wirft eine Handvoll auf fünf- bis sechsmal aus, und spricht dabei:

„Ich werfe meine Körner aus	Badart ḥabbi
und vertraue auf meinen Herrn;	w ittakalt 'a-rabbi
o Herr, ich zerstreue ihn,	jâ rabbi inni abullo
und Du — gnädig — befeuchte ihn.	wa min raḥmetak tabullo
O Gott, ich bin der Ackerer,	jâ-llâh inni al-'âzeḳ
Du jedoch der wahrhaftige Ernährer.	w innak el-ḥaḳḳ er-râzeḳ.
O Ernährer der Vögel	Jâ murzeḳ eṭ-ṭejr
in dunkler Nacht,	fi ẓlâm el-lejl
Du wirst ernähren uns und wirst von uns Nahrung empfangen.	tarzuḳna wa turzeḳ minna.

O Ernährer der Würmer	Jâ murzeḳ ed-dûd
vom harten Gestein,	min el-ḥǵar el-ǵelmûd
Du wirst ernähren uns und wirst von uns Nahrung empfangen.	tarzuḳna wa turzeḳ minna.“

Die Aussaat dauert bei den ʿAmârin von Ṣafar III. durch Aǵrad und Arbaʿânijje; bei den ʿAzâzme beginnt sie nach dem Regen Wasm el-mâli im Aǵrad, bei den Saʿîdijjîn Ende Ṣafar III. bei den Ẓullâm nach dem Ṭrajja-Regen.

Das Getreide kommt heraus, jiṭlaʿ, musammaḥ el-arḍ, bekommt Knoten, ḥaṣeb, treibt Ähren, sabbal, setzt Körner an, ṭabb fîh el-leben, hat bereits volle Ähren, ṭabb fîh el-frîke, und verdorrt vor der Blüte, ǵamad.

Um dem Boden die Fruchtbarkeit zu erhalten, lassen ihn die Lijâṭne immer drei Jahre brachliegen, jaḥilû-l-arḍ mudde ṯlâṯ sinîn, bis er seine Kraft, murwâtha, wiedererlangt. Bei den Tijâha wird ein Jahr gesäet und ein Jahr pausiert, sane zarʿ w sane ṣajf. Der Boden wird aber im Sommer umgeackert.

Auch die Kerakijje lassen den Boden ein bis drei Jahre brachliegen, wenn er entkräftet ist, iḏ taḳaḥḥarat el-waṭaʾ, bis er seine alte Kraft, ribbetha, wieder hat.

Die Feldfrüchte bedrohen die sieben Plagen der Beni Isrâîl: 1. der trockene Südostwind, eš-šerḳijje, 2. der Reif, el-ḥalît, 3. der kalte Nordwind, eš-šemâli, 4. die Heuschrecken, el-ǵerâd, und zwar kleine, zaḥḥâf, größere, ḳîḳ, und fliegende, ṭajjâr, 5. el-Leǵaʾ, ein stinkender Käfer, der alles frißt; und was er nur berührt, will kein Tier mehr fressen, 6. ed-Dûde, kleine Würmer, welche die Wurzeln benagen, und 7. das Lauffeuer.

In el-Kerak reift die Gerste Ende Mai, der Weizen im Juni, im Ǵôr reift die Gerste bereits im April.

Um die Zeit, wenn das Getreide reif ist, jabes, kommen aus dem Gebirge Ḥebron Schnitter, die sich selber verköstigen, dafür aber täglich etwas Weizen oder Gerste bekommen, ʿabṭa. Sie schneiden das Getreide mit Sicheln, die entweder unseren Sicheln ähnlich, ḳâlûš, oder gezähnt sind, marǵûb, oder aber mit einem 0·6 *m* langen, gekrümmten Messer, menǵel; alle drei Werkzeuge haben hölzerne Griffe, naṣab. Um die Haut zu schützen, damit sie sich an dem Getreide nicht reibe, bindet man an den linken Unterarm ein dünnes Stäbchen, mallâše, an. Jede Handvoll Getreide wird mit drei Halmen zusammengebunden, auf den Boden gelegt und heißt Šemâl marbûṭ. Vier oder fünf solche kleine Garben werden aufeinandergelegt und bilden Ḳumûr. Die Ḳumûr werden dann auf einen großen Haufen zusammengetragen, ḥelle. Nun führt man zu den Ḥelle Kamele oder Maultiere mit ihren Wiṭr- oder Ḳâdem-Sätteln und ladet ihnen das Getreide, el-ḳaṣš, auf. Eine solche Ladung heißt Šabake oder Ḳâdem und wird auf der Tenne, ǵurn, niedergelegt.

Während des Mähens werden die ʿAṭâba-Lieder gesungen:

ʿAzâzme:

Meine Lieblinge zogen fort, und ich bleibe in der Sonne alleine,
und bewache meine Tiere beim Sternenlichte der Nacht alleine.
O der du mein Grab gräbst, grabe dazu ein Seitengrab
und drehe mich mit meinem Angesichte meinen Lieblingen zu.

Aḥbâbi ḳôṭarû wa ḍḥejt waḥdî
usarreb fi-nǵûm el-lél waḥdî
alâ jâ ḥâfer ǵûrti w eḥfer bleḥdî
w dîr biḳibelti jam el-aḥbâba.

Verschlossene Mädchen — o wie sehne ich mich nach ihnen!
Sieben Tore und Schlösser sind vor ihnen.
Wer möchte mich zum Zerrâḳ machen, um unter der Türe zu ihnen zu kriechen,
oder wenigstens zur Taube, um zufliegend die Tore zu umkreisen!

Banât esdûd jâ ḥarri ʿalêhenn
sabaʿat abwâb w mṛallaḳ ʿalêhenn
ana min ḥaṭṭani zerrâḳ w azroḳ alêhenn
w illa ḥammâm arafref ʿa-l-abwâba.

Die Tochter des Meisters (Herrn) schreit	Bint el-muʿallem ṣâḥat
im Getreide ihres Vaters	bizerʿaten labûha
und die Sichel ruhen.	el-menâǵel râḥat.

In el-Kerak:

Der westliche Turm dröhnte,	El-burǵ el-ṛarbi ḳâm jaṛenn
der östliche stand ganz still.	w aš-šerḳi ṛada dêdemân.
O du Morgenstern, leuchte	Jâ niǵmet eṣ-ṣubḥ lûḥi
am Himmel, leuchte	bis-samaʾ lûḥi
und halte Wacht über meinen Liebling;	wa tarakkabi li-l-ḥbajjeb
o wie weit entfernt ist meine Freude!	jâ baʿad rûḥi.

O Jüngling (von der Sonne) verbrannt,	Jâ walad jâ-l-asmarâni
o Ästchen vom Ḫejzarân-Baume,	jâ 'wejd el-ḫejzarâni
warum nimmst du deine Braut nicht?	lêh mâ tâḫod ʿarûsak
Er sagt: Ich hatte keine Zeit.	ḳâl mâ adʿâni zamâni.
O Mädchen, spiele mit mir,	Jâ bunajje lâʿibini
und wenn du mich besiegst, so nimm mich,	wenn ṛalabtîni ḫuḏîni
und wenn ich dich besiege, so nehme ich dich ganz gewiß,	in ṛalabtak lâḫuḏannak
wenn du mich besiegst, so nimm mich.	in ṛalabtîni ḫuḏîni.

Fig. 54. Getreidedreschen.

Wenn alles bis auf einen kleinen Rest abgemäht ist, so ruft der Eigentümer: „Stimmet den Lobgesang auf das Getreide an, hallêlu ʿala-z-zerʿ!“ und nun singen alle, Christen wie Muslime:

Es gibt nur einen Gott,	Lâ ilâh ill-allâh
ewig bleibt das Angesicht Gottes,	dâjem bâḳi waǧh allâh
Jesus, Sohn des göttlichen Geistes,	ʿîsa ben rûḥ allâh
er sitzt auf dem Throne	ḳâʿed 'ala-l-kursi
und liest das Wort Gottes.	jaḳra' biklâm allâh.

Nun ruft der Eigentümer das Wort „milḥa“ aus und die Armen mähen das Getreide für sich.

Der Eigentümer nimmt eine Garbe und trägt sie zu einem im Felde selbst errichteten Grabe, in dem sie wie ein toter Mensch begraben wird. Dieses Grab heißt aš-Šâjeb.

Ist das Getreide auf der Tenne, so bringt in guten Jahren jede Familie eine Ziege mit und schneidet ihr die Stirnlocke ab, deren Haare dann auf die Tenne gestreut werden. Die Ziege, die nachher Abraham = el-Ḫalîl geopfert wird, heißt Ğôraʿa.

Fig. 55. Getreidedreschen.

Auf dem Dreschplatze wird das Getreide auf einer Seite gehäuft, und dieser Haufen heißt Ğurn. Als Tenne benützt man am liebsten eine ebene Steinfläche. Auf diese werden die kleinen Garben schichtweise gelegt; eine solche Schichte heißt Ḳaṣlîle oder Ḳurṣ. Darauf werden dann zusammengebundene Tiere: Kamele, Esel, Maultiere oder Kühe (diese fast immer mit zugebundenen Mäulern) getrieben (Fig. 54, 55). Gewöhnlich sind ihrer vier und heißen el-Ḳaran; sie treten, jidrusû, so lange auf dem Getreide herum, bis alles Korn ausgefallen ist, jeṭîb el-bejdar.

Oft benützt man einen hölzernen, unten mit Eisenreifen oder spitzen Steinchen versehenen Schlitten, lôḥ, auf dem ein Mann steht und der von einem Kamel oder zwei Maultieren im Kreise herumgezogen wird (Fig. 56). Der Dreschschlitten ist 4·5 *m* lang, bei der Biegung, asad el-lôḥ, sind zwei lange Stangen, ǧerrârât, angebunden und an ihren Enden, rijâḥ, wird das Querholz, kaddâne, angeheftet, das am Halse der Tiere auf Polstern, eḥwa', ruht. Beim Dreschen singt man in el-Kerak:

Wenn du wünschst, o Fremder, so ruhe dich aus!
Binde zu ihnen (den Dreschmaschinen) je zwei Koppeln und drisch.

In kân widdak jâ-l-ṛarîb trawweḥi
orboṭ 'alejhenn ḳaranên wa lûḥi.

Fig. 56. Ein Dreschschlitten.

Gott soll dich strafen, o grauer Brüller,
denn du ließest deine Last in der Steppe abgeworfen liegen.

Allâh jaḥûnak jâ-l-ḥawwâr el-emlêḥi
ḥallajt ḥemlak bil-ḥamâd melaḳḳêḥi.

O wer weiß, o Ḳâhira, wer dich baute?!
O wie kühl sind deine Oberzimmer und wie frisch deine Wasser.

Jâ min dara jâ maṣr min banâki
mâ abrad 'alâliki wa mâ aṣḳa' mâki.

Ist das Getreide ausgetreten, so entfernen die Drescher die Strohhalme, ḏu ḳrân, machen aus dem übrigen einen Haufen und reinigen es, indem sie es mit Gabeln und Wurfschaufeln, el-miḏra, gegen den

Wind werfen, judarrû. Gabeln (Fig. 57) mit zwei Zinken heißen Ša'ûb, mit drei bis sieben kurzen und breiten Zinken Midra' šâmijje, mit zwei langen eisernen Spitzen Zâḳal.

Mit der Zâḳal-Gabel werfen die Drescher das Getreide von dem großen Haufen auf den Dreschplatz, jirmû-ṭ-ṭarḥa, und wenden es um, jiḳilbûh (sic); mittels Zâḳal und Ša'ûb legen sie es auf eine kleinere Fläche, jisindûh, und worfeln es dann mit Wurfschaufeln Midra'.

Fig. 57. Geräte auf dem Dreschplatze.

Zum Worfeln, lid-derâje, kommt immer der Eigentümer. Damit beginnt man nie an einem Dienstag oder Freitag und auch nicht am 9., 19., 21. und 29. Tage im Monat. Am passendsten für den Beginn des Worfelns ist die Nacht von Sonntag auf Montag, von Mittwoch auf Donnerstag und von Freitag auf Samstag. Man reinigt den Boden östlich von dem Kornhaufen, und der Eigentümer beginnt das Worfeln mit den Worten:

„Im Namen Gottes des Barmherzigen, des Gnädigen! O Gott, nun verbreite sich der Segen! O Herr, o Gott, bismi-llâh ar-raḥmân ar-raḥîm jâ allâh šâ'a barake jâ rabbi jâ allâh!“

Ein Christ besprengt den Getreidehaufen mit Weihwasser in der Form des Kreuzes, macht auf der Stirne das Kreuzzeichen und betet ein Vaterunser und sagt dann: „Jâ allâh šâ'a barake“ und worfelt das Getreide, dabei singend:

O abu Hrêre speise die Familie!	Jâ-bu hrêre 'aššî-l-'êle
O unser Herr, vergiß unser nicht	jâ mawlâna lâ tinsâna
bei deiner Milde und Güte!	min raḥmânak w al-eḥsâna.

Fig. 58. Sieben des Getreides.

Nach dem Worfeln sammelt man, jumarreḥû, die langen Stoppeln, el-ḳaṣala al-ṛalîẓe, und die Ähren, sanâbel, die nicht ausgedroschen worden sind, auf einen Haufen, welcher el-'Oḳde heißt. Nun wird die Spreu mit den kurzen Stoppeln, el-ḳaṣalt ar-rûsije, entfernt und das reine Korn, al-ḥabb, wie es jetzt daliegt, heißt Ṣubba oder 'Orma oder Ṣalîbe.

Über den Kornhaufen macht man ein Kreuz, so daß die Arme an dessen Scheitel zusammenlaufen; dies tun alle, Christen wie Muslime. Das Korn kann noch mittels Siebe, kurbâl und ẓurbâl (dieses hat ganz kleine Löcher) gereinigt werden (Fig. 58, 59).

Von dem reinen Getreide wird zuerst das Ḫalîl-Maß gefüllt. Dann nimmt der Eigentümer dreimal von diesem Ṣâ' al-ḫalîl und streut, janeṯṯ, janess, die Körner auf den Kornhaufen. Nun macht er wieder von dem Getreidehaufen das Maß voll und gibt es dem Diener Arons, liḫâdem Hârûn, d. h. dem Wächter seines Heiligtumes auf dem ǵ. Hârûn oder einem Armen.

Erst jetzt darf das Getreide gemessen werden. Dabei darf aber nicht ausgesprochen werden Hiš, soviel wie Šejṭân, auch nicht ʿAfrît, Iblîs, Ḳurd, Mâred oder „bei Gott, welch ein Segen, jâ w allâh mâ ši barake!“ Desgleichen muß vermieden werden das Pfeifen, aṣ-ṣifr, die Laute eḳs-eḳs, womit man Hunde vertreibt wie überhaupt jedes zu laute Reden, denn „der Segen ist stumm, al-barake ḫarsaʾ“. Das Pfeifen ist übrigens bei jeder Feldarbeit verboten, weil sich eben die Geister durch das Pfeifen verständigen. Beim Messen des Getreides reden weder der Messende, noch der die Säcke hält, ein Wort. Ist eine Ladung abgemessen, so wird sie auf den Speicher getragen; unterdessen stürzt der Messende das Maß auf dem Kornhaufen um und legt einige Körner auf den Boden, damit er den Segen nicht verscheuche, ḥatta lâ juṭajjer el-barace. Während das Getreide gemessen wird, muß jeder, der vorbeigeht, mit den Worten grüßen:

Fig. 59. Sieben des Getreides.

„Der Segen soll hier einkehren, ḥallat el-barace“, worauf man antwortet: „ḥallat jâ waǵh el-barace.“

Mit dem Messen darf nur zu Mittag, bei Sonnenuntergang oder um Mitternacht begonnen werden, denn um diese Zeit weht der Wind am schwächsten und kann darum den Segen nicht davontragen.

Der Messende steht nördlich von dem Haufen und betet, dann wendet er sich gegen Süden und mißt, jakîl, und ein anderer öffnet ihm die Säcke, el-ʿedûl. Das Getreide tun sie in Säcke, und zwar je 10 Ṣâʿ in einen Sack (Fig. 60). Ein Kamel trägt zwei solche Säcke.

Das Getreide wird in Speichern, bajka, maḫzan, oder in trockenen, zisternenartigen Löchern, naṭâr, aufbewahrt; unten und oben tut man Stroh hinein, und das Ganze wird mit einem Humuskegel bedeckt. Ein Platz mit solchen Getreidelöchern heißt Manṭara.

Fig. 60. Messen des Getreides.

In el-Kerak gilt der Ertrag als außerordentlich, wenn der Weizen von einem Viertel Midd Aussaat 10 Midd, er-rubaʿijje titmer el-ʿašrâwijje, = 1 : 40 bringt, die Gerste von 1 Midd 25 Midd = 1 : 25. Guter Ertrag ist, wenn man beim Weizen von 1 Midd 12 Midd bekommt = 1 : 12, und man sagt: es-sene maddadat. Bei gewöhnlichem Ertrage gibt 1·5 Midd Weizen 10 Midd = 1 : 7 und 1 Midd Gerste 10 Midd = 1 : 10, und bei schlechtem Ertrage, el-maḥl, bringt 1 Midd Weizen oder Gerste 2 Midd = 1 : 2 (1 Midd Weizen wiegt etwa 18 *kg*; 1 Midd Gerste etwa 12 *kg*).

Bei den ʿAmârîn und Lijâṭne säet man auf einem Feddân 20 Midd Gerste und ebensoviel Weizen und erntet in einem fruchtbaren Jahre, senet el-ḫaṣbe, von jedem Midd 12 Midd, in einem guten Jahre, sene mlîḥe, von 4 Midd 10 Midd und in einem dürftigen Jahre, sene maḥl, bringt 1 Midd, eṛlâl el-midd, nur 2 Midd.

Bei den Ẓullâm säet, tibḏer, jede Familie, ʿejle, gewöhnlich 12 bis 15 Ṣâʿ. 1 Ṣâʿ Gerste gibt in einem guten Jahre 6—7 Ṣâʿ, bei außerordentlichem Ertrage auch 14 Ṣâʿ.

Bei den Ḥanâǧre treibt ein Weizenkorn 5—8 Halme. 1 Ṣâʿ Aussaat gibt in einem guten Jahre 20 Ṣâʿ, in einem gewöhnlichen 10 Ṣâʿ, in einem schlechten nur 3 Ṣâʿ oder auch nur den Samen.

Bei den Terâbîn bringt 1 Ṣâʿ Weizen in guten Jahren, senet el-ḫaṣṣâb, 8 Ṣâʿ und die Gerste auch soviel; bei den ʿAzâzme der Weizen 5 Ṣâʿ und die Gerste auch 5 Ṣâʿ.

Während des Dreschens verweilen die Eigentümer der Äcker immer in der Nähe der Tennen. Sie schlagen daselbst kleine Zelte auf und schlafen gewöhnlich beim Kornhaufen, um jeden Diebstahl unmöglich zu machen. Um diese Zeit kommen auch fahrende Händler, stellen ihre weißen Zelte auf, und es beginnen lustige Tage. Dies benützen auch die Armen und kommen auf die Tennen, um sich etwas zu erbitten. Die Araber sind alle arm, allein Bettler in unserem Sinne gibt es nicht. Nach einem Überfalle kann ja der Reichste arm werden. Dann hat er aber seine Verwandten und den ganzen Stamm, der nun für ihn sorgen muß. Er kommt als Gast, erzählt, was ihm geschehen ist, und bekommt, was er braucht, oder soviel ihm der Gastgeber schenken kann. Desgleichen, wenn er ein Pferd kaufen, seinen Sohn verheiraten oder den Blutpreis zahlen soll.

Der Bedürftige kommt in das Haus, Zelt oder auf die Tenne oder das Feld des Wohlhabenden und spricht:

„Ich flehe Gott den Höchsten und flehe dich an,
schenke mir aus dem Maße Gottes, und Gott wird dir schenken.

Ana nâṣi allâh el-aʿla w nâṣîk
aʿṭîni min midd allâh, allâh jiʿṭîk.“

Dann erzählt er die Ursache seines Flehens, šḥâdatih. Dies tut er, wenn er Dije, den Blutpreis, zahlen soll, wenn er seine Ernte durch Brand oder Hitze verloren, bêdaro maḥrûḳ u. ä. m.

Nur unter den Fellâḥîn gibt es Bettler und ein solcher sagt:

„Aus dem Maße Gottes,	Min midd allâh
ein gottgefälliges Werk;	eḥsân lillâh

Gott möge euch belohnen, die ihr Wohltaten erweiset	allâh jâǵerku jâ fâʿelîn el-ḫejr
handelt mit Gott!	ʿâmlû allâh".

Omina und Wahrzeichen.

Alle Bewohner von Arabia Petraea glauben an einen einzigen, lebendigen Gott, Allâh, der überall, an jedem Orte gegenwärtig ist. Er sieht und hört jeden Araber, und jeder kann zu ihm reden ohne irgend einen menschlichen Vermittler. Die meisten Araber kennen keine Gebetsformeln. Wer beten will, der sagt Allâh in schlichten Worten, was er ihm sagen will, ohne sich einer besonderen Formel zu bedienen. Nur bei den Opfern sind kurze Sprüche üblich, die fast überall dieselben sind.

Opfern kann jedermann an jedem beliebigen Orte und zu jeder Jahreszeit. Gewöhnlich wird Allâh nur das Blut dargebracht, während das Fleisch von den beim Opfer Anwesenden verspeist wird.

Der allgemeinen Überzeugung nach ist Allâh mild und barmherzig. Er kennt seine Araber und vergibt ihnen, wenn sie eine Übeltat bereuen. Er schadet ihnen niemals. Doch hat er viele Geister erschaffen, und diese sind nicht alle dem Menschen wohlwollend gesinnt. Die himmlischen Geister, malâjek as-samaʾ, beschützen den Araber, die Malâjek al-arḍ, die irdischen aber sind recht heimtückisch, reizbar, fühlen sich leicht beleidigt und schaden ihm dann, so daß er sehr vorsichtig sein und gar vieles beachten muß, um sie nicht zu erzürnen.

Gute Beschützer und Fürsprecher bei Allâh findet der Araber an seinen Vorfahren und der Fellâḥ an allerhand Heiligen. Darum wallfahrtet man zu ihren Begräbnisplätzen, um daselbst zu opfern, und auf diese Weise sichert man sich ihren mächtigen Schutz, allerdings, wenn man alles vermieden hat, was sie beleidigen könnte.

Bei jeder wichtigen Handlung muß man zuvor den Tag in der Woche wie im Monat und nebstbei noch vieles andere berücksichtigen. Die Fellâḥîn in el-Kerak sagen:

1. Der Freitag, der lichte, ist der Tag des Gräberbesuches,
   an ihm geschehen Gebete und Bitten (Flehen).
2. Der Samstag, sein Traum vergeht nicht,
   außer wenn sein Traum gemischt wird mit Erzählung.
3. Der Sonntag ist ein glücklicher Tag
   für Pflanzen der Bäume und Bau der Häuser.

4. Der Montag ist ein schöner Tag,
   jage, so wirst du erbeuten, auch wenn du dich nicht anstrengtest.
5. Am Dienstag ziehe nichts Neues an,
   sonst entgeht das neue Kleid den Blutspuren nicht.
6. Der Mittwoch ist ein arger Tag,
   (Gott) möge abwenden das Unheil der Mittwoche.
7. Am Donnerstag ziehe das Ḳamîṣ-Gewand an,
   denn der Prophet ist an ihm sehr nahe.

1. El-ǵum'at az-zuhra umm 'âmer
   biha ṣalâtan w-ad-da'âja
2. es-sebût ḫalâmo mâ temût
   illa juḫlaṭ ḫalâmo ḫakâja
3. el-eḥûd ijjâman su'ûd
   biṛars el-'ûd wa bni-l-banâja
4. el-etnên ijâman zên
   eḳneṣ taṣîd law mâ lak 'anâja
5. biṭ-ṭalâṭe lâ telbes ǵedîd
   lâ bidd el-ǵedîd min ad-demâja
6. jôm el-arba'a jôman 'ubûs
   čafa šerr el-arba'âja
7. bil-ḫamîs elbes ḳamîṣ
   ḥejt en-nebi bih ektâja.

Die Araber sagen: „Achtung vor 6 und 21 der Samstage, welche das Unheil beschleunigen, al-ḥaḏar ṭumma-l-ḥaḏar 'an sittat as-sebût wa -ḥda-l-'asrîn mu'ǵel al-ḳadar!"

Es sind das der 6., 16., 26. und 21. Tag im Monat, wenn sie auf einen Samstag fallen. Unglücklich ist auch der Mittwoch, außer wenn auf ihn der 1. Tag des Monates fällt; denn der erste Monatstag gilt als glücklicher Tag.

An den mit 9 versehenen Tagen, tâsû', des Monates, also am 9., 19., 29., schadet der Mond, deshalb wird an diesen Tagen nichts unternommen, keine Reise angetreten und keine Arbeit im Felde oder auf der Tenne angefangen; das an solchem Tage geborene Kind wird kein Glück haben. Eine begonnene Arbeit kann aber ohneweiters fortgesetzt werden.

Als gutes Vorzeichen, fâl ṭajjeb, gilt bei den Ḥanâǵre: Wenn man begegnet oder mit ihm wohnt oder im Traume sieht einen Angehörigen der abu 'Anḳa, abu Ǧrejr von den Swârke und ibn Ḥamdîn oder el-ʿOṯmân von den Ḳdêrât; als schlechtes Omen, fâl radi: el-Malâlḥe, abu Sitte von den Terâbîn, die in an-Naḳra wohnen.

Gutes Vorzeichen bei den Tijâha: az-Zmejli von den Ṣubâjḥe oder el-ʿOmûr; schlechtes: el-Ǧrêmât von den Htêm, ʿajle abu Šunnâr, abu Zuʿêruʿ, ʿejâl ʿAmri.

Gut bei den Terâbîn: abu ʿAwêli, aṣ-Ṣûfi, ez-Zerrâʿîn; schlecht: as-Stût, el-Maṛâṣbe.

Gut bei den Ẓullâm: abu Arbaʿîn, el-Ḳebâbʿe, el-Ḳurʿân, el-Hmejsât; schlecht: ibn ʿAjjâd, aš-Šaʿâjle, Slîmân el-Mêṭel.

Gut bei den Saʿîdijjîn: as-Swârje, ar-Ramâḍne, ar-Rwâḍje.

In el-Kerak sagt man:

„Eṣ-Ṣuʿûb oder el-Meǵâlje,	eṣ-ṣuʿûb w el-meǵâlje
wenn sie dir in der Nacht erscheinen,	en aʿraḍûk fi lêlak
trinke zum Frühstück deinen Harn	efṭar min bôlak
oder zerreiße dein Kleid auf der Brust.	aw ḳedd ǵêbak.

Wenn du sie am Wege erblickst, schaden sie dir nicht mehr, du kannst mit ihnen essen, denn:

Ihre Speise ist gut,	Zâdhom zên
ihr Vorzeichen jedoch schlecht.	fâlhom šên.“

Schlechtes Vorzeichen sind bei den Ṣḫûr die Balâwne. Wenn man ihnen begegnet, kann man sicher sein, daß das Vorhaben mißlingt. „Ihr Salz ist nicht gut, melḥtom mâ hi zêne.“

Unter den Ḥwêṭât gelten die Maṭâlḳa für gutes, fâlhom saʿîd, die Rešâjde als schlechtes Vorzeichen, fâlhom naḥas; nur der Ḥasan ar-Rešâjde gilt als glückbringend, ʿarḍo mlîḥ.

Die ʿAmârîn freuen sich, wenn sie in der Frühe einen Angehörigen der awlâd ʿAwâd, el-Baḫâjte oder ʿejâl Saʿad erblicken, denn diese gelten als gutes Vorzeichen, fâlhom zên. Aber sie betrachten es als böses Omen, wenn sie einen Angehörigen der ʿejâl Ḥmêd sehen.

Zu der ḥamûlet el-Ḥammâdîn in wâdi Mûsa kam einst (als er in der Welt wandelte) der Prophet als Gast, ḍâfhom. Sie schlachteten für ihn einen jungen Hund, kochten und legten ihn vor. Der Prophet aber berührte die Schüssel mit seinem Stabe, und der Hund sprang lebendig auf und floh davon. Darum verfluchte sie der Prophet, indem er sprach:

„Verflucht und Sohn eines Verfluchten ist, wer sich eine Frau nehmen würde aus der Familie des Šâker und Ḥamûd, malʿûn ibn malʿûn man tazawwaǵ min ḏarrijje šâker wa ḥamûd.“

Außer dem Anblick von Personen gilt auch noch anderes als Vorzeichen.

So bedeutet es bei den Ṣḫûr Glück, al-ʿarḍ aṭ-ṭajjeb, wenn man beim Antritte einer Reise oder zu Beginn eines Unternehmens erblickt: Einen Fuchs, al-ḥoṣejni, zwei nebeneinander fliegende Raben, al-ɣurâbên bânû sawa, ein Rassepferd, al-faras, eine Eule, al-bûma, einen Adler, el-ʿaḳâb, oder aber wenn man im Traume sieht: ein Kamel, sein eigenes langes Haar, šaʿar ṭwîl, Wasser, oder wenn man im Traume Brot ißt, auf einer hohen Ruine steht, ein Zelt baut u. a.

Als schlechtes Omen gilt, wenn man einen einzelnen Raben, einen Aasgeier, ar-raḫam, einen Wolf, ad-ḏîb, eine Schlange erblickt oder wenn man im Traume sein Kopfhaar, râsu, entweder ausgerissen, mantûf, oder rasiert, maḥlûḳ, oder geschoren, maḳṣûṣ, sieht oder kahlköpfig ist, muǧarrad. Steht man im Begriffe, nwa 'ala, an einem Kriegszuge, al-ɣazw, oder einem Angriffe, el-fazʿe, teilzunehmen, und der Bauchgürtel oder Sattelgurt reißt, oder genießt man vor einem solchen Unternehmen im Traume Traubenhonig, dibs, oder Butterschmalz, as-semen, ist dies Unglück verheißend; denn Dibs bedeutet Blut, und Semen Betrübnis, dellâle ʿan al-ɣaṭa.

Die Terâbîn halten für gutes Omen, al-ʿarḍ aṭ-ṭajjeb, wenn man träumt, daß man im Meere badet, einen Säbel, ein Gewehr hält, eine Leiche begleitet, gräbt, eine Stute reitet (man wird bald heiraten); oder wenn man im wachen Zustande einen Fuchs sieht, el-ḥoṣejni, der den Weg kreuzt, volle Wasserkrüge, ǧerâr maʾ malânât, einen schönen Mann oder einen Hasen, eine Gazelle erblickt. Man sagt:

„Eine Gazelle, aus ist es mit der Sorge, ɣazâl wa hamman zâl."

Als schlechtes Omen gilt, wenn man im Traume eine schwere Last schleppt, verwundet ist, heiratet, sich entblößt, die Haare, den Kinn- und Schnurrbart rasiert, sich in Wasser wäscht, oder im wachen Zustande, wenn einem vor Beginn einer Reise der Sattelgurt reißt, wenn man einen Raben, eine Eule oder einen Aasgeier schreien hört, eine Gazelle den Weg kreuzt, einen Hahn, ed-dîk, Fuchs, el-ḥoṣejni, Hasen, el-arnab, oder Adler erblickt oder aber einem Einäugigen begegnet. Man pflegt auszurufen:

„Behüte Gott vor dem Omen eines Einäugigen, ʿawd billâh min ʿarḍ el-aʿwar.

Bei den Saʿîdijjîn ist das Omen schlecht, ʿarḍ radi, wenn man in der Frühe sieht: einen Aṭram, Menschen, dem Vorderzähne fehlen, Aʿraǧ Hinkenden, Mifred Einäugigen, Arnab Hasen, Ɣurâb Raben, Nisr Geier, oder im Traume: el-'Ars Hochzeit, el-Ḫijâle Reitertrupp. Gut ist es wenn man erblickt: eine Gazelle, einen Fuchs, Wolf, Taube, ḥamâm, Adler, 'aḳâb, Wüstenhuhn, šunnâr; im Traume: el-Baḥr Meer oder Nilfluß, el-Ma' Wasser.

Unheil bringt: die „stürzende“, mšaḳelbe (sic), Stute mit weißer Fessel am rechten Vorderfuße.

Unheilbringend sind folgende Menschen:

Atlaġ, mit großen Lücken zwischen den Vorderzähnen,

Aḥwal, der schielt;

Ašhal, mit tiefblauen, rötlichen Augen, zurḳ šakani,

A'war, einäugig,

Aṣdaf, mit einem fehlerhaften Auge,

Abu ḍrûs ṭwâl, mit langen Vorderzähnen,

el-Mâjel ṭammo (ṭ für f wie Daṭne für Dafne, Kuṭrabba für Kufrabba), mit schiefem Munde. Ferner sagt man:

„Möge Gott nicht segnen eine Frau, die nur wenige, und einen Mann, der überall Haare hat, lâ bârak allâh fi-l-marat el-ḥaṣṣa' w lâ fi-z-zalamet-eš-šu'ûr.“

„Möge Gott nicht segnen eine Frau, die immer schimpft, und eine Kamelin, die immer brummt, lâ bârak allâh fi-l-mârat ed-da'âje w an-nâḳat er-raṛâje.

Unheil verkündet auch, wenn ein Ṛazw-Zug einem Ruġm ausweichen muß.

Die Ḥwêṭât sagen:

„Wenn du einem Einäugigen begegnest, wende einen Stein um, iḏa laḳejt el-a'war eḳleb ḥaġar.“

„Der Rabe krächzt, denn er bringt frohe Botschaft über Beute, el-ṛurâb ṭlejḳi lanno jubašše bil-kiseb.“

Auch die Gestirne müssen berücksichtigt werden. Die Melâḥîm von eš-Šôbak erzählen:

Jeden Tag in der Früh sendet Allâh acht Engel, die noch jung sind. Sie nehmen die Sonne und tragen sie gegen Westen. Diese Last ist aber so schwer, daß sie darunter stets älter werden; schließlich können sie nicht mehr weiter, darum stürzen sie samt der Sonne ins Meer. Nun wählt Allâh andere acht Engel, welche diese Arbeit am folgenden Tage verrichten.

Die Sonne darf niemand beleidigen. Einst lästerten einige angeheiterte Frauen während einer Hochzeit die Sonne, daß sie nicht untergehe, dafür wurden sie versteinert.

Wenn zur Zeit, da im Frühjahre der Stern el-Ḳalb am stärksten leuchtet, eine Frau empfängt, meinen die Sa'idijjîn, daß aus dem Sohne ein tüchtiger Mann werden wird.

Der Mond übt einen schlimmen Einfluß aus, weil er die Reisenden gerne irreführt. Wer sich ihm zuwendet, kann leicht den rechten Weg verlieren; darum heißt es bei den Ẓullâm, „er ist irregegangen, eḳmerr, iṛtawa“, und der Irrende bei den Ḥêwât Ḳamrân, bei den Tijâha Daġrân. Bei den Terâbîn sagt man: „Die Sterne haben mich irregeführt, nuġġemt.“ Soll man den rechten Weg finden, so muß man sich niederlegen und einschlafen; dann wird Allâh im Traume schon die rechte Eingebung schenken.

Der Schlafende darf nur mit sehr leiser Stimme geweckt werden; denn im Schlafe weilt die Seele außerhalb des Körpers. Wenn der Mensch plötzlich aufwachte, könnte die Seele draußen bleiben und nicht mehr in den Leib zurückkehren. Auch könnte es geschehen, daß statt der Seele ein Geist in den Körper führe, und der Mensch dann besessen wäre, jinġenn. Man weckt den Schläfer mit den Worten: „O N., o N., der Name Gottes, jâ flân, jâ flân, ism allâh!“

In der Wüste soll man nicht pfeifen. Der Pfiff ist nichts nutz, aṣ-ṣifr mâ bih fâjde. Wer pfeift, der ruft die Teufel zusammen; deshalb ärgert sich jeder Ṣaḫari über das Pfeifen und heißt den Pfeifenden aufhören.

Die Lijâṭne verabscheuen ebenfalls das Pfeifen; denn der Pfiff ruft die kriechenden Tiere, wie die giftigen Spinnen, 'ankabût, die Skorpione, 'aḳâreb, und insbesondere die Schlangen, al-ḥjâja, aus ihren Löchern heraus.

Auch das Niesen wird in der Wüste nachts vermieden; sonst sagt der niesende Ṣaḫari:

„Lob sei Gott, oder erbarme dich meiner, o Gott, al-ḥamd lillâh oder erḥamni jâ-llâh!“ und die Anwesenden antworten: „Gott möge sich deiner erbarmen, Gott möge dir vergeben, reḥamak allâh, oder ṛafar lak allâh!“ Wenn jemand etwas erzählt und ein anderer dabei niest, gilt dies als Bekräftigung der Wahrheit des Erzählten.

Als bestes Schutzmittel gegen alles Böse gilt das Blut, welches die belebte wie die unbelebte Natur vor jedem schädlichen Einflusse bewahrt. Darum wird über den Wohnungen am Dache ein Tier geopfert, so daß sein Blut an der Türwand herabträufelt, die Neuvermählten werden vor dem Eheakte mit Blut besprengt, Tiere werden mit Blut bestrichen usw.

Wenn die ʿAmârîn mit ihren Ziegen weit vom Lager entfernt sind, oder wenn sie sich mit ihren Herden auf einem Marsche befinden und ihnen das Herannahen einer Ḳazw-Truppe angekündigt wird, opfern sie, wenn sie sich zum Widerstande zu schwach fühlen, sofort eine schwarze Ziege, deren Blut sie nach jener Richtung ausspritzen, woher man den Feind erwartet. Sie meinen dann sicher zu sein, denn das Blut schützt sie.

Zauberer und Hexen.

Am meisten fürchtet man den bösen Blick. Er heißt bei den Terâbîn Nafs, bei anderen ʿAjn.

Wenn jemand ein Tier begehrlich anschaut, weil er es haben möchte, tritt nach der Ansicht jener Leute seine Seele mit dem Tiere in Verkehr, und dieses muß zugrunde gehen, wenn es bei seinem Herrn bleibt. Desgleichen, wenn jemand eine Frau, ein Kind, ein Kleid begehrt, schadet er ihnen mit seiner Seele und sie leiden darunter. Kennt man den Schädiger, so stiehlt man ihm ein Stück von seinem Kleide und beräuchert damit das leidende Geschöpf. Das hilft wohl manchmal, aber nicht immer. Wenn man den Schädiger nicht kennt, muß man zu einem „Wissenden“, ahl sirr, gehen, der ermitteln soll, wer den Menschen N. oder das Tier des N. erschüttert hat, ṭaḳṭeḳû flân oder behîmte flân.

Die ʿAzâzme sagen von dem, der erschüttert hat: flân arʿa fi-l-bâhaše.

Manche Menschen sollen einen so kräftigen Blick haben, daß sie Steine zum Bersten bringen können.

In aš-Šôbak nennt man den bösen Blick Ṣibbet el-ʿejn.

Der bekannte Mṭejr el-Faṭîr schädigt mit seinem Blicke jede schwangere Frau, rejl, jedes Mädchen oder jeden Mann, wenn sie durch Schönheit auffallen.

Der schädliche Einfluß des bösen Blickes wird durch Amulette behoben, die Frauen, Kinder, Pferde, Kamele und auch sehr oft Männer tragen. Die Frauen und Kinder, auch Pferde und Kamele tragen kleine Muscheln oder Korallen, und diese Amulette nennt man Kaššše. Kamelen und Pferdestuten hängt man auch Stückchen von Difla, Oleanderholz, um den Hals, und das heißt Ḳilâde.

Fast jede Frau, jedes Kind, jede Stute und Kamelin tragen am Halse Muscheln, el-wadaʿ; denn sie schützen vor dem bösen Blicke, jinfaʿ ʿan al-ʿajn.

El-Ḥaǧâbât heißen Stücke beschriebenes Papier, welche, gut verwahrt, selbst Männer als bestes Amulett tragen.

Bei den Sa'îdijjîn gilt als kräftigstes Amulett, ḥaǧâb, ein Stück Pergament, ḥafwa, mit Schriftzeichen. Wenn ein Schaf eine Nieren- oder Blasenkrankheit hat, werden ihm 7 Stück von 7 verschiedenen Sorten Holz auf 7 Fäden um den Hals gehängt, und dieses Amulett heißt al-Ḥṣar.

In el-Kerak sind verschiedene Amulette im Gebrauche:

Liebespapier, waraḳat el-mḥabbe, geschrieben von el-Kasrâwi, muß irgendwie in die Kleider derjenigen Person eingenäht werden, deren Liebe man zu gewinnen sucht.

Die Augen der Eule, bûma, werden von den Männern getragen, die sich scharfe Sehkraft und Aufmerksamkeit verschaffen wollen; desgleichen geschieht mit dem Schulterblatte des Ḳurḳej'e-Vogels, um gut zu hören.

Die Kinder tragen am Kopfe Knochen oder Federn des Vogels Giddet el-e'jâl.

El-Musabba'e, d. h. sieben kleine, glatte Feuersteinchen, gesammelt im Talbette, wo sich zwei Täler vereinigen. Diese werden vom Reiter getragen, wenn er sich vor bösem Blick schützen will.

Die Stute trägt auf der Stirne ein Amulett, das ebenfalls el-Musabba'e heißt. In demselben sind eingenäht 7 Gerstenkörner, 1 Stück Alaun und von ihm hängen 7 Kettchen herunter.

Außerdem tragen die Pferde am Halse einen blauen Glas- oder Porzellanring, el-ḥaraze, der sie vor dem bösen Blick schützt. Den Maultieren legt man ein Stückchen Teig zwischen die Augen.

Wird ein Mensch infolge des bösen Blickes krank, so ruft man in el-Kerak eine alte Frau oder eine — wenn auch junge — Witwe, sie bringt ein größeres Stück Alaun, šabbe, zündet auf einer kleinen Schüssel Feuer an und spricht (ob Muslim, ob Christ) über dem Alaun:

„Ich beschütze dich durch Gott vor dem Auge deiner Mutter,
vor dem Auge deines Vaters, vor dem Auge eines jeden, der dich anschaut,
vor dem Auge des Gastes, das schärfer ist wie der Säbel,
vor dem Auge des Mädchens, das schärfer ist wie der Spieß,
vor dem Auge der Jünglinge, das schärfer ist wie der Feuerstein.
vor dem Auge der Männer, das schärfer ist wie die Steine.

Es begegnete ihm Salomo, Sohn Davids, in der geräumigen Wüste und sagte: Wohin willst du, o Auge?

Es antwortete: Ich will Trennung verursachen zwischen den Liebenden
und nehmen ein Gespann von seinem Joche,
den Säugling von seiner Wiege.
Er erwiderte: Es soll nicht geschehen, es soll nicht geschehen, o Auge!
Ich werde über dich schreiben mit Quecksilber und Blei
und dich werfen in das tiefe Meer.
Du hast über diesen N. N.
weder Kraft noch Macht
durch Fürsprache des heiligen Elias
und dessen Name gelesen wurde bei der Messe.
Das erstemal durch Gott, das zweitemal durch Gott, das drittemal durch Gott, das viertemal durch Gott, das fünftemal durch Gott, das sechstemal durch Gott, das siebentemal durch Gott, das achtemal durch Gott, das neuntemal durch Gott, das zehntemal durch Gott.
Es gibt weder Macht noch Kraft außer in Gottes Hand.
O unser Herr Salomo, solange der Stein hart bleibt,
und Gott verehrt wird, und die Menschen beten werden
zu Jesus, dem Sohne Mariens,
wirst du weder schaden, noch zu schaden trachten. Amen.

Ḥawwaṭṭak ballâh min ʿajn ummak
min ʿajn abâk min ʿajn kull min jarâk
min ʿajn eḍ-ḍejf aḥadd min es-sejf
min ʿajn el-bint aḥadd min el-ḫišt
min ʿajn eṣ-ṣubjân aḥadd min eṣ-ṣwân
min ʿajn er-reǧâl aḥadd min el-ḥeǧâr
lâḳâha slîmân ibn dâûd fi wâseʿ el-barrijje
ḳâl: wên weddki jâ ʿajn
ḳâlat: weddi ufarreḳ bên el-mḥebbîn
w âḫoḏ el-faddân min nîro
w aṭ-ṭifl min serîro
ḳâl lâ bâs, lâ bâs jâ ʿajn
w aktob ʿalêki biz-zêbak w ar-rṣâṣ
w armîki bil-baḥr el-ṛawâṣ
mâ-lki ʿala ha-r-raǧl flân ibn flân
lâ ḳuwwa wa lâ bâs
bišfâʿat el-ḳaddîs mâr elijâs
w illi-nḳaraʾ fi-l-ḳuddâs.

awwalha billâh, w tânîha billâh, w tâletha billâh, w râbi'ha billâh, w ḫâmesha billâh, w sâdesha billâh, w sâbe'ha billâh, w tâmenha billâh, w tâse'ha billâh, w 'âšerha billâh.

lâ ḥowl w lâ ḳuwwa illa bjad allâh
jâ sajjed slîmân mâ zâl el-ḥağar ğalmad
w ar-rabb ju'bad w an-nâs tuṣalli
ila 'îsa ibn marjam lâ tâḏi w lâ tistâḏi. âmin."

Nun wird der Kranke angeräuchert, wobei die Frau spricht:

„Gehe o Feindin heraus, wie die Hure herausgeht,
wenn sie gierig ins Haus eintritt und unbefriedigt weggeht.
Falls du im Kopfe bist, möge dich der heilige Elias herausbringen,
und falls du in den Füßen bist, möge dich herausbringen Ḥasan und Ḥusejn.

Oḫroği jâ ḫâreğe ḫarğ el-welijje
lan ḫaššat 'âšme w ṭal'at ḳâšme
kânki fi-r-râs juṭle'ki mâr elijâs
w en kânki fi-r-riğlên, juṭle'ki ḥasan wa ḥsên."

Das vom bösen Blick getroffene, ma'rûḍ, Kamel heilt man, indem man bei den Ẓullâm von seinem Höcker Haare nimmt und sie unter seinem Bauche verbrennt. Die Sa'îdijjîn verbrennen unter dem Bauche des Tieres Salz.

Auch das Gähnen ist eine Folge des bösen Blickes. Bei den Ṣḫûr heißt es Smejḫe, el-Erḳâl, und wer gähnt, taṭawwab, sagt:

„Ich suche Schutz bei Gott vor dem verfluchten Teufel, a'oḏ billâh min aš-šejṭân ar-rağîm."

Gähnt ein Kind, so sagen die Frauen zu seiner Mutter: „Es ist vom bösen Blick getroffen und hört nicht auf zu gähnen, o Schwesterchen! Gib her, wir werden Alaun um ihn kreisen lassen, ma'jûn jâ ḫajjiti; mâ jubaṭṭel el-emṭâwab, hâti nandîr (sic) 'alej šabbe."

Sie legen nun auf einen Teller glühende Kohle, darauf Alaun und tragen es im Kreise herum um das Kind oder überhaupt um die gähnende Person.

Jeder Bewohner jener Gebiete ist überzeugt, daß es Männer wie Frauen gibt, die mit der Gottheit in Verbindung stehen und deshalb mehr wissen, als andere, und nützen oder schaden können. Als solche gelten die Wahrsager, ḫaṭṭâṭîn, und Wahrsagerinnen, ḫaṭṭâṭât, die entweder Würfel oder kleine Kieselsteinchen, ḥaṣa', werfen und aus der Gestaltung derselben Zukünftiges voraussagen.

Die Nwar und Swârke sind nach der Meinung der Malâḥîn allwissend. Sie kennen fast jedermann und sind imstande zu sagen, wo sich der oder jener befindet, wie es ihm geht — ja sie wissen auch, was die Toten machen. Dem Abu Ǧrejr von den Swârke erscheinen Gott und die Ǧinn zumeist in der Nacht und teilen ihm mit, was geschehen wird.

Wenn in el-Kerak etwas abhanden gekommen ist, und der Täter unbekannt bleibt, begibt der sich Geschädigte zu einem „Wissenden", ahl es-sirr, überreicht ihm seinen Kopfstrick, merîr, oder sein Kopftuch und wenn möglich auch ein Kleidungsstück. Der Wissende legt sich diese Sachen unter seinen Kopf, schläft darauf und gibt in der Frühe Bescheid. Ein solcher Wissende heißt el-Mwassed, und diese Art, Unbekanntes zu ermitteln, heißt et-Tawsîd.

Solche Wahrsager gibt es bei den Ḥamâjde von el-Kûra; die bekanntesten sind al-Wâbṣi und al-Bluwi. Wird jemand eines Raubes oder einer Bluttat bezichtigt, die ihm niemand nachweisen kann, und beschuldigt er einen dritten des Verbrechens, so begeben sich alle drei zum Wâbṣi und übergeben ihm ihre Kopfstricke, ʿaṣâjeb oder mirre, auf denen er eine Nacht schläft. In der Frühe wirft er sie vor das Zelt hinaus und fordert die Fremdlinge auf, aufzustehen und ihre Sachen zu nehmen. Da kann der Schuldige, el-mathûm, nicht aufstehen und verrät sich so.

In eš-Šôbak wohnt Sâlem el-Faḳîr, der über die Nacht einen Kopfstrick unter seinen Kopf legt und in der Frühe erzählt, was dessen Eigentümer vor langer Zeit passiert ist.

Westlich von el-Madâjen wohnt ein Seher namens en-Nims. Zu diesem pilgert jedermann, dem etwas gestohlen wurde oder verloren ging. En-Nims teilt ihm sofort mit, was gestohlen wurde, wer es getan und wo es zu finden wäre. Er selber erzählt, daß ihm dies alles eine Ǧânijje mitteilt, der er einst in der Ḥarra-Wüste begegnet ist, und die ihn öfters besucht.

Als Ahl es-sirr, Kenner des Verborgenen, sind bekannt bei allen Stämmen westlich von el-ʿAraba: abu Ǧrejr, ibn Ḥamdîn von es-Swârke, abu ʿAnḳa, eš-Šejḫ Ḥamdân el-Melâḥi vom Geschlechte der Ǧawâdle und abu Ḫalîf in en-Naḫl. Dieser zwingt den Beschuldigten, den Saum seines Mantels zu ergreifen und zu schwören.

Die Ẓullâm meinen: Es zeigt sich dem Seher jemand (Ḥanâǧre: Wâḥed raḥmâni) im Traume und sagt ihm, was geschehen soll. Wer das ist, weiß man nicht.

Bei den Terâbîn lebt ein solcher Seher, es ist Swêrki abu Ǧrêr. Er hält sich an der Küste im Sandgebiete, el-baraṣ, nordöstlich von el-ʿAriš auf. Oft sagt er die 72 Eigennamen Gottes her.

Der Seher kann durch das Wort allein sehr schaden.

Muḥammad Ḳaššâš, ein Šarâri, der sich bei den Ṣḫûr aufhielt, ṭanîb, ließ sich auf Ḳazw-Zügen immer von seiner Frau begleiten. Diese war ebenso mutig und verwegen wie er. Sie raubten die meisten Kamele — einmal in einer einzigen Nacht 25 Stück —, denn er besaß eine ausgezeichnete Stute, und auch das Kamel war sehr gut, so daß er sich immer vor Ankunft der übrigen die schönsten Stücke nehmen konnte. Er war überall bekannt und gefürchtet, insbesondere bei den Drûz. Niemand konnte ihm jedoch etwas antun. Einst forderte ihn der Fürst der Drûzen, Ismâ'în el-Aṭraš, zum Zweikampfe heraus. Im Kampfe schlug ihn der Fürst mit der rechten Hand auf den rechten Fuß und sprach: „Bei Gott, jetzt habe ich dich unterjocht, ḳahartak billâh", und Muḥammad blieb seit der Zeit lahm, a'raǧ.

Bei den Barakât lebt ein junger Mann, namens 'Awde, der jeden Traum deuten kann und auch weiß, wie ein Raubzug enden wird. Auch Sâlem el-Habâhbe ist ein weit und breit berühmter Seher.

Bei den Šarârât tragen die Seher den Maḥǧân-Stab, schlagen damit den Ṭarîḥ und rufen: „'Ali und Gott und Allâh und Salomo, 'ali w ilâh w allâh wa sulejmân."

Es gibt auch Hexen, saḥḥârât, die mit den Teufeln, šajâṭîn, in Verbindung stehen. Sie können den Menschen und Tieren schaden besonders wenn sie ihnen etwas in die Speisen oder in das Getränk mischen, weshalb man sehr vorsichtig sein muß. Insbesondere müssen sich Frauen und Kinder inacht nehmen und tragen darum als Amulett kleine Muscheln, wada'.

Bei den Terâbîn und Ḥanâǧre lebt die Zauberin Mirjam el-Maṣrijje, die von den Geistern, und zwar sowohl den Ǧinn als auch den Šejâṭîn besucht wird. Sie wird Saḥḥâra, Ḥaḳḳâra oder Mara šêne genannt und kann durch ihre Worte den Boden zum Öffnen bringen, so daß Tote und Schätze erscheinen. Wo man nachts eine kleine Flamme lodern sieht, dort liegt ein Schatz.

Der Zauberer kann Gegenliebe erwirken, und zwar nur durch Amulette.

Irdische Geister.

Die Ḥanâǧre kennen folgende irdische Geister teils in Menschen-, teils in Tiergestalt: Sa'lawijje, Mâred, Ǧânn, Ḳôla, Wens und Šejṭân.

As-Sa'lawijje hat sehr lange Vorder- und Hinterfüße und eine mächtige Mähne von aschgrauer Farbe, arbad. Ihrem ganzen Aussehen nach erinnert sie an den Windhund, awṣâfha kasulḳa. Sie zeigt sich bei Tage wie in der Nacht. Die Tijâha el-Barâra erzählen, daß sie sehr gerne auf ein Kamel springt und dann im größten Galopp davonjagt. Wenn man das Tier nicht verlieren will, muß man nach ihr schießen.

Al-Mâred bewegt sich schaukelnd wie (die Welle oder) die Dunstwolke, hôǧ w môǧ zej el-rejn. Dieses Gespenst zeigt sich nur in der Nacht, hat einen Kopf, zwei Füße und ist sehr hoch; weiter kann es niemand beschreiben, w lâ-ḥad jiḳder bwaṣfih, denn es raubt den Verstand dem, der es erblickt.

Al-Ǵânn ist hoch wie eine Palme, ʿalij zej en-naḫle, und erscheint auch in der Gestalt einer Palme (Ḥanâǧre).

Die Ǵinn sind nach der Meinung der Ḥwêṭât Engel der Erde, malâjik al-arḍ, sie können heiraten und Kinder haben. Sie wohnen im Feuer, im Wasser und in der Erde und zeigen sich am liebsten in der Nacht und verschwinden vor Sonnenaufgang. Wenn ein Reiter einen von einem Geiste bewohnten Ort passiert, fällt er herunter, denn er ist von dem Ǵânn berührt worden, malmûs min el-ǵânn.

Nach den Ḥanâǧre sind die Ǵinn unsichtbar; der Mensch weiß nicht, wo sie sich befinden; die Tiere, al-ḥejwânât, aber hören oder spüren, taḥoss, sie. Wenn die Kamele ganz ruhig weiden und ein Ǵânn zu ihnen kommt, fliehen sie sofort wie verrückt davon.

Wenn der Mensch an einen Ort kommt, wo diese Geister wohnen, befällt ihn plötzlich eine große Unruhe, seine Eingeweide und alle seine Glieder zittern, ḥassejt birtiʿâš fi-l-beden w ǵamiʿ el-aʿḍa'; das ist ein sicheres Zeichen, daß sich daselbst ein Ǵânn oder eine Ḳôla aufhält, amma ǵânn amma ṛôla, und er eilt schleunigst davon. Der Ǵânn kann auch als Mensch, lâbes el-insi, oder als Tier erscheinen und dann reitet er auf Pferden und Kamelen; solange er unter der Erde wohnt, kann er es nicht tun (Tijâha).

Unter den Ǵinn gibt es männliche und weibliche Wesen, ḏikr w inṯi. Sie heiraten und haben Kinder, aber ihre Namen sind nicht bekannt; denn sie wohnen unter der Erde, und nur wenn sie jemand beleidigt, kommen sie hervor und nehmen Rache, jâḫodû eṭ-ṭâr minch.

Einen Ǵânn kann man nicht töten, nur die Gestalt, in der er sich zeigt, könnte man vernichten, was auch nur durch einen Schuß geschehen kann. Die Leute erzählen wohl, „wir haben auf einen Ǵânn geschossen", ṭabaḥnah, aber getötet hat ihn noch niemand, denn „er ist von uns fortgezogen" w râḥ ʿanna.

Die Schlangen sind strafweise verwandelte Königinnen (der Ǵinn) und werden bewohnt von den unterirdischen Ǵinn, al-ḥjâja hwa ḏill malakât fi ṣifât ḥjâja w maskûnât min illi taḥt el-bilâd min el-ǵinn.

In Dejr al-Belaḥ wohnte ein Mann, in den sich eine Königin der unterirdischen Ǧinn verliebte. Sie kam zu ihm in der Gestalt eines bildhübschen Mädchens, wollte jedoch nie die Füße zeigen. Kam ein Fremder in die Wohnung ihres Geliebten, verwandelte sie sich sofort in eine Schlange, jowm tašûf en-nâs taṣîr ḥajje w jowm jarḥbû taṣîr bint.

Ihr Geliebter hatte einen schwarzen Hund, der den ganzen Tag schlief. Als ihn die Königin sah, sprach sie zum Geliebten:

„Das ist der Sklave meiner Familie, hâḏa ʿabd ahli; in der Nacht ist er ein Mann, bil-lêl jaṣîr zalame, spielt und tanzt und während des Tages ist er ein Hund, jirzaʿ bis-sâmer w bin-nahâr jaṣîr kalb."

In der Früh sprach der Geliebte über den Hund das Wort „Allâh"; sofort öffnete sich der Boden, und der Hund verschwand. Der Hund kam zu der Königin der Ǧinn und sprach:

„Wessen Mädchen unterhält sich anderswo, man minku binteh mṣâḥabe?" Sie sahen nach ihren Töchtern; alle waren anwesend, nur die Tochter des Eigentümers des Hundes fehlte.

Als der Geliebte dem Mädchen von dem Verschwinden des Hundes erzählte, sagte es:

„Jetzt darf ich die Erde (den Boden) nicht berühren."

Nun wickelte sie der Geliebte in seinen Mantel ein hängte ihn auf die Zeltstange und ging fort. Da kam ein Verwandter und suchte nach Brot; er machte auch den Mantel auf und als er darin eine Schlange erblickte, zog er ein Schwert heraus und tötete sie. Mit einem wehmütigen Seufzer verschwand die Königin.

In el-Kerak erzählt man: Die Ǧinn entführen Mädchen und junge Frauen.

Ein Mann von Kufrabba, namens el-Barriši, heiratete ein hübsches Mädchen. In der siebenten Nacht nach der Hochzeit war er sehr durstig und bat seine Frau, ihm Wasser zu reichen. Sie sprang von der Maṣṭabe-Bank, ließ einen ängstlichen Schrei vernehmen und verschwand in demselben Augenblicke. Der junge Ehemann suchte sie überall, ohne sie jedoch finden zu können und war der Verzweiflung nahe. Endlich begab er sich zu einem Wissenden von den Ṭanašât aus el-Kerak, dem er die Sache erzählte. Dieser gab ihm einen beschriebenen Zettel und forderte ihn auf, in das zerklüftete Terrain beim ruǵm abu -š-Šôk am linken Ufer des sejl el-Ḥsa zu gehen und dort nachts zu warten.

Der betrübte Mann eilte dorthin und versteckte sich in der Nähe dieses grausigen Ortes. Gleich nach Sonnenuntergang erblickte er

Nebelgestalten, die aus allen Schluchten des sejl el-Ḥsa und sejl Šêẓam hinaufeilten. Es waren die Ǧinn, welche beim ruǵm abu-š-Šôk ihren Häuptling, dem das ganze Ḥsa-Gebiet gehört, erwarteten. Dieser kam und befahl den übrigen Geistern, alles notwendige zum Abendessen zu holen. Nach und nach kehrten sie zurück mit Brot, Fleisch, trockenen Feigen, Trauben u. a. Nur einer von ihnen kam mit leeren Händen zurück. Er erzählte dem Häuptling, er wäre in das Quartier der Ṣunnâʿ von el-Kerak gekommen, um von dort etwas zu bringen, doch hätte die Frau des Šejḫ Jaʿḳûb eṣ-Ṣunnâʿ stets gebetet und das Kreuzzeichen gemacht, so daß er unverrichteter Sache zurückkehren mußte.

Als sie nun speisten, stand der Barriši auf und übergab dem Häuptlinge der Ǧinn den beschriebenen Zettel. Dieser las ihn durch und befahl, ihm die Frau sofort zurückzugeben. Da erhob sich einer der anwesenden Ǧinn, verschwand und brachte in einer Viertelstunde die Frau in seinen Armen zurück. Der Häuptling übergab sie nun dem Manne und verschwand mit allen seinen Untergebenen.

Die Ẓullâm glauben, daß der Ǧânn keinen Körper hat. Er ist wie die Luft, el-hawa, der Schatten, eẓ-ẓill oder die Âl-Erscheinung.

Nach der Meinung der Ḥêwât kann der Ǧânn auch heiraten. So wollte Abu Ḥaḏra' einen weiblichen Geist, ǵânnijje, heiraten. Diese ging zu ihrem Sulṭân, sulṭân ḫaḳḳha, namens Šumhurš, und er erlaubte es unter der Bedingung, daß Abu Ḥaḏra' jährlich zwei Monate unter der Erde zubringen müsse.

Nach der Meinung der Ṣḫûr schadet der Ǧânn dem Menschen oft an seiner Gesundheit. Entweder lähmt er eine Körperseite oder er vertreibt die Seele aus dem Leibe und nimmt dann ihren Platz ein. Ein solcher von einem Geiste besessener Mensch heißt Maǵnûn. Niemand darf ihn schlagen, auslachen oder ihm etwas antun, sonst könnte ihn der Geist vernichten.

Nach der Ansicht der ʿAzâzme wohnt in jedem Irrsinnigen ein Ǧânn. Die Arḏijje von den Ǧinn können den Menschen unfähig machen, einen Fuß oder Arm zu bewegen oder zu reden, ḫarabato arḏijje.

In jedem tollen Hunde sitzt ein Ǧânn und wenn er beißt, geschieht es durch den Ǧânn.

Die Ǧinn bewachen auch Schätze in der Gestalt eines Hahnes, ed-dîk.

Die Ẓullâm sagen von einem Irrsinnigen: „Gott hat einem Geiste erlaubt, ihn zu besetzen, Gott wird ihn wieder befreien, allâh ǵanno, w allâh jafikko."

Nach der Meinung der Sa'îdijjîn ist jeder vom Schlage Gerührte besessen.

Am leichtesten schlüpft der Ǧânn in den Körper des Menschen, wenn dieser schläft.

Weibliche Geister, ad-daffâfijjât, zeigen sich in der Wüste jede Nacht von Donnerstag auf Freitag. Sie spielen die Tamburinen, ad-dfûf, schlagen die Trommeln, aṭ-ṭbûl, und tanzen dabei. Niemand darf sich ihnen nähern, sonst muß er mit ihnen tanzen, bis er tot zusammenbricht.

Die Ṣḫûr hören nachts in der Wüste allerlei Stimmen, al-mfâjel. Die Geister werfen auch mit Steinen nach dem Reiter, der sie stört; dann gehen die Reittiere durch.

Der Ǧânn quält nach der Meinung der Lijâṭne nachts die Frauen und droht ihnen, wenn sie ihm nicht zu Willen sein wollen, den Kopf abzureißen. Da hilft sich die Frau, wenn sie ihr Kind, ihren Mann oder ihre Mutter umarmt.

Der Ǧânn nimmt auch oft der säugenden Frau ihr Kind weg, und wenn sie schlummert, legt er ihr sein eigenes auf die Brust. Die Frau erzieht es als ihr Kind, es wird aber gewöhnlich sehr schlimm und heißt al-Mubaddal, Wechselbalg, oder Walad al-ḫarbe, bei den Ṣḫûr Ǧanûn. Der Mubaddal kann auch heiraten und Kinder haben. So lebt unter den Ṣḫûr das Geschlecht, ḥamûle, der Sa'êda', dessen Ahnherr ein Ǧanûn gewesen sein soll. Heiratet jemand ein Mädchen aus diesem Geschlechte, so kann er sicher sein, daß die meisten Kinder besessen sein werden, mǧânîn. In dem Sa'êda'-Geschlechte gibt es immer Besessene.

Die Šôbakijje schrecken die Kinder mit den Worten: „Die Ǧânijje nimmt dich, al-ǧânijje bihodak."

Bei den Ḥanâǧre lebt ein solcher Wechselbalg namens Salmân ibn Salâme abu Meddên. Gleich nach der Geburt bemerkten die Anwesenden, daß das Kind ganz trocken war und ein altes Gesicht hatte, ein Zeichen, daß es ein Ǧânn-Kind war. Der Vater brachte es hierauf zu einem „Wissenden", der mit dem Kinde in die Wüste hinausging und die ganze Nacht nach Geistern rief. In der Frühe kam der Vater wieder und bemerkte, daß das Kind jünger aussah. Er dachte, daß der Geist durch den Wissenden, du es-sirr, genötigt, ihm sein Kind zurückgegeben habe, und nahm es in sein Zelt. Das Kind wächst wohl heran, aber es kommen doch gewisse Zeichen zum Vorschein, daß es kein menschliches Wesen, sondern ein Walad ḫarbe ist.

Nicht nur Menschen, auch Tiere sind dem Einflusse der Geister unterworfen. Man meint allgemein: In jeder Schlange wohnt ein böser Geist, šejṭân, deshalb tötet man jede Schlange, die man erblickt, spuckt auf sie und sagt:

„Beißen soll dich der Šejṭân in deinem Bauche, seb'eki eš-šejṭân fi baṭniki."

In jeder Bûma-Eule wohnt ein Geist. Wenn eine Bûma schreit, muß sicher der Kranke bald sterben, und wenn sie über einen Menschen fliegt, taḫaṭṭarat, muß er schwer erkranken. Die Bûma soll man nicht töten. Sie bekommt täglich drei Vöglein von Gott zur Nahrung zugeschickt, ḥarâm ḳatelha, ma'ašha min allâh kull jôm jirsel liha ṭalâte ṣiṣân limônetha (Kerak).

Wenn die Hunde im Lager ohne Ursache bellen und heulen, ist es ein Vorzeichen, daß der Šejḫ sterben muß.

Wenn sich beim Lager die Raben versammeln und krächzen, ist es ein sicheres Zeichen, daß das Lager von einem Unglücke heimgesucht werden wird; deshalb rufen alle Leute: „O Rabe, möge uns Schutz werden gegen dein Unheil, jâ ṛurâb jičfina šerrak."

Das ängstliche Wiehern der Pferde, tarḫîm el-ḫejl, deutet die Nähe der Ṛôla- und Ǧinn-Geister an.

Den Wabar, Klippdachs, darf man nicht töten, denn er ist ein Bruder von Ǧabar (Gabriel?) und Ǧabar ist ein Bruder von Adam, dem Menschen, el-wabar aḫu-l-ǵabar, wa ǵabar aḫu-l-âdam.

Wer ihn tötet, wird es bald bereuen, jâ ḳâtel al-wabar jâ nâdem.

In dem Vogel el-Mbârake wohnen Geister. Dieser Vogel ist eine Eulenart, lebt in Ruinen und schreit in der Nacht. Kinder müssen sich vor ihm inacht nehmen; denn wenn ein Kind ihn sieht oder hört, erkrankt es und kann auch sterben. Seine Federn werden gesammelt, verbrannt, und die Asche von den Ẓullâm bei Kinderkrankheiten als Medizin verwendet.

Einzelne Geister halten sich mit Vorliebe an gewissen Orten auf. So ist von einem Geiste bewohnt, maskûn, der Berg 'Aṭârûs und die Mḫejlân genannten Bäume im w. al-Ḫarṭ. Dort zeigt sich ein Wesen, das einem kleinen Knaben ähnlich ist. Auf dem Kopfe trägt es einen Ṭarbûš, der Lichtstrahlen aussendet. Es betrat einst das Zelt des Ṣâjel al-Baḫit. Ṣâjels Mutter Rahaḳ beobachtete es. Es sammelte kleine Kieselsteine, ḥṣa', und warf sie auf die Teppiche. Rahaḳ klopfte es mit der Tabakspfeife, bil-ṛaljûn. Da sprang es gegen sie, und als auf ihr Geschrei Ṣâjel mit anderen Arabern zu ihr eilten, sahen sie das Wesen, wie es unterhalb der Zeltdecke hinauskroch. Vergebens eilten ihm die Hunde nach. Rahaḳ blieb aber einen Tag und eine Nacht ohnmächtig, ṛâjibe ʿanha.

Von Geistern bewohnt werden die Grotten al-Čehf bei er-Rażîb.

In ed-Ḍhejbât wohnt eine Ḳôla bis heutzutage; desgleichen in ḳuṣejr ʿAmra und in moṛârat el-ʿAjše, nördlich von er-Rażîb. Hier wohnte ein Ungetüm, das jedes Jahr eine Jungfrau verzehrte. Es kam die Reihe an ein Mädchen, dessen Bruder gegenüber der Höhle einen Turm baute und, als sich das Ungeheuer zeigte, es tötete.

Die ʿAmârîn halten die Quelle ʿajn Emûn für bewohnt von Raḥmân. Bei dieser Quelle steht eine niedrige Mauer, ḥawṭe. Man legt den Wahnsinnigen, maǧnûn, auf sie; wenn er einschläft, wird er gesund, kann er aber nicht einschlafen, so kann er auch nicht genesen.

In aba-l-ʿAẓâm wohnt eine Ǧânnijje.

In w. Mûsa wohnen viele Geister, denn die Christen haben dort viele Schätze hinterlassen, die von den Ǧinn bewacht werden, marṣûd.

Bewohnt (von einem Geiste) ist auch ḫ. el-Ḥarsi südlich von umm el-Ǧerâr. Wenn jemand einen Stein von dort nimmt und in das Zelt oder Haus eines anderen legt, muß daselbst Streit, ṭôše, entstehen, in dem immer ein Mensch umkommt.

In ʿajn Ṭûr, einem Brunnen im w. Ḳazze (en-Nahr) beim umm el-Ǧerâr, wohnt ein guter Geist, aber in der Nacht darf niemand in seine Nähe kommen.

Auf dem Orte el-Faǧr wohnen Gespenster, saʿâlu. Sie haben glühende Augen, schreien in der Nacht und fressen Menschenfleisch (Šarârât).

Ḥwêṭât et-Tihama: Östlich von an-Nḫejre, und zwar in Ḫrum umm eṭ-ṭîn, stehen drei Tunḍub-Bäume, die als heilig verehrt und Faḳîre genannt werden.

Im w. Ṣejher steht ein Ṭalḥa-Baum, der von einem Malak bewohnt ist. Niemand darf ihn anrühren oder einen Ast abhauen.

Auch in el-Ḳâʿ steht ein heiliger Sejâle-Baum, der die ganze anbaufähige Fläche beschützt. Man darf jedoch in seiner Nähe weder pfeifen, noch schreien, fluchen, andere schlagen, sonst würde der Geist, der in dem Sejâle-Baume wohnt, das Feld des Täters nicht beschützen und ihm keine Ernte gewähren.

Im w. el-Buṭâḥi, einem Seitentale des w. el-Ḳraje, steht ein großer Ṭalḥa-Baum, der Maskûn, von einem Geiste, bewohnt ist. Ein anderer heiliger Ṭalḥa-Baum steht am Südabhange des ǧ. Moṛâra.

Im w. Nawwâḫ beim ǵ. el-Muhaššam steht ein großer, schwarzer Stein, in dem ein Geist wohnt. Wenn jemand auf ihn die rechte Hand legt und dabei schwört, würde der Geist jeden Meineid sofort strafen.

Die ʿAzâzme verehren den Sidr-Baum bei der Quelle ʿajn el-Ḫoṣob.

Südöstlich von Maʿân steht an der Pilgerstraße ein Baum, šaǵarat umm ʿAjjâš genannt, der gleich dem šaǵarat eṭ-Ṭajjâr als heilig und „bewohnt" gilt.

Große Achtung zollt man einem Steine am Wege von Odruḥ nach Maʿân und dann dem ḥaǵar el-Meṛâzi bem šaǵarat eṭ-Ṭajjâr, der als Grenze zwischen el-Ǧebâl und eš-Šeraʾ, oder besser zwischen aṭ-Ṭafîle und eš-Šôbak angesehen wird.

Beim mojet en-Naḫla, nördlich von el-Moṛâra (Maʿân eš-Šâmijje) ist ein Stein namens ummu Frejǵi, der sehr verehrt wird. Er kann sich in ein Weib verwandeln und die kleinen Kinder derjenigen töten, die ihn verachten.

Nach der Meinung der Ḥwôṭât zeigen sich die Ṛôla-Gespenster unter verschiedenen Gestalten, oft als Menschen, oft als Pferde, Kamele, Weiber und in verschiedenen Farben. Am häufigsten nehmen sie jedoch die Gestalt des Hundes an.

Nach der Ansicht der Lijâṭne gehören die Ṛôla-Gespenster zu dem königlichen Geschlechte der Ǧinn, welches Selwaʿijjât genannt wird, und viele von ihnen sind Weiber. So sah der alte Musallem ein Ṛôla-Mädchen, dessen Haare, šûšetha, hochstanden und dessen Brüste, šṭûrha, tief herabhingen. Das Mädchen rief ihn, und als er nicht folgen wollte, so schlug es ihn und verschwand, und er blieb zwei Tage ohne Bewußtsein.

Al-Ṛôla erscheint als Kamel, Pferd, Wildschwein, Schakal, Hund, Wildkatze, Esel, Eule oder als Mensch bei Tag und Nacht. Wenn sie einen Mann erblickt, ruft sie ihn an, klatscht in die Hände und lockt ihn zu sich. Folgt er nicht, so ruft sie:

„O N., verflucht sei dein Vater! Bei Gott, wenn ich zu dir komme, fresse ich dich auf, jâ flân jilʿan abûk w allâh lan ǵîtak lâkelak." Darauf soll er antworten:

„Bei Gott ist Schutz vor dem Ṛôla-Gespenst. Wir haben dir weder die Haut zerrissen, noch dein Kind zur Waise gemacht, ʿawd billâh min al-ṛôla, lâ ḳaddêna lak ǵild w lâ jattamna lak wild."

Man kann sich vor der Ṛôla nur schützen, wenn man den Mut nicht verliert und Gott um Hilfe bittet. Aber fast alle Menschen verlieren sofort den Mut und so werden sie von ihr umgebracht.

Ḫalaf el-Ḫḍêrijjîn von el-Kerak sah eine Ṛôla in der Gestalt eines Affen mit langem, struppigem Kopfhaar und langen Haaren auf der Brust.

Nach der Meinung der ʿAmârîn hat die Ṛôla einen Kopf wie die Menschen, Ohren wie ein Maultier, Füße wie ein Pferd. Trifft sie ein Kind an, so frißt sie es auf. Sie ruft den Mann oder die Frau an, und diese müssen fliehen und den Namen Gottes, oder Fâṭma, oder des Ḫaṭîb, oder Slîmân ibn Dâûd rufen. Dann verschwindet die Ṛôla im Boden. Im w. Mûsa haust die Ṛôla in ḫrejbet und ʿajn Ṣabûr, dem Grabe al-Ǵrejdi, in el-Bêḍa' und in el-Ḥammâm. Die Ṛôla von dem Ǵrejdi-Grabe trägt eine lange Mähne und ist einer Hyäne ähnlich.

Die Ṛôla wohnt am liebsten in der Schlucht von el-Môǵib und sejl eš-Šḳêḳ, wie überhaupt in allen schluchtartigen Vertiefungen, fi-l-arḍ el-wʿara wa fi ṛejrân.

Jedes Gebiet hat seine eigene Ṛôla, der das Gebiet gehört und deren Vorrecht alle übrigen das Gebiet besuchenden Ǵinn anerkennen müssen.

Die Tiere merken die Anwesenheit der Ṛôla besser als die Menschen. Einst unternahmen die Kerakijje einen Ṛazw-Zug nach Norden, kreuzten el-Môǵib auf dem Ḳaṭṭâr-Wege und übernachteten in der Nähe von ḫ. el-Mšaḳḳar. Einige Meǵâlje wollten in einer großen Grotte schlafen und brachten auch ihre Pferde dorthin. Alle Stuten aber fingen an zu stampfen, zu schlagen und zu wiehern, und es war nicht möglich, sie zu beruhigen. Auf einmal sahen die Meǵâlje im Hintergrunde der Grotte eine Nebelgestalt, die immer größer wurde und über ihren Köpfen hinausschwebte. Einer von ihnen schoß auf sie; sie verschwand, und die Tiere blieben ruhig. Es war die Ṛôla.

Auch die Ṛôla kann einen Menschen heiraten, dem sie jedoch gewöhnlich das Blut aussaugt und tötet. So wohnten in Ḫanzîra zwei Waisen, Schwester und Bruder. Die Schwester war älter und erzog den Bruder. Als dieser groß geworden, wollte er nicht heiraten, damit die Schwester von seiner Frau nicht zu leiden habe. Einst arbeitete er mit der Schwester auf seinem Felde bei ḫ. Ḥable, und sie fanden daselbst ein kleines Mädchen. Die Schwester erbarmte sich seiner, nahm das Mädchen mit und erzog es wie eine Mutter. Als die Kleine erwachsen war, riet sie dem Bruder, sie zu heiraten. Dieser ließ sich erst nach langem Zureden dazu bewegen. Bald nach der Hochzeit trieb die junge Frau ihre Schwägerin fort. Ihr Mann schwieg; er wollte sie durch Güte gewinnen, aber nachts legte sich die Frau auf ihn, preßte ihm den Hals zusammen, kratzte ihn und sog sein Blut. Durch sein Stöhnen aufmerksam gemacht, drang die Schwester, die

Unheil ahnte, in das Zimmer und sah, was die Frau tat. Sie schlug Lärm, und nun erst ließ die Frau ihn los und verschwand. Man sah deutlich, daß sie Eselsfüße hatte; sie war eine Ṛôla.

Die Ṛôla zeigt sich bei den Sa'îdijjîn unter verschiedenen Gestalten, am häufigsten als Adler, an-nisr, oder als ein grausiges Wesen von schwarzer Farbe.

Am Kopfe des w. abu Hašîm hörte 'Ajid ibn Rammân das Getrappel von Kamelen und sagte: „Dies ist das Getrappel unserer Kamele, hâ šijâ' iblna." Er ritt weiter, sah jedoch niemanden. Auf einmal erblickte er einen großen roten Vogel. Er schoß auf ihn, die Kugel durchbohrte ihn, ohne ihm zu schaden; er erkannte, daß es eine Ṛôla war.

Im w. el-Ǧizl bei el-'Öla wohnt ebenfalls eine Ṛôla. 'Obejd ibn Rwêḥel von den Beli sah sie dort und kämpfte mit ihr.

Bei den Ḥwêṭât ibn Ǧâd in der Ḥesma hütete ein Mädchen Schafe. Eine Ṛôla packte es und trug es fort. Die Leute des Stammes verfolgten die Ṛôla; da riß sie dem Mädchen den Kopf ab und flog davon.

Einst führte ein 'Azâmi mit seinem Sohne zwei beladene Kamelinnen durch das w. Ḍejḳa Raḥama. Die eine Kamelin bog vom Wege ab, und der 'Azâmi ging, sie einzuholen. Als er zurückkehrte, fand er statt seines Sohnes nur einige Blutspuren —, er war verschwunden, denn ein Ṛôla-Gespenst, das in der anderen Kamelin wohnte, hatte ihn aufgefressen. Um Rache zu nehmen, tötete er die Kamelin und blieb bei ihr, bis er ihr Herz verzehrt hatte. Nun erschien ihm ein altes Weib, 'aǧûz, mit struppigem Haar und Eselshufen; dies war die Ṛôla. Er wollte sie erschießen, aber sein Gewehr versagte und er floh.

Die 'Amarât von den Terâbîn heißen Awlâd Ṛôla, denn ihre Urahne war eine Ṛôla, aṣl ǧiddathom ṛôla. Oft in der Nacht, wenn diese das Gejohle und Heulen, ṣarîḫ w 'wa', der Ṛôlât hörte, pflegte sie ihren Mann aufzufordern: „O N., behüte meine Kinder, jâ flân dîr bâlak 'ala awlâdi."

Eine Ṛôla wohnt auch in hadbet es-Salaḳa, ǧ. umm 'Ašrîn und in Iram. Ein Ḥwêṭi namens Hamm sah einmal beim ǧ. umm 'Ašrîn in der Nacht fünf tanzende Mädchen. Er ging zu ihnen, ergötzte sich mit ihnen und versprach ihnen, nichts davon zu erzählen. Doch hielt er sein Versprechen nicht, teilte das Vorgefallene seinem Freunde mit und wurde sofort ganz weibisch. Er webt Ẓebijje und wird infolgedessen Hamm abu Ẓebijje genannt.

Auch in harâbt el-'Abîd wohnt eine Ṛôla; desgleichen im ḫ. el-Ḥammâm bei Ma'ân.

Heiligenverehrung.

Die einzelnen Stämme der Araber verehren nur ihre Ahnherren. Von den Beni Ṣaḫr wird verehrt Ajjûb und 'Ezzeddîn abu Ḥamra' in an-Nuḳra. Die Ǵeḥâwše verehren den Mžejbîl, dessen Grab bei al-Mšatta liegt; die 'Abasa den Mbârek, welcher sieben Jahre vor seinem Tode unter Gazellen wohnte und von ihrer Milch lebte, die er direkt aus dem Euter sog. Nach seinem Tode wurde er bei el-Azraḳ begraben. Die Gazellen besuchen sein Grab und ruhen auf demselben. Wenn jemand auf sie schießen will, tropft sogleich Blut aus seinem Gewehre, oder es zerspringt oder es geht nicht los, lâ taṭûr, tansaṭeḥ.

Die Fâjez verehren Edbejs, dessen Grab zwischen el-Ǵorba' und Odroḥ liegt, und al-Ḳa'dân, der beim bîr Bâjer begraben ist.

Die Šarârât verehren Slêm. Sie pilgern zu seinem Grabe, um darauf zu opfern, und sagen: „O unser Ahnherr Slêm, dies ist dein Opfer, jâ ǵiddna slêm hâḍi debîḥtak.“ Ihrer Meinung nach ist Gott ein Opfer im w. ar-Riḥân auf tell al-Baṭîǵ und in Tejma' besonders lieb.

Die Vorfahren der Sa'îdijjîn sind begraben in Falḥa, wohin diese jedes Jahr, min el-ḥôl ila-l-ḥôl, pilgern. Sie bringen einige Schafe mit, diese werden zu den Gräbern geführt und auf ihnen gemolken, jiḥlebû 'alêh, so daß ein Teil der Milch auf das Grab fällt; die übrige Milch wird getrunken. Hierauf werden die Schafe auf dem Grabe geopfert, jidbaḥû 'alêh, wobei man spricht:

„Ihr Lohn und ihr Wert gehört euch, o unsere Toten, uǵrâ wa twâbâ lejku jâ mawtâna.“

Beim 'ajn Ḳarandal liegt das Grab des Ḳanâm, eines Sa'îdi, der bereits zu Lebzeiten Kranke heilen und Wunder wirken konnte. Auch jetzt noch bringt man zu seinem Grabe Kranke, schlachtet daselbst ein Opfertier, mit dessen Blute der stehende Grabstein bestrichen wird; der Kranke wird häufig gesund.

Im Oberlaufe des w. el-Ǵerâfi befindet sich das Grab des Swêri; er war ein berühmter Krieger der Sa'îdijjîn. Wer sich unter den Schutz seines Grabes stellt, der ist seinen Feinden unsichtbar. Wenn man einen langwierigen Streit schlichten will, begibt man sich zu seinem Grabe, legt die Rechte auf den Grabstein und sagt: „Beim Leben des Swêri, es ist so und so, w ḥajât as-swêri inno kaḍa w Kaḍa.“

Die Ḥaḍrân und Halb-Fellâḥîn pilgern zu Gräbern von Heiligen, die oft gar nicht blutverwandt sind, und auch der Bäume-Kultus ist bei ihnen viel mehr ausgebreitet, wie bei den 'Arabern.

In dem Gebiete von el-Kerak:

el-Ḥeǵâzîn verehren eš-Šejḫ Ṣalâḥ; er stammt aus Kufrabba und besitzt zwei Gräber, eines in el-Kerak, östlich von Ǵâmi' und ein zweites am Ufer des Toten Meeres;

el-Halasa verehren Ǵa'far;

el-'Aǵêlât verehren Šîḥân; er baute Šîḥân und ist daselbst begraben;

el-Ḥaddâdîn verehren el-Bedêwi; sein Grab liegt auf dem Rücken östlich über 'ajn Ǵâje;

el-Meǵâlje verehren el-Ḫalîl, Abraham;

Ma'âjṭa verehren el-'Aḏra', Maria, die heilige Jungfrau (obwohl Muslimîn);

eṭ-Ṭarâwne, en-Nawâjse und eṣ-Ṣarâjre verehren el-'Âmri; sein Grab liegt beim 'ajn eṭ-Ṭabîb;

eḍ-Ḍmûr verehren Ḍamrat en-nebi;

eṣ-Ṣu'ûb verehren die Terebinte, buṭmet, el-'Alejdi im w. ez-Zejâtîn und el-Errâwi; sein Grab liegt in der Stadt nördlich von dem östlichen Wasserbehälter in der Nähe des bâb eš-Šerḳi;

el-Ḳḏa' verehren el-Bedêwi;

eṭ-Ṭanâšât und eš-Šemâjle verehren el-Emâwi; sein Grab liegt etwa 20 *m* östlich von der Ostecke der Serâja-Straße;

Ḥabâšne verehren Baddân; sein Grab ist unter einem Baume beim ḫ. Baddân;

Ḍnêbât verehren el-'Aḏra'.

Alle Kerakijje verehren die Sitt, der die Quelle 'ajn es-Sitt geweiht ist.

Die Ḥamâjde verehren Slîmân ibn Dâûd und el-Etajjem, südöstlich von ḫ. Mrâ' nebst den heiligen Bäumen šaǵarât es-Sa'êdât und šaǵarat Bejt Allâh ('Obejd Allâh).

Die Na'êmât verehren Ǵa'far;

Die Ḥeǵâja' verehren die Raḥamât;

Die Salâjṭa verehren Ḥmûd, begraben beim ḫ. et-Ṭenijje.

Die südlichen Ḥamâjde verehren Mûsa ibn 'Emrân.

Die Šôbakijje verehren den Ḥmêd. Er ist sehr mächtig, denn er kann selbst dann noch helfen, wenn der Bittende in eisernen Ketten liegt. Er kann auch die Fesseln sprengen, jifekk el-ḥadîd.

Von den Lijâtne werden verehrt: en-Nebi Hârûn, auf dem Gipfel des gleichnamigen Berges; el-Ḥsêni in el-Ǵi; el-Fuḳara' beim 'ajn Emûn; es-Sa'êdât im w. Mûsa; Mûsa in der Quelle 'ajn Mûsa; abu Slîmân in aš-Šawbač; eš-Šejḫ ʿAbdallâh in Maʿân; Ḥḏêfi und Ḥammûd, östlich von Bẹejra beim ḫ. el-Maʿṣara.

Inmitten des Dorfes el-Ği liegt das Weli des ʿOmar, und nördlich vom Dorfe mizâr Mḥammad al-Ḥsêni.

Die Ḥanâğre verehren: eš-Šêḫ Nebhân am linken Ufer des w. Ṛazze; eš-Šejḫ Râšed beim ḫ. Ḥalfi; eš-Šejḫ abu Emṭejbeḳ, südlich von Šejḫ Nebhân; Bihrâri, einen Sidr-Baum südlich von eš-Šejḫ Râšed; eš-Šejḫ Ḥâmed aš-Šôbâni, südlich von der Mündung des w. Ṛazze; Bohdâri, einen Ğummejz-Baum südlich von eš-Šôbâni; el-Ḫaḏr abu-l-ʿAbbâs in ed-Dejr; eš-Šêḫa Ḫaḏra', östlich von ed-Dejr (sie hilft den kinderlosen Frauen); arbaʿin Maṛâzi, östlich von ed-Dejr; abu ʿAbîde, östlich von ed-Dejr; eš-Šejḫ Ḥamûde, östlich von ed-Dejr; eš-Šejḫ ʿAmri, nördlich von Beni Shejle; eš-Šejḫ Mḥammad in Beni Shejle; eš-Šejḫ Nûrân; en-Naḫrûr, südlich bei tell Ğemma; eš-Šejḫ Ḥasan am Meeresufer.

Alle Räuber verehren den Eḥmêd und versprechen ihm Opfergeschenke für den Fall, daß sie glücklich zurückkehren.

Die Ẓullâm verehren: el-Ḫalîl in Ḥebron; Eḥmêd; abu-l-ʿAbbâs in ed-Dejr; en-Nebi Mûsa.

Die ʿAzâzme verehren: Swêlem, ihren Ahnherrn bei el-ʿAjn; Slîmân eṣ-Ṣâḥen bei Raḫama.

Die Terâbîn verehren: eš-Šejḫ Nûrân; en-Naḫrûr; el-Ḫalîl; Eḥmêd; en-Nebi Mûsa; abu Emṭejbeḳ in el-Ğwar; eš-Šejḫ Nebhân; awlâd ʿAli bei el-ʿArîš.

Der Šêḫ Nûrân oder Nurbân lebte in Ägypten. Als er starb und man ihn begraben wollte, flog er davon und ließ sich auf dem Hügel nieder, wo er jetzt begraben ist. Sein Grab wird jährlich besucht und man opfert ein Schaf oder eine Ziege mit den Worten:

„O Herr, ich bringe dieses Opfer zu Ehren des Šêḫ Nûrân dar, jâ rabbi ana muḳaddem hâḏi-ḏ-ḏbîḥe ikrâm liš-šêḫ nûrân.“

Man taucht einen Finger in das Blut und bestreicht die Ecken des Grabes. Von dem Fleische bekommt der Wächter einen Teil, das übrige wird von dem Pilger verspeist.

Bei einem feierlichen Schwure werden die Ecken des Grabes mit dem Blute bestrichen, der Schwörende legt seine rechte Hand auf dasselbe und sagt:

„Beim Leben dieses Šêḫ und bei seinem Anteile an Gott, wa ḥajât ha-š-šêḫ wa ḥeẓẓu ʿend-allâh . . .“

Die Tijâha besuchen alljährlich das Grab des ʿOṯmân bei ʿAslûğ und zwar mit großer Feierlichkeit. Es werden zahlreiche Opfer dargebracht, und während dieser Wallfahrt ist den Opfernden nie etwas Widerwärtiges geschehen. Wenn sie mit ihren Kamelen, Schafen, Weibern und Kindern zum Grabe 'Otmâns kommen, umstellen sie es mit ihrem Vieh, und einer nach dem anderen ruft:

„O 'Otmân, nehmet eure Kamelherden auf, jâ 'otmân ḫodû zârâtkom.“ Dann treibt jeder seine Tiere weiter, behält nur jenes zurück, das er zum Opfer bestimmt hat und opfert es so, daß sein Blut auf das Grab fließt.

Auch eš-Šêḫ 'Ammâr der auf tell eš-Šerî'a' begraben ist, wird als heilig verehrt.

Abu Rabbûš von den Bnejjât war als der verwegenste Ḳazw-Führer bekannt, auf dessen Ruf sich stets zahlreiche Männer versammelten, weil sie unter seinem Oberbefehle immer mit reicher Beute zurückkehrten. Als er 1885 starb, wurde er beim w. al-'Arîš begraben, und sein Grab wird jetzt fleißig besucht.

Bei el-Ḫwêlfe ist ein Ort, Maraḳûm genannt, wo auf einem großen Steine geopfert wird. Die Ecken des Steines werden von den Fellâḥîn mit Blut bestrichen, wobei die Weiber singen.

In Ġemmâma befindet sich eine große Grotte, wo die 40 heiligen Maṛâzijjîn begraben sind. Neun Gräber sind heute noch erkennbar. Jeden Freitag könne man daselbst ein geheimnisvolles Geräusch vernehmen. Wer sich in Bedrängnis befindet, stellt sich unter ihren Schutz und sagt:

„O Maṛâzijjîn, ich stelle mich unter euren Schutz und tue ein Gelübde, wenn mich Gott erretten wird aus . . ., jâ maṛâzijjîn ana dâḫel 'alejku w ana nâder nidr in allâh ḫalleṣni min . . .“

Beim ḫ. el-Mšâš befindet sich das Grab des Šêḫ abu Zeḳûm von den 'Alâmât. Vor vielen, vielen Jahren war er der beste Ḳazw-Führer; und wenn heute ein Ḳazw-Trupp an seinem Grabe vorübergeht, fleht man ihn an und verspricht ihm ein Geschenk.

Abu Hrêra war ein Tîhi, der mehrere Morde rächen mußte. Er nahm niemals den Blutpreis an, sondern verfolgte den Schuldigen solange, bis er ihn getötet hatte. Nun wird er als Patron der Bluträcher angerufen, und wenn jemand bei seinem Namen schwört, einen anderen zu töten, muß er diesen Schwur halten, sonst würde er der Rache des toten Abu Hrêra verfallen.

Hochverehrt wird von den Tijâha el-A'sam. Einst wurden die Tijâha von den Ḫwêṭât et-Tihama überfallen, und die Kamele des A'sam wurden erbeutet. El-A'sam folgte den Feinden unbewaffnet und bat um Rückgabe einiger Tiere. Die Ḥwêṭât taten es nicht, sondern boten ihm für je eine Kamelin ein Junges an. In der Frühe bereiteten sie Kaffee, und als sie trinken wollten, konnte keiner das Näpfchen zum Munde bringen. Da reichte man den Kaffee dem A'sam. Er sagte dem Kaffeekoch:

„O Kaffeekoch, leere den Kaffeetopf aus, jâ bakraǵi kibb el-bakraǵ." Er tat es und fand darin eine tote giftige Schlange. Dadurch wurden sie so bestürzt, daß sie dem A'sam seine Tiere zurückgaben.

Ein anderesmal war der einzige Sohn einer Frau von den Swârke schwer krank. Da rief seine tiefbetrübte Mutter:

„O Sâlem el-A'sam, komm mir zu Hilfe in dieser Nacht, jâ sâlem el-a'sam efza' lî al-lejle."

El-A'sam befand sich damals im w. el-Ḫalîl und doch hörte er nachts ihre Stimme, erschien sofort in ihrem Zelte beim Weli eš-Šejḫ Zwajjed und sprach zu ihr:

„O Weib, fürchte dich nicht, deinem Sohne geht es gut, jâ ḥurma lâ tḫâfi waladak ṭajjeb."

Das Kind genas, Sâlem el-A'sam verschwand, und die Frau erzählte den Angehörigen, wer ihr nachts erschienen war.

Sowohl die Araber als auch die Fellâḥîn kennen das Gelübde, an-nidr, das sehr häufig abgelegt wird.

Der Ṣaḥari verspricht etwas entweder Gott selbst oder Abu-l-Ḳammâm, As'ad, el-Ḳa'dân, Rêêd, az-Ze'bi, ar-Rfâ'i mit den Worten:

„O Gott, o N., dir will ich tun dies oder jenes."

Oft verspricht er ein Opfer, z. B. Ǵazûr, ein junges Kamel, eine junge Ziege, Brot mit Butterschmalz oder Milch. Diese Opfergaben werden entweder auf einem heiligen Orte ausgegossen (von den Tieren das Blut), oder den Armen geschenkt, immer aber muß der Opfernde sagen:

„Dies gehört dir, o N., hâdi lak jâ flân", oder wenn er es verschenkt, so sagt er:

„Sein Lohn und sein Erträgnis gehört dem N. (dem er es gelobt hatte), aǵru wa ṭwâbu ila flân al-flâni."

Wenn einem das Gewissen Vorwürfe darüber macht, daß er ein Ehebrecher, zâni, oder Mörder oder Verräter, ḫawwân, ist und dafür von Gott gestraft werden wird, jataḍarrar, bereut er seine Sünde und tut ein Gelübde. Hat er keine männliche Nachkommen, so betrachtet er es als eine schwere Strafe, die er sich wahrscheinlich durch seine Sünden zugezogen hat und tut ebenfalls ein Gelübde.

Das Gelübde muß man halten, sonst verfällt man der Rache dessen, dem man etwas versprochen hat. Gelobt ein Araber einen Racheakt, so schwört er oft dabei, daß er dies oder jenes nicht essen, seiner Frau nicht beiwohnen, im Zelte nicht schlafen werde, bis er sich gerächt hat.

Die ʿAmârin geloben beim Gesichte Gottes, liwaǵh-illâh, bei Hârûn, Eḥmejd, ʿAli abu Ṭâleb und Ḫalîlallâh abu (sic) Ibrâhîm.

Die Terâbin und Tijâha geloben in der Gefahr der Pest, Not, Dürre oder eines Krieges folgenderweise:

„Ich gelobe eine Ziege oder ein Schaf, wenn wir unversehrt ausgehen aus dieser Pein oder diesem Schrecken oder diesem Schicksalsschlag und ich will 20 Tage fasten und ich will ein Sühnopfer geben Gott oder dem heiligen N. O du mußt Geduld haben, und ich muß es erfüllen, nidran ʿalajji, ʿanz, naʿǵe . . . in ṭalaʿna sâlemîn min ha-l-wâreš, aw ha-l-wahm, aw ha-l-lateš w inni aṣûm ʿašrîn jowm w inni-afdi lawiǵh allâh aw lal-weli flâni. ente ʿalejk aṣ-ṣabr w ana ʿalajji-l-wafaʾ."

Wenn er das Tier opfert, spricht er:

„Dies ist das Sühnopfer, das ich dir darbringe, o Herr oder o N., und sein Lohn und sein Ertrag gehört Gott, hâḍi fedwi illi fedejto lak jâ rab aw jâ flân w aǵro w ṯawâbo lallâh."

Wenn jemand eine Sünde begeht und darauf ein gutes Werk verrichtet, ist seine Sünde im Sande begraben, juʿfer ʿafûr fi-t-trâb, und er sagt: „Im Sande begraben und meine Schuld beim Herrn vergeben, ʿafûr w ḏanbi ʿend rabbi maɣfûr."

Rechtswesen.

Die Araber (Beduinen) von Arabia Petraea haben kein unseren Begriffen entsprechendes Staatswesen und deshalb auch keine Zentralgewalt. Der Vater ist Herr seiner Familie, und kein Häuptling darf ihn in der Ausübung seiner Rechte hindern. Der Häuptling vertritt das Geschlecht oder den Stamm nach außen, nach innen hat er aber nur soviel Macht, als er sich durch seine Persönlichkeit oder durch den Einfluß seiner Familie verschafft.

Die Häuptlingswürde ist erblich; wenn aber von den Söhnen des verstorbenen Häuptlings keiner tauglich ist, wird der Bruder oder ein anderer Verwandter des Verstorbenen als Oberhaupt anerkannt.

Der Šejḫ hat keine besonderen Abzeichen seiner Würde, sondern trägt dieselben Kleider und dieselben Waffen wie die anderen und lebt von seinem eigenen Vermögen.

Der Häuptling ist der Hüter des Rechtes in seinem Stamme. Obwohl ihm kein Rechtskodex zur Verfügung steht, so kennt er wie alle Araber das Nationalrecht, ḥaḳḳ al-ʿarab, nach dem sich jeder richten muß. Der Araber liebt die Freiheit, aber nicht die Zügellosigkeit. Der Rechtsbegriff liegt im Blute eines jeden. Er fühlt es ganz genau, wie er sich in der oder jener Lage zu benehmen hat, um dem Rechte zu entsprechen, und wenn man ihm darauf bezügliche Fragen vorlegt, weiß er sogleich genauen Bescheid. Nur in ganz besonderen Fällen holt er den Ausspruch eines bekannten Rechtskundigen ein, und dieser Ausspruch bildet dann die Norm für ähnliche Fälle. Ist der Araber zu schwach, um sich selber sein Recht zu verschaffen, so sucht er Hilfe und Schutz bei einem Mächtigeren, und das ist fast immer der Häuptling.

Die persönliche Macht des Šejḫ ist gewöhnlich nur klein, weil jeder bestrebt ist, seine Streitigkeiten selbst zu schlichten. Wenn der Häuptling aber als Šejḫ spricht, tut er es als Vertreter des Rechtes im Einverständnisse mit dem ganzen Stamme. Wollte er eigenwillig vorgehen, so würde sofort ein Aufruhr, tôra, im Lager entstehen. In einem solchen Falle bilden sich zwei Parteien, die eine für, die andere gegen den Häuptling, man hütet sich aber der Blutrache wegen zu den Waffen zu greifen. Gewöhnlich legen sich gesetzte und verständige Männer ins Mittel, die dann bewirken, daß beide Parteien in etwas nachgeben, und so wird der Streit in vier bis zehn Tagen friedlich beigelegt.

Der Häuptling darf niemand aus dem Stamme hinrichten lassen. Wenn aber jemand im Kriege zum Verräter der Seinigen geworden ist, wird er entweder vom Šejḫ oder von einem anderen hingerichtet. Wer sich feige zeigt, eine schwarze Sklavin heiratet oder seine Stammesgenossen bestiehlt, kann aus dem Stamme ausgestoßen werden. Ein solcher läßt sich dann gewöhnlich bei einem feindlichen Stamme nieder oder verbirgt sich in unzugänglichen Schluchten, wo er eine neue Familie und dadurch ein neues Geschlecht gründet. So raubte Abu Sejf von den Maʿâjṭa den Ḥeǧâzîn ein volles Weizenloch. Diese stellten sich unter den Schutz des Fâres el-Meǧalli, der es durchsetzte, daß Abu Sejf von el-Kerak auf immer verwiesen wurde.

Die Gefängnisstrafe kennen die Araber ebenfalls. Als Gefängnis dient das Zelt des Häuptlings, wo der Schuldige vier bis fünf Tage angebunden bleiben muß. Bei den Ṣḫûr waren und sind es die Häuptlinge der Ibn al-Fâjez und al-Ḫrejša, welche diese Strafe verhängen. Sie harrt meistens solcher, welche die Wege verlegen, jiḳṭaʿû aṭ-ṭarîḳ, und die unter dem Schutze des Häuptlings stehenden Kaufleute berauben. Manchmal wird sie auf eine ziemlich grausame Art ausgeübt. So erzählt man von dem verstorbenen Häuptlinge Saṭṭâm ibn el-Fâjez, daß er aus dem oben erwähnten Anlasse vier Ṣḫûr gefangennahm, ins Lager, lil-ʿarab, brachte, mit Honig und Mehl bestrich und an den Meḳdem-Strick vor seinem Zelte anband. Da kamen Bienen, Fliegen und junge Kamele, beleckten sie und rissen ihnen nach und nach die Kopf- und Barthaare aus, so daß sie ganz geschwollen waren, tawarramû. Dann ließ er sie los, arḫahom, und seit der Zeit sind die Wege sicher.

Die Einkünfte des Šejḫ bilden die Abgaben der Kaufleute, der Handwerker, der beschützten Fellâḥîn und Städter nebst dem Beuteanteile. Von den Angehörigen seines Stammes darf er keinen Tribut, keine Abgaben verlangen. Da er aber sehr oft Gäste bewirten muß, nimmt er hie und da ein Kamel oder ein Schaf, was ihm gerne gegeben wird, weil ja der Geber oft bei ihm nach den Gästen speist.

Viele Häuptlinge bekommen jährlich Geschenke von der türkischen Regierung: die Unabhängigen, damit sie das türkische Gebiet nicht plündern, die Abhängigen wieder, damit sie dem Sulṭân treu bleiben. Von diesen sind sehr viele unter die türkischen Beamten eingereiht, freilich nur nominell.

Jene Häuptlinge, durch deren Gebiet die Pilgerstraße führt, haben auch von der Pilgerfahrt Nutzen.

Ṭalâl, Fürst der Ṣḫûr, begleitet den Ḥaǧǧ-Pilgerzug von el-Mzêrîb bis nach Maʿân. Zu diesem Zwecke nimmt er, je nach der politischen Lage, 30—100 Reiter mit. Dieser Trupp heißt al-Ḳôm oder al-Ḳâm. Der Fürst und seine Begleiter verschaffen dem Ḥaǧǧ auch die nötigen Kamele und haften für dessen Sicherheit. In Maʿân übergeben sie den Pilgerzug, jusallemûnu, den Beni ʿAṭijje.

Während der ganzen Reise von el-Mzêrîb bis Maʿân bekommt Ṭalâl und sein Gefolge von dem Ḥaǧǧ alles, was sie für sich und ihre Tiere brauchen; dies heißt Raḥma.

Ṭalâl, eigentlich die ganze fürstliche Familie, ʿejâl Fendi, bekommt von der türkischen Regierung, oder besser von der Pilgerfahrtsverwaltung als Maʿâše 1000 Meǧidi. Das Gefolge Ṭalâls bekommt 1600 Meǧidi; dieser Betrag wird in 11 Teile geteilt, nämlich unter die hervorragendsten Mitglieder der Ṭûḳa. Es ist selbstverständlich, daß die den Pilgerzug begleitenden Kaufleute den Ṣḫûr ebenfalls Geschenke machen.

Der Häuptling ist nicht immer der geborene Feldherr und Richter seines Stammes. Im Gegenteil, als Feldherr pflegt in Kriegsgefahr meistens ein anderer anerkannt zu werden, und die Richterwürde ist in gewissen Familien erblich.

Bei den Ṣḫûr versieht das Richteramt seit Urzeiten das Geschlecht al-Ḳubejn, dessen hervorragende Mitglieder besonders bei Streitigkeiten über Haustiere angegangen werden. Beide streitenden Parteien müssen, wenn sie zum Richter kommen, eine gewisse Summe erlegen, und zwar für ein Pferd 4 Meǧîdi, für ein Kamel 2 Meǧîdi, für ein Schaf oder eine Ziege $^1/_2$ Meǧîdi, für mehrere Tiere je ein Drittel des für ein Stück bestimmten Preises.

Bei den Ḫanâǧre bekommt der Richter, wenn es sich um ein Kamel handelt, 1 Rejâl meǧîdi (bei den Terâbîn 12 Piaster und bei den ʿAzâzme 100 Piaster), wenn um eine Ziege oder Schaf geht $^1/_4$—$^1/_2$ Rejâl meǧîdi, wenn aber um Geld, 10% des Betrages.

In el-Kerak heißen die Richter, die allgemein anerkannt sind, Maḫtûtîn; es sind dies: Marzûḳ eṣ-Ṣarâjre, Jaḥja eṣ-Ṣarâjre, Ḫalîl ed-Ḍmûr, Muḥammad abu Ṭâha.

Wenn ein Streit wegen der Hirten entsteht, richtet Mḥammad ed-Dajjât.

Jene Partei, die den Prozeß gewinnt, nimmt ihren Betrag zurück, wogegen der Betrag, rizḳa, der anderen Partei dem Richter zukommt.

Zu jeder Verhandlung sind drei oder wenigstens zwei Zeugen notwendig, die aber nur selten zu haben sind, insbesondere wenn es sich um eine Bluttat oder Ehebruch handelt. Wird die des Ehebruches beschuldigte Person des Verbrechens nicht überführt, so müssen die Zeugen fliehen, weil sie die Rache der Verwandtschaft der beschuldigten Person trifft. Sie stellen sich deshalb unter den Schutz eines Mächtigen, der für sie dann verhandelt. Darum sagt man:

Das Blut hat keine Zeugen
und der Ehebruch keine Berichterstatter.

Ed-damm mâ ʿalejh šhûd
wa-lʿejb mâ ʿalejh awrûd.

Wenn jemand bei den Ṣḫûr einer Schuld verdächtig ist, z. B. eines Diebstahls, wird er gezwungen, zu schwören. Er wird zum Grabe eines Ahnherrn gebracht, legt die Rechte auf das Grab und beteuert seine Unschuld.

Wo es sich um größere Dinge handelt, genügt der einfache Schwur nicht; man muß sich einem Gottesurteile unterziehen, oder, wenn man sich schuldig fühlt, fliehen und sich mit dem Kläger oder Rächer aussöhnen. Deshalb sagt man, daß von dem Verdachte, at-tihme, und Schuld hilft: ad-Dîn Schwur, el-Bil'e Lecken (glühendes Eisen) oder el-Lġa, el-Ġîr Asyl (Flucht), el-Wiġh Aussöhnung entweder durch Zahlen des Blutpreises, ad-dije, oder durch Bitte um Verzeihung, jiṭlob el-'afw w as-samâḥ.

Bei den 'Amârîn genügt der Eid immer, wo es sich um die Beschuldigung von Seiten eines Fremden (Ṣḫûr: al-Ḳômâni, 'Amârîn: el-Ḳarîb) handelt. Nur wenn ein Stammesgenosse, ibn 'amm (bei den Ṣḫûr: illi min ed-dîre), einen anderen beschuldigt, muß dieser entweder fliehen und sich aussöhnen, oder lecken, was sie el-Biš'e nennen.

Der Mann, welcher jemanden zum Lecken zwingt, heißt el-Mubašše' oder auch Ṣâḥeb el-biš'.

Sollte der Verdächtigte vor seiner Reinigung sterben, so müssen seine nächsten Verwandten allen diesen Forderungen nachkommen, sonst müßten sie auch die Folgen tragen.

Der Schwur beim Barte (eigentlich: Schnurrbarte) gilt bei den Fellâḥîn nicht viel, sowie überhaupt das Schwören oft mißbraucht wird. Mancher schwört bei Gott eine Lüge, al-ba'aḍ jaḥlef billâh čiḍeb, und scheut sich, dies bei seinem Barte zu tun, w lâ jaḥlef biš-šâreb, ein anderer wieder umgekehrt.

Der gültige Eid wird in verschiedenen Formen abgelegt. Bei den Ḥaḍrân und Halb-Fellâḥîn begeben sich der den Eid Fordernde, el-muḥallef, und der den Eid Leistende, el-ḥâlef, beide gewaschen, zum Grabe eines Heiligen, oder zu einem heiligen Baume oder einer heiligen Quelle. Der Schwörende legt die Rechte auf den heiligen Gegenstand und sagt:

„Beim Leben des (Heiligen) N. beim Leben Gottes, war es so und so, wa ḥajât flân, wa ḥajât allâh.“

Der Meineidige wird an seinen Herden oder seiner Familie gestraft, fi ḥlâlo wa 'ejâlo.

Seltener ist der Eid el-Musabba', dafür gilt er aber mehr und wird folgenderweise abgelegt:

An einem Orte, wo sich Ameisen aufhalten, bejt nimle, macht man mit dem Schwerte einen Kreis und teilt ihn durch sieben horizontale und sieben vertikale sich kreuzende Linien in Felder ein. Dann legt man in den Kreis ein kleines, noch blindes Hündchen, ġerw kalb a'ma. Der Schwörende tritt ebenfalls hinein und sagt:

„Bei Gott, niemand ist mächtiger als Gott, der Tag des letzten Gerichtes, er steht bei Gott, der Tag, an dem jedermann sucht nach

Wahrheit . . . ich schwöre, daß sich die Sache so und so verhält, w allâh wa lâ a'azz min allâh, jowm al 'arḍ 'al-allâh jowm kullu judawwer 'a-ṣ-ṣaḥîḥ innu kaḏa w kaḏa."

Sowie er das ausgesprochen, springt er aus dem Kreise heraus, trachtet sich einer Waffe zu bemächtigen und unter dem Eindrucke des Eides, hwa' ad-dîn, den zu töten, welcher den Schwur von ihm verlangte. Gelingt es ihm, so verfällt er nicht der Blutrache; denn vor nichts schaudert der Ṣaḥari so zurück, wie vor diesem Schwur, weshalb er auch sagt:

„Wer dich tötet, handelt milder, als der dich zum Schwure zwingt, ḳâtelak ahwa min muḥallefak."

Die Anwesenden trachten jedoch jedes Blutvergießen zu verhindern, deshalb nehmen sie dem Schwörenden vor dem Schwure alle Waffen ab und umringen ihn darnach.

Als unverletzlich gilt folgende Eidesformel:

Der den Eid Fordernde legt die Linke auf das Haupt des Schwörenden und steckt die Rechte unter dessen Gürtel, ergreift seine Genitalien und sagt:

„Ich beschwöre dich bei deinem Gürtel und bei deinen Genitalien, bei (deinen Kindern, die) du schon hast oder noch haben kannst, bei deiner Verwandtschaft und bei deiner Nachkommenschaft.

An-anšadak biḥzâmak wa Izâmak
wa mâ warâk wa ḳuddâmak
binaẓarak wa mâ ǵâ min ẓahrak."

Dann wird hinzugefügt, was der andere zu tun sich verbinden soll.

Die Liebe zu den Kindern und überhaupt der Wunsch, zahlreiche und glückliche Nachkommen zu haben, erlaubt dem Schwörenden nicht, etwas Falsches auszusagen.

Bei den schwersten Verbrechen, wie bei Mord und Ehebruch, findet ein Gottesurteil statt. Die beschuldigte Person muß nach Tejma' gehen und dort bei dem Kâhen glühendes Eisen belecken, wobei sie sagt, wenn es eine Frau ist:

„Ich komme zu belecken das Eisen ob der Anschuldigungen des N., des Sohnes des N., der mich des Ehebruches bezichtigt. Ich bin aber rein und frei von alldem, was er vorbringt, ani ǵâjije abla' 'an tihme flân al-flâni, illi athamni bi-z-zina'; w ani al-barijje w al-'arijje min kull mâ ḳâl."

Nun reicht ihr der Kâhen ein rotglühendes Eisen, welches sie mit der Zunge lecken muß. Bleibt die Zunge unversehrt, so ist sie Barijje, rein, und der Ankläger muß sofort fliehen, denn auf ihm liegt Blutschuld, als hätte er einen Mann umgebracht, kann o dâbeḥ, und wird auch darnach von der Verwandtschaft der Beschuldigten behandelt. Verbrennt sich aber die Frau die Zunge, so ist sie schuldig, waṛîte, und wird in der Regel von ihren Verwandten getötet.

Es kann jedoch auch dieses Gottesurteil täuschen. So erzählt man von einer Frau namens Mwêḍijje, aus dem Stamme der ʿAneze daß sie des Ehebruches beschuldigt nach Tejmaʾ kam, um das Eisen zu belecken. Bevor sie die Wohnung des Kâhen betrat, band sie unter dem Rocke einen Gürtel, ḥzâm, um die beiden Kniegelenke und vor dem Lecken, al-bilʿa, sagte sie:

„Ich bin nicht gekommen um zu lecken wegen Liebe oder Neigung oder Empfindung oder Sehnsucht, alles das ist ein starker Wind. Ich bin gekommen zu lecken wegen dessen, was unter dem Gürtel ist, ani mâ ǧît ablaʿ ʿan al-ḥubbe, w al-wudde, w al-ḥusse w al-wusse hâḍa miṭl al-hbûb ani ǧît ablaʿ ʿan mâ taḥat al-ḥazâm."

Sie meinte nicht den oberen Gürtel, sondern den unter dem Rocke und beleckte das Eisen, ohne daß ihr etwas geschehen wäre. Nun kehrte sie zurück, aber nicht zu ihrem Geschlechte, sondern zu dem des Ibn Šaʿlân, unter dessen Schutz sie sich stellte, daḥalat ʿalej.

Ibn Šaʿlân machte sich sofort auf, ihre Beschuldiger zu töten. Da rührte sich das Gewissen ihres Mitschuldigen, er erklärte öffentlich, der Frau beigewohnt zu haben und rettete dadurch den Beschuldigern das Leben. Die Häuptlinge der ʿAneze kamen sogleich in das Zelt des Ibn Šaʿlân und forderten die Frau mit gezückten Schwertern auf, offen die Wahrheit einzugestehen. Sie gestand, wie sie die Bilʿa täuschte und wurde dafür getötet.

Die Ḥwêṭât schwören nicht beim Barte, laḥje, sondern beim Schnurrbart, šwâreb. Der Mann, der das Eisen zum Belecken reicht, el-muballeʿ, heißt Erfejjeʿ und lebt in el-ʿÖla.

Kein Keraki wird falsch schwören, wenn er den Türschluß von dem Heiligtume el-Ḫaḍr während des Schwures mit der Rechten berührt, denn sonst könnte sein Haus oder Zelt einstürzen, und seine ganze Familie müßte zugrunde gehen. Auch bei eš-Šejḫ Ṣalâḥ wird er keinen Meineid ablegen, weil er sonst alle seine Herden einbüßen würde.

In el-Kerak lautet die gewöhnliche Schwurformel: „Bei Gott und sieben mit Getreide beladenen Kamelen, daß es so und so ist, w allâh wa saba' ǧemâl muḥammalât ṛalla", oder der Schwörende nimmt ein Hölzchen in die Hand und spricht:

„Beim Leben dieses Holzes
und des angebetenen Herrn! daß es so und so ist.

Wa ḥajât ha-l-'ûd
w ar-rabb el-ma'bûd."

Die feierliche Formel, um sicher zu sein, daß ein anderer etwas tue, lautet:

„Ich lege Gott auf deine Lenden
und den hl. Georg zwischen deine Augen,
auf deine schwarzen Augen
und die bei dir sitzenden Männer.
Ich lege es auf deine weidende Habe
und auf deine arbeitenden Nachkommen
und zwischen die Halsöffnung deines Hemdes
und deinen Speichel.

Ana ḥâṭṭ allâh fi mtûnak
w al-ḫaḍr bên 'ujûnak
fi 'ujûnak es-sûd
wa rǵâlak el-eḳ'ûd
ḥâṭṭha fi-l-mâl es-sâreḥ
w al-wulejd el-fâleḥ
wa bên zîḳak
wa rîḳak."

Oder man legt die Rechte auf den Kopf des zum Eide Aufgeforderten und sagt:

„Ich beschwöre dich bei Gott
und trenne deinen Rücken von Gott.

Munšedak billâh
w muḫli ẓahrak 'an allâh."

Beim feierlichsten Schwure legt der den Eid Abnehmende dem Schwörenden die linke Hand auf den Kopf und die Rechte auf die Genitalien und sagt:

„Ich unterwerfe dich Gott
und trenne deinen Rücken von Gott
und ich lege die Hand zwischen deinen Gürtel und deine Genitalien.

Ana ḫâḍe'ak lallâh
w muḫli ẓahrak 'an allâh
w ana ḫaṭṭha bên ḫzâmak wa lzâmak."

Die Terâbîn, Beli und Tijâha schwören:

1. Al-Ḫuṭṭa: In den Kreis legen sie Kamel- und Schafmist, bizr, und auch Hundeexkremente, ḫara. Die Šarârât legen Asche und ein Stück Zelttuch hinein. Der Schwörende muß sich rasieren und die Haare schneiden lassen und sich waschen. In der Mitte des Kreises ruft er das Wort „wallâh" 40 mal, und zwar je 10 mal gegen jede Weltgegend.

2. Beim heiligen Grabe, 'ala-l-weli: Der Schwörende legt seine Rechte auf das Grab und sagt:

„Bei deinem Leben, o N., und beim Leben dessen, der in dich den Segen legte, daß sich die Sache so und so verhält, wa ḫajâtak jâ flân, wa ḫajât min ḫaṭṭ fîk el-barake inna-d-da'awa kada w kada."

3. Al-Minšide:

„Ich bin dir geneigt mit der Gunst Gottes	Ana râḍîk raḍwa min allâh
und stelle dich in Gotteshand —	wa murked ẓahrak 'al-allâh
wie verhält sich also die Sache . . ?	inno kêf ed-da'wa . . ?"

4. Bei einem Wissenden, ṣâḥeb es-sirr: Der Schwörende legt seine Rechte auf den Kopf des Wissenden oder auf den Saum seines Kleides und sagt sechsmal „wallâh", bei Gott, dann zum siebentenmal:

„Bei Gott — und bei deinem Leben, o N., bei deinem Wissen und dem Wissen deiner Sippe — und beim Leben dessen, der das Wissen in dich gelegt hat, daß sich die Sache so verhält, w allâh wa ḫajâtak jâ flân wa sirrak wa sirr ahlak wa ḫajât illi ḫaṭṭ es-sirr fîk inn ad-da'wa kada . ."

Dieser Schwur wird hochgeschätzt, denn wer einen Meineid begeht, der stirbt oder kann nicht gehen und bleibt auf der Stelle wie gebannt. So Ḫsên abu Ḥûṣa von den Ḥanâǵre; er beging einen Meineid und nach sieben Tagen starb er und seine drei Söhne.

5. Dîn en-nâr: Tijâha: Der Schwörende hält einen Stock ins Feuer und spricht:

„Beim Leben dieses Feuers, welches hervorging aus kaltem Eisen, daß ich . . ., wa ḫajât ha-n-nâr illi ṭala'et min ḫadîde bârde inni . . ."
oder der Schwörende legt den Stock an den Rand des Feuers und sagt:

„Beim Leben dieses Siebenfachen (Feuers), das Gott erschaffen hat aus kaltem Eisen, daß es sich . . ., wa ḫajât ha-l-musabba'a illi ḫalakha-llâh min ḫadîde bârde inno . . ."

Ḥwêṭât et-Tihama und Beli: der Schwörende hebt den brennenden Stab aus dem Feuer, hält ihn hoch und spricht:

„Beim Leben dieser Flamme, daß . . . wa ḥajât ha-l-miḳbâs innu.“

6. Dîn el-'ûd: Beli: Der Schwörende nimmt einen trockenen Ast, hebt ihn und spricht:

„Beim Leben dieses Astes und dessen, der ihn wachsen, dann grün und trocken werden ließ, daß ich . . ., wa ḥajât ha-l'ûd w min anbatu wa ṭumm aḫḍaru w ajbasu inni . . .“

7. Wenn der Sohn etwas unternehmen will, womit die Mutter nicht einverstanden ist, kann sie ihn durch folgende Formel (Tijâha) daran hindern; sie sagt nämlich in seiner Anwesenheit:

„Bei meiner Brust, die du gesogen hast, sollst du zurückkehren. fi dirrati illi raḍe'taha ann ta'âwed“,

und er muß sein Vorhaben aufgeben.

Den 'Azâzme gilt der Kreisschwur, dîn el-ḫuṭṭa, als hochheilig, a'ẓam.

Bei den Sa'îdijjîn schwört die eines Ehebruches verdächtige Frau:

„Beim Kreise dieses heiligen Ortes, daß ich weder gespalten noch geritten worden bin, w ḫuṭṭa ha-l-weli inni mâ šuḳebt w lâ rukebt.“

Auch ist der Schwur vor einem Feuer, dîn en-nâr, heilig. Der 'Azâmi stellt sich vor ein brennendes Feuer, hält die Rechte über die Flamme und sagt:

„Beim Leben dieses Feuers, welches aus sieben Sachen besteht, beim Leben dieses Feuers, welches aus kaltem Eisen hervorging, daß es so und so ist, w ḥajât ha-n-nâr ha-l-emsabbe'e w ḥajât ha-n-nâr illi tala'et min ḥadîde bârde inno . . .“

Dîn el-minšede nennen die Ẓullâm den Schwur bei den Genitalien. Dîn ed-dirre, Brusteid, ist bei ihnen im Gebrauche bei der Zusage. Der ihn schwören läßt, sagt bei den Sa'îdijjîn:

„Bei Gott, wenn du nicht tust so und so, soll er (Gott) die Brust abschneiden, die du sogest, w allâh lan mâ sawejt kaḏa laḳṭa' ed-dirre illi ent raḍa'etha.“

Der Ẓullâmi schwört auch bei seiner Kaffeekanne, wa-l-bakraǧ, beim Leben seines Schafes, w ḥajât ha-š-ša', bei der Brust seiner Mutter, w dirre wâledi.

Der Sa'îdi schwört sogar beim Leben der Nacht, w ḥajât ha-l-mênijje.

Die Šôbakijje schwören bei ihren Vorfahren, biǧdûdom; auch hört man die Phrase:

„Es möge dich antreiben das Los meines Ahnherrn, sâjeḳ 'alék ḥaẓẓ ǧiddi.“

Ihr heiligster Eid ist bei ihrem Ahnherrn Ḥmêd, denn dieser kann strafen. Wenn sie schwören, so wiederholen sie siebenmal das Wort Allâh oder Ḥmêd und beteuern die Wahrheit. Dann sagt der den Schwur forderte: „Das Reitpferd Gottes hinkt zwar, aber holt ein, faras allâh ʿarǵaʾ wa sabûḳ."

Ist jemand in seinem Rechte beeinträchtigt oder befindet er sich in Gefahr, so sucht er Schutz. Den Schutz kann man nur im Zelte erlangen. Dieses ist heilig, und ehrlos handelt, wer das Asylrecht in einem Zelte verletzt oder den Schützling nicht verteidigt.

Im Jahre 1887 fielen die Ṣḥûr in die Gebiete von el-Kerak ein und machten gute Beute. Die Kerakijje mit Darawîš und Ṣâleḥ ibn Ḫalîl ibn Muṣṭafa verfolgten sie bis zum ġadîr es-Sulṭân. Hier lagerten die Hḳejš von den Ṣḥûr, welche mit den Kerakijje und insbesondere mit den Meǵâlje vor kurzem Frieden geschlossen hatten. Dort brachten die Ṣḥûr ihre Beute in Sicherheit und warfen sich auf die Kerakijje, die bald in der Flucht das Heil suchen mußten. Da ihnen der Rückzug abgeschnitten war, so eilten Ṣâleḥ ibn Ḫalîl und Ḫalîl ibn Ṭâha in das Lager der Hḳejš, ihrer Freunde, und baten um Daḫle, Schutz. Ṣâleḥ ibn Ḫalîl verkroch sich in das Frauengemach des Häuptlinges und fühlte sich sicher. Aber bald kamen seine Verfolger, gaben ihm von draußen eine Kugel, zogen ihn bei den Füßen heraus und schlachteten ihn ab. Dasselbe geschah mit Ḫalîl ibn Ṭâha eḍ-Ḍmûr.

Die heiligen Gräber und andere heilige Orte beschützen nicht. So geschah es vor mehreren Jahren dem Abu ʿAwêd von at-Terâbîn. Er ging mit Ḥsên abu ʿAwêne, und dieser zeigte ihm seine Pistole. Abu ʿAwêd wollte sie probieren, der Schuß ging los und die Kugel traf den Ḥsên. Abu ʿAwêd floh sofort zum Grabe des Šejḫ Nûrân, wurde jedoch von den Angehörigen des Erschlagenen herausgezogen und wie ein Schaf geschlachtet, wa-ḫraǵûh min bejt el-weli w ḏabaḥûh kaḏabḥ eš-šaʾ.

Jedermann ist verpflichtet, den Schutz einer Person zu übernehmen. Dies ist ja Ehrenpflicht seiner Familie und seines ganzen Geschlechtes. Wollte er den um Schutz Angehenden abweisen, so würde er dadurch seine Furcht oder seine Ohnmacht bekunden. Er übernimmt deshalb den Schutz auf jeden Fall, stellt sich jedoch, wenn er sich zu schwach fühlt, samt seinem Schützlinge unter den Schutz eines Mächtigeren.

Der Bedrückte betritt im Gebiete von el-Kerak das Zelt und sagt: „Ich ersuche dich um Schutz vor den Quälereien des N. Du kannst auf dreierlei (Wegen) entscheiden, es handelt sich ja um eine gute Sache, ana daḫalt ʿalejk min ǵawr flân bit-talâte, daḫalt ʿalejk bil-ḥaḳḳ."

Der Beschützer antwortet:

„Freue dich der Kraft und des Glückes!	Ibšer bil-ezz w aṭ-ṭajjeb
Niemand darf dich schmälern,	mâ-ḥad juḳaṭṭe'ak
und zeichne die drei (Wege) mit deiner Hand,	w enet ḥoṭṭ eṭ-ṭalâṭe bîdak“,

und der Bedrückte zeichnet mit seinem Stocke drei parallele Striche auf den Boden.

Wenn ein Ṣaḥari einen Stammgenossen getötet hat und dadurch der Blutrache verfallen ist, da'we damm, packt er sein Zelt auf die Kamele, flieht mit seiner Verwandtschaft zu einem mächtigen Häuptlinge, hinter dessen Zelte er sein Zelt aufschlägt, jaḳîh bejt al-madḫûl 'alejh, und betritt dessen Zelt mit folgenden Worten:

„Ich stelle mich unter deinen Schutz nach den Normen, die unter den Menschen anerkannt sind, ich suche Zuflucht und Schutz vor meinen Stammgenossen, ana dâḫel 'alejk bid-drûb illi bén an-nâs, dâḫel 'âjed lâjed min ibn 'ammi.“

Handelt es sich aber nur um Geringes, so läßt er, wenn er einen Beschützer braucht, sein Zelt stehen, geht allein, brâsih, in das Zelt desjenigen, um dessen Schutz er ansucht, und sagt:

„O N., ich stelle mich unter deinen Schutz vor der Gewalt meines Stammgenossen, der mein Recht ißt, jâ flân ana dâḫel 'alejk 'an šarr ibn 'ammi mâčel ḥaḳḳi.“

Der um Schutz Ersuchte, ad-daḫîl, muß ihn gern oder ungern mit seiner ganzen Verwandtschaft beschützen.

Bei den 'Amârîn sagt der von dem Bluträcher Bedrohte:

„O N., ich stelle mich unter eueren Schutz, rettet meinen Nacken und meine Herden, jâ flân ana dâḫel 'alejku sallemû rḳubti w ḥalâli.“

Wenn ein Šarâri bedrängt ist, ladet er sein Zelt, Weib und Kinder auf und flieht. Wenn er ein Lager erreicht, hält er vor einem Zelte an, springt hinein und sagt:

„O du, dem nur Wohl begegnen möge, ich (vertraue) auf Gott und auf dich, jâ lâḳi-l-ḫejr ana billâh w bik.“

Der Zeltinhaber — oder in seiner Abwesenheit dessen Frau — sagt: „Freue dich der Kraft und Sicherheit des Lagers. Niemand darf dich bedrängen und du zeichne die Dreie mit deiner Hand, ebšer bil-'ezz wa ṭib el-menzel, mâ-ḥad juḳaṭṭe'ak w enet ḥoṭṭ eṭ-ṭalâṭe bîdak!“

Der Beschützer verscheucht, jintaher, die Verfolger, mit den Worten: „Euere Hände (weg)! Eure Hände (weg), Îdêku, îdêku!“

Die Frau fügt noch hinzu:

„Hände weg, Hände weg! hinter mir sind noch Männer, îdéku, îdêku, warâja rğâl!“

Die Verfolger müssen stehen bleiben und dürfen nichts einwenden. Wenn sie dennoch über den Beschützten herfallen und ihn schlagen sollten, müßten sie von den Anverwandten der Frau oder des Beschützers getötet werden, ohne daß deshalb Blutrache entstünde.

Der Verfolgte nennt nun einen Mann, den er zum Richter haben will, sein Beschützer ernennt einen zweiten, und der Verfolger einen dritten. Dann darf der Verfolgte und der Verfolger je einen abweisen, so daß nur ein Richter bleibt. Der Beschützer sendet nun einen Boten zu dem Verfolger und läßt ihm mitteilen:

„O N., der N., Sohn des N., ersucht mich um Schutz, um sein Recht zu wahren, und du sollst seinen Besitz nicht schmälern, jâ flân, flân ibn flân daḫal ʿalejji ʿa-l-ḥaḳḳ w lâ taḳaṭṭeʿ sâḥto.“

Der Verfolger antwortet:

„Dein Schutz lastet über mir gleich schwer, als ob ihn zwei beschützten, und dein Stab ruht auf mir wie ein Säbel, daḫlak ʿalejji daḫlên w ʿaṣâtak ʿalejji sêf.“

Nun begibt sich der Verfolger zu dem Beschützer, wo auch der Richter erschienen ist, und hier wird die Sache verhandelt.

Sollte der Verfolger nicht erscheinen, so wird er zum zweiten-, dritten-, vierten-, fünftenmal aufgefordert und falls er auch dann nicht erscheint, verfällt er der Gewalt des Beschützers, der ihm mit seinem Geschlechte alles wegnehmen darf.

Wenn der Verfolger dem Beschützten nachstellt und ihn irgendwo erreicht, schlägt oder tötet und flieht, so ist er zum vierfachen Blutpreise verpflichtet, und muß dazu noch dem Beschützer so viele Kamele geben, daß ihre Reihe von dem Orte, wo der Dâḫel mißhandelt worden ist, bis zum Zelte des Beschützers reicht.

Bei den Ḥanâğre: Wenn jemand arg bedrängt wird, begibt er sich zu einem Häuptlinge, hängt seinen Mirîr, Kopfstrick, auf dessen Hals und sagt:

„O N., ich suche Hilfe bei Gott und bei dir vor dem Frevel des N., jâ flân, ana billâh wa bik ʿan ṭôlte flân.“

Der Häuptling antwortet:

„Gerechtigkeitshalber übertrage ich dir den Schutz. Du bist willkommen bei dem, der dir dein Recht verschafft, bid-dalâjel anḳol lak ad-daḫal marḥabâ bak billi juwaṣṣelak ḥaḳḳak.“

Dann sendet der Häuptling zu dem Missetäter und fordert von ihm das Recht.

Der Verfolgte muß beschützt werden von dem, dessen Schutz er mit den Worten „ana dâḫel ʿalejk“ ansucht.

Bei den Tijâha sagt der Häuptling von seinem Schützlinge:

„Dieser (ruht) in meinem Bauche, bezeuget es o Leute, hâḏa fi baṭni eshedû jâ nâs!“

Bei geringeren Rechtsstreitigkeiten betritt der im Rechte Gekränkte das Zelt eines anerkannten Richters und sagt:

„Ich stelle mich unter deinen Schutz vor N., und dir gehört das Viertel, oder dessen Wert, oder die Sache N., ana dâḫel ʿalejk min flân w lak rbaʿijje aw ṯamanha aw aš-ši al-flâni.“

Der Richter antwortet: „Du bist sicher, salimt.“

Nun läßt er dem Widersacher sagen:

„N. stellte sich unter meinen Schutz, wenn du Recht hast, komm und nimm es, flân daḫal ʿalajji w in kân lak ḥaḳîḳe taʿâl ḫodha.“

Diesem bleibt nun nichts anderes übrig, als vor dem Richter zu erscheinen und sein Recht vor der Versammlung zu vertreten. Steht sein Recht fest, in ṯabat lo ḥaḳḳ, so nimmt er, was er beansprucht.

Bei den Saʿidijjîn sagt der Schutzflehende dem anerkannten Richter:

„Ich (lege mich) auf deine Ehre o N. vor N., ana fi ʿarḍak jâ flân ʿan flân“, und legt dabei seinen Kopfstrick um den Hals des Richters, der darauf antwortet:

„Sei willkommen, marḥabâ bak!“

Solche Richter sind bei den Saʿidijjîn: Sâlem ibn Rammân, Sâlem er-Rwêḍi und ʿAḳnân ibn Sarûr.

Die meisten Streitigkeiten verursacht der Diebstahl. Seinem Stammgenossen etwas zu stehlen, ist Sünde, aber einem Fremden, der weder bekannt, noch Gast, noch Schutzbefohlener ist, etwas zu entwenden oder zu rauben, ist ehrenhaft; darum muß man in den Gebieten der Fellâḥîn auf seine Sachen gut aufpassen. Es bilden sich daselbst kleine Banden junger Männer, welche die Gebiete anderer Geschlechter durchstreifen und sie unsicher machen.

Wenn die Lijâṯne solchen Dieb, ḥâjef, bei der Tat erwischen, prügeln sie ihn tüchtig, jiḍrebûh ḍarban alîman, und binden ihn an die Mittelstange, al-wâseṭ, des Zeltes an. Will er nicht neue Schläge bekommen, so darf er sich nicht rühren. So bleibt er gewöhnlich bis zum Tagesanbruch in dieser Lage; dann nimmt man ihm alles ab, was er hat, und läßt ihn laufen. Kennt er aber jemand von den Anwesenden, den er grüßt, so wird er diesem übergeben, der ihn dann freiläßt.

Wenn die Kerakijje einen Dieb, ḥâjef, im Lager ergreifen, legen sie ihm die für die Pferde bestimmten eisernen Ketten an und binden ihn an die Vorderstricke des Zeltes, an denen auch die zum Mästen bestimmten Schafe, rabîbe, rabâjeb, angebunden sind. Nun schmieren sie ihm den Kopf und Bart mit Teig, ʻaǵîne, ein und die Schafe belecken ihn und reißen ihm dabei die Haare aus.

Oder sie graben ein längliches Loch, legen ihn hinein, so daß nur der Kopf herausschaut, bedecken ihn mit Erde und stampfen diese zu.

Zur Zeit der Ernte muß er mit den Ketten an den Füßen arbeiten, bekommt Schläge, wenig Essen, aber seine Seele, ʻazîze, nehmen sie ihm nicht. Nach einem Monate wird er, wenn er aus dem Gebiete, min ed-dîre, von el-Kerak (zwischen el-Môǵib und el-Ḥsa) stammt, entlassen.

Wenn seine Begleiter etwas geraubt haben und damit geflohen sind, so wird er erst dann freigelassen, wenn alles zurückgestellt ist.

Erblickt ein Ḥanǵûri einen Dieb, ḥarâmi, so schreit er:

„Hierher, o Tapfere, hierher, ǵâj jâ ṣbejjân, ǵâj!"

Wenn sie ihn töten, und er einem befreundeten Stamme angehört, muß sein Blutpreis, dije, bezahlt werden.

Auch bei den Terâbîn wird der Dieb, wenn er zu den Feinden, ḳômâni, gehört, getötet.

Wenn er aber ein Zelt erreicht und es betritt, darf er bei den ʻAzâzme nicht mehr getötet werden.

Saʻîdijjîn: Wird ein Dieb, dessen man auf dem Pferche, marâḥ, im Hirtenlager oder auf dem Mittelplatze im Zeltlager der Beduinen, sâḥat el-ʻarab, habhaft wird, getötet, so dürfen seine Angehörigen keinen Blutpreis verlangen.

Ẓullâm: Wenn er getötet wird, so muß der Töter fliehen, jiǵla, und den Blutpreis zahlen.

Die gestohlene Ziege oder das gestohlene Schaf muß überall zurückgegeben werden mit noch drei anderen. Ist das gestohlene Tier nicht mehr vorhanden, so müssen vier restituiert werden, murabbaʻ. Schmalz, Getreide, Pflug, Mantel u. ä. muß viermal bezahlt oder ersetzt werden.

Wenn jemand in einem Hause oder Zelte etwas stiehlt, so zahlt er noch für das Betreten desselben bis 100 Meǵidi Strafgeld.

Eine Stute oder ein Kamel wird nur einfach ersetzt.

Dies ist der Grund, warum man jedes gefundene Schaf u. ä. anzeigt und es als fremdes Eigentum hält, bis der Eigentümer erscheint.

Wenn es Junge wirft, werden auch diese mit dem Wasm, Abzeichen, ihrer Mutter versehen und erst nach vier Jahren gehören sie dem Finder.

Wer einem anderen durch eigene Schuld einen Schaden verursacht, ist ebenfalls ersatzpflichtig. Der Beschädigte, el-ṛarîm, treibt das Vieh des Schädigers zu einem Häuptlinge, und dieser zwingt nun den Schädiger Ersatz zu leisten, binno jisodd ʿamilo, und erst dann gibt er ihm die Tiere zurück.

Will der Schädiger nicht Folge leisten, so verhängt über ihn der Šejḫ die Wiǵh-Strafe, jaḳûm bwiǵh ʿala râʿi-l-ḫalâl. Vor dem Zelte des Schädigers wird ein Teppich in der Richtung gegen das Zelt des Šejḫ ausgebreitet und darauf ein Schaf (Ziege) des Schädigers geschlachtet und dies so lange wiederholt, bis er nachgibt. Der Šejḫ bekommt einen Lohn, ḫišmi, dafür.

Recht schwierig gestalten sich Erbschaftsstreitigkeiten. Rechtmäßige Erben, el-warît oder el-wâret, sind die Söhne. Letztwillige Verfügungen des Vaters kommen nie vor. Bei den Ṣḫûr darf der Vater unter keiner Bedingung seinen Sohn von der Erbschaft ausschließen, lâ jiḳder jiḳtaʿ waladu min mâlih. Auch wenn der Vater zu Lebzeiten seinen Sohn fortgejagt hätte, kommt dieser nach seinem Tode zurück und nimmt, was ihm gehört.

Die Töchter erben nie mit den Söhnen. Gewöhnlich bekommen sie von den Brüdern gar nichts; ja auch die Mitgift der Schwester, mohr, sijâḳ, die der Bräutigam bringt, gehört den Brüdern.

Sind keine Söhne da, so geht der ganze Besitz auf die nächsten Verwandten des Verstorbenen über. Die Töchter bekommen nur als Geschenk je eine Wârede und je eine Ṣâdere, also zwei Kamelstuten: die zur Tränke Gehende, die von der Tränke Zurückkehrende. Diese Geschenke sollen die Töchter immer bekommen, selbst wenn der rechtmäßige Erbe leer ausgehen sollte.

Bei den ʿAmârîn ist es nicht bestimmt, was die Töchter als Geschenk bekommen sollen, und es hängt von der Herzensgüte, ṭîbet al-ḫâṭer, der Erben ab, was sie ihnen schenken.

Hat der Erblasser keine Söhne und keine Töchter, so erbt die ganze Verlassenschaft, ǵamîʿ muḫlefât, sein entlassener Sklave oder sein Adoptivsohn, al-maḫšûr, der zum Geschlechte des Adoptivvaters gehört. Dieser ist auch der gesetzliche Erbe, wenn Töchter da sind. Er darf diese nicht heiraten, verheiraten kann er sie aber.

Adoption, al-ḫišre, kommt häufig vor. Wenn der Mann keine Söhne hat, kann er einen fremden Knaben an Sohnes statt nehmen.

Er ruft die Stammesangehörigen in sein Zelt und bringt dorthin den Knaben oder Jüngling, der ein Schaf führt. In dem Gastraume, aš-šiḳḳ, seines Zeltes muß der Zeltherr nun das Schaf, ša'ṭ-al-ḫiššre, opfern. Wenn er es schlachtet, spricht er:

„Höret zu, o Zeugen!	Isma'û jâ šâhedîn!
Sehet diesen offenen Zeltraum	šûfû ha-š-šiḳḳ el-mušarra
und dieses für jeden bereitete Fleisch:	w ha-al-laḥm al-mufarra'
es ist dies keine Gunst von mir,	mâ hu čaram minni
sondern sehet: ich adoptiere den N.;	bal tarâni muḫšer flân ma'i
(er soll das Recht ausüben) über meinen Besitz, meine Herden und meine Töchter.	fi mâli w ḥalâli w banâti.“

Tijâha: Der Mann darf von seinem Besitze nichts seiner Frau zuwenden. Ja auch wenn er keine Söhne hat, darf er seinen Töchtern oder seiner Frau sein Privateigentum, mulk, nicht vermachen. Dies wäre eine Schädigung der Erben, meḥsed wariṯ, und das sind seine Anverwandten. Diese geben der Frau oder den Töchtern nach ihrem Gutdünken, ṭîbe ḫâṭer.

Bei den Ḥwêṭât kann der Vater den ungehorsamen Sohn temporär vom Erbe ausschließen oder ihn überhaupt fortjagen. Er sagt:

„O N., ich scheide dich ab und Gott scheidet dich ab vom Besitz und Verkehr, jâ flân ana ḳâṭe'ak w allâh ḳâṭe'ak min el-milč w as-silč.“

Nach dem Tode des Vaters kann jedoch der Sohn Anspruch auf die Erbschaft erheben und bekommt seinen Anteil.

Der von einer Dienerin (Magd) geborene Knabe kann den übrigen Söhnen nicht gleichgestellt werden. Er wird oft nach dem Tode des Vaters samt der Mutter vertrieben.

Einem Bewohner von el-Kerak gebar seine Frau erst in seinen alten Tagen einen Sohn. Voll Dankbarkeit gegen Gott ging er zu seinen Freunden, um es ihnen mitzuteilen und fand am Wege einen neugeborenen, verlassenen Knaben liegen. Er erbarmte sich seiner und ließ ihn mit seinem Sohne erziehen. Beide nannte er Mḥammed. Als er nach einigen Jahren dem Sterben nahe war, sprach er: „Mḥammed wird erben, und Mḥammed wird nicht erben.“

Als die Knaben groß geworden, sagte der Vormund dem leiblichen Sohne: „Mḥammed ist ein Bastard, lôme, gib ihm nichts und jag' ihn fort.“

Er tat es, doch der gefundene Mḥammed erwiderte: „Ja du hast hier gar nichts zu sagen, denn du bist ein Bastard — ziehe fort!“

Nun entstand ein großer Streit, wer der leibliche Sohn und somit der rechtmäßige Erbe sei. Um dies zu entscheiden, zogen beide zum Geschlechte der Beni 'Oḳbe von den Tijâha im Gebiete von Ṛazze, dessen Häuptling ez Zijâdi als Richter allgemein anerkannt war, und stiegen nach Sonnenuntergang vor seinem Zelte ab.

Beide brachten dieselbe Klage vor. Ez-Zijâdi antwortete gar nichts.

Nachdem der eine wie der andere seine Sache vorgebracht hatte, trat ez-Zijâdi zu seiner jungen Frau, die hinter dem Scheidetuche der Verhandlung zugehört hatte, und sagte: „Ich weiß nicht, wem ich recht-geben soll." Da sagte die Frau: „Geh' schlafen und laß mich handeln."

Sie legte ihren Schmuck an und ging, als sich alles niedergelegt hatte und in der Männerabteilung nur die beiden Brüder geblieben waren, einigemal an ihnen vorüber. Da erhob sich der gefundene Mḥammed und wollte sich mit ihr unterhalten. Sie wies ihn jedoch zurück mit dem Bemerken, mit ihm sei keine angenehme Unterhaltung möglich, da er sich um sein Recht kümmern müsse.

Er erwiderte: „Die Unterhaltung mit dir in dieser Nacht läßt mich auf mein Recht verzichten." Dies hörte auch der wahre Sohn und sagte: „Ich würde mich schämen, mein Recht um einen Liebes-handel herzugeben."

Da ergriff die Frau die Hand des gefundenen Mḥammed, rief den ez-Zijâdi und erzählte, was geschehen war. Ez-Zijâdi ließ sofort Feuer anzünden, die Ältesten zusammenrufen und erklärte: „O Versammlung, hier sind die beiden Mḥammed. Dieser da ist der wahre Sohn, der erben wird, und dieser wird nicht erben; denn seine Worte beweisen, daß er ein Bastard sein muß."

Gastfreundschaft.

Der Araber betrachtet die Gastfreundschaft als seine erste Pflicht; er weiß wohl, daß gar oft sein Leben wie das seines Tieres verloren wäre, wenn er keine hilfreiche Hand fände, und diese sucht er sich durch Gegendienste zu sichern. Die Gastfreundschaft bietet ihm auch volle Sicherheit in den Gebieten seines Gastgebers, weil dieser für alles, was sein Gastfreund besitzt, bürgt. Die Verpflegung wie die Verantwortung verursachen dem Wirte viele Sorgen; deshalb suchen sich viele der Pflicht der Gastfreundschaft zu entziehen und verstecken ihre Zelte in abgelegenen Tälern und schwer zugänglichen Schluchten, oder lassen abends das Feuer ganz ausgehen. Trifft man durch Zufall auf einen Stammangehörigen und fragt ihn nach dem Zeltlager, so bekommt man immer falsche Auskunft. So handeln die meisten Fellâḥîn und Ma'aze; die echten Araber aber, die Kamelzüchter, laden manchmal schon von weitem ein. Oft liefen oder ritten uns mehrere Männer entgegen, baten uns mit schönen Worten, bei ihnen zu bleiben, gingen nach, wenn wir nicht anhielten, und bedrohten uns, so daß wir ihrem Wunsche nachkommen mußten.

Der Gruß gilt überall als Zeichen der Gastfreundschaft. Freilich besteht der arabische Gruß aus einer ganzen Reihe von Redewendungen und dauert manchmal eine gute Viertelstunde, so daß man oft in die Lage kommt, sich ihn zu verbitten, was dem Eingeborenen aber höchst unanständig erscheint. Die Ḥwêṭât sagen:

„Wenn du jemand grüßest, ṣaffaḳ, taṣfiḳ, und er dir antwortet, so begleitet dich sein Gruß den ganzen Tag, und du kannst nicht irregehen."

In der Wüste grüßen die Ṣḫûr folgenderweise:

„Stärke dich (Gott), ḳawwak!"

«Willkommen, du sollst stark sein, hala' ẑwît!»

„Gott soll dir helfen, allâh ja'înak!"

«Gott soll dich lange erhalten, allâh jadîmak!»

Seltener hört man in der Wüste die Worte:

„Friede mit dir, as-salâm 'alejk!"

«Auch mit dir sei Friede, wa'alejk as-salâm!»

„Woher beglückest du uns, min ejn ḥajjît?"

«Gott zum Gruß, allâh wa tḥajja!»

und nun sagt er, woher er kommt. Dann folgt zumeist die Frage:

„Wo sind die Araber, wejn ha-l-'arbân?"

„Ich wünsche dir Frieden, salâmtak, sie lagern dort und dort!"

Ist der Wanderer durstig und sieht gefüllte Wasserschläuche, so fragt er:

„Habet ihr Wasser mit, ma'ku ma'?"

«Jawohl, ma'ana!»

Wenn er die Wasserschläuche nicht gleich bemerkt und nicht weiß, wieviel Wasser sie haben, so fragt er:

„Werdet ihr den Durstigen nicht tränken, mâ tasḳû al-'aṭšân?"

«Bei Gott, laß deinen Bauch voll sein, îw allâh ed'a baṭnak râwi!»

Wenn man Kamelhirten begegnet und die gewöhnlichen Formeln gewechselt hat, hört man fast immer die Aufforderung:

„Steiget ab, melket, ḥawwelû, eḥtelbû!"

und sie bringen eine oder mehrere Kamelstuten, von denen man frische Milch bekommt.

Ausführlicher gestalten sich die Grußformeln im Gastzelte. Bei den Arabern gibt es kein spezielles Gastzelt. Jedes Zelt empfängt Gäste, man soll aber immer im ersten Zelte, zu dessen Vorderseite man kommt, absteigen. Hat man jedoch im Zeltlager einen Bekannten, bei dem man absteigen will, so erkundigt man sich zuvor nach der Lage seines Zeltes mit den Worten:

„Wo steht das Zelt des N.? O der du gewohnt bist, Auskunft zu erteilen, wejn bejt flân, jâ mu'awwad 'âliman?"

Dann sucht man es auf, indem man womöglich die Rückseite der Zelte passiert. Vor dem gewünschten Zelte läßt man die Kamele niederknien, ju nawweḥû ar-rčâb ḳafa'-l-bejt. Der Zeltherr oder seine Frau bringt inzwischen Teppiche aus dem Wohnraume in den Gastraum, den man mit den Worten betritt: „Ḳawwak" oder „As-salâm 'alejkom." Dann begrüßen einander Gast und Zeltherr durch Umarmung und Kuß, je dreimal auf jede Wange, legt die Rechte auf die Brust und sagt:

„Wie befindest du dich, čejf ente?"

worauf man zur Antwort bekommt:

«Gott sei Lob, al-ḥamd lillâh.»

Jetzt fordert der Zeltherr oder dessen Frau die Angekommenen auf:

„Tretet auf die Teppiche, fûtû 'a-l-frâš."

Man entledigt sich der Reitschuhe, stellt das Gewehr abseits in die Nähe, setzt sich mit unterlegten Beinen auf die Teppiche nieder und lehnt sich an einen Šdâd-Sattel. Jetzt grüßt der Mu'azzeb nochmals und fragt:

„Wie geht es dir, čejf ente?"

„Wie geht es deinen Kindern, čejf min warâk?"

Man antwortet: «So Gott will, geht es ihnen gut, in šâ' allâh mabsûṭîn.»

„Gott möge dich zufriedenstellen, allâh jabusṭak (sic)!"

«Sie lassen dich grüßen, jusallemû 'alejk!»

Dann steht der Mu'azzeb auf und ruft in die andere Abteilung des Zeltes:

„Sofort, o Gastgeberinnen, bereitet das Abendessen eueren Gästen, baš' jâ ma'âzîb sawwû 'aša liḏnjûfkon!"

Wenn die Gäste bereits gesättigt sind, fordert sie der Gastgeber auf, noch weiter zu essen:

„Esset, o Gäste, esset das Abendmahl!
Ihr habt uns gar nicht erfreut mit euerem Essen!
Ta'aššu, ta'aššû, jâ ḍujûf mâ 'aǧibtûna fi 'ašâku!"

Sie antworten darauf: «Gott ersetze es dir und vermehre dein Wohl, allâh jiḫlef 'alejk w jučatter ḫejrak.»

Der Wirt sagt wieder: „Esset, Gott soll euch Gesundheit schenken, ta'aššû, allâh en tḥajjîku!", worauf einer der Gäste antwortet:

«So oft sich regen die jungen Kamelstuten,	'Ala ḳad mâ darhaman al-ḫîl
und ärgerlich ist der Geizhals,	wa barṭam al-baḫîl
und ausgeht der Wolf allein,	wa maša aḍ-ḍîb ḫalâwi
sollst du beglückt sein!	tḥajja!»

Vor der Abreise sagt man zum Gastgeber:
„O Gastgeber, wir grüßen dich, jâ mu'azzeb nusallem 'alejk!"

Der Gastgeber erwidert darauf:

„Doppelte Gesundheit, volle Kraft werde euch,
auf daß ihr bei uns zum zweiten Male erscheinet;
euer Weg soll grün sein,
nichts möge eueren Eingeweiden entfallen,
als was euere Brust freut!

Ṣaḥtên w 'âfije mhanna',
w laku 'endana mṭanna,
darbaku aḫḍar
mâ jaḳa' min buṭûnku
ġejr farḥânât ṣdûrku."

Die Ḥwêṭât grüßen im Zelte:
„Kraft, ḳuwwa!"
„Kraft diesen Männern, ḳaww ha-r-reǧâl!"
«Gott beglücke diese Männer, ḥajj-allâh ha-r-reǧâl!»
«Zum Wohl, o ihr, die ihr Beute macht, al-'awâfi jâ ġânimîn!»
«Gott beglücke diesen Beutemacher, ḥajj-allâh ha-l-ġânem!»
„Wie geht es den Bärten und ihren Angehörigen, kêf el-leḥa' wa mâ fiha?"
«(Gott) läßt leben die Männer und sterben, ta'îš er-reǧûl wa towfîhom.»

Nun frägt der Zeltherr, mu'azebb:
„Wohin willst du unter dem Schutze Gottes, hâḍa wên 'ala ǧîrt allâh?"

«Bis hierher, ʿala ḥadd hâna!»

„Wie geht es deinen Kindern, kêf ha-l-ʿejâl warâk?"

«Gott soll von dir nicht weichen lassen Gleiches, allâh lâ juwallîk sâje!»

„Welche Nachrichten bringst du, wêš ʿulûmak?"

«Nachrichten des Friedens, ʿulûm es-salâm.»

„O Gast, tritt doch näher, jâ ḍejf fût ǵâj!"

«Ich bin bereits auf meinem Platze, waṣalet.»

„Sofort reichet das Mahl dem Gaste, er ist ja hungrig, bsâʿa hâtû ɣada liḍ-ḍejf tarâh ǵîʿân!"

«Gott möge entfernen den Hunger, allâh jubʿed el-ǵûʿ!»

„Gott möge euch beglücken von euerer Abreise an bis zur Ankunft, allâh en tḥajjîku min jôm mišêtu lemâ lafejtu!"

«Er möge beglücken euere Kinder, juḥajji nabâku!»

Vor der Mahlzeit: „Gießet zum Waschen den Gästen, ɣasselû ʿa-ḍ-ḍujûf!"

«Meine Hand ist rein, îdi naẓîfe.»

„Das Waschen ist Sitte, das Essen gut Glück, el-ɣusul sinne wa-l-akl naṣîb!"

Nach der Mahlzeit: „Mehre (Gott) euer Wohlsein, jukatter ḫejrku!"

«Doppelte Gesundheit, ṣaḥtên!»

Wenn der Gast sich von einem Unbekannten etwas zeigen lassen will, so ruft er: „O N.!" und winkt ihm. Dieser antwortet:

«Dir zu Diensten, jâ ʿawnak!» oder: «Ich bin dein Sattel, wa šaddak!» oder: «Welche ist deine Mitteilung, wêš ʿelmak?»

„Reiche mir jene Sache, hât el-belijje!"

„Wozu ist denn das, hâḍa lawêš (oder lowe)?"

Vor dem Abendessen sagt der Gastgeber öfter: „Wir wollen uns umsehen nach dem Abendessen für die Gäste, denn wir haben kein Mehl, widdna našûf ʿaša liḍ-ḍujûf eḥna maḳârîš."

Beim Abendessen fordert der Gastgeber auf: „Ergreife dein Omen, die Provision liegt vor dir, enṭaḥ fâlak, ez-zâd bwiǵhak."

«Ich mag nicht essen, mâ-na âkel.»

„Befriedige dich, efleḥ!"

«Bei Gott ist die Befriedigung, jâ allâh el-felâḥ!»

„Befriedige dich, efleḥ!"

«O Gott, wir gehören doch zu den Befriedigten, jâ allâh enna min el-mufleḥîn!»

23*

Wenn der Gastgeber zum Frühstück auffordert, antwortet der Gast:

„O Gott, dies ist unser erster Imbiß, | Jâ allâh, en hâda fuṭûrna
mögest du unsere Angelegenheiten ebnen! | wa tusahhel umûrna."

Wenn der Gast beim Abendessen in die Schüssel greift, spricht er:

„O Gott, dies ist unser Abendessen,
mögest du uns aus deiner Barmherzigkeit belohnen
und uns vor den Anschlägen unserer Feinde beschützen.

Jâ allâh hâda ʿaššâna
min raḥmtak tiršâna
wa takfina šerr aʿdâna."

Wenn jemand dem Gaste Trinkwasser reicht, ruft er: „Nimm Wasser, trinke ḫud maʾ-šrab!"

Der Gast antwortet: „Sünde, falls ich vor dir trinken sollte, ḥarâm en šeribet ḳablak!"

«Schutz über dich, ʿalejk ǵîre!»

„Gott beschütze dich, allâh juǵîrak!"

Die Fellâḥîn und Halb-Beduinen haben immer ein gemeinsames Gastzelt, aš-šiḳḳ, und die Gäste werden dorthin geführt und von einzelnen Familien der Reihe nach bewirtet.

Wenn ein vornehmer Gast in das Zeltlager der Halb-Fellâḥîn kommt, wollen ihn alle bewirten, und es entsteht bald ein Streit, wer das Abendessen bereiten soll. Dieser Streit heißt el-Erlâṭ. Die Männer schreien, fechten mit den Händen herum, drängen sich, und der eine beschwört den anderen, ihm den Gast zu überlassen. Da hört man:

„Ich will von meinem Arme mich trennen (wenn ich ihn nicht bewirte), ʿalajja-ṭ-ṭalâḳ min ḍerâʿi!"

Der Andere: „Ich will von meinem Kopfe scheiden, ʿallaja-ṭ-ṭalâḳ min râsi!" u. a. m.

Nun suchen sie einen Richter, gewöhnlich einen einsichtigen Greis, der Ruhe stiften soll. Sie sagen zu ihm: „Wir kommen zu dir zum Wohle, ǵînak ʿal-ʿawâfi."

Er antwortet: „Was soll ich denn, mâ-na bihenn?"

Der Eine erzählt ihm die Sache in folgender Formel:

„(Die Ursache, warum) ich zu dir mit einem unfruchtbaren Schafe komme sind die Gäste, und ich wünsche sie zu bewirten, denn sonst (habe ich erklärt), mich von meinem Arme zu trennen.

Gott gebe Heil deinem Barte und ihren Bärten
und dem Barte dessen, wer sie uns bringt,
und befreie uns von dem Unheil ihrer Begegnung.

Wêš ǧîtak bina'ǧe ḥâjel eḍ-ḍjûf w ištahi ḳarâhom w illa ṭallaḳt min ḏerâ'i.

Allâh en tḥajji laḥîtak wa lḥâhom
wa lḥje min ja'ṭîna ajjâhom
wa-kfîna šerr leḳâhom."

Für wen sich der Richter entscheidet, der übernimmt die Bewirtung. Es wird sofort der Kaffeemörser herbeigeholt, Kaffeebohnen werden geröstet und dann gestampft. Die den Halb-Fellâḥîn angenehme Musik des Kaffeestampfens ruft alle Männer zum Gastzelte zusammen, wo sie den Nachrichten zuhören, die der Gast mitgebracht, Kaffee trinken und auf das Essen warten, von dem auch für sie etwas abfällt.

Wie der Gast, so muß auch sein Pferd versorgt werden.¦ Dies tut entweder der Gastgeber oder jemand anders. Er nimmt den 'Alîḳa-Futtersack, füllt ihn mit Gerste, stellt ihn vor den Gast, der die Gerste sich ansehen und seine Zufriedenheit kundgeben muß, bevor der Sack dem Pferde angehängt wird. Das Kamel wird gewöhnlich auf eine nahe Weide getrieben.

Das Gastrecht dauert eigentlich drei Tage und ein Drittel, ṭalâṭe w ṭulṭ, aber bei den Kamelzüchtern kann der Gast bleiben, solange er will; wenn er sich gut benimmt, wird ihn niemand fortgehen heißen. Aber jene Ṭalâṭe w ṭulṭ haben auch noch eine andere Bedeutung. Wenn nämlich der Gast weiterzieht, bei keinem anderen Bdui absteigt, ihn jemand aber inzwischen überfällt und ausraubt, salabu, benachrichtigt er durch einen Boten seinen Mu'azzeb, Muhelli, seinen letzten Gastgeber, oder kehrt zu diesem zurück und sagt zu ihm:

„Dein Salz liegt noch auf meiner Zunge, melḥtak 'ala lisâni", oder: „Ich habe dein Salz nicht vertauscht; ich stehe vor deinem Angesichte, mâ naḳaḍet melḥtak; ana fi wiǧhak!"

Der Mu'azzeb ist verpflichtet, ihm zu seinen Sachen zu verhelfen, und wenn er es nicht täte, würde er ehrlos. Deshalb muß ihm seine ganze Verwandtschaft helfen. Der Räuber muß alles zurückgeben und dem Gastgeber noch 40 Nîra (Ḥanâǧre) zahlen.

Wenn der Gast etwas stiehlt, verliert er das Recht der Gastfreundschaft. Sein Name und die Beschreibung seiner Person verbreiten sich rasch, und wenn er irgendwo absteigen will, wird er in kein Zelt eingelassen. Er ist ein notorischer Dieb, mubawwaḳ, wie die ʿAmârîn sagen.

Bei den Ḥêwât dauert die Gastfreundschaft nur drei Tage. Wenn ein Gast länger bleibt, gilt er für lästig, ja gefährlich, und man sagt von ihm: „Lieber eine buntgesprenkelte Schlange als einen ständigen Gast, el-ḥajjet er-raḳṭa' w lâ eḍ-ḍejf el-muḳîm."

Das Salz, die Gastfreundschaft, bleibt bei den ʿImrân nur eine Tagreise im Gebiete desselben Stammes in Geltung. Wenn dem Gaste innerhalb dieser Zeit etwas verloren geht, kehrt er zu dem Gastgeber zurück und sagt:

„Ersetze mir mein Recht, sonst werde ich dich schwarz machen und werde vor dir warnen, eḳtaʿ lî el-ḥaḳîḳa w illa usawwed ʿalejk w uḥarres bak."

Der Gastgeber muß auf diese Meldung hin auf sein Zelt eine schwarze Fahne, gewöhnlich ein dunkles Kopftuch an eine Stange gebunden, hissen und mit seiner Verwandtschaft alles in Bewegung setzen, um dem Gaste zu seinem Rechte zu verhelfen.

Wer seinen Gast nicht verteidigt, ihm eine gestohlene Sache nicht zurückbringt, das Asylrecht verletzt, verliert die Ehre und wird schwarzer Hund, kalb aswad, genannt, mit „o Schwarzer, jâ swîdân" angerufen und darf die schwarze Fahne von seinem Zelte nicht entfernen.

Bei den Šarârât gehen die Frauen im Lager herum und singen von dem, der unverschuldeterweise seine Ehre verliert:

„Es sei ihm möglich, es sei ihm möglich,	Tahajja lo, tahajja lo
durch seine Verwandtschaft und seine Männer!	biʿezwato w erǵâlo
N. N.	flân al-flâni
Gott möge sein Antlitz weiß machen.	bajjaḍ allâh waǵho."

Wer ihm begegnet, sagt: „Möge Gott dein Gesicht weiß machen, allâh jubajjeḍ waǵhak!"

Nachdem er dem Gaste das Gestohlene erwirkt hat, vertauscht er die schwarze Fahne mit einer weißen, nimmt eine zweite und geht in seinem und in den benachbarten Lagern umher und ruft jedermann zu:

„Gott hat meine Ehre weiß gemacht, allâh bajjaḍ ʿarḍi!"

Von der Gastfreundschaft ist selbst der Feind nicht ausgeschlossen und die Regel sagt:

„Wenn ein Feind bei dir gegessen hat, mâlaḥ, darfst du ihn erst nach $3^1/_3$ Tagen verfolgen."

Nur wenn ein Trupp eines Stammes, mit dem man eben in keinen Krieg verwickelt ist, ṣâḥeb, von einem Ṛazw-Zuge zurückkehrt und reiche Beute, kasb, mitbringt, wird dem Trupp Gastfreundschaft gewährt, die Beute aber, wenn sie von einem befreundeten Stamme, ṣiddîž, stammt, wird weggenommen und dem Ṣiddîž-Stamme zurückgegeben.

Blutrache.

Die Institution der Blutrache gehört in den Gebieten, die einer festen Staatsmacht entbehren, zu den größten Wohltaten. Denn wenn man keinen Rächer hinter sich hätte, wäre man einzig auf Gott und sich selbst angewiesen und darum in ständiger Gefahr, das Leben gewaltsam zu verlieren. Hat man aber einen Rächer, so kann man des Lebens sicher sein und sich auch in der Wüste so sicher fühlen wie in der belebtesten Straße einer europäischen Großstadt. Jeder vergossene Blutstropfen muß durch das Blut des Mörders gesühnt werden oder wie das Sprichwort sagt:

„Knochen für Knochen, Blut für Blut, ʿaẓm biʿaẓm, damm bidamm!"

„Mann durch Mann, Seele durch Seele, zalame bizalame, rûḥ birûḥ!"

Sobald die Freveltat gesühnt, und der Schuldige oder sein nächster Verwandter bestraft ist, ist der Gerechtigkeit Genüge geschehen; die Rache hört von selbst auf, und beide Familien können wieder die besten Freunde werden.

In den meisten Fällen wird nur der beabsichtigte, aus Haß oder Neid begangene Mord mit Blut gerächt. Handelt es sich nur um Totschlag, so wird dem Schuldigen fast immer die Möglichkeit geboten, über die Grenzen des Stammgebietes zu entfliehen und für den Toten den Blutpreis zu zahlen. Ist dies geschehen, so kann der Flüchtling wieder zurückkehren und sein Zelt neben dem Zelte des Rächers aufstellen; denn der Gerechtigkeit ist genug getan.

Die Furcht vor der Blutrache ist so groß, daß es unter den Arabern nur sehr selten zu Raufereien kommt, und daß selbst Räuber und Diebe dem Blutvergießen womöglich ausweichen.

Es tritt keine Blutrache ein, wenn jemand den Schänder seiner Mutter oder Schwester oder aber diese selbst im Falle der Unzucht tötet; er muß jedoch die Unzucht nachweisen. Tut es ein Stammgenosse, der mit der Ermordeten oder Vergewaltigten weiter als bis zum fünften Grade verwandt ist, so muß er dem Stamme des Toten den Blutpreis zahlen, dieser aber muß wieder dem Stamme der Vergewaltigten den Preis der Unzucht ersetzen.

Der Herr kann seinen Sklaven ungestraft töten. Tötet ihn aber ein anderer, so gehört der Blutpreis dem Herrn des Sklaven, es entsteht aber keine Blutrache.

Der Spion oder Verräter, el-bâjeḳ, kann von jedermann getötet werden, wenn er auf einem Ḳazw-Zuge der Schuld überwiesen wird.

Nach dem Gesetze der Wüste, ʿenda šerʿ el-bedu, kann ein Dieb, naṭṭâl, ḫâjen, wenn er im Zelte auf frischer Tat ertappt wird, ohne Blutrache und Blutspur getötet werden, denn man sagt: „Wer dir dein Eigentum raubt, raubt dir dein Leben, ḫâjen rizḳak ḫâjen rûḥak."

Im Umkreise eines Lagers kann derjenige, der sich anschleicht, ein Tier zu stehlen, ohne Rechtsfolgen getötet werden; denn die Wächter rufen von Zeit zu Zeit:

„Allâh ist zwischen uns und euch!
Ihr habt nichts bei uns, und wir haben
nichts bei euch zu suchen.
Gebet acht auf dieses Geschrei!
Männer wachen über uns,
der Schlaf sollte das Unrecht bändigen.

Allâh mâ bênna wa bênku
mâ elku ʿendana wa lâ elna ʿendku
eʿṭû bâlku ha-n-nabeḥ
ʿalejna reǧâl
en-nôm sâs el-lôm."

Zur Blutrache sind die Verwandten des Toten bis zum fünften (dritten) Grade verpflichtet. Sind diese nicht zahlreich genug, oder handelt es sich um eine hochgestellte Persönlichkeit, so erklärt der zum Rächer Bestimmte seinem Geschlechte:

„Das Blut meines Sohnes oder Bruders ruft zu euch um Rache, damm ibni aw aḫi mantûr ʿalejku."

Tötet jemand seinen eigenen Vater oder Bruder, so darf er nicht getötet werden, sondern wird aus dem Stammverbande ausgestoßen, und kein fremder, wenn auch feindlicher Stamm, darf einen solchen aufnehmen. Durch sein Verbrechen hat er das Recht verloren, Mitglied der menschlichen Gesellschaft zu sein.

Ist bei den Ṣḫûr ein Totschlag geschehen, so ertönt von allen Seiten der Schrei:

„O Reitervolk! Springet ein, o Araber, daß sie sich nicht gegenseitig totschlagen, hala'-l-ḫejl, efzeʿû jâ ʿarab lâ jidbaḥû baʿaḍhom!"

Und sogleich eilen die Araber von allen Seiten herbei und fragen:

„Was gibt es denn, wejš el-'elem?"

«N. tötete N., flân ḏabaḥ flân»,

und sofort erheben die Frauen ihr Wehegeschrei:

„O wehe, o wehe, o mein Kind, o mein Bruder, o mein Vater, wa wajlâh, wa wajlâh, wa waladî, wa aḫûjâ, wa abûjâ!"

Inzwischen haben die Verwandten und andere Araber den Täter umstellt, um ihn vor der Wut der Verwandten des Toten zu schützen und drängen ihn zur Flucht mit den Worten:

„Der Stammgenosse darf den Stammgenossen nicht töten, er soll bei uns nicht sitzen bleiben, er soll fliehen, ibn el-'amm lâ jiḏbaḥ ibn 'ammih, lâ jaḳ'od 'endana, jiǵla!"

Mit ihm müssen alle seine Verwandten bis zum fünften Grade exklusive fliehen. Von den ersten vier Graden sagt man: „Jiṭred wa jinṭared", sie müssen (im Falle der Blutrache) zur Flucht zwingen (d. h. den Mörder töten) und selbst fliehen (d. h. getötet werden). Der fünfte Grad „jiṭred" muß das Blut rächen, braucht sich aber vor dem Bluträcher nicht zu fürchten.

Sie müssen fliehen, denn während der Zeit Fowǵt ad-damm, welche $3^1/_2$ Tage, talâte w ṭulṭ, dem Totschlage nachfolgt, dürfen ihnen die Verwandten des Toten bis zum fünften Grade inklusive alles nehmen, auch das Leben, oder alles verbrennen, was sie finden. Kommt ein Kind um, ist der Blutrache genug getan; doch ein Kindesmord ist nicht nach dem Wunsche der Rächer, die umsomehr Nutzen haben, je mehr sie rauben können und dann noch den Mörder ergreifen. Wenn der Täter nicht flieht, sondern, auf die Macht seines Geschlechtes vertrauend, im Lande bleibt, kann ihm und den Seinigen alles genommen werden, was aber nur selten geschieht.

Wenn sich der Täter in Sicherheit, râs miǵla' (im Lager eines mächtigen Häuptlings) befindet, sendet er von dort nach einiger Zeit einen Boten zu seinen Freunden und läßt ihnen sagen:

„Wenn sie inständig seine (des Toten) Verwandten bitten, wird Gott doch dieses Band lösen; denn was uns anbelangt, so hat uns das Wohnen mit Fremden niedergeschlagen, in jakiddû 'ala ṛarimu 'asa' allâh jafikk ha-l-'oḳde wa-ḥna ḳaṭa'atna-d-dijar ma' al-aǵnâb."

Den Verwandten des Toten läßt er sagen: „Ich will kommen statt eures Sohnes, ihr möget mich hinschlachten oder töten, aǵi ana mawḍa' waladku edbeḥûnen w oḳtolûnen!"

Dadurch werden die Verhandlungen eingeleitet und die Partei des Toten nimmt gewöhnlich dann den Blutpreis al-Meda' an.

In el-Kerak eilen die Anverwandten des Ermordeten mit ihren Waffen zu den Häusern oder Zelten der Verwandten des Mörders, treiben ihr Vieh fort, nehmen was sie können und verbrennen die Häuser und Zelte, dwar w al-bujût. Töten sie ein kleines Kind, ṭifl, oder einen Greis, raǧol ṭâ'en fi-s-sinn, so ist die Blutrache erfüllt, ǧâz ṭâr 'an-al-maḳṭûl. Es ist nicht erforderlich, einen erwachsenen Mann zu töten, denn „der Schlechte erzeugt den Guten, und der Gute erzeugt den Schlechten, ar-radi biǧîb ṭajjeb w aṭ-ṭajjeb biǧîb radi", aber es muß ein Mann sein, denn „der Mann kann nur durch den Mann ersetzt werden, ed-ḏakar jisidd bid-ḏakar".

Für den gemeinen Mann wird dieselbe Rache erfordert, wie für einen Hochgestellten, denn „alle Männer haben denselben Wert, der Šejḫ wie der Hirt, er-reǧâl medâha wâḥed eš-šejḫ w ar-râ'i dijetom wâhede". Wenn von den Rächern ein Weib getötet wird, hört die Blutrache nicht auf.

Dies Verfahren dauert drei Tage und drei Nächte und diese Tage nennt man Ajjâm naṭret ed-damm. Nachher darf nichts mehr angerührt werden, sonst müßte alles ersetzt werden.

Um dem Schuldigen die Möglichkeit zu bieten, sich in Güte ausgleichen zu können, eilen die entfernteren Verwandten des Mörders zu einem Šejḫ und mit diesem zum Zelte oder Hause des Bluträchers; dort setzen sie sich nieder und schweigen, bis man ihnen einen Kaffee reicht. Bevor sie die Näpfchen nehmen, sagt einer von ihnen:

„O N., wir verlassen uns auf Gott und auf dich, daß du unsere Hoffnung nicht täuschen, sondern uns Waffenstillstand für deinen Genossen geben wirst, jâ flân naḥna ḳâṣdîn allâh w ḳâṣdinak innak lâ tfaššelna wa ta'ṭîna 'aṭwa lirafiḳak."

Wenn er darauf antwortet: „Ich gebe ihn euch nicht, mâ a'ṭiku", so bitten sie weiter:

„Gib ihn uns und ehre uns, vermindere nicht unsere Ehre, e'ṭina wa ḥaššemna lâ tkser šarafna."

Gewährt er ihnen die 'Aṭwa, so trinken sie den Kaffee, wenn nicht, entfernen sie sich eiligst, und es kommen andere; dies wiederholt sich solange, bis er die 'Aṭwa gewährt.

Die 'Aṭwa dauert höchstens drei Monate; während dieser Zeit wird gegen die Verwandten des Mörders nichts unternommen, sie dürfen sich aber in der Nähe des Rächers nicht sehen lassen.

Treffen die Rächer auf einen aus dem Geschlechte des Mörders und kennen seinen Verwandtschaftsgrad nicht, so muß der Betreffende einen Eid leisten. Er nimmt in die Rechte ein nacktes Messer und zählt seine Vorfahren auf. Bei einem jeden Namen macht er einen Finger auf, bis beim fünften das Messer auf die Erde fällt. Bleibt ein Finger geschlossen, so töten ihn die Rächer mit dem Messer.

Während der 'Aṭwa werden die Verhandlungen geführt. Wenn der Rächer erklärt, die Angelegenheit beilegen zu wollen, so kommt der Schuldige, el-madmi, mit seinem Beschützer und dessen Gefolge ins Zelt des Rächers und bringt 5—6 Schafe oder Ziegen und 2 Roṭl ḳahwe mit. Der Madmi wird nicht willkommen geheißen, noch darf er sich setzen; seine Begleiter, el-muṭneb, werden aber begrüßt. Bietet man ihnen eine Speise an, rühren sie dieselbe nicht an und sagen:

„Wir werden weder trinken noch essen, bis du unseren Schützling, deinen Stammgenossen, empfangen hast, illa innak tôğeb ṭanîbna ibn 'ammak."

Der Rächer antwortet darauf: „Nähert euch doch euerem Essen, denn fürwahr meinen Stammgenossen will ich empfangen, fûtû 'ala 'ašâku w ana ibn 'ammi ana ḳâblo."

«Vor wessen Angesicht willst du ihn empfangen (wer bürgt für ihn), fi wağh min innak ḳâblo?»

„Esset doch, denn ich empfange ihn vor dem Angesichte des N."

Nun essen sie. Inzwischen schlagen die Frauen der Begleiter, ṭahawijjât, ein Zelt vor dem Zelte des Rächers auf, in dem alle übernachten.

Am anderen Tage erscheint bei ihnen der Vertreter des Rächers, welcher Bürge des Zahlens, čefîl ed-dafa', heißt. Er nimmt den Mörder bei der Hand, zieht ihn in das Zelt des Rächers hinein und sagt zu diesem:

„Verlange, oṭlob!"

Der Rächer, ṣâḥeb el-maḳtûl, nimmt den Kopfstrick des Mörders, legt ihn demselben um den Hals, und indem er ihm den Hals damit zusammenzieht, sagt er:

„Mein Vater, Bruder (d. h. der Tote) ist bei dir, abî, aḫî, 'endak?"

Dieser antwortet: „Bei mir, 'endi."

Der Rächer frägt weiter: „Ist bei dir ein Mädchen, das man umsonst heiraten kann, 'endak bint ṭulba?"

Er antwortet: „Bei mir, 'endi."

„Ist bei dir ein Mädchen, das man ungestraft töten und schlagen kann, 'endak bint ṛurrat el-meda?"

„Bei mir, 'endi", lautet wieder die Antwort.

Dann heißt es weiter: „Ist bei dir eine Stute?" «Bei mir.»
„Sind bei dir hundert weiße Kamelinnen?" «Bei mir.»
„Sind bei dir die und die Waffen?" «Bei mir.»

Nun bitten die Begleiter des Schuldigen, Männer, wie Frauen, um Nachlaß, und mit den Worten: „Ich will dich aufrichten, ana muḳawwemak!" läßt der Rächer einem jeden etwas nach, bis der durch Gewohnheit festgestellte Preis erreicht ist. Dieser beträgt in el-Kerak: eine Bint ṛurra, 200 Meǵîdi, 100 Schafe, Waffen, ein Stück Feld, oder im Gelde 30.000 Piaster (etwa K 6200).

Der Čefîl ed-dafa' muß innerhalb drei Monate alles dem Rächer übergeben, sonst würde die Rache wieder entbrennen.

Das Mädchen el-Ḳurra muß einen Verwandten des Toten heiraten und so lange bei ihm bleiben, bis sie ihm einen Knaben geboren und erzogen hat. Dann legt sie dem Knaben alle Waffen an, führt ihn in die Versammlung der Ältesten und sagt:

„O ihr Versammelten, genügt dieser Knabe für den N. (Toten) oder nicht, entu jâ meǵles ha-l-walad jiḳṭa' fi flân amm lâ jiḳṭa'?"

Wenn sie bejahen, kann sie zu ihren Verwandten zurückkehren. Will sie aber bei ihrem Manne bleiben, so muß er jetzt den Brautpreis, sijâḳ, zahlen und sie heiraten, was aber nur selten geschieht. Denn eine Ḳurra muß sich von ihrem Manne alles gefallen lassen, weshalb das Sprichwort geht:

„Bin ich denn eine Ḳurra, daß du so mit mir verfährst, hal inni ṛurra meda ḥatta ti'mal bi kaḍa w kaḍa?"

Gestattet der Rächer keine 'Aṭwa, so muß bei den Kerakijje der Mörder mit seinen Verwandten das ganze Gebiet zwischen sejl el-Ḥsa, el-Môǵeb, der Ḥâǵǵ-Straße und dem Toten Meere verlassen und hinter dessen Grenzen seine Zuflucht suchen, lâzem jiǵla'. Wenn er es nicht tut, weil er sich auf den Schutz eines mächtigen Häuptlings verläßt, wandert der Rächer mit seinen Verwandten aus, und die Blutrache wird auf den Häuptling ausgedehnt.

Die 'Azâzme nennen die 3 und $^1/_3$ Tage nach dem Totschlage Śa''at ed-damm oder el-Muhribât w al-mutribât. Dem Ermordeten rufen sie zu „Du mußt schlafen — wir müssen uns plagen, ent 'alejk en-nôm w aḥna 'alejna-l-lôm!"

Weder die 'Azâzme noch die Ẓullâm kennen ed-Daḫâle fi-d-damm, kein Angehöriger desselben Stammes darf einen Mörder beschützen. Der Bluträcher, râ'i ed-damm, darf ihn selbst im Zelte des Beschützers, ed-daḫîl, töten. Der Mörder oder Schuldige muß mit seinen Verwandten und der ganzen Habe in das Gebiet eines anderen Stammes fliehen. Von dort sendet er Boten zu den drei anerkannten Richtern. Solche Richter, el-minšad, sind:

Salmân abu Ḳrênât;
Sâlem el-Kašḫar;
Slîmân ibn Ḫamîs el-Kašḫar.

Jeder von diesen verlangt den Richterpreis, el-ḳaḍijje, und leitet die Verhandlungen ein.

Die Terâbîn nennen die ersten drei Tage ebenfalls Šu' 'êt ed-damm. Oft schwört der nächste Verwandte des Getöteten, daß er sich nicht rasieren, die Haare nicht schneiden lassen, der Frau nicht beiwohnen werde usw., bis er Rache genommen, wodurch die Schande entfernt wird, ila mâ lam jâḫoḏ eṭ-ṭâr w jiǵli el-'âr.

Die Verwandten des Toten vernichten nicht das Eigentum, mulk, des Schuldigen, sondern sie nehmen es in Besitz, jistamlekûh. Kinder und Frauen dürfen nicht getötet werden. Die Verwandten des sechsten Grades müssen ebenfalls fliehen, können sich aber für 10 Kamele, 'ašara ba'rân, loskaufen und dann kehren sie zurück. Dies heißt Ṭulû' oder Ḳa'ûd en-nôm, bei den Tijâha Mrûḳ.

Der Schuldige sendet eine Ǵîre, d. h. ein erwachsenes Mädchen, zu einem Verwandten des Toten. Der Bote, der es begleitet, sagt:

„O N., nimm die N. und übernimm die Ǵîre zum Guten, jâ flân ḫoḏ flâne w enḳel el-ǵîre biṭ-ṭajjeb."

Nimmt er die Ǵîre an, so heißt er Muǵîr und sagt zum Boten:

„Gedulde dich, bis ich die Verwandten des Toten gefügig mache, oṣbor laminni uṭawwe' ehl-el-maḳtûl."

Das Mädchen gehört dem Muǵîr, er kann es heiraten oder an jemand verheiraten. Er geht dann zu den nächsten Verwandten des Toten und verhandelt mit ihnen. Sind sie zum Frieden geneigt, so ordnet er alles, wenn nicht, so zwingt er sie zum Frieden, indem er alle ihre Herden in Beschlag nimmt. Nun läßt er dem Schuldigen sagen:

„Komm her und fürchte dich nicht, iḳbel w lâ tḫâf."

Der Töter kommt nun mit seinem Zelte zum Muǵîr, der den Blutpreis ansetzt. Dieser beträgt bei den 'Azâzme eine Ḳurra und 40 Kamele. Das Ḳurra-Mädchen wird mit den Kamelen in feierlichem Zuge dem Rächer zugeführt.

Nun hissen die Verwandten des Toten eine weiße Fahne und rufen überall im Lager:

„Gereinigt hat Gott das Andenken des N., bajjaḍ allâh wiǧh flân!“

Für einen Fremden zahlt man 1000 Piaster.

Der Blutpreis, dijet ez-zalame, beträgt in Šôbak für einen freien Mann:

10 weiße Kamelinnen, ʿašar waḍḥaʾ,
10 rötliche „ „ ḥamraʾ,
5 schwarze Sklaven, ḫamst ʿabîd,
5 „ Sklavinnen, ḫams ʿabîdât.

Wenn der Mörder soviel nicht leisten kann, müssen es seine Verwandten ersetzen.

Dije bei den Ḥwêṭât:

2 Ḳurra-Mädchen, bintên ṛurra,
10 Stuten ohne Mṭâni (frei von der Verpflichtung, 2 weibliche Füllen zurückzugeben), ḫejl burrad,
50 Rassekamelinnen,

Bei den Saʿîdijjîn:

Für einen Erwachsenen, ḥaḳḳ el-bejt:

40 weiße Kamelstuten, arbaʿîn waḍhaʾ,
1 schwarzer Sklave, wa ʿabd,
1 Diener, wa ḫâdem.

Bei den Ṣḫûr beträgt der Blutpreis, al-mada, für einen Stammesangehörigen:

50 Kamele, ḫamsîn baʿîr,
1 Faras-Stute, as-slaʿ,
1 Reitkamel, ḍelûl,
1 Gewehr.

Für einen getöteten Fremden zahlt man sieben Kamele.

Bei den ʿAmârîn zahlt man für einen Stammgenossen: 40 Kamele, arbaʿîn wuḳûf, einen „gebundenen“ Sklaven, w al-ṛlâm mačtûf, und ein arabisches Mädchen, w bint ṛurra, welches sich der nächste zeugungsfähige Verwandte des Toten nimmt und solange behält, bis sie einen Knaben geboren und erzogen hat. Dann schickt sie den Knaben in das Zelt des Häuptlings und kann zu ihrer Familie zurückkehren. Der Knabe gilt als Ersatz, es-sdâd, für den Toten. Für einen Fremdling zahlen sie 1000 Piaster. Für eine getötete Frau wird viermal soviel gezahlt wie für einen Mann, tinḥaseb barbaʿat erḳâb.

Die Ḥanâǧre zahlen den Blutpreis gewöhnlich in barer Münze, naḳadan, und zwar 400 franz. Lire.

Die Terâbîn zahlen ihn „ḥaṭûṭ", d. h. in Sachen, und zwar:

40 Kamele,
200 Schafe und Ziegen.

Von diesen 40 Kamelen müssen sein:

8 Stück	Embârî,	d. h. im 2. Jahre	à 20	Meǧidi
8 „	Libni,	„ „ „ 3. „	„ 25	„
8 „	Ḥeḳḳ,	„ „ „ 4. „	„ 30	„
8 „	Ǧedaʿ,	„ „ „ 5. „	„ 35	„
8 „	Erbâʿi,	„ „ „ 6. „	„ 40	„

Bei den Tijâha: 40 Kamele, und zwar:

5 Stück Mrabbaṭ,
5 „ Ḥeḳḳ,
10 „ Rubʿân,
5 „ Ǧedaʿ,
10 „ Fuṭṭar, alte Kamele,
5 „ Ḥoff und Zôr, beliebige, minderwertige Kamele.

Bei den Ḳdêrât und Ẓullâm: 40 erwachsene Kamele und ein edles Mädchen, arbaʿîn baʿîr rubʿân w bint ḥurra.

Ḥêwât: 40 Kamele, 1 Delûl Reitkamel, und eine Ḥurra.

Wenn der Schuldige und seine Sippe nicht imstande sind, den Blutpreis zu erlegen, so verkauft er sich, ḥašše, mit seinen Kindern dem Bluträcher. Dies geschieht vor der Versammlung des Stammes, und der Bluträcher spricht:

„Ich habe dich vollgültig gekauft;
deine Tochter tritt an die Stelle meiner Tochter,
und dein Sohn tritt an die Stelle meines Sohnes,
und du trittst an meine Stelle,
und deine Frau tritt an die Stelle meiner Frau.

Šarajtak šarwa;
bintak tasidd ʿan binti
w waladak jasidd ʿan waladi
w ente tasidd ʿanni
w maratak tasidd ʿan marati."

Der Schuldige erklärt: „Ich habe dies angenommen und dir mich selbst geschenkt, ḳabilt w ana wahabtak nafsi."

Nun ruft der Rächer:

„Bezeuget dies o N. und N. und N.:
Am Tage, daß du verdrehen möchtest diese Bedingungen,
werde ich dich verstoßen und töten anstatt meines Verwandten.

Ešhadû jâ flân wa jâ flân wa jâ flân,
jôm tiḫtelef ʿan hôdal aš-šrûṭ
w aṭrudak w aḏbaḥak fi zalmatja."

Wenn eine weibliche Person jemand tötet, so verfällt ihre Familie der Blutrache; ihrem Manne und seiner Familie geschieht nichts, denn „das Gute einer Frau gehört ihrem Manne, ihr Böses jedoch ihrer Familie, ḫejr al-mara lirǵolha wa šarrha lahliha." Ihre Familie kann erklären, daß sie die Frau dem Rächer übergebe, worauf dieser sie sogleich töten kann. Ist sie schwanger, nâḳle, so muß er die Niederkunft abwarten, und erst dann darf er sie töten oder als Sklavin verkaufen. Ihr Mann muß aber von ihrer Familie schadlos gehalten werden.

Wenn ein Mann seine Frau aus wichtigen, als gültig anerkannten Gründen tötet, geschieht ihm nichts, jarûḥ ḥafwan ḫâfi, sonst aber zahlt er den vierfachen Preis. Wenn jemand aus Versehen eine schwangere Frau stößt, so daß diese vorzeitig gebiert und das Kind stirbt, muß er für dasselbe den vollen Blutpreis eines Mannes zahlen. Tut es der eigene Mann, so zahlt er nichts.

Fällt jemand in eine fremde Zisterne oder einen Brunnen und ertrinkt oder erschlägt sich dabei, so ist dafür niemand verantwortlich.

Für eine blutende Wunde zahlt man bei den Tijâha (Barâra) 2—30 Kamele.

Wenn ein Tier einen Menschen tötet, muß es sein Eigentümer sofort fortjagen und ihm nachrufen: „Krätzig, krätzig, ǵerbân, ǵerbân!" Nie darf er es wieder in Besitz nehmen, lâ jaḳnâh, sonst müßte er den Blutpreis zahlen.

Bei den Ḥanâǵre ruft der Besitzer eines solchen Tieres:

„(Gott) bewahre mich vor dem (Tiere), das eueren Menschen getötet hat; nehmet es! Bezeuget es, o Leute, al-ʿawêḏa minha, dûnku illi ḳatalat zalamatku išhadû jâ nâs."

Wenn ein Schaf oder eine Ziege den Tod eines Menschen herbeigeführt hat, z. B. durch den Sturz eines Steines, und man nicht weiß, welches Tier es war, so werden alle, die beisammen waren, fortgejagt mit den Worten: „Weg von uns, o Krätzige, eḫroǵi ʿanna jâ ǵerbaʾ!"

Tötet ein Tier das andere, so nimmt es der Eigentümer des toten als Ersatz.

Wenn in einem Stamme einer dem anderen ein Pferd oder ein Kamel absichtlich tötet, so soll er es vierfach ersetzen, jaḥoṭṭom emrabba'ât.

Ist es durch Zufall geschehen, so bekommt der Beschädigte ein gleichwertiges Tier dafür. Für das Pferd eines Fremden zahlt man fünf Kamele.

Kriegführung.

Der Fellâḥ und der Araber fassen das Leben ganz verschieden auf; der erstere liebt den Frieden, weil er nur im Frieden seine Existenzbedingungen findet, der letztere dagegen liebt den Krieg und seine liebste Beschäftigung ist das Waffenhandwerk. Jedoch fällt es sehr schwer, den Hang zum Kriege aus dem Charakter des Arabers zu erklären. Dem Araber liegt nichts so fern wie körperliche Arbeit, und doch ist jeder Kriegszug mit großen Strapazen verbunden. Er fürchtet sich vor nichts so sehr, als vor dem Tode und physischem Schmerze, und doch weiß er, daß er im Kriege sehr leicht verwundet werden oder den Tod finden kann. Der Krieg bietet ihm Gelegenheit, große Beute zu machen, der Reichtum hat aber für ihn keinen großen Wert. Und dennoch benützt er jede Gelegenheit, um im Großen oder Kleinen Krieg führen zu können. Darum lebt er nie mit allen seinen Nachbarn im vollen Frieden, und wenn dieser Fall auch einmal eintreten sollte, so kennt er 6—8 Tagreisen weit wohnende Stämme, die das Ziel seiner Angriffe sein müssen, oder aber er findet in seiner Nähe zahlreiche, unter türkischer Regierung stehende Dörfer und Ortschaften, die, wenn sie sich seinen Schutz nicht erkaufen, das Objekt seiner kleinen Streifzüge bilden. Hier und da trifft er auch in seinem Gebiete Fremde. Sofort bedeckt er sein Gesicht mit den Zipfeln seines Kopftuches, so daß nur die Augen freibleiben, und schreit, indem er seine Waffen bereithält:

„Steigt ab, ḥawwelû", oder: „Bleibet stehen, waḳḳefû"

dann frägt er sie, wer sie sind, unter wessen Schutz sie reiten, ob sie mit Wissen und Einwilligung des Häuptlings das betreffende Gebiet betreten haben. Befriedigen ihn ihre Antworten nicht, so jagt er schleunigst davon, stößt das Kriegsgeschrei aus und der casus belli ist da.

Zwischen den Nachbarstämmen geben die Weide- und Tränkplätze die häufigste Veranlassung zum Streite. Im Gebiete des einen Stammes war ein ungenügender Trajja-Regen gefallen, infolgedessen ist der Rabî' nur sehr mangelhaft. Somit müssen die Herden andere, diesmal glücklichere Gebiete beziehen, und man tut das auch regelmäßig mit Einwilligung des dortigen Häuptlings. Der Weg führt aber über fremde Gebiete, die sie durchqueren und deren Wasserplätze sie benützen müssen. Dazu brauchen sie die Erlaubnis der dortigen Einwohner, und wird ihnen dieselbe auch nicht verweigert, so halten sie sich auf der oder jener Weide oder bei dem oder jenem Tränkplatze länger auf, als es den Einheimischen lieb ist, oder weichen von der vereinbarten Richtung ab, und daraus ergibt sich dann die Veranlassung zu Feindseligkeiten von selbst.

Oft beanspruchen zwei Stämme denselben Weideplatz, oder aber sie haben denselben geteilt. Man hat ausgemacht, bis wohin die Kamele des einen Stammes weiden und aus welchen Tümpeln, ṛudrân, sie trinken dürfen. Nun erscheinen die einen früher, überschreiten die Grenze, weiden den anderen ihre Plätze ab oder trinken ihr Wasser aus. Infolgedessen ist dieser Weideplatz für dieses Jahr wertlos, es entsteht Futternot, und der casus belli ist da.

Oft kehrt ein Ḳazw-Trupp von einem unglücklichen Zuge zurück; kommt er ohne Beute heim, so wird er ausgelacht. Durch Zufall stoßen sie auf eine kleine Karawane oder eine wenig bewachte Herde. Die Begleiter der Karawane oder die Hirten sind dem Wasm nach ihre Ṣâḥeb, Männer, mit denen sie keinen Krieg führen, sie brauchen aber Beute, und hier ist sie leicht zu machen — sie fragen nicht nach Recht oder Unrecht, sondern rauben, was sie rauben können, töten oder verwunden vielleicht jemand, und der Krieg ist da. Und solcher Anlässe gibt es gar viele.

Der Krieg dauert oft mehrere Jahre und besteht aus mehreren größeren und kleineren Ḳazw-Zügen, von denen jährlich drei oder vier unternommen werden. Wenn Araber mit Arabern kämpfen, so unternehmen sie ihre Züge am liebsten in der zweiten Hälfte des Rabiʿ und ersten des Ḳêẓ, gegen die Fellâḥîn ziehen sie jedoch in der zweiten Hälfte des Ḳêẓ, weil um diese Zeit auf den Tennen und in den Gärten recht viel zu rauben ist.

Persönlichen Mut darf man den Einwohnern von Arabia Petraea nicht absprechen, und zwar weder den Arabern noch den Fellâḥîn. Die Existenz selbst der allerdings wenigen Dörfer und Städte in jenen Gebieten liefert den Beweis von der Tapferkeit ihrer Bewohner. Nie waren sie imstande, sich den Schutz aller Stämme zu verschaffen und mußten oft monate-, ja jahrelang alle ihre Feldarbeiten mit den Waffen in der Hand verrichten, und doch haben sie sich gehalten und nur dort, wo die Nomaden zu stark waren oder wo die Ortschaften sich minder günstig verteidigen ließen, mußten die Fellâḥîn fliehen, um dem Hungertode zu entgehen. Freilich findet man unter den Fellâḥîn viel häufiger Feiglinge als unter den Arabern und insbesondere unter den Kamelzüchtern. Allein mein Begleiter ʻAbdallâh al-ʻAkaši, obwohl nur Fellâḥ und Ḥaḍari, zeigte in vielen Fällen so hohen persönlichen Mut und eine solche Kaltblütigkeit, wie ich sie bei keinem meiner europäischen Begleiter gefunden habe. Der Araber ist immer äußerst vorsichtig, nie macht er einen Sprung, wo ein bedachter Schritt genügt, und nie erzwingt er mit der Waffe etwas, wenn er weiß, daß es ihm später von selbst anheimfallen werde. Kann er einer Gefahr ausweichen, so tut er es gerne, befindet er sich aber in einer Gefahr oder, wie er sich ausdrückt, „in der Furcht, ḫôf", dann weicht er keine Haaresbreite von der Stelle.

Längst wären z. B. die Ṣḫûr in den „unzählbaren" ʻAneze aufgegangen, wenn nicht jeder Ṣaḫari wie von Felsen wäre, längst hätten die Ḳdêrât ihre schöne Oase ʻajn el-Ḳdêrât an die Tijâha verloren, wenn sie diese nicht mit ihrem Leben verteidigt hätten.

An meinen Begleitern hatte ich oft Gelegenheit, persönlichen Mut nicht bloß beobachten zu können, sondern sogar zu bewundern. An Hâjels Körper zählte ich 1900 nicht weniger als 29 Narben, die von Kugeln, Lanzen, Säbeln und Pferdehufen herrührten, und er war damals etwa 32 Jahre alt. Drei von seinen Brüdern sind im Kampfe gefallen und einer ist an einer Wunde gestorben.

Der persönliche Mut wird überall anerkannt und hochgeachtet, darum wird der Mutigste und Besonnenste zum Anführer erwählt, mag er sonst auch nur ein armer Bdûi sein. Nur wenn der Häuptling zugleich der mutigste Krieger ist, hat er auch das Kommando. Sonst kann er nur den Krieg erklären und den Frieden schließen; während des Krieges ist er wie jeder andere dem Anführer, ʻaḳîd, untergeben. Die ʻAḳîd-Würde ist nicht erblich, sondern sie wird dem Fähigsten übertragen.

Der ʻAḳid kündigt den Kriegszug an, bestimmt die Lagerplätze, gibt das Zeichen zum Aufbruch wie zur Rast; — wenn er von seinem Tiere steigt, steigen alle ab, wenn er sich in den Sattel schwingt, so tun es alle — er leitet den Angriff, der gewöhnlich in der Morgendämmerung, al-faǵr, unternommen wird, denn nachts greift nur der gemeine Räuber an. Nähere Details der arabischen Kriegführung ergeben sich aus Nachfolgendem.

24*

Von Waffen, silâḥ, kennt man folgende:

Gewehr, barûde, und zwar entweder die langgezogene Flinte mit Steinschloß, oder das türkische Militärgewehr, es-sulṭânijje, oder das Martini-Gewehr.

Revolver, ridnijje, Pistole, ad-dabra, und zwar entweder doppelläufig, muzannade marratên, oder einläufig, fard.

Lanze, rumḥ, el-ʿûd oder ʿûd el-ḳeni, mit 3—5 *m* langem Rohrschaft. Die Lanzenspitze ist entweder lang und breit, šalfa, oder schmal und kurz, ḥarba.

Krummer Dolch, aš-šibrijje, ḫôṣa (Ḥǵ.).

An guten Gewehren dürften die Ṣḫûr etwa 250—300 Stück besitzen. Gute Schützen sind sie nicht, weil ihnen die Patronen zum Üben fehlen. Selten sieht man, daß sie sich üben, denn die Patronen sind sehr teuer und werden nur für den Krieg oder Überfall aufbewahrt. Die Steinschloßflinten tragen nicht weit, und wenn der Mann sich auch auf diese einübt, so kennt er ein anderes Gewehr doch nicht. In die Schlacht, auf den Raubzug werden fast alle Gewehre mitgenommen, die der Stamm besitzt, und unter die Teilnehmer verteilt. Gewehre kaufen sie von verschiedenen Zwischenhändlern in Damaskus, Ḡazze (Gaza), Maʿân und auch von türkischen Soldaten und Gendarmen, insbesondere von denen, welche die Pilgerkarawane begleiten.

Auch Panzer findet man noch bei den Ṣḫûr und Šaʿlân als Überbleibsel aus alten Zeiten. Sie wurden meistens aus Ägypten bezogen. Die Panzerhemden bestanden aus feinen Ḫêṭa-Ringen, reichten bis zur Hüfte und hießen Ṣedrijje, oder bis an die Knie, Derʿ. Auf dem Kopfe trug man eine eiserne oder kupferne kesselförmige Sturmhaube, ṭâse; war sie mit Wangenplatten versehen, so hieß sie Ṣafîḥe.

Säbel findet man immer noch, manchmal auch uralte aus den Kreuzzügen. Man kennt Ḫorazâni und Ǵôhari, deren Stahl Muḥaffar ist und aus Damaskus stammt. Auch Kriegsbeile, naǵǵak, bekommt man zu sehen.

In el-Kerak ziehen die Häuptlinge in Kriegszeiten den roten türkischen Überrock, bentš, an und putzen auch ihre Stute heraus, wie es der Vers sagt:

„Die Fuchsstute eilt mit schönem Sattelzeug, und von weitem ist sichtbar die rotgestickte Stoffdecke am Tage des Zusammentreffens.

Ḥamra' tafûḥ bzên ʿedde wa jabûḥ
malbûs ǵôḫ emšahren jôm el-ećwân."

Der Krieg wird durch einen Boten, raddâd neḳa' ('Am.: msâjel) erklärt, den der Häuptling seinem Feinde schickt. Der Bote ist unverletzbar, und es ist unerhört, wa mâ insama', daß ihm je etwas geschehen wäre. Wenn er zum feindlichen Häuptlinge kommt, sagt er: „Die eine Ehre ist weißer als die andere. N. erklärt euch den Krieg, al 'arḍ min al 'arḍ abjaḍ, flân radd an-neḳa' 'alejku."

Man antwortet ihm: „Uns der Erde Grün, ihm ihr Staub, ḫaḍra'ha lena w ṛabra'ha lu!"

Bei den Šarârât sagt der Fürst vor dem Kriege zu einem Boten, naǧǧâb:

„Ziehe zum N., dem Großen der 'Araber N., und sage zu ihm: ‚es gibt zwischen uns und euch keine Freundschaft, sondern Töten der Männer und Rauben des Besitzes' und erkläre ihm den Krieg, ḳawṭer 'ala flân kebîr el-'arab el-flânijje w ḳul lu, ‚mâ bênna ṣaḥb illa ḏabḥ ar-rǧâl w šall al-ḥalâl' w rudd an-naḳa' 'alêj."

In el-Kerak: „Den Krieg über dich, 'alajk en-neḳa'!"

«Über dich den bittersten!	'Alejk amarr minna
Deine Herden sind meine Herden	ḥalâlak ḥalâli
und meine Herden sind deine Herden.	w ḥalâli ḥalâlak.»

Von der Teilnahme an einem Kriegszuge entschuldigt den Araber nur die Krankheit. Wollte sich ein gesunder, rüstiger Mann dem Kriege entziehen, so würde er seine Ehre verlieren. Dafür kann er auch des Stammes auf so lange verwiesen werden, bis er Zeugen stellt, daß er sich in der Hinsicht gebessert hat. Wenn er nicht ausgewiesen wird, pflanzen die Frauen auf sein Zelt eine schwarze Fahne auf, wodurch er als Ehrloser gekennzeichnet ist.

In el-Kerak wird von einem Kriegszuge der junge Gatte befreit, der noch nicht sieben Tage mit seiner Frau war. Derjenige, der mit der ersten Frau keine Söhne hatte und eine zweite heiratet, darf, wenn seine nächsten Verwandten ins Feld ziehen, ein ganzes Jahr seine Frau nicht verlassen. Er heißt el-Muḳâren und man sagt: „el-Muḳâren darf mit uns nicht gehen."

An kleineren Ṛazw-Zügen gegen feindliche Stämme sollen sich hauptsächlich Jünglinge, die noch keinen Bart haben, beteiligen. Falls sie es nicht täten, würden die Weiber sie schwarz bemalen und eine schwarze Fahne auf ihr Zelt stecken. Vor einem Ṛazw sagt der Anführer zu seinen Genossen:

„Ein Ṛazw-Zug, o Reitervolk, al-razwa jâ-hla-l-ḫejl." Diese fragen:

„Welche Vorräte, w šu z-zahâb?“ Er antwortet:

„Vorräte, die kein Feuer brauchen, az-zâd illi mâ jinwaḳed lu nâr.“

Sie melden es weiter und geben zugleich den Tag und die Stunde der Zusammenkunft an. Alle Teilnehmer müssen sich rasieren, reinigen und das Hemd waschen. In der Nacht vor dem Aufbruche darf niemand seinem Weibe beiwohnen, denn keiner, der unrein, manǵûs, ist, darf an dem Zuge teilnehmen. In der Frühe kämmen und salben sie ihr Haar mit Olivenöl oder Kameltalg, sanâm el-ǵemal.

Der beste Tag zu einem Ṛazw ist der Donnerstag. Ist er zugleich auch der fünfte Tag im Monat, so gilt es als besonders günstiges Omen.

Wenn die Reiter in den Krieg ziehen und an Zelten oder Häusern vorbeireiten, so singen sie in el-Kerak die Eḥda-Lieder:

Dein Mann, o du Schwarzäugige,	Ḫalîlki jâ umm ʿujûnen sûd
siehe, er sitzt hinter dem Rathause.	erʿi wara el-meǵles ḳaʿad.

O Mädchen nimm Abschied vom Jünglinge,
die Kugel stieg bereits hinter das Pulver (er hat geladen).

Jâ bint ḫallî bel-walad
bizre wara-l-wazne daraǵ.

Pulver aus der Bwêḍaʾ (weiße Felsen hinter der
Festung von el-Kerak) haben wir
und Bleikugeln bringen wir aus Ṛazze (Gaza).

Melḥ el-bwêḍaʾ ʿendana
w ar-raṣâṣ min ṛazze neǵîb.

O du mit Wangen wie Papierblätter,
tätowiert durch Stiche der Nadel,
dein Liebling erbeutete gar nichts —
was wird geschehen, wenn du davon erfährst?

Jâ-bu ḫdêd kaḍa-l-ḳurṭâs
emʿarwaǵi bidaḳḳ el-abar
ḫalîlak mâ kaseb nûmâs
wêš ʿâd lan ǵâk el-ḫabar.

Tijâha:

Steigen wir in den Sattel der Stuten,	Nerkab ʿala serǵ al-emhâr
daß die Tuchmäntel von oben flattern.	w âl-ǵôḫ min ḫarde refêl
O Träger der langen Lanze,	jâ nâḳel ar-rumḥ aṭ-ṭawêl
mein Speichel fließe auf deinen Speichel.	rêḳi ʿala rêḳak jesêl.

O Mädchen, die du im Zeltlager wohnst,
nimm dir keinen feigen Jüngling,
sondern nimm den Besitzer einer Lanzenstange,
der sich auf den Reitertrupp stürzt.

Jâ bint jâ nazzâla-ṭ-ṭarâf
lâ tâḫdî-l-walad ad-delîl
wa-ḫdi aba rumḫen ṭawîl
illi ʿala surba jemîl.

Löse deine Schläfenlocken, löse sie, entblöße deine Brüste ganz.	Ḥellî-ḍ-ḍwâjeb ḥalḥelhenn w abdî nhâjedki kullehenn.

Am Tage der Zusammenkunft, jôm el-ǧerda, singen die Krieger von el-Kerak die Ṛanâwa-Lieder:

O unser Šejḫ, durstig kommen wir zu dir, im Sommer eilen wir vor Durst lechzend.	Jâ šejḫena ǧînâk aʿṭâš bil-ḳêẓ ḥadîna eẓ-ẓemaʾ.
O Miṣleḥ, Gebieter deines Geschlechtes, sieh, wer fällt, dir ist er anvertraut.	Jâ miṣleḥ jâ ḳarm el-eʿjâl tara-ṭ-ṭarîḥ wdâʿtak.
O unser Šejḫ (Miṣleḥ), Vater des Rubbâḥ, tritt dem Angriffe entgegen und schwäche ihn ab!	Jâ šejḫena jâ-bu-rubbâḥ ḳâsi-l-eṭrâd wa lajjeno.

Beim Anführer (Fig. 61) besprechen die Häuptlinge den Ṛazw-Zug. Bei den Ṣḫûr wird er auf dreifache Art unternommen:

Er heißt Ṛazw ḫišer, wenn alle Teilnehmer einen gemeinsamen Anführer, al-ʿaẓîd, anerkennen und gemeinsam das Lager oder die Herden des Feindes überfallen. In dem Falle wird alle Beute, al-kiseb, dem Anführer übergeben, der sie dann unter die einzelnen Teilnehmer, al-ṛazzâjin, nach seinem Gutdünken, bikajfih, verteilt.

Ṛazw ṛejr ḫišer heißt der Raubzug, wenn jeder einzeln vorgehen kann, und der Feind nicht gemeinsam überfallen wird. Der Anführer bestimmt nur die Zeit des Überfalles und der nachherigen Zusammenkunft. Er bekommt von der gesamten Beute ein Drittel.

Ṛazw ṛejr ḫišer wird aber auch der Kriegszug genannt, wenn mehrere Anführer, ʿuḳdaʾ, da sind, indem sich nämlich mehrere Geschlechter von verschiedenen Stämmen miteinander verbinden. In dem Falle erwählen die einzelnen Anführer einen Oberanführer, dem sie dann jeder ein Kamel geben. Bei den Ḥwêṭât und Salâjṭa heißt der erste Anführer Muniḫ mutir; er bekommt ein Kamel, welches einen grauen Rücken, ašhab ẓahr, hat; dies heißt Šarha.

Ḳazw ṭibe nennen die Salâjṭa den Kriegszug, wenn alle Beute gemeinschaftlich ist; deshalb muß der Muniḫ mutir vor dem Ḳazw-Zuge erklären:

„Nach der Art der Ka'âbne,
und jedes Haar zwischen uns auf gleiche Teile.

Ṭîbe Ka'âbnijje
wa-š-ša'ara bênna bis-sawijje".

Vor jedem Kriegszuge gelobt man etwas Gott, und zwar je nach der Wichtigkeit und Gefährlichkeit des Ḳazw entweder ein Kamel oder ein Schaf oder eine Ziege, welche dann der Muniḫ mutir opfert.

Fig. 61. Vor dem Zelte des Anführers.

Zu einem Ḳazw-Zuge verwendet man Pferde, ḫejl, und Kamele, rakab. Die Kamele werden mit dem nötigen Proviante beladen und heißen Ṣâbûr, Ṣubûr oder Zemâmîl. Die Pferde laufen hinter den Kamelen, an diese angebunden, und die Reiter sitzen auf dem Kamele, welches gewöhnlich zwei Männer trägt. Einige Reiter werden vorausgeschickt, um die Wege, die Wasser- und Lagerplätze, welche der Ḳazw-Zug berühren will, auszukundschaften oder nach den Herden des Feindes Umschau zu halten. Diese Aufklärer und Quartiermacher heißen 'Ujûn el-ḳazw.

Keiner unserer Stämme führt eine Fahne im Kriege. Die Sa'îdijjîn erzählen, daß Ibn Rwêḍi eine Fahne führte, aber sie vor vielen Jahren verlor.

Die Ṣḫûr verloren ihre Fahne, el-bêraḳ, in einer unglücklichen Schlacht gegen Ibn Šaʿlân. Sie wurde von der ʿAṭfaʾ getragen. ʿAṭfaʾ heißt eine erwachsene Jungfrau, die in ihrem besten Schmucke auf einem guten Reitkamele sitzt, die Fahne schwingt und ihr Tier durch Worte und Schläge in die Mitte des Feindes treibt. Sie wird von den auserlesensten Männern ihres Stammes umgeben, die sie verteidigen müssen; denn wenn sie gefangen genommen wird, ist der Krieg verloren, und der Stamm darf keine ʿAṭfaʾ und keine Fahne mehr mitnehmen.

Auf dem Kriegszuge pflegte die Kerakijje immer ein Wissender zu begleiten. Er mußte über alle Vorzeichen (Omina) wachen und die infausta unschädlich machen. Vor der Schlacht wie in jeder wichtigeren Angelegenheit wurde er um Rat gefragt. Oft machte er den Anführer auf den günstigen Augenblick zum Angriffe aufmerksam. So kam ʿAlejjân abu Ḳnêm vor der Schlacht am Zôbar zu Muḥammad el-Meǵâlje und sagte ihm:

„O Muḥammad, euer Wind hebt sich über euch,
jâ Muḥammad hawâku ṭâr ʿalejku!“

Dieser begriff, was es bedeuten sollte, überfiel den Feind und besiegte ihn. Der Südwestwind schlug nämlich um, es kam ein starker Ostwind, der den von Osten anstürmenden Kerakijje sehr zu Nutzen kam, da er den aufgewirbelten Staub den Ǵebâlijje in die Augen trieb.

Auch in den Kriegen mit den Ḥamâjde begleitete der Wissende die Kerakijje, und ihm hat man den Sieg von Ḳaddûme zu verdanken.

Oft zeichnete er mit seinem Stabe Linien, welche der Feind nicht überschreiten durfte.

Die einzelnen Geschlechter reiten gewöhnlich miteinander und singen die Šôbâš-Lieder. Der eine stimmt, jišôbeš, einen Vers an und die übrigen wiederholen ihn.

El-Kerak:

O Adler — o du mit grauem Kopfe,	Jâ nisr jâ šâjeb er-râs
du dessen Vorfahren Christen waren,	illi ǵdûdak naṣâra
wenn du dich nährst mit Menschenfleisch,	en kân tâkel laḥm en-nâs
morgen vormittag zögere nicht.	ɣada-ḍ-ḍaḥa lâ twâna.

Pferde warfen sich auf Pferde,
aber unsere Pferde sind heute abwesend,
es blieben zu Hause nur die Furchtsamen
die Haare der Furchtsamen sind weiß geworden.

Eǧwâd ṣâlat ʿala ǧwâd
wa ǧwâdna al-jôm ṛâbat
mâ ẓall ṛejr el meǧâhîl
rûs el-meǧâhîl šâbat.

Unser Freund wird ziehen mit uns
und, sollte er nicht ziehen, so ziehen wir wider ihn,
unser Feind zieht sich vor uns zurück so unwillig,
wie sich zurückzieht von der Tränke der Durstende.

Ṣadîḳina jeǧrod maʿana
w en mâ ǧarad neǧrod ʿalej
ḫarîbina jinzâḥ ʿanna
zîḥ eẓ-ẓawâmi ʿan širâbo.

Die Fuchsstute macht Lärm mit ihren Glöcklein (am Halse),
und ihre Satteldecke ist von Kamelhaar,
ihr Reiter Miṣleḥ schneidet die Köpfe ab,
als ob er der Zenâti Ḫalîfa wäre.

Ḥamraʾ teḳarḳaʿ bil-eǧrâsi
wa ǧelâlha min ḳaṭîfe
ḫajjâlha miṣleḥ jiḳṭaʿ er-râs
kanno-z-zenâti ḫalîfe.

Šarârât:

O Herr, wir verlangen von dir eine rechte Leitung
und Schutz und gute Nachricht;
meine Genossen jagen den Feind —
und werden sie (die Reitkamelinnen) zur Umkehr zwingen
erst bis sie (die Feinde) erschlagen sind.

Jâ rabbi noṭlobak-al-heda
w as-sitr w al-ʿelem al-melîḥ.
rabʿi muṣîdîn al-ʿeda
w juḥrefûhenn ʿa-ṭ-ṭarîḥ.

Die Terâbîn singen auf dem Kriegszuge die Bôšân-Lieder:

Ich werde besteigen nur ein wertvolles (Kamel),
von 2000 oder 3000 (Piastern),
aus Furcht vor dem Trupp, der umherschweift
zum Frieden oder zum Betrug.

Mâ barkah illa-l-mutamman
belfên w illa talâte
min hôf ġam'en talamlam
'a sulh willa habâte.

Staub ohne Wind
aufgewirbelt auf dem Platze des Wütens,
die Streitrosse sind wie Krokodile,
wer fällt — den fressen sie auf.

'Aġġan balâ rîh
sûk al-radab nâsijâtu
al-hoson zaj at-temâsîh
willi jatîh mâkilâtu.

Wenn ich schlafen will, kann ich nicht einschlafen,
und wenn ich herumreite, wird meine Stute barfüßig,
ich habe einen Freund in der Nähe der feindlichen Truppe,
was soll ich tun, o mein Ersehnter?

Ida nimt mâ ġâni nowm
w ida dirt hafjet ġwâdi
ilej sâhiban fi heġa kowm
kîf el-'amel jâ murâdi.

Ein anderer antwortet (šajje'):

Ich werde meinen Freund nicht verlassen,
solange die Einsicht in meinem Kopfe nicht aufhört;
ich werde mit meinem Säbel schlagen und ihn (den Feind) angreifen,
bis die Rettung da ist.

Ana sâhbi mâ uhallîh
mâ zâl kîfi birâsi
adreb bisîfi wa u'addih
limâ jisîr halâsi.

O Jüngling, der du die Lanze schwingst,
du bist ganz allein, hast keinen Gefährten,
das Leben hat einen festgesetzten Tag,
versetze dem Schicksale einen Fußtritt und stürze vorwärts!

Walad jâ nâkel el-'ûd
wahdak w lâ lak mâârek
el-'omr leh jôm mahdûd
dus al-manâja w 'ârek.

Eine alte Frau härmt sich um ihren Sohn
und spricht: mein Sohn, mein Alles!
Eine alte Frau hat ein Augenblick um alles gebracht —
es kehrte der Sattel leer zurück.

'Ağûz turabbi waladha
wa tkûl waladi ḫalâli
'ağûz lah faššal el-wakt
rawwaḫ es-serğ ḫâli.

Die ägyptische Regierung entsandte einst ein starkes Heer, um die Beduinen zu bezwingen. Ein Häuptling wurde gefangen genommen und der Kommandant versprach ihm die Freiheit, wenn er die ägyptische Regierung anerkenne. Da sagte der Häuptling:

Fürwahr, sie sind gekommen wie eine einstürzende Mauer
und der Gewehrdonner gesellte sich zu ihnen,
ich werde mich stürzen auf zweitausend und mehr —
auch wenn deine Stute unter ihnen wäre.

Lağan kama-ṣ-ṣûr maksûr
w aṭ-ṭaḫḫ 'âked ma'henn
arkoḍ 'ala-lfên w ksûr
law kân mohrak ma'henn.

'Azâzme:

O mein Liebling, reichliche Nafal-Weide,	Jâ ṣwejḫibi fejḍe nafal
wie sehne ich mich nach ihr.	w ana riwâdiha.

O du Besitzerin des papierweißen Kinnchens,
tätowiert durch Nadelstiche,
dein Liebling gehört zu den Windschnellen,
es möge, o Mädchen, die Kunde davon zu dir gelangen.

Jâ-bu ḥnejk lown el-kurṭâs
mu'arwağe bidakk el-abar
jâ šawkak min hâbbîn er-riḫ
jâ binet w in ğâki-l-ḫabar.

Melke für Frejğe, o Jüngling,	Eḫleb la frejğe jâ walad
melke für sie und melke viel,	eḫleb laha w zîd el-ḫalîb,
die Zähne der Frejğe, o Jüngling,	jâ snûn frejğe jâ walad
ihre Zähne sind ja Reis in Milch.	jâ snûniha ruzz bi-l-ḫalîb.

Eine leidet Schmerzen beim Lager,	Wağa'âniten ğanb el-farîk
leidet Schmerzen und wir sind die Arznei.	wağa'âniten w aḫna dawa.

Ich verpfände meine Lanze und Stute	Rahant rumḥi w al-faras
und die Seele, sie ist nicht teuer;	w ar-rûḥ mâ hi ṛâlije
die Schmerzleidende beim Lager	waǧa'âniten ǧanb el-farîḳ
ist vom hohen Wuchs wie die Palme.	w aṭ-ṭûl šamaḫ el-'âlije.

Ḥêwât:

Nicht durch die Röte der Ṭarbûše
und nicht durch das Trinken des Kaffees,
sondern durch Stöße mit den Lanzen,
bei denen der Arzt sich keinen Rat mehr weiß.

Mâ hi biḥumr aṭ-ṭarâbîš
w lâ bišurb al-ḳahâwi
illa biḍarb al-mahâbîš
jiḥtâr fîha-l-medâwi.

Beim Tränken der Tiere werden andere Ḥedâwi-Lieder gesungen als zur Friedenszeit.

Ṣḫûr:

Gruß und Heil den Reitkamelen,	Marḥaban ḥajj ar-račâb
die oft zur Beute eilen.	naḳḳâlâten li-z-zahâb.
O die Reitkamele, sie verlieren sich,	Ar-rečâjeb jâ ṛwa
wie das geschöpfte Wasser in dem Schöpfsacke.	lown ḳaliṣen bid-dela.
Das Geschick soll euch, o Ṛazw, Glück —	Fâlukom jâ ṛazw ṭîb
Das Geschick soll euch eine zahlreiche Kamelherde bescheren,	fâlukom ṭaršan muṭîb
die kein entfernter Schreier hütet,	mâ lu ṣajjâḥan muṛîb
außer einem Reiter, der (sie) im Stiche läßt.	ṛejra ḫajjâlen musîb
Das Geschick soll euch nur Reis und Milch (Mädchen mit milchweißen, reisgroßen Zähnen) gewähren!	fâlukom ruzz wa ḥalib.

'Azâzme:

O Weh dem, den wir überfallen werden,	Jâ wil min ḥellna 'alej
die Mutter des Eingeborenen wird über ihn weinen!	umm el-waḥîd tibki 'alej.
O weh, wer in Abgründen lagert,	Jâ wil nazzâl el-wa'ar.
wir werden ihn überfallen.	eḥna tḥaddarna 'alej.

O sei gegrüßt und erweitere dich	Jâ marḥaba w-erḥâbi
o Platz mit den Reitkamelen.	as-sûk fîh arkâbi.

O die ihr (von der Tränke) auf die Hochebene steiget,
ich habe mit euch mein Füllen totgeritten,
indes die Brünstigen stets vom Wege abweichen.

Jâ ṣwêdrât el-ʿelwi
ḳaṣṣejt maʿken felwi
w ülla ṛlâman jalwi.

O Mädchen, die du das Zelt errichtest,
versieh mich mit Proviant, denn ich verschmachte.

Jâ bint bânijet el-bejt
ʿajjefini kanni zallejt.

Am letzten Abend vor dem vermutlichen Zusammentreffen mit dem Feinde opfert der ʿAḳîd ein Tier und sagt:

„Dies ist dein Abendmahl, o unser Ahnherr, hilf uns am heutigen Tage, hâda ʿašâk jâ ǵiddina tufzeʿ lana-l-jowm."

Beim Abendessen ladet man sich gegenseitig ein mit den Worten:

„Hunger, o unsere Ausgehungerten, al-ḫwa jâ ḫwêjâna",

worauf man antwortet: «Hunger und Beute und Heil, al-ḫwa w al-fowd w as-salâme», oder:

«Hunger nach Beute und Glück, al-ḫwa min časab w naṣab.»

Mit den Worten: „Greif zu, wer kommt, und irre sich nicht, wer sitzt, efleḥ min ǵâ w oršod min ḳaʿad", wird der neu Angekommene empfangen.

In der Nähe des Feindes besteigen die Reiter die Pferde. Ein Trupp reitet auf den nächsten höchsten Punkt und hält dort an, um die Bewegungen des Feindes zu überwachen. Dieser Trupp heißt aṭ-Ṭalâjeʿ. Die Kamelreiter begeben sich mit ihren Tieren in eiliger Flucht auf einen bestimmten Platz und werden von einer Abteilung der Reiter zu Pferd bewacht. Diese Reiter heißen Kemîn. Die andere Abteilung der Reiter wirft sich auf den Feind und sucht sich seiner Kamele zu bemächtigen, diese nennt man Emṛîr.

Jedes Zeltlager und jede Kamelherde wird scharf bewacht. Auf den höchsten Gipfeln der Umgebung liegt ein Schreier, ṣâjel, ṣajjâḥ, ṣâjeḥ, mṣajjeḥ, versteckt und signalisiert den Feind durch Schwingen seines Kopftuches auf einer Lanze (wie eine Fahne) und durch schrille Schreie:

„Reiter, Reiter, o Râšed, o Kampflustige!

Hala'-lḫe . . . . ji!
hala'-l-ḫe . . . ji!
jâ râ . . . šed, jâ ṭammâ . . . . â'!"

Wer es vernimmt, der stimmt ein:

„Sieh' den Schreienden auf der Kuppe!
O Besitzer der Reittiere, sattelt sie!

Er' al-mṣajjeḥ bin-neba'!
jâ hla' n-neǧâd aẓherhenn!"

In el-Kerak wird das Erscheinen des Feindes angezeigt mit den Worten:

„Reiter, Reiter, o Stammgenossen, hala'-l-ḫejl, hala'-l-ḫejl, jâ halâ . . . . ji!"

Wer dies im Lager vernimmt, schreit:

«Wo sind denn die Tapferen, wên râḥû en-nišâma?»

Gerüstet jagen sie auf ihren Pferden dem Feinde entgegen mit dem Geschrei:

„Die Nachkommen des Ǧerda' (kommen euch zu Hilfe), o Stammgenossen, hala'-l-ǧerda', jâ halâ-ji!"

Die Šarârât schreien: „O Râšed, jâ râšed!"

Die Beni 'Aṭijje: „O Glücklicher, wo sind sie denn, jâ mas'ûd, wên râḥû?" und gerüstet wühlen sie den Staub auf, ju'afferû bit-turâb, und schreien:

„Wehe für uns (o Lüftchen), wehe für uns, habbî lana, habbî lana!"

Ist der Feind zu stark, so wendet man sich auch an den Nachbarstamm um Hilfe. Ein Reiter eilt dorthin; wenn er in die Nähe kommt, springt er ab und läßt den Sattel auf die eine Seite des Tieres herabgleiten und führt sein Tier. In der klaren Luft sehen ihn die Araber schon von weitem und bemerken den Sattel an der Seite. Sogleich rufen sie:

„N., dessen Reitsattel herabhängt, flân šdâdo mâjel!"

Sie wissen, was er will, und sofort besteigen sie ihre Tiere. Er legt den Sattel zurecht und sprengt mit ihnen davon. Sie singen (Tîjâha):

Swêmer, o abu Sammâra,	Swêmer jâ-bu sammâra
bringt warnende Nachricht,	ǧâjeb 'elman naddâra
sein Säbel schlägt auf das Absatzeisen	sejfo jilṭom 'a-l-'arḳûb
und läßt mit Wut Funken sprühen.	w miḳṭan jâḍi šarâra.

Ṣḫûr:

(Die Parole) „dir zu Hilfe", o Häuptling, rief uns an,
wir kämen zu dir, selbst wenn wir weit wohnten;
oben auf den berühmten Schimmelstuten
rasselt der Eisenpanzer.

„'Ajnak jâ šejḫan da'âna
ǧînâk law ḫena ba'îd
min fôḳ zurḳen mukramât
jinfaḍen marbûs al-ḥadîd."

O unser Šejḫ, vergilt die Anschläge,
vergilt sie dem Šejḫ der Verräter,
daß sie verkosten das Lecken unsrer Lanzen,
die weithin glänzen auf hölzernen Schäften.

Jâ šejḫena rudd an-neḳa'
ruddu 'ala šejḫ ál-bujûḳ
jidûḳû lass eḫrâbina
emšenšalâten bi-l-'urûḳ.

Wenn der Ṛazw die Herden des Feindes sieht, ruft man in el-Kerak: „Greift sie an, o Reitervolk, sie sind ausgeschüttet aus der Hand des Sämannes, ṭajjerû, jâ hla-l-ḫejl, dubbalan min îd baḍḍâr!"

Die erbeuteten Kamele, welche die Reiter den Kamelhütern zutreiben, heißen Ḳazîze, ḳazâjez, und die Kamelhüter rufen den Reitern zu:

„Treibet noch mehrere, o Bruderschaft von Zenda', tawaššeʻû eḫwât zendaʻ!“

Diese antworten: „Hoch das Kinn, das Blut fließt, erfaʻ deḳnak sâl ed-damm!“

Wenn sich dem Ḳazw-Zuge ein kampfbereiter Trupp entgegenstellt, läßt der ʻAḳîd oft halten und fordert den Gegner durch ein Wâw-Liedchen zum Zweikampfe heraus. So rief Dûdên el-Ḳejsijje:

„O Wind sage den Terâbîn:	Jâ rîḥ ḳul lat-terâbîn
Dûdên nimmt am Kriege teil.	dûdên ḫašš el-ḥarâba
O wehe euch, Krieg habt ihr geschaffen	jâ wêlku ḥarban naššêtu
und einen Dreck werdet ihr erreichen.	ǧâku-l-ḫaraʼ fi ʻaḳâba.“

Der Häuptling der Terâbîn, Ḥammâd eṣ-Ṣûfi, gab ihm zur Antwort, šajjaʻ:

„Ḥammâd schwor bei Entlassung seiner Frau,	Ḥammâd ṭallaḳ
auf seiner Stute mit langer Mähne sitzend:	min abu ʻorf mâjel
Von Ḳâhira bis Damaskus	min maṣr laš-šâm
werden diese Stämme nicht wohnen.	mâ jisknû ha-l-ḳabâjel.“

Öfters geschieht es, daß der eine oder der andere feierlichst gelobt, den feindlichen Anführer zu töten; dies geschieht bildlich durch das Austrinken eines Kaffeenäpfchens oder Verzehren eines Fleischstückes. Wer dies tut ist unter Verlust seiner Ehre verpflichtet, sein Wort zu halten, mutaḍamman biḳatlih. Deshalb ruft er, sobald der feindliche Trupp in die Nähe kommt: „Wer sah den N., o Reitervolk, der soll ihn bringen, min ʻâjan flân jâ hla-l-ḫejl jaǧîbu!“

Wenn der Geforderte den Ruf vernimmt, so antwortet er:

«O der du mich suchst, ich suche dich, jâ nâšedan ʻanni, ana ʻanka nâšed!»

Sollte der N. nicht zugegen sein, so antwortet sein nächster Verwandter, der anwesend ist:

„Entschuldigung bei Gott und bei dir, daß er nicht zugegen ist, wäre er zugegen, würde er sich vor dir nicht in acht nehmen, al-ʻoḏr lallâh w lak, mâ hu ḥâḍer, law hu ḥâḍer mâ ittaḳa ʻannak.

Ich will ihn jedoch vertreten! Hier hast du (einen), der eintritt für seine Schmach, lâčen ana-sidd ʻannu, hunâ-lli jiḳûm bilâjemtu!“

Nun stürzen sie sich in den Zweikampf, und niemand darf eingreifen, denn sie gehören zueinander, und Gott wird den Sieg dem gewähren, welchem er will, allâh ji'ṭi an-naṣr limin šâ'.

Jeder Krieger stößt den Kriegsruf, naḫâwa, seines Stammes oder Geschlechtes aus.

Alle Ṣḫûr, d. h. die gesamte Bedîde-Vereinigung der Stämme, welche den gemeinsamen Namen Beni Ṣaḫr führen, haben als Parole, jintaḫû, in der Schlacht das Wort Bâsli.

Die Geschlechter aṭ-Ṭûḳa haben außerdem noch eine eigene Parole. So rufen die Fâjez, jintaḫû 'enda, das Wort 'Alja', die Zeben Waḏḥa' und die Ḥâmed 'Amša'.

Man erzählt, daß einst bei den Ṣḫûr ein Handwerker, ṣâne', wohnte, nâzel, der drei Schwestern hatte, die 'Alja', Waḏḥa' und 'Amša'. Als er starb, weinten und klagten diese: „Wer wird unseren Namen unter den Menschen erhalten, min jiṭla'a ziǒrna 'enda-n-nâs?"

Da beschlossen die drei Geschlechter, ihre Namen als Losungswort zu gebrauchen und das tun sie bis auf den heutigen Tag, ila jowmna hâḏa.

Dem Schlachtrufe geht gewöhnlich die Bezeichnung des Reiters voraus, dessen Aufmerksamkeit man erregen will. So ruft man z. B.:

„Reiter auf der starkhalsigen Kamelstute, ich bin ein Bâsli, ḫajjâl al-'arefa bâsli!"

„Reiter auf der Fuchsstute, ich bin Bruder der 'Alja' (= ich bin von al-Fâjez), ḫajjâl aš-šaḳra' ana-ḫu 'alja'!"

Naḫâwa der Ḳufṭân: „Kriegstrupp, ich bin Bruder der 'Amša, al-ǵerda' ana-ḫu 'amša'".

Naḫâwa der Ṭrâd: „Schrecken der jungen Mädchen, eḏ'âr aṣ-ṣebâja".

„ „ Ibn Zhejr: „Reiter der Rassestute, ich bin ein Ibn Zhejr, ḫajjâl al-aṣla' w ana-bn zhejr".

Naḫâwa der Fâjez: „Eš'at al-Môḫ, ich bin Bruder der 'Alja', eš'at al-môḫ ana-ḫu 'alja'".

Eš'at soll ein Berg in Ḥeǵâz und al-Môḫ soll Schutzpatron der Fâjez sein.

Ḥeǵâzîn: „Eḫwât ṣabḫa, Bruderschaft der Ṣabḫa".

Mdânât: „Eḫwât marjam, Bruderschaft der hl. Jungfrau Maria".

Bḳâ'în: „ „ „ „ „ „

Zrêḳât: „ „ „ „ „ „

'Azêzât: „ „ „ „ „ „

Ḥwêṭât, und zwar das Geschlecht der Meṭâlḳe: „Reiter (Hirt) der Hohen, Kinder des Ibn Ǵâzi râ'i el-'alja', awlâd ibn ǵâzi";

das Geschlecht Ibn Dijâb: „Reiter der Gelblichen, Kinder des Ibn Dijâb, râ'i el-mlêḥa', awlâd ibn dijâb".

El-'Amr: „Dieb des Allbarmherzigen, Sohn der Zenda', ḥâjef (sic) er-raḥmân, walad zenda'!"

Ibn Ša'lân: „Reiter der Hohen, und ich bin ein Abu Nâjef, ḫajjâl el-'alja', w ana-bu nâjef!"

Ḥanâǧre: „Ich bin dein Bruder o N.! (Zu unserer Hilfe), o Bärtige, Söhne der Ḥanâǧre! Dir zu Hilfe, o Šêḫ, aḫûki jâ flâne, jâ-lḥa awlâd el-ḥanǧûrijjât, li'ejnâk, jâ šêḫ!"

Terâbîn: „Seid Helden, o Terâbîn, beim Durchbohren der Rosse, ṣubjân jâ terâbîn, birâḳe' el-ḫejl!"

'Azâzme: „Nimm es (den Stich, die Kugel) von mir, und ich bin Bruder der N., ḫodha minni w ana aḫu flâne!"

Ḳâwârne von eṣ-Ṣâfije: „Seid Helden, o Zoṛârne, ṣubjân jâ zoṛârne!"

'Amârin: „Seid mutig, o ihr Helden, seid mutig, die ihr schneller seid als der Wind, ṣubjân jâ nišâma, ṣubjân jâ hâbbîn ar-rîḥ!

Vorwärts, eilet zum Siege, seid mutig, o ihr Schützen, hejlâ 'alejku biẓ-ẓafar, ṣubjân jâ bawârdijje!"

Bei den Sa'îdijjîn opfert der Häuptling vor dem Angriffe, ḳabl el-hǧûm, und sagt dabei:

„O Angesicht Gottes, dies gehört dir, damit du von uns abwendest den ehrlosen Tag, jâ wiǧh allâh hâ lak innak tafokk 'anna en-nahâr eš-šajjen!"

Ihre Naḫâwa lautet: „O Kamelreiter, o Ḥwêṭi, râ'i al-bel ḥwêṭi" (sie stammen nämlich von den Ḥwêṭât ab), oder:

„Seid Helden, o Šwâfîn, schneller als der Wind, ṣubjân jâ šwâfîn habbîn ar-rîḥ!"

Beim Angriffe schreien sie:

„O Rache für N., erhebe dich! Ich komme zu dir!
Du sollst nicht sagen: ‚aus Hinterhalt', möge dich Gott fallen lassen.

Jâ ṭâr fulân ṭor ana ǧîtak
lâ tḳul ṛaflaten aḥṭa-llâh bak."

Die Ḥêwât schreien: „Blut! der du ihn verfolgst! Blut verlange! Es traf dich dein Los, ein Schuß, und N. ist in deinem Bauche, flân el-flâni fi baṭnak!"

Die Tijâha: „Töte ihn, daß er nicht flieht, eḏbaḥo, lâ jemlos!" Wenn der Krieger mit der Lanze sticht, schreit er im Fisteltone: ḥe! ḥe! ḥê . . .!

In el-Kerak ruft der Angreifer:

„O wie viele Tränen werden euere Angehörigen heute vergießen!
O Gott, wenn ich den Häuptling treffe, so will ich dir ein Kamel opfern!

Jâ kutr eḍ-ḍaḥḥa 'end ahliku-l-jôm!
jâ-llâh biš-šejâḥ wa fâṭer."

Wenn sich die Šarârât auf den Feind werfen, so schreien sie:

„Wehe uns günstig, o unser Wind! Hobbej lana jâ riḥana
Wehe uns günstig, o unser Wind! Hobbej lana jâ riḥana."

Will ein Šarâri einen berühmten, tapferen Krieger niederwerfen, so macht er sofort ein Gelübde und ruft: „O Gott, gegen N.! Du mögest ihn treffen und dafür das Fâṭer-Kamel zum Opfer haben, allâh biflân w ermih wa fâṭer."

Bei den Terâbîn ruft der Angreifer dem Angegriffenen zu: „Gib acht und sage nicht, er überlistete und täuschte mich; dies für das, was du getan hast, emteken lâ tḳûl hadalni w bâḳni, 'â-mâ fihi!" Er antwortet: «Die Männer werden leben und es vergelten, ta'îš ar-reǵâl w tawfîhi.»

Ist Blutrache zwischen dem Angreifer und dem Angegriffenen, so ruft jener beim Schlage: „Erhebe dich, o Rache des N. (Getöteten), tor jâ ṭâr flân." Trifft er nicht, so ruft er: „Unbesonnen! Gott möge auch dich fehlen lassen, fišert w juḥṭîk allâh!"

Der Ṣaḥari ruft dem Feinde zu, indem er stößt oder schießt: „Falle, o möge dich Gott treffen, iḳa' allâh mâ jarmik."

Dieser antwortet: «Schmach über dich, und möge dich Allâh erlahmen lassen, taḥsa' w ju'ajjik allâh!» Oder: «Du magst sterben, tahbâ!» «Du stirbst, Gott möge dich treffen, tahba allâh mâ jarmik!»

Will der Angreifer die Stute des Angegriffenen haben, so ruft er: „O Glück des N. durch die erbeutete Stute, jâ baḥt flân bil-ḳalâ'!"

Der Rächer schreit: „Den Hauch der (geliebten) N. fühle ich, indem ich sie (die Feinde) hart verfolge; o wie will ich rächen mein Recht an N., jâ riḥt flâne bidjûlhem jâ ṭârijât ḥaḳḳi biflân."

Die Ṣḫûr singen während der Schlacht:

O meine Stute, du Siegerin im Rennen, die ich kaufte!
Herr, mögest du treffen den N.,
o Hilfe Gottes, o Gütiger!

Jâ sâbeži šarejtha
jâ rabbi tarmi flân
jâ 'awnet allâh jâ kerîm.

O Unglück, o den Liebling der Lachenden;
er steht still, und er (der Feind) ist nahe gekommen,
o Hilfe Gottes . . .

Jâ ḥejf jâ šôḳ al-hanûf
wâḳi w min ʿendo zalaf
jâ ʿawnet allâh . . .

O Schakal, o du Sohn des Schakals,
o Rasse der Jagdpanter, zeig dich tapfer
o Hilfe Gottes . . .

Waʾwaʾ jâ ibn waʾwaʾ
jâ tarret al-fehâd aḥmedî
jâ ʿawnet allâh . . .

Ibn el-fâjez, o du Leitung unsrer Wanderung,
o unser Panzer, der vor den Feinden schützt,
o Hilfe Gottes . . .

Ibn al-fâjez jâ ḳidwe ẓaʿenna
jâ derʿana-ḍ-ḍâfi ʿan al-ʿadwân
jâ ʿawnet allâh . . .

O Ibn Awdi, wir ließen dich eine ʿObejje-Stute reiten,
wie ein weißes Gazellenzicklein führt sie das Schlachten an,
o Hilfe Gottes . . .

Jâ ibn awdi-ḳudnak ʿobejje
ʿatûd ar-rîm ḳâjidet al-ʿetâr
jâ ʿawnet allâh . . .

Am Tage der Schlacht decken wir uns durch dich,
und die Lanzen des feindlichen Trupps zerbrechen an deinem Panzer,
o Hilfe Gottes . . .

Nahâr al-kown ḥena-ntaderrak bîk
wa rmâḥ al-ḳowm ʿan derʿak kusâra
jâ ʿawnet allâh . . .

Wenn ein Freund fällt, so fordern die Ṣḫûr einander zur Rache auf:

O Unglück! O so mancher junge Mann
sagt, ich soll sie (die Stute) zurückhalten;
niemals soll er loslassen den Zügel,
Schande ihm, wenn er sie vom Ziele ablenkt.

Jâ ḥejf jâ ḥaṭw al-walad
jaḳûl ana ḥaǵîruha
lâ ʿâd mâ jirḥi al-ǵerir
ʿejban ʿalejh juǵîruha.

Es schwankt der Schöne, ein Ast vom Baume,
o halte sein Kamel, du o Mächtiger!
Bei Gott! Meinen Freund verlass' ich nicht,
und sollte der Tod mich ereilen.

At-tirf jâ ṛeṣnan jemîl
eḳhar ḳaʿûdu jâ ʿali
w allâh mâ uḥalli ṣâḥebi
law ad-darak jilḥaḳ ḥâli!

Wenn ein Trupp dem Angriffe nicht widerstehen kann und wankt, gebraucht der Anführer allerlei Mittel, um ihn zum Widerstande zu bewegen. So zog Fâres ibn Salâme el-Mǵalli mit zehn Mann aus, die Salâjṭa zu berauben, jiḥûf es-salâjṭa. Diese bemerkten rechtzeitig die Räuber, brachten ihre Herden in Sicherheit, und die Begleiter des Fâres mußten fliehen. Da stellte sich dieser den Fliehenden entgegen, raufte sich den Bart aus und reichte ihn den Fliehenden mit den Worten: „O. N. kaufe dir den Bart deines Verwandten. Dir zu Hilfe! Jâ flân ištari leḥje ʿammak, ʿajnâk!"

Als die Ṣḫûr vor dem Heere des Ismâʿîl-Pascha flohen, zwangen sie ihre Mädchen und Frauen unter der Anführung von ʿAlja bint al-Fâjez zur Umkehr. Die Frauen spielen überhaupt im Kriege eine große Rolle dadurch, daß sie die Ihrigen zur Tapferkeit anspornen. So sang eine junge, schöne Ǵehêni-Frau, als sie sah, daß ihr Mann floh und durch nichts sich zur Umkehr bewegen ließ:

Wer verlangt nach meiner Liebe,
muß vordringen, wenn sich der Feige fürchtet.
Er kann dann saugen meine Lippen bis sie trocken werden,
ohne sich zu kümmern um die Nase meines Mannes.

Min hu jibra ḥebbeti
jihûš lan ḫâf ad-ḍalîl
jiršef ṭamâni ḍebbeti
ṛaṣban ʿala ḫašm ḥalîl.

Wer sich nicht mehr wehren kann, erhebt die rechte Hand und deckt mit dem Mantel sein Gesicht zu. Dies zum Zeichen, daß er die Waffen strecken will. Ein solcher heißt in el-Kerak Muddareḳ.

Wer verfolgt wird und sich nicht mehr retten kann, springt zu einem Unbeteiligten, ergreift sein Kleid und ruft:

„Ich, bei Gott und bei dir,	Ana billâh wa bik
ich setze mich unter den Schutz deiner Eltern.	ana dâḫel ʿa-wâledik.

Dieser muß ihn selbst mit Lebensgefahr beschützen, ihm alle seine Waffen und Sachen zurückgeben und ihn nach dem Kriege zu den Seinigen begleiten. Dies bereitet zwar dem Beschützer hohe Ehre, aber auch große Mühen, weshalb man sagt: „Die Schutzpflicht ist eine Heimsuchung, ed-daḫâle balwa".

Findet sich niemand in der Nähe, so ruft der Bedrängte dem Angreifer zu: „Halte ein, halte ein, o N., vor dem Angesichte des N. N. (hier nennt er seinen Namen oder den Namen eines angesehenen Häuptlings), imnaʿ, imnaʿ jâ flân biwağh flân al-flâni", worauf der Angreifer sagt: „Gott über dir, ʿalejk allâh!" Nun streckt er die Waffen und heißt Manîʿ.

Den Manîʿ nimmt der Sieger mit in sein Zelt oder läßt ihn zum nächsten Lager bringen, wo er zu essen bekommt, sich erholen und drei Tage als Gast bleiben kann. Nach drei Tagen wird er zu seinem Stamme entlassen. Dazu erhält er die nötigen Nahrungsmittel, ja wenn er bekannt ist und sein Ehrenwort gibt, so gibt man ihm ein Reittier, oft sein eigenes, welches er jedoch, nachdem er sein Lager erreicht hat, zurückgeben muß.

Die in einer Schlacht Verwundeten soll man immer in Zelten unterbringen, ohne Unterschied, ob sie Freunde oder Feinde sind. Doch werden oft die verwundeten Feinde liegen gelassen, ja man erzählt sogar, daß sie getötet, manchmal auch verstümmelt werden; die Toten läßt man oft den Aasgeiern und Tieren zur Beute, mağârîḥ el-ʿedw jiḳtolûm w mawtaʾ el-ʿedw jitrekûm. In der dortigen Hitze beginnt die Verwesung sehr bald.

Tote Freunde werden immer begraben, womöglich auf dem Kampfplatze selbst. Über ihren Gräbern werden größere oder kleinere Steinhaufen errichtet, und die Plätze, wo sie getroffen wurden, werden mit kleinen Steinhaufen, marmaʾ, madbaḥ, bezeichnet.

Der Feind wird auf der Flucht verfolgt und sein Lager geplündert. Wenn möglich, ladet man alles, auch die Zelte der Feinde auf Kamele, ohne aber den Frauen oder Kindern etwas zu tun. Freilich erzählt man, daß die Ṣḫûr 1897 einige Kinder der Šibe getötet und einige Frauen vergewaltigt hätten, Hâjel leugnete es aber auf das entschiedenste.

Im letzten Kriege mit el-Kerak töteten die Ḥamâjde bei der Plünderung eines Lagers der Kerakijje ein Kind, eine Wöchnerin im Bett und mehrere Greise. Doch sind das nur Ausnahmen: den Frauen und Kindern soll nichts geschehen und sie werden auch nicht gefangen genommen.

Selten wird das Zeltlager verbrannt. Dies geschieht nur dann, wenn die Besiegten mit Verstärkung zurückkehren, und die Sieger eiligst fliehen müssen.

Wenn die Sieger mit Beute beladen sich bei ihrem Anführer versammeln, so singen sie:

el-Kerak:

(Die Parolle) „dir zu Hilfe“, o Häuptling, rief uns an,	ʿAjnâk jâ šejḫan daʿâna
hier sind wir, erfreue dich an (unserem) Anblick.	ǵinâk w ebšer fi l-feraǵ.

Unser Feind flieht vor uns,
wie die Durstigen vom besten Weideplatze fliehen.

Ḫarîbina jinzaḥ ʿanna
nziḥ eẓ-ẓawâmi ʿan el-felâʾ

Unser Feind ließ seinen Harn,
mit dem vielen Wasser werden wir (auf der Mühle)
das Schießpulver mahlen.

Ḫarîbina-tâʿ al-marâr
min kuṭur maʾ nisḥan dawâʾ

Ẓullâm:

O ihre Kameltrüppchen bringen wir	Jâ ḍwêdhom ǵibnah
und ließen sie in Armut.	w ḫallajnahom ʿa-l-falas.

Die Besiegten kehren still in ihre Zelte zurück, ja sie kriechen von hinten in ihre Zelte, als ob sie sich schämten. Die Frauen schweigen ebenfalls oder klagen.

Wenn jemand gefallen ist, klagen seine nächstverwandten Frauen: „O wehe, o wehe, verwaist sind meine Kinder, o mein Bruder, o mein Vater! (aber nur einen Tag), wâ wajli, wâ wajli, jatam ʿejâli, aḫûja, abûja!“ Sie legen sich auf den Kopf ein blaues Tuch und darüber auf die Stirne einen weißen Streifen.

Aber die meisten Frauen weinen nicht, wenn ihnen jemand in der Schlacht fällt, denn es ist ein Glück für den Stamm, wenn jedermann seine Pflicht erfüllt und dabei selbst das Leben verliert.

So erzählte man mir von Zâne, der Frau des ʿArâr ibn Ḥâmed von al-Fâjez, daß sie ihre zwei einzigen, von den Ḥwêṭât getöteten Söhne auf ein Kamel band und fortführte, ohne zu weinen, wa lam tabči abadan.

Der Empfang der Sieger ist in el-Kerak immer feierlich. Ihnen gehen die Frauen und Mädchen bis zum birket Hebǧe am râs el-Mṣâṭeb entgegen. Nach dem Tode des Miṣleḥ im w. Mûsa gingen die Frauen und Mädchen bis zum ḫ. el-Ǵûba (östlich von Maḥna) und weinten und schrien, jaṣtḥen.

Wenn die einzelnen Truppen in ihre Lager zurückkehren, kommen ihnen ebenfalls die Frauen entgegen und singen kurze Lieder, meist improvisiert, welche den soeben beendeten Zug schildern. Ein Mädchen stimmt an, andere wiederholen es. Die Krieger versammeln sich im Gastzelte, eš-šiḳḳ, und bald kommen zu ihnen die Greise und andere, welche nicht teilgenommen haben, und begrüßen sie mit der Parole:

„Euch zu Hilfe, o Trupp, ʿajnâku jâ rabʿ!"

Die Krieger antworten: „Ihr könnet Nutzen ziehen, wenn sich Gott behilflich erweist, tinfaʿû, tinfaʿû, jôm allâh jinfaʿ!"

Die Greise fragen: „Wie ist es euch gegangen, wêš entu ʿalejh?"

«Gott sei Lob, mit Beute und Gesundheit (sind wir zurückgekehrt), al-ḥamd l-illâh ɼanâjem w salâme!»

und dann erzählen sie den Fortgang des Kriegszuges.

Bei den Ṣḫûr stimmen die Sieger an:

Hej hâ la la lâ
ha hî ja la lâ

O Herr, laß uns immer wieder Beute gewinnen,
jâ rabb ʿawwedna ʿala-l-fowd ʿâde.
Waj hej ha la lâ
ha hî ja la lâ.

So wie immer wieder fällt der Plejadenregen auf die vertrockneten Niederungen,
'awdat aṭ-ṭraja 'ala r-rijâḍ al-maḥîle.
Ha hî ja la lâ
waj hej ha la lâ

O Mädchen, greif zum Stock, um dem Feigling zu wehren,
jâ bint 'an aḏ-ḏîḫ ǵurri bil-'aṣa'.
Waj hej ha la lâ
ha hî ja la lâ

Er trennt dich von dem Edlen, welcher dir Beute bringt,
jiẑṭa'či min ḳarm jaǵîb al-ṛanîme.
Ha hî ja la lâ
waj hej ha la lâ.

Aus jedem Zelte, an dem sie vorübereilen, wiederholt man die einzelnen Verse und ladet sie ein: „Beglücket, beglücket uns, ich beschwöre euch, 'efleḥû. 'efleḥû 'alejkom ǵîre!"

Darauf antwortet man: „Ihr sollt nur Wohlergehen sehen! Löset eueren Schwur, 'ujûnkom 'al-jisra', ebnašû ǵîrtkom!"

Wenn jemand den Eilenden noch einmal sagt: „'Efleḥû, 'efleḥû!" und hinzufügt: „'Alejkom ǵîret el-'abed râšed!" so müssen sie absteigen und etwas annehmen.

El-Kerak:

Ha jâ la la . . .
O wie manche Frau wendet sich von ihrem Gatten ab,
a kam bejḍa' 'an ḫalîlo mṣaddi,
wa he ja la la . . .

den aufzustehen von seiner Lagerstätte heißt die Wonne der Beute,
jiḳawwemo ledd el-ṛna min manâmo.
Ha hi jâ la la . . .

O wie mancher Jüngling, dessen Herz durch die Entfernung litt,
a kam ṣabi ḍajjeḳ el-bo'ad ṣidro,
wa he jâ la la . . .

stirbt, ohne die Wonne der Beute genossen zu haben,
jimût w leddât el-ṛna mâ dara bo.
Ha hi jâ la la . . .

O Mädchen, wir bringen das Gut der Feinde,
jâ bint mâl el-ḳôm ḥena naǧibo,
wa he jâ la la . . .

auf Kamelen und Stuten mit wallender Mähne,
'ala-l-heǧen w-illa mâjilât el-ma'âref.

Al-Ḥêwât: Wenn die Sieger mit Beute, kâsebin, zurückkehren, so gehen ihnen die Frauen und Mädchen entgegen, und die Krieger singen:

Ha hi jâ la la
ha hi jâ la la

Unsere erste Beute besteht aus hohen, festen Kamelstuten,
awwal fidna min šamaḫ ed-dari.
Ha hi jâ la la
wa hi jâ la la

Unsere zweite Beute besteht aus langmähnigen Pferden,
w tâni fidna min mâjilât el-ma'âref.
Ha hi jâ la la
wa hi jâ la la

von Gott und nicht von den geizigen Händen,
min allâh w lâ min el-idên el-baḫâjel.
Ha hi jâ la la
wa hi jâ la la.

Damit die im Kriegszuge erbeuteten Kamele gut gedeihen, werden sie mit dem Blute eines Opferkameles bestrichen. Das Opfertier heißt Ǵezûr. Wenn es geopfert wird, spricht man:

„Ihr Lohn und ihr Wert gehört unserem Ahnherrn N., aǵrha w ṯawâbha ila ǵiddna flân!"

Mit dem Blute werden dann der Höcker, es-sanâm, die Knie, er-rukbe, und die Kruppe bestrichen.

Bei den Šarârât wird von der Beute ein Naḥîre-Opfer dargebracht mit den Worten:

„Zur immerwährenden glücklichen Beute, dîme 'a-l-fôd w as-salâme!"

Das Blut dieses Opfertieres wird auf die Höcker der erbeuteten Kamele tropfenweise fallen gelassen, und zwar so, daß das Blut zu beiden Seiten des Höckers herabfließt.

Wenn mehrere Anführer da sind, so muß jeder 'Aḳîd sein Naḥîre-Opfer darbringen, kull 'aḳîd jinḥer naḥîru.

Dieses Opfer heißt bei den Ẓullâm el-ʿAḳire, bei den Saʿidijjin und den Ḥêwât en-Naḫire, und die erbeuteten Tiere werden mit seinem Blute bestrichen.

Bei den Ḥanâǧre wird das ʿAḳîra-Opfer dargebracht mit den Worten:

„Dies ist das Sühnopfer für unser Heil, hâḏi fedw salâmetna;“ mit seinem Blute werden der Höcker oder der Rücken der Schafe und Ziegen bestrichen.

In el-Kerak wird nach Rückkehr vom Ḳazw mit reicher Beute dem Abu-l-Ḳamâm ein Opfer dargebracht.

Wenn ein Jüngling das erste Kamel geraubt hat, opfert er seine eigenen Haare, und zwar schneidet er von seiner Stirnlocke, ḳidle, und bestreut damit das Kamel, damit ihm Allâh so viele sende, als Haare da waren.

Der Friedensschluß geschieht bei den Ṣḫûr auf folgende Weise: Das Oberhaupt eines Stammes, ʿaśîre, sendet zu dem Oberhaupte des anderen Stammes einen Mann mit dem Friedensantrage. Dieser Friedensbote heißt al-Mirsâl. Wenn er das feindliche Gebiet betritt, so steht er unter dem Schutze des Häuptlings, zu dem er gesendet worden, biwağh el-marsûl ilu. Dieser ist für ihn verantwortlich, und niemand darf ihm etwas antun. Wenn der Mirsâl beim Häuptling ankommt, spricht er:

„O N., ich bin Bote des N. zu dir, jâ flân ana mirsâl lak min flân . . .“

Der Šejḫ weiß schon, um was es sich handelt, und wenn er einverstanden ist und die Friedensvorschläge vernehmen will, so sagt er:

„Wir geben den Frieden, wie ihn gegeben hat N., Gott über ihn, ḥena muʿṭîn ṣuḥeb mitl mâ aʿṭâh flân ʿalejh allâh!“

Nachher wird besprochen, wo sie sich zu den eigentlichen Friedensverhandlungen einfinden werden. Nachdem dies geschehen ist, kehrt der Bote zurück, und die Häuptlinge treten zusammen. Wenn sie einig geworden sind, sagen sie:

„Wir und ihr sind Freunde bei Gott, der keinen Genossen hat, und vergraben und bestattet soll werden alles, was unbekannt und bekannt ist, ḥena w ijjâkom ṣâḥeb ballâh wa lâlu šerîč wa ḥafâr wa dafân ʿala mâ ṛaba wa bân.“

ʿAzâzme: Die Häuptlinge, ǵelîd eṣ-ṣaff, sagen:

„Das Allerbeste!	Ṭîb w aṭjâb
Vergraben und begraben!	ḥafâr w dafân
Ein Berghang ist eingestürzt auf seinen Schatten!	ǵurf inhadam ʿala ẓellu.“

Sa'idijjîn:

„Eine Hyäne schadet dem Wolfe nicht;
begraben und beerdigt soll werden
alles, was eine Gereiztheit verursachte.

Mâ ḍaba'a taḍibb ed-dîb
ḥafâr w dafân
'ala mâ habbabat w sabbabat."

Terâbîn: Die Häuptlinge legen ihre Hände über einen Säbel und jeder von ihnen sagt:

„Ich gebe dir (den Frieden) bei Gott;
den Betrüger soll Gott betrügen,
ich jedoch werde dich niemals verraten
und schließe Frieden mit dir über alles, was geschehen ist.

'Âṭajtak ballâh
w al-ḫâjen jaḫûnu allâh
inni mâ 'odet abûḳak
w ana ṣâlaḥtak 'am-mâ ḳazat bu."

Dann wiederholt jeder von ihnen:

„Ich will Frieden mit dir schließen.	W ana ṣâlaḥtaḳ
Ein Abhang ist eingestürzt auf seinen Schatten,	ġorf inhadam 'a-ẓillu
begraben und bedeckt soll werden alles, was zwischen beiden Parteien schwebt.	ḥafâr wa dafân bên aṭ-ṭarfên."

Bei den Ḥwêṭât und Šarârât muß der Häuptling der Besiegten barfuß, halbnackt und mit unbedecktem Haupt vor den Sieger treten und sagen: „Wir haben gesündigt und von dir kommt Nachlassung, aḫṭejna wa minnak samâḥ."

Der Sieger legt ihm dann das Kleid und Kopftuch an.

Wenn bei den 'Amârîn bei dieser Gelegenheit die Häuptlinge mit ihrem Gefolge erschienen sind, setzen sie sich in zwei Reihen, und zwischen sie werden ein entblößtes Schwert und eine Schüssel, maṣḥaf, mit Brot und Fleisch hingelegt.

Sie sollen sich entscheiden entweder für den Krieg: das Schwert, oder für den Frieden: die volle Schüssel. Wenn sie sich für den Frieden entscheiden, sagen sie:

„Wir sind Freunde, so wahr über euch Gott herrscht, und den Verräter möge Gott verraten, eḥna ṣâḥeb w wâliku allâh wa-l-ḫâjen jaḫûnu-llâh."

In el-Kerak legen die Häuptlinge neben die volle Schüssel ihre Säbel, reichen einander die Hände und geloben sich, daß sie weder Verrat noch Falschheit dulden werden bei Gott, dem Allmächtigen, der sich nicht beeinflussen läßt, jata'âṭûn min el-bûḳ w al-ṛatra billâh el-matîn illi mâ jilîn.

Nach dem Friedensschluß ist der Besiegte Freund, mâlḫto, des Siegers.

Berühmte Schlachttage.

Als ruhmreiche Schlachten werden von den Sa'îdijjîn in Liedern besungen:

Der Schlachttag von el-'Araba, nahâr el-'araba; die Sa'îdijjîn wurden von den Ma'âze geschlagen. Der Tag von el-Ǧêb, nahâr el-ǵêb; die Ma'âze wurden geschlagen. Der Tag von el-Am'az; die Ma'âze wurden geschlagen. Der Tag von en-Nuḫbâr; die Ma'âze wurden geschlagen.

Bei den Ṣḫûr heißen berühmte Schlachttage Kown. Bekannt sind folgende:

Im Jahre 1895 jowm kown as-Saḫale. Damals überfielen, ṛârû, die Ṣḫûr unter Ṭrâd ibn Zeben die Rwala und töteten ihnen 10 Mann und 4 Pferde, arba'a ḫejl. Nachmittags bekamen die Rwala Unterstützung, warfen sich von neuem auf die Ṣḫûr, janṭaḥûhom faz'e, töteten ihnen 40 Mann, raǧol, und nahmen ihnen 14 Pferde und 100 Kamele, ḍelûl.

In demselben Jahre jowm kown al-Ḥala', wo die Ṣḫûr siegten.

Im Jahre 1896 jowm kown al-Hezîm, wo Ṭalâl ibn el-Fâjez die Rwala schlug.

Im Jahre 1897 jowm kown el-Ḳûṭa, wo unter der Anführung des Rumejḥ ibn al-Fâjez die Ṣḫûr die Rwala besiegten.

Im Jahre 1899 jowm kown Ḏer'ât und jowm kown al-Azraḳ. Die Ṣḫûr wurden angeführt von ihrem obersten Kriegsherrn Ṭrâd ibn Zeben und besiegten die verbündeten Truppen der Rwala und Ibn Ǧendel.

Die Terâbîn nennen den Schlachttag Nahâr und erwähnen aus ihren Kriegen mit den Tijâha und 'Azâzme:

Nahâr abu Sammâra, die Tijâha blieben Sieger;
„ al-'Arâḳîb, „ Terâbîn „ „
„ Šeneḳ, „ Tijâha „ „
„ el-Ḳejsijje, „ Terâbîn „ „
„ ḳôz Mašwi, „ 'Azâzme wurden von den Terâbîn besiegt,
„ eẓ-Ẓâherijje, „ „ und Tijâha wurden von den Terâbîn besiegt.

An jedem Lagerfeuer wird von den berühmten Schlachttagen erzählt, und die Gedichte darüber werden rezitiert. So notierte ich bei verschiedenen Stämmen verschiedene Schilderungen einzelner Ḳazw-Züge, die ich hier im Auszuge wiedergebe:

Ṣḫûr: Vor etwa 30 Jahren (etwa 1870) wollte der Wâli von Damaskus die fruchtbare Oase al-Ǧôf, die dem Ibn Rašîd gehörte, besetzen. Eine türkische Armee unter Oberbefehl des Mḥammad Sa'îd Bâša, Großvaters des jetzigen Ḥâǧǧ-Anführers Sa'îd Bâša, folgte dem w. Sirḥân, besetzte alle Dörfer und endlich auch die Stadt al-Ǧôf. Die Beduinenstämme waren geteilt. Einige unterstützten die Türken, andere verhielten sich passiv. Von den Ṣḫûr zogen die Zeben und Hḳejš mit den Türken nach al-Ǧôf, da sie hofften, daß sie sich nach der Vertreibung der Türken dort würden niederlassen können. Das Geschlecht al-Fâjez blieb zwar neutral, doch war vom Fürsten Fendi ibn al-Fâjez bekannt, daß er ein treuer Anhänger der alten Herren von al-Ǧôf sei. Deshalb wurde er in Folge von Machinationen des Ḍejfallâh al-Môr, des Häuptlinges der Hḳejš, abgesetzt, die al-Fâjez aus ihren Weideplätzen vertrieben, und die Hḳejš und Zeben schalteten nach Belieben.

Doch nach drei Monaten mußte Mḥammad Sa'îd Bâša al-Ǧôf und das ganze wâdi Sirḥân räumen, und al-Fâjez bemächtigte sich wieder der Oberherrschaft.

Im Jahre 1893 fand ein Kampf zwischen den Ṣḫûr und 'Adwân in der Nähe von Zîza statt. Hier fiel Sa'ûd ibn Ṭalâl ibn al-Fâjez. Die 'Adwân, wie überhaupt die Belḳâwijje, sollen treulose Menschen sein. Im Jahre 1892 übten sie an den Ṣḫûr Verrat, indem sie den Ibn Ša'lân anzeigten, daß die Ṣḫûr auf einem Kriegszuge begriffen und ihre Herden infolgedessen leicht zu erbeuten seien. Um sich zu rächen überfielen die Ṣḫûr sie an einem Morgen, ṣabaḥnâhom ṣubeḥ, nordwestlich von Salbûd und trieben ihre Maultiere, Esel, Kühe und Schafe südwärts. Die 'Adwân suchten und fanden in anderen Lagern Hilfe und verfolgten die Ṣḫûr, welche mit den Schafen nur langsam vorwärts kamen. Bei Zîza wurden sie eingeholt. Die Ṣḫûr verteidigten die Schafe, bis die übrige Beute recht weit voran war. Nachdem sie drei 'Adwân getötet hatten, gaben sie die Schafe preis, eilten den übrigen nach und brachten glücklich die Kühe, Maultiere und Esel in ihr Lager, welches sich bei al-Ḥafîra befand.

Im März 1897 unternahmen die Ṣḫûr mit den Šarârât auf 300 Pferden und 600 Kamelen einen Ḳazw-Zug gegen die 'Ejâl aš-Šîbe. Es gelang ihnen, ihr Lager des Nachts zu überfallen, da die

Männer ebenfalls auf einem Ḳazw-Zuge begriffen waren. Die Knaben, Greise und Frauen, die sich verteidigten, wurden getötet, einigen schwangeren Frauen wurde von den Šarârât der Leib aufgeschlitzt und mehrere Mädchen vergewaltigt. Mit reicher Beute kehrten sie zurück. Doch begegneten sie auf der Rückkehr einer großen Abteilung der Beni Ša'lân, der Freunde der Šîbe, wurden umzingelt und besiegt. Alle Männer der Šarârât wurden niedergemacht, die Ṣḥûr nackt ausgezogen und entlassen mit den Worten: „Geh, melde es! ruḥ, ḫabber!"

Terâbîn: Vor 30 Jahren (etwa 1872) tötete Dahšân abu Sitte den Häuptling Muḥammad aṣ-Ṣûfi und floh mit seinem Geschlechte zu den Tijâha. Die übrigen Geschlechter, angeführt von Ḥammâd aṣ-Ṣûfi, dem Sohne des Getöteten, überfielen die Tijâha. Diese stellten sich ihnen unter Zâre' al-Hzejjel entgegen, und es kam in arḍ abu Sammâra, nördlich von Fṭejs, zum Kampfe, ṣâr al-kown. Die Terâbîn mußten fliehen, ṣâr el-waǧh 'a-t-terâbîn, und es fielen von beiden Seiten „etwa 200(!) Mann", zalame.

Nach zwei Monaten überfielen die Terâbîn ihre Feinde bei al-'Arâḳîb in al-Ǧebel (von Ḥebron) und die Tijâha wurden geschlagen. Es fielen „etwa 600(!) Mann". Doch nach kurzer Zeit verbündeten sich die Tijâha mit Regierungstruppen von Ḳazze, überfielen die Terâbîn südöstlich von tell el-Fâre'e, beim bîr Šeneḳ, schlugen sie, und „etwa 200 Mann" blieben auf dem Kampfplatze.

Nun bildeten die Tijâha, 'Azâzme und Ḳejsijje einen Bund und wollten die Terâbîn verdrängen. Diese siegten jedoch bei Ḫwêlfe, wo „gegen 600(!) Mann" fielen, zwangen die Ḳejsijje zum Frieden und nahmen den 'Azâzme das Gebiet es-Sirr und el-Ḫbêra. Die 'Azâzme und Tijâha raubten ihnen viele Kamele und Schafe und schlugen sie am ḳôz Mašwi, bei eš-Šwêḥi und ḫ. abu Zaḳâḳîḥ. Nach vier Jahren errangen jedoch die Terâbîn einen entscheidenden Sieg bei eẓ-Ẓâherijje, wo „70 Mann" fielen. Nun lud die Regierung die Häuptlinge zur Verhandlung und sperrte sie ein, bis sie Frieden schloßen.

Die 'Aṭâwnet el-Kerak unternahmen im Juli 1898 einen Ḳazw-Zug in die Gebiete Neǧed el-'ariḍ, östlich von Ibn Rašîd. Sie ritten ausgezeichnete Kamele, waren 43 an der Zahl und machten gute Beute, mit der sie zurückkehrten. Da sie die gewöhnlichen Wege meiden mußten, verirrten sie sich in der Wüste, und bald ging ihnen das Wasser aus. Sieben Tage und sieben Nächte blieben sie ohne Wasser. Sie sogen den Tau aus ihren Kopftüchern. Fünf von ihnen starben vor Durst. Andere schlachteten ihre Kamele, öffneten ihnen den Bauch und tranken, was sie an Flüssigkeit im Farṯ fanden. Die Eingeweide des Kameles wurden über Nacht liegen gelassen, wurden kühl, das Wasser klärte sich und wurde genießbar. Aber bald verspürten sie neuen Durst. Einige waren schon fast wahnsinnig. Sie stießen ihr krummes Messer in die Brust ihres Kameles, umklammerten seinen Hals und tranken gierig das ausströmende Blut des niederbrechenden Tieres. Alle diese starben, weil sie das heiße Blut des Kameles nicht verdauen konnten. Andere warfen sich auf das tote Tier, öffneten seinen Bauch und tranken sofort die schmutzige Flüssigkeit in seinem Farṯ. Auch diese starben. Diejenigen jedoch, welche das kalte, geklärte Wasser des Farṯ tranken, blieben am Leben. Sie verkrochen sich je zwei in die tiefen Sattelsäcke, Mezâwed, und kümmerten sich weiter um die Kamele nicht. Diese brachten sie endlich zu einem Wasser. Die kräftigsten von den Männern schleppten die Ohnmächtigen zum Wasser, und gossen ihnen Wasser in den Mund; es kehrten 14 Mann zurück.

Die Ḥwêṭât führten die größten Kriege mit den Bewohnern von el-Kerak oder, wie sie nach dem herrschenden Geschlechte benannt werden, mit den Meǧâlje.

Vor etwa 56 Jahren wurden die Ḥwêṭât von den Meǧâlje und ihren Verbündeten, den Bewohnern, ahl, von Šôbak und anderen so bedrängt, daß sie in die Gebiete der Terâbîn auswandern mußten. Dort hielten sie sich jedoch nur ein halbes Jahr auf, und kehrten, als unter den Verbündeten Streitigkeiten ausbrachen, wieder zurück.

Im Jahre 1877 kam es zu einer großen Schlacht. Von den Meǧâlje zeichneten sich am meisten aus Miṣleḥ, Fâres, Ḫalîl, Darawîš, ʿObejd eṭ-Ṭuruḳ und Nawwâs; von den Ḥwêṭât ʿEjsa ibn ʿAbdallâh, sein Bruder Ḥsên, Mḥammad abu-ṭ-Ṭjûr, sein Bruder Sâlem, Aʿṭejš, Naṣṣâr ibn ʿAwde, Slîmân râʿi al-Ǵedwa, Fâres ibn Ǵâzi, Ḥarb abu Tâjeh und andere. Die Ḥwêṭât blieben Sieger.

Die Ḥwêṭât unternehmen jedes Jahr Kriegszüge, ṛazw, gegen die Ibn Šaʿlân, Šammar, Alajde, al-Faḳr, Wlud ʿAli, Beli und andere.

Im Jahre 1897 unternahmen sie mit 400 Kamelen und 110 Pferden unter Anführung des Sâlem ibn Ḏijâb einen großen Kriegszug in die Gebiete der Šammar und brachten 52 Stuten und „unzählige“ Kamele zurück.

El-Kerak: Im Jahre 1866 beunruhigte Ḳublân eš-Šawâwre mit einem Trupp verwegener Gesellen von eṭ-Ṭafîle das Gebiet von el-Kerak. Er überfiel kleinere Lager, Tennen, Herden und nahm alles, was er nehmen konnte. Dies alles tat er in einer Zeit, wo zwischen el-Kerak und eṭ-Ṭafîle Frieden herrschte. Der Fürst von el-Kerak Muḥammed el-Meǵalli schickte Boten zum Oberhäuptling von eṭ-Ṭafîle, ʿAbdallâh ibn Mḥammed el-ʿAwrân, und ersuchte ihn, zu veranlassen, daß Ḳublân alles Geraubte zurückgebe und keinen neuen Überfall unternehme. ʿAbdallâh erklärte dem Boten:

„Ich kann ihn davon nicht abhalten und werde von ihm nichts erhalten, lâ-ḳder amnaʿo w lâ uḥaṣṣel minno ši."

Da geriet Mḥammed in Zorn und sandte sofort Boten zu Muḥammed, dem Oberhäuptlinge der Beni ʿAṭijje, die in el-Ḥarra lagern, bat ihn um Hilfe und bot ihm einen Teil des Gebietes von eṭ-Ṭafîle an. Muḥammed ibn ʿAṭijje benützte gerne diese Gelegenheit, ein besseres Land zu erwerben und rüstete sich zum Kriege. Auf die Kunde davon sammelte auch der Fürst von el-Kerak seine Krieger, und sie zogen gegen eṭ-Ṭafîle.

Die erste Nacht brachten sie in el-ʿAjna zu, die zweite bei el-ʿÂlija, wo der Zugang zum Wasser bequemer war, und die dritte bei ʿAbûr, wo sie Zelte aufschlugen.

Von da sandte Muḥammed einen neuen Boten zu ʿAbdallâh und verlangte von ihm die Zahlung der Ḫâwa zum Zeichen, daß er die Oberherrschaft el-Keraks anerkenne. Doch ʿAbdallah wies dies zurück und befestigte sein Kriegslager auf dem Rücken von Zôbar. Unterdessen vereinigten sich die Beni ʿAṭijje mit den Kerakijje und lagerten auf der Hochebene Ǵelâdât, östlich von Buṣejra. Als die abweisende Antwort ʿAbdallâhs bekannt geworden, bemächtigte sich aller große Kampflust, und Slîmân ibn Mḥammed el-Hedâjât schwor, sich entweder von seinem Säbel zu trennen oder eṭ-Ṭafîle zu züchtigen.

An der Spitze des zum Angriff geordneten Heeres schritten die Christen von el-Kerak, angeführt vom Fürsten Mḥammed el-Meǵalli. Am meisten zeichneten sich aus Sâlem ibn ʿAbdelḳâder el-Meǵalli, Salâme ibn ʿAzâra el-Kerâdše, Sâlem el-Eǵfêṭâm, Ḥarrân von den ʿAmr und Ṣaḥn el-Ḥâmed von den Beni Ṣaḫr.

Nach stundenlangen Kämpfen gelang es den Kerakijje, die Feinde aus ihrer starken Position zu vertreiben, und diese flohen in ihre Stadt el-Ǵebâl, welche sie auch eṭ-Ṭfîle nennen, w harabû ila medîntom el-ǵebâl illi hi eṭ-ṭfîle.

Die Kerakijje besetzten dann das Dorf el-ʿEjma, plünderten es und umzingelten eṭ-Ṭfîle. Als sie nach vielen blutigen Verlusten sahen, daß sie die feste Stadt nicht einnehmen könnten, drohten sie, die Oliven- und Feigenbäume zu verbrennen. Da verließ ʿAbdallâh die Stadt, kam in das Lager der Kerakijje und bat um Frieden. Der

Frieden wurde ihm unter recht schweren Bedingungen gewährt: er sollte die in eṭ-Ṭfîle befindlichen Kanonen (aus der Zeit des Ibrâhîm Bâša) ausliefern, die Kriegskosten zahlen und die Ḫâwa-Abgaben jährlich abführen.

Nun kehrten die Kerakijje nach Hause zurück. Sie hatten zwar gesiegt, aber der Kampf hatte auch ihre Reihen stark gelichtet, so daß der Empfang kein jauchzender war, denn in jeder Familie hatten die Frauen den Tod eines Blutsverwandten zu beklagen. Infolgedessen herrschte in el-Kerak große Not an jungen Männern, und die Mädchen wurden den Heiratslustigen fast ohne jeden Brautpreis angeboten.

ʿAbdallâh el-ʿAwrân brachte einen Teil der Kriegsentschädigung nach el-Kerak und das Übrige sollte er einigen Häuptlingen der Meǵâlje in eṭ-Ṭfîle übergeben. Von diesen gefolgt, kehrte er zurück und kam nach el-ʿArâḳ, wo er übernachtete. Die Bewohner von el-ʿArâḳ überhäuften ihn mit Freundlichkeit, ohne sich um die Anwesenheit ihrer Herren, der Meǵâlje, zu bekümmern. Dadurch wurden diese mißtrauisch, wollten in der Frühe von den ʿArâḳijje nichts annehmen und verlangten sofortige Abreise. ʿAbdallâh folgte ihrem Wunsche, doch erst, nachdem er gefrühstückt und von den ʿArâḳijje herzlichsten Abschied genommen hatte. Unterwegs wollte er bei den Meǵâlje Fürsprache einlegen für die ʿArâḳijje und sagte zu Ḫalîl ibn Muṣṭafa el-Meǵalli:

„Die Bewohner dieser Dörfer (Kutrabba, el-ʿArâḳ, Ḫanzîra) beschweren sich, daß ihr ihnen zuviel aufbürdet.“

Mit den Worten: „Wer bestellte dich zum Richter zwischen mir und ihnen, daß du Recht sprichst, min aḳâmak ḳâḍi bêni w bênhom litanṣof el-ḥuḳûḳ?“ stieß ihm Ḫalîl seine Lanze in die Bauchgegend. Die Lanze blieb in der Wunde stecken, und ʿAbdallâh sprengte samt ihr davon. Doch Fâres el-Meǵalli holte ihn ein und schoß ihn nieder. Nun wurden auch die übrigen Begleiter ʿAbdallâhs niedergemetzelt.

Die Kerakijje sammelten sich zu einem neuen Kriegszuge gegen eṭ-Ṭfîle, überrumpelten die Stadt, zerstörten die Befestigungen, vertrieben die Bewohner, siedelten neue Kolonisten an und traten alle Weideplätze den ʿAṭâwne ab. Allein nachdem die Hauptmacht der Kerakijje diese Gebiete verlassen hatte, unternahmen die vertriebenen Bewohner im Vereine mit den Ḥwêṭât, unter deren Schutz sie sich gestellt hatten, stete Einfälle in ihre Heimat, beunruhigten die Kolonisten wie die ʿAṭâwne, so daß sie sich genötigt sahen, el-Ǧebâl zu verlassen, welches dann die alten Bewohner wieder in Besitz nahmen. Dieser Kriegszug wird in folgendem Gedichte geschildert:

26*

1. O Junge, sattle mir das Reitkamel,
schnüre mir den Riemen auf dem Paßgänger
2. gib her deinen Sattel, und ich werde es satteln,
falls du dich auf diese Arbeit nicht verstehst.
3. Begib dich zum Zelte des Meġalli
nach deinem Aufbruch vom Hause des ʿAwrân.[1]
4. Muḥammed (el-Meġalli) ordnete seine Truppen,
sie sammelnd aus allen Weltgegenden.
5. Die erste Nacht (brachten sie zu) in el-ʿAjna,
steigend von allen Orten herab,
6. und die zweite Nacht (brachten sie zu) in el-ʿÂlija,
wo zu uns kam Nachricht von Ibn ʿAdwân.
7. Muḥammed ritt mit seinen Truppen
durch die Reihen der Krieger an ihrer Spitze wie ein Sulṭân.
8. Den ersten Boten schickten wir (mit der Botschaft):
„ʿAbdallâh, komme doch unter dem Schutze des Schwures."[2]
9. Slîmân schwur, sich von seinem Säbel zu scheiden,
falls er die Mauern (von eṭ-Ṭafile) nicht bestürmen werde.[3]
10. Ich will es nicht beteuern bei meinem Nacken,
doch: so Gott wahr ist, ich lechze nach den Bauern von
el-Ġbâl (eṭ-Ṭfile).
11. Die dritte Nacht bezogen wir ein Lager und
schlugen Beduinen-Zelte auf.
12. Den zweiten Boten schickten wir (mit den Worten):
„Schau: die Zusammenkunft (findet statt auf) râs el-Ḳnân."[4]
13. Als wir el-Ḳnân erreichten,
waren unsere Mäntel Schutzmauern vor den Kugeln.
14. (Es ertöne) ein Jubelgeschrei zu Ehren der ʿAmr,
wie haben sie (ihre Stuten) angespornt auf dem Kriegsplatze!
15. Es erhob sich gelber Staub,
und den Mnêzel tötete Šammân (ʿAmr).
16. (Es ertöne) ein Jubelgeschrei zu Ehren des Ḥarrâne (ʿAmr),
(durch dessen Mut) ließen (die Feinde) auf allen Seiten nach.
17. Es fiel der Sohn des Tawâb,
bediene dich, o du hungriger Aasgeier!
18. O die christlichen Schützen,
o die Donnerklänge am Anfange des Ḫamis.
19. Sâlem, Sohn des Eġfêṭâm (ʿAmr)
brüllt vom Rücken des Frêġân (Hengstes).

20. Sâlame, Sohn des 'Azâra (Karâdše in Mâdaba),
verdient das Kleid des Tômân

21. oben auf der schönen Schimmelstute,
die du nicht unterscheiden kannst wegen des Rauches.

22. Sâlem, Vater des Fâres,
der verdient, daß (für ihn frische Bohnen) stampft der
Kaffeesieder,

23. erbeutete die Schimmelstute, die sich ihm näherte,
und welche 'Alejjân[5] reiten könnte.

24. Lasset das Jubelgeschrei ertönen zu Ehren des Vaters des
Ṣâleḥ[6]
am Tage der Zusammenkunft beider Häuptlinge.

25. Ṣaḥn, ein Jüngling von den Ḥâmed,
beschirmte sie mit dem Säbel.

26. Slimân sagt zu Salâme:[7]
„Wir haben ausgeglichen die schwebende Schuld."[8]

27. Ḥamwân sagt zu Salâme:
„Wir erbeuteten die Kanonen, die (in eṭ-Ṭafîle) waren."

28. Aber — wenn wir schon von der Niederlage bei Zôbar reden —
belehre mich, welcher ist denn der Preistarif der Frauen?

29. Wer vorher hohen Preis verlangte,
überläßt (sie) ihm heute ohne Preis.

30. Ṭarfa' läßt den Ḥeǵâja die Kriegsparole ertönen:
Wohin gingen die Trinker im Dîwân?

31. Als die Ḥeǵâja zurückkehrten,
brachten sie erbeutete Stuten ohne Halfter.

32. Schauet meine Augen, o das Schießpulver,
o feuchte Nebel, die den Ḳnân bedecken.

33. Die Schimmel wurden schwarz,
gleich ob du sie mit flüssigem Pech beschmiertest.

34. Das Gefolge des Ṣbêḥ ibn Ġâzi[9]
leuchtet wie die roten Mohnblüten.

35. Die Beni 'Aṭijje trieben die Kamele so an,
daß die Kamelinnen Frühgeburten erlitten.

[7] Er war von Mḥammed el-Mǵalli zu 'Abdallâh el-'Awrân, dem Häuptlinge von eṭ-Ṭafîle geschickt, um diesem den Krieg zu erklären.

[8] Um über den Frieden zu verhandeln, was er jedoch nicht tut.

[9] Slimân ibn Mḥammed el-Hedâjât.

[4] 'Abdallâh wollte keine Zusammenkunft; er besetzte die Anhöhen des râs el-Ḳnân und errichtete für je 5—6 Krieger eine Umfriedung aus Steinen, von wo aus sie schießen konnten. Muḥammed teilte seine Truppen. Die mit Gewehren versehenen Fußgänger mit den Christen von el-Kerak an der Spitze, sollten sich von Nord und Süd den Stellungen der Feinde nähern, wogegen die Reiter von Osten angreifen sollten. Als diese zauderten, trat der anwesende Seher hervor, versprach ihnen den Sieg und eröffnete, daß ihnen auch der Wind helfen würde, der sofort von Osten wehen und den Feind blenden würde. Da unterdessen die Schützen weit vorgedrungen waren, stürmten auch die Reiter die Stellungen des Feindes, und der Wind half ihnen.

[5] 'Alejjân, ein berühmter, heilig verehrter Krieger.

[6] Mḥammed, Häuptling der Mǧâlje.

[7] Waren Verwandte und beide von den Ḥeǧâja.

[8] Die Blutrache an den Bewohnern von eṭ-Ṭfîle.

[9] Ḥwêṭât waren mit Ṭafîle verbunden.

1. Jâ walad šidd ed-delûl
čarreb min fôḳ er-raḥwân
2. hât esdâdak wašiddo
en kân innak biṣnâ'a ṛasmân
3. telfi 'ala bêt emǧalli
maḳâmak 'an dâr el-'awrân
4. mḥammad ǧarrad eǧrûdo
lemlemha min kull el-arkân
5. awwal lêle bil-'ajna
tamâjel min kull el-amkân
6. wa ṯâni lêle bil-'âlije
wa ǧâna 'elm ibn 'adwân
7. muḥammad ḳaṭa' biǧnûdo
'asâčer bawwalhom sulṭân
8. awwal ṭâreš dazzênâh
'abdallâh eḳbel bil-imân
9. slîmân ṭallaḳ min sôfo
ṛêr juḥâšen bil-ḥêṭân
10. mâ widdi ašhed birḳubti
ḥaḳḳ allâh anham fiâḥ el-ǧbâl
11. ṭâleṭ lêlet istadarna
banêna bujût el-'orbân
12. ṯâni ṭâreš dazzênâh
tara-l-mî'âd râs el-ḳnân
13. jôm ṣirna bil-ḳnân
w 'abîna 'an el-bizr ḥêṭân
14. jâ zaṛrûtan bil-'amr
in fahhaḳûhen bil-mîdân
15. ṣârat 'aǧǧe ṣafra'
wa mnêzel jidbaḥenno šammân
16. jâ zaṛrûtan bil-ḥarrâne
lan ḥaffat min kull el-arkân
17. waḳa' walad eṭ-ṭwâbi
efleḥ jâ-ṭ-ṭêr el-ǧî'ân
18. jâ bârûd en-naṣâra
jâ ra'ûden bawwal el-ḥamsân
19. sâlem walad el-Eǧfêṭâm
jinham (jinher) min fôḳ frôǧân
20. salâme walad 'azâra
jistâhel malbûs et-tômân
21. min fôḳ zerḳa' ǧalîle
mâ t'azelha min ed-duḥḥân
22. sâlem jâ abu fâres
jistâhel daḳḳ el-ḳahwêǧân
23. ǧâb ez-zerḳa' tbarrat lo
tiṣleḥ ḥejâlo li'lejjân
24. jâ zaṛrûtan babu ṣâleḥ
jôm muḳâbel eš-šêḥân
25. ṣaḥn walad ibn ḥâmed
'ajja 'alêhen bil-mlêḥân
26. slîmân jiḳûl lisalâme
ḥalaṣna bid-dîn illi kân
27. ḥamwân jiḳûl lisalâme
ǧibna mudâfe'na illi kân
28. amma dabḥa bizôbar
'allemni wêš si'r en-niswân

29. illi ḳablan taṛallaʿ
el-jôm jirḥi blâ-ṭ-ṭamân
30. ṭarfa tinḥa el-ḥeğâja
wên râḥû šarrâbet ed-dîwân
31. el-ḥeğâja jôm raddû
ğâbû el-ḳlâjeʿ bilâ arsân
32. šuf ʿujûni jâ-l-melḥ
jâ rwajja ṛaššat el-ḳnân
33. el-ḥêl ez-zurḳ ṛadat sûd
ʿeddak dâhenha bḳuṭrân
34. ğamîʿ ṣbêḥ ibn ğâzi
jinûr mitl ed-dêdâḥân
35. beni ʿaṭijje dazzû-l-ibl
w al-bel ṛamat el-ḥêrân.

Im Jahre 1867 unternahmen die Häuptlinge Ḫalîl el-Meğalli von el-Kerak und Msallam eḍ-Ḍarâbeʿe von den Ḥamâjde mit 72 Reitern einen Ṛazw-Zug gegen die Naʿêmât. Sie versteckten sich in der Nähe ihres Lagers, überfielen in der Frühe ihre Herden, trieben sie weg, wurden aber verfolgt von 60 Kriegern der Ḥeğâja-Naʿêmât unter Führung der Brüder Sḥejmân und Saʿîd el Marâʿje, die allein Pferde ritten. Die verbündeten Kerakijje und Ḥamâjde legten den Verfolgern einen Hinterhalt und metzelten alle nieder. Nur dem Sḥejmân, der fünf Kerakijje tötete, gelang es, obwohl er 45 Wunden hatte, zu entkommen. Ebenso tapfer verteidigte sich sein Bruder Saʿîd, der mehrere Kerakijje niederschlug. Da griff ihn Miṣleḥ el-Meğalli an und durchbohrte ihn mit seiner Lanze.

Im Jahre 1873 zogen die verbündeten Kerakijje und Ḥeğâja gegen die Ḥwêṭât. Ihr Anführer war Ḫalîl el-Meğalli. Bevor sie den Paß el-Bâḥer hinaufritten, entsendeten sie Aufklärer, ʿujûn, und diese kehrten nach einiger Zeit mit der Meldung zurück, große Staubwolken, zôlât, im Süden gesehen zu haben. Man war der Meinung, daß es die Kamelherden der Ḥwêṭât seien, und so ritt man schnell den Bâḥer-Paß hinauf. Oben angelangt sahen sie jedoch zur größten Bestürzung auf der Ebene einen starken Reitertrupp, in dem sie bald Ḥwêṭât erkannten, die auf einem Ṛazw-Zuge gegen el-Kerak begriffen waren. Zwischen beiden Truppen entspann sich nun ein blutiger Kampf.

Die Stute des Ṣijâḥ el-Ṛaṭjân von den Salâjṭa stürzte, von einer Lanze getroffen, und Ṣijâḥ verlor im Sturze seine Lanze. Sofort zog er den Säbel und verteidigte sein Leben, w ṣâr judâfeʿ ʿan nafsih. Dies sah sein Bruder ʿOṯmân und sprang ihm sogleich zu Hilfe; doch auch seine Stute wurde durchbohrt, er stürzte neben seinem Bruder und verteidigte sich mit der Lanze. Beide fielen, von dem Säbel des Ḥwêṭi namens Ḥarb abu Tâjeh getroffen. Die Kerakijje mußten fliehen und nur der Tapferkeit des Ḫalîl el-Meğalli hatten sie es zu danken, daß sie nicht aufgerieben wurden.

Im Jahre 1877 fiel ungenügender Winterregen in den Gebieten al-Ḥarra der Beni ʿAṭijje. Ihr Häuptling Muḥammad ibn ʿAṭijje sandte Boten zum Fürsten von el-Kerak mit der Bitte, einen Teil seiner Herden für Lebensmittel einzutauschen. Dies wurde ihm zugesagt, und so zog er mit seinen Herden und nur von wenigen Kriegern begleitet nordwärts. Als er an die Grenze des Ḥesma-Gebietes kam, wollten ihm die Ḥwêṭât den Durchzug nicht gewähren, taʿâraǵûh, besetzten alle Quellen, nahmen ihm den größeren Teil der Herden und die ʿAṭijje litten Hunger und Durst. Nach vielen Gefahren gelang es einem ʿAṭiwi, nach el-Kerak zu kommen und über die unheilvolle Lage der Seinigen zu berichten. Bevor er noch el-Kerak erreicht hatte, begegnete er Miṣleḥ ibn Muḥammed el-Meǵalli, der mit 150 Reitern einen Ḳazw-Zug gegen eṭ-Ṭfîle unternahm. Kaum hatte Miṣleḥ von der Not der ʿAṭijje gehört, als er sofort seinen Plan änderte und ihnen zu Hilfe eilte. Der Bote sollte mit den übrigen Kriegern von el-Kerak nachkommen.

Zu Miṣleḥ gesellten sich viele Krieger von eš-Šôbak und lagerten bei der Quelle von Odroḥ. Kurz nachher erfuhren sie, daß die Krieger von eṭ-Ṭafîle unter Anführung des Sâlem ibn Dijâb — 300 Mann stark — ihnen folgten und bei der Quelle Ǵorbaʾ übernachten wollten. Miṣleḥ rüstete sich zur Abwehr und wollte gleich bei Sonnenaufgang den Feind überfallen. Doch wurde er mit solchem Gewehrfeuer empfangen, daß er sich schleunigst zurückziehen und hinter Felsblöcken Deckung suchen mußte. Von früh bis abend dauerte der Gewehrkampf, bei dem viele verwundet wurden. Mit hereinbrechender Nacht kehrten alle Šôbakijje in ihre Stadt zurück, raǵaʿ kull minhom ila maḥallo, und Miṣleḥ mußte dasselbe tun; denn es drohte ihm vollständige Vernichtung.

Die Bewohner von wâdi Mûsa (el-Ǵi) erfuhren nämlich ebenfalls von seiner Anwesenheit und mußten, da sie mit Šôbak auf Kriegsfuße standen, einen Überfall befürchten. Um dem zuvorzukommen, besetzten sie die Durchgänge durch den Wald el-Hîše und erfuhren bald, daß Miṣleḥ verfolgt werde. Nun überfiel ein Teil von ihnen die Herden der Bewohner von eš-Šôbak und ein anderer zog Sâlem zu Hilfe. Doch konnte Miṣleḥ mit den Kerakijje eš-Šôbak noch erreichen und wollte hier die Ankunft der Hauptmacht von el-Kerak abwarten.

Da kam nach zwei Tagen die Nachricht, daß Muḥammed ibn ʿAṭijje, verstärkt durch einige Unterabteilungen seines Stammes, die Umzingelung der Ḥwêṭât durchbrochen hätte und bis Ǵorbaʾ vorgedrungen wäre. Sobald dies Miṣleḥ gehört hatte, entschloß er sich sofort, mit den

Seinen zu den 'Aṭijje zu stoßen. Eben als sie dieses Vorhaben ausführen wollten, trafen schon Boten ein, daß sich die Streitmacht von el-Kerak nähere. Nun zogen die Krieger zuversichtlich südwärts, vereinigten sich mit den 'Aṭijje und lagerten bei der Quelle Ǵorba'. In der Frühe wurden die Ḥwêṭât angegriffen, besiegt, ihr Hauptlager bei Basṭa genommen und ihre Herden erbeutet. Die 'Aṭâwne bekamen das meiste zurück.

Der besiegte Feind flüchtete sich nach wâdi Mûsa, und so zogen die Kerakijje dorthin. Die Ḥwêṭât und die Bewohner von el-Ǵi hielten die Anhöhe el-Ḳurna besetzt, wo sie in den Gärten gute Deckung fanden. Die Kerakijje und ihre Verbündeten, die 'Aṭâwne, wurden zurückgeschlagen und zogen sich bis zu der Quelle 'ajn el-'Arǵa' zurück, wo sie ihr Lager bezogen. Die Ḥwêṭât folgten ihnen am nächsten Morgen nach, wurden jedoch besiegt und mußten wieder nach el-Ǵi fliehen.

Die Kerakijje und 'Aṭâwne begaben sich nun mit den erbeuteten Herden nach eš-Šôbak, unternahmen von da aus kleinere Ḳazw-Züge in die Gebiete von eṭ-Ṭafîle und der Ḥwêṭât, überfielen ihre Lagerplätze und trieben ihre Herden weg.

Dies alles geschah auf Wunsch des Fürsten Mḥammed el-Meǵalli von el-Kerak und dauerte über 40 Tage. Da jedoch die Gebiete der Kerakijje entblößt waren, so benützten ihre nördlichen Feinde diese Gelegenheit und trieben ihre Herden weg. Deshalb fingen die Krieger an zu murren und verlangten schleunige Rückkehr nach el-Kerak. Muḥammeds Sohn, der berühmte Held Mişleḥ, riet selbst, diesem Wunsche nachzukommen und sofort zurückzukehren. Doch wurde sein Rat nicht befolgt und ein neuer Ḳazw-Zug gegen die Hauptmacht der Ḥwêṭât, die sich fast alle nach Wâdi Mûsa zurückgezogen hatten, angeordnet. Mişleḥ mußte sich — wie alle übrigen — den Anordnungen des Anführers fügen.

Bei 'ujûn el-Mahzûl kam Šejḫ Mişleḥ, der tapfere Sohn des Oberhäuptlings von el-Kerak, zu seinen Kriegern und spornte sie an mit dem Schlachtrufe: „Euch zu Hilfe, o Genossen, 'ejnâku jâ rab'."

Sie antworteten: „Bewährte Helden, o Bruder der Ḥaḍra', mu'awwad eṣ-ṣubjân, aḫu ḫaḍra'."

„Reiter des Gütigen (Gottes), o Bruder der Ḥaḍra', ḫajjâl er-raḥmân aḫu ḫaḍra'!"

„Euch zu Hilfe, o Genossen, bei der Arbeit, welche ihr heute sehen werdet, 'ejnâku jâ rab' fi fe'el tarûno el-jôm!"

Die Krieger erwiderten: „Glückauf, Bruder der Ḥaḍra, Gott möge ihr Macht verleihen, 'âfîje abu Ḥadra', 'azz allâh ḳaddha!"

Dann ordnete er die Krieger, 'addal el-ǵumû', und stellte sich abseits. Da kam Ḫalîl ibn Muṣṭafa, spornte die Krieger mit denselben Worten an, šara' jintaḫi, und gesellte sich mit seinen Kriegern zu Miṣleḥ.

Sie ritten beide mit ihrem Gefolge vor das Zelt des Oberhäuptlinges Muḥammed, wiederholten die Aneiferung, und dieser beantwortete sie. Er sprang sodann auf seine Stute, führte die Krieger bis zum Rande der Hochebene in der Richtung auf el-Ǵi (balad wâdi Mûsa) und wies ihnen verschiedene Posten an.

Die Feinde, die auf el-Ḳurna versammelt waren, sandten Boten zu Miṣleḥ; sie wollten verhandeln und sich ergeben. Miṣleḥ war sogleich einverstanden und schickte zu seinem Vater Muḥammad mit der Bitte, Waffenstillstand zu gewähren. Muḥammed und seine Räte waren jedoch des Sieges sicher, und Fâres ibn Salâme sagte zu Miṣleḥ:

„Du bist heute furchtsam geworden, ent ḍallejt el-jôm."

Diese Beleidigung wollte Miṣleḥ durch das Gegenteil Lügen strafen und griff mit den Übrigen den Feind an.

Der Angriff mißlang, die Kerakijje mußten eiligst fliehen, und es drohte ihnen völlige Vernichtung, da die Feinde die Durchgänge in al-Ḥiše besetzt hielten. Miṣleḥ el-Meǵalli und Salâme el-Kerdeši waren die letzten, und nur ihrer Vorsicht und Tapferkeit hatten die Kerakijje es zu verdanken, daß sie sich, wenn auch mit starken Verlusten, dennoch retteten.

Aber Miṣleḥ sollte el-Kerak nimmer wiedersehen. Sâlem ibn Dijâb, der mutigste Held der Ḥwêṭât, forderte ihn zum Zweikampfe heraus. Miṣleḥ trug nur ein einfaches Linnenhemd, Dijâb hatte jedoch unter seinem Hemde ein Panzerhemd versteckt. Miṣleḥ stach ihn mit seiner Lanze, diese prallte aber von seinem Panzerhemde ab. Da holte Miṣleḥ zum zweitenmal aus und versetzte ihm einen so starken Stoß, daß er fast aus dem Sattel stürzte und in eiliger Flucht Rettung suchte. Mit Jubelgeschrei kündigte Miṣleḥ seinen Sieg an, als ihn eine von weitem abgeschossene Kugel ereilte. Der Held stürzte tot in seinem Blute nieder, fawaḳa' ḳatîl w bidammih ǵadîl.

Dies begrüßten die Ḥwêṭât mit freudigem Siegesgeschrei, warfen sich von neuem auf den fliehenden und bestürzten Feind, töteten von ihm sehr viele, und die übrigen kehrten besiegt und betrübt nach el-Kerak zurück.

Die Bewohner von eš-Šôbak schlossen rasch Frieden mit den Ḥwêṭât und bekamen die Leiche Miṣleḥs, die sie bei eš-Šôbak begruben.

Der Überfall bei el-Bjâr, ġârat el-bjâr. Im Jahre 1878 überfielen etwa 70 Pferde- und Kamelreiter der Ṣḫûr unter Anführung des Ḍej-fallâh al-Môr die Herden der Kerakijje bei den Brunnen südlich unter ḫ. et-Ṭenijje. Zwei Hirten retteten sich, flohen auf ruǵm eṣ-Ṣabḥa, stießen das Kriegsgeschrei aus und schwangen ihre Kopftücher hoch auf ihren Flinten. Dies wurde in el-Kerak wahrgenommen, und sofort eilten, faza'û, die Meǵâlje zu Hilfe. Sie holten die Ṣḫûr in al-Ġwêr östlich von el-Bjâr ein, und es entzündete sich das Feuer der Schlacht und des Stechens, w išta'lat nâr el-ḥarb w aṭ-ṭa'n. Unter den Kerakijje war ein junger Mann namens 'Abdelḳâder, Sohn des Šejḫ Ṣâleḥ el-Meǵalli ibn Muḥammed el-Meǵalli. Er war noch außer sich wegen des Todes seines Onkels Miṣleḥ. Um ihn zu rächen, laǵl jâḫoḏ ṭâr 'ammih miṣleḥ, warf er sich auf die Feinde und jeden niederschlagend gelangte er in ihre Mitte. Da stürzte sein Pferd, waḳa'at ǵwâdo, und die Feinde jauchzten. Aber die Meǵâlje retteten ihm das Leben. Die Beni Ṣaḫr mußten fliehen, nachdem sie zwei Mann verloren hatten.

Im Jahre 1880 ritt Šêḫ Ḫalîl ibn Muṣṭafa' el-Meǵalli mit 60 Reitern aus, um die Ḥwêṭât zu berauben. Die erste Nacht brachten sie zu in den Zelten der 'Aṭâwne beim w. el-Mikmân, südwestlich von al-Ḳuṭrâni. Zur selben Zeit unternahm Ḍejfallâh el-Môr von den Hḳejš der Beni Ṣaḫr, min bedîde beni ṣaḫr min el-hḳejš, mit Kamel- und Pferdereitern, deren Zahl unzählbar war, lâ juḥṣa 'adadhom, einen Ġazw-Zug gegen die 'Aṭâwne.

In der Nacht hielten sie sich in der Nähe der 'Aṭâwne versteckt, kâmenîn, und in der Frühe stürzten sie sich auf ihre Kamele. Da ertönte das Kriegsgeschrei, faṣâr eṣ-ṣijâḥ, die Kerakijje verfolgten die Ṣḫûr, und bei el-Ḥafîre kam es zur Schlacht. Die Tapferen ritten vorwärts, die Feigen flohen, fataḳaddam el-fâres wa harab el-ǵabân. Zwei Männer der Hḳejš, und zwar die Tapfersten, Akwênîn und ibn Mwêres, fielen, und als dies die Übrigen sahen, flohen sie, von den Kerakijje verfolgt, bis zum Hügelzuge el-Bêḍa'.

Krankheiten und Heilmittel.

Die Einwohner von Arabia Petraea sind abgehärtet und wohl imstande, verschiedenen Krankheiten Widerstand entgegenzusetzen; doch fürchten sie in der Welt nichts so sehr als das Kranksein. Deshalb weichen sie vorsichtig allen Gebieten aus, welche als ungesund gelten. So wird man in der trockenen Jahreszeit nur mit der größten Mühe auf der östlichen oder westlichen Hochebene einen Mann finden können, der geneigt wäre, als Führer nach ṛôr eṣ-Ṣâfije zu dienen. Das östliche und südliche Ufer des Toten Meeres gilt als Brutstätte des Fiebers geradeso wie die ṣabḫa Ḳadjân, ed-Deḫijje, el-ʿAḳaba, al-Ḳwêr (Fênân), w.ʿajn el-Ḳdêrât und el-Ġafar. Daran sind die klimatischen Zustände schuld, nämlich viel Wasser, Sümpfe, große Tageshitze (bis 56° C) und eine fast absolute Windstille. In der Regenperiode weicht wieder jeder den offenen Lagen der östlichen Hochebene aus, weil die Kälte daselbst fast unerträglich ist und viele Krankheiten verursacht.

In der zweiten Hälfte der trockenen und zu Anfang der nassen Jahreszeit grassiert unter den Fellâḥîn der Typhus epidemisch. Ihre Zisternen sind meist halbleer, das Wasser ist schlammig und unrein, und der erste Regen spült allen Staub und Schmutz von den Dächern und Wegen hinein. Die Leute trinken dieses Wasser und werden davon krank.

In der Mitte der Regenperiode treten fast regelmäßig Blattern und Pocken auf nicht nur unter den Fellâḥîn, sondern auch unter den Arabern.

Lungensüchtige und Brustkranke habe ich unter den Arabern nie, unter den Fellâḥîn nur sehr selten gefunden. Desgleichen kommen Augenkrankheiten nur sporadisch vor, syphilitische Erkrankungen sind aber unter den Fellâḥîn ziemlich verbreitet.

Ärztliche Hilfe wie bei uns gibt es dort nirgends. In allerjüngster Zeit hat zwar die türkische Regierung in ihrer Garnison zu el-Kerak einen Arzt angestellt, doch sind dessen Kenntnisse nicht groß, und seine Apotheke ist sehr mangelhaft. Daher hat fast niemand zu ihm rechtes Vertrauen. Selbst wenn sich die Eingeborenen von einem Arzte behandeln lassen, gebrauchen sie hinter seinem Rücken jede Medizin, die man ihnen anrät. Wie bereits gesagt, gibt es in ganz Arabia Petraea außer in el-Kerak keinen Arzt. Nur wenn die Cholera droht, schickt man auch nach Maʿân einen. Sonst bleiben die Bewohner auf eigene Hilfe angewiesen.

Wird einer krank, so verliert er sofort allen Mut und gibt jede Hoffnung auf; denn von dem Leben nach dem Tode erwartet man nicht viel. Alle Bewohner von Arabia Petraea sind von der Unsterblichkeit der Seele und von der Fortdauer des Lebens nach dem Tode überzeugt, sie sehnen sich aber nicht darnach. Jeder erachtet es als ein großes Unglück, wenn ihn der Tod vor dem Alter erreicht. Auf dem Schlachtfelde zu fallen, gilt für ehrenhaft, dagegen an einer Krankheit in rüstiger Kraft zu verscheiden, als Unglück.

Nie habe ich gehört, daß sich jemand auf das Leben nach dem Tode gefreut hätte, und nie war jemand, weder Fellâḥ noch Araber, imstande, mir den künftigen Aufenthaltsort und seine Einrichtung genau zu beschreiben.

Das Paradies wie die Hölle liegen unter der Erde, dicht nebeneinander, sind mehr dunkel als hell, etwa wie zur Zeit der Dämmerung, al-faǧr, nur daß in der Hölle viel Staub und Sand und kein Wasser ist. Im Paradiese gibt es Wasser, aber man weiß nicht, ob dort etwas wächst, eben wie man nicht weiß, was man dort tut. Und gerade diese Ungewißheit und Unsicherheit ist schuld, daß der Araber das irdische, mühselige, aber bekannte Leben der Zukunft vorzieht und sogleich voll Angst ist, wenn ihm eine Krankheit als Vorbote des Todes begegnet. Der mutigste Fellâḥ klagt da wie ein Weib. Dauert die Krankheit länger, so tragen ihn seine Verwandten in der trockenen Jahreszeit hinaus auf die hohen wallförmigen Kehrichthaufen vor den Ortschaften, errichten über ihm ein Schattendach, indem sie auf vier Stangen eine Decke befestigen, und hier liegt er oft ganze Tage und Nächte. Von da sieht er auf die umliegenden Felder, auf das Dorf, sein Auge streift in die weite offene Steppe und Wüste ...

Sobald sich die Kunde von seiner Erkrankung verbreitet, kommen sofort Verwandte und Bekannte auf Besuch und bilden um den Kranken einen Kreis; stumm, ohne ein Wort zu sagen, hören sie seinem Stöhnen und seinen Klagen zu. Nur wenn er sie anspricht, antworten sie ihm und beklagen seinen Zustand, doch nicht alle, sondern nur die ältesten; die übrigen wagen kaum ein Wort dreinzureden. Oft, sehr oft sucht man nach der Ursache der Krankheit; denn nicht Gott ist es, der sie will, sondern ihre Urheber sind die neidischen Geister, die sich an den Schmerzen der Menschen weiden.

Alle Krankheiten des Gehirns und des Nervensystems werden dem Einflusse der bösen Geister zugeschrieben, welche unter der Erde wohnen. Deshalb sagt man, daß diese Krankheiten aus dem Boden kommen, maraḍ min el-bilâd.

In das Zimmer eines Kranken darf man bei den Fellâḥîn in der Nacht ohne Licht nicht eintreten. Es könnte durch die offene Tür auch ein böser Geist, der das Licht scheut, Eingang finden.

Gefährliche, schwere Nächte, lejâli ṯaḳîle, für einen Kranken sind die Nacht von Sonntag auf Montag und von Donnerstag auf Freitag.

Wenn jemand erkrankt, sucht man Fürsprecher bei Gott. Insbesonders mächtig sind Abraham und St. Georg, denen man Opfer gelobt. Man ergreift das Opfertier bei den Stirnhaaren und sagt:

„O du Freund Gottes, o Vater der Gäste (Abraham)! Wenn N. genesen wird, so werde ich dir dieses schlachten, jâ ḫalîl allâh, jâ-ba-ḍ-ḍejfân, en ṭâb flân hâda maġdû' lak!"

Dann schneidet man dem Tiere die Stirnhaare ab und verbrennt sie zu Ehren des Heiligen, während man das Tier selbst erst dann opfert, wenn der Kranke genesen ist.

Wenn ein Mensch aus einer Quelle, aus der ein Wolf oder ein Hund seinen Durst gelöscht hat, trinkt, so bekommt er „Halsweh", infolge des „schlechten Einflusses" des Wolfes. Einen solchen Menschen nennt man Madjûb, und er kann nur geheilt werden von einem Manne, der bereits einen Wolf getötet hat. Der Verwandte des Madjûb geht zu ihm und sagt:

„Komm und töte diesen Mann, ta'âl w edbaḥ ha-r-raġol!"

Er kommt und macht mit seinem Šibrijje-Messer gegen den Hals des Kranken siebenmal die Andeutung des Schlachtens, und der vom Wolf Beeinflußte genest.

Die Lijâṭne meinen, daß bei Krankheiten der Faḳîr hilft, wenn der Kranke sich zu ihm begibt und ihm alles erzählt, was ihm fehlt. Der Faḳîr fordert von ihm den Kopfstrick, legt sich ihn unter den Kopf und schläft darauf eine Nacht. In der Frühe gibt der Faḳîr dem Kranken einen roten oder grünen Faden, den dieser entweder auf dem Kopfe oder über dem Bauchgürtel zu tragen hat. Dann kehrt der Kranke nach Hause zurück und wird entweder gesund oder stirbt, fi nâs jaṭîb wa fi nâs lâ jaṭîb.

Wenn jemand von einem tollen Hunde, kalb mas'ûr, gebissen wird, so kauterisieren die Ṣḫûr die Wunde, jakwûh binâr, und zwar so tief, als die Zähne des Hundes lang sind. Dann eilt der Gebissene in das Nuḳra-Gebiet zum Geschlechte, ḥamûle, 'Ezzeddîn, denn dort gibt es Männer, die mit Wunderkraft, el-'enâje, begabt sind. Diese spucken bloß auf die Wunde, jatfelû bass, oder feuchten sie mit Milch an, in welcher ein Stück Teig aufgelöst ist, und der Kranke wird gesund. Ja die Wunderkraft dieser Männer ist so groß, daß sie selbst den von ihnen berührten Sachen anhaftet.

So erzählte man mir von zwei gebissenen Männern, die sich ostwärts wandten, šaraḳû, in das Nuḳra-Gebiet. Dort fanden sie den Lagerplatz der 'Ezzeddîn leer, râḥele, sahen aber in einem

Loche etwas Schlickermilch, leben, das die Hunde übriggelassen hatten. Einer trank davon und genas, der andere trank nicht und bekam die Tollwut.

Bei den ʿAzâzme muß der Gebissene die Leber des tollen Hundes essen, kibd el-kalb.

Bei den Terâbîn: Wenn ein toller Hund, kalb maṣrûʿ, einen Menschen beißt, so kommt die Krankheit am 40. Tage zum Ausbruche, jinṣareʿ masʿûr, denn der Mensch gelangt in die Gewalt eines bösen Geistes. Da halten ihn die Männer, und weil ihm niemand helfen kann, trachten sie, ihm den Tod zu erleichtern. Sein Vater, Bruder oder Sohn holt ein Haarsieb mit ganz kleinen Löchern im Boden, füllt es mit Wasser, schüttelt es und läßt das Wasser auf ihn tropfen, juṛarbel el-moje ʿalej. Die Anwesenden fordern dazu mit den Worten auf:

„Verhelfet ihm zur Ruhe, er ist müde, und ihr tut nichts Unerlaubtes, rajjeḥûh taʿab mâ fîh ḥarâm."

Die Tijâha geben dem Gebissenen Wasser mit Ṣaʿar-Gummi zu trinken und legen auf die Wunde Ḍerwâḥ-Kanthariden, welche die Wunde ausfressen, oder brennen die Wunde innerhalb dreier Tage aus.

In el-Kerak wurde Sâlem eṭ-Ṭurmân von einem tollen Hunde gebissen. Einer von den Ṣarâjre gab ihm sofort Ḍerwâḥ-Kanthariden gekocht zu trinken. Der Gebissene fiel bewußtlos nieder und blieb so vier Stunden liegen. Seine Angehörigen ergriffen nun den Arzt und drohten, ihn zu töten, falls der Gebissene stürbe. Nach vier Stunden fing der Gebissene an Blut auszuwerfen und zu brechen. Dies dauerte einige Tage, und er genas.

Den Biß einer Schlange heilen die Ṣḫûr auf dreierlei Weise: Der Gebissene wird sofort zu einem Wundermanne, ar-rifâʿi oder maḥwi, gebracht. Dieser spricht über ihn einige Formeln und legt seinen Speichel auf die Wunde, welche heilt. Ist kein Rifâʿi in der Nähe, so wird die gebissene Stelle ausgebrannt oder geschnitten.

Gegen den Biß der Schlange umm al-Ǵnejb aṭ-Ṭarmaʾ gibt es keine Hilfe, denn diese Schlange war nicht zugegen, als Gott dem Propheten Slimân ibn Dâûd die Schlangen übergab.

Bei den Ẓullâm wird der Gebissene zum Schlangenbeschwörer, el-ḥawwâj, gebracht.

Bei den Terâbîn trinkt er Šenâwer oder Mešâder und wird mit Schlangenhaut gerieben, ǵild eẓlêm.

Bei den ʿAzâzme saugt der Schlangenbeschwörer, al-ḥawwâj, das Gift aus der Wunde aus.

Wenn jemand von der Spinne ʿAnkabût gebissen wird, schlachtet man sofort ein Tier, gewöhnlich ein junges Kamel, in dessen Haut der Patient eingewickelt wird. Unterdessen macht man im Zelte eine längliche Grube, in welche der Kranke hineingelegt und bis auf den Mund mit Erde oder Sand verscharrt wird. Während er nun liegt und schwitzt, sagt man zu ihm:

„O du von der Spinne Gebissener, leben sollst du und nicht sterben, jâ ḳariṣ al-ʿankabût enta taḥja w lâ tmût!"

Wenn er fortwährend antwortet: «Leben will ich, leben werde ich, leben, aḥja, aḥja, aḥja!» so wird er gesund.

Wenn man kein Tier schlachten kann, sucht man den Stengel der Ḳelu-Pflanze, zündet damit ein Feuer an und brennt die Wunde aus.

Der Stich eines Skorpions, el-ʿaḳrab, wird ebenso geheilt wie der Biß einer Schlange, nur daß man noch eine vierte Medizin anwendet, die übrigens auch beim Schlangenbiß vorkommt, nämlich ein Ḥartît-Knochen wird zerrieben und in Milch oder Wasser getrunken.

Den von einem ʿAnkabût Gebissenen waschen die Ẓullâm und Saʿîdijjîn mit der Magenflüssigkeit eines frischgeschlachteten Schafes. Dann legen sie ihn in eine Grube, bedecken ihn mit Erde, zünden darauf ein Feuer an und sagen:

„O Barmherziger, o Barmherziger,	Jâ raḥîm, jâ raḥîm
erbarme dich des errichteten Grabes!	erḥam el-ḳabr el-meḳîm."

Und das wiederholen sie so oft, bis das Fleisch des Schafes gar gekocht ist. Den ʿAḳrab- und ʿAnkabût-Biß heilt immer der Mann, in dem das Wissen ist, illi fîh es-sirr.

Wer sich unwohl fühlt, besucht eine Therme und badet darin. Zuvor aber bringt man dem Slîmân ibn Dâûd ein Opfer mit den Worten:

„Dieses Opfer ist ein Opfer für Salomo, den Sohn Davids, ha-ḏ-debîḥe ḏbîḥt slîmân ibn dâûd!"

Das Blut muß ins Bad fließen, um ihm die nötige Wärme zu verschaffen. Auch Rauchwerk zündet man beim Bade an, denn auch das Rauchopfer, baḫûra, ist Slîmân angenehm. Die Ḥwêṭât sagen beim Opfern:

„Dein Lohn und dein Wert gehört Salomo, dem Sohne Davids, und den Bewohnern (Geistern) dieses Ortes, ağrki w ṭwâbki lislîmân ibn dâûd w liskân ha-l-makân."

Die Ḥêwât haben am liebsten das Bad bei eṭ-Ṭûr. Dort verschaffen sie sich ein Schaf oder eine Ziege, die sie opfern, so daß deren Blut ins Wasser fließt, und sagen dabei:

„Dies gehört Gott, und der Lohn und der Wert dieses Opfers gehört dem Herrn dieses Bades, hâḏi liwiğh allâh, w ağerha w twâbha liṣâḥeb hal-ḥammâm ....“

Dann bestreichen sie mit dem Blute die Türschwelle des Bades. Den Kopf samt allen Eingeweiden werfen sie ins Meer, desgleichen auch das, was sie nicht aufessen können.

Im Bade sitzend, rufen sie fortwährend, der Geist möge die Quelle wärmen, „ṭarûm wuzzo!“

Das beste Mittel gegen alle Krankheiten der Kinder bietet der Schutz des Vogels Ǧiddet el-ʻejâl. Er soll dem Kauz ähnlich sein, hat einen gebogenen Schnabel und goldgelbe Augen. Wenn ihn in el-Kerak eine Frau in die Hände bekommt, putzt sie ihm das Gefieder, hängt ihm an den Hals und die Füße bunte Glaskügelchen, schminkt ihm die Augen mit Kollirium und läßt ihn frei. Sie ist sicher, daß ihren Kindern niemals etwas Böses zustößt. Da es jedoch schwer ist, den Vogel lebend zu bekommen, und er mit allen seinen Bestandteilen als beste Medizin gilt, so spüren ihm die Jäger nach und bringen ihn den Frauen wenigstens tot. Diese trocknen seine Knochen, seine Federn, sein Fleisch und heben alles sorgfältig auf. Den Schnabel und die Krallen tragen die Knaben auf dem Kopfe als bestes Amulett gegen den bösen Blick. Wird ein Kind krank, so beräuchert man es mit einem Teile des Vogels, die Mutter macht aus ihrer eigenen Milch und Ammoniak, wuššaḳa, eine Salbe und reibt damit das Kind ein.

Krankheiten, el-amrâḍ, welche bei den Ṣḫûr am öftesten vorkommen, sind folgende:

Al-Mareṣ oder Waǧaʻ al-ḳalb, Magenschmerzen. Als Mittel dagegen gebraucht man Baʻêṭrân mit Salz, was gleich in der Frühe gegessen wird. Statt Baʻêṭrân nimmt man auch Schießpulver.

Waǧaʻ ar-râs, Kopfschmerzen. Man mischt Merûḫe, Ṭowma und ʻÛd timbâk und nimmt es auf nüchternem Magen ein, oder man wendet das Kauterisieren, kejj, an.

Al-Ḫaṣba oder al-Ḫubajǧe, Masern. Der Kranke wird mit Meṛar eingerieben und bekommt gekochtes Linsenwasser, šôrbet ʻadas, zu trinken.

Al-Ǧadari (sic), Blattern, sind unheilbar, mâ lu dwaʼ abadan.

Al-Ḫumma oder as-Sḫûne, Fieber. Man räuchert den Kranken mit den Haaren eines schwarzen Sklaven und einer Hyäne ein. Zu trinken bekommt er den Absud von Lubb ar-râwand, Gummigutt, und ʻÂfijje-Körnern.

Aš-Šaṭb, Durchfall. Man wickelt in ein Stück Baumwolle oder Kamelhaar Teer, el-ḳuṭrân, Alaun, aš-šabbe, Schießpulver, melḥ bârûd, und Grünspan, ǵinâzre oder ǵinzâra, und steckt es in den After. Hilft es nicht, iḏa lam janfa', kauterisiert man den Patienten zwischen der vierten und fünften Zehe, al-ḫonṣor w ḥadîdu, oder oberhalb der Knöchel.

Aš-Šerba, ein Geschwür, wird mittels eines scharfen, dünnen Hölzchens, ḫilâl, geöffnet, und wenn dies nicht hilft, ausgebrannt.

Az-Zukme, Verkühlung; Kamelmilch mit Kamelurin und etwas Erdsalz, melḥ ḥafîr, wird gekocht und getrunken.

Malfûf oder Ḥabb al-franǵi, venerische Krankheit; man kauft aus der Stadt Bal'ât und Quecksilber, zêbaḳ, und salbt damit das kranke Glied 14—21 Tage. Während dieser Zeit darf der Kranke bei den Ṣḫûr nur Brot ohne Salz, el-ḫubz al-'aḏab, essen und lauwarmes Wasser trinken. Nachher muß er sich enthalten von Ziegenfleisch, laḥm as-samra', von nicht ganz frischem Fleische, Milch, von zerkochtem Käse, maris, und zwar ein ganzes Jahr lang, al-ḥawl. Niemals soll er essen Hasenfleisch, Gazellenfleisch und Springmäuse, laḥm el-arnab, aẓ-ẓabi, al-ǵarbû'.

Ar-Ramad, Ophthalmie, wird mit Salzwasser geheilt. Hilft es nicht, so nimmt man Šîšem, reinen Zucker, Mbâraka, Šabbe, el-Ḳuṭra, und dies alles wird innerlich und äußerlich angewendet.

Die 'Amârin kennen folgende Krankheiten:

Ṭarḥa, Typhus, wird geheilt durch das Kauterisieren, al-kejj, am Scheitel.

Ḥamra', Schmerzen im Halse, werden durch al-Kejj kuriert.

Naḫḫârijje, Schnupfen, wird durch Schnupfen von Zwiebel und Ḥelwe geheilt.

Al-Ḥumma, Fieber, wird durch al-Kejj geheilt.

Al-Gedra, Blattern; ein Gefäß wird mit Kamel- oder Schafurin gefüllt, Salz hinzugetan, und der Kranke muß darin längere Zeit sitzen bleiben. Fehlt ein solches Gefäß, so wird der Kranke in nasse Tücher eingewickelt.

Al-Ḫuffa, wenn jemand nicht weiß, was er tut und was er spricht, „er ist nicht bei sich". Diesen traurigen Zustand kann nur ein Faḳir heilen. Er murmelt verschiedene Worte und macht verschiedene Gesten über ihn, jil'eb 'alejh.

Al-Bard, Verkühlung; da werden die Pflanzen Za'tar und Ǵa'de gekocht und getrunken.

Abu Mizrâḳ, Bauchschmerzen; es wird am Bauche kauterisiert.

Ḥaṣba, Masern; Zwiebelsaft wird in das Auge getropft.

Silâl, hektisches Fieber; ein Stück Gold, gewöhnlich eine Lira (Nîra) wird in so viele Stücke geteilt, als die Familie Glieder hat, und jedes Mitglied verschluckt ein Stückchen. Wer jedoch die Krankheit schon hat, dem kann dieses Mittel nicht mehr nützen.

Šṭâb, Durchfall; man steckt Za'tar oder Pfeffer in den After.

El-Ḳaḥḥa, Husten; wird kuriert durch Za'tar und Salz, gekocht in der Milch einer schwarzen Ziege.

Az-Zukme, Erkältung; Gerste wird mit Salz gekocht und dann zerquetscht und gegessen.

Ẓullâm:

Ḥamra', Halsschmerzen.

El-Ǧidre, Blattern.

El-Ḥaṣbe, Masern.

El-Ǧerab, Krätze; der kranke Mensch wird mit Salzwasser gerieben. Das Kamel oder Schaf wird gerieben mit dem Absud von der 'Aḍu-Pflanze.

Ḥmêmaḳân; wird mit kaltem Wasser kuriert.

El-'Efêne, Geschwüre, ḥabb, welche das menschliche Fleisch verzehren; der zerriebene Ḥeǧbe-Knochen wird geschnupft, tatakarraf.

Sa'îdijjîn:

Waǧa' er-râs, Kopfweh; el-Kejj auf die Schläfe, el-kejj 'ala-ṣ-ṣâber.

Terâbîn:

Waǧa' er-râs, Kopfschmerzen; Medizin: Ṣabra murra.

Waǧa' el-baṭn, Bauchschmerzen; Medizin: Kamelfleisch gebraten, miświ.

Waǧa' el-a'ḍa' Rheumatismus; Medizin: el-Waraḳ, Amulett.

Sḫûne, Fieber; Medizin: Šulfêta, Chinin.

Ramad, Augenkrankheit; Medizin: el-Ǧinzâra und Šabbe mit Eiweiß auf das Auge gelegt.

El-Ḥaṣba, Masern; keine Medizin.

El-Ǧedra, Blattern; keine Medizin.

Ra'ajje, Hautaussatz; Behandlung: Kauterisieren.

Dašbe oder Dašme, Schnupfen, wird nicht als Krankheit betrachtet.

El-Ḳaḥḥa, Keuchhusten; Medizin: el-Kejj hinten am Halse, 'ala ḥaraze.

El-Ḥṣâr, Nieren-, Blasenkrankheit; Medizin: el-Kejj auf dem Kopfe oder der Brust.

El-Fâleǧ, Apoplexie; keine Medizin.

En-Nafs; Blutreinigung nach der Geburt; die Frauen sammeln und trocknen die Erḳêṭa-Pflanze, bewahren, jidḫarû, sie für diese Periode, lin-nafs, und essen sie dann mit Eiern.

Riččebe, angeschwollene Nase; sie reinigen den Gewehrlauf, mischen, was herausfällt mit Alaun, šabbe, geben Wasser dazu und beschmieren die Nase.

Wenn einer Frau nach der Frühgeburt der Bauch anschwillt, so machen sie die Ḳêd-Kette glühend, legen sie in einen Kessel voll Wasser, die Frau muß darauf sitzen und schwitzen.

Zahnweh; ein Kamelzahn wird zu Mehl gerieben, mit Tabak vermengt und in der Pfeife geraucht.

In el-Kerak kommt sehr oft vor:

Ḥemma = Sḫûne, Fieber.
Mâz'e oder Maz'e, Gehirnkrankheit.
Manzûl, Dysenterie.
Rîḫ, Rheuma.
Wǵa' el-ḳalb = Lawa', Magenkrankheit; el-Kejj auf dem Bauche.
Ab-el-cḥḳej, Kolik.
Wiṭâb, Schmerzen im Rückgrat.
Ṭaḥâl, Milzkrankheit.
Ḳaḥḥa, Husten.
Ramad, Augenausschlag.
Wǵa' er-râs, Kopfschmerzen.
Ḥarij.
Naḳze, bösartiges Geschwür.
Mabḥûḥ = Madjûb, Keuchhusten.
Firǵân = Eǵfâr = Ḥabbe franǵi, venerische Krankheit.
Zučme, Erkältung.
Ṣadra.
Maṣdûr.
Maḳṣûm.

Seltener kommt vor:

Nuḫḫâr, Typhus.
Ḥaṣba, Masern.
Ǵadra, Blattern.

Bei den Ḥwêṭât kommt vor: Ṭarḥa, Typhus, Gadari, Wiṭâb, al-Ḥala. Firǵân el-franǵi, Syphilis, kommt bei ihnen nicht vor, ist aber sehr verbreitet in Ma'ân und balad w. Mûsa (el-Ǵi).

Das Kauterisieren, el-kejj, wird angewendet mit glühendem Eisen, miḳšat, oder mit glühender Nadel, maḫâṭ, oder mit glühendem Glase, ḳadḥe.

Die Einwohner kennen viele heilkräftige Pflanzen, die sie einsammeln und gebrauchen. So in el-Kerak:

Ḳersa'enne; wird gebraucht gegen den Stich giftiger Reptilien und gegen Magenkrankheiten.

Dabwa; mit ihrem Safte, gemischt mit Schafschmalz, wird der Kopf gesalbt, wenn er mit Geschwüren bedeckt ist.

Ḥemḥem; zerquetscht auf Leinwand gestrichen und bei rheumatischen Schmerzen angelegt.

Ḥejṣâbân; die Blätter werden gekocht, und der Absud als Laxativmittel getrunken.

Ṭarfa'; trockene Blätter zerrieben und mit Salz vermengt, helfen gegen Augenkrankheiten der Tiere.

Difla; trockene Blätter werden geraucht bei Augenkatarrh.

Šîḥ; Ktêla; Ǧa'de; } gekocht, Absud getrunken bei Magenbeschwerden.

Ḥelbe; Ḥandaḳûḳ; E'rîf ed-dîk; } getrocknet, werden in den Kessel gelegt, wenn Butter gekocht wird.

Gegen Ṭḥâl, Milzkrankheit der Schafe, wird verwendet: Feilspäne des Stahles, brâdet el-bulâd, mit Sodomsalz (Meersalz) und Honig, oder Eisenschlacken, ḫabaṯ el-ḥadîd, mit Traubensirup, dibs, oder Honig, oder dunkelblauer Feuerstein, ṣwân el-azraḳ, zerrieben mit Honig.

Letztwillige Verfügung; Sterben und Begräbnis.

Der Sterbende, al-munâze', wird bei den Ṣḫûr von allen Männern des Lagerplatzes und auch von Frauen besucht. Man fragt ihn nach etwaigen Forderungen und auch nach seinen Schulden, mâ lu wa mâ 'alejh. Hat er noch kleine Kinder, so fordert man ihn auf, ihnen einen Vormund zu bestellen, und er tut es mit folgenden Worten:

„O N., ich vertraue dir meine Familie an. Ihre Sünde auf deinen Nacken, jâ flân awda'tak 'ejâli, ḫaṭîtom fi raḳbatak" ('Amârîn).

Bei den Ṣḫûr: „O N., meine Familie (lege ich) von meinem Nacken auf deinen Nacken, jâ flân 'ejâli min ruḳubti ila ruḳubtak."

Ist der, den er zum Vormund haben will, nicht anwesend, so sagt er zu zwei der Anwesenden:

„O N. und N., ihr seid Zeugen, daß N. der Vormund meiner Familie ist, jâ flân wa jâ flân tarâku šhûd inna flân waṣij ʿejâli.“

Bei den Salâjṭa sagt einer der Söhne oder Verwandten zum Sterbenden:

„Sieh' uns an! Lege unsere Vergehen auf den Nacken eines Mannes, bevor du stirbst, atarna ḥoṭṭ ḫaṭijatna fi ruḳbe wâḥed ḳabl mâ-tâenḳel.“

Er bestimmt einen und sagt ihm:

„Einen Taubenkranz (lege ich) von meinem Nacken auf deinen Nacken, ṭôḳ ḥammâm min ruḳubti lirḳubtak!“

Ist der, den er zum Vormunde haben möchte, nicht anwesend, so bevollmächtigt er einen Mann, ihm dies auszurichten, was dieser tut mit den Worten:

„In dem Augenblicke, wo der Kopfstrick abrutschte, und der Speichel floß, legte er diese heilige Pflicht auf meinen Nacken und ich übertrage sie auf dich, ʿened milt el-ʿemâme w sijâlt er-rejâle flân ḥaṭṭ ha-l-amâne birḳubti w ana mufajjeḍha ʿalejk.“

Nun sagt der Sterbende bei den Ḥêwât zu seinen Söhnen:

„Höret meine Kinder, ich soll von N., dem Sohne des N., Blut verlangen; wenn ihr Männer seid, nehmet an ihm Rache und mein Gebein wird sich drin in seinem Grabe und Grabhügel freuen, daß ihr eueren Vater liebet. Es ist euere Pflicht, Rache zu nehmen, denn es ist keine Schande, esmaʿû awlâdi, inna li ʿala flân ibn flân damm, fa ida kuntu rǵâl, tastaddû at-ṭâr minnu, w ʿaẓmi fi dâḫel birzaḫih w ramsih jifraḥ inna kuntu taḥebbû abâku; ʿalêku bit-ṭâr mâhu miʿjâr.“

Bei den Kaʿâbne sagt der sterbende Vater:

„Ehret eueren Gast, Nachbar und Schutzbefohlenen!
Der N. war mein guter Freund und der N. mein Genosse,
hütet euch, ihn anzufeinden!
Ḍejfku, ǵârku, daḫîlku ekrimûhom
flân ṣaddîḳi w flân rafîḳi ijjâku bimʿâdâtih.“

„Der N. war mein erbitterter Feind;
nehmt euch in acht vor seiner Treulosigkeit und bekommt
ihr ihn in euere Gewalt, so schonet ihn nicht.
Flân ʿâmel maʿi ʿadâwa ǵiddan
oṣḥû minno ʿan el-ġadra w id ḳadertu ʿalêh lâ twafferûh.“

Oft verlangt der Sterbende, daß seine Lieblingskamelin an seinem Gedächtnistage geopfert werde und bestimmt seinen Begräbnisort.

In el-Kerak sagt die sterbende Frau zu ihrem Manne:

„O N., ich übergebe dir meine Kinder, daß sie die N. nicht mißhandelt. Ihre Sünden von meinem Nacken auf deinen Nacken (du bist für sie verantwortlich), jâ flân ʿana môdaʿtak awlâdi, lâ tadellhom flâne ḫaṭijethom min raḳbati fin raḳbatak."

Bei den Terâbîn sagt der Mann zu seiner Frau:

„Verzeih' mir, sâmeḥini", worauf sie antwortet:

„Ich verzeihe dir und entbinde mich aller Pflichten dir gegenüber, ana msâmeḥtak w musḳeṭe ḥaḳḳi ʿannak!"

Bei den letzten Zuckungen des Sterbenden klagen die Weiber in Mâdaba:

„Sänftiglich, der du die Seelen herausziehst!
Schau, diese Seele ist mir teuer . . . . .

Bal-hûn jâ ġaḍḍâb el-arwâḥ
tara ha-r-rûḥ ṛâlije ʿalejje . . . . ."

Wenn der Todeskampf zunimmt, in ištadd ʿalejh an-nizâʿ, läßt ein Verwandter dem Sterbenden tropfenweise Wasser in den Mund fallen, jaṛurrûh, daß der Geist, rûḥ, leichter herauskommen kann. Dieser verläßt den Körper durch den Hals und die Nase.

Auch die ʿAzâzme gießen dem Sterbenden tropfenweise, et-teṛerri, Wasser in den Mund, während die Umstehenden dabei wiederholen:

„Gott möge dir verzeihen, allâh jisâmeḥak!"

Wer fern von den Seinigen stirbt, dem gießt niemand Wasser in den Mund, sein Geist kann den Körper nur mit Anstrengung verlassen, was dem Sterbenden große Schmerzen verursacht. Deshalb gilt für schwer der Fluch:

„Möge dir kein Wasser in den Schlund gegossen werden, mâ titnaḳḳaṭ fi ḥalḳak!"

Der Geist verläßt ihrer Meinung nach den Körper durch die Nasenlöcher. Dem Toten werden die Augen, tasbîl el-ʿujûn, und der Mund, taskîr el-famm, geschlossen; gehen sie auf, so sagt man, der Tote könne sich nicht trennen von dieser Welt, innu mutaraṛreb fi ha-d-dunja.

Die Nasenlöcher, die Ohren sowie die Afteröffnung werden mit Baumwolle oder Kamelhaar verstopft.

Gewaschen wird der Tote bei den Ṣḫûr und ʿAmârîn mit Wasser und Seife (falls solche vorhanden ist). Hatte er zwei Frauen, so muß eine jede einen Topf, ḳidr, warmen Wassers bringen und den Toten waschen.

Bei den Ṣḫûr wird er mit seinem gewöhnlichen Kleide angetan, bei den ʿAmârîn bekommt er nur das Hemd, towb, alles andere nehmen seine Verwandten. Dann wird er in das Leichentuch, al-kafan, eingewickelt.

Die Frau wird ebenfalls gewaschen, hierauf ganz mit der Salbe ʿAṭûr gesalbt, an Händen und Füßen mit Ḥenne geschminkt, und mit ihrem Schmucke angetan wie zur Hochzeit. Alle Kleider, die sie hat, werden ihr angezogen, und ihr Gesicht mit einem blauen Tuche, mindîl istambûli, bedeckt. Die Frau, welche die Tote mit Ḥenne schminkt, sagt dabei in el-Kerak:

„So Gott will, zum glückseligen Paradies
und zur weiten Entfernung von den Feuern
und zum ewigen Verbleib in der Glückseligkeit.

In šâʾ allâh liǵnân en-naʿîm
w ʿan en-nîrân mzaḥzaḥîn
wa fi-n-naʿîm mḫalladîn."

Der Tote wird von seinen nächsten Verwandten begraben. Seine besten Freunde errichten ihm das Grab, womöglich in der Nähe der Gräber der Ahnherrn und dort, wo große Steine vorhanden sind. Findet sich in der Nähe Wasser, so ist dies ein bevorzugter Begräbnisplatz. Da der Boden zumeist hart und felsig ist und die Wüstenbewohner nur schlechte Werkzeuge haben, so wählen sie am liebsten alte Ruinen zum Begräbnisplatze. Dort wird dann jede Wölbung benützt, weil sie leicht verschlossen werden kann, wodurch der Leichnam vor Hyänen bewahrt bleibt.

Zum Grabe begleiten den Toten seine Verwandten und die im Lager Wohnenden, al-ḳarâjeb w aṭ-ṭanâjeb, doch darf die Mutter nicht mit der Leiche ihres kleinen Kindes gehen. Ins Grab wird der Tote auf den Rücken oder auf die rechte Seite gelegt mit ausgestreckten Händen und Füßen. Die ʿAzâzme und Ẓullâm füllen einen kleinen Krug, beriḳ, mit Wasser und stellen ihn zu Häupten des Toten, auch legen sie ihm unter den Kopf einen Stein, den sie Awsâd el-ḥaḳḳ nennen.

Die Saʿîdijjîn nehmen von dort, wo der Tote gestorben ist, Kieselsteine, ṣwâne, und Staub und legen es auf den Boden des Grabes.

Die Ḥôwât geben dem Manne Mehl, daḳiḳ, ins Grab und der Frau ihre Schminke, koḥl, mit.

Das Grab, al-ğidr, wird womöglich immer mit Wasser begossen. Die es gegraben haben, waschen darüber die Hände, ṛasalû 'alejh, begießen es mit Wasser und sagen:

„Wir reinigen deine Schuld, o N., durch unsere Mühe deinetwillen, eḥna mubrijjîn ḏemmatak jâ flân fi ta'abna ma'ak!"

Die Ẕullâm bestreuen das Grab mit Schießpulver.

Alle älteren Kleidungsstücke des Toten werden auf das Grab gelegt. Vor dem Grabe steht ein längerer, dünner Stein (Steinplatte, die Ẕullâm nennen sie Naṣâjeb, die Sa'îdijjîn Anṣâb), der bei jedem Totenopfer mit dem Blute des Opfertieres bestrichen wird. Am liebsten opfern sie die Tiere derart, daß sie diese auf den Stein legen, so daß ihr Blut von dem Steine herab auf das Grab fließt, ed-damm jasîl ma' al-anṣâb.

Die Terâbîn streuen auf das Grab 2—3 Roṭl trockene Feigen, ḳuṭṭên, welche die anwesenden Kinder essen.

Den Ermordeten dürfen nur seine nächsten Verwandten in das Grab legen und lassen dann das Geschrei ertönen:

„O N., du kannst schlafen, auf uns ruht jedoch Schande, jâ flân, ente 'alêk en-nôm, wa ḥna 'alêna-l-lôm!"

Wenn in el-Kerak jemand stirbt, rufen die Anwesenden: „Gebt ihm die Richtung, ḳabbelûh!" und legen ihn auf den Rücken, und zwar mit dem Gesichte gegen Osten, wenn er ein Christ, oder gegen Süden, wenn er Muslim ist. Deshalb hört man auch den Fluch:

„Gott soll dich nicht sterben lassen in deiner Richtung (d. h. du sollst ganz verlassen sterben), allâh lâ jimawwetak 'ala ḳibltak!"

Ist ein Toter im Zelte, geht man zum Händler und kauft dünne Leinwand, maḏâm turâbi — etwa 10, für eine Frau bis 30 Ellen — und zerschneidet sie, als ob man ein Ṭôb-Hemd ohne Ärmel nähen wollte. Auch ein Lendenschurz, wazre, wird hergestellt. Nun holt man die Tragbahre, serîr, oder wenn keine da ist, nimmt man zwei lange Zeltstangen, befestigt an ihnen den Ḫudra-Teppich und die Männer tragen den Toten in die Kirche oder gleich zum Grabe, nachdem sie ihm alle seine Kleider angezogen haben.

Das Grab wird von West nach Ost gegraben. Die Langseiten werden ausgemauert, doch ohne Mörtel, ṭîn. Von den Schmalseiten an bedeckt man das Grab mit großen, platten Steinen, ṡabâjeḥ, und läßt nur in der westlichen Hälfte eine Öffnung, das Grabtor, bâb el-ḳabr. Unter den Kopf legt man ein Kissen, das mit Staub gefüllt ist, und den Boden des Grabes bedeckt man mit den Kleidern des Toten oder mit dem Ṭarrâḥa-Teppich, um ihn vor Kälte zu schützen, ḫôfan min el-bard.

Wenn das Grabtor an einer Schmalseite angebracht ist, heißt es Fisutkijje. Der Tote wird auf den Rücken gelegt und durch das Tor ins Grab geschoben, was die Frauen zu hindern trachten. Nun kommt der Vater, Bruder oder Sohn des Toten und bittet:

„Lasset mich, daß ich das Grab anschaue, ob es schön ist, ḫallûni ašûf el-ḳabr in kân zên.“

Er umarmt den Toten und schreit:

„O mein Wehe, o meine Trennung, woher kommt zu mir das Unglück, jâ wéli jâ ḳaṭiʿati min ên lej ʿaḏîḏ?“

Er will nicht weggehen und ruft:

„Lasset mich hier bei ihm bleiben, ḫallûni hâna ʿendo!“

und man muß ihn mit Gewalt, biz-zôr, entfernen. Nun wird das Tor mit einer großen Platte zugedeckt.

Wenn jemand eine Sache (Feld, Geld, Maultier u. dgl. m.) beansprucht, die ihm jedoch der Besitzer derselben verweigert, so wird der Streit gewöhnlich am Grabe geschlichtet. Stirbt nämlich der, von dem etwas gefordert wird, oder stirbt ein Mitglied seiner Familie, so tritt einer seiner Anverwandten zu dem Grabtore und ruft den Anspruch Erhebenden. Wenn dieser erscheint, sagt er zu ihm:

„Lasse den N., Sohn des N., begraben, delli flân ibn flân!“

«Wodurch, fi wêš?»

„Laß das Geforderte nach, fut ha-ṭ-ṭalbe!“

und der Fordernde muß einen Garanten bestimmen, daß er von seiner Forderung ganz nachlasse. Sollte er sich weigern, so ruft man ihm zu:

„Brich nicht das Gemüt des Niedergeschlagenen, lâ takser ḫâṭer el-maksûra ḫâṭro!“

Wenn der Verstorbene einen unverheirateten Sohn oder Bruder hinterläßt, so bittet der nächste erwachsene Anverwandte beim offenen Grabe für ihn um ein Mädchen. Auch diese Bitte muß erfüllt werden. Das geschenkte Mädchen heißt ʿAṭijjet ḳufra und niemand darf es mehr beanspruchen, lâ teğûz et-taʿwîl ʿaléha.

Wenn ein verheirateter Bruder stirbt, verlangt sein lebender Bruder am Grabe seine Witwe von ihren Anverwandten zur Frau indem er sagt:

„Leistet mir Ersatz durch sie, lasset mich erheitern durch sie, ʿawweḍûni biha, ḫallûni mitwannas biha!“

Seine Bitte wird ihm gewährt. Nach dem Begräbnisse kaufen die Verwandten der Witwe einen Mantel, šâle, und schenken ihr diesen.

Angehörige einer anderen Sippe laden die Trauernden zum Essen ein. Sie umarmen die Trauernden, küssen sie und sagen zu ihnen:

„Möge ersetzt werden, was sich entfernt hat (der Tote), maḫlûf mâ rada!“ und der Trauernde antwortet:

„Dein Kopf soll (du sollst) gesund bleiben, jislam râsak!“

Die Angehörigen aus der Sippe des Verstorbenen dürfen sich gegenseitig nicht begrüßen. Nach dem Essen gehen die Trauernden, el-muġabbarîn, in ihre Wohnungen. Am nächsten Tage wiederholt sich diese Einladung und so dauert das 7—10 Tage. Nach dem Tode einer Frau erfolgen keine Einladungen.

Zum Zeichen der Trauer zerreißen die Ṣḫûr das Kleid vom Halse bis zur Brust, jaḳuddû-l-ǵejb, bestreuen das Haupt mit Staub und Asche, jata'affarû bir-rumâd, und raufen sich die Haare aus. Die Frauen, al-biḍ,

Fig. 62. Ein Beduinengrab.

lassen sich die Locken abschneiden, auch weinen und schreien sie. Die meisten Männer weinen nicht, dafür wiederholen sie die Worte:

„Bedecket ihn! Sein Herr hat ihn gebracht, sein Herr hat ihn weggenommen, mellûh, rabbu ǵâbu, rabbu aḫadu.“

Zum Zeichen der Trauer tragen die Frauen einige Tage auf der Stirne ein weißes Band. Jüngere Schwestern oder die Witwe und Töchter des Verstorbenen, wenn sie noch jung sind, schneiden die Zöpfe ab und legen oder binden sie aufs Grab (Fig. 62). Auch zerkratzen sie sich das Gesicht und die Brust, bis Blut kommt. Wenn sie den Toten zum Grabe begleiten, jammern sie:

„O N., wie weit bist du!	Jâ flân hâja!
Wer wird uns ernähren, o wehe uns!	Jâ min ju'ajješna, jâ wejlna!
O dem eine Reise bevorsteht! (Die heiligen Buchstaben Jâ-Sîn über dir [?])	Jâ sîn (sir) 'alejk!
Entferne dich nicht!	Lâ tab'ad!“

Bei den 'Amârin heißen die trauernden Verwandten el-Mukassarîn. Nach dem Todesfalle essen sie abends nichts und werden am nächsten Tage in ein anderes Lager eingeladen. Bei den Ḥanâǵre trauert die Schwester, Tochter, Frau nach dem Toten ein Jahr, nach der verstorbenen Schwester, Tochter oder Mutter nur 10—15 Tage, doch hört man oft die Frauen rufen:

„O du Weib des Edlen, bleibe Witwe zwei Jahre lang, jâ marat el-karîm irmilî sanatên!" worauf sie antwortet:

„Sogar drei, sogar drei, waṭalâṭe waṭalâṭe!"

Als Zeichen der Trauer gilt bei den 'Azâzme und Tijâha:

das Zerreißen des zusammengenähten Kleides unter dem Halse bis in die Magengegend, ḳidd el-ǵejb;

Staub und Asche auf den Kopf, kaṭḥ et-trâb;

Abschneiden der Haarzöpfe, ḳuṣṣ eś-śa'ar;

Bedecken des Angesichtes mit Tüchern, ṛaṭa el-wǵûh;

schwarze Kleider ohne Schmuck, ṭijâb el-ḥdâd;

und dies dauert ein Jahr, ila-l-ḥôl.

Wenn die Frauen das Gesicht zerkratzen, schreien sie:

„Stehet auf, ziehet vom Wohlstand fort, es gibt kein Glück mehr,
o wenn der Besitzer des Glückes weiter bei uns weilen würde.

Ḳûmû-rḥalû min neǵed mâ 'âd ṛabṭa
'asa râ'i-l-ṛabṭa jeẓell emḳîm.

Das Zerkratzen des Angesichtes, so daß Blut fließt, heißt Maśîḳ.

Bei den Ẓullâm und Ḥêwât pflegen die Männer zum Zeichen der Trauer ihren Bart und ihre Haare nicht und lassen sie auch nicht schneiden.

Die Trauernden, ḥuzâna', ǵebbânîn, lassen die Hände am liebsten herabhängen, sodaß sie die Oberschenkel berühren, und die Frauen nähen auf ihr Kleid einen weißen Saum, kitle niṭle.

Die Trauernden, el-maǵbûrîn, grüßt man bei den 'Azâzme:

„Möge Gott dein gebrochenes Gemüt aufrichten, allâh jiǵbor biḥâṭrak!"

Dieser antwortet: „Möge dich Gott erhalten, allâh jadîmak!"

Die Sa'îdijjîn grüßen:

„Das Aufrichten deines gebrochenen Gemütes und des Gemütes deiner Familie, al-ǵabra fi ḥâṭrak w ḥâṭer 'ejâlak!"

Bei den 'Amârîn bereiten die Verwandten des Toten am Tage nach dem Begräbnisse den Totengräbern das Mittagsmahl, ṛada' al-daffânîn oder ed-dfâne.

Bei den Ṣḫûr sagen die Totengräber nach dem Essen:

„Wir beweisen ihm unsere Vergebung durch unsere Mühe und reinigen seine Schuld in dieser Welt und auch im Jenseits, ḥena musâmeḥînu fi ta'abna w mubrijjîn ḏemmatu bid-dinja w bil-âḫre!“

In der ersten Nacht, wo der Tote im Grabe weilt, stellt man in el-Kerak eine Laterne auf die Stelle, wo er gestorben; denn es ist nicht schön, daß das Haus (Zelt) im Dunkel bleibt.

In der Frühe gehen die Frauen zum Grabe des Verstorbenen und beklagen ihn dort einige Zeit, dann kehren sie zu seiner Wohnung zurück, wo die Klagelieder vorgetragen werden. Sie bestreuen sich dabei mit Staub oder Asche, jit'affaran.

Totenklage.

Die Totenklage, die man mit tiefer Stimme vorbringt, heißt an-Nwâḥ, die mit hoher Stimme vorgetragen wird, an-Na'i. Der Tote hört die Totenklage. Der Ort, wo sie ertönt, heißt bei den Ṣḫûr Min'a, Minḥa, bei den 'Amârîn Menâḥa, bei den Ẓullâm Meḥzene. Man beklagt den Toten, jim'adû 'ala-l-majet.

Wenn aus einem anderen Lager, min el-'arab, Frauen kommen, den Toten zu beklagen (Ẓullâm: jahbeṭen), so ladet sie die Familie des Toten ein, ahl el-majet jiḳrûhen, und bereitet ihnen das Mittagsmahl der Klagenden, ṛada' el-maddâḥât.

Bei den Sa'idijjîn dauert die Totenklage 10 Tage.

In el-Kerak sitzen die Frauen während der Nijâḥa-Totenklage und bilden einen Halbkreis. Eine erhebt sich, stellt sich vor sie hin, singt die Verse und alle übrigen rezitieren die zweite Hälfte des letzten Verses und wiederholen das ganze Liedchen einige Male:

Ihr entfernet euch gar weit,
lasset erblinden das Auge und wechseln das Befinden
und lasset wechseln meine Farbe ...

Tṛejbûn ṛejbâten ṭewâl
tu'mû-n-naẓar wa tṛajjerû-l-ḥâl
wa tṛajjerû lôni 'alajjé ...

Wenn du auch schon lange Zeit entfernt bist,
binde deine Sandalen los und lasse dein Gesichtstuch herab,[1]
siehe, dein Angesicht soll nicht verborgen sein vor mir ...

W in kân ṛâjeb lak zamân
ḫell el-waṭa w arḫi-l-laṭâm
tara l-wǧeh mâ jeḫfa ʿalajjê . . .

[1] Wenn der Bdûi unbekannt bleiben will, so zieht er sein Kopftuch über Kinn und Nase.

O den Eigentümer eines kostbaren Mantels,
der zu sitzen pflegte auf erhabenem Gipfel
und bewirtete die Wanderer, die angekommen waren . . .

Jâ-bu ʿaba mʿêṭrijje
ḳâʿed ʿala-l-ḳarnet el-hawijje
jaḳri ḫaṭâṭîran lafû . . .

O sei willkommen, woher kommst du?
Und woher, o mein teurer Entfernter, kehrst du ein?
Und woher weht dir der Wind . . .?

Jâ marḥaban min ên ǧît
wa min ên jâ buʿêdi lafît
wa min ên habb lak hawâ . . .

O Willkommen dem, der mich willkommen zu heißen pflegte,
und dem, dessen Erzählung mir angenehm war,
die Araber erzählen nur von mir . . .

Jâ marḥaban fi murḥebâni
w illi ḥadîṯo muṭrebâni
ḥadîṯ el-ʿarab kullo ʿalajjê . . .

O Wurm, ich lasse dich schwören bei Hochheiligem,
du sollst nicht essen den Arm meiner Lieben,
fall von der Wange ab und such dir eine andere Weide . . .

Jâ dûd ḥalleftak bil-ṛâli
lâ tôkel ḏrâʿ el-ṛawâli
taḥaddar ʿan el-waǧne w erʿâ . . .

O Wurm, ich lasse dich schwören einen Schwur:
du sollst nicht fressen den Arm des Angesehenen,
fall von der Wange ab und such dir eine andere Weide . . .

Jâ dûd ḥallaftak jamîn
lâ tôkel ḏrâʿ eč-čerîm
taḥaddar ʿan el-waǧne w erʿâ . . .

O wer tritt unter die Grabsteine
und betrachtet den Schnurrbart, wie er aussieht,
und wischt den Staub von ihm ab . . . (?)

Jâ min daḫal taḥt el-laḥûd
w šâf eš-šwâreb kêf takûd
w mašš el-ar̥bâr ʿanhên . . .

O wer tritt in die Dunkelheit
und erblickt den Schnurrbart, wie er herabhängt,
und wischt den Staub von ihm ab . . .

Jâ min daḫal fi-l-muẓlamât
wa šâf eš-šawâreb mâjelât
wa mašš el-ar̥bâr ʿanhên . . .

Er trat ein, in seiner Hand zwei Bündel,
und sprach: zieh sie an, o Schönäugige,
dies ist mit dem Handelsmann angelangt . . .

Daḫal fîdo ṭajjitên
ḳâl elbesî jâ zênt el-ʿên
hâḏa maʿ at-tâǵer lafâ . . .

Auf unserer Terrasse (hört man) schwere Tritte,
ein Häuptling unterhält sich des Nachts bei einem Fürsten,
bis ihn die Feuchtigkeit des Taues erreicht . . .

ʿAla ḫêṭna waṭij teḳîl
šêḫ teʿallal ʿend emîr
ʿaḳibto haṭl en-nedâ . . .

Es trat in unser Haus ein großgewachsener Jüngling,
bittet um den großen Kessel,
um zu bewirten die angekommenen Wanderer . . .

Daḫal dârna šabb ṭawîl
jinšed ʿan el-ḳidr eč-čebîr
jiḳri ḫaṭâṭîran lafû . . .

Ich zählte die Gäste des Freigebigen
und fand sie hundertundzwanzig,
nicht eingerechnet die Hirten, die ankamen . . .

ʿAddejt ana ḍjûf eč-čerîm
laḳejthom mije wa ʿašrîn
ḫlâf ṭarrâšen lafû . . .

Es lief den Schafen barfuß und nackt (ohne Mantel) nach,
der Jüngling, der nachschweben ließ die schönen Ärmel,
glücklich die, bei denen er einkehrt . . .

Laḥḳ al-ṛanam ḥâfi wa ʿarjân
šabb jalôleḥ zên el-ardân
jâ saʿed min jelfi ʿalêhôm . . .

Es langten an von Bâṭen eš-Šîḥ
Häuptlinge in schönen Kleidern,
glücklich die, bei denen sie einkehren . . .

Taḥaddarû min bâṭen eš-šîḥ
šêḥân labbâse melîḥ
jâ saʿed min jelfû ʿalêhôm . . .

Sie pflegten des Nachts wegzuziehen, ohne mich zu wecken,
brachten Beute und beglückten mich,
während der Feigling zu schlafen pflegt und sich um nichts kümmert . . .

Râḥû blêle mâ-ḳʿadûni
ǧâbû-l-ṛanâjem w asʿadûni
w an-nadel nâjem mâ-drî . . .

Er pflegte zu schlachten ein Lamm nach dem anderen
und zu bewirten die Einheimischen und die Gäste
und zu bewirten die Wanderer, welche ankamen . . .

Ḏâbeḥ ḥarûf ʿala ḥarûf
muḳri-l-emḥelli w aḍ-ḍujûf
muḳri ḥaṭâṭîran lafû . . .

Wir hörten das Wiehern der Pferde,
wir hörten das Brodeln der großen Kessel
und sagten: unsere Leute haben heute Gäste . . .

Sameʿna bṣahjâl el-ḫjûl
sameʿna brannât el-ḳdûr
ḳulna-halna-l-jôm jiḳrû . . .

O du mit Staub Bestreute, dein Mond ist untergegangen — o wehe!
o Geschrei seiner Frauen in jener Nacht,
o Geschrei seiner Frauen, es verdarb mein Wohlbefinden . . .

Jâ ṛabra' ḳamarki ṛâb jâ wêli
jâ laǵǵa ḥarîmo tîka-l-lêli
jâ laǵǵa ḥarîmo bahhatat ḥêlî . . .

O meine Trauer um den Jüngling, o meine Trauer,
o wie duftet er nach 'Ambra und Nedd . . .

Jâ ḥaddi 'ala-š-šubbân jâ ḥaddi
minno 'ambari jâ rîḥto neddî . . .

O meine Trauer um den Jüngling, o mein Wehe,
o wie duftet er nach 'Ambra — o wie ausgiebig ist sein Geruch,
N. ist mit 'Ambra gesalbt — o wie ausgiebig ist sein Geruch . . .

Jâ ḥaddi 'ala-š-šubbân jâ wêli
minno 'ambar jâ rîḥto hêli
flân 'ambri jâ rîḥto hêlî . . .

Wende dich (Wind) vom Staube ihrer Zelte ab, wende dich ab,
die jungen Männer der Mädchen ereilte der Tod . . .

Hawwi 'an 'aǵâǵ bujûthom hawwi
ǵîzân eṣ-ṣabâja ṣâbhom nawwî . . .

Wende dich vom Rauche ihrer Zelte ab, o Westwind,
die jungen Gatten der Mädchen erwürgte der Krieg . . .

Hawwi 'an 'aǵâǵ bujûthom jâ ṛarbi
ǵîzân eṣ-ṣabâja ṣâbhom ḥarbî . . .

Lege dein Seidentuch beiseite, o Besitzerin der Flocken,
es trifft dein Herzchen Jammer und Schrecken . . .

Ḍebbi jasaḳki jâ-mmu-š-šarâšib
jaṭîḥ ḳlêbki ḥizn wa tarâ'îb . . .

Lege dein Seidentuch beiseite, o Besitzerin eines grünen Seidentuches,
lege dein Seidentuch, von deinen blonden Haaren ab!

Ḍebbi jasaḳki jâ-mm-al-jasaḳ el-aḥḍar
ḍebbi jasaḳki 'an ša'arki-l-ašḳâr . . .

Klagelieder über Männer, nijâḥ er-reǵâl:

Das Grab ist keine Wohnstätte für dich,
es sind in ihm keine Mädchen, die die Teppiche ausbreiten,
und im Frühjahr kein Gast . . .

El-ḳabr mâ hu meskan ilak
mâ bo ṣabâja jifrošen lak
mâ fi-r-rabi' eḍ-ḍêf . . .

Bei Gott, öffnet dem Grabe ein Fenster,
ich wünsche zu sehen die Freunde,
ich wünsche zu sehen meine Schwester . . .

Billâh eftaḫû lilḳabr ṭâḳa
wuddi ašûf er-refâḳa
wuddi ašûf oḫtî . . .

Das Grab ist eng, paßt nicht,
es ist drin kein Sitzplatz für meine Schwestern,
die Grube ist ungenügend . . .

El-ḳabr ḍajeḳ mâ jiwâti
mâ fîh maḳâ'ed leḫwâti
el-leḥûd maḳṣûr . . .

O willkommen (hieß es), sobald er sich zeigte und nahte —
er war nicht häßlich und nicht dumm,
sondern angesehen wegen seiner guten Eigenschaften . . .

Jâ marḥaban ken ṭall w aḳbal
lâ hu šanî' wa lâ mubhal
illa 'aẓîm el-ṛanâ' . . .

Wir stiegen in dem Ḥema'-Gebiete ab, wo es nur wenig Brennmaterial gibt;
ungenügend erwiesen sich deine Vorräte, o Geizhals —
da erschien (uns) der Vorlegeteller des Liebenswürdigen . . .

Nazelna-l-eḥma ḥaṭabo ḳalîl
tawanna zâdak jâ baḫîl
ṭala' minsaf el-bahlûl . . .

Er schlachtete und hing sie (die Ziege) auf die Stange,
beschaute sie mit seinem Auge — sie reicht nicht aus —
er eilte den Ziegen nach, die zur Tränke gingen . . .

Ḏabaḥha w laḳḳâha-'a-l-'amûd
laḥaẓha b'êno mâ taṭûḳ
laḥḳ el-ṛanam wardet 'a-l-mâ . . .

Er schlachtete es (das Schaf), als die Leute schliefen,
als die Schläfrigkeit die Weißen (Frauen) bewältigte; —
du hast mich verlassen und doch hast du (für mich so) viel gezahlt...

Ḍabaḥha lamma nâmat en-nâs
el-bêḍ ṣâjebhen na'âs
ḫallejtni wa-s-si'ar ṛâli . . .

Ein Dichter bist du und wie spielst du die Rebâba,
die Nacht geht in die Morgenfrühe über, und noch hältst du
die Jünglinge wach,
unterhältst deine Stammgenossen . . .

Šâ'er wa kêf til'ab rebâba
ṛada-l-lêl w aḳlaḳt eš-šebâba
tu'allel beni 'ammâk . . .

O Brüderchen, bin ich dir nicht Schwesterlein?
ist die Brust, die ich (gesogen), nicht die Brust deiner Mutter?
Schmerzt nicht dein Herz meinetwillen . . .?

Jâ-ḫajji mâ-na-ḫajjit ilak
wa lâ dirrti min dirrt ummak
mâ jôǵ'ak ḳalbak 'alejji . . .

Es ereilte uns ein Hungerjahr, es ereilten uns Heuschrecken,
es verschwand der Schmuck von den Köpfen der Angesehenen,
und doch hast du mich allein gelassen, o Vater meiner Kinder . . .

Gâna meḥel ǵâna ǵerâd
ṭâḥat en-niḫl min rûs el-aǵwâd
ḫallejtni jâ-bu 'ejâli . . .

Von dem Tage, da ich mein Haupt verhüllte,
bis zur Rückkehr (der Toten), will ich meinen Mut stärken
und verzichten auf (die Gewohnheiten) meines früheren Lebens-
abschnittes . . .

Min jôm ṛaṭṭejt râsi
ta jirǵa'û ḳawwôt bâsi
raddêt 'ala dahri el-awwâli . . .

Willkommen seien die, welche man herbeiwünscht,
sie sind auf der Reise in der Fremde
und kommen zu uns, um die Schmach von uns zu nehmen . . .

Jâ marḥaba fi-l-muṭlebîn
ma' as-safar muṭarrebîn
ǵûna jiǵlû eḍ-ḍêm 'annâ ...

Ziehet nicht den bunten Mantel an
und begebet euch zu den Gräbern
und redet mir rühmliches von N. ...

Lâ tilbesû ǵôḫ marrûr
w tiṭṭale'û jamm el-ḳbûr
w tiṭrû fiân 'alejji ...

Wir sind entblößt, es zeigt sich das Fleisch der Schultern,
steh' auf, stütze dich, o mein Brüderchen, und schau:
vielleicht wird dir dein Herz wehtun meinetwegen ...

'Arîna beda laḥm eč-čtûf
ḳum estened jâ-ḫajja šûf
'asa jôǵa'ak ḳalbak 'alejji ...

Es ist Nacht, o kämet ihr, ich räumte euch mein Zelt ein
und zündete die Tränen meines Auges an, falls mein
Öl ausgehen sollte ...

Jâ lêlten tiǵû luḫli-lku bêti
laḍwi dim' 'êni w in čamel zêtî ...

Es ist Nacht, o kämet ihr, ich wäre froh und glücklich,
rufet der Traurigen zu, sie möge die Ḥenna-Farbe zubereiten ...

Jâ lêlten tiǵû w afraḥ wa thenna
nâdû 'a-l-ḥazîne tiǵbel el-ḥenna ...

O Trauer über sie — nach meiner Breite und meiner Länge —
o Trauer über sie, sie zerschnitt meine Eingeweide,
sie zerschnitt mein Herz und die Gedärme ...

Jâ ḥezenhom 'arḍi wṭûli
jâ ḥezenhom ḳaṭṭa' marûli
ḳaṭṭa' ḍamîri w al-ḥšâ ...

Hänget euere Kopfbinden auf die Türe;
o wer wird durch eure Würde eingeschüchtert?
o wen werden wir statt eueres Edelmutes verehren ...?

Ḥoṭṭû 'emâjemku 'ala-l-bâb
jâ min min hejbetku jinhâb
jâ min min karâmetku karremna ...

Ihr sehet mich, o Leute, wie ich gehe,
ihr saget, diese ist ja nichts wert,
mein Hemdkleid ist aufgelöst und die Haut entblöst . . .

Tešûfûni jâ nâs emši
teḳûlû hâḏi mâ bha ši
tôbi naket w al-ǵild bajjân . . .

Klagelieder über Frauen, nijâḥ ʿala mara:

Die Mutter der Kinder ist ausgestreckt,	Umm el-ʿejâl murtakijje
o schade um sie! Sie starb so jung	jâ ḥêfha mâtat ṣabijje
und hinterließ ihre Kinder . . .	ḫallat ʿejâlha warâhâ . . .

Ihr Zelt, wie schön ist sein Bau,
ihr Kind, wie schön ist seine Erziehung . . .

Jâ bêtha mâ aḥla bnâh
jâ ṭiflha mâ aḥla rbâh . . .

Sie zog ihr Nachtkleid an und legte sich schlafen,
vernahm das Geräusch des Gastes, stand auf; —
woher stammt diese Frau, und woher ihre Familie . . .?

Labset ḫasâwiha wa nâmat
sameʿet biḥess eḍ-ḍêf ḳâmat
min ên el-mara wa min ên ehelhâ . . .

Sie war Tochter der Häuptlingsfamilie, und man pflegte sie um Rat zu fragen,
siehe, ihr Rat war dem Rate ihres Vaters gleich; —
woher stammt diese Frau, und woher ihre Familie . . ?

Bint eš-šujûḫ wa šâwarûha
tara šôrha min šôr abîha
min ên el-mara wa min ên ehelhâ . . .

Bei Gott, sie ist die Tochter des Adeligen, gleich ihrer Familie,
gleich dem Völkchen des Schnurr- und des Kinnbartes (den Männern); —
woher stammt . . .

W allâh bint el-ǵôd nadîde lehelha
nadîde luhêl eš-šawâreb w al-lḥa
min ên . . .

Trägerin von Korallen und roten Steinen,
für eine andere als N. passen sie nicht; —
woher stammt . . .

Umm el-ḫaraz w umm el-ʿeḳîḳ
ʿala ṛêr flâne mâ jeliḳ
min ên . . .

Mit aufgeschlagenen Ärmeln bewirtet sie die Gäste,
ihre Arme leuchten wie die Schwerter,
woher stammt . . .

Mušawwara taḳri-ḍ-ḍujûf
ḍerʿânha lamʿ es-sujûf
min ên . . .

Eine Geliebte ging vorbei hinter dem Zelte,
hast du sie nicht erblickt, o Zelt, und nicht betrachtet?
woher stammt . . .

Ḥabîbe marrat min ḳafa-l-bêt
mâ šuftha jâ bêt wa r'êt
min ên . . .

Sei willkommen! Es kommt zu mir eine Hochgewachsene
an Hals und Nacken schön,
woher stammt . . .

Jâ marḥaba ǵatni mešîḥe
w al-ʿeneḳ w er-ruḳbe melîḥe
min ên . . .

Sie machte ihre Toilette und versetzte mich in Entzückung,
in Blau und Rot strahlte sie vor mir;
die Schwielen ihrer Handfläche sind nicht gekauft (sie war arbeitsam) . . .

Naḍadet naḍedha w aʿǵabetni
fi-n-nîl w al-fewwa zahet lî
ʿaḍl kaffha mâ hu šarâ . . .

Sie legte sich schlafen auf kaltem Boden,
und doch sind Teppiche und Decken bei mir . . .

Nâmat ʿala seḳʿ el-waṭa
el-farš ʿendi w al-ṛaṭâ . . .

Führet ihr Kamel (auf dem die Tote angebunden ist), o Männer,
sie ist nach der Großmutter und dem Oheim,
die Tochter des Mächtigsten im Regierungshause ...

Sûḳû ǧemalha jâ reǧâl
hi bint ǧidde wa bint ḫâl
hi bint ḏi rûm es-serâjâ ...

Führet ihr Kamel, o Wegweiser,
es soll sanft schreiten mit der Wertvollen ...

Sûḳû ǧemalha jâ mudallel
terakkad bṛâlijet eṭ-ṭamân ...

Klagelieder über Ermordete, nijâḥ maḳtûl:

Schürze dein Hemd, mach deine Füße leicht,
sie haben dich eingeholt, den ich beweine,
sie zerschnitten dein Fleisch stückweise ...

Erfaʿ ḳamîṣak ḫeff riǧlêk
laḥḳûk jâ wêḥi ʿalêk
etḳaṭṭaʿû laḥmak šawâjâ ...

Ihr Ermordeten und Ruhenden,
stehet auf und trinket von dem kühlen Wasser ...

Muḳattalîn wa bâjetîn
ḳûmû ešrabû min bâred el-mâ ...

O möchten wir deinen Mörder erjagen,
über ihn herfallen, seine Hand abhauen
und sein Fleisch stückweise abschneiden ...

Jâ rêt ḳattâlak naṣîdo
naḏwi ʿalêh w naḳṭaʿ îdo
wa naḳṭaʿ laḥmo šawâjâ ...

O Schläger, schlage nicht den Nackten,
sein Leib ist zart und sein Hemd von Linnen,
er besitzt keine Kraft wider das Schlagen ...

Ḍarrâb lâ taḍrob el-ʿarjân
ǧismo raḳîḳ wa ṭôb kittân
mâ lo ʿa-ḍ-ḍarb kuwwaʾ ...

O Brüderchen der Schwestern, wohin willst du?
Fürwahr, ich setze mich auf deinen Weg und schicke dich zurück,
dein Weg ist abschüssig, und die Nacht ist finster ...

Ḫajj-el-eḫwât wên wuddak
laḳʿod ʿa darbak w aruddak
darbak waʿar w al-lêl ẓalmâ ...

O Brüderchen der Schwestern, schlafe nicht,
es kamen zu dir deine Schwestern, dich zu besuchen,
und jeder schickt sie zu ihren Verwandten zurück ...

Ḫajj-el-eḫwât lâ tabât
ǧennak eḫwâtak zâjirât
wa kull jaruddhen lahlehên ...

O sei willkommen, unser Gast und Liebling,
dem (Gott) vorgeschrieben hat das Los im Staube ...

Jâ marḥaban jâ ḍêfna jâ ʿazîzna
illi katab lak fi-t-turâb naṣîb ...

Entferne dich nicht — o der du vom Lager fern weilst,
o der du das Innerste erregst —
kehre in deine Heimat zurück, stirb nicht in der Fremde ...

Lâ tabʿad jâ ɣarib ed-dâr jâ môleʿ el-aḫša'
rawweḥ liblâdak lâ tamût ɣarîb ...

Ich sterbe weit entfernt von meinem Lager, aber meine Verwandten sind zahlreich,
meine Leiche wird durch Mut und Opferwilligkeit heimgebracht werden ...

Amût ɣarîb ed-dâr wa-hli ǧemâʿa
šajjâl naʿši fi-n-naḫa' wa-l-ǧamâjêl ...

O möchte dein Mörder ermordet sein
und sein Blut auf sein Hemd fließen;
du hast den Schlaf — wir den Schimpf ...

Jâ rêt ḳattâlak ḳatîl
dammo ʿa ṯijâbo jasîl
ʿalêk en-nôm wʿalêna-l-lôm ...

Tötet den Mörder des N.,
reißet sein Zelt über ihm nieder ...
und versteckt er sich in ein Schlangenloch,
so lasset eintreten den Bruder (des Ermordeten) hinter ihm ...
und versteckt er sich in den Leib einer Schwangeren,
so zerschneidet die Schwangere über ihm ...

Eḳtelû ḳattâl flân
w ehdemû bêto ʿalê . . .
w en daḫal fi ǧoḫr ḫajje
w edḫelû aḫô ʿalê . . .
w en daḫal fi baṭn ḫobla
ḳaddedû-l-ḫobla ʿalê . . .

Klagelieder über im Kampfe Gefallene, maʿîd. Die Frauen stehen zuerst, halten sich bei den Händen, dann drehen sie sich im Kreise herum und tanzen; dabei singt die eine Hälfte einen Vers, den die andere wiederholt:

Von einer Anhöhe beobachtete ich ihren Lagerplatz —
zwei Roṭol (6 *kg*) ist der Lanzenschaft schwer!
Die schönste der Frauen ist verwitwet,
(Die heiligen Buchstaben) J. S! O der du befreist von der Heimsuchung . . .

Ṭallejt ʿala duwwârhom
roṭlên jâ ʿûd el-ḳena'
zên el-ḫarîm murammala
jâ sin jâ kâfi-l-belâ . . .

Ihr Lagerplatz ist verunehrt und hat kein Ansehen —
die Blondbärtigen verlängern ihre Abwesenheit . . .

Duwwârhom muẓlem wa lâ lo hêbe
šuḳr aš-šwâreb abṭû bil-ṛêbê . . .

Miṣleḥ — nie haben (die Frauen) einen seinesgleichen empfangen,
zwei Monate ist er schon von eš-Šôbak weg, und man hat ihn noch nicht zurückgebracht . . .

Miṣleḥ wa lâ ḫabalanno
šahrên ʿan eš-šôbak wa lâ ǧâbannô . . .

Unser junger Häuptling wandte sich südwärts, ohne uns zu benachrichtigen,
in einer dunklen Nacht, die der Mond nicht erhellte . . .

Šwêḫna ḳabbal wa lâ aʿṭâna ḫabar
fi lêle ẓulma' wa lâ fîha ḳamâr . . .

O unser junger Häuptling, der du Furcht einflößtest,
du hast uns zurückgelassen wie verstoßene Frauen . . .

Šwêḫna jâ illi ʿalêk el-hêbe
ḫallejtna miṯl el-ḥarîm es-sêbê . . .

O unser junger Häuptling, dem wir vertrauten,
du hast uns zurückgelassen wie Zelte ohne Hauptstangen . . .

Šwêḫna jâ illi ʿalêk el-muʿtamad
ḫallejtna miṯl el-bujût balâ ʿamâd . . .

O großer Häuptling und Sproß der Häuptlinge,
in Staunen versetzt mich dein Ruhm —
o der du den Riemen des Gewehres an deiner Seite hast . . .

Jâ-šjâḫ wa-bn-l-ašjâḫ
wa-ʿğebni nabâk
jâ illi ğerîr el-barûde ʿala ğabâk (sic) . . .

O das Zelt Sâlems im Tale,
die Reiter kommen und gehen ohne Aufhören bei ihm . . .

Jâ bejt sâlem bil-wâdi
wa-l-ḫejl ʿendo jataʿâṭî . . .

O das Zelt Sâlems in einer Vertiefung,
die Reittiere stehen bei ihm gefesselt . . .

Jâ bejt sâlem bil-ğûra
w al-ḫejl ʿendo mahğûrâ . . .

Wie, du bringst uns Regen, o Herr!
Dein Blut, o Darawîš, hat die Schollen getränkt . . .

Kêf jâ rabbi tağîb lena maṭar
dammak jâ darawîš kân ball el-ḳatâr . . .

Wie, du bringst uns Tau, o Herr!
Dein Blut, o Ṣâleḥ, hat die Teppiche getränkt . . .

Kêf jâ rabbi tağîb lena ršâš
dammak jâ ṣâleḥ kân ball el-efrâš . . .

Saget der Witwe, daß sie sich an meiner Seite niederlasse
(soll sterben),
die Hemden ihrer Kinder sind von Ruß geschwärzt . . .
(d. h. sie kümmert sich nicht um sie).

Ḳûlû lil-armele tanzel ʿala ḥaddi
farrûğ ʿejâlha min ed-dihm msawwaddî . . .

Wenn dich Beklemmung ereilt, o du mit Staub Bedeckte,
komme zu mir,
wenn dich Beklemmung ereilt vor der finsteren Nacht ...

In ǵâki ḏîm jâ ṛubejre ta'âlî
in ǵâki ḏîm min swad el-lejâlî ...

O Gräber des Grabes, stelle Steinplatte neben Steinplatte,
mach' im Grabe Haken zum Aufhängen der Gewehre ...

Baḥḥâš el-ḳabr sawwih elḥûd elḥûd
sawwî bil-ḳabr ma'lâḳ lil-barûd ...

O Gräber des Grabes, Schlag auf Schlag (führend),
mach' im Grabe Haken zum Aufhängen der Rüstung ...

Baḥḥâš el-ḳabr hedde baṭar hedde
sawwi bil-ḳabr ma'lâḳ lil-'eddê ...

Ein Geier ruft in der Luft: O Vater!
Der N. schoß auf seinen Vater die Kugel aus einer Metallhülse ...

Ṭejran bis-sema' jaḳûl jâ-ba
jâ flân 'al-abajjo rama-l-ṛâbâ ...

O die ihr kommet von den Ḥebronitern,
ihr treffet das Haus des N., es ist das erste, an,
ihr findet eine Terrasse mit hoher Mauer,
ihr findet darauf reichliches Wasser (der Tränen) ...

Jâ ǵâjîn min el-ḫalîlijje
tilfû dâr flân ha-l-awwalijje
tilḳû ḥêṭha 'âli ṭwêlijje
tilḳû fiha moje ḳawijje ...

Trauere um mich, sei nicht geizig im Trauern,
(lege an) den Mantel und das Kopftuch, die schwarzen!
Es trauern um mich von den Frauen drei,
meine Schwester und die Tochter meiner Schwester und die
Tochter meines Oheims ...

Ḥaddi 'alejje lâ tabḫali bḥaddi
el-bêrme w al-miḳna'a el-msawwaddi
ḥadden 'alejje min el-ḥarîm talâte
oḫti wa bint oḫti wa bint el-ḫâlî ...

Sie (seine Stute) lief zu mir erschreckt, und ihr Sattel war leer —
ihre (neuen) Eigentümer sind bestrebt durch Anknüpfung von
Verhandlungen (den Tod des Herrn zu sühnen) . . .

Ǧatni nâjire wa serǧha ḫâli
ehelha multahin biʿeḳd el-aświârî . . .

O Weiße mit den tätowierten Armen,
o Weiße, dein Kamel (Gatte) fiel auf dem Kampfplatze,
schwierig ist sein Transport, es begleiten ihn Weiber . . .

Jâ bêḍa' jâ manḳûšet ed-derʿân
jâ bêḍa' ǧemalki ṭâḥ bil-midân
jâ ḥamlo ṭaḳîl sawwaḳeto niswân . . .

Sie kam zu mir mit geschminkten Augen, o Herr beschäme sie,
daß ich mich schminke und sie besuche am Tage, wo ihr
Teuerster (gefallen ist) . . .

Ǧatni mukaḥḥale jâ rabb ʿâbîha (sic)
atkaḥḥel w azûrha bjôm ṛâlîhâ . . .

Trauerlieder der Swârke:

Friede sei dir, der du zu uns kommst,
der du mit dem Schwerte schlugst an der Spitze unserer Männer . . .

Salâmtak jâ-lli tiǧi biǧâlna
jâ ḍâreban bis-sejf dûn riǧâlnâ . . .

Folge den beladenen Kamelen, o du Träger des schwarzen
Kopfstranges,
folge den beladenen Kamelen und schieße auf die Soldaten . . .

Ibra' liẓ-ẓaʿan jâ-bu mirîr asmar
ibra' liẓ-ẓaʿan w etnaṭṭaḥ al-ʿaskâr . . .

Maʿîd bei den Ṣḥûr:

Mein Herz, mein Herzchen, warum schmerzest du?
Wegen meines Brüderchens, das fortging, ohne sich von mir
zu verabschieden . . .

Ḳalbi jâ ḳlejbi lêš tôǧaʿni
ʿala uḫajje râḥ w mâ waddaʿnî . . .

Es flog der Geier und ließ sich auf die Burg von Maʿân nieder —
o du bestaubte Trauernde, wo ist der Vater des N. . . .?

Ṭâr aṭ-ṭejr hada lo ʿal ḳaṣr muʿân
ṛabra' jâ ḥazîne wên abu fulân . . .

O Mutter, suche mich, und wenn du mich findest,
so findest du mein Waffenzeug und meine schönen Kapselhülsen,
du findest mein Waffenzeug zwischen den beiden Steinplatten (meines Grabes).

Jâ ummi dawwerîni w in telḳîni
telḳi ʿeddati w amdaḫḫari ez-zêni
telḳi ʿeddati mâ bên leḫdênî …

O Frau eines Helden, nimm dir keinen Bemakelten,
trauere über den Helden acht Jahre und ein Jahr …

Jâ marati-š-šaǵiʿ lâ tâḫdî el-endâl
ḥeddî ʿala-š-šaǵiʿ ṯamân sinîn w ʿâm …

(Trauernd) nach euch werde ich keine seidenen Stirnbinden tragen,
nach euch, o Leute der Großmut und Kraft,
nach euch werde ich schwarze Stirnbinden (aus Ziegenhaaren) tragen,
nach euch, o Leute der Güte und Freigebigkeit …

Min ʿoḳbku mâ-lbes ʿaṣâjeb ḳezz
min ʿoḳbku jâ-hal al-karam w al-ʿezz
min ʿoḳbku albes ʿaṣâjeb sûd
min ʿoḳbku jâ-hal al-karam w al-ǵûd …

O Zelt aus Ziegenhaar, klage, und ich werde dich trösten,
(du bist ja gefertigt aus dem) Haar der Zweijährigen (die für Gäste geschlachtet wurden), als diese (Zweijährigen) teuer waren …

Jâ bejt aš-šaʿar nuwweḥ w ana-ʿazzîk
jâ šaʿar aṯ-ṯanâja jôm ṛâlû fîk …

Es kam zu uns die schnelle Schimmelstute und vergoß reichlich Tränen,
ich sagte ihr: O Schimmelstute, kehre zurück, bring mir sichere Nachricht!
Sie erwiderte: Sie erschlugen den Teueren, und der Habicht, der in meinem Sattel war, flog fort
am Tage der Hitze und des Ostwindes, am Tage, wo der Tierarzt (der Tod) die Kehlen durchschnitt …

Ǵâtna az-zerḳa' al-lawwâḥe titbaššraḳ bidmûʿ eṛzâr
ḳult ilha zerḳa' rîʿi hâtî li wâčed el-aḫbâr
ḳâlat ḳatalû-l-ṛâli w aṣ-ṣaḳr illi bserǵi ṭâr
jôm el-ḥarr w aš-šerḳijje jôm ḥejlaḳ al-bêṭâr …

Laß strömen die Tränen, o mein Auge,
über den, der die Vorderfüße der Unfruchtbaren (Kamelinnen)
mit zwei Stricken zu koppeln pflegte,
laß strömen die Tränen, o mein Auge,
über den, der den Gästen zwei Teppiche auszubreiten pflegte . . .

Hallan w ohellî bid-dim' jâ 'ejni
'al-illi 'allaḳ al-ḫâjel biḫablêni
hallan w ohellî bid-dim' jâ 'ejni
'al-illi faraš lad-ḍjûf farâšênî . . .

Mein rechtes Auge füllen heute nur Tränen,
den Sattel erblick' ich, den Reiter aber nicht!
Seine Stute sehe ich vor dem Zelte stehen . . .

'Ejni ha-l-jemîn al-jowm maṭrûfa
ašûf as-serǧ w al-ḫajjâl mâ 'šûfa
ašûf mhêrtu bin-nazel mawḳûfâ . . .

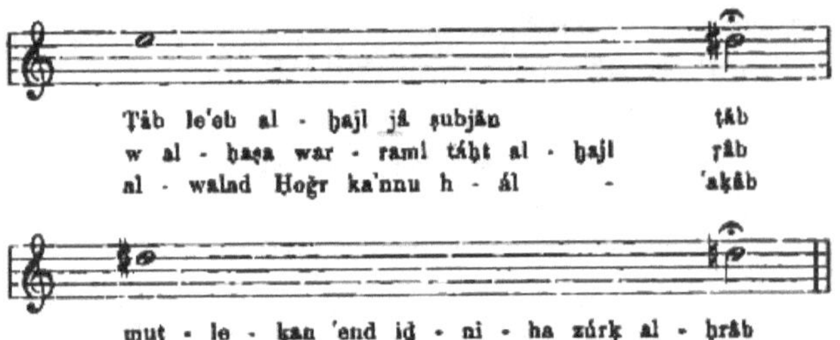

Prachtvoll war das Gefecht der Reiter, o Tapfere, prachtvoll;
kleines Gestein und der Sand zerstob unter den Füßen der Rosse,
als Ḫoǧr, der Jüngling, der diesem Adler gleich,
an ihren (der Stute) Ohren vorbei die blaue Schärfe der
Lanze schleuderte . . .

Ṭâb le'eb al-ḫajl jâ ṣubjân ṭâb
w al-ḫaṣa w ar-raml taḫt al-ḫajl ṛâb
al-walad ḫoǧr ka'nnu ha-l-'aḳâb
muṭlеḳan 'end iḍniha zurḳ al-ḫrâb . . .

Die N. ist eine Taube, im Käfige hat man sie erzogen,
seine (des Gefallenen) schöne Geliebte hat man über alle
Frauen erhoben,
bis sie die Hochnasigen niedergetreten haben . . .

Flâne ḥamâme bil-ḳafaṣ rabbûha
ḥawdo ʿa kull al-ḥarîm ʿallûha
ḥatta-l-ḫšûm al-âlije waṭṭûha . . .

O wie beklommen bin ich von der Totenklage
und wie sehne ich mich nach ihnen!
O wer wird ihnen die Seele zurückgeben . . .?

Jâ ḥaṣerti min en-nôḥ
w ana ertaǵîhom
jâ min jarudd er rûḥ fîhôm . . .

O mein Freund, ich kann für ihn keinen Ersatz erlangen!
Ihr seid fortgezogen und wem habt ihr mich überlassen?
Die Schamlosen, die Schamlosen richten mich zugrunde . . .

Ṣiddîḳi mâ-lḥaḳ ilo ǵeza
ruḥtu ʿala min titti̯ĉlûni
al-aḫja', al-aḫja ḍajje'ûni . . .

Die Kamelinnen klagen über ihre Lieblinge,
und meine Seufzer gelten meinem Kamelreiter (Gatten),
Schande über die Kleinviehherden, die (dennoch) zur Tränke ziehen . . .

En-nôḳ ḥannat ʿala-l-mṛâli
w ana ḥanîni ʿala reḥḥâli
ḫêf el-ṛanam wardet ʿala-l-mojê . . .

Wenn er die Keule in seiner Hand schwang,
hielt er seine Angreifer zurück und brachte seine Genossen in Sicherheit;
er feuerte uns an, und der Feind ließ von uns ab . . .

Law lôlaḥ ed-dabbûs fi îdo
ḥama surubto w aṭla' ʿaḍîḍo
ḥammâna w kaff el-ḳôm ʿannâ . . .

Bei den Ḫanâǵre heißt die Totenklage Na'i:

O du seine Schüssel, o du Vielbegehrte,	Jâ bâṭîto jâ-l-lahûǵijje
o du mit vierzehn Nägeln verzierte,	jâ-mm arbaṭ'aš mismâr
Seit dem Tage, an dem dieser gestorben ist,	min jôm hâḍa mât
haben keine Wanderer sie (die Schüssel) an sich gezogen . . .	mâ ǵarratha-l-ḫuṭṭâr . . .

Seit N. die Schlachtrosse begleitet,	Min jôm flân jibra-l-ḫêl
freue dich über das Futter, o Aasgeier . . .!	ibšir bil-ʿalaf jâ ṭêr . . .

Wenn sich der Tote weder durch Tapferkeit noch durch Freigebigkeit einen Namen erworben hat, mâ hu taḥt ḫabar lâ fâres w lâ karîm, so rühmen ihn die ʿAmârîn als fleißigen Bauer, und es ertönt die Totenklage:

Wo ist sein Treibstock, wo ist sein Joch,
wo ist der Sack zum Säen?
Reichet ihm die große Pflugschar,
zerackern wird er damit das ganze Land zu Staub . . .

Wên minsâso wên niro
wên miḫlat el-beḏâr
hâtû lo-s-sikket el-kebîre
jidʿi biha-d-dîre demâr.

Leben nach dem Tode und Totenopfer.

Die Seele des Menschen, rûḥ al-insân, lebt auch, nachdem sie den Menschen durch die Nasenlöcher verlassen hat, noch fort. Sobald der Leichnam beerdigt ist, fliegt der Geist nach Jerusalem und durch die Öffnung des Geisterbrunnens (auf dem Tempelplatze in Jerusalem) in die Unterwelt. Was er da macht, weiß man nicht. Manche sagen, daß er ißt und arbeitet, andere leugnen es; „nur Gott weiß es, wir nicht," w allâh jaʿlam id kân tâkel aw taštaġel ḥena lâ naʿlem. Unterhalb von Jerusalem ist der Versammlungsort der Geister, maǵmaʿ al-arwâḥ bil-ḳudus. Dort warten sie, bis Gott die Menschen richten wird, allâh juḥâseb an-nâs bil-ḳudus.

Die Ḥôwât sagen: „Die Seelen begeben sich nach Jerusalem und durch die Öffnung in die Unterwelt. Dort müssen sie arbeiten. Wer gut lebte, mit wem Allâh zufrieden war, der führt das Leben eines reichen Mannes, jištaġel bil-ḫejr; mit wem Allâh unzufrieden war, der führt ein mühseliges Leben, jištaġel bil-wajl. Essen und trinken müssen beide, so wie der Lebende ißt und trinkt." Die Saʿîdijjîn und Ẓullâm sagen dasselbe.

In eš-Šôbak heißt es: „Die Seele bleibt nach dem Tode des Menschen am Leben. War er brav, so kommt sie in das Paradies, sonst aber in die Hölle. Das Paradies und die Hölle liegen nebeneinander unter el-Ḳuds, Jerusalem."

Nach der Meinung der Ṣḫûr kommen die Seelen aller, der Juden, Christen, Muḥammedaner und Beduinen an einen und denselben unterirdischen, unbekannten Ort. Manche verlegen ihn nach Jerusalem. Dort auf dem Tempelplatze soll eine tiefe Zisterne sein, durch welche der Eingang in die Unterwelt führt. Hierher kommen die Seelen in Gestalt von Fliegen.

Wie bereits erwähnt, liegen sowohl das Paradies wie die Hölle unter der Erde, dicht nebeneinander, sind mehr dunkel als hell, etwa wie zur Zeit der Dämmerung, al-faǧr, nur daß in der Hölle viel Staub und Sand und kein Wasser ist. Im Paradiese gibt es Wasser, aber man weiß nicht, ob dort etwas wächst.

Die Seele des Ermordeten hält sich nach der Meinung der ʿAzâzme an einem anderen Orte auf.

Der Tote, dessen Leichnam, ǧitte, von Raubtieren oder Raubvögeln verzehrt worden ist, leidet auch nach dem Tode. Seine Seele, rûḥ, umkreist als Fliege die Knochenreste, summt traurig und bittet, man möge ihr helfen. Sind die Reste bestattet, so begibt sie sich in die Unterwelt, taḥt el-bilâd.

Die Toten zeigen sich nach der Meinung der ʿAmârîn insbesondere im Traume. Da verläßt die Seele des schlafenden Menschen ihren Körper und begibt sich zu dem Toten, den sie in seiner alten Gestalt wiedersieht. Aber man kann den Toten auch vorladen. Dies tun gewisse Personen, denen jeder Tote folgen muß.

Nach der Ansicht der Ṣḫûr erscheint der Ermordete jede Nacht und ruft jene Worte, die er vor seinem Tode zuletzt gesprochen hat. So vernimmt man im w. el-Ḳadaf das Geschrei:

„Hierher, o Reitervolk, hierher o Reitervolk, hala' l-ḫejl, hala' l-ḫejl!" und desgleichen in al-Ǧenâb, insbesondere in der Nacht von Donnerstag auf Freitag, lejlet al-ǧumʿa.

Die Ḥêwât wissen ebenfalls, daß man den Toten vorladen kann. Wenn er erscheint, so erscheint er in seinem eigenen Körper, ist aber verschieden angezogen. Trägt er ein schönes Kleid, so ist das ein Zeichen, daß er im Paradiese weilt, erscheint er aber in armseliger Gestalt, biḥâlet el-faḳr, so beweist dies, daß er leidet.

Das Grab gilt als unverletzbar. Es ist unerhört, daß jemand ein Grab erbrochen hätte. Geht ein Ṣaḫari am Grabe seines Verwandten vorbei, so nimmt er ein Steinchen davon und sagt:

„Wir haben dir (die Last) erleichtert Toter, vergiß unser nicht bei deinem Herrn, ḫaffafna ʿannak jâ majet lâ tinsâna ʿenda rabbak."

Wenn er an den Gräbern seiner Stammgenossen vorbeigeht, so bleibt er stehen und betet:

„Friede sei mit euch, o Angesichter der Tugendhaften,
Angehörige der Anbeter Allâhs, der Rechtgläubigen!
Ihr habet das Ziel erreicht, wir jagen ihm nach.

Salâm ʿalejk jâ wǵûh eṣ-ṣâleḥîn
w uhejl ʿebâd allâh al-mawḥedîn
entu-r-râjeḥîn w ḥena-l-lâḥeẓîn."

Die ʿAmârin sagen: „Friede sei dir, o Bewohner dieses Grabes, salâm ʿalejk jâ ṣâḥeb ha-l-ḳabr!"

Die südlichen Ḳdêrât: Mit Erlaubnis, o Gesegnete: Gott sei euch gnädig und begrüße euch, dastûr jâ mubârekîn allâh muṣalli w musallem ʿalejku!"

Ḥêwât: „Durch die Barmherzigkeit Gottes, braḥmat illâh!"

Die Saʿîdijjîn werfen von dem Grabe ein Steinchen weg.

Wenn ein Tîhi an einem Grabe vorbeigeht, so spricht er:

„Friede sei mit euch, o Volk Gottes!
Wer euch einen nach dem anderen sterben ließ,
erbarmt sich euer des einen nach dem anderen.

As-salâm ʿalejku, jâ ummet allâh
illi mawwatku wâḥed wâḥed
jirḥamku wâḥed wâḥed."

Wenn der Tîhi eine blühende Pflanze sieht, pflückt er sie und legt sie auf das Grab.

Der ʿAzzâmi verflucht den Feind, wenn er an dessen Grabe vorbeireitet, und spricht: „Gott soll sich deiner nicht erbarmen und nicht erbarmen soll er sich der einzelnen Knochen in dir, allâh lâ jerḥamak w lâ jerḥam fik mafaṣṣ el-ʿaẓâm!"

Er fürchtet sich vor dem Toten, denn dieser kann ihm selbst aus dem Grabe schaden.

Die Bewohner von Arabia Petraea besuchen jedes Jahr das Grab ihres Ahnherrn, um welches herum andere Gräber liegen. Fast jede Familie bringt eine gesunde, fehlerlose Ziege, ein Schaf oder ein Kamel mit und opfert es auf dem Grabe; geht das aber auf dem Grabe nicht an, so geschieht es daneben. Das Blut fließt entweder unmittelbar auf das Grab oder es wird aufgefangen und damit dann das Grab samt allen umliegenden Gräbern besprengt. Dabei sagen die Opfernden:

„Hier ist euer Abendessen, o unsere Toten, ha' 'ašâku jâ mawtâna!"

Das Fleisch des Tieres wird gleich gekocht und verspeist. Abends gießen sie etwas Öl auf den Naṣaba-Stein.

Wenn ein Ṣaḫari zum Grabe seines Verwandten oder Ahnherrn kommt und Milch mitgebracht hat, gießt er ein wenig davon auf das Grab und sagt:

„Für die Seele meines Vaters, 'an nafs wâledi!" oder:

„Für die Seele meiner Verstorbenen, 'an nafs mawtâj!"

Die 'Amârîn pilgern jedes Frühjahr mit ihren Schafen zu den Gräbern ihrer Vorfahren, machen bei diesen eine längere Rast, nähren sie mit einem Opfer und geben ihnen Milch zu trinken, ṣâḥeb el-ġanam jâḫod ġanamo w jizûr majetîno w jimroḥ 'alêhom w ju'îšhom ḏbîḥa w juskîhom ḥalib.

Wenn das Opferblut auf das Grab fließt oder die Milch auf die Gräber gesprengt wird, so spricht man: „Dies ist eine Spende für die Seele des N., hâḏi ṣadaḳa 'an rûḥ flân!"

Auch legt man auf das Grab ex voto leere Patronenhülsen, Knöpfe, bunte Fäden, Salzstücke u. dgl. m.

Der Toten wird auch im Lager gedacht. Bei den Ṣḫûr wird gleich in der ersten Nacht, wenn der Tote im Grabe liegt, das Opfer Awnâse dargebracht, zu dem immer nur eine Ziege genommen wird; ist keine vorhanden, so wird es verschoben. Nach 30 Tagen wird dann das Opfer 'Aša'-l-majet dargebracht; dazu verwendet man immer nur ein Schaf. An jedem achten Tage im ersten Monate nach dem Tode wird des Toten beim Abendessen gedacht, und der nächste Verwandte gießt einige Tropfen oder wirft einige Brocken von der Speise vor das Zelt hinaus als Opfer für den Verstorbenen.

An dem Ḍaḥijje-Tage, jowm aḍ-ḍaḥijje, nimmt der nächste Verwandte ein fehlerloses Kamel, sâlem aḍ-ḍawâreb, legt ihm einen Reitsattel, šdâd, samt Sattelsack, mezhebe, und Wasserschlauch, se'en, an und wenn der Tote rauchte, auch dessen Tabakspfeife, ġaljûn, und Tabak, titun, überhaupt alles, was man für eine längere Reise braucht, führt das so beladene Kamel durch das ganze Lager, hält in der Rechten ein krummes Messer, eš-šibrijje, und ruft so laut als möglich:

„O N., o N., o N., hier ist dein Ḍaḥijje-Opfer, ich schenke es dir als Pflichtgeschenk, jâ flân, jâ flân, jâ flân, dûnak ḍaḥîtak môhbak ijjâha wehbe šara'ijje!"

Hie und da wendet er sich an einen Anwesenden und sagt zu ihm:

„O N., du sollst es bezeugen: dies ist das Ḍaḥijje-Opfer des N., jâ flân, tarâk šâhed hâ ḍaḥijje flân!"

29*

Vor sein Zelt zurückgekehrt, läßt er das Kamel niederknien, schlachtet es, indem er dabei die oben angeführten Worte spricht, und schenkt es mit allem, was darauf ist, armen Stammgenossen.

Die ʽAmârin nennen das Opfer am ersten Tage Wanise, wozu sie eine Ziege oder ein Schaf verwenden; wenn sie es schlachten, sagen sie:

„Ihr Lohn und ihr Wert gehört Gott und dem N. (Toten), aǵerha wa ṭwâbha ila allâh w liflân.“

Das Opfer muß vor Sonnenuntergang dargebracht werden, denn in der Nacht kommen Engel zu dem Toten, sein Gewissen zu erforschen, da soll er schon gestärkt sein.

Bei den Ḥêwât schlachten die Trauernden die erste Nacht nach dem Tode das Opfertier Sdâdet el-ḳabr (bei den ʽAzâzme heißt es Hbûṭa) mit den Worten:

„Dies ist dein Abendessen o N., hâḏi ʽaŝâk jâ flân!“

Das Fleisch dieses Opfertieres dürfen nur die Frauen und Kinder essen.

Bei den Šarârât heißt das Totenopfer am Begräbnistage Rutbe ʽan rûḥ. Am Tage der Ḏaḥijje laden sie auf die Kamelin Reitsattel, Sattelsack, Hemd, Mantel, Kopftuch, Kopfstrick, Gürtel, Stiefel, zirjûl, oder Sandalen, naʽâl, die Ḳadḥa-Pflanze zum Feuermachen, Feuerstein, eṣṣwân, Feuerzeug, znâd, Tasche, šanṭe, Wasserschlauch, ḳirbe, Tasse, ḳadaḥ, Pfeife, ṭaljûn, vollen Tabakbeutel, kîs, Stock, Kamm, Mehlschlauch mit Weizenmehl, Datteln, Butterschmalz und Salz. Manchmal nehmen geizige Söhne die Kamelin ihrer Mutter-Witwe. Da setzt sich diese auf die Kamelin und ruft:

„Ich werde nicht absteigen, bis ihr mir die Kamelin N. gebet.“

Die Kamelin wird vor dem Opfern von Fremden untersucht, ob sie nicht irgend einen Fehler hat, lâ fiha ʽajb wlâ ši makrûh.

Der Opfernde sagt: „O mein Vater, hier hast du deine Ḏaḥijje. Sie ist weder verborgen, noch wird sie dir mißgönnt. Ich gebe sie dir und, bei Gott, ich rede Wahrheit, jâ-bujja dûnak ḏaḥîtak lâ maknûne w lâ ʽannak mamnûne w ana môhbak ijjâha w allâh inni ṣâdeḳ.“

Dieses Fleisch darf nicht unter dem Zelte, sondern nur hinter dem Zelte an der Sonne gekocht werden, denn die Kamelin wurde für die Seele des Verstorbenen geschlachtet, lanna madbûḥe ʽan nafs al-majet.

Das große Totenopfer heißt bei den ʽAzâzme ʽAzaʼ flân, Maʽâzi flân, und wird dargebracht, juʽazzûh, im Frühjahre, bei den Saʽîdijjîn in den Monaten Ḫamsân, also ebenfalls im Frühjahre, und zwar wird das Lieblingstier des Toten geopfert, um ihn damit zu ehren, ekrâman leh.

Die Ḥêwât gedenken ihrer Toten in den Nächten von Donnerstag auf Freitag.

Wenn bei den Ẓullâm die Ǵabbânîn, welche das Grab hergestellt haben, auf dem Rückwege einer Ziege oder einem Schafe begegnen, so nehmen sie das Tier, ohne zu fragen, wem es gehört, (die Trauernden müssen es ersetzen), und opfern es nach dem Begräbnisse mit den Worten:

„Das ist dein Abendessen, o N., wir geben es dir, hâ ʿaššâk, jâ flân, w môhbînha lak!"

Dies heißt ʿAša-l-majet und die Saʿîdijjîn sagen, daß sie den Toten speisen, juʿaššûh.

Nachher gedenken sie seiner am Abend jeden Mittwoch oder Donnerstag, nehmen etwas Butterschmalz, semen, oder Brot, ḫubez, werfen es in das Feuer und sagen:

„Hier ist das Abendessen des N., dies ist für die Seele des N., haʾ ʿaša flân, hâḏa ʿan rûḥ flân!"

Nach dem ersten Monate wird am Gedächtnistage des Verstorbenen ein Schaf geopfert mit den Worten:

„Dies ist das ʿAzaʾ-Opfer des N., hâḏa ʿazaʾ flân!"

Am Ḍaḥijje-Tage opfern sie dann je nach Möglichkeit ein Kamel, ein Schaf oder eine Ziege. Das Fleisch dieses Opfertieres wird gekocht und gegessen.

Die Christen von el-Kerak bestimmen acht Tage vor Beginn der vierzigtägigen Fastenzeit ein Tier, welches sie am nächsten Samstag abends schlachten, mit den Worten:

„Dies ist euer Abendmahl, o unsere Toten, hâḏa ʿaššâku jâ mawtâna!"

Die Tijâha bringen am zehnten und dreißigsten Tage das ʿAzaʾ-Opfer mit den Worten dar:

„Er (Gott) möge sich erbarmen dessen, den er tröstete,
und verzeihen dem, den er schuf.
Jirḥam minnu ʿazzâh
w jiʿof ʿan illi sawwâh."

Bei den ʿAzâzme opfern die Trauernden am vierzigsten Tage das Opfertier Raḥma mit den Worten:

„Hier ist das Sühnopfer für Gott,	Hâḏi fedw lawiǵh allâh
sein Lohn und sein Wert gehört dem N.	w aǵerha w ṯawâbha ila flân."

Bei den Ḥwêṭât bezeichnet der Sterbende die Kamelin, die für ihn am Ḍaḥijje-Tage geopfert werden soll (gewöhnlich ist es jenes Tier, auf dem er die meisten Ġazw-Züge mitgemacht hatte) mit folgenden Worten:

„O mein Sohn, opfere für mich die Kamelin N., jâ-bunajja ḍabḥi li an-nâḳa al-flâne!“

Am Ḍaḥijje-Tage werden verschiedene Lieder gesungen:

Tijâha:

Sollte dich, o meine Kamelin, Heimweh nach meinem Lande erfassen,
so mußt du doch weiterziehen
und ich werde dich ernähren.

W in kân jâ bakrati
ṭarjet ʿalejki bilâdi
enti ʿalejki-s-safar
wana ʿalejji az-zâdi.

O meine Kamelin, sie haben dich gequält
zwischen zwei Reitkamelen.
Sie legten dir das Brustband
und den schönen Reitsattel an.

Jâ bakrati ʿaḍḍabûki
bên heǧânên
ḥaṭṭû ʿalejki-d-dwêrʿ
w aš-šdâd az-zên.

Besitz — bei uns ist kein Besitz (wir haben kein Opfertier),
außer alten Hennen;
sie picken vor dem Zelte,
und der Hahn gackert mit ihnen.

Mâl mâ ʿendana mâl
ṛejr ed-duǧâǧ al-ʿatâḳi
misrâḥhen limiḳdem
w ad-dîk maʿhen juḳâḳi.

O Auge, das vom Schlafe heiß ist —
mit dem Schlafe läßt sich kein Handel treiben,
wer die feindlichen Araber bekriegt,
dessen Augen bringen die Nacht wachend zu.

Jâ ʿejn ḥarr min en-nowm
w an-nowm mâ hu tuǧâra
min ḥârab ʿarab al-ḳowm
bâten ʿujûnu sahâra.

O Auge, das vom Schlafe heiß ist —
der Schlaf bringt ja keine Beute;
wer viel besitzt, müht sich ab,
wer nichts hat, schläft.

Jâ ʿejn ḥarr min an-nowm
w an-nowm mâ fîh ṛanâjem
ṣâḥeb al-mâl taʿbân
w illi balâ mâl nâjem.

Saʿîdijjîn:

Es gibt Menschen wie der salzige Sumpf,
sie bringen keinen Samen,
hinterlassen kein frommes Andenken,
und bringen nicht das, was sie kosten, ein.

Fi-n-nâs miṯl as-sabḫ
w lâ jiǧîb baḍâr
w lâ juʿaḳḳeb taḳâwi
w lâ jiǧîb râs al-mâl.

O des Herzens Sehnsucht in der Welt sind drei Dinge: das moɼrebinische Gewehr, das Reitkamel und die Schönen.	Jâ nezhet al-ḳalb bid-dinja ṯalâṯ ḥâǵât al-bendeḳ al-moɼrabi w al-heǵen w az-zênât.
O du ʿArš-Tal, ich frage dich, gingen an dir beladene Kamele vorbei? Ja, es gingen an mir vorbei die Geliebten, und zwar langsamen Schrittes.	Wâdi al-ʿarš esʾalak marrû ʿalejk eẓʿûn marrat ʿalejj-al-ḥabâjeb mašjhen bil-hûn.
Das Ɍarandal-Tal ist lieblich und frei von Menschen, hier ist der Mittagsrastort der Schafe und die Ruhe des Geliebten.	Wâdi ɼarandal damaṯ min el-wanas ḥâli hâḏa meḳîl al-ɼanam wa mḳêʿed al-ɼâli.

ʿAzâzme:

Ich stieg auf die Anhöhe und erreichte sie — und wehe! Ich kann jedoch das Grab öffnen und meinen Liebling aus ihm heraustreten lassen!	ʿAšrafet ʿa-l-ʿâlja w ilḥaḳetha wenne ɼejr abʿaṯ el-ḳabr w aṭlaʿ ṣâḥebi minne.
Ich gelangte in ein Land, mein Lebtag bin ich in ihm nicht gewandert, und das Herz (meiner Lieben) trauert über mich, wegen der Schmerzen, die mir der (fremde) Boden bereitet.	Ṭabbejt fi-l-bilâd ʿomri mâ mašejt fîha w al-ḳalb jaški ʿalajji min waǵaʿât arâḍîha.

Ḥêwât:

O Gazellen in der Steppe, wir werden euch angreifen mit Gewehren, von euch die Schönste niederstrecken und ihr Herz der mit den Brüsten geben (um sie den Tod des Geliebten vergessen zu lassen).	Ja ɼuzlânan bil-ǵâlûd naṭâredken bil-bârûd narmi minken el-aʿnûd naʿṭi ḳalbu umm enhûd.
Nicht viel wert ist die Liebe, außer wenn sie (die Liebenden) miteinander wohnen im Zelte,	Mâ jinfaʿ al-wedd ɼejr ṭanebhom bil-bêt

und du, o Schönste der Araber,	w enti zahât el-ʿarab
mögest du nicht ferne bleiben, sondern kommen.	lan ṛibet w illa ǧêt.
Ich soll mich beklagen, über wen?	Aški ʿala min
Ich bin weder sein Onkel noch sein Vetter.	lâ ʿammu wa lâ ḫâlu
O wie weint das Herz	jâ mâ baka-l-ḳalb
über den Liebling, der ihm nicht zuteil wurde.	ʿa-l-ṛâli wa lâ ṭâlu.

Register.

Verzeichnis der neuarabischen Ortsnamen.

Seite	ʾ	ا
35, 44	al-Abjaḍ	الابيض
103	al-Atajjem	الاتيم
53	Iṯre	أثرة
147	al-Uḥejmer	الاحيمر
88, 97	Ader	ادر
53, 280, 329, 408	Oḏroḥ	اذرح
49	Arzeḳân	ارزقان
54, 328	Iram	ارم
32, 33	al-Azâreḳ	الازارق
116, 329, 398	al-Azraḳ	الازرق
49	al-Aznam	الازنم
52	Istambûl (Konstantinopel)	استمبول
386	Eš'at	اشعة
38, 39	Arwên	افوين
398	al-Am'az	الامعز
58, 325, 330	'ajn Emûn	امون ,عين
28	Enzûr	انزور
51	al-Anwe	الانوة
55, 57	Ajl	ايل
	B	**ب**
407	naḳb al-Bâḫer	الباخر ,نقب
432	Bâṭen eš-Šîḥ	باطن الشيح
99	el-Bâlû'	البالوع
116	bîr Bâjer, bîr	باير ,بير

Seite		
52, 88	al-Batra	البترة
97, 98	Betîr	بتير
228	Beǧǧet el-Mzêrîb	بجة المزيريب
110	el-Baḥḥâṯ	البحاث
46	el-Bḥejr	البحير
47	el-Baḥîra	البحيرة
50	Badda'	بدا
48	el-Badaʿ	البدع
49, 50	al-Badîʿa	البديعة
330	Baḏḏân	بذان
103, 104	Barza	برزة
112	Barazên	برزين
123	ḳaṣr Barḳaʿ	برقع، قصر
242, 243	al-Bzêʿijje	البزيعية
55, 57	al-Basṭa	البسطة
81	ḳṣûr Bšêr	بشير، قصور
76, 249	Boṣra	بصرى
52, 62, 84, 105, 331, 402	Bṣejra	بصيرى
10	al-Buṭum	البطم
44	arḍ el-Buṭmi	البطمى، ارض
121, 329	al-Baṭîǧ	البطيج
40	el-Baṭîḥa	البطيحة
325	el-Buṭûḥi	البطوحى
249	Baġdâd	بغداد
84	el-Beḳʿe	البقعة
30	dejr el-Belaḥ	البلح، دير
20, 75, 108, 237	el-Belḳa'	البلقاء
41	al-Bni	البنى
28, 30, 331	Beni Shejle	بنى سهيلة
85	Beni Nâjem	بنى نائم
48	el-Bwara	البورة
374	el-Bwêḍa'	البويضاء
38	el-Bijâr	البيار
46	naḳb el-Bejjâne	البيانة، نقب
107	Bêtǧâla	بيت جالا
107	Betlehem	بيت لحم
411	el-Bjâr	البيار
94	Bîr Zejt	بير زيت

Seite

34, 41—43 . . . . Bîr es-Seba' . . . . بئر السبع

42, 230 . . . . el-Birên . . . . البئرين

V. . . . . Bejrût . . . . بيروت

59, 104, 327, 411 . . . . el-Bêḍa' . . . . البيضاء

T ت

97 . . . . Tedûn . . . . تدون

84 . . . . abu Trâba . . . . ترابة ,ابو

46 . . . . 'ajn Turbân . . . . تربان ,عين

50 . . . . abu Tirre . . . . ترة ,ابو

259 . . . . ḳalîb at-Taslûmi . . . . التسلومى ,قليب

64, 65 . . . . at-Twâne . . . . التوانة

34 . . . . et-Tîh . . . . التيه

53, 329, 339, 340 . . . . Tejma' . . . . تيماء

Ṯ ث

46 . . . . Ṯaḡada' . . . . ثغداء

38, 45, 80, 106, 120 . . . . at-Ṯamad . . . . الثمد

85, 88, 90, 102, 103, 330, 411 . . . . . et-Ṯenijje . . . . الثنية

145 . . . . at-Ṯôr . . . . الثور

Ǧ ج

79 . . . . el-Ǧâzûr . . . . الجازور ,رجم

231 . . . . el-Ǧâjfe . . . . الجائفة

330 . . . . 'ajn Ǧâje . . . . جاية ,عين

400 . . . . al-Ǧebel . . . . الجبل

12, 17, 91, 137, 326, 404 . . . . al-Ǧebâl . . . . الجبال

103 . . . . Ǧbêba . . . . جبيبة

111, 112 . . . . el-Ǧbejl . . . . الجبيل

49 . . . . Ǧedda . . . . جدا

88 . . . . bîr el-Ǧedi . . . . الجدى ,بئر

105 . . . . el-Ǧedîra . . . . الجديرة

109 . . . . el-Gdejd . . . . الجديد

240 . . . . el-Gdejjed . . . . الجديد

38 . . . . el-Ǧedîd . . . . الجديد

325 . . . . umm el-Gerâr . . . . الجرار ,ام

Seite		
10, 15, 46, 147, 329	el-Ğerâfi	الجرافى
54, 329, 408, 409	Ğorba'	جرباء
238	el-Ğurn	الجرن
327	al-Ğrajdi	الجريدى
108	al-Ğrejne	الجرينة
328	el-Ğizl	الجزل
101	al-Ğa'far	الجعفر
53, 54, 73, 112, 412	al-Ğafar	الجفر
402	Ğelâdât	جلادات
112, 117	Ğelûl	جلول
105	bijâr Ğum'	جمع ,بيار
88	umm Ğem'ân	جمعان ,ام
28, 34, 331	tell Ğemma	جمة ,تل
106	Gmejl	جميل
38	al-Ğnêz	الجنيز
59	el-Ğnêne	الجنينة
104	el-Ğehîr	الجهير
393	el-Ğûba	الجوبة
331	el-Ğwar	الجور
60	Ğwar Badda'	جور بدا
69	al-Ğôza'	الجوزاء
53, 399	al-Ğôf	الجوف
50	el-Ğwa	الجوة
121	al-Ğawijje	الجوية
57, 58, 330, 331, 408, 409, 410	al-Ği	الجى
50	el-Ğajda	الجيدة

Ḥ ح

85, 152, 364	darb el-Ḥağğ	الحاج ,درب
81	Ḥâreṯ	حارث
121	Ḥâjel	حائل
60, 66, 67, 76, 78, 85, 295, 298, 331	Ḥebron	الخليل
55	'ajn Ḥbes	حبس ,عين
85, 98	Ḥbêš	حبيش
85	burğ el-Ḥağâb	الحجاب ,برج
84, 386	el-Ḥeğâz	الحجاز
54	el-Ḥeğna	الحجنة
231	tel'et el-Ḥağğe	الحجة ,تلعة

Seite		
85	el-Ḥaddâd	الحداد
98	el-Ḥdêb	الحديب
70	ɣôr el-Ḥadîṯe	الحديثة ،غور
324	al-Ḥarṯ	الحرث
123, 401, 408	el-Ḥarra	الحرة
108, 111, 112	'ajn Ḥesbân	حسبان ،عين
51, 54, 122, 328, 408	Ḥesma	حسمى
51	el-Ḥasana	الحسنة
21, 80, 85, 86, 88, 348, 364	el-Ḥsa	الحسى
72, 326	el-Ḥoṣob	الحصب
76	el-Ḥoṣon	الحصن
123	Ḥaḍawḍa	حضوضة
44	el-Ḥafîr	الحفير
399, 411	al-Ḥafîra	الحفيرة
48	Ḥaḳl	حقل
34, 38, 41, 49	Ḥelâl	حلال
47	Ḥalab	حلب
331	el-Ḥalfi	الحلفى
398	al-Ḥala	الحلى
434	el-Ḥema'	الحماء
46	bîr Ḥammâd	حماد ،بئر
85, 86, 103	wâdi Beni Ḥammâd	حماد ،وادى بنى
104, 327, 328	el-Ḥammâm	الحمام
38, 39	bîr abu-l-Ḥamâm	الحمام ،بئر ابو
88, 99, 100	Ḥmûd	حمود
48	el-Ḥmêḍa'	الحميضاء
65	umm el-Ḥmejjeṭe	الحميطة ،ام
88	Ḥmêmât	حميمات
110	el-Ḥanâfiš	الحنافيش
62	el-Ḥannâne	الحنانة
46	Ḥandes	حندس
88	al-Ḥanakên	الحنكين
109	Ḥanina	حنينة
46, 55	el-Ḥawwar	الحور
117	el-Ḥawwâra'	الحواراء
75, 79, 81, 112, 117, 145, 237	Ḥawrân	حوران
112	buḥejrat el-Ḥûle	الحولة ،بحيرة
121	al-Ḥiza	الحيزة

Ḫ خ

Seite		
61	umm el-Ḫârbe	الخاربة, ام
58	ẓahrat el-Ḫâzne	الخازنة, ظهرة
28	al-Ḫân	الخان
31	Ḫân Jûnes	خان يونس
48	al-Ḫabṯ	الخبث
400	el-Ḫbêra	الخبيرة
43, 44, 50	el-Ḫarrâr	الخرار
325	el-Ḫarsi	الخرسى
325	Ḫrum umm et-tîn	خرم ام التين
48, 58	el-Ḫrejbe	الخريبة
104, 105	tlâ' el-Ḫazanât	الخزنات, تلاع
42, 43	el-Ḫalaṣa	الخلصة
38, 333	wâdi el-Ḫalil	الخليل, وادى
79, 112	el-Ḫammân	الخمان
15, 66, 91, 403	Ḫanzîra	خنزيرة
51	Ḫawṯale	خوثلة
66	el-Ḫôḫa	الخوخة
40, 231, 332, 400	el-Ḫwêlfe	الخويلفة
71	el-Ḫajl	الخيل

D د

Seite		
101	ed-Dabbâče	الدباكة
60, 81, 88	ed-Dabba	الدبة
59	râs ed-Deḥdel	الدحدل, راس
105	ed-Duḥufra	الدحفرة
112	Da'ǧânijje	دعجانية
51	ed-Dafne	الدفنة
43, 412	moje ed-Defijje	الدفية, موية
46, 47, 55	Delâṛa	دلاغة
117	ed-Dlêlet el-Ṛarbijje	الدليلة الغربية
84	Dimne	دمنة
230	Danḳûr	دنقور
15, 29, 30, 105, 331	ed-Dejr	الدير
321	Dejr el-Belaḥ	دير البلح

D ذ

Seite
65, 88 . . . . . Dât-Râs . . . . . ذات راس
76, 398 . . . . . Der'ât . . . . . ذرعات
200 . . . . . Dahab . . . . . ذهب
109 . . . . . 'ujûn ed-Dîb . . . . . الذيب ،عيون
104 . . . . . Dîbân . . . . . ذيبان
104 . . . . . ed-Dhejbe . . . . . الذهيبة
50 . . . . . ed-Dîl . . . . . الذيل

R ر

33, 230 . . . . . arḍ er-Râbija . . . . . الرابية ،ارض
44 . . . . . umm Râtên . . . . . رتاتين ،ام
145 . . . . . ar-Rağef . . . . . الراجف
42 . . . . . ṭemâjel Râšêd . . . . . راشد ،ثمائل
88 . . . . . er-Râkin . . . . . الراكين
54 . . . . . Râmân . . . . . رامان
81, 87, 97 . . . . . er-Rabba . . . . . الربة
64 . . . . . er-Rḥâb . . . . . الرحاب
329 . . . . . er-Riḥân . . . . . الرِحان
32, 34, 231 . . . . . er-Rḥejbe . . . . . الرحيبة
43, 44, 58, 59, 331 . . . . . er-Raḫama . . . . . الرخة
57, 98 . . . . . er-Rsês . . . . . الرسيس
42, 43 . . . . . er-Rsêsijje . . . . . الرسيسية
106, 117 . . . . . umm er-Rṣâṣ . . . . . الرصاص ،ام
109 . . . . . abu Raṛif . . . . . رغيف ،ابو
230 . . . . . Rafaḥ . . . . . رفح
325 . . . . . ar-Raḳîb (ar-Raḳim) . . . . . الرقيب (الرقيم)
76 . . . . . er-Remṭe . . . . . الرمثة
30 . . . . . bir Ramaḍân . . . . . رمضان ،بئر
105 . . . . . er-Rmêmin . . . . . الرميمين
249 . . . . . er-Ruha' . . . . . الرهاء

Z ز

83 . . . . . tell ez-Zerâ' . . . . . الزراع ،تل
38, 194 . . . . . ez-Zerḳa . . . . . الزرقاء

Seite		
103	Zerḳa' Mâ'în	زرقاء ماعين
28	ez-Zrê'i	الزريعى
85	ez-Zuṭṭ	الزط
231	az-Za'aḳ	الزعق
400	Zaḳâḳîḫ	زقاقيخ
80	ez-Zuḳêbe	الزقيبة
101	'ajn ez-Zaḳûḳa'	الزقوقاء ,عين
201	bîr Zemzen	زمزم ,بئر
39, 40	bîr ez-Zmêli	الزميلى ,بئر
48	Zihd	زهد
377, 402, 405	Zôbar	زوبر
330	wâdi ez-Zejâtîn	الزياتين ,وادى
399	Zîza	زيزاء

S س

47	es-Sbejṭa	السبيطة
330	'ajn es-Sitt	الست ,عين
398	as-Saḫale	السحلة
45, 48, 50, 66	as-Sidre	السدرة
400	es-Sirr	السر
34	as-Sarâwîl	السراويل
2, 43, 53, 147, 399	Sirḥân	سرحان
49	Sa'lawwa	سعلوة
100	'ujûn abu Sa'îd	سعيد ,عيون ابو
106	'ajn Sa'îde	سعيدة ,عين
102	es-Saḳra	السقرة
103	Saḳaṭ	سقط
38	es-Seḳi	السقى
53	Sakâka	سكاكة
399	Salbûd	سلبود
60	es-Salamâni	السلمانى
94, 117, 187, 237	es-Salṭ	السلط
344	ġadîr es-Sulṭân	السلطان ,غدير
10	es-Sulṭâni	السلطانى
30	es-Selḳi	السلقى
201	ḳôz abu Slîme	سليمة ,قوز ابو
384, 398, 400	abu Sammâra	سمارة ,ابو
88	es-Smakijje	السمكية

Seite		
61	es-Smêra'	السميراء
88, 101	'ajn Smêṭ	سميط ,عين
88, 99, 100	es-Sinîne	السنينة
48	Sûdân	سودان
101	Sûl	سول
32	Swês	سويس
103	Swêḳeṭ	سويقط
32, 34	es-Swêlme	السويلمة
110	es-Sîr	السير
44	ṭûr Sîna	سينا ,طور

Š ش

20, 36, 51, 85, 107, 113, 117, 162, 163, 241, 245, 246, 372, 385	eš-Šâm (Damaskus)	الشام
112	ruğm eš-Šâmi	الشامى ,رجم
147	eš-Šâjeb	الشائب
54	eš-Šebîbi	الشبيبى
76	eš-Šağara	الشجرة
12, 17, 21, 55, 64, 73, 82, 326	eš-Šera'	الشراة
32	aš-Šaraf	الشرف
330	bâb eš-Šerḳi	الشرقى ,باب
45	eš-Šerem	الشرم
32, 158	eš-Šerî'	الشريع
38, 39, 40, 41, 333	tell eš-Šerî'a	الشريعة ,تل
114	Šṭâje	شطاية
28	Še'arta	شعرتة
111	eš-Še'ejb	الشعيب
49	w. Šaṛab	شغب
60	eš-Šḳêrijje	الشقيرية
123	sejl eš-Šḳejfât	الشقيفات ,سيل
34, 42	eš-Šellâle	الشلالة
72	eš-Šillîḫ	الشليخ
33, 199, 398, 400	bîr Šeneḳ	شنق ,بئر
331	eš-Šôbâni	الشوبانى
61, 62, 106, 117, 210, 217, 314, 318, 326, 366, 401, 408, 409, 411, 441, 448	aš-Šôbak	الشوبك
321, 322	ruğm abu-š-Šôk	الشوك ,رجم ابو
31	Šôkt eṣ-Ṣûfi	شوكة الصوفى

Seite

29, 400 . . . . eš-Šwêḥi . . . . الشويحي
80, 86, 88, 105, 330 . . . . ḳar'a Šiḥân . . . . شيحان ,قرعة
45 . . . . wâdi eš-Šêḫ . . . . الشيخ ,وادي
331 . . . . eš-Šejḫ Râšed . . . . الشيخ راشد
41, 147, 333 . . . . eš-Šêḫ Zwajjed . . . . الشيخ زويد
34 . . . . eš-Šejḫ Nûrân . . . . الشيخ نوران
281, 322 . . . . sejl Šêẓam . . . . شيظم ,سيل

Ṣ ص

66, 69, 80, 387, 412 . . . . eṣ-Ṣâfije . . . . الصافية
7 . . . . ruǧm eṣ-Ṣabḥa . . . . الصبحة ,رجم
327 . . . . 'ajn Ṣabûr . . . . صبور ,عين
50 . . . . eṣ-Ṣadâra . . . . الصدارة
32, 33, 49 . . . . abu Ṣadar . . . . صدر ,ابو
38 . . . . bîr eṣ-Ṣadr . . . . الصدر ,بئر
54 . . . . aṣ-Ṣadaḳa . . . . الصدقة
49 . . . . Ṣirr . . . . صر
103, 104 . . . . aṣ-Ṣarfa . . . . الصرفة
50 . . . . Ṣurûm . . . . صروم
76 . . . . eṣ-Ṣarîḫ . . . . الصريخ
47 . . . . Ṣa'îd . . . . صعيد
53 . . . . eṣ-Ṣafḥa . . . . الصفحة
64 . . . . Ṣallûl . . . . صلول
34 . . . . eṣ-Ṣlejjeb . . . . الصليب
64 . . . . Ṣlejla . . . . صليلة
52, 62, 117 . . . . Ṣenefḫe . . . . صنفخة
32, 34, 42 . . . . aṣ-Ṣini . . . . الصنى
32 . . . . abu Ṣhejbân . . . . صهيبان ,ابو
147 . . . . eṣ-Ṣwân . . . . الصوان
117 . . . . Ṣûfa . . . . صوفة
108 . . . . eṣ-Ṣijâra . . . . الصيافة
325 . . . . Ṣejher . . . . صيهر

Ḍ ض

197 . . . . ǧebel Ḍâḥi . . . . ضاحى ,جبل
50 . . . . eḍ-Ḍâ'a . . . . الضاعة
61 . . . . Ḍâna' . . . . ضانا

Seite		
49	Ḍeba	ضبة
57, 58	Ḍaḥâḥa	ضحاحة
85	ed-Ḍrâ'	الضراع ,سيل
49	Ḍel'e Šerma	ضلعة شرمة
53, 57	Ḍôr	ضور
328	Ḍejḳa Raḥama	ضيقة رحمة

Ṭ ط

46	'ajn Ṭâba	طابا ,عين
54	Ṭâsân	طاسان
34	Ṭabaḳa Fellâḥ	طبقة فلاح
330	'ajn eṭ-Ṭabib	الطبيب
61	'ajn aṭ-Ṭarîḳ	الطريق ,عين
15, 28, 52, 63, 66, 73, 78, 82, 117, 241, 326, 401, 402, 403, 404, 405, 408, 409	aṭ-Ṭafile	الطفيلة
281	Ṭanṭûr	طنطور
70	Ṭwâḥin es-Sukr	طواحين السكر
45, 201, 416	eṭ-Ṭûr	الطور
325	'ajn Ṭûr	طور ,عين
39	bîr aṭ-Ṭawîl	الطويل ,بئر
30	Ṭwîl el-Emîr	طويل الامير
61, 326	šağarat aṭ-Ṭajjâr	الطيار ,شجرة
50	Ṭajjib Ism	طيب اسم
38	Ṭajjibe	طيبة ,عين

Ẓ ظ

398, 400	eẓ-Ẓâherijje	الظاهرية

' ع

112	el-'Âl	العال
243, 402	ẓahr el-'Âlije	العالية ,ظهر
47	'Âjed	عائد
12	'Abde	عبدة
49	al-'Abdên	العبدين
402	'Abûr	عبور
75	ġôr abu 'Obejda	عبيدة ,غور ابو
31, 32	'Abasân	عبسان

30*

Seite		
31	'Abêsên	عبيسين
34	'Ağra'	عجراء
50	'Eddân	عدان
46	bijâr el-'Edêd	العديد ,بيار
38	'Arâd	عراد
66, 67, 91, 403	al-'Arâķ	العراق
59	el-'Erâķ	العراق
398, 400	el-'Arâķib	العراقيب
2, 11, 14, 15, 16, 18, 19, 41, 45, 46, 59, 60, 318, 398	el-'Araba	العربة
57, 59, 409	el-'Arğa'	العرجاء
455	el-'Arš	العرش
111	el-'Arḍa	العرضة
197	ğebel 'Arafât	عرفات ,جبل
15, 258, 331, 332	el-'Ariš	العريش
34	ķôz el-'Ezz	العز ,قوز
104	'Arâ'er	عراعر
38, 44, 46, 260	'Ar'ara	عرعرا
39, 43, 331	'Aslûğ	عسلوج
328	umm 'Ašrîn	عشرين ,ام
105	'Aṭârûs	عطاروس
105	el-'Aṭûn	العطون
34	abu 'Aṭiwi	عطيوى ,ابو
55, 57, 325	abu al-'Aẓâm	العظام ,ابو
50	'Aķbal	عقبل
15, 51, 72, 123, 240, 281, 412	al-'Aķaba	العقبة
123	'Oķde	عقدة
47, 260	el-'Oķfi	العقفى
231	umm 'Akbar	عكبر ,ام
177	'Alâhibi	علاهيبى
109	abu 'Alenda'	علنداء ,ابو
328, 340	el-'Ôla	العلى
88	'Alejjân	عليان
117	umm el-'Amad	العمد ,ام
41	'Amr	عمر
325	ķuṣejr 'Amra	عمرة ,قصير
40	'Awğân	عوجان
41	el-'Awğa	العوجى

Seite		
326	šağarat umm 'Ajjâš	عياش, شجرة
48	'Ejâl	عيال
325	moṛârat el-'Ajše	العيشة, مغارة
63, 117, 402	el-'Ejma	العيمة
42, 230, 331	el-'Ajn	العين
104	'Ajenât	عينات
53, 65, 84, 88, 402, 404	el-'Ejna	العينة
98	sejl 'Ajnûn	عينون, سيل
48	'Ajnûna	عينونة

	Ṛ	غ
10, 449	el-Ṛadaf	الغدف
98	el-Ṛurâb	الغراب
105	tlâ' el-Ṛarâjes	الغرائس, تلاع
62	Ṛarandal	غرندل
46, 47, 329	mi' Ṛarandal	غرندل, مى
111	'ujûn Ṛazâl	غزال, عيون
21, 36, 47, 72, 73, 76, 331, 351, 372, 400	Ṛazze	غزة
45, 46, 412	Ṛaḍjân	غضيان
49	sejl Ṛiḍjân	غضيان, سيل
83	šağarat el-Ṛalâjîn	الغلايين
33, 34	abu Ṛaljûn	غليون, ابو
43, 44, 46, 47	el-Ṛamr	الغمر
2	el-Ṛôr	الغور
398	al-Ṛûṭa	الغوطة
60, 411, 412	el-Ṛwêr	الغوير
123	el-Ṛwejṭa	الغويطة

	F	ف
32, 201	el-Fâr	الفار
33, 46	tell el-Fâre'	الفارع, تل
72, 400	el-Fâre'a	الفارعة
75	Fâre'a Ḫaḍma	فارعة خضمة
65	el-Fâ'ûrijje	الفاعورية
55	el-Fâleḳ	الفالق
102	el-Foğğ	الفج
325	el-Fağr	الفجر

Seite		
121	el-Fâğra	الفجرة
54	'ajn Faḫḫâm	فحام ,عين
88	Fuḫâra	فخارة
50	el-Fara'a	الفرعة
58	el-Feḍûli	الفضولى
29, 40, 400	Fṭejs	فطيس
105	Faḳû'	فقوع
46, 329	al-Falḥa	الفلحة
45	Fejrân	فيران
60, 412	Fênân	فينان

Ḳ ق

224, 240, 385	al-Ḳâhira	القاهرة
91, 93, 117, 295, 448, 449	el-Ḳudus (Jerusalem)	القدس
377	Ḳaddûme	قدومة
371, 412	'ajn el-Ḳdêrât	القديرات ,عين
38	'ajn Ḳdejs	قديس ,عين
2, 21	el-Ḳarâḥi	القراحى
38	ma' Ḳrâ'o	قراعة ,ماء
33, 43	el-Ḳarn	القرن
409, 410	el-Ḳurna	القرنة
38	bîr abu Ḳrûn	قرون ,بئر ابو
45	bîr Ḳurêṯ	قريث ,بئر
104, 105	el-Ḳrejjât	القريات
194	el-Ḳerje	القرية
38, 325	el-Ḳraje	القرية
117	Ḳraje Sâlem	قرية سالم
49	abu Ḳzâz	قزاز ,ابو
87, 97	el-Ḳaṣr	القصر
117	ummu Ḳṣejr	قصير ,ام
80, 411	el-Ḳuṭrâni	القطرانى
31	el-Ḳaṭja	القطيا
55	el-Ḳṭejfe	القطيفة
108	el-Ḳfejr eš-Šerḳi	القفير الشرقى
51	el-Ḳfôf	القفيف
55	Ḳalḥa	قلحة
237, 238	el-Ḳal'a	القلعة
85, 88	el-Ḳamarên	القمرين

Seite		
100	el-Ḳana'	القناة
110	umm el-Ḳanâfed	القنافد ,ام
404, 406	el-Ḳnân	القنان
48	Ḳijâl	قيال
78, 80	ǧebel Ḳejs	قيس ,جبل
68	el-Ḳejṣârijje	القيصارية
44	Ḳêṭûm	قيطوم

K ك

123	Kâf	كاف
79	abu al-Kbâš	الكباش ,ابو
91, 403	Kuṯrabba	كثربة
50, 51	el-Kirr	الكر
12, 22, 27, 61, 66, 68, 70, 73, 75, 76, 79, 80, 82, 83, 84, 85, 86, 88, 89, 90, 91, 93—97, 99, 100, 102, 123, 125, 169, 171, 210, 215, 228, 235, 237, 272, 287, 290, 295, 306, 308, 310, 314, 321, 322, 324, 327, 330, 335, 340, 344, 348, 350, 362, 373, 374, 375, 377, 383, 384, 388, 392, 393, 394, 396, 398, 400, 401, 402, 403, 407, 408, 409, 410, 412, 415, 420, 423, 424, 425, 429, 453	el-Kerak	الكرك
44	Kornûb	كرنوب
15, 67, 68, 230, 321	Kufrabba	كفربة
32	umm el-Kilâle	الكلالة ,ام
85, 88	el-Činnâr	الكنار
46	Kuntilet el-Gerâfi	كنتلة الجوافى
40, 147	Kuntilet 'Aǧrûd	كنتلة مجرود
110	el-Kindib	الكندب
136	'ajn el-Kenîse	الكنيسة ,عين
325	al-Čehf	الكهف
91, 318	el-Kûra	الكورة

L ل

49	Liben	لبن
239	el-Libben	اللبن
64, 65, 76, 80, 81, 85, 88, 106, 112	el-Leǧǧûn	اللجون
46	el-Lebjâne	اللعيانة
54, 57	aba-l-Lesel	اللسل ,ابو
271	wâdi el-Lûf	اللوف ,وادى

M

م

Seite		
110	Mâḥeṣ	ماحص
18, 21, 22, 84, 92, 94, 106, 107, 127, 133, 136, 160, 161, 165—167, 280, 405, 423	Mâdaba	مادبا
112	Mâsûḥ	ماسوح
109	Mâ'în	ماعين
240	al-Mâlḥe	المالحة
38, 40, 41	el-Mâjen	المائن
49	al-Matâdân	المتادان
58	al-Mḥalle	المحلة
393	Maḥna	محنى
84, 112	el-Mḥajj	المحى
58, 84, 85	el-Mḥêlle	المحيلة
86, 106	el-Mḫêreṣ	المخيرص
39, 224	Medâjen Ṣâleḥ	مدائن صالح
81, 84, 98	Middîn	مدين
241	el-Medîna	المدينة
112	el-Mdejjene	المدينة
103, 330	Mraʿ	مرع
81	el-Maradd	المرد
46	el-Merzeba	المرزبة
42, 43	el-Marṭaba	المرطبة
332	Maraḳûm	مرقوم
49	Murra	مرة
112, 117	el-Mrejǧmet el-Ḡarbijje	المرجمة الغربية
85	el-Morejra	المريغة
70, 80, 82, 83	ḡôr el-Mizraʿ	المزرع ،غور
71	el-Muzannad	المزند
88, 336	el-Mzêrîb	المزيريب
123	el-Mismân	المسمان
88	el-Mismar	المسمار
85, 86	el-Mesann	المسن
332	el-Mšâš	المشاش
39	Mšâš eš-Šerḳi	مشاش الشرقى
18, 116, 239, 329	el-Mšatta	المشتى
105	el-Mešneḳa	المشنقة
86	el-Mešhed	المشهد
398, 400	ḳôz Mašwi	مشوى ،قوز

Seite		
106	el-Mšêrfe	المشيرفة
82, 393	el-Mṣâṭeb	المصاطب
19, 47, 48, 51, 84, 107, 113, 123, 241, 245, 246, 262, 263, 372	Maṣr (Ägypten)	مصر
51	el-Maṣ'	المصع
109	el-Maṣlûbijje	المصلوبية
44	el-Maṭrada	المطردة
21, 27, 56, 57, 112, 113, 224, 241, 291, 292, 326, 328, 331, 336, 372, 412, 421	Ma'ân	معان
331	el-Ma'ṣare	المعصرة
32, 42	el-Mu'allaḳa	المعلقة
28, 34	el-Ma'în	المعين
38	el-Moṛâr	المغار
56, 325, 326	el-Moṛâra	المغارة
48	Moṛâjer Šu'êb	مغائر شعيب
97, 98, 101, 102	el-Mṛejsel	المغيسل
88	el-Mefâḫît	المفاخيت
38	'ajn el-Mufǧer	المفجر، عين
88, 101	'ajn el-Mḳêr	المقير، عين
105	el-Mćâwer	المكاور
88	el-Mikbas	المكبس
121	al-Makdar	المكدر
411	wâdi el-Mikmân	المكمان، وادى
70, 113, 224	Mekka	مكة
40, 80	el-Mkêmen	مكيمن
44, 201	el-Melâḥi	الملاحى
44	el-Meleḥ	الملح
33, 231	ḫirbe Malek	ملك، خربة
29, 54, 55, 104	el-Mlêḥ	المليح
40, 46	el-Mlêḥe	المليحة
121	el-Mliḥa	المليحة
117	Menǧa	منجى
83	Minkaṭ ed-Drû'	منكث الدروع
88	el-Mnêṭîr	المنيطير
33	el-Manjel	المنيل
409	'ujûn el-Mahzûl	المهزول، عيون
38, 326	al-Muhaššam	المهشم
84, 101, 102	Môte	موتة

Seite		
2, 21, 80, 84, 86, 88, 348, 364	el-Môǧib	الموجب
330	ajn Mûsa	موسى ,عين
108, 240	'ujûn Mûsa	موسى ,عيون
58, 310, 325. 408, 409	wâdi Mûsa	موسى ,وادى
40, 41, 43	al-Mwêleḥ	المويلح
88	el-Mejsâḳ	الميساق
88	šaǧarat el-Mêse	الميسة ,شجرة

N ن

117, 295	Nâblûs	نابلوس
80	še'îb en-Nâr	النار ,شعيب
117, 280	Nitil	نتل
50, 121	Neǧed	نجد
122, 400	Neǧd el-'Ariḍ	نجد العريض
51	Neǧel	نجل
49	an-Nǧejl	النجيل
41, 46, 88, 240, 318	ḳal'at en-Naḫl	النخل ,قلعة
326	en-Naḫla	النخلة
49, 325	en-Nḫejre	النخيرة
105	ḳbûr en-Niswân	النسوان ,قبور
44, 45	en-Naṣeb	النصب
46	Nafḫ	نفخ
108	en-Nfê'ijje	النفيعية
59	sujûl en-Nḳâb	النقاب ,سيول
114	en-Nḳâbe	النقابة
50	en-Naḳbên	النقبين
75, 329, 414	an-Nuḳra	النقرة
104, 105	an-Naḳûba	النقوبة
237	Nimrîn	نمرين
29, 30	en-Nahr	النهر
326	en-Nawwâḫ	النواخ

H ه

330	ǧebel Hârûn	هارون ,جبل
393	birket Hebǧe	هبجة ,بركة
54, 55	el-Heǧfe	الهجفة
280	Harbaǧ	هربج

Seite		
398	el-Hezîm	الهزيم
47	bilâd el-Hend (Indien)	الهند, بلاد
38	Hewâǧ	هواج
80, 104, 105	el-Hejdân	الهيدان
59, 408, 410	el-Hîše	الهيشة

W و

82	ruǧm ibn Wâdi	وادى, رجم ابن
18, 104	sejl el-Wâle	الوالة, سيل
50	el-Wiǧh	الوجه
85, 88, 100, 103	el-Wasijje	الوسية
58	al-W'ejra	الوعيرة

J ى

111, 112	Jâǧûz	ياجوز
97	el-Jârûṯ	الياروث
2, 240	el-Jitm	اليتم
38	el-Jarḳa	اليرقة

Verzeichnis der Personennamen.

(Arabia Petraea I. Bd. = 1, II. Bd. 1. 2. Teil = 2/1 2/2, III. Bd. = 3; ist der Seitenzahl keine Bandnummer vorgesetzt, so ist nur der III. Bd. gemeint.)

Hebräische und aramäische Personennamen.

Seite	
2/2 48	ישראל, בני
1 75	לוט
1 381	לוט, בני
1 274	[illegible]
1 347	משה
1 122	סיחן
2/1 122	עמאישו
2/1 305	שלמה

Seite	
2/1 301	[illegible]
2/1 158	אליפק התימני
1 274, 332, 348	בלעם
1 274, 332	בלק
1 274	חור
2/1 96	ושרא
2/2 48	הגר
2/2 245	הכנעני
2/1 212, 2/2 245	יצחק

Griechische Personennamen.

	Seite
Ἀαρών	2/1 160
Ἀθηνογένης, ἐπίσκοπος	2/1 160
Αἰάνης, ἐπίσκοπος	2/1 303
Αἴας	2/2 244
Ἀλαφίων	2/2 244
Ἀλφειός	2/1 303
Ἀμαραίου παῖδες	1 123
Ἀμμών, υἱοί	1 394
Ἀμμώνιος	2/2 245
Ἀναστάσιος, βασιλεύς	2/1 306
Ἀντίγονος ὁ Μακεδών	1 152
Ἀντίοχος	2/2 244
Ἀντιπάτηρ	2/1 160
Ἀντώνιος, ἐπίσκοπος	1 393

	Seite
Ἄραβες	2/1 161, 338
Ἀράβιοι	1 152
Ἀρειανοί	2/1 310
Ἄρειος, ἐπίσκοπος	2/1 160
Ἄρεως πόλις	1 381
Ἄρης, θεός	2/1 162
Ἀστέριος, ἐπίσκοπος	2/1 160
Βασίλειος	2/1 303
Βήρυλλος, ἐπίσκοπος	2/1 306
Βίκτωρ, ἀββᾶς	2/1 212
Γερμανός, ἐπίσκοπος	2/1 160
Γερραῖοι	2/1 159
Δαμιανή	2/1 160
Δαχαρηνοί	2/1 161

Seite
Δημήτριος Ἀντιγόνου 2/1 338
Δημήτριος, ἐπίσκοπος 1 58
Διονύσιος 2/1 304
Διονύσιος, ἐπίσκοπος 2/1 303
Δουσάρη 2/1 161
Εἰρηναῖος 2/2 246
Εὐτύχης 2/2 246
Εὐτύχιος, ὑποδιάκονος 2/1 310
Ζαχαρίας, ἡγούμενος 2/2 245
Ζώσιμος, ἐπίσκοπος 2/1 303
Ζωσίος, ἐπίσκοπος 1 393
Ζύλων 2/1 304
Ἠλίας, ἐπίσκοπος 2/1 306
Θεόδωρος, ἐπίσκοπος . . 1 393 2/1 160, 310
Θεόδωρος ὁ Βικάριος 1 85, 152
Θευσάρης 2/1 162
Ἱλαρίων 2/1 301
Ἰούδα, φυλή 2/2 245
Ἰούδας ὁ Μακκαβαῖος 1 232
Ἰσίδωρος, ἐπίσκοπος 1 74
Ἰωάννης 2/1 160
Ἰωάννης, ἀββᾶς 2/1 160
Ἰωάννης, ἐπίσκοπος . . 1 58, 74 2/1 160, 303, 310 2/2 246
Ἰώβ 2/1 393
Καίουμος, ἐπίσκοπος 2/1 310
Κρισπίων 2/2 244
Μαλαχίων 2/2 244
Μαρκιανός 2/2 245
Μακάριος, ἐπίσκοπος 2/1 160, 310
Μαυρίκιος, βασιλεύς 1 101
Μεισᾶς 1 356
Μέλας, ἐπίσκοπος 2/1 304

Seite
Μηνουήλιος 2/2 244
Μιναῖοι 2/1 159
Μουσώνιος, ἐπίσκοπος 1 74
Μωσά 1 356
Μωϋσῆς 2/1 162
Νααμάνης, φύλαρχος 1 101
Ναβαταῖοι, Ἄραβες 2/1 159, 161, 337
Ὀβόδας, Ζεύς 2/1 161 2/2 246
Οὐαέλος, οἰκόδομος 2/2 246
Οὔρης 1 212 2/1 160
Παῦλος, ἐπίσκοπος 2/1 306
Πέτρος τοῦ Ἀμμαδᾶ 1 58
Πέτρος, ἄρχων 1 318
Πέτρος, ἐπίσκοπος 2/1 306, 310
Πλάκιδος 1 347
Πτολεμαῖος 2/2 244
Ῥάβιλος, βασιλεύς 1 152
Ῥέκεμος 2/1 160
Ῥοβέης 1 212 2/1 160
Σαΐδας, ἐπίσκοπος 2/1 310
Σαλαμάνης 2/2 244
Σαρακηνοί 1 101
Σιλβανός 2/2 245
Σιλβανός, ἐπίσκοπος 2/1 310
Στέφανος, ἐπίσκοπος 2/1 303
Σούρης 1 212 2/1 160
Ὑρκανός 2/1 160
Φλάβιος, ἐπίσκοπος 2/1 160, 306
Φλάβιος Παῦλος, δοῦξ 1 318
Φύσκων 2/2 244
Χατραμωτῖται 2/1 305
Χριστογένης 1 318
Ὦχος 1 212 2/1 160

Lateinische und moderne Personennamen.

Seite
Aaron 2/1, 161
'Abbâs, Großwezier 2/2 246
Abraham 1 332 2/2 47
Agrippa II 1 347 2/2 47
Akousch-Aschrafi 1 60
Alexander Aristobuls Sohn. . 1 122, 252
Amalricus, rex 2/1 302
Amauri 1 59
Amorrhei 1 382
Arabes 1 381 2/1 161
Arabum, cohors 1 319
Areopolites 1 333
Ariel, idolum 1 381
Athenaeus, Feldherr des Antigonus 2/1 337
Augustus 1 347
Avrelivs Asclepiades 1 57
Baal, idolum 1 348
Balduinus, rex 1 59 2/1 159, 304, 337, 338
Balduinus II 1 62
Balduinus de Taraone 1 75
Barberis, Don Antonio . . . 1 XII, 3 IX
Bassus 1 252
Bauer, Erzbischof Franz Sales 1 XIII, 2/1 III
Beer, Rudolf . . . . . . 2/1 VI, 2/2 IV
Biduini 2/1 337
Biever, P. 1 116
Boemundus 2/1 161
Böhm-Bawerk, Eugen Ritter v. . . 3 IX
Bracca, Msgr. Vinzenz 94
Brünnow, Rudolf Ernst 1 IX, X, XII, 2/1 III
Caissar, filius Tamin 2/1 338
Castelliz, Alfred . . . . 1 XI
Cattin . . . . 3 V
Cheikho, Louis . . . . 3 V
Chetthura 1 332
Seite
Cohn, Salo . . . . 1 XIII
Constantiniana, ala 2/2 247
SS. Cyrus et Joannes 1 58
Daublebsky v. Sterneck, Robert . . 1 X
David 2/2 245
Diocletianvs, Gaivs Avrelivs Valerivs 1 57
Dobner v. Dobenau, Fritz . . . 1 XIII
Dusares 2/1 161
Dvořák, Rudolf . . . . 1 VI
Edomiter 1 1 3 1
Elias, propheta 2/2 245
Elisaeus, propheta 1 399
Flavivs Valerivs Constantivs . . . 1 57
Frank, Otto . . . . 1 X
Fulco 1 58
Gabinius 1 252
Galatarum, cohors 2/2 247
Galerivs Valerivs Maximianvs . . . 1 57
Gallorum, ala ueterana 2/1 304
Gatt, Don Georg . . . . . 1 VI, 2/1 51
Gatti, Josef 94
Geyer, Rudolf . . . . 1 XIV, 3 VIII, X
Gennadius, episcopus 1 393
Goldziher, Ignatz . . . . 3 VIII, X
Gutmann, Max Ritter v. . . . . . 1 XIII
Hamdy, Bey . . . . 1 XIV
Hanno von Gaza 2/2 243
Hartel, W. Ritter v. . . . . 1 XIII
Helias 2/1 302
Herodes, König 1 238, 252, 393
Hesychius 2/1 301
S. Hilarion . 2/1 212, 301, 306, 2/2 244
Hödelmoser, Karl . . . . 1 X
Holofernes 2/2 244
Holzhausen, Adolf . . . . . 2/1 VI 3 X

Seite

Ḫōriten 2/1 1
Hospitalis Iherusalem 1 59
Hyrcan 1 122
Hübel, A. . . . . 1 X
Idumaei 2/1 337
Illiriciani, equites 2/1 303
Joannes der Hasmonäer. 1 123
Jobab, socer Mosis 1 333
Isaias 1 381
Israel 1 274, 319, 348, 382, 2/2 160, 212, 2/248
Iudith 2/2 244
Karabacek, Josef Ritter v. 1 XIII, 2/1 VI, 3 IX
Kohn, Erzbischof Theodor . . . . 1 XIII
Kraelitz, Friedrich v. 1 57, 85, 210, 233 2/2 IV
Kropf, Max. . . . . 1 XI
Kuffner, Moritz v. . . . . 1 XIII
Lammens, H. . . . . 3 V
Latini 1 62
Liechtenstein, Fürst Joh. von und zu 1 XIII
Lendle, Rudolf 1 V, VI, VIII, XI, 105, 113, 119, 124, 140, 143, 146, 147
Leontius, Bischof. 1 117
Lobisser, S. . . . . 2/1 V
Lucifer 2/1 212
Maccagno, Alessandro 1 25, 113, 265, 3 94
Madianitae 1 274, 333
Madian, filiae 1 333
Manfredi, Don Giuseppe 1 XI, 105, 121, 121, 125
Mannagetta, Leo Ritter v. . . . . 1 XIII
Mantūra, Andrea . . . . 1 XIV
Marcvs Avrelivs Valerivs Maximianvs 1 57
Maria, puella 2/2 245
Maximinus, caesar 2/1 310
Mauritius, dominus . . . 1 58, 59, 75, 171
Melik-Saïd-Bérékeh-Khan 1 60
Mielich, A. S. 1 VII, XI, XII, 270, 276, 294, 320, 2/1 V, 2/2 III, IV, 8, 10, 41, 3 X

Seite

Moabiter (Moab) . 1 1, 319, 333, 346, 348
Montzka, Heinrich 1 XIV, 2/1, VI, 2/2 IV
Moses (Moyses) 1 211, 347, 348, 382, 2/1 151, 161, 162, 310
Moyses, abas 2/1 160
Müller, David Heinrich 1 VI, VIII, XIII XIV, 2/1 V, 2/2 IV, 3 VIII, IX
Mžik, Hans v. 1 XIV, 2/1, 2/2 IV, 3 X
Nabataei 2/1 158, 160, 305
Nero 1 347
Nöldeke, Th. . . . . 3 VIII, X
Oberhummer, E. . . . . 1 X
Obodas 2/1 161
Orion 2/1 306
Paganus 1 58
Petrus der Iberer . 1 101, 147, 2/1 301.
Philippus Neapolitanus 1 58, 59
Priapus (Baal Phogor) 1 349
Rainer, Erzherzog . . . . . 1 III, XIII
Recem, rex 2/1 160
Reginaldus, princeps 1 75
Renaldus 1 59
Rosen, V. R. Baron . . . . 3 VIII
Ruben filii 1 347
Sabas, abas 2/1 306
Salahadinus 1 58, 59, 381, 2/1 158, 2/2 245
Sargon 2/2 243
Saraceni 2/1 212, 338
Sergius, Bischof 1 119, 120
Ṣib-'-i, Turtan von Muṣur . . . 2/2 243
Siraconus 2/2 48
Sozomenus 2/2 244
Stephanus Sabaita 1 58
Stolz, Rudolf . . . . 1 IX
Syri 347
Sueß, Eduard . . . . 1 XIII, 3 IX
Taveni 2/1 158
Thimanei 2/1 158
Thomasberger, Rudolf . . . . 1 X, XI

	Seite		Seite
Torrosian, Artin	1 XIV	Vincent Hugues	1 V
Türken	1 270	Wessely, K.	1 XIV, 2/1 VI, 2/2 IV
Venus	2/1 212	Wisauer, K.	1 X

Arabische Personennamen.

Seite	'	ا
97	alîd Ibrâhîm	ابراهيم ,اليد
1 245, 301, 3 86, 90, 403	Ibrâhîm Bâša	ابراهيم باشا
2/1 307	banu Ibrâhîm	ابراهيم ,بنو
79, 80, 81	Ibrâhîm b. Ṯbejt	ابراهيم بن ثبيت
297, 301, 304, 414	Abraham el-Ḫalîl	ابراهيم الخليل
76, 77, 78, 79, 80	Ibrâhîm b. Ḳejṣûma	ابراهيم بن قيصومة
102	ʿejâl Ibrâhîm	ابراهيم ,عيال
1 140, 141	Ibrâhîm el-Mǧalli	ابراهيم المجلى
235	el-Abraḳ	الابرق
218	Ebnejje	ابنية
218	Abu Zemʿ	ابو زمع
1 113	Abûna Skandar	ابونا سكندر
64	el-Atâjme	الاتائمة
218	Eǧdi	اجدى
218	Eǧdêʿ	اجديع
112	Iǧrûm	اجروم
102	ʿejâl Aḥmed	احمد ,عيال
331, 334	Eḥmêd	احيد
65	ʿejâl Eḥmejd	احيد ,عيال
64	ḳowm ibn Uḥmejjer	احير ,قوم بن
98	el Adlaʾ	الادلاء
108	el-Edajjât	الاديات
65, 120	el Aḏênât	الاذينات
310	abu Arbaʿîn	اربعين ,ابو
340	Erfejjeʿ	ارفيع
218	Erhejjef	ارهيف
49	Orejnbât	ارينبات
108, 109	el-Azâjde	الازائدة
218	Ezʿêter	ازعيتر
110	Asâlme	اسالمة

Seite		
1/2 216	Usâma b. Munḳiḏ	اسامة بن منقذ
89	Isḥâḳ el-Ḥeǧâzîn	اسحاق الحجازين
40	'ajlet el-Asad	الاسد, عيلة
2/1 307	banu Isrâîl	اسرايل, بنو
333	As'ad	اسعد
116	As'ad aš-Šlâš	اسعد الشلاش
110	el-Isafe	الاسفة
1 61, 122	Iskandar	اسكندر
237	Ismâ'îl	اسماعيل
319	Ismâ'în el-Aṭraš	اسماعين الاطرش
1 245, 3 390	Ismâ'îl Pascha	اسمايل باشا
89, 90	Ismâ'în el-Meǧalli	اسماعين المجلى
218	el-Aswad	الاسود
65	ḳowm abu Aṣba'	اصبع, قوم ابو
235	Eṭ'ejs	اطعيس
98	.alîd b. Eḍrejm	اضريم, اليد بن
401	A'ṭejš	اعطيش
49	awlâd A'lajje	اعلية, اولاد
31, 85, 98	el-Aṛâwât	الاغاوات
330	el-Eṛrâwi	الاغراوى
218	Eṛnêm	اغنيم
62	'ejâl Eṛnêm	اغنيم, عيال
218	Eḳṭêred	اقثيرد
102	'ejâl el-Aḳra'	الاقرع
411	Akwênîn	اكوينين
90	emîr Elwa	الوة, امير
316	mâr-Elijâs	الياس, مار
401	Alajda	اليدة
235	al-Amâmi	الامامى
330	el-Emâwi	الاماوى
218	Emḥâreb	امحارب
218	Emṣabbeḥ	امصبح
218	Emṣawwer	امصور
111	Em'âdât	امعادات
73	Em'ejâš el-Wuḥêdi	امعياش الوحيدى
218	Em'ejdi	امعيدى
218	Emfarreǧ	امفرج
218	Emnâčed	امناكد

Seite		
1 61, 394, 2/1 307, 309, 310	banu Umejja	امية، بنو
237, 238	Enḍâm	انضام
218	Ehḏêrem	اهذيرم
218	Ehreje	اهريه
104	el-Iwânse	الاوانسة
389	ibn Awdi	اودى، بن
112, 329	el-Ajjûb	الايوب
1 90	Ajjûbiden	ايوب، بنو

B ب

386	Bâsli	باسلى
81	ibn Bâša	باشا، بن
34	el-Baṯlijjîn	البثليين
39	el-Baḥârât	البحارات
69	el-Baḥr	البحر
54	el-Bḥêḥât	البحيحات
47	el-Bḥejṣât	البحيصات
310	el-Baḫâjte	البخايتة
116	Baḫît b. Ḏijâb	بخيت بن ذياب
1 173, 177, 188, 208, 294, 350, 3 162, 163, 218, 269, 270	Baḫît b. el-Fâjez	بخيت بن الفايز
218	Bḫajjet	بخيت
62	el-Badâjne	البداينة
218	Badr	بدر
47	el-Bederi	البدرى
28, 29	el-Bedarîn	البدرين
44, (Šb) 61, (Ṭf) 63	el-Bdûr	البدور
2/1 115, 282, 333, 334, 3 54	el-Bdûl	البدول
49, (Ḥǧ) 65	al-Bdûn	البدون
105	el-Bdêrât	البديرات
35, 38	Bdênât	بدينات
330	el-Bedôwi	البديوى
330	Baḏḏân	بذان
49	ḏiwi Barâḥîm	براحيم، ذوى
120	el-Barâdʿe	البرادعة
2/1 204, 2/2 52	Barâra-Terâbîn	برارا، ترابين
2/1 251	Barâra-Tijâha	برارا، تياهة
68	Barârše	برارشة

Seite		
110	Barâri	براری
30	el-Barâ'eme	البراعمة
41, 76	el-Barâhme	البراهمة
218	Barǧas	برجس
218	Barγaš	برغش
120	Burķân	برقان
2/2 52, 174, 175, 223, 3 41, 319	Barakât	بركات
31	el-Brûk	البروك
104	al-Brejzât	البريزات
321, 322	el-Barrîši	البريشى
40	Brejk	بريك
250	ibn Brejk	بريك ،بن
40, (Nm) 64	el-Brejkât	البريكات
118	al-Brejčân	البريكان
39	el-Brejkijjîn	البريكيين
31	el-Brajmât	البريمات
56	al-Bezâj'e	البزائعة
49	el-Bisasa	البسسا
1 105, 3 V	Basîl Bûlos	بسيل بولس
1 85, 3 85, 101, 102	Bašâbše	بشابشة
30	Bešâjre	بشايرة
218	Bešîr	بشير
1 33	Bšejr	بشير
30	el-Baṭâjḥo	البطايحة
108	el-Buṭnân	البطنان
66	Bṭûš	بطوش
33, 39	Bṭûn	بطون
38	al-Bṭejḥât	البطيحات
218	el-Bṭejjen	البطين
43	el-Bu'êwât	البعيوات
84, 93, 99, 100, 386	el-Beķâ'în	البقاعين
111	el-Bķûr	البقور
209	abu Bakra	بكرة ،ابو
34, 68, (Kr) 102	el-Bkûr	البكور
55	el-Ballâšin	البلاشين
119, 120, 310	al-Balâwne	البلاونة
1 265, 334	Belķâwi	بلقاوى
1 234 3 1, 108—110, 286, 399	el-Belķâwijje	البلقاوية

Seite		
218	Balḳaṣ	بلقص
2/1, 310	Balḳajn	بلقين
62	el-Bilmân	البلمان
318	al-Bluwi	البلوى
2/2, 51, 70, 224 3 32, 50, 51, 119, 342, 343, 401	Beli	بلى
64	ḳowm ibn Belîṭe	بليطة، قوم بن
30	el-Blêmijjîn	البليميين
42	al-Banâdke	البنادكة
103	el-Benwîn	البنوين
38, 41, 332	el-Bnejjât	البنيات
65	al-Bnejjân	البنيان
56	el-Bawwâbîn	البوابين
69	el-Bawwât	البوات
105	el-Bawârîd	البواريد
100	Bwâlse	بوالسة
103	ʿejâl Bûlâd	بولاد، عيال
90	ibn Bûzu Bâša	بوزو باشا، بن
50	el-Bwênât	البوينات
51	el-Bwejjât	البويات
98	el-Bijâjḍe	البيائضة
1 60, 153	Bîbars	بيبرس
106, 107	Bejtǧâǧle	بيتجاجلة
31	el-Bjûk	البيوك

T ت

Seite		
2/1 309	Tâǧ al-mulûk Bûri	تاج الملوك بورى
56	el-Taḥâta	التحاتا
98	et-Taḥḥânîn	التحانين
69	Taḥâjne	تحائنة
2/1 210, 211, 215, 225, 226, 2/1 228 3 4, 9, 32, 36, 52, 153, 185, 206—208, 215, 216, 219, 225, 227, 238, 241, 246, 255, 260, 276, 286, 287, 307, 310, 311, 318, 319, 328, 331, 334, 342, 348, 365, 378, 385, 387, 397, 398, 415, 419, 423, 425	et-Torâbîn	الترابين
64	at-Tarâkme	التراكمة
44	et-Trâkijje	التراكية

Seite

54 . . . . at-Terâmse . . . . الترامسة
218 . . . . Turki . . . . تركى
56, (Ḥm) 104 . . . . Telâhîn . . . . تلاهين
217 . . . . Tamâm . . . . تمام
122 . . . . at-Tamîm . . . . التميم
53, (Ḥm) 105 . . . . at-Tawâjhe . . . . التوالهة
1 363, 373, 375 . . . . Tawfîḳ el-Mǧalli . . . . توفيق المجلى
121 . . . . at-Tajâmne . . . . التيامنة
2/1 210, 237, 2/2 175, 223, 3 1, 2, 9, 34, 38, 45—47, 159, 173, 185, 210, 216, 219, 223, 235, 238, 243, 251, 255, 273, 284, 287, 310, 313, 320, 331, 332, 334, 342, 343, 350, 365, 368, 374, 387, 398, 400, 415, 428, 450, 453, 454 . . . Tijâha . . . . تياهة
67 . . . . Tejame . . . . تيمة
109 . . . . at-Tijan . . . . التين
2/2 170, 173 . . . . at-Tibi b. Brejk . . . . . التيهى بن بريك

Ṯ ث

82, 83, 209 . . . . ibn Ṯbejt . . . . ثبيت ,ابن
76, 84 . . . . et-Ṯbêtât . . . . الثبيتات
2/1 304, 313 . . . . banu eṯ-Ṯi'l . . . . الثعل ,بنو
218 . . . . Ṯamad . . . . ثمد
404 . . . . eṯ-Ṯawâb . . . . الثواب
57 . . . . at-Ṯawâbṯe . . . . الثوابثة
63, 64 . . . . Ṯawâbje . . . . ثوابية

Ǧ ج

1 218, 3 89 . . . . abu Ǧâber . . . . جابر ,ابو
102 . . . . alid Ǧâber . . . . جابر ,اليد
106 . . . . 'ejâl Ǧâber . . . . جابر ,عيال
53, 306 . . . . 'ejâl Ǧâzi . . . . جازى ,عيال
118 . . . . al-Ǧâjed . . . . الجائد
258 . . . . el-Ǧebârât . . . . الجبارات
40 . . . . el-Ǧebârîn . . . . الجبارين
32 . . . . Ǧabârijjîn . . . . جباريين
377 . . . . Ǧebâlijje . . . . جبالية
324 . . . . Ǧabar . . . . جبر

Seite
98. . . . alîd Gibrîn . . . جبرين ,اليد
66. . . . el-Ğabalât . . . الجبلات
1 233 . . . Ğabala b. al-Ḥâreṯ . . . جبلة بن الحارث
54. . . . el-Ğebaha'. . . . الجبهاء
97, (Sb) 113 . . . el-Ğbûr . . . الجبور
36. . . . Ğbêrât . . . جبيرات
50. . . . Ğbêl . . . جبيل
109 . . . el-Ğfêrât . . . الجفيرات
40. . . . el-Gaḳêmât . . . الجقيمات
42 . . . el-Ğeḫâdbe . . . الجخادبة
118, 329 . . . el-Ğeḥâwše . . . الجحاوشة
218 . . . Ğad'ân . . . جدعان
218 . . . Ğedû' . . . جدوع
218 . . . al-Ğedi . . . الجدى
2/1 304, 305, 308, 2/2 244, 248 . . . Ğuḏâm . . . جذام
119 . . . al-Ğuḏû'. . . . الجذوع
50. . . . el-Ğeḏûl . . . الجذول
218 . . . Ğḏê' . . . جذيع
33. . . . al-Ğerâb'e . . . الجرابعة
30. . . . el-Ğarâbîn . . . الجرابين
103 . . . el-Ğarâğre . . . الجراجرة
218 . . . Ğerâd . . . جراد
84. . . . el-Ğarâdât . . . الجرادات
63. . . . el-Ğerâdîn . . . الجرادين
32. . . . el-Gerârât . . . الجرارات
106 . . . el-Ğerârîn . . . الجرارين
49. . . . el-Ğerâfîn . . . الجرافين
33. . . . Ğerâmne . . . جرامنة
33, 34 . . . el-Ğarâwin . . . الجراوين
40. . . . al-Ğarrâjât . . . الجرايات
48, 56 . . . al-Ğerâjre . . . الجائرة
45. . . . el-Ğarbân . . . الجربان
218 . . . Ğirğib . . . جرجب
47. . . . el-Ğarḥi . . . الجرحى
100 . . . abu Ğerde . . . جردة ,ابو
383 . . . Ğerda' . . . جردع
218 . . . Ğeru . . . جرو
112 . . . el-Ğerwân . . . الجروان

Seite		
57	el-Grejjât	الجريات
218	Ǧrejbî'	جريبيع
218	Ǧrejd	جريد
218	Ǧerajjed	جريد
309, 318	abu Ǧrejr	جرير ,ابو
1 254, 255 2/1 315, 326, 330, 332, 234, 335, 336, 337	Ǧerîs abu Slimân	جريس ابو سليمان
31	el-Ǧezârijje	الجزارية
175, 176	Ǧez'e	جزعة
228	Ǧesâs	جساس
65, 98	el-Ǧa'âfre	الجعافرة
2/2 248	Ǧ'âl b. Rabî'a	جعال بن ربيعة
1 60, 61, 152, 3 287, 330	Ǧa'far aṭ-Ṭajjâr	جعفر الطيار
70	el-Ǧu'êrât	الجعيرات
310	el-Ǧṛômât	الجغيمات
33	Ǧelâdîn	جلادين
109	el-Ǧelâṛîf	الجلاغيف
41	al-Ǧelûlât	الجلالات
98	el-Ǧelâmde	الجلامدة
40	al-Ǧelâwîn	الجلاوين
49	el-Ǧelâwijje	الجلاوية
34	Ǧelâjde	جلائدة
28	Ǧilbâṭ	جلباط
43	el-Ǧilḳân	الجلقان
36, 39	Ǧilmân	جلمان
209	abu Ǧlêdân	جليدان
67	Ǧammâḥîn	جاحين
67, 105	Ǧammâ'în	جماعين
2/2 164	Ǧimrâm	جرام
50	el-Ǧem'ân	الجمعان
57, 99	'ejâl Ǧim'e	جمعة ,عيال
44	el-Ǧenâbîb	الجنابيب
66, 104	el-Ǧenâdbe	الجنادبة
123, 398	ibn Ǧandel	جندل ,بن
43	el-Ǧunûb	الجنوب
2/1 195 3 161	Ǧehalîn	جهلين
1/2 175, 3 259	Ǧhejne	جهينة
63	Ǧawâbre	جوابرة

Seite
34, 318 . . . . el-Ǧawâdle . . . الجوادلة
69 . . . . el-Gawâzne . . . الجوازنة
49 . . . . el-Ǧawâsre . . . الجواسرة
31 . . . . el-Ǧawâm'e . . . الجوامعة
111 . . . . Ǧawâmîs . . . جواميس
42, 49 . . . . el-Ǧawâhre . . . الجواهرة
31 . . . . el-Ǧawda' . . . الجوداء
218 . . . . Ǧawfân . . . جوفان
97 . . . . alîd Ǧwêfân . . . جويفان ,اليد
110 . . . . Ǧujara' . . . جيراء

Ḥ ح

109 . . . . el-Ḥalâḳijje . . . الحلاقية
2/2 247 . . . . al-Ḥâkem . . . الحاكم
218 . . . . Ḥâmed . . . حامد
52, 118, 318 . . . . el-Ḥâmed . . . الحامد
102 . . . . alîd Ḥâmed . . . حامد ,اليد
68 . . . . 'ejâl Ḥâmed . . . حامد ,عيال
116 . . . . Ḥâmed b. Faḍl . . . حامد بن فضل
65 . . . . el-Ḥâmde . . . الحامدة
121 . . . . al-Ḥâwij . . . الحاوى
44 . . . . eš-šêḫ Ḥâjûs . . . حايوس ,الشيخ
85, 88, 97, 98, 330 . . . . el-Ḥabâšne . . . الحباشنة
112 . . . . el-Ḥabîb . . . الحبيب
44 . . . . el-Ḥbêkât . . . الحبيكات
120 . . . . el-Ḥbêṭât . . . الحبيطات
218 . . . . Ḥatmal . . . حتمل
209 . . . . abu-l-Ḥaǧǧâǧ . . . الحجاج ,ابو
29 . . . . al-Ḥaǧâǧîn . . . الحجاجين
111 . . . . Ḥaǧâḫǧe . . . حجاخجة
84, 93, 96, 99, 330, 335, 386 . . . . el-Ḥeǧâzîn . . . الحجازين
41 . . . . el-Ḥeǧâzijjîn . . . الحجازيين
1 32, 41, 42, 144, 166, 2/1 28, 33, 157, 160, 188, 250, 2/2 15, 3 52, 64, 65 81, 88, 186, 206, 207, 212, 330, 405, 407 . . . . el-Ḥeǧâja . . . الحجايى
29 . . . . el-Ḥaǧâjre . . . الحجايرة
446 . . . . Ḥoǧr . . . حجر
40, (Šb) 61, (Ḥn) 66, 97, (Kr) 101, 102 al-Ḥǧûǧ . . . الحجوج

Seite		
1 144, 367, 368	Ḥeǧiwi	حجوى
1 131, 3 84, 85, 88, 99, 100, 330	el-Ḥaddâdîn	الحدادين
105	el-Ḥdêṯât	الحديثات
109	el-Ḥadîd	الحديد
331	Ḥḏêfi	حذيفى
66	el-Ḥarârât	الحرارات
110	Ḥarâfîš	حرافيش
45	Ḥarâmše	حرامشة
106	el-Ḥarâmne	الحرامنة
402	Ḥarrân b. ʿAmri	حران بن عمرى
404	Ḥarrâne	حرانة
33	Ḥarâjre	حرايرة
108	el-Ḥarrâwijjîn	الحراويين
49	Ḥarb	حرب
401, 407	Ḥarb abu Tâjeh	حرب ابو تايه
62	ʿejâl Ḥarzallâh	حرز الله ,عيال
69	el-Ḥrûb	الحروب
48	al-Ḥrûḳ	الحروق
69	Ḥrejṯât	حريثات
63	el-Ḥrejṣât	الحريصات
110	Ḥsâbijjîn	حسابيين
62	el-Ḥasâsne	الحساسنة
110	Ḥsâmijje	حسامية
2/2 247	Ḥassân b. al-Mufarraǧ	حسان بن المفرج
73, 247, 317	Ḥasan w Ḥosejn	حسن و حسين
2/1 309	al-Ḥasan b. ʿAli	الحسن بن على
310	Ḥasan er-Rešâjde	حسن الرشايدة
58	Ḥasanât	حسنات
40	el-Ḥsûs	الحسوس
33	Ḥsêse	حسيسة
102	ʿejâl Ḥsejjân	حسيان ,عيال
2/1 39	Ḥsên (aus el-Ǧi)	حسين
89	Ḥsên Bûzu	حسين بوزو
1 25, 53, 76, 2/1 40, 3 96	Ḥsên Ḥelmi	حسين حلمى
342	Ḥsên abu Ḫûṣa	حسين ابو خوصة
401	Ḥsên b. ʿAbdallâh	حسين بن عبد الله
344	Ḥsên abu ʿAwêne	حسين ابو عوينة
2/1 266, 2/2 192	Ḥsên b. Mḥammad	حسين بن محمد

Seite		
44	el-Ḥsênât	الحسينات
330	el-Ḥsêni	الحسينى
56	ʿejâl el-Ḥaṣân	الحصان, عيال
34	Ḥṣejnât	حصينات
49	al-Ḥaṭâjeʿe	الحطائعة
67	el-Ḥṭôbât	الحطيبات
49	el-Ḥfa'	الحفاء
35	Ḥukk b. Rabbâb	حك بن رباب
35, 36, 38, 39, 40	Ḥkûk	حكوك
110	Ḥalâḥle	حلاحلة
70	el-Ḥlâf	الحلاف
69	al-Ḥalâlme	الحلالمة
109	Ḥalâjbe	حلائبة
122	al-Ḥalese	الحلسة
122	Ḥalîs b. Šarâr	حليس بن شرار
55	al-Ḥammâd	الحماد
385, 400	Ḥammâd eṣ-Ṣûfi	حماد الصوفى
49	el-Ḥamâdât	الحمادات
58, (Ḥm) 104, 310	Ḥamâdîn	حمادين
40, (ʿAz) 43	al-Ḥamâmde	الحمامدة
105	Ḥamâjde Bṣêra	حمائدة بصيرة
1 87, 91, 93, 95, 100, 124, 128, 132, 137, 234, 235, 237, 239, 252, 270, 2/1 317, 3 1, 52, 62, 76, 77, 78, 85, 86, 103, 206, 210, 318, 330, 377, 392, 401	el-Ḥamâjde	الحمائدة
47	el-Ḥamâjṭa	الحمائطة
112	el-Ḥamâjel	الحمائل
218	Ḥamd	حمد
53	ʿejâl Ḥamd	حمد, عيال
56, (Kr) 102, (Ḥm) 104, (Bl) 108, (Ḫr) 120	ʿejâl Ḥamad	حمد, عيال
28, 29, 33, 38, (Sd) 46, (Tf) 63, (Ḥǧ) 64, (Kr) 104	al-Ḥamadât	الحمدات
218	Ḥamdân	حمدان
318	Ḥamdân el-Melâḥi	حمدان الملاحى
98	ḳowm abu Ḥamde	حمدة, قوم ابو
2/2 164, 165	al-Ḥamedi	الحمدى
309, 318	ibn Ḥamdîn	حمدين, ابن
50, 62, 64	el-Ḥomrân	الحمران
405	Ḥamwân	حموان

Seite		
218	Ḥamûd	حمود
105, ('Ad) 111, 287, 310, 330, 331	Ḥmûd	حمود
49	ḍiwi Ḥmûd	حمود، ذوى
2/1 228	Ḥammûd abu Ajjûb	حمود ابو ايوب
218	Ḥwejmed	حويمد
59	'ejâl Ḥamîd	حميد، عيال
344	Ḥmêd	حميد
104, 310	el-Ḥmêd	حميد عيال
57	beni Ḥamîde	حميدة، بنى
1 28, 87, 92	Ḥamîdi	حميدى
120	el-Ḥamîdijjîn	الحميديين
108	el-Ḥmêmât	الحميمات
28, 30, 34, 143, 147, 214, 216, 264, 292, 294, 307, 309, 318, 319, 320, 323, 337, 346, 352, 367, 368, 387, 428, 447	al-Ḥanâğre	الحناجرة
99	el-Ḥannâjne	الحنائنة
348	Ḥanğûri	حنجورى
1 172, 3 161	Ḥanna el-Ḳalanze	حنى القلنزة
109	el-Ḥnêṭijjîn	الحنيطيين
120	el-Ḥanîf	الحنيف
104	el-Ḥawâtme	الحوائمة
111	Ḥwârât	حوارات
40, ('Az) 43, 63	al-Ḥawâmde	الحوامدة
43	el-Ḥawaṣa	الحوصة
99	ḳowm el-Ḥowš,	الحوش، قوم
104, 109	el-Ḥawjân	الحويان
51	Ḥwôṭ	حويط
2/1 34, 155, 158, 259, 287, 299, 3 1, 2, 6, 7, 8, 26, 51—55, 57, 59, 60, 64, 123, 151, 164, 210, 215, 217, 222, 224, 227, 240, 254, 287, 288, 299, 310, 312, 320, 326, 350, 352, 354, 366, 375, 386, 387, 397, 401, 403, 407—411, 415, 453	Ḥwêṭât	حويطات
2/1 70, 215, 224, 3 48, 49, 50, 325, 332, 333, 343	Ḥwêṭât et-Tihama	حويطات التهمة
54	Ḥwêṭât ibn Ğâd	حويطات بن جاد
2/2 224, 227, 237, 242, 3 53, 54	Ḥwêṭât ibn Ğâzi	حويطات بن جازى
1 151, 152, 2/1 27, 155, 157, 265, 3 201, 240, 328, 387	Ḥwêṭi	حويطى
1 76	Ḥwêṭi ibn Rašîd	حويطى بن رشيد

Seite		
31	el-Ḥajjât	الحيات
57	'ejâl Ḥajjâne	حيانة ,عيال
34	Ḥajjân	حيان
105	el-Ḥajṣe	الحيصة
2/1 259, 260, 2/2 178, 179, 193, 223 3 1, 6, 7, 45, 46, 47, 121, 147, 148, 174, 207, 215, 227, 254, 286, 292, 313, 322, 358, 381, 387, 395, 396, 416, 422, 424, 428, 448, 449, 450, 452, 453, 455	el-Ḥôwât	الحيوات
260	el-Ḥîwâni	الحيواني
2/2 181, 183	Ḥêwi	حيوي

Ḫ خ

Seite		
271	Ḫâled	خالد
39	al-Ḫabâbze	الخبابزة
235	abu Ḫubejza	خبيزة ,ابو
68	Ḫatâtne	ختاتنة
84	Ḫattâlîn	ختالين
34	el-Ḫadâjğe	الخدائجة
99	el-Ḫursân	الخرسان
116	Ḫuršân	خرشان
38	al-Ḫuraṭa'	الخرطاء
39	el-Ḫurmân	الخرمان
109	el-Ḫrejbât	الخِربات
66, 120, 336	el-Hrejše	الخريشة
68	Ḫrejṣât	خربصات
70	el-Ḫazâzḳe	الخزازقة
2/1 315, 327	Ḫozrow Pascha	خزرو باشا
107	Ḫzûz	خزوز
68	Ḫšêmât	خشيمات
61	Ḫuṣaba'	خصباء
111	el-Ḫṣejlât	الخصيلات
414	el-Ḫaḍr (St. Georg)	الخضر
331	el-Ḫaḍr abu-l-'Abbâs	الخضر ابو العباس
322	abu Ḫaḍra'	خضراء ,ابو
33, 104	al-Ḫḍûr	الخضور
2/1 263	Ḫḍejr	خضير
117	ibn al-Ḫeḍîr	الخضير ,ابن

Seite		
43, (Tw) 45, (Ḫt) 54	el-Ḫḍêrât	الخضيرات
100	el-Ḫḍêrîn	الخضيرين
103	el-Ḫaṭâbe	الخطابة
29	el-Ḫaṭâṭbe	الخطاطبة
111	el-Ḫaṭâlîn	الخطالين
56, 67, 98	el-Ḫuṭaba'	الخطباء
120	al-Ḫeẓîr	الخظير
63	el-Ḫalâfât	الخلافات
46, 57	el-Ḫalâjfe	الخلائفة
30, 46	Ḫalâjle	خلايلة
119	al-Ḫalaf	الخلف
239	Ḫalaf el-Iḏen	خلف الاذن
327	Ḫalaf el-Ḫḍêrijjîn	خلف الخضيريين
235, 245	Ḫalaf ad-Da'ēǧât	خلف الدعيجات
38	abu Ḫalîf	خليف ,ابو
57	Ḫlêf	خليف
57, 58, (Rw) 69	Ḫlejfât	خليفات
57	Ḫalîfe	خليفة
250	el-Ḫalîfet eṭ-Ṭajjâr	خليفة الطيار
330, 331, 401	al-Ḫalîl (Abraham)	الخليل
116, 118	al-Ḫlejjel	الخليل
97	'ejâl Ḫalîl	خليل ,عيال
120	ḳowm Ḫalîl	خليل ,قوم
334	abu Ibrâhîm, Ḫalîlallâh	خليل الله ابو ابراهيم
337	Ḫalîl eḍ-Ḍmûr	خليل الضمور
1 265, 274, 334, 383, 395	Ḫalîl eṣ-Ṣwâlḥe	خليل الصوالحة
344	Ḫalîl abu Ṭâha	خليل ابو طاهة
116	Ḫlejjel b. Ḳubejn	خليل بن قبين
84	Ḫalîl el-Meǧalli	خليل المجلي
90, 403, 407, 410, 411	Ḫalîl b. Muṣṭafa	خليل بن مصطفى
34	Ḫamâmše	خمامشة
103	Ḫamâjse	خمائسة
34	beni Ḫamîs	خميس ,بنو
70	el-Ḫanâzre	الخنازرة
120	Ḫunnân	خنان
46, 109	el-Ḫawâṭre	الخواطرة
56, 61, 64	al-Ḫawâlde	الخوالدة
98	Ḫawânîḳ	خوانيق

Seite

57 . . . . el-Ḫawara' . . . . الخوراء

43, 68 . . . . el-Ḫjûl . . . . الخيول

99 . . . . el-Ḫejṭân . . . . الخيطان

D د

218 . . . . Dâbes . . . . دابس

290 . . . . Daniel . . . . دانيال

56, 84, 97, 101, 102 . . . . 'ejâl Dâûd . . . . داود ,عيال

72 . . . . Dâûd el-Matârîk . . . . داود المتاريك

76 . . . . Dâûdijje . . . . داودية

218 . . . . Dibbân . . . . دبان

122 . . . . ad-Dabâwîn . . . . الدباوين

47, 69 . . . . ad-Dbûr . . . . الدبور

116 . . . . Dbejs b. Fâjez . . . . دبيس بن فائز

29 . . . . ed-Daḥârğe . . . . الدحارجة

218 . . . . Dḥejlân . . . . دحيلان

106 . . . . 'ejâl Daḫlallâh . . . . دخل الله ,عيال

66 . . . . ed-Darârğe . . . . الدرارجة

34, 53 . . . . ad-Darâwše . . . . الدراوشة

218 . . . . Durzi . . . . درزى

110 . . . . ad-Drûbi . . . . الدروبى

319 . . . . Drûz . . . . دروز

344, 401 . . . . Darawîš . . . . درويش

119 . . . . ad-Drejbi . . . . الدريبى

84 . . . . ad-Drê'ât . . . . الدريعات

111 . . . . ed-Da'ğe . . . . الدعجة

46, 235 . . . . ad-Daṛâfḳa . . . . الدفافقة

69 . . . . Daṛṛûm abu 'Ušêbi . . . . دغوم ابو عشيبى

99 . . . . 'ejâl Ḍṛejm . . . . ضغيم ,عيال

70 . . . . ed-Dṛejmât . . . . الدغيمات

31 . . . . ad-Daḳḳât . . . . الدقات

51 . . . . ed-Daḳârma . . . . الدقارمة

49 . . . . ad-Daḳâjḳe . . . . الدقائقة

218 . . . . Duḳḳi . . . . دقى

33 . . . . Delâdle . . . . دلادلة

46 . . . . ed-Dalâlât . . . . الدلالات

83 . . . . Dlûḥ . . . . دلوح

54 . . . . ad-Dmânijje . . . . الدمانية

Seite		
218	Demak	دمك
218	Danhar	دنهر
108	ed-Dahâm	الدهام
113, 114, 116, 118	Dahâmše	دهامشة
99	Dahâmîn	دهامين
400	Dahšen abu Sitte	دهشن ابو ستة
105	ed-Dhejsât	الدهيسات
32, 123	ad-Dhajmât	الدهيمات
39	b. Dhejnîn	دهينين
40	ed-Dawâḫa	الدواخة
385	Dûdên el-Ḳejsijje	دودين القيسية
2/1 38	Dawšak	دوشك
110	Dwêğât	دويجات
30, 105	Dijârne	ديارنة

D̠ ذ

98	ed-Ḏnêbât	الذنيبات
33	Ḏawâbḫe	ذوابخة
218	Ḏawḳân	ذوقان
176	Ḏawḳa	ذوقة
218	Ḏijâb	ذياب
142, (Šḫ) 118	ed-Ḏijâb	الذياب
387	ibn Ḏijâb	ذياب ،بن
75, 79	Ḏijâb b. Ḳejṣûma	ذياب بن قيصومة
116	Ḏijâb b. Mḫammad	ذياب بن محمد
53, 66	ed-Ḏijâbât	الذيابات
48	ed-Ḏijâbîn	الذيابين
82	Ḏîb eš-Šrejf	ذيب الشريف
63	'ejâl Ḏibe	ذيبة ،عيال
112	ed-Ḏêlân	الذيلان

R ر

98	ḳowm abu Râbeḍ	رابض ،قوم ابو
218	Râğeḥ	راجح
383	Rášed	راش
34, 35	Rabbâb	رباب
2/1 229	abu Rubbâḫa	رباخا ،ابو
43, 44, 63	er-Rbâje'e	الربائعة

Seite		
105	ar-Rubaṭa'	الربطاء
382	abu Rabbûš	ربوش ,ابو
63, 104	er-Rbêḥât	الربيحات
45	awlâd Rabî'.	ربيع ,اولاد
102, 103	'ejâl Rabî'.	ربيع ,عيال
99	er-Rbejḳât	الربيقات
218	Raṯ'ân	رثعان
83, 106	ar-Rğêlât	الرجيلات
111	Raḥâmne	رحامنة
330	Raḥamât	رحات
325	Raḥmân	رحمان
116	Raḥama b. Ṛubejn	رحمة بن غبين
251	Rḫajjes	رخيس
84	er-Radâjse	الردائسة
218	Rizeḳ	رزق
54	er-Rezaḳa'	الرزقاء
103	er-Ršêdât	الرشيدات
19 (Mn) 57, 59, 60 (Kf) 68, (Hğ) 88, (Kr) 97, 98 (Dğ) 111	er-Rešâjde	الرشائدة
50, 104	er-Ršûd	الرشود
34	ar-Ršûš	الرشوش
333	Ršêd	رشيد
218	Rašîd	رشيد
123, 241, 242, 399, 400	ibn Rašîd	رشيد ,بن
54	er-Raṣâ'ijje	الرصاعية
57	Raḍi	رضى
44	ar-Raṭale	الرطلة
64	er-Ru'ûd	الرعود
50	ar-Raṛâwîn	الرفاوين
50	er-Refâdât	الرفادات
333	ar-Rfâ'i	الرفاعى
32, (Šb) 61	er-Refâje'e	الرفائعة
62	er-Rfû'	الرفوع
108	er-Raḳḳâd	الرقاد
38	ar-Reḳâjḳe	الرقائقة
43	er-Rḳêdât	الرقيدات
235	ar-Ružêdi	الرقيدى
43	er-Rakab	الركب
54	er-Rkêbât	الركيبات

Seite		
68, 69, 111, 310	Ramâḍne	رماضنة
36, 38, (Kr) 98	Ramâḍîn	رماضين
46	Ramâmne	رمامنة
121	ar-Rummân	الرمان
50	ar-Rmûṯ	الرموث
1 206, 3 239, 398	Rumejḥ b. al-Fâjez	رميح بن الفائز
32	er-Rmêlât	الرميلات
98	er-Rahâjfe	الرهائفة
324	Rahaḳ	رهق
104	er Rwâḥne	الرواحنة
55	ar-Rawâǵfe	الرواجفة
48, 49, (Ḥṭ) 54, (NŠ) 55, (Šb) 61, (Ṣn) 62, (Nm) 65, (Kf) 68, (Ḥm) 104	ar-Rwâšde	الرواشدة
38, 41, 46, 57, 310	ar-Rawâḍje	الرواضية
120	er-Rwâ'ijjîn	الرواعيين
42, 45, 65	ar-Rawasa'	الروساء
1 47, 3 (Ḥm) 103, 123, 398	Rwala	رولا
2/1 309	ar-Rûm	الروم
66	ar-Rwama'	الروماء
2/1 36	ar-Rûmijjîn	الروميين
122, 370	ibn er-Rwêḍi	الرويضى ,بن
117	ibn er-Rwê'i	الرويعى ,بن
48	er-Rwêkbîn	الرويكبين
218	Rwejli	رويلى
40	ar-Rijâlât	الريالات
218	Rišân	ريشان

Z ز

400	Zâre' el-Hzejjel	زارع الهزيل
112	ez-Zâmel	الزامل
392	Zâne bint 'Arâr b. Ḥâmed	زانة بنت عرار بن حامد
39	Zâjed el-'Abîd	زائد العبيد
50	az-Zabbâle	الزبالة
116, 118, 119, 386, 399	Zeben	زبن
64	az-Zbûn	الزبون
106	ez-Zḥejlât	الزحيلات
238	Zerâba	زرابة
98	Zerâbîn	زرابين

Seite		
310	ez-Zerrâ'în	الزراعين
43	ez-Zaraba'	الزرباء
34, 63	az-Zurḳân	الزرقان
50	az-Zrûṭ	الزروط
27, 84, 99, 100, 106, 386	Zrêḳât	زريقات
64	Za'ârîr	زعارير
55	Za'âlîn	زعالين
333	ez-Ze'bi	الزعبى
217	Z'ûl	زعول
104	ez-Zu'êrât	الزعيرات
310	abu Zu'êru'	زعيرع ,ابو
111	Zaṛârît	زغاريت
1 74	Zoṛârne	زغارنة
61	ez-Zṛejbât	الزغيبات
68, 109	ez-Zṛejlât	الزغيلات
97	Zaḳâjle	زقائلة
29	ez-Zakârwe	الزكاروة
54	az-Zelâbje	لزلابية
48	az-Zamâhre	الزماهرة
310	az-Zmejli	الزميلى
40, (Tw) 45	az-Zmejlijjîn	الزميليين
378	Zenâti Ḫalîfa	زناتى خليفة
385, 387	Zenda'	زندع
189	Zende'ijje	زندعية
178	Zuhra	زهرة
64	Zwâhre	زواهرة
386	ibn Zhejr	زهير ,بن
29, 43, 54, 107, 109	ez-Zwâjde	الزوايدة
110	az-Zwaṛa'	الزوغاء
32	ez-Zwajjedijjîn	الزويديين
111	Zijâdât	زيادات
62	ez-Zijâdne	الزيادنة
351	ez-Zijâdi	الزيادى
44, (Kf) 68, (Kr) 99	ez-Zejâdîn	الزيادين
109	ez-Zijâra'	الزياراء
177	abu Zejd	زيد ,ابو
1 61	Zejd b. Arḳam	زيد بن ارقم
1 61	Zejd ibn Ḥârete	زيد بن حارثة

Seite

41 . . . ḏiwi Zejd . . . زيد ,ذوى
1 356 . . . Zejd b. ʿAmr . . . زيد عمر
218 . . . Zejdân . . . زيدان
105 . . . az-Zejdijjîn . . . الزيديين
228 . . . Zîr . . . زير
34 . . . Zrajʿijjîn . . . زريعيين
42 . . . ez-Zîlân . . . الزيلان
32, 110 . . . az-Zjûd . . . الزيود

S س

1 125 . . . Sâlem . . . سالم
50, 55, 100, 102 . . . es-Sâlem . . . السالم
402, 404 . . . Sâlem b. Eǧfêṭâm . . . سالم بن اجفيشام
332, 333 . . . Sâlem el-Aʿsam . . . سالم الاعسم
57 . . . Sâlem ibn Ḥarb . . . سالم بن حرب
51 . . . ḏiwi Sâlem . . . سالم ,ذوى
2/1 299, 3 240, 242, 401, 408, 410 . . . Sâlem b. Ḏijâb . . . سالم بن زياب
2/1 180, 184, 186, 236, 237 . . . Sâlem abu Saʿad . . . سالم ابو سعد
347 . . . Sâlem ibn Rammân . . . سالم بن رمان
347 . . . Sâlem er-Rwêḍi . . . سالم الرويضى
415 . . . Sâlem eṭ-Ṭurmân . . . سالم الطرمان
235, 247, 248 . . . Sâlem aṭ-Ṭurejni . . . سالم الطرينى
402, 442 . . . Sâlem b. ʿAbdelḳâder . . . سالم بن عبد القادر
2/1 234, 236, 240, 243 . . . Sâlem abu ʿAwde . . . سالم ابو عودة
406 . . . Sâlem abu Fâres . . . سالم ابو فارس
318 . . . Sâlem el-Faḳîr . . . سالم الفقير
365 . . . Sâlem el-Kašḫar . . . سالم الكشخر
1 378 . . . Sâlem b. Misleḥ . . . سالم بن مصلح
319 . . . Sâlem el-Habâhbe . . . سالم الهباهبة
218 . . . Sâher . . . ساهر
33, 49 . . . Sebâtîn . . . سباتين
50 . . . as-Sebaʿ . . . السبع
50 . . . as-Sbût . . . السبوت
55 . . . as-Sbûʿ . . . السبوع
63 . . . es-Sbûl . . . السبول
118 . . . as-Sbêʿ . . . السبيع
2/1 309 . . . السبيل ,بنو
2/1 225, 228, 230, 3 32 . . . Šejḫ Abu Sitti . . . ستة ,شيخ ابو

Seite		
34, 310	as-Stût	الستوت
33	Saḥâbîn	سحابين
99, 100, 103	'ejâl Saḥâḳ	سحاق ,عيال
50	as-Saḥame	السحمة
118	as-Sḥêm	السحيم
103	Sḥejmât	سحيمات
1 294, 304, 309, 3 218	Sḥejmân	سحيمان
407	Sḥejmân el-Marâ'je	سحيمان المراعية
55	es-Saḫâlîn	السخالين
75	Sarâḥne	سراحنة
2/1 172, 239, 240, 241, 242, 2/2 34, 35, 3 (Ḥḳ) 64	Sarâḥîn	سراحين
85	as-Serâjre	السرايرة
81, 114, 116	Sardijje	سردية
46, 55	es-Srûrijjîn	السروريين
116, 336	Saṭṭâm b. Fendi	سطام بن فندى
47	es-Sṭûḥi	السطوحى
55	Sa'âdne	سعادنة
30	es-Sa'âjde	السعايدة
2/2 247	Sa'adeddin	سعد الدين
310	'ejâl Sa'ad	سعد ,عيال
88	Sa'dûn b. al-Fâjez	سعدون بن الفائز
63	es-Su'ûd	السعود
121	ibn es-Sa'ûd	السعود ,بن
399	Sa'ûd b. Ṭalâl	سعود بن طلال
1 32, 3 52, 62	S'ûdijjîn	سعوديين
45, 49, ('Ad) 112, 210	awlâd Sa'îd	سعيد ,اولاد
248	Sa'îd abu Ḥammûdi	سعيد ابو حمودى
1 394	Sa'îd b. Ḫâled	سعيد بن خالد
407	Sa'îd el-Marâ'je	سعيد المراعية
29, (Bl) 51, (Lj) 58, 109, 287, 330	es-Sa'êdât	السعيدات
66	es-Sa'êdâwijje	السعيداوية
2/2 10, 3 213	es-Sa'îdi	السعيدى
2/1 215, 241, 242, 251, 257, 279, 2/2 193, 197, 3 1, 8, 46, 47, 63, 121, 122, 148, 174, 185, 216, 235, 255, 286, 288, 294, 310, 311, 315, 317, 323, 329, 343, 347, 348, 366, 387, 396—398, 415, 417, 424, 425, 428, 429	es-Sa'îdijjîn	السعيديين
75	ibn Su'êfân	سعيفان ,بن

Seite		
62	Safâsfe	سفاسفة
31	as-Saḳâḳwe	السقاقوة
112	es-Sukar	السكر
99	Slâ'in	سلاعين
218	Sallâm	سلام
2/1 184, 186	Sallâm el-Barâṣi	سلام البراصى
58	Salâm abu Zrejle	سلام ابو زغيلة
29	Sellâm abu Zekri	سلام ابو زكرى
68, (Ḥm) 108	es-Salâmât	السلامات
55	as-Sallâmât	السلامات
199, 218	Salâme	سلامة
1 76, 77, 2/1 27, 34, 38, 151, 155, 158	Salâme b. Rašid	سلامة بن رشيد
49	ḏiwi Salâme	سلامة ,ذوى
402, 405	Salâme b. 'Azâra el-Kerâdše	سلامة بن عزارة الكرادشة
53, 97, 105	'ejâl Salâme	سلامة ,عيال
116	Salâme b. Ḳubejn	سلامة بن غبين
410	Salâme el-Kerâdše	سلامة الكرادشة
82	Salâme b. Wâdi	سلامة بن وادى
30, (Lj) 58	Salâmîn	سلامين
54	es-Sallâmîn	السلامين
55	as-Salâmijjîn	السلاميين
1 32, 110, 111, 144, 245, 246, 249, 250, 252, 3 52, 100, 105, 106, 228, 330, 375, 376, 390, 407, 422	Salâjta	سلايطة
30	Salâjme	سلائمة
218	Sulṭân	سلطان
53, 62, 101, 102, 120	'ejâl Salmân	سلمان ,عيال
323	Salmân b. Salâme abu Meddên	سلمان بن سلامة ابو مدين
365	Salmân abu Ḳrênât	سلمان ابو قرينات
218	Selmi	سلمى
38	Selimijjîn	سلميين
1 211	Saliḥ	سليح
2/1 308		سليط بن عبد الله بن عبّاس
109	es-Slîm	السليم
2/1 215	abûna Selîm	سليم ,ابونا
50, (Kr) 101	ḏiwi Selîm	سليم ,ذوى

Seite		
122, 329	Slejm b. Šarâr	سليم بن شرار
55	es-Slêmât	السليمات
1 105	Slîmân	سليمان
235	Slîmân el-E'mâwi	سليمان الاعماوى
2/1 158	Soliman Pascha	سليمان باشا
401	Slîmân râ'i el-Ğedwa	سليمان راعى الجدوة
1 378	Slîmân el-Ḥamdân	سليمان الحمدان
67	Slîmân b. Ḫalîl	سليمان بن خليل
365	Slîmân b. Ḫamîs el-Kašḫar	سليمان بن خميس الكشخر
1 90, 91, 93, 158, 3 315, 319, 327, 330, 415	Slîmân b. Dâûd	سليمان بن داود
331	Slîmân es-Ṣâḫen	سليمان الصاخن
2/1 234, 248	Slîmân b. Âmer	سليمان بن عامر
2/1 181, 182, 187	Slîmân b. 'Aḳbe	سليمان بن عقبة
116	Slîmân b. 'Awâd	سليمان بن عواد
56, 97, (Kr) 99, 100, 103	'ejâl Slîmân	سليمان, عيال
402, 404	Slîmân b. Mḥammed el-Hedâjât	سليمان بن محمد الهدايات
310	Slîmân el-Mêṭel	سليمان الميطل
77	Slîmân el-Wâbṣi	سليمان الوابصى
54	es-Slêmânijjîn	السليمانيين
49	Selêmijjîn	سليميين
68, 105	Samârât	سمارات
48	abu Smâ'il	سماعيل, ابو
100, (Md) 106, 218	Smâ'în	سماعين
40	as-Samâmre	السمامرة
218	Samr	سمر
218	Sma'el	سمعل
42, 230, 231	Sem'ûn	سمعون
218	Sammûr	سمور
53	es-Smêḥijjîn	السميحيين
2/1 307		السميدع بن هزبر
102	es-Smêrât	السميرات
98	ḳowm es-Smêri	السميرى, قوم
29, 34	es-Smêrijjîn	السميريين
218	Smîṭ	سميط
32	Sanâjme	سنائمة
109	es-Snejjân	السنيان
104	as-Snêd	السنيد

Seite		
218	Sahar	سهر
218	Shûğ	سهوج
218	Shejr	شهير
30	es-Shejlâwijje	السهيلاوية
98	as-Sawâdḥe	السوادحة
31, 32, 38, 196, 226—228, 318	as-Swârke	السواركة
104	es-Sawâ'ede	السواعدة
110	es-Sawâ'îr	السواعير
62	es-Swâlḳa	السوالقة
41	es-Sawâlme	السوالمة
30	es-Sawâmre	السوامرة
46, 310	as-Sawâjre	السوايرة
218	Sûdân	سودان
53	es-Sûdân	السودان
46, 286	as-Swêri	السويرى
43, (Ḥğ) 65, 218, 331	Swêlem	سويلم
235	Swêlem abu 'Arḳûb	سويلم ابو عرقوب
235	Swêlem abu Haddâf	سويليم ابو هداف
384	Swêmer	سويمر
46, 49	as-Swejjât	السويات
218	es-Sijjed	السيد
108	es-Sjûf	السيوف
112	es-Sejf	السيف
335	abu Sejf	سيف ,ابو
76	Sejf abu Ezhejr	سيف ابو ازهير

Š ش

310	Šâker	شاكر
218	Šâher	شاهر
108	eš-Šâhîn	الشاهين
119	aš-Šâje'	الشائع
62	Šbâṭât	شباطات
70	aš-Šabâhât	الشباهات
32	Šabâjhe	شبائية
218	Šibli	شبلى
112	eš-Šibli	الشبلى
106, (Dğ) 111	eš-Šbejkât	الشبيكات
105	eš-Šbêlât	الشبيلات

Seite		
55	Šetâtle	شتائلة
64, 99	Štêwîn	شتيوين
2/1 233, 3 88, 41, (Şn) 62	Štejjât	شتيات
63	eš-Šaḥâḥde	الشحاحدة
64, (Kr) 98	Šḥâḏât	شحاذات
102, 107	'ejâl Šaḥâḏe	شحازة, عيال
100	kowm Šaḥâḏe	شحازة, قوم
109	Šaḫâtre	شخاترة
105	eš-Šaḫânbe	الشخانبة
61	eš-Šḫejbijjîn	الشخيبيين
54	eš-Šḫejtât	الشخيتات
110	Šarrâb	شراب
34, 68	Šarâtḥe	شراتحة
122	Šarâr	شرار
1 32, 176, 188, 3 52, 112, 117, 121, 122, 151, 178, 208, 210, 214, 236, 265, 319, 329, 358, 373, 378, 388, 397, 399, 400, 452	eš-Šarârât	الشرارات
345, 388	Šarâri	شراری
87, 97, 100	aš-Šerâḳa'	الشراقاء
103, 104	aš-Šarâwne	الشراونة
99	Šarâjḥe	شرايحة
63, 104, 108	eš-Šerâjde	الشرايدة
98	eš-Šurafa'	الشرفاء
55, 57, 58	Šrûr	شرور
62	eš-Šrûš	الشروش
109	eš-Šrûḳijjîn	الشروقيين
29	eš-Šrejfât	الشريفات
218	Šaṭṭâu	شطان
218	Šoṭṭi	شطی
310	aš-Ša'âjle	لشعائلة
31, 108	aš-Ša'ara'	الشعرا
1 206, 304, 3 123, 239, 340, 377, 387, 400, 401	ibn Ša'lân	شعلان, ابن
2/3 246	Šu'ajb	شعيب
62	Šaḳârne	شقارنة
104	eš-Šḳûr	الشقور
61	eš-Šḳêrât	الشقيرات

Seite

119 . . . . aš-Šlâš . . . . الشلاش
38 . . . . aš-Šalâlijjîn . . . . الشلاليين
34 . . . . Šelâhbe. . . . . شلاهبة
40, 65 . . . . eš-Šlûḫ . . . . الشلوح
30 . . . . eš-Šlûṭ . . . . الشلوط
57 . . . . eš-Šellêḫ . . . . الشليخ
48 . . . . el-Šemâsne . . . . الشماسنة
58, (Ḫr) 66. . . . . Šamâsîn . . . . شماسين
66 . . . . eš-Šemâ'în . . . . الشماعين
404 . . . . Šammân . . . . شمان
98, 330 . . . . eš-Šamâjle . . . . الشمائلة
2/1 299 2/2 225 3 112 121, 121, 235, 255, 401 . . . . Šammar . . . . شمر
218 . . . . Šams . . . . شمس
53, 119 . . . . eš-Šumûṭ . . . . الشموط
1 304 . . . . Šenâd . . . . شناد
209, 310 . . . . abu Šunnâr . . . . شنار ,ابو
68 . . . . Šannâ'ât . . . . شناعات
98 . . . . eš-Šnûb . . . . الشنوب
48 . . . . aš-Šhâbijjîn . . . . الشهابيين
41 . . . . eš-Šehbijjîn . . . . الشهبيين
110, 119 . . . . eš-Shawân . . . . الشهوان
108 . . . . aš-Šwâbke . . . . الشوابكة
99 . . . . eš-Šwâreb . . . . الشوارب
111 . . . . eš-Šwârbe . . . . الشواربة
59 . . . . eš-Šawâše . . . . الشواشة
45, 46, 286, 387 . . . . Šawâfin . . . . شوافين
109 . . . . eš-Šawâkre . . . . الشواكرة
31, 49, (Bl) 50 . . . . eš-Šawâmin . . . . الشوامين
29 . . . . Šawâhle . . . . شواهلة
84 . . . . eš-Šawâhin . . . . الشواهين
59, 324, 343 . . . . eš-Šôbakijje . . . . الشوبكية
68, 105 . . . . eš-Šawara' . . . . الشوراء
110 . . . . aš-Šûfijjîn . . . . الشوفيين
34 . . . . aš-Šûjân . . . . الشويان
106, 107 . . . . Šwêḥât . . . . شويحات
56. . . . . 'ejâl Šwêṭer . . . . شويطر ,عيال
98 . . . . eš-Šwêlât . . . . الشويلات

Seite		
61	eš-Šwêmijjîn	الشويميين
42	Šejâḫîn	شياحين
391, 399	ʿejâl eš-Šibe	الشيبة ,عيال
218, 330	Šîḥân	شيحان
110	aš-Šîḥân	الشيحان
331	eš-Šejḫ abu Emṭejbeḳ	الشيخ ابو امطيبق
1 85	eš-Šêḫ Ğellâleddîn	الشيخ جلال الدين
1 36	eš-Šêḫ abu Daḫîle	الشيخ ابو ذجيلة
331	eš-Šêḫ-Ḥâmed eš-Šôbâni	الشيخ حامد الشوبانى
1 82	Šêḫ Ḥağlân	شيخ حجلان
331	eš Šêḫ Ḥasan	الشيخ حسن
331	eš-Šejḫ Ḥamûde	الشيخ حمودة
331	eš-Šejḫ Râšed	الشيخ راشد
322	eš-Šêḫ abu Zeḳûm	الشيخ ابو زقوم
2/1 228, 303	eš-Šêḫ Zwajjed	الشيخ زويد
287, 330, 340	eš-Šêḫ Ṣalâḥ	الشيخ صلاح
331	eš-Šejḫ ʿAbdallâh	الشيخ عبد الله
332	eš-Šêḫ ʿAmmâr	الشيخ عمار
331	eš-Šejḫ ʿAmri	الشيخ عمرى
2/1 229, 230, 331	eš-Šêḫ Mḥammed	الشيخ محمد
2/1, 262	eš-Šêḫ Mḥammad Bâker	الشيخ محمد باقر
2/1 250	eš-Šêḫ Mḥammad el-ʿAḳabawi	الشيخ محمد العقبوى
2/1 218 3 331	eš-Šêḫ Nebhân	الشيخ نبهان
2/1 224 3 331, 344	eš-Šêḫ Nûrân	الشيخ نوران
331	eš-Šêḫa Ḫaḍra'	الشيخة خضراء

Ṣ ص

111, 112	eṣ-Ṣâleḥ	الصالح
93	Ṣâleḥ eṣ-Ṣwâlḥe	صالح الصوالحة
90, 442	Ṣâleḥ b. ʿAbdelḳâder	صالح بن عبد القادر
90, 96	Ṣâleḥ b. Mḥammad	صالح بن محمد
344	Ṣâleḥ b. Ḫalîl b. Muṣṭafa'	صالح بن خليل بن مصطفى
67	Ṣâleḥ el-Hedâjat	صالح الهدايات
324	Ṣâjel al-Baḫît	صائل البخيت
41	aṣ-Ṣabâbḥe	الصبابحة

Seite		
104	eṣ-Ṣabbâḥ	الصباح
310	Ṣubâjḥe	صبايحة
39	aṣ-Ṣabâjre	الصبائرة
386	Ṣabḥa	صبحة
190	Ṣabḫa'	صبخاء
42, 43	Ṣubḥijjîn	صبحيين
119	aṣ-Ṣbêḥ	الصبيح
43, 58	Ṣbejḥât	صبيحات
405	Ṣbêḥ b. Ǧâzi	صبيخ بن جازى
402, 405	Ṣaḥn el-Ḥâmed	صحن الحامد
66	eṣ-Ṣuḫḫân	الصخّان
1 60, 105, 106, 146, 147, 173, 294, 304, 400 2/1 261 3 28, 52, 112, 113, 280, 329, 402, 411	beni Ṣaḫr	صخر ,بنى
116	Ṣaḫr b. Ṭwejḳ	صخر بن طويق
207, 313, 339, 371, 388, 449, 451	Ṣaḫari	صخرى
1 32, 162, 194, 208, 210, 234, 245, 302, 304, 312, 325, 330, 2/2 10, 11, 227, 3 1, 6, 7, 12, 21, 28, 113, 116, 117, 119, 122, 147, 148, 151, 184, 196, 206, 213—215, 217, 218, 224, 227, 235, 236, 239, 242, 250, 254—256, 258, 259, 273, 287, 288, 292, 310, 311, 319, 322, 323, 335—338, 344, 349, 360, 366, 371, 372, 375, 381, 384, 386, 388—391, 393, 396, 398, 399, 411, 414, 415, 417, 421, 424, 427, 329, 444, 449, 451	Ṣḫûr	صخور
50	eṣ-Ṣarâbṭa	الصرابطة
402	abu Ṣarâr	صرار ,ابو
30	Ṣarâṣre	صراصرة
101, 330, 415	eṣ-Ṣarâjre	الصرايرة
64	aṣ-Ṣrejdân	الصريدان
31	aṣ-Ṣuṭlân	الصطلان
33	Ṣa'âlke	صعالقة
118	eṣ-Ṣa'âjde	الصعائدة
101, 102, 310, 330	eṣ-Ṣa'ûb	الصعوب
46	Ṣafâjḥe	صفايحة
45	eṣ-Ṣfejrât	الصفيرات
116	Ṣaḳr b. Ṣaḳr	صقر بن صقر
116	Ṣaḳr b. Mḥammad	صقر بن محمد
54	eṣ-Ṣḳûr	الصقور

Seite		
38, 41	Ṣkêrât	صقيرات
56	eṣ-Ṣallâḥât	الصلاحات
1 393, 2/1 302, 307—309	Ṣalâḥeddîn	صلاح الدين
38	aṣ-Ṣalaba'	الصلباء
32, 238, 241, 242	Ṣaldam	صلدم
39	aṣ-Ṣul'ân	الصلعان
66	eṣ-Ṣulmân	الصلمان
106	eṣ-Ṣlôlîn	الصلولين
218	Ṣallû'a	صلوع
291	Ṣlejb	صليب
111	Ṣanâbre	صنابرة
66, (Kr) 85, 92—94, 99, 100, 106, 107	Ṣunnâ'	صناع
32	Ṣahâbîn	صهابين
118	aṣ-Ṣhejba	الصهيبة
43	Ṣawâḫne	صواخنة
45, 106, 107	eṣ-Ṣawâlḥe	الصوالحة
50	eṣ-Ṣawâm'e	الصوامعة
54	aṣ-Ṣawâwne	الصواونة
65	Ṣawâwje	صواوية
62	Ṣawâfîn	صوافين
32	Ṣawafa	صوفى
32, 310	aṣ-Ṣûfi	الصوفى
30	abu Ṣwêleḥ	صويلح ,ابو
54	Ṣwêlḥîn	صويلحين
407	Ṣijâḥ el-Ġaṯjân	صياح الغثيان

Ḍ ض

Seite		
107, 122	Ḍbâ'în	ضباعين
122	Ḍab'ân b. Šarâr	ضبعان بن شرار
40	aḍ-Ḍbej'ât	الضيعات
104	aḍ-Ḍarâb'e	الضرابعة
118	aḍ-Ḍaġâġme	الضغاغمة
116, 118	aḍ-Ḍuġêm	الضغيم
116	Ḍuġêm b. Ġubejn	ضغيم بن غبين
69	Ḍellâ'în	ضلاعين
118	aḍ-Ḍlejl	الضليل
330	Ḍamrat en-nebi	ضمرة النبى
85, 101, 103, 330, 344	eḍ-Ḍmûr	الضمور

Seite		
1 57	Ḍnejbât	ضنيبات
108	ed-Ḍawât	الضوات
100	Ḍwêḥîn	ضويحين
2/1 242	Ḍejfallâh b. Šams	ضيف الله بن شمس
120	ḳowm Ḍejfallâh	ضيف الله, قوم
117, 218, 311, 399	Ḍjefallâh el-Môr	ضيف الله المور
	Ṭ	**ط**
64	Ṭaḥaṭre	طحاطرة
289	Ṭâha	طاهة
42	aṭ-Ṭabâb'e	الطبابعة
29	Ṭabaš al-Musdar	طبش المسدر
67	aṭ-Ṭbûr	الطبور
117, 386, 398	Ṭrâd b. Zeben	طراد بن زبن
119	Ṭrâd b. Ḳam'ân b. Zeben	طراد بن قمعان بن زبن
49	aṭ-Ṭarâṭḥe	الطراطحة
85, 100, 101, 330	eṭ-Ṭarâwne	الطراونة
33	aṭ-Ṭarâwijjîn	الطراويين
48	aṭ-Ṭarâjfe	الطرائفة
39, 43	aṭ-Ṭuršân	الطرشان
103, 104, 105	aṭ-Ṭurafa'	الطرفاء
73	Ṭurfejš	طرفيش
100, (Hl) 109	aṭ-Ṭurmân	الطرمان
235	aṭ-Ṭrejbân	الطريبان
68	aṭ-Ṭrêmât	الطريمات
218	Ṭrejmân	طريمان
107	ḳowm Ṭannûs	طنوس, قوم
30	aṭ-Ṭawâšje	الطواشية
40	aṭ-Ṭawâfḥe	الطوافحة
108	aṭ-Ṭwâḳne	الطواقنة
42	aṭ-Ṭawâḳîn	الطواقين
44, (Ḥw) 46, (Md) 106, 107	aṭ-Ṭwâl	الطوال
105	aṭ-Ṭawâlbe	الطوالبة
30	eṭ-Ṭurejnijjîn	الطرينيين
49	aṭ-Ṭaḳâṭḳa	الطقاطقة
49	aṭ-Ṭḳûḳât	الطقيقات
111	Ṭullâs	طلاس

Seite		
218	Ṭallâḳ	طلاق
112, (Šb) 119	eṭ-Ṭallâḳ	الطلاق
1 206, 209, 219, 316, 317, 326, 2/1 271, 3 115, 116, 129, 218, 270, 336, 398	Ṭalâl b. Fendi b. el-Fâjez	طلال بن فندى بن الفائز
68	Ṭalâl'e	طلالعة
218	Ṭalab	طلب
85, 98, 321, 330	aṭ-Ṭanâšât	الطناشات
34	Ṭawâlḥe	طوالحة
98	aṭ-Ṭawâhre	الطواهرة
49	aṭ-Ṭawâjre	الطوائرة
44, (Šb) 61	aṭ-Ṭwara'	الطوراء
2/2 3, 112, 113, 117, 119, 120, 386	aṭ-Ṭûḳa	الطوقة
2/1 308	ibn Ṭûlûn	طولون ,بن
114, 116	Ṭwejḳ	طويق
116	Ṭajjâr	طيار

Ẓ ظ

75, 218	Ẓâher	ظاهر
1 162, 2/1 194, 195, 3 7, 8, 44, 148, 153 185, 207, 216, 227, 261, 273, 286, 288, 292, 294, 307, 310, 317, 318, 322, 324, 331, 343, 348, 367, 396, 415, 419, 424, 425, 428, 429, 453	Ẓullâm	ظلام
2/2 35	Ẓullâmi	ظلامى
28, 29, 90	eẓ-Ẓawâhre	الظواهرة
218	Ẓwejher	ظويهر

' ع

218	'Âref	عارف
36	'Âli el-Hzejjel	عالى الهزيل
177	'Âlja	عالية
1 211, 2/1 178, 184, (Th) 240, 241, 3 (Šb) 113, 117	ibn 'Âmer	عامر ,بن
1 123	banu 'Âmer	عامر ,بنو
49	ḏiwi 'Âmere	عامرة ,ذوى
287, 330	al-'Âmeri	العامرى
218	'Âjed	عائد
48	el-'Âjed	العائد

Seite
285 . . . 'Âješ el-Kḏêbi . . . عائش الكذيبى
255 . . . 'Abâbde . . . عبابدة
100, (Bl) 109 . . . 'Abâbse . . . عبابسة
110 . . . el-'Abbâd . . . العباد
48, 65 . . . el-'Abâdle . . . العبادلة
55, ('Ad) 111, 241, 242 . . . 'ejâl 'Abbâs . . . عباس ,عيال
116 . . . 'Abbâs abu Ǧnêb . . . عباس ابو جنيب
1 233 . . . al-'Abbâs b. el-Walîd . . . العباس بن الوليد
31 . . . 'Abâsne . . . عباسنة
65 . . . 'Abâkle . . . عباكلة
2/1 308 . . . 'Abdallâh b. Idrîs al-Ǧa'feri . . . عبد الله بن ادريس الجعفرى
1 61, 152 . . . 'Abdallâh b. Rwâḥa . . . عبد الله بن رواحة
1 294, 308, 309, 366, 376, 2/2 51, 52, 3 V, 371 'Abdallâh al-'Akaši . . . عبد الله العكشى
56, (Hǧ) 64, (Kr) 100, 102, (Bl) 108 . . . 'ejâl 'Abdallâh . . . عبد الله ,عيال
402, 403, 404 . . . 'Abdallâh b. Mhammed el-'Awrân . . . عبد الله بن محمد العوران
2/1 306 . . . 'Abdallâh b. Jûnus . . . عبد الله بن يونس
47 . . . 'Abdelǧwâd . . . عبد الجواد
1 V, 25, 63, 86, 153, 170, 2/1 27, 28, 30, 38, 150, 151, 157, 3 V, 97 . . . 'Abrabbo, Anton . . . عبد ربه انطون
47 . . . 'Abderraḥmân . . . عبد الرحمن
47 . . . 'Abdessallâm . . . عبد السلام
90 . . . 'Abdallâh aṣ-Ṣunnâ' . . . عبد الله الصناع
112 . . . el-'Abdel'azîz . . . العبد العزيز
47 . . . 'Abdelfellâḥ . . . عبد الفلاح
411 . . . 'Abdelḳâder b. Ṣâleḥ el-Meǧalli . . . عبد القادر بن صالح المجلى
90, 119 . . . 'Abdelḳâder b. Jûsef . . . عبد القادر بن يوسف
225 . . . 'abd Misleḥ el-Meǧalli, 'Abdallâh . . . عبد الله عبد مصلح المجلى
120 . . . 'Abdennebi . . . عبد النبى
40 . . . ǧemâ'at abu 'Abdûn . . . عبدون ,جماعة ابو
116, 329 . . . 'Abbasa . . . عبسة
1 294, 306, 309, 326 3 218 . . . 'Abṭân b. Talâl . . . عبطان بن طلال
111 . . . 'Ubûs . . . عبوس
271 . . . 'Obej . . . عبى
39 . . . 'ajlet abu 'Obajjed . . . عبيد ,عيلة ابو
48, 56, (Ḥr) 66, (Kr) 98, (Bl) 109 . . . el-'Abîd . . . العبيد

Seite		
401	'Obejd eṭ-Ṭuruḳ	عبيد الطرق
120	'Obêdât	عبيدات
2/1 310, 3 331	abu 'Obejda	عبيدة، ابو
63	el-'Obêdijjîn	العبيديين
57, 58	'Obêdijje	عبيدية
98	el-'Abejsât	العبيسات
49	al-'Obejjât	العبيات
1 60	'Otba	عتبة
219	'Atîḳ	عتيق
39, 66	el-'Aṭâmîn	العثامين
119, 310, 331, 332	al-'Oṭmân	العثمان
39	'Oṭmân b. Rabbâb	عثمان بن رباب
2/1 205, 208, 211	'Oṭmân Čawîš	عثمان
407	'Oṭmân el-Ḡaṭjân	عثمان الغثيان
65	el-'Aǧâǧre	العجاجرة
41	al-'Aǧâǧe	العجاجة
108, 110	el-'Aǧârme	العجارمة
54, 70, 104	el-'Aǧâlîn	العجالين
40	al-'Aǧâjǧe	العجائجة
30	el-'Aǧâjne	العجائنة
219	'Aǧram	عجرم
54, 66	el-'Uǧûl	العجول
100, 106, 330	'Aǧêlât	عجيلات
43, 64	el-'Adâsîn	العداسين
34, 69	'Adâwîn	عداوين
1 106, 3 111—118, 237, 399, 404	'Adwân	عدوان
34	'Udejnijjîn	عدينيين
75	'Adijje b. Ramle	عدية بن رملة
2/1 308	banu 'Uḏra	عذرة، بنو
32, 51	'Arâdât	عرادات
2/1 154, 271, 274, 280, 291 3 52, 240—242	'Arâr b. Ǧâzi	عرار بن جازى
56	'Arâ're	عراعرة
43	el-'Arâfîn	العرافين
55	'Arâḳde	عراقدة
66, 67, 408	el-'Arâḳijje	العراقية
108	'Arâmîn	عرامين
84	el-'Arâjne	العرائنة
33, 43, (Ḥǧ) 65	'Orǧân	عرجان

Seite		
119	al-'Arkûb	العرقوب
235	abu'Arkûb	عرقوب ,ابو
45	diwi'Ermân	عرمان ,ذوى
98	el-'Arûd	العرود
42	el-'Urûm	العروم
28, 29	al-'Arajbîn	العريبين
101	kowm 'Arejdân	عريدان ,قوم
75, 85	abu 'Orêne	عرينة ,ابو
2/1 168—170, 172, 174, 175, 178, 182, 188, 190—193, 202, 210, 215, 2/2 152, 154, 172, 201, 223, 3 1, 34, 41—43, 45, 46, 153, 174, 185, 199, 207, 211, 215, 216, 219, 227, 235, 260, 271, 273, 275, 286, 299, 322, 331, 337, 348, 364, 365, 380, 381, 387, 396, 398, 400, 415, 423, 424, 428, 429, 452, 453, 455	el-'Azâzme	العزازمة
122	'Azzâm b. Šarâr	عزام بن شرار
2/1 169, 2/2 83, 3 254, 328, 340, 343	'Azâmi für 'Azzâmi	عزامى
414	'Ezzeddîn	عز الدين
329	'Ezzeddîn abu Ḥamra	عز الدين ابو حمراء
1 113, 3 84, 93, 94, 106, 107	'Azêzât	عزيزات
98	'Asâsfe	عساسفة
218	'Assâf	عساف
112	el-'Assâf	العساف
69	el-'Ušêbât	العشيبات
48	el-'Aṣâbîn	العصابين
84	el-'Aṣâjde	العصائدة
75	'Aṣmi eṣ-Ṣubêḥi	عصمى الصبيحى
38, ('Az) 43, 44	al-'Aṣjât	العصيات
60	'Uṣejfât	عصيفات
40	al-'Aḍâjde	العضائدة
103	'Aḍâjle	عضائلة
219	'Aṭallâh	عطالله
2/1 156, 2/2 215, 223, 3 36, 40, 62, 123, 164, 185, 227, 240, 400, 403, 409, 411	'Aṭâwne	عطاونة
42	al-'Aṭâjka	العطائقة
61	'Aṭ'aṭa	عطعطة
219	'Aṭwân	عطوان
54	al-'Uṭûn	العطون
2/2 223	'Aṭiwi	عطوى

Seite		
214	'Aṭiwijje	عطوية
218	'Oṭejjeḳ	عطيق
219	'Aṭijje	عطية
1 157, 2/1 165, 173, 186, 261, 265, 287, 2/2 223, 224, 3 32, 36, 51, 52, 60, 121, 158, 336, 356, 405	beni 'Aṭijje	عطية ,بنى
108	el-'Aṭêwîn	العطيوين
63	el-'Aṭêwijje	العطيوية
110	'Afâšât	عفاشات
219	'Afnân	عفنان
50	el-'Efene	العفنة
118	al-'Aḳâb	العقاب
65	el-'Aḳâr	العقار
65	el-'Aḳâḳde	عقاقدة
66	el-'Aḳâlât	العقالات
218	'Aḳâjel	عقائل
56	el-'Aḳâjle	العقائلة
1 60, 3 36, 38, 70, 71, 73, 80, 351	beni 'Aḳbe	عقبة ,بنى
47	'Aḳabawijje	عقبوية
32	el-'Aḳrijjîn	العقريين
41	al-'Oḳfân	العقفان
219	'Aḳl	عقل
50	ḏiwi 'Aḳl	عقل ,ذوى
42, 46	el-'Oḳlân	العقلان
218	'Oḳla	عقلة
235	'Oḳlat eš-Šâ'er	عقلة الشاعر
347	'Aḳnân b. Sarûr	عقنان بن سرور
103	el-'Aḳûl	العقول
219	'Aḳîl	عقيل
110	el-'Aḳêl	العقيل
2/1 250, ('Aṭ) 123	'Aḳâlât	عقيلات
89	'Aḳêlet abu Ḳwêṭîn	عقيلة ابو قويطين
64	el-'Akâjle	العكائلة
84, 99	'Akaše	عكشة
35, 38, 40, 107, 382	'Alâmât	علامات
2/1 260, 262, 265, 2/2 192, 3 43, 54, 111, 240, 255	'Alawîn	علوين
54	el-'Alâdje	العلادية
65	'Alâlše	علالشة

Seite		
98	'Elâwijje	علاوية
55	al-'Alâjde	العلايدة
58	'Alâja	علايا
35	'Alam b. Rabbâb	علم بن رباب
2/1 33	'Alwân	علوان
1 61, 3 319	'Ali al-Imâm	على الامام
54, 331	awlâd 'Ali	على ,اولاد
334	'Ali abu Ṭâleb	على ابو طالب
2/1 308, 309	'Ali b. 'Abdallâh	على بن عبد الله
55, 98, 101, 108, 111	'ejâl 'Ali	على ,عيال
121, 250, 401	wuld 'Ali	على ,ولد
1 245, 386, 390	'Alja bint al-Fâjez	عليا بنت الفائز
49	ḍiwi 'Alejjân	عليان ,ذوى
81, 405	'Alejjân, šeḫ el-Ḥeğâja	عليان ,شيخ الحجايا
377	'Alejjân abu Ṛnêm	عليان ابو غنيم
120	ḳowm 'Alejjân	عليان ,قوم
64	'Alejjânijjîn	عليانيين
45	el-'Alêḳât	العليقات
64, (Kf) 68	'Alijjîn	عليين
34, 40, 58, 120, 328	'Amârât	عمارات
2/1 38, 115, 156, 157, 289, 330, 331, 335, 2/2, 7—9, 3 1, 6, 7, 12, 26, 27, 58, 59, 88, 99, 104, 147, 148, 153, 169 173, 184, 206, 211, 214, 215, 218, 219, 227, 286, 288, 292—294, 306, 310, 314, 325, 327, 334, 338, 345, 358, 366, 373, 387, 397, 418, 421, 424, 428, 429, 449, 450, 451, 452	el-'Amârîn	العمارين
54	'Amâmre	عمامرة
29	'Amâwîn	عماوين
63	el-'Amâjre	العمائرة
331	'Omar	عمر
1 28, 2/2 247, 3 60, 70, 84—86, 387, 404	beni 'Amr	عمرو ,بنى
56	'ejâl 'Amr	عمرو ,عيال
85	'Amr b. Ṭbêt	عمرو بن ثبيت
38	'Amr b. Selîm	عمرو بن سليم
2/1 215, 257, 259, 261, 262, 2/2 224, 3 48, 358	'Imrân	عمران
2/2 87	eš-šêḫ 'Amri	عمرى ,الشيخ

Seite		
38, (Ḫm) 105, 310	'ejâl 'Amri	عمرى ,عيال
35, 36	'Amri b. Rabbâb	عمرى بن رباب
2/1 191, 3 386	'Amša'	عمشاء
2/1 307	al-'Amalîḳij	العمليقى
34, 41, 310	el-'Omûr	العمور
2/2 164, 3 47, 48, 65, (Sl) 106	'Omejrât	عميرات
105	el-'Amûrijjîn	العميريين
108	el-'Amejšât	العميشات
40	el-'Anâzîn	العنازين
1 60, 3 250, 325, 371	banu 'Aneze	عنزة ,بنو
309, 318	abu 'Anḳa	عنقة ,ابو
31, 100	el-'Awâbde	العوابدة
41	el-'Awâǧe	العواجة
218	'Awwâd	عواد
32, ('Am) 59, (Kr) 101, 102, 310	'ejâl 'Awâd	عواد ,عيال
116	'Awâd b. Ḏijâb	عواد بن ذياب
32	'Awâḏra	عواذرة
45	'Awârme	عوارمة
43	el-'Awârîn	العوارين
108	el-'Awâzem	العوازم
33	'Awâzme	عوازمة
55, (Nm) 65	el-'Awâsa'.	العواساء
45	el-'Awâṣje	العواصية
106	'ejâl 'Awâḍ	عواض ,عيال
121	al-'Awâfi	العوافى
2/1 239, 3 29, 38, 41, 104	'Awâmre	عوامرة
29, 110	el-'Awâwde	العواودة
29	'Awâjše.	عوائشة
34	el-'Awâjde	العوائضة
33, (Th) 40, (Ḫṭ) 53, (Ṣn) 62, (Ḫr) 66, (Kr) 99	el-'Awdât	العودات
56, 62, (Kr) 101, 103, (Bl) 108, 238, 319	'ejâl 'Awde	عودة ,عيال
36	'Awde b. Selîm	عودة بن سليم
63	el-'Awrân	العوران
104	el-'Awasa	العوسة
85	ibn 'Awn,	عون ,بن
47	el-'Awnât	العونات
70, 110	el-'Awene	العونة
62	'ejâl 'Awnijje	عونية ,عيال

Seite		
344	abu 'Awêd	عويد ,ابو
98	'Awêsât	عويسات
43, 61, ('Amr) 84, (Ḥm) 104	el-'Awêḍât	العويضات
50	'Awêḍa	عويضة
111	el-'Ewêfân	العويفان
310	abu 'Awêli	عويلى ,ابو
34	'Wejlijjîn	عويليين
106	'Awômrîn	عويمرين
47	abu 'Ajjâṭ	عياط ,ابو
310	ibn 'Ajjâd	عياد ,بن
97	'ejâl 'Ajjâd	عياد ,عيال
101	ḳowm 'Ajjâd	عياد ,قوم
42	el-'Ejjâdât	العيادات
38	'Ajâjde	عيائدة
1 63, 70, 3 218	'Ajd	عيد
98, 238	'ejâl 'Ajd	عيد ,عيال
2/1 165, 169, 173—176, 184, 186—188, 190—195, 197	'Ajd at-Tîhi	عيد التيهى
117	'Ajd ar-Rdêni	عيد الرديني
45	ḏiwi 'Ajid	عيد ,ذوى
328	'Ajid b. Rammân	عيد بن رمان
36	'Îd ibn 'Aṭijje	عيد بن عطية
2/1 246, 248, 253, 257	'Ajd abu Mṭejr	عيد ابو مطير
235	'Ajd b. Nwêṣer el-Farḥâni	عيد بن نويصر الفرحانى
1 25, 33	'Îsa	عيسى
101	'ejâl 'Îsa	عيسى ,عيال
401, 404	'Ejsa b. 'Abdallâh	عيسى بن عبد الله
1 76, 153, 156, 363, 3 157	'Îsa b. 'Abdelḳâder el-Meǧalli	عيسى بن عبد القادر المجلى
297, 316, 317	'Îsa el-Ḥabîb b. Marjam	عيسى الحبيب بن مريم
2/1 307	awlâd 'Îṣ	العيص ,اولاد
218	al-'Fjṭ	العيط
248—250	'Ajjûṭi abu Ḥasan	عيوطى ابو حسن
40	al-'Ajjûṭijjîn	العيوطيين
50	ḏiwi 'Aîd	عيد ,ذوى
47, 99	'ejâl 'Ajid	عييد ,عيال
106	'Ajênât	عيينات

Ṛ غ

Seite		
1 76	Ṛâzi-Beg	غازى بك
218	Ṛâšem	غاشم
218	Ṛâleb	غالب
63, 100	'ejâl Ṛânem	غانم ,عيال
235	Ṛânem el-Halasa	غانم الهلسة
63	el-Ṛabâbše	الغبابشة
97	el-Ṛbûn	الغبون
116, 117, 118, 119, 120, 337	Ṛubejn	غبين
106	el-Ṛaṭâja	الغثايا
29, 30, 48	Ṛadâjre	غدائرة
30	el-Ṛarâbât	الغرابات
62	el-Ṛirbâl	الغربال
102	el-Ṛurbân	الغربان
29	el-Ṛarâḳde	الغراقدة
43	el-Ṛurrân	الغران
42	al-Ṛurejbât	الغريبات
111	el-Ṛurêr	الغرير
46	Ṛurêḳânijjîn	غريقانيين
87, 97	el-Ṛurâba'	الغراباء
33	al-Ṛazâlijjîn	الغزاليين
2/1 310	Ṛassân	غسان
84	al-Ṛašâm	الغشام
68	el-Ṛaṣâwne	الغصاونة
97	el-Ṛuṣûb	الغصوب
99	'ejâl Ṛaṭṭâs	غطاس ,عيال
116	Ṛuful	غفل
59	el-Ṛuffîš	الغفوش
33	Ṛalâjne	غلائنة
218	Ṛalmiš	غلمش
109	el-Ṛulêlât	الغليلات
333, 396	abu-l-Ṛammâm	الغمام ,ابو
45	Ṛamâmze	غمامزة
329	Ṛanâm es-Sa'îdi	غنام السعيدى
111, 218	Ṛanâjem	غنائم
1 127, 3 108	Ṛanamât	غنمات
71	el-Ṛanamijjîn	الغنميين

Seite		
109	el-Ḳunejm	الغنيم
41	el-Ḳnêmât	الغنيمات
1 160, 162, 3 59, 66, 69, 70, 387	Ḳawârne	غوارنة
18	el-Ḳawâṭne	الغواطنة
60	Ḳwâfle	غوافلة
34	Ḳawâlje	غوالية
41, 55, 60, 106	el-Ḳwânme	الغوانمة
116	al-Ḳôri b. Mar'i	الغورى بن مرعى
44	el-Ḳwala'	الغولاء
104	el-Ḳwijjîn	الغويين
55	al-Ḳajâlîn	الغياليين
106	Ḳišân	غيشان
217	Ḳejẓe	غيظة
40	el-Ḳujûṯ	الغيوث

F ف

Seite		
48	el-Fâḫri	الفاخرى
218	Fâres	فارس
401	Fâres b. Ǧâzi	فارس بن جازى
90, 390, 401, 403, 410	Fâres b. Salâme el-Meǧalli	فارس بن سلامة المجلى
90	Fâres b. Salâme	فارس بن سلامة
117	'ejâl Fâres	فارس ,عيال
385	Fâres el-Meǧalli	فارس المجلى
112	el-Fâḍel	الفاضل
327	Fâṭma	فاطمة
78	Fâ'ûr b. Ṭurejf	فاعور بن طريف
116—119, 270, 329, 385, 386, 389, 392	al-Fâjez	الفائز
116	Fâjez b. Faḍl	فائز بن فضل
53	al-Fatena	الفتنة
104	el-Ftênat	الفتينات
49	al-Faḥâmîn	الفحامين
219	Farrâǧ	فراج
287	abu Farrâǧ	فراج ,ابو
54	el-Farrâǧîn	الفراجين
43, 48	el-Farâḥîn	الفراحيب
40	al-Farânǧe	الفرانجة
63	el-Farâhîd	الفراهيد

Seite		
31	el-Farâwe	الفراوة
98	el-Farâje	الفراية
219	Farağ	فرج
58	Farağât	فرجات
107	'ejâl Farḥ	فرح ,عيال
218	Farḥân	فرحان
1 211	al-Farazdaḳ	الفرزدق
1 381, 393, 399, 2/1 307, 308, 2/2 246	al-Frang	الفرنج
2/1 309	Farwa b. 'Amr el-Ğuḏâmi	فروة بن عمرو الجذامى
109	el-Frûḫ	الفروخ
53 57, (Tf) 63, 102	el-Frêğât	الفريجات
380	Frejğe	فريجة
219	Farîḥ	فريح
50	el-Frê'ât	الفريعات
39	al-Fezârât	الفزارات
1 210, 211, 2/1 308	el-Fazâra	الفزارة
109	Fasâṭle	فساطلة
118	el-Fšejḳ	الفشيق
109	el-Fšêkât	الفشيكات
116	al-Faḍl	الفضل
116	Faḍl b. Raḥama	فضل بن رحمة
120	Faḍâlât	فضالات
58, 120	el-Fḍûl	الفضول
49	el-Fṭûḥ	الفطوح
401	el-Faḳr	الفقر
43, 62, 68, (Bl) 110, 330	el-Fuḳara'	الفقراء
105, (Bl) 109, 110	el-Fuḳaha'	الفقهاء
2/2 224, 3 112	el-Feḳîr	الفقير
30	Faḳîrijjîn	فقيريين
218	Felâḥ	فلاح
2/1 275, 280, 283, 334	šêḫ Fellâḥ	فلاح
117	Felâḥ b. Šbâš	فلاح بن شلاش
58	Falâḥât	فلاحات
30	Felâjte	فلائتة
218	Flajjeḥ	فليح
110	el-Flejjeḥ	الفليح
102, 122	'ejâl Flêḥân	فليحان ,عيال

Seite
56 . . . . el-Fanâṭse . . . . الفناطسة
116 . . . . Fendi b. 'Abbâs . . . . فندى بن عباس
112, (Šḫ) 237 . . . . 'ejâl Fendi . . . . فندى ،عيال
399 . . . . Fendi b. el-Fâjez . . . . فندى بن الفائز
40 . . . . el-Finšân . . . . الفنشان
119 . . . . el-Fahhâr . . . . الفهار
218 . . . . Fahad . . . . فهد
1 219, 269 . . . . Fahad aḫu Baḫît . . . . فهد اخو بخيت
218 . . . . Fhejd . . . . فهيد
2/2 246 . . . . banu Fuhajl . . . . فهيل ،بنو
41 . . . . al-Fwâsre . . . . الفواسرة
50, (Hm) 103—105, (Bl) 120 . . . . el-Fawâḍle . . . . الفواضلة
65 . . . . Fawâlḥe . . . . فوالحة
45 . . . . el-Fawânse . . . . الفوانسة
48 . . . . al-Fawâjze . . . . الفوائزة
48 . . . . al-Fawase . . . . الفوسة
118 . . . . el-Fejjâḍ . . . . الفياض
30, (Tb) 83, 112 . . . . el-Fejâjḍe . . . . الفيايضة
68 . . . . el-Fêlât . . . . الفيلات

Ḳ ق

102, 219, 237, 238 . . . . 'ejâl Ḳâsem . . . . قاسم
56, 104, 310 . . . . Ḳabâb'e . . . . قبابعة
46, 47 . . . . el Ḳabâla' . . . . قبالا
112 . . . . el-Ḳublân . . . . القبلان
401 . . . . Ḳublân eš-Šawâwre . . . . قبلان الشواورة
49 . . . . el-Ḳbêdât . . . . القبيدات
43, 104 . . . . el-Ḳbêlât . . . . القبيلات
30 . . . . el-Ḳadâjme . . . . القدائمة
55 . . . . el-Ḳidmân . . . . القدمان
49 . . . . al-Ḳdûd . . . . القدود
35 . . . . Ḳdêr b. Rabbâb . . . . قدير بن رباب
2/1 180, 182, 183, 184, 194, 208, 236, 2/2 160, 3 235, 273, 310, 367, 371, 450 . . . . Ḳdêrât . . . . قديرات
38, 39 . . . . Ḳdêrât el-Ḥrejzât . . . . قديرات الحريزات
39 . . . . Ḳdêrât eṣ-Ṣâne' . . . . قديرات الصانع
35, 39 . . . . Ḳdêrât el-'Oṯmân . . . . قديرات العثمان
29 . . . . el-Ḳdejjem . . . . القديم

Seite		
235	el-Ḳdê'i	القذيعى
45	el-Ḳarârše	القرارشة
62	el-Ḳarâr'e	القرارعة
50	el-Ḳarâ'ṭa	القراعطة
68	el-Ḳarâlje	القرالية
57	el-Ḳarâmse	القرامسة
65	el-Ḳarâwǧe	قراوجة
49, 55, 310	al-Ḳur'ân	القرعان
51	el-Ḳrûn	القرون
1 211	Ḳurajš	قريش
44, 108	el-Ḳrejnât	القرينات
109	Ḳrênijjîn	قرينيين
99	el-Ḳsûs	القسوس
101	el-Ḳašâmîl	القشاميل
38, 106	el-Ḳṣâr	القصار
45	Ḳaṣâjre	قصائرة
33, 85, 100, 102, 237, 330	el-Ḳḍa'	القضاة
100	el-Ḳaṭâṭât	القطاطات
40, ('Az) 42	al-Ḳaṭâṭwe	القطاطوة
32	el-Ḳaṭâṭje	القطاطية
111	el-Ḳaṭâme	القطامة
84	el-Ḳaṭâmîr	القطامير
62, 104	el-Ḳṭâmijje	القطامية
101	el-Ḳaṭâwne	القطاونة
46	al-Ḳṭûn	القطون
104	el-Ḳṭejšât	القطيشات
63	el-Ḳṭêṭât	القطيطات
63	el-Ḳṭejfât	القطيفات
219	Ḳṭêfân	قطيفان
69, 106	el-Ḳṭejfân	القطيفان
123	el-Ḳa'âǧa'a	القعاجعة
108	el-Ḳa'âk'e	القعاقعة
105	el-Ḳa'âjde	القعائدة
118, 329, 333	al-Ḳa'dân	القعدان
116	Ḳa'dân b. Fâjez	قعدان بن فائز
76, 116	abu Ḳa'ûd	قعود ,ابو
218	Ḳuftân	قفطان
386	el-Ḳuftân	القفطان

Seite		
89	Ḳufṭân Aṛâsi	قفطان اغاسى
117	Ḳufṭan b. Ḥâmed	قفطان بن حامد
40	'ajlet abu Ḳuffa	قفة ,عيلة ابو
1 219	Ḳufṭân b. al-Fâjez	قفطان بن الفائز
36	Ḳalâzîn	قلازين
81	el-Ḳalâ'ijje	القلاعية
99	Ḳalanze	قلنزة
62	ḳowm el-Ḳalîd	القليد ,قوم
102	el-Ḳalâjne	القلائنة
43	el-Ḳlû'	القلوع
119	el-Ḳam'ân	القمعان
60	Ḳmûr	قمور
97	el-Ḳnâḳât	القناقات
120	el-Ḳnû'	القنوع
66	el-Ḳnejjât	القنيات
59	abu-el-Ḳnê'ân	القنيعان ,ابو
109	el-Ḳahâwîn	القهاوين
63	el Ḳawâb'e	القوابعة
30	Ḳawâdre	القوادرة
30, 50, 63	al-Ḳawâsme	قواسمة
46	el-Ḳawâšme	القواشمة
46	el-Ḳawâḍme	القواضمة
41	el-Ḳwâ'de	القواعدة
104	el-Ḳawâmse	القوامسة
82, 83, 85	ibn Ḳejṣûma	قيصومة ,بن
1 211	al-Ḳajn	القين
238, 398, 400	Ḳejsijje	قيسية

K ك

112	eč-Čâjed	الكائد
235	abu-l-Kebâjer	الكبائر ,ابو
47	el-Kibrîti	الكبريتى
120	Ktêlât	كتيلات
1 123, 211, 2/1 309, 310	Kuṭajjer	كثيّر
271	Kaḥlân	كحلان
106, 107, 405	Karâdše	كرادشة
41, 46	el-Karâdme	الكرادمة
106	el-Karâzme	الكرازمة

Seite		
56	al-Karâšîn	الكراشين
2/2 246	Karân	كران
103	el-Karaki	الكركى
1, 2, 4, 6, 7, 8, 80, 81, 84, 86, 117, 348, 377, 392, 402, 403, 407, 410, 411	el-Kerakijje	الكركية
63	el-Krêrât	الكريرات
40	al-Krejšijjîn	الكريشيين
46, 68	Kasâsbe	كساسبة
44	el-Kešâḫre	الكشاخرة
66, 112, 120, 211, 212, 271, 275, 376, 422	Ka'âbne	كعابنة
1 211	Ka'ab	كعب
113	ibn Ka'ab	كعب ,بن
219	el-Ku'ajjed	الكعيد
39	el-Kfûf	الكفوف
63	al-Kalâlde	الكلالدة
1 60, 339	ibn Kelawûn	كلوون ,ابن
120, 121	al-Klejb.	الكليب
116, 118	eč-Čnê'ân b. Ḳa'dân	الكنيعان بن قعدان
48	el-Ḳawâsme	القواسمة
98	el-Kwâfîn	الكوافين
123	el-Kawâkbe	الكواكبة
110	el-Kwâlît	الكواليت

L ل

120	Labâbde	لبابدة
48, 108	al-Lebâjde	اللبايدة
104	el-Libde	اللبدة
40	al-Liǧnân	اللجنان
2/2 244	Laḫm	لخم
103	el-Leṣâṣme	اللصاصمة
85	ibn Laṣîm	لصيم ,بن
76, 84	el-Laṣâjme	اللصايمة
33	Lemâmde	لمامدى
49	al-Lahajbe	اللهايبة
33	el-Lawâlḫe	اللوالخة
102	el-Lwâjḫe	اللوايحة
112	el-Lôzijjîn	اللوزيين
2/2 247	ḳawm Lûṭ	لوط ,قوم

Seite		
50	el-Lwaṭa'	اللوطء
2/1 115, 275, 283, 289, 335, 3 52, 57, 306, 313, 323, 326, 330, 414	el-Lijâṯne	اللياثنة
45	el-Lijjâle	الليالة
	M	م
47	Mâḏi	ماضى
1 304	el-Ma'mûn	المامون
116, 329	Mbârek	مبارك
50	ḏiwi Mbârak	مبارك ,ذوى
54	'ejâl Mbârak	مبارك ,عيال
39	'ajlet abu Mbârek	مبارك ,عيلة ابو
101, 102	el-Mbejḍîn	المبيضين
99	el-Matârwe	المتاروة
2/2 246	b. aṭ-Ṭajjeb, el-Mutanabbi	المتنبّى ,ابن الطيب
43	el-Meǧâ'îm	المجاعيم
101	el-Mǧâmi'ijje	المجامعية
108	el-Meǧâwle	المجاولة
1 125, 139, 141, 326, 2/1 155, 3 66, 67, 86, 90, 97, 401, 403, 411	el-Meǧâlje	المجالية
119	el-Meǧḥen	المجحن
119	el-Mḥâreb	المحارب
60	Maḥâzîz	محازيز
54	el-Maḥâsne	المحاسنة
33, 69	Maḥâfẓe	محافظة
54, 85, (Kr) 101	el-Maḥâmîd	المحاميد
219	Muḥsen	محسن
235	Muḥsen el-Hazzâli	محسن الهزالى
79	šêḫ es-Sardijje, Maḥfûẓ	محفوظ ,شيخ السردية
1 234, 252	Mḥammâd al-Ḥamîdi	محماد الحميدى
2/1 41, 3 (Šḫ) 113, 119, 350, 351	eš-šêḫ Mḥammad	محمد ,الشيخ
121	beni Mḥammad	محمد ,بنى
2/1 266, 3 52, 240, 242	Mḥammad b. Ǧâd	محمد بن جاد
121	Mḥammad walad Ǧerîr	محمد ولد جرير
1 86, 89, 91, 100	Mḥammad el-Ḥamîdi	محمد الحميدى
1 85	Moḥammed el-Ḫomisi	محمد الخمسى بن على
337	Mḥammed ed-Dajjât	محمد الديات
51	ḏiwi Mḥammad	محمد ,ذوى

Seite		
2/1 215, 217, 222, 228, 229	Mḥammad abu Sâlem	محمد ابو سالم
90, 399	Mḥammad Sa'id Bâša	محمد سعيد باشا
236	Mḥammad b. Smejr	محمد بن سمير
244, 245, 246	Mḥejsen aš-Šarâri	محيسن الشراري
47	eš-šôḫ Mḥammad	محمد، الشيخ
2/1 271, 3 402, 408	šêḫ beni 'Aṭijjo, Mḥammad	محمد شيخ بنى عطية
2/1 198, 199, 200, 201, 212	Mḥammad eṣ-Ṣûfi	محمد الصوفى
337	Muḥammed abu Ṭâha	محمد ابو طاهة
401	Mḥammad abu-ṭ-Ṭjûr	محمد ابو الطيور
86, 87, 90, 402, 404, 409, 410	Mḥammad b. 'Abdel-ḳâder	محمد بن عبد القادر
2/1 181	Mḥammad al-'Azzâmi	محمد العزامى
2/1 38	Mḥammad b. 'Awde	محمد بن عودة
54, (Mu) 56, (Kr) 101, 102	'ejâl Muḥammad	محمد، عيال
116	Mḥammad b. Fâjez	محمد بن فائز
1 93, 162, 3 288	Mḥammad al-Ḳurajši	محمد القريشى
2/2 51, 52, 170, 173, 174, 175, 215, 223, 235	Mḥammad abu Mindil	محمد ابو منديل
319	Muḥammad Ḳaššâš	محمد قشاش
2/1 243	Mḥammed abu Hzajjel	محمد ابو هزيل
42, 63	el-Mḥamdijjîn	المحمديين
41	el-Mḥammûd	المحمود
1 124, 128, 131, 132, 135, 137	Maḥmûd el-Ḥamîdi	محمود الحميدى
2/1 200, 204, 207, 210, 211	Maḥmûd b. Mḥammad	محمود بن محمد
64, 65	el-Maḥmûdijjîn	المحموديين
63	el-Mḥejsen	المحيسن
68	el-Maḥâtre	المخاترة
98	el-Madâḥde	المداحدة
106	el-Madâšle	المداشلة
84, 99, 100, 101, 108, 386	el-Mdânât	المدانات
109	el-Madâjne	المدائنة
45	diwi Mudaḫḫol	مدخل، ذوى
112	el-Medleğ	المدلج
29	el-Mdûn	المدون
2/1 307, 2/2 246, 3 36	banu Midjan	مدين، بنو
46	el-Madâkîr	المذاكير
218	Medwed	مذود
108, 119	el-Meḏwed	المذود
235	Miḏzwed el-Ḫrejša	مذود الخريشة

Seite		
66	el-Marâğîn	المراجين
67	Marâḥbe	مراحبة
39	el-Marâḥle	المراحلة
66	el-Marâzḳe	المرازقة
30, 108	Marâšde	مراشدة
108	el-Mrâjḥe	المرايحة
57	Marâ'în	مراعين
39, 54, 118	el-Merâ'je	المراعية
44	el-Marâmje	المرامية
63	el-Marâhfe	المراهفة
63	el-Mrâjât	المرايات
65	el-Marâjṛe	المرائغة
69	el-Marâjḥe	المرايحة
337	Marzûḳ eṣ-Ṣarâjre	مرزوق الصرائرة
218	Merğed	مرجد
50, 210	Miršid	مرشد
56, 65, (Kr) 101, 110, 118	'ejâl Mar'i	مرعى ,عيال
116	Mar'i b. Fâjez	مرعى بن فائز
64	ḳowm b. Mrêḥîl	مريحيل ,قوم بن
69	Mrejdât	مريدات
43	Mrej'ât	مريعات
1 119, 3 287, 330, 386	Marjam el-'Aḏra'	مريم العذراء
319	Mirjam el-Maṣrijje	مريم المصرية
40	el-Mezâṛîl	المزاغيل
120	el-Mezâhîf	المزاهيف
54	el-Mezâjde	المزائدة
97	Miz'el	مزعل
54	al-Mizene	المزنة
46	el-Muzajna	المزينة
29	el-Masâdre	المسادرة
100	Msâ'ede	مساعدة
110	Masâ'fe	مساعفة
60	al-Mesâ'îd	المساعيد
29	Msâ'idijjîn	مساعديين
33	Masâmḥe	مسامحة
38	al-Masâmre	المسامرة
108	el-Mesânde	المساندة
99	'ejâl Mis'ad	مسعد ,عيال

Seite		
60	Mas'ûd	مسعود
72	al-Mas'ûdi	المسعودى
43, 65	Mas'ûdijjîn	مسعوديين
218	Mislaṭ	مسلط
78	Muslim abu Rbêḥa	مسلم ابو ربيحة
99, 112	'ejâl Msallam	مسلم ,عيال
407	Msallam eḍ-Ḍarâbe'e	مسلم الضرابعة
100, 107	el-Mesannât	المسنات
62	el-Msê'îdijjîn	المسيعيديين
75	el-Mesajjek	المسيك
123	el-Msêmîr	المسيمير
54, 58, 110	el-Mešâ'ele	المشاعلة
40	al-Mašâhre	المشاهرة
42, 49, 65	el-Mašâhîr	المشاهير
123	al-Mašhûr	المشهور
81	Mšêrik abu R'ijje	مشيريق ابو رعية
30, 45	Muṣâbḥe	المصابحة
97, (Kr) 100, (Md) 107	el-Maṣârwe	المصاروة
29, 108	el-Maṣâlḥe	المصالحة
53	el-Muṣabḥijjîn	المصبحيين
31, (Tr) 33	el-Maṣrijjîn	المصريين
1 85	Muṣṭafa b. Aḥmad	مصطفى بن احمد
97	'ejâl Muṣṭafa	مصطفى ,عيال
2/1 39, 3 191, 375, 378, 393, 401, 407, 408, 409, 410, 411, 441	Miṣleḥ abu Rubbâḥ b. Mḥammad el-Meǧalli	مصلح ابو رباح بن محمد المجلي
35	Miṣleḥ b. Rabbâb	مصلح بن رباب
102	Meḍâ'in	مضاعين
287	Maḍ'ân	مضعان
39	al-Maṭârkijje	المطارقية
68	el-Maṭârne	المطارنة
53, 54, 310, 386	el-Maṭâlka	المطالقة
29	el-Maṭâwijje	المطاوية
108	el-Maṭâjbe	المطايبة
218	Maṭar	مطر
219	Muṭlak	مطلق
54	awlâd Maṭlak	مطلق ,اولاد
97, (Kr) 102	'ejâl Maṭlak	مطلق ,عيال
46	Mṭûr	مطور

Seite		
44	el-Meṭûl	المطول
116	el-Mṭejr	المطير
314	Mṭejr el-Faṭîr	مطير الفطير
46, 118	Mṭejrât	مطيرات
110	Mṭêrijjîn	المطيريين
235	Ma'ârek	معارك
97	el-Ma'âsfe	المعاسفة
218	Ma'âḳer	معاقر
50, 69	el-Ma'âḳle	المعاقلة
100	Ma'âčiz	معاكيز
52, 56, 117	el-Ma'ânijje	المعانية
109	el-Ma'âwîd	المعاويد
62	Ma'âwîs	معاويس
2/1 309	Mu'âwija b. Abi Sufjân	معاوية بن ابى سفيان
67, 85, 88, 97, 98, 330, 335	el-Ma'âjṭa	المعايطة
100, 106, 107, 109	el-Ma'âje	المعاية
123	ibn Mi'ǧel	معجل ,بن
51	'ejâl Mu'alla'	معلا ,عيال
118	al-M'êdi	المعيدى
109	el-Ma'jûf	المعيوف
331, 332	arba'în Maṛâzi	مغازى ,اربعين
34, 70, 310	el-Maṛâṣbe	المغاصبة
40	el-Muṛannamijjîn	المغنميين
119	Mufâwar b. Hdêres	مغاور بن هديرس
218	Mifleḥ	مفلح
175	Mifleḥ b. al-Fâjez	مفلح بن الفائز
54	Maḳâble	مقابلة
32	el-Maḳâṭ'e	المقاطعة
55, (Hǧ) 64, (Kr) 101	al-Miḳbel	المقبل
101	ḳowm el-Mḳermez	المقرمز ,قوم
329	Mḳejbil	مقيبيل
49	el-Makâkwe	المكاكوة
2/1 328, 61, 312, 318	el-Malâḥim	الملاحيم
42	el-Malâṭe'e	الملاطعة
29, 30, 310	el-Malâlḥe	الملالحة
60	'ejâl Mal'ab	ملعب ,عيال
1 59	al-Malek al-'Âdel	الملك العادل
1 212	al-Malek al-Mu'aẓẓam	الملك المعظم

Seite
34 . . . . . el-Mlêḥijjin . . . . . الملحيين
111 . . . . . Mlêfijjin . . . . . مليفيين
55, 60 . . . . . el-Menâǧe'e . . . . . المناجعة
118 . . . . . al-Mnâḥi . . . . . المناحي
29 . . . . . el-Manâdil . . . . . المناديل
66 . . . . . el-Manâsje . . . . . المناسية
110 . . . . . el-Manâṣin . . . . . المناصين
240, 242 . . . . . Manâḍir . . . . . مناضير
110 . . . . . Manâ'se . . . . . مناعسة
65 . . . . . Mannâ' . . . . . مناع
64, 65, (Hǧ) 88 . . . . . Mannâ'ijjin . . . . . مناعيين
119, 218, 239 . . . . . al-Mnâwer . . . . . المناور
117 . . . . . Mnâwar b. Fahhâr . . . . . مناور بن فهار
32, 65 . . . . . el-Manâj'e . . . . . المنائعة
76, 77 . . . . . al-Mundir . . . . . المنذر
68 . . . . . abu Munêzel . . . . . منيزل ,ابو
68 . . . . . el-Mahânje . . . . . المهانية
63 . . . . . el-Mhâjre . . . . . المهائرة
44 . . . . . el-Mahâjne . . . . . المهائنة
219 . . . . . Mehrâs . . . . . مهراس
44, 118 . . . . . Mhanna . . . . . مهنى
50 . . . . . ḍiwi Mhanna . . . . . مهنى ,ذوى
110 . . . . . Mhejrât . . . . . مهيرات
67 . . . . . el-Mawâǧde . . . . . المواجدة
109 . . . . . el-Mawâzre . . . . . الموازرة
33 . . . . . Mawâsḥe . . . . . مواسحة
103 . . . . . el-Mawâḍje . . . . . المواضية
50 . . . . . el-Mawâhib . . . . . المواهيب
386 . . . . . al-Môḥ . . . . . الموح
118 . . . . . al-Môr . . . . . المور
39, 49 . . . . . al-Mawasa . . . . . الموسى
2/1 162, 307, 2/2 246, 3 36, 39, 286, 330 . . Moses . . . . . موسى عم
53, (Kr) 101 . . . . . 'ejâl Mûsi . . . . . موسى ,عيال
105, (Bl) 120 . . . . . el-Mûsa . . . . . الموسى
2/2 246 . . . . . Môše . . . . . موشى
411 . . . . . ibn Mwêres . . . . . مويرس ,بن
340 . . . . . Mwêḍije . . . . . مويضية

N ن

Seite		
39	'ajlet abu Nâdi	نادى ,عيلة ابو
218	Nâṣer	ناصر
110	en-Nâ'ûr	الناعور
387	abu Nâjef	نائف ,ابو
39	an-Nabâbre	النبابرة
2/1 231, 233, 3 33	en-Nabâ'ât	النباعات
29	en-Nebâhîn	النباهين
209	ibn Nebhân	نبهان ,بن
38, 41	an-Ntûš	النتوش
55	Naǧâǧme	نجاجمة
108	en-Neǧâda'	النجاداء
33	Neǧâlje	نجائلة
45, (Ḥṭ T) 49	Neǧâmât	نجامات
63	en-Naǧarât	النجرات
32, 33	Naǧamât	نجمات
66	en-Neǧêdijjin	النجيديين
331	en-Naḫrûr	النخرور
218	Neda'	نداء
68	Nasamât	نسمات
56	en-Nis'e	النسعة
218	Naṣṣâr	نصار
69	en-Naṣṣâr	النصار
401	Naṣṣâr b. 'Awde	نصار بن عودة
58	Nṣârât	نصارات
87, 97, 98, 99	en-Naṣâra	النصارى
39, 110	an-Naṣâṣre	النصاصرة
49	an-Naṣâjre	النصائرة
99	Naṣrâwîn	نصراوين
3 27	Naṣîr	نصير
29, 30, (Ḥṭ T) 48, 49	en-Nṣêrât	النصيرات
39	an-Nṭejlât	النطيلات
97	en-Noẓâmijje	النظامية
106	en-Na'âmin	النعامين
61	Na'ân'e	نعانعة
65	No'ra'	نعراء
1 320, 3 29, (Th) 83, 52, 53, 64, 65, (Ḥn) 66, 76, ('Ab) 111, 330, 407	Na'êmât	نعيمات

Seite		
55, 61	Na'êmât eš-Šora'	نعيمات الشراة
41	an-Naṛâmše	النغامشة
47	en-Nḳûz	النقوز
33	an-Nḳejzât	النقيزات
218	Nimr	نمر
112, 118	an-Nimr	النمر
235	Nimr el-'Adwân	نمر العدوان
117	Nimr b. Ḳnê'ân	نمر بن قنيعان
103	alîd en-Nims	النمس ,اليد
70	en-Nmûr	النمور
105	en-Nmêsât	النميسات
32	en-Nmejlât	النميلات
34	en-Nawâǧje	النواجية
401	Nuwwâs	نواس
39, 41, 43, (Tw) 45, (Ḥt) 53, (Mn) 56, (Ḳw) 70	an-Nawâṣre	النواصرة
41, 104	Nwâf'e	نوافعة
58, 118	en-Nwâfle	النوافلة
40	Nwâjre	النوائرة
100, 101, 303	en-Nawâjse	النوائسة
70	an-Nawâjše	النوائشة
2/1 292, 3 228, 318	Nwar	نور
287	Nûḥ	نوح
1 212	Nûreddîn	نود الدين
2/2 248	Nûr inšâh	نور انشاء
218	Nûrân	نوران
119	an-Nowfal	النوفل
119	Nôfal b. Farraǧ	نوفل بن فرج
33	Nwêb'e	نويبعة
49	an-Nwêǧ'ât	النويجعات
218	Nwêrân	نويران
119	an-Nwêrân	النويران
34	en-Nwêrjjîn	النويريين
235	abu Nwêṣer	نويصر ,ابو
219	Nwêṭeh	نويطح
49	Nwêfel	نويفل
45	en-Nijaṣa'	النيصاء

Ḫ خ

Seite		
219	Hâres	هارس
2/1 41, 161, 199, 285, 3 113, 115, 286, 305, 330, 334	Hârûn	هارون
104	el-Hâšem	
2/1 309	banu Hâšem	هاشم ,بنو
1 173, 177, 188, 190, 215, 219, 294, 304, 305, 309, 310, 316, 350, 3 116, 196, 218, 269, 270, 391	Hâjel b Fendi b. al-Fâjez	هايل بى فندى بن الفائز
111	el-Habârne	الهبارنة
61, 111	Habâhbe	هباهبة
41	Hbêṭijjîn	هبيطيين
32	Htêm	هتيم
122	Htêma	هتيمة
218	Hağr	هجر
64, 405	Hedâjât	هدايات
218	Hadbân	هدبان
53	el-Hedbân	الهدبان
108	el-Hdêb	الهديب
43	el-Hdêbuwwât	الهديبوات
39	al-Harâbde	الهرابدة
219	Harrâs	هراس
2/2 246		هروسيس
105	el-Hrûṭ	الهروط
51	el-Hrûf	الهروف
30, 304, 332	abu Hrêra	هريرة ,ابو
70, 71	Hazzâ' en-Nuṣejri	هزاع النصيرى
36, 39, 209	Hzejjel	هزيل
40	el-Hzejlijjin	الهزيليين
218	Hazîm	هزيم
1 210	ḫalîfa Hišâm	هشام
121	al-Hešîm	الهشيم
51	el-Hšejmât	الهشيمات
64	el-Haṭlât	الهطلات
1 302, 305, 3 118, 119, 341, 399, 411	al-Hḳejš	الهقيش
122	beni, Helâl	هلال بنى
235	Helâl el-Ma'âni	هلال المعانى
56, (Lj) 58, (Tf) 63, (Kr) 98, (Md) 106	el-Halâlât	الهلالات

Seite		
50	el-Helbân	الهلبان
84, 88, 99, 330	Halasa'	هلساء
235	Hlejjel el-E'mâwi	هليل الاعماوى
48	el-Hlêlijjîn	الهليليين
2/1 265, 3 328	Hamm abu Ẓebijje	هم ابو ظبية
50	el-Hmur	الهمر
111	Himlân	الهملان
44, 310	el-Hmêsât	الهميسات
47	el-Hendâwi	الهنداوى
102	el-Hawârîn	الهوارين
219	Hawwâs	هواس
29, 39, 43	el-Hwâšle	الهواشلة
40	al-Hwâšme	الهواشمة
65	el-Hawâmle	الهواملة
65, 105	el-Hawâwre	هواورة
104	el-Hawâwše	الهواوشة
62	Hawade	هودة
61	el-Hajâz'e	الهيازعة
218	Hejdar	هيدر

W		و
50	al-Wâbṣe	الوابصة
318	al-Wâbṣi	الوابصى
120	el-Wâbṣijje	الوابصية
218	Wâdi	وادى
66	ḳowm b. Wâdi	وادى ,قوم بن
42	el-Wâfijje	الوافية
218	Wâčed	واكد
44	el-Wuǧûǧ	الوجوج
51	el-Waḥše	الوحشة
2/1 239, 3 37, 38, 73, 74, 247	Wḥêdât	وحيدات
2/1 215, 3 247	Wḥêdi Ḥosejni	وحيدى حسينى
33	el-Wḥajšât	الوحيشات
108	el-Waḫjân	الوخيان
218	Wad'ân	ودعان
112	el-Warejčât	الوريكات
380	Waḍḥa'	وضحاء
235	el-Wḍejḥi	الوضيحى

Seite
32 . . . . . el-Waḳâḳde . . . . . الوقاقدة
218 . . . . . Walmân . . . . . ولمان
2/1 308 . . . . . al-Walîd b. 'Abdelmalek الوليد بن عبد الملك
1 210, 211 . . . . . al-Walîd b. Jazid . . . . الوليد بن يزيد
108 . . . . . el-Wendijjîn . . . . . الونديين
63 . . . . . el-Whêbât . . . . . الوهيبات
50 . . . . . el-Wêbân . . . . . الويبان
176 . . . . . Wejsi . . . . . ويسى

J ى

85 . . . . . ibn Jâser . . . . . ياسر ,بن
47, 102 . . . . . 'ejâl Jâsîn . . . . . ياسين ,عيال
111 . . . . . Jâṣğijje . . . . . ياصجية
43 . . . . . el-Jetâma' . . . . . اليتاماء
2/1 306 . . . . . Juḥanna b. Ru'ba . . . يحنة بن روبة
1 394 . . . . . Jaḥja b. Ṣâleḥ . . . . يحى بن صالح
337 . . . . . Jaḥja eṣ-Ṣarâjre . . . . يحى الصرائرة
2/1 310 . . . . . Jazîd b. Abi Sufjân يزيد بن ابى سفيان
2 211 . . . . . Jazîd b. 'Abdelmalek يزيد بن عبد الملك
1 233 . . . . . Jazîd b. el-Walid . . . يزيد بن الوليد
63, 64 . . . . . Jisâr . . . . . اليسار
39 . . . . . Jesara' . . . . . اليسراء
111 . . . . . el-Ja'ḳûb . . . . . اليعقوب
322 . . . . . Ja'ḳûb eṣ-Ṣunnâ' . . . يعقوب الصناع
105 . . . . . el-Jemûn . . . . . اليمون
64 . . . . . el-Jamîn . . . . . اليمين
2/1 306, 308 . . . . . al-Jehûd . . . . . اليهود
40 . . . . . al-Jwasfe . . . . . اليوسفة
97, 99 . . . . . 'ejâl Jûsef . . . . . يوسف ,عيال
1 61, 2/1 307 . . . . . Jûšû' b. Nûn . . . . يوشوع بن نون
61 . . . . . abu Jûnes . . . . . يونس ,ابو

Sachregister.

Aarons Grab, Verehrung 2/1 41; Beschreibung 113 ff.; Besuch 334 f.

Aasgeier, heilig, sein Fleisch Heilmittel 2/1 38.

Abendessen auf einem Kriegszuge 382.

Abhärtung 13.

Abraham, Steinhaufen errichtet zu Ehren A.s 166; A. hilft dem Ackersmann 3 297; A.s wird gedacht auf der Tenne 301, 304.

Ackerbau, Hohe Stufe des A.s 2/2 223, 3 293 ff.; Getreidearten 294; Vorbedingungen des A.s 295 f.

Ackerland 1 4, 5, 7, 19, 20, 35, 42, 72, 73, 78, 87, 94—96, 106, 112, 125, 128, 138, 146, 151, 156, 164—167, 218, 220, 234, 245, 246, 251, 259, 266, 330, 331, 354, 375, 397; 2/1 21, 182, 217, 299; 2/2 18, 30, 57, 68, 83, 87, 152, 159, 161, 225, 242; Arten des A.es 3 294.

Ackern, Zeit und Weise des A.s 296 f.

Adoption 26, 349 f.

Aegypten und Syrien, Grenze 2/1 211, 2/2 63.

Ahnherren, werden verehrt 329; auf ihren Gräbern wird geopfert 329.

Ähren lesen 1 157.

Akazien 15.

Àl-Erscheinung 4 f.

Alaun 1 19.

'Alja', Anführerin 1 245.

Altarnischen bei Petra 2/1 50; mit einem Adler 52; 53, 70, 74, 76, 91, 94, 133, 134, 135, 147, 149, 150.

Amulette 314 f., 417.

Angstzeichen, Schwingen des Ärmels 1 305.

Ansässige, den Kamelzüchtern verhaßt 158, 177.

Ansiedlung, Vorbedingungen 2/2 101—103.

Antilopen 19.

Antimon 1 18.

'Araba, Lage 2/1 251 f., 2/2 182 f.; Formation 2/1 17 f., 2/2 187 ff., 199, 204.

'Aran-Bäume liefern Gerbstoff 1 95.

Arme, während der Ernte 300; auf der Tenne 307.

Armut 253.

Arzt Bṡejr 1 33, 144.

Ärzte 412.

Asphaltquellen 1 162.

Aufklärer besichtigen die Wasser- und Lagerplätze 1 206, 3 376.

Ausrüstung 1 26, 27, 124, 176 f., 219 f., 294; 2/1 215.

Ausstoßung aus einem Stamme 60, 335; A. des Vater- oder Brudermörders 36.

Auswanderung eines Stammes 70 ff., 77.

Bach, der 2/2 53, 62.

Backofen, Beschreibung 132 f.

Badeanlage, alte 2/2 79 f., 81, 106, 207.

Bart 159; Abschneiden des B.s 161; B. Zeichen der Mannbarkeit 180; Färben des B.s 197; der Anführer rauft sich den B. aus 390.

Baum, heiliger, mit verschiedenen ex Voto-Gegenständen behangen, die in seinem Schatten aufbewahrten Gegenstände dürfen nicht entwendet werden 1 87, 131, 133; man darf von ihm keinen Ast abschneiden 236, 335, 364, 375, 396; 2/1 35, 251; — stößt Drohungen aus 259; 2/2 19, 54, 176, 179, 180, 208, 330; Geister wohnen in den heil. Bäumen 325 f.

Baumstrunk als heiliger Pfahl 2/1 281 f., 285.
Beamten 2/1 257, 259, 270 f., 326 f.; 2/2 52, 57, 60, 66; B. und Beduinen 2/1 326.
Begräbnis 424, 426.
Begräbnisplätze, auf Hügeln 1 206, 237, 249, 269; 2/1 324; B., welche bevorzugt werden 3 424.
Beduine, sein Hang zum Kriege 369; persönlicher Mut 370.
Beduinen (Araber), Einteilung 3 23; im fremden Gebiet furchtsam 2/2 213; ihre Seelen kommen in die Unterwelt 3 449; B. und Fellâḥîn 2/1 279 f., 3 22; B. sind bei den F. verschuldet 86.
el-Belḳa', Ausdehnung 1 1.
Beischlaf untersagt 208.
Besessene 92, 322.
Besiegte, Los der B.n 240 f., Heimkehr 392.
Besitz einzelner Sippen 117.
Beten, die Beduinen beten sehr selten 2/1 203, 248.
Bettler 307.
Beute, Teilung der B. 375 f.; wird ersehnt 393 ff.
Bienen 21.
Blattern und Pocken 412.
Blick, böser, seine Eigenschaften 3 314; Folgen, Schutzmittel dagegen 223, 315; kann einen Stein zum Bersten bringen 2/1 154.
Blondes Haar 201.
Blut, soll nicht gegessen werden 3 150; ausgespritzt auf die „Mutter des Regens" 9; bestes Schutzmittel gegen alles Böse 313; schützt den Hirten vor dem Räuber 314; über der Tür eines neuerbauten Hauses 1 372; mit dem B.e eines Opfertieres wird die Türschwelle bestrichen 3 417; mit dem B.e des Ḫelijje-Opfers, wird Bräutigam und die Braut besprengt 195, 206; ein am Freitag geborenes Kind muß mit dem B.e eines Opfertieres besprengt werden 215; ein neugeborener Knabe wird am ersten Tage mit dem B.e eines Opfertieres auf dem Scheitel gesalbt 216; mit dem B.e des Opfertieres wird der Grabstein bestrichen 329; Ecken des Grabes bestrichen 331; Gräber werden mit dem B.e besprengt 450 f.; B. läßt man auf die Höcker der erbeuteten Kamele tropfenweise fallen 395.
Blutflecke auf einem heiligen Grabe 1 90, 91.
Blutpreis 366 ff.
Blutrache, Grundsätze der B. 3 359; Verpflichtung zur B. 359 f.; keine B. 360; Entstehung der B. 361; Flucht des Mörders 361; Verhandlungen 361 f.; Waffenstillstand 362; Blutpreis 366 f.; Frauen und B. 368; Tiere und B. 368 f.; Aufforderung zur B. 439 f.; ein der B. Verfallener 2/2 156.
Blutsverwandtschaft bildet die Grundlage des Stammes 25 f.
Boden, anbaufähiger, Bezeichnungen 294.
Brautwerbung bei den Arabern 180 ff.; bei den Fellâḥîn 182.
Brautpreis, Verhandlungen bezüglich des B.es 181, 183, 184.
Braut, bekommt Geschenke 185, 186; wird gewaschen und geschmückt 188; wird besprengt mit dem Blute des Opfertieres 195; flieht 206; ihr Schicksal, wenn sie keine Jungfrau mehr ist 208.
Bräutigam, verteilt Geschenke 187; B. und sein Freund 194; hält den krummen Kamelstab 195.
Brautleute, Namen der B. 196.
Brautsug 190.
Brachliegen des Bodens 298.
Braunfärbiger Jüngling 192, 300.
Brot, Mißbrauch des B.es 1 36, 3 145 ff.; B. ist ein Leckerbissen 148; gesäuertes B. 148; Arten des B.es 148.
Brücken, alte 1 79, 84, 2/1 36, 48, 68, 104.
Bruder, weiter Begriff 2/1 34.
Brustkranke 412.
Brunnen, alte, in 'Amra 1 222 f.; in 'Ar'ara 2/1 194; in 'Aslûǧ 165, 2/2 75; in el-'Awǧa 90, 96; bei Bir es-Seba' 2/1 165; des Ibn Turkijje 2/2 71; in el-Ḥafîr 154; in el-Mâjin 169; bei aṭ-Ṭûba 1 309; Herstellung der B. im w. aṭ-Ṭamad 297 f.; Streitigkeiten bei den B. 2/1 32 2/2 40; unversiegbarer B. 3 240, 248.
Butter aus der Kamelmilch 142.
Buttern 143 ff.

Cholera, Pässe überwacht bei Ch.-Gefahr 2/2 210, 221, 230.
Chorgesänge 197f., 199f., 202f.
Christ, bei den Fellâḥîn verhaßt 2/1 223, 224, 315.
Christen, ihre Seelen kommen in die Unterwelt 3 449; ihr Gedächtnistag der Toten 453; Ch. wohnten in al-Mwakkar 1 194, in el-W'ejra 3 58; tote Ch. erscheinen in Fênân 2/1 156; Ch. in el-Kerak, kurze Geschichte 3 76, 91; ihr Besitz 1 28, religiöse Übungen 35; Gründung der Christengemeinde in Mâdaba 1 113, 3 107; Ch. und Muslime rufen Jesus Christus an 297, 316, machen das Kreuzzeichen auf dem Kornhaufen 304.
Christliches Grab in Dejr el-Belaḥ 2/1 221.

Datteln, gute in Dejr el-Belaḥ 2/1 220.
Dank nach dem Essen 354.
Dichter, seine Arbeit 233; wird gelobt 435; berühmte D. 235.
Dieb 347f., wann er ungestraft getötet werden kann 360.
Dolmen 1 257, 267, 2/1 47.
Dörfer, Möglichkeit ihrer Erhaltung 2/1 282, Ursache des Unterganges 3 59.
Dreschschlitten 301.
Durchzug durch fremdes Gebiet, Verhandlungen betreffs des D.es 2/1 27, 236, 243, 2/2 154, 178; Verweigerung des D.s 2/1 183ff.; führt zu Streitigkeiten 2/2 197; unerlaubter D. und seine Folgen 3 369, 408.
Ḍura-Arten 294f.
Durst 13, 158.

Edom, Ausdehnung 2/1 1.
Egel in 'ajn Sa'îde 1 247.
Ehe, Vollziehung der E. 206.
Ehebruch 210.
Ehehindernisse 178.
Ehepflicht 207.
Eherecht 211ff.
Eheschließung, Tag der E. 196; E. geschieht durch das Blut des Ḥelijjeopfers 195, 205.
Ehre, Verlust der E. 358.
Eichenbäume, ihre Vernichtung 1 88, Eichengebüsch 95.

Eigentum, woraus es besteht 254, E. der Frau 212.
Eingewanderte Stämme 27.
Eingeweide „von Trauer durchschnitten" 436.
Einkünfte der Häuptlinge 336.
Einsiedelei bei el-Kerak 164; in abu Stâr 235; bei 'ujûn Mûsa 346; bei Petra 2/1 50, 137, 138; bei el-Mwêleḥ 2/2 161.
Einwohner, Einleitung 22ff.
Elias, heiliger, Patron des Regens 8; hl. E., Ḥasan und Ḥosejn helfen beim bösen Blick 317.
Engel wohnen in arḍ el-Mrêwiḥ 2/2 156; acht E. tragen die Sonne 3 312; E. kommen in der ersten Nacht zum Toten 452.
Entjungferte Braut 208.
Entführung 174, 210.
Entlassung der Frau 212f.
Erbrecht 213; Erbstreitigkeiten 349.
Erdbeben, seine Folgen 1 247.
Erdpech 1 18.
Erinnerungszeichen 72, 81, 83.
Ermordete, das Los ihrer Seelen 449; E. sollen kühles Wasser trinken 439; Klagelieder über E. 439ff.
Erstes Maß auf der Tenne 304.
Erstgeburt der Ziegen und Schafe „wird vor einen Heiligen gestellt" 286.
Essen, Aufforderung zum E. und Dank für E. 354, 355; E. während der Verhandlungen über die Beilegung der Blutrache 362f.
Esel, Zucht 291, Preise 292f.
Ernte im Ġôr 1 160; Zeit und Weise der E. 3 298, die Armen während der E. 300; Begraben der letzten Garbe 301.
Ersatz für ein Pferd 277, für gestohlene Tiere 348, für ein absichtlich getötetes Tier 369.
Eule, Augen der E. als Amulette 315; in jeder E. wohnt ein Geist 324.
Euterbinden 140.

Fahne, vor der Hochzeit 197; mit Straußfeder und weißem Tuche vor der Beschneidung 219; schwarze, Zeichen der Ehrlosigkeit, weiße, der wiedererlangten Ehre 209; im Kriege 376.
Familienrecht 334.

Fasten 228.
Feigenbäume 1 66, 73, 133, 170, 256, 260, 2/1 39, 220, 222, 316; Benennungen der Feigen 3 15.
Feigheit, verspottet 250f., 252, 375, 410.
Feinde werden im Grabe verflucht 450.
Fellâḥîn und 'Araber (Beduinen) 3 22; eingewanderte F.: mehrere Geschlechter der Terâbîn 32, mehrere Geschlechter der Tijâha 41, el-Lijâtne 57, mehrere Geschlechter der Kerakijje 84f.; einheimische F.: ed-Dijârne 30, es-Shejlâwijje 30, al-Ḳelâ'ijje 31, 'Aḳabawijje 47, ar-Rawâǵfe 55, Ma'ânijje 56, eš-Šôbakijje 61, 'Aṭ'aṭa 61, Ḥamâjde von Buṣejra und Ṣenefḥe 62, Ǵwâhre 63, Ṭawâbje 63, el-Bṭûš 66, el-'Arâḳijje 66, Ramâḍne 67, Ḳawârne 69, el-Kerakijje 84ff., Bewohner von Mâdaba 106; Einteilung der F. ihre Eigenschaften 3 23ff.; persönlicher Mut 369f.; F. werden verspottet 158, 178; sind an Wasser und Gemüse gewohnt 2/2 43; ihr gemeinschaftliches Gastzelt 3 356; Klagelied über einen Fellâḥ 448.
Feld, Veräußerung der F.er 293; F. als Privateigentum 293; Teilung des F.es 87, 293f.; Namen 294, Verpachten 295; Namen des geackerten Landes 296, Säen 297; Feldfrüchte werden bedroht 298; Ertrag des F.es 306f.
Feldarbeiter 295f.
Feldfrüchte als Nahrung 137.
Feldherr, seine Rechte und Pflichten 371.
Feldmiete 295f.
Feldpächter, unredlicher 2/1 216f.
Felle als Kleidung 123.
Festungsanlagen zur Überwachung der Zugänge aus der Wüste 1 31, 36, 37, 44, 80, 81f., 110, 111, 142, 145, 250, 353, 367, 2/1 31f., 2/2 226, 232, 234.
Fettstücke als Leckerbissen 149.
Feuerloch 130.
Fieber 2/1 220, 2/2 192ff., 3 412.
Fische 21
Fleisch, symbolisches Essen des F.es einer Person 3 71; F. in Milch gekocht 2/1 39, 3 149.
Fleischspeisen 148ff., Zubereitungen von F. 149, beste Stücke 149; Verbot gewisser F. 150; Seltenheit der F. 155.
Flöhe 20.
Flöten 232.
Fluch in poetischer Form 238; F. gegen den Nachbar 286, gegen den unredlichen Finder eines Tieres 288 f.
Fluchformeln 160.
Flucht des Mörders und seiner Verwandten vor der Blutrache 361, 364f.
Frauen hüten Ziegen 2/1 207, werden oft bei der Tränke mißhandelt 203; Haltung des Körpers beim Gange 3 172; verheiratete F. können an ihren Liebhaber abgegeben werden 175; Verehrer der F. wird verspottet 178; Zahl der F. unbeschränkt 207; fünf F. 193; neuvermählte F. dürfen sieben Tage ihre Wohnung nicht verlassen 195; Strafe für die Flucht der F. 182; Arbeiten der F. 211, Züchtigung 211, Entlassung 212f., Verbot des Verkaufes 213, Schwangerschaft der F. und der Kalb-Stern 313; F. werden des Nachts von Geistern bedroht 323; dürfen Schutz gewähren 345; Unverantwortlichkeit des Mannes für den von seiner Frau begangenen Totschlag 368; Erbrecht der F. 350; kluge F. 351, 437; sterbende F. 423; F. besuchen das Grab am Tage nach dem Begräbnisse ihrer Verwandten 429; Klagelieder über tote F. 437.
Freiheit, Verzicht auf eigene F. als Blutpreis 367f.
Freigebigkeit 177, 193, 220.
Freilassung der Sklaven 225.
Freitag, am F. geborenes Kind 215.
Freund des Bräutigams 205.
Friedensschluß 396ff.
Frost 12.
Früchte von Terebinthen und 'Ar'ar werden gegessen 2/1 37.
Führer, betrügerischer 2/2 170, 173f.
Fußbekleidung 167.

Gabel 302f.
Gähnen 317.
Gartenanlagen, alte 1 250, 376, 2/1 33, 36, in Petra 44, 58, 104, 112, 124, 126, 152, 156, 167, 189, 198, 203, 205, 224, 258, 272, 273, 278, über einigen Gräbern 287, 310, 321, 326; 2/2 34f., 70, 74, 99, 102, 226, 233.

Gartentürme, alte 1 78; 2/1 189.
Gast, sein Recht auf Schutz 357 f.
Gäste, ungebetene 2/1 332, 2/2 197.
Gastfreundschaft, wird gerühmt und durch Errichtung eines Steinhaufens verewigt 1 36, 41; Feuer vor dem Zelte des Nachts als Zeichen der G. 82, 151, 209; Inanspruchnahme der G. im ersten Zelte, an dem man vorbeireitet 2/1 39; Verwehrung der G. 172; Ablehnung der angebotenen G. 180; Unannehmlichkeiten der G. 192, 193; besonders große G. 200, 204; G. bei den Hirten 227; G. soll bezahlt werden 239, 242, 266; G. heroische Tugend 270; G. gekündigt 315; Lagern auf hohen Kuppen Zeichen großer G. 3 189, 220 f., 240, 249; Einschärfung der G. auf dem Sterbebette 422, 430, 434, 437; G. erste Pflicht 351, viele entziehen sich ihr 352; Ankunft der Gäste 353, 354; Gastzelt der Fellâḥîn 356; Versorgung des Reittieres 357; Dauer der G. 357; Pflichten des Gastgebers 155, 357 f.; G. auf einem Ḳazw-Zuge 359.
Gastzelt bei den Fellâḥîn 1 168.
Gazellen 1 166, 2/1 33, 38, 250, 2/2 205; G. im Regen 3 10, 18, als Omen 311; G. besuchen das Grab des Mbârek 329.
Gebete 227.
Gebrochen der Menschen als Omina 311.
Geburt 214 ff., 420.
Gedächtnistag der Toten 451 f.
Gedichte, Ḳaṣâjed 233, Varianten 234, Vortragen der G. 235.
Geduld 13.
Gefallene Krieger 391, 392 f., Klagelieder über G. 441.
Gefangene 391 f.
Gefängnisstrafe 335 f.
Gefundenes Tier 287.
Gehorsam der Kinder 229.
Geige-Rbâba 232.
Geist el-Wâbṣi bringt Mittagessen den Schnittern 2/1 242.
Geist, Ǧânn, seine Eigenschaften 320, wohnt in Schlangen 320, in der Sandhose 4, kann heiraten 320, schadet den neuvermählten Frauen 196.
Geister, himmlische 308 und irdische 319 ff, Sa'lawijje 319, Mâred 320, Ǧânn 320 f.
Geister verkehren mit Menschen 185, können heiraten 321, entführen Mädchen und junge Frauen 321, halten sich in öden, schluchtartigen Gebieten auf 321, erscheinen als Nebelgestalten 322, schaden dem Menschen an seiner Gesundheit 322, 413, bewachen Schätze 322; weibliche G. spielen in der Wüste 323, bewerfen mit Steinen den Reiter 323, stehlen Kinder 323, wohnen in verschiedenen Tieren 424, halten sich mit Vorliebe an bestimmten Orten auf 1 158, 2/1 183, 2/2 185, 205, 208. 3 324.
Geizhals, verspottet 251.
Gerste, Arten 3 294; G. geschnitten 2/1 168, 1 157, 2/1 230.
Gelübde, zu Gunsten des Geliebten 199, 333 ff., vor einem Ḳazw 376, 414.
Gemüse 151 ff.
Genealogie der Sḫûr 116; Wert der G. 247.
Gerben der Felle 137.
Geschenke, ex voto auf einem heiligen Grabe 1 90.
Geschichte des Stammes 233.
Gesetz der Wüste 360.
Gesicht, verhülltes, Zeichen des Mißtrauens 2/1 34.
Gespenster, Ḳôla, zeigen sich unter verschiedenen Gestalten 326, halten sich an verschiedenen Orten auf 327, können heiraten 327, rauben Mädchen 328, fressen Menschenfleisch 328; wohnen in einer Zisterne in der Gestalt einer Schlange 1 129, in einer Höhle 156, in el-Ḥesmi 2/1 265.
Getreide, Arten 294 f., bei den Beduinen sehr selten 72, 154.
Getreidespeicher, alte Zisterne 1 96; ein gebautes Haus 134; G.-löcher 330, 331, 332, 396; G. unter dem Schutze eines Weli 2/1 195, 198, 207, 218, 2/2 65, 70, 3 306.
Gewehre 372.
Gipfel, feuersprühende 2/1 41, 284 f., 2/2 105, 162 3 6.
Gold wird verschluckt 419.
Gott, seine Eigenschaften 308.
Gottesurteil 338, 339.
Grab des Ahnherrn 'Amri, zuerst verehrt, jetzt verflucht 2/1 204, 3 35 f.

Grab, heiliges G. 1 90, 138 f.; 2/1 114, 281, 330 ff.; Herstellung des G.es 3 424, 425; verschiedene Gegenstände werden in und auf das G. gelegt 1 246; 2/2 31, 3 424, 425 f., 450; Besuch und Gruß des G.es 429, 450; Opfer daselbst 451; das G. eines Angesehenen wird weiß getüncht 1 267, 372, 378; G. einer Garbe 3 301.
Gräber der Ahnherren werden verehrt 329.
Gräberanlagen, alte, bei Mâdaba 1 121, 215; in el-Ḳrejjât 133; bei el-Mḫajjet 340; bei el-Kerak 362; bei Ḥesbân 386, 388; in Petra 2/1 45 ff.; als Winterquartiere 47; mit Gärtchen versehen 287; in 'Abde 2/2 127 ff.
Granatapfel, die Braut zerschlägt einen G. 191.
Gras, das trockene, wird angezündet 1 126.
Grotten, berühmte: Čohf 1 352, beim ḫ. aba-l-'Azâm 2/1 28; G. als Wohnungen 279 2/2 157.
Grundwasser, im w. aṭ-Ṭamad 1 109, 297; an andern Orten 244, 247; 2/2 31, 184.
Gruß, die Nichterwiderung des G.es Zeichen der Feindschaft 2/1 34; Lange Dauer der Begrüßung; Verbot 3 36, 38.
Glückwünsche nach der Geburt eines Sohnes 215 f.
Gürtel 165.

Haarabschneiden 427 f.
Haarflechten auf einem Grabe 1 90, 92.
Haare als Omen 312; Opferung eigener H. 396; Verbrennung der Stirnhaare eines Tieres 414.
Ḥaǧal-Vögel 19.
Hahn wird geopfert 215.
Halb-Fellâḥîn, eingewanderte: Sippen der Ẓullâm 44; Einheimische el-Ḥanâǧre 28, en-Naṣârât 29, el-Malâlḥe 30, einige Familien der 'Amârîn 58, mehrere Geschlechter der Ḥeǧâja 64, en-Na'êmât 65, el-Ḥrejâ'e 66, Ḥamâjde 103.
Handel in el-'Aḳaba 2/1 258 f.; Bedeutung von 'Abde für den H. 2/2 152.
Handelskarawanen von Gaza nach Ma'ân 2/1 165.
Händler bei den Tennen 307.
Handwerker 225.
Ḥarra-Landschaft 1 208, 290.
Harnische 83.
Hase, zart 2/2 164; im Regen 3 10, 19.
Häuptling, seine Rechte und Pflichten 334, 335, Einkünfte 336; H. ist nicht immer Feldherr 336 und Richter 337.
Häuptlinge, türkische Beamte 2/1 199 f., 3 36, werden nach Konstantinopel eingeladen 52, 90.
Haus, Opferung eines Tieres auf dem Dache eines neugebauten H.es 1 372; Beschreibung 3 132 ff., innere Einrichtung 136.
Haustiere, Kamel 253 ff., Pferd 270 ff, Ziege 283 f., Schaf 284 f, Kuh 291, Esel 291, Maultier 291, Hund 292, Hühner 292; Krankheiten der H. 293.
Hebammen, unbekannt 214.
Herd, Beschreibung 139.
Heiligenverehrung 2/1 229 f., 3 329 ff.
Heiligtum von en-Nûrân 2/1 224, 2/2 61; des Šêḫ Zwajjed 2/1 228.
Heilmittel gegen verschiedene Krankheiten 414 ff.; Kamelmilch als H. 142, Salz als H. 147.
Heirat, Aufnahme in einen Stamm durch H. 26; Pflicht zur H. 173.
Held, toter H., sein Gruß 242.
Hemdkleid 164.
Ḥenna-Schminke 163.
Herz sehnt sich nach drei Dingen 455.
Heuschrecken, verpesten das Wasser 1 109, 143, 146, vernichten die Saaten 2/1 300, 3 21, 55, dienen zur Nahrung 149, 151.
Hieroglyphen in el-'Ariš 2/1 230.
Hilfe suchen 79.
Hirten der Ziegen und Schafe, ihre Rechte und Pflichten 264 f.
Hirtin, eine Kamel-H. 2/2 175; Verproviantierung der H. 3 123.
Hitze 1 174, 176; H. und Sterne 3 12.
Hochzeit bei den Arabern 196.
Hochzeit bei den Fellâḥîn 186.
Hochzeitskleider, Herstellung der H. 166.
Höhlen, große 1 36, 71.
Hölle, Lage 413, 448, Beschreibung 449.
Holz zum Opferfeste 1 152.
Honig, Sehnsucht darnach 1 336; H. und Milch 3 154, 156 f.

Hühner 292.
Hühnerbrutstätte 133.
Hund, Schimpfwort 1 132; 2/1 203; H gekocht und dem Propheten vorgelegt 1 162, 3 310; schwarzer Hund bringt Gold 2/2 150; sieben schwarze H.e 3 203; H. als Haustier 292; in jedem schwarzen und tollen H.e wohnt ein Geist 321, 322, 324; Heilmittel gegen den Biß eines tollen H.es 414.
Hunger, Heiß-H. der Fellâḥîn 158.
Hürden in alten Anlagen 1 156, 256, 314, 350, 354, 390; 2/1 70, 234, 238, 269, 274; große H. 2/2, 158f.
Hyänen erbrechen die Gräber 1 38, 146, 340; 3 17.

Indigo, gedeiht im Ḳôr 1 164; 3 161.
Inschriften, arabische 1 84, 122, 174, 289; 2/1 221, 262, 334; 2/2 58; griechische 1 116 ff., 289, 372; 2/1 76, 147, 221, 334; 2/2 91, 127, 144, 218; hebräische 2/1 334; lateinische 1 33, 56, 372; 2/1 30, 124, 264, 265; leḥjânische 2/2 157; nabaṭäische 1 122; 2/1 59, 71, 79, 91, 94, 96, 97, 102, 130, 132, 133, 135, 139, 147, 149, 150, 287, 324, 330; 2/2 117, 156, 218; I. in el-'Aḳaba 2/1, 258, 260, in Petra fast immer in der Nähe des Wassers 286.

Jahresanfang, bei den Beduinen 227; bei den Fellâḥîn 188.
Jahreseinteilung 6f.
Juden, wohnten nördlich von w. Bir es-Seba' 42; herrschten einst in Kufrabba 67; J. und Kamele 254; Geister verstorbener J. halten sich in Fênân auf 2/1 297; ihre Seelen kommen in die Unterwelt 3 449.
Jünglinge sollen sich an Ḳazw-Zügen beteiligen 373.

Käse 145.
Kaffee, symbolische Bedeutung des Trinkens des K.s 73; sein Genuß selten 156.
Kamel 3 253 ff, Herkunft 254, Farben und Rassen 255, Eigenschaften 256, Zucht 140, 256, Namen 181, 257, Fütterung 2/2 52, Trinkbedürfnis 1 298 2/2 17, 3 257, Tränken 258, Lieder, die beim Tränken gesungen werden 259f., 381; Melken 261; K.-Haar 262; Handel mit den K.en, Reiten der K.e 263; Verhalten und Gang des K.es 10, 264 ff., Ausdauer 267 ff.; Wasser im Bauche der K.e 269 ff., 401; Liebe der K.in zu ihrem Jungen 270; Preise der Ke. 292 f.; Schilderung eines K.es 204, 238, 239, 246; Vergleich des K.es mit einem Segelschiff 247, 252, 253; Wehklagen einer K.in über ihr Junges 270, 447; Opferung zweier K.e 2/1 147, am Ḍaḥijje-Feste 451 f.
Kamelhaar 262.
Kamelhändler, gerne gesehen 2/2 170, 193, 3 227.
Kamelharn, dient zum Waschen 162; neugeborenes Kind wird in K. gebadet 215.
Kamelin, der Sterbende bestimmt die K., die für ihn geopfert werden soll 423, 453 f.
Kamelmilch 3 140 f., 1 178.
Kamelraub 2/2 176; Kamele bei einem Ḳazw 3 376.
Kamelzüchter, der Adel der Wüste, ihre Eigenschaften 23 ff.; einheimische: Ḥĕwât 46, einige Geschlechter der Heǧâja 64, Salâjta 105, 'Âmer 119, Ǧeḥâwše 118; eingewanderte: einige Geschlechter der Terâbîn 32, Tijâha 34 f., Ḥwêṭât 52, Ṣḥûr 112, Šarârât 121.
Kapelle, gothische in el-W'ejra 2/1 67.
Kapitäle 1 176, 193, 322 2/2 63.
Karawanenstraße in el-'Araba 2/2 204.
Karawanserei 1 176.
Ḳaṭa'-Vögel 2/1 266, 3 19.
Kaufmann 226.
Kehrichtsschichten, umgeben das Dorf 1 113, 115, beliebter Aufenthaltsort 115, 3 413.
Kerak, Ausdehnung des Gebietes von el-K. 1 1.
Kessel 134.
Kiḥl-Schminke 162.
Kinder, Verscharrung krüppelhafter Säuglinge 213, unehelicher K. 215, Name und Behandlung der K. 215, Entführung durch Geister 323.
Kirchen, alte, in 'Abde 2/2 115, 117; in el-'Awǧa 2/1 205, 2/2 91; in el-Fâr 2/2 63;

in Fênân 2/1 204; in Ḥesbân 2 388; in el-Kerak 1 54; in Kornûb 2/2 26, 27; in Ksejfe 2/2 18; in Mâdaba 1 116 ff.; in Mâ'in 1 398; in el-Mčâwer 1 97; in el-Mḫajjeṭ 1 338, 339; in Meḳrefe 2/2 45; auf en-Neba' 1 274; in Oḏroḥ 2/1 151; in Petra 2/1 105, 106; in umm er-Reṣâṣ 1 110; in Ṣadaḳa 2/1 278; in Sbejṭa 2/2 39, 41, 42; in Sijâra 1 273.

Klagelieder 420 ff.; über einen Fellâḥ 448.

Klagen in der Krankheit 1 92, 100.

Kleidung 159 ff.; K. der Frauen 168 f.

Kleinviehzüchter, eingewanderte: einige Sippen der Ẓullâm 44, el-Menâğ'e 60, 'Amr 84, 'Aṭâwne 123; einheimische: es-Swârke 31, 'Azâzme 41, Sa'îdijjîn 46, ed-Dbûr 47, Na'êmât eš-Šera' 55, 'Amârîn 59, S'ûdijjîn 59, Belḳâwijje 108; K.er von den Kamelzüchtern verspottet 23, 177.

Klima, ungesundes, in der Umgebung des Toten Meeres 1 63, 70, in el-'Aḳaba 2/1 259; 3 2 ff.

Klöster, alte, 1 134, 166, 273, 338—340, 2/1 114, 219, 2/2 18, 125.

Kloster, griech. in el-Kerak 1 52, 215, in Mâdaba 1 116.

Kopfhaar 159, Zöpfe 160, Frisur 163.

Kopftuch 166.

Körper, Benennung einzelner Teile 159.

Kranke, ihr Benehmen und ihre Pflege 1 92, 3 412 f.

Krankheiten 411 f., ärztliche Hilfe 412, Mutlosigkeit des Kranken 412 f., K. und Geister 413, Fürsprecher in K. 414, von tollen Hunden Gebissene 414 f., Schlangenbiß 415; Kinderkr. und Heilmittel 417, verschiedene K. und Heilmittel 417 ff.; K. der Haustiere 293.

Kreuze, alte, in 'Abde 2/2 110, 119, 142, 144 f., 147; in Dejr el-Belaḥ 2/1 221; in Mâdaba 1 120; in el-Mwaḳḳar 1 193; in en-Nuṣrânijje 2/1 323; in umm er-Reṣâṣ 1 109; K. auf dem Kornhaufen 3 304.

Kreuzfahreranlagen: el-Ḥammâm 2/1 273 f.; Hurmuz 2/2 220; el Kerak 145 ff.; es-Sel' 2/1 318; eš-Šôbak 2/1 155; el-W'ejra 2/1 59 ff.

Krieg, Ursachen der K.e 369, 401 f., Dauer 370 f., Anführer 371, Kriegserklärung 373, befreit von der Teilnahme an K.en 373, Zusammenkunft der Krieger 374 f., Arten der K.e 375, Kamele und Pferde im K.e 376, Seher 377, Aufbruch zum K.e 377 f., 402, Ḳazw bei der Tränke 381, Lagern im K.e 382, Opfer vor der Schlacht 382, Teilung der Krieger 382, Meldung des Feindes 383, Holen der Hilfe 383 f., 402, Überfall der Herden 384 f., Zweikampf 386, Kriegsruf 386, Aufforderungen zum K.e 387, Gesänge 388, Belebung der Tapferkeit 390, 407, 409, Strecken der Waffen 390, Gefangennahme 391, Verwundete 391, Tote 391, Plünderung des Lagers 391, Beute 392, 402, Empfang der Krieger 392 ff., 403, Opfer nach dem K.e 395, Friedensverhandlungen 396, berühmte Schlachttage 398.

Kriegszug, Schilderung eines K.s 73, 79 f.; Verpflichtungen gegen die Freunde im K.e 53.

Kühe, ihre Zucht 3 291, Preise 292 f., 1 71, die besten K. im Ġôr 164.

Kuhmilch, Medizin 150.

Kultstätten, in Moab 1 27; Steinplatten als K. 36, 37, 111, 133, 244; K. unter einem hl. Baume 134; Tempel 176; Dolme 257; 268 ff.; bei Ḥamâṭ 324; in der Umgebung von Petra: Opferplätze auf er-Ramla 2/1 45, auf el-Ḥobza 46, 56, Steinaltar 47, Heiligtum bei el-Moẓlem 52, auf el-Brejz'e 58, 59, Opferplatz von Zebb 'Aṭûf 81 ff., Opferaltar 94, Dûšarâheiligtum 97, Opferplatz von umm Ḥnsân 98 ff., Altäre 107, 126, 142, 143, 289, 2/2 72, 110 f., 126, 127; Opferplätze 131, 137, 139, Heiligtum 147; K. mit Relief in 'Abde 138, Opferstätte 220.

Küchengeräte, lederne 137, hölzerne 138, kupferne 139.

Kupfererz-Lager 2/1 21, -Gruben 298.

Kupfererzschmelzöfen 2/1 295 ff.

Lager, verschiedene Anordnung der Zelte 1 42, 3 130, Wechsel d. L.s 131; Schutz vor den Dieben 360; Überfall eines L.s 392.

Lagerplätze, in der Regenperiode 11; verlassene 132.

Lanzen, mit Vipergift getränkt 238.
Läuse 20.
Leber 237, 249.
Leben nach dem Tode 412f., 448ff.; Tote erscheinen im Traume 449.
Lederstreifen auf bloßem Leibe 163.
Leichentuch 424.
Letztwillige Verfügung 421; Aufforderung zur Rache als l. V. 422, Bestimmung der Kamelin zum Ḍaḥijje-Opfer 423; Sorge um Kinder 423.
Liebe, unglückliche L., 2/1 36; L. bei der Heirat 3 173, 180; L. zur Frau bei den Kamelzüchtern 24, 180, 245, 455f.
Liebeszauber 174f., 315.
Liebende, Patron der L.en 204.
Lieder: Arwâd 197, 'Aṭâba 299f., 'Awêmrijje 219, Bôšân 378, Ḍaḥijje 454f., Eḥda 374, Fârde 190, Hochzeitsl. 186f. Ḥedâwi 259, 381, Ḥefle 223, Heǵîne 175, Mahâha 191, Mušraḳijje 198, Ḳanâ' 175, 201, 285f., beim Regen beschwören 8, Sâlfe 230, Schlachtl. 388ff., Šôbâš 377ff., Tarawwud 189, Totenklage 429, Wâw 389, Zaffe 190.
Lobgesang auf das Getreide 300.
Lobgedicht auf einen Häuptling 249.
Los bei Teilung der Felder 294.
Luftspiegelung 5.

Mädchen, neugeborene, werden oft im Sande verscharrt 3 213; Verweigerung eines M.s zur Heirat 182, Beschreibung des M.s 175; M. mit Öllampen bei der Hochzeit 195; M. als Hirtinnen 2/1 172; M. Ersatz für Ermordete 363f, 365; M. und Krieg 374f., 377, 380, 390, 393; Preise der M. nach einem Kriege 403, 405.
Magd, ihr mit dem Zeltherrn gezeugter Knabe nicht erbberechtigt 350.
Mahlzeiten 153, Gebräuche 155.
Malereien in 'Amra 1 276ff., in el-Bâred 2/1 288.
Mandelbäume 1 96, 133.
Männer, Klagelieder über tote M. 433.
Mannbarkeit, Bart- und Haarwuchs Zeichen der M. 180.
Mantel 3 166; Zeichen der Würde 191, 197; symbolische Bedeutung der Übergabe des M.s 196; M. als Schutzmauer 404; Nachschleppen des M. in der Aufregung 2/1 266.
Maultiere, Zucht 291, Preise 292f.
Mehl 146f.
Melken der Kamelin 141, 261, der Schafe und Ziegen 142.
Menschen, wunderwirkende M. 414; M. als Vorzeichen 309ff., ihre Gebrechen 311f.
Mêša'-Stein 1 378.
Milch als Nahrung 3 137, 140, als Medizin 142, bevorzugte Nahrung 154; M. und Honig 154, 156, 158; M. dort wo Wasser 1 336; Opferung der ersten Milch 287, 329f.; Tränken der Toten mit M. 451; Kochen des Fleisches in M. 1 336.
Mission, kathol. in el-Kerak, Geschichte der k. M. 3 94, 1 26, 52, in Mâdaba 3 94, 1 119, 265; in Gaza 2/1, 198, 215.
Mißtrauen beim Ausfragen der Ortsnamen 2/1 175.
Mittagshitze, Zusammenkunft der Hirten und Hirtinnen in der M. 180.
Moab, Charakter des Landes 1 1, 2, 9, Nordgrenze 1 204, Ostgrenze 316.
Monate 6f.
Mond, sein Einfluß auf Menschen 313.
Mörder, Flucht des M.s 345.
Mosaikböden, in Mâdaba 113ff., schöne Bilder 116ff.; in umm el-Ǵerâr 2/1 218; in 'Abesân 223.
Moschee, in Dejr el-Belaḥ 2/1 220; in Dôšâk 2/1 36; in Ǵa'far 1 152; in el-Kerak 1 53, 63; in kfêr abu Bedd 1 217; in kfêr abu Sarbûṭ 1 216; in Mâdaba 1 122; in el-Mḥajjet 1 338.
Moses und das Wasserwunder 2/1 151; M. und seine Verwandten 3 36.
Mosquitos 2/2 157.
Muḥammedaner, ihre Seelen kommen in die Unterwelt 449.
Mühlen 1 132, 133, 243, 255; 2/1 44, 151, 273, 2/2 66, 160, 243, 3 145.
Mut, geachtet 370, 371.

Nabel der neugeborenen Kinder 215.
Nacht, heiß 1 67; kalt und feucht 152, 170, 176, 307, 376 2/1 201, 205, 245, 262, 281 2/2 23, 162, 176, 3 2.
Nächte, gefährliche für den Kranken 413f.
Nachtwachen 2/1 249.

Nackt ausziehen, Schmach 400.
Nahrung 137 ff.
Namen geben 217 f.
Nasenringe 169.
en-Nebs', die „Kuppe" 1 3; Aussicht von en-N. 1 336.
Nebel 5
Niesen 313.

Obergemach 191, 192, 198, 302.
Oheim führt die Braut 189.
Öl, Zubereitung 3 15; Öl oder Butterschmalz dienen nebst Mehl als Nahrung auf langen Reisen 2/1 248; neugeborenes Kind wird mit Öl gesalbt 3 215; Öl wird auf den Grabstein gegossen 1 90, 91 3 451.
Olivengärten 1 72, 73, 170, 256, 257, 259, 230 2/1 39, 220, 315, 316, 324; Schonung der O. im Kriege 3 67; Zubereitung von Öl 3 15.
Öllampen bei der Hochzeit 195
Oleanderholz, Medizin 1 90.
Omina und Wahrzeichen 3 308 f.; gute und böse O. 309 ff.; Menschen als O. 310, Tiere 311, gewisse Handlungen 311, Gebrechen 311, Gestirne 312.
Opfern, Recht zum O. 308; Opfer bei der Adoption 267; 'Aša-l-majet 451; Awnâse 451; 'Aza' 452; Daḥijje 451 f.; O. der Erstgeburt 287; O. am 7. und 40. Tage nach der Geburt 216, 217; Ǧôra'a 301; O. auf den Gräbern 329, 331, 450; Ḥelijje 195, 206; O. am Tage nach der Hochzeit 195; O. nach dem Kriegszuge 395; O. für die „Mutter des Regens" 9; Raḥma 453; O. vor der Schlacht 382, 387; Smâṭ 287.
Opfertier, beim Ḥelijje immer ein Weibchen, seine Eigenschaften 195.
Ort, heiliger 1 52 f., 87, 378 2/1 195, 320 2/2 174, 199; O.e, an denen sich Geister aufhalten 324 f.

Palmenhain 2/1 238 ff.; 2/2 55; 3 15.
Panther 2/1 253.
Panzer 372, 410.
Paradies, Lage 413, 418, Beschreibung 449.
Pfad der Liebenden 199.
Pfeifen, Tabak-P. werden abgeworfen zum Zeichen des Angriffes 83.
Pfeifen, das P ist unheilbringend 305, 313.
Pferd, nicht einheimisch 270, Benennung einzelner Teile 271, Herkunft des P.es 271, Rassen 271 f., Zucht 273 f., Namen 273, Eigenschaften 274, Farbe 275, Kauf 275 f.; Eigenschaften des P.es als Vorzeichen 275; Ersatz eines P.es 277, Krankheiten 277, Zaum- und Sattelzeug 278, Gang 279, äußere Erscheinung 279; Pflege des P.s im Lager 282, auf einem Ġazw-Zuge 283, 376, Preise 292 f.; P. bekundet durch ängstliches Schnauben die Nähe der Geister 3 324, 327, trägt Amulette 315; Schilderung des P.es 246, 247; P. mit Zelttuch umhüllt, Zeichen von Bedrängnis 79; P. und Reiter 3 279 ff.; Treue des P.es 1 40; P. rettet das Leben des Reiters 2/1 33, wittert Wasser 1 132, giftige Schlange 2/1 35, des Nachts Fremde 2/1 154, wirft fremden Reiter ab 2/1 152.
Pferdedieben wird von den Fellâḥîn Tribut entrichtet 1 76.
Pflanzenleben 13 f.; heilkräftige Pflanzen 421.
Pflug, Beschreibung 296.
Pilgerfahrt, ihre Bedeutung für den Handel 1 3 f., 40.
Pilgerstraße, Stationen 1 38, 84.
Pilgerzug, seine Begleitung 336 f.
Plagen, sieben P. der Kinder Israëls 298.
Priester 227.
Prophet Muḥammed als Gast 1 162, 3 310.

Quellen, heilige 330 f.
Quellen von Ḳdejs, Erzählung ihrer Entdeckung 2/1 178 f.
Quitten in el-'Araba 2/1, 253.

Rabe 19, R. und Kamel 270, 324.
Rache, Aufforderung zur R. am Sterbebette 422 f.
Rahm, sauerer, den Gästen vorgesetzt 2/1 234.
Ṛaḍa-Strauch, bietet Weide für Kamele 2/2 190, 193, gutes Brennmaterial 3 14, Ṛ.-Kohle 245, 260.
Rassen der Kamele 255, der Pferde 271, der Schafe und Ziegen 283 f., der Kühe 291.
Rätsel 252 f.

Raub von Notizbüchern 2/2 216, 220f., 223, 235.
Raubtiere 17; Fluch gegen die R. 290.
Raubvögel 19.
Ḳazw-Führer 3 492, wird nach dem Tode verehrt 2/1 263.
Ḳazw-Trupp 1 190, 304, 2/1 208.
Ḳazw-Zug, Zeichen zum Aufbruch 3 206; zum Halt 206; Aufklärer auf einem Ḳ.e 208; Arten des Ḳ.es 375; Pferde bei einem Ḳ.e 283; Ḳ. gegen die Fellâḥin 2/1 154, 188; ein verunglückter Ḳ. 399, 400f., 407.
Rbâba-Spiel 1 84.
Rebhühner 1 68, 94, 135, 2/33.
Rechtswesen 334ff.
Regierung und Beduinen 2/1 199f., 225, 3 236, 336f., 380, 399.
Regen, Perioden des R.s 3 6ff., Beschwörung 8ff.; R. und Gewitter 10; nicht ausgiebiger R. 2/1 231.
Regenbogen 12.
Reichtum 253.
Reinlichkeit 172, rituelle 222.
Relief, altes 1/54, 140f., 2/1 106.
Religion 308.
Richter, anerkannte 209; ihre Wirksamkeit 346; R. bei der Schlichtung der Blutrache 365.
Richteramt in gewissen Geschlechtern erblich 337, Gerichtsverhandlung 337f.
Rindfleisch verursacht Krankheit 150.
Rock, roten, trägt der Knabe vor der Beschneidung 222.
Römische Bauten 1 29, 33, 68, 160, 324, 330, 352, 365, 376, 2/1 32, 36, 39, 151, 268, 294, 277, 2/2 122, 161, 194ff., 207, 209f, 210, 229.
Römerstraße 1 26, 44, 45, 76, 77, 112, 126, 127, 168, 369, 2/1 30, 31, 156, 263, 2/2 237.
Rose von Jericho 2/1 256.

Ṣalaria von der türkischen Regierung den Häuptlingen gezahlt 52, 336.
Sa'lawijje, Gespenst, Farbe und Gestalt 319.
Salomo, Herr der Geister, sein Grab 1 90f. 91; S. Herr der Bäder 1 158; S. und hl. Elias als Beschützer vor dem bösen Blicke 315.
Salz, Fundorte 1 161, 2/1 21, 228; 2/2 173, 190; 3 145, 146f.; S., Zeichen des Schutzes 35f., 358; S. ex voto 1 90, 91; Einreibung des neugeborenen Kindes mit S. 3 215.
Salzhändler unverletzlich 146f.
Sämann 297.
Sand, das Kamel ist aus dem S.e erschaffen 254; Sandtreiben 2/1, 232.
Sandhose 4.
Sattel, Kamel-S. 263, Pferde-S. 278.
Schachspiel 72.
Schaf, Eigenschaften 284, Zucht 284, Schur 285, Erstgeburt 286, Ertrag 287f., gefundenes Sch. 287, verlorenes Sch. 288; Schlachten eines Sch.es 149; Opferung eines Sch.es am 30. Tage nach einem Todesfalle 451.
Schakal 18.
Schatz, Bewachung des Sch.es in el-Ḫabîs 1 64, in Sarmûğ 72, in 'Abde 2/2 160, durch Kamele 1 72, durch Geister 3 322.
Schiedsrichter 1 326, anerkannte 3 38.
Schiffe in el-'Araba 2/2 187.
Schlachtruf 380f., 409.
Schlachttage, berühmte 398ff., Rühmen der Sch. am Lagerfeuer 399.
Schlangen, von Geistern „bewohnt“ 1 129; 3 320f. 324; giftige 2/1 35, 53; 3 21; eßbare 151.
Schlangenbeschwörer 415f.
Schlangenbiß, Heilung 415.
Schlösser, alte: 'Amra 1 222ff., Malereien daselbst 1 270ff.; al-Ḫarâni 1 290; el-Mwaḳḳar 1 190ff.; aṭ-Ṭûba 1 180ff.; al-'Wejned 290.
Schmarotzerpflanze 2/2 182.
Schmuck 170ff.
Schnee 2/1, 269; 3 12.
Schnitter bei der Arbeit 1 128, 157; 3 298.
Schönheit der Geliebten 175f., 187, 189, 243, 380f.
Schule, in el-Kerak 1, 52, 96 in Mâdaba 119; bei den Beduinen 3 227.
Schur der Ziegen und Schafe 285.
Schutz, Asylrecht 344ff., Verletzung des A.es 344, 346, heilige Gräber kein Schutz für Menschen 344, Formen des Sch.es 345, Gewährung des Sch.es

durch Frauen 315; Sch. und mißhandelte Frau 211, mißhandelter Sklave 225, flüchtige Mörder 362; Versagung des Sch.es 237; Erwerbung des Sch.es durch Abführung des Ḫâwa-Tributs 67; Bedeutung des Sch.es 2/1 173, 186.
Schutzpflicht und Gastgeber 357; Sch. während der Schlacht 390f.; Einschärfung der Sch. auf dem Sterbebette 422.
Schwefel 1 160.
Schwester und Bruder 434, 435, 440, 443, 444.
Schwur, verschiedene Arten: beim Barte 338, 340, bei einem Heiligen 338, 349, bei einem heiligen Baume 338, der Kreis-Sch. 338, 372, 343, bei den Genitalien 338, 341, bei einem Aste 341, 343, bei einem heiligen Grabe 342, bei einem Wissenden 342, beim Feuer 342, bei den Brüsten 343, bei den Vorfahren 343, bei der Nacht 343.
Seele, wohnt im Blute 150; verläßt den Körper durch die Nasenlöcher 423; lebt nach dem Tode 448f., oft in der Gestalt einer Fliege 449.
Seher, Furcht vor einem S. 77, 318f., S. in einem Kriege 377.
Seifenfabrikation 1 32, 131.
Semḫ-Pflanze 2/2 172, 3 152.
Senkgräber, alte, bei Petra 2/1 50.
Šera', Nordgrenze 2/1 328f., Süd- und Ostgrenze 2/2 228.
Šibrijje-Messer, die Braut hält ein Š.-M. 188.
Sichel 298.
Sieger, Heimkehr 392, 393ff.
Singvögel 20.
Sklave 224ff., darf vom Herrn getötet werden 360.
Sklavin, Heirat mit einer schwarzen S. 60, 225.
Skorpionstich 416.
Sonne, ihre tägliche Wanderung 312; Beleidigung der S. 1 36.
Späher 1 190.
Speichel wird in den Mund des neugeborenen Knaben gelegt 217.
Speisen, verschiedene 153ff.
Sperling 20.
Spiele 229.
Spinnenbiß 416.
Spottgedicht 250.
Springmäuse 10, 18.
Stäbe, verschiedene 168.
Stamm, Erklärung und Einteilung 25, Erlangung der Zugehörigkeit durch Heirat oder Adoption 26f.; Erzählung von dem Ursprunge eines St.es 27, 34ff., 51f., 57, 60, 70, 113, 122; nicht ebenbürtige Stämme 121, 173.
Stammgebiet selten genau abgegrenzt 28.
Stammzeichen 28.
Stall 133.
Strauß 19; soll den Schakal säugen 238; Straußfeder als Schmuck der Braut 188.
Stechmücken 1 67, 135.
Steine, schwarze, in denen Geister wohnen 320; Steinchen werden vom Grabe genommen 449f.
Steinböcke 1 240; 2/2 169; 3 19.
Steinbrüche = alte Ruinen 2/1 152, 202.
Steinkohle 1 18.
Sterne, ihr Einfluß auf den Menschen 147, 245, 312; St. und Beischlaf 208; St. und Regen 7f.
Steuereinhebung 1/1 195f.; 3 90, 107.
Störche 1 164.
Strafen, die verhängt werden 335f.
Straßen 1 20—22; gepflastert und von Mauern eingesäumt 1 88, 112, 158, 160, 390; 2/1 22ff., 73, 322; 2/2 17.
Streitigkeiten vor dem Grabe geschlichtet 426.
Strick, Messen der Felder mit S.en 292.
Stute, zeigt den Tod ihres Reiters an 414; trauert um ihn 445, 446.
Steinhaufen, bezeichnen einen Kampfplatz 1 301, 304; 2/2 181, 226; 3 391; auf Hügeln 1 92, 308; 2/1 251; Erinnerungsmerkmale 1 83; bezeichnen den Kreuzungspunkt auf den Straßen 1 319; 2/2 207, die Stelle, wo ein berühmter Krieger gefallen ist 2/1 39; bedecken berühmte Gräber 1 245; 2/2 156.
Steinringe als Hürden 1 235.
Steinsymbole 2/2 147.
Südostwind lähmt die Nerven 2/2 211.
Sünden werden bereut 333f., und dadurch im Sande begraben 334.
Šunnâr-Vögel 19.

Symbolische Handlung 71, 73, 205, 217, 276, 290f., 346, 347, 383f., 385, 386, 396, 397, 414.
Synkretismus, religiöser 91.

Tabak, T.-Rauchen 172; T.-Pfeifen werden abgeworfen als Zeichen zum Beginn des Angriffes 83.
Tage, ihre Eigenschaften 308; günstige T. 219, 303, 305, 309, 374.
Tageshitze 2.
Tageseinteilung, unmittelbar nach dem Mittag „neigt sich die Sonne dem Untergange zu" 2/1 38.
Talsperren 1 108, 120, 195, 290, 324; 2/1 206, 261; 2/2 24.
Tänze: Daba 221; Hawlijje 202; Razâ' 230; Raksa 203; Säbel-T. 187, 197.
Tänzerin 229.
Tapferkeit wird gerühmt 444 ff.
Tätowierung 161 f.
Tau, eine Wohltat 6, 14.
Tauben 1 68, 69, 94, 164; 2/1 253; 3 20.
Telegraph, Transport der T.-Stangen 1 234 f., 245.
Tenne, Ğôra'a-Opfer auf der T. 301, Anordnung und Arbeiten 301f., Lieder 302, Würfeln 303, günstige Zeit zum Würfeln 303, das Abraham-Maß auf der T., Vorsichtsmaßregeln beim Messen 305, fröhliches Leben auf der T. 307.
Tempel in Dât-Râs 1 79, 322, in Ḥesbân 1 385, in Mḫajj 1 82, in Niḫl 1 324, in Petra 2/1 107, 142 ff., in Rababa 1 372, in umm el-Walîd 1 107.
Terrainbezeichnungen 1f.
Theater in Petra 2/1 102 f.
Tiere als Vorzeichen 311 ff; Schaden durch T. 368.
Tierleben 17 ff.
Tisch, unbekannt 140.
Töchter anstatt der Söhne angesprochen 238; erben nie mit den Söhnen 349.
Tod vor dem Alter ein Unglück 418; T. in der Ferne 440.
Todeskampf 423.
Tollwut, Heilmittel gegen T. 2/1 38.
Tongefäße-Fabrik 2/2 60.
Tote werden in gewisser Richtung gelegt 425, gewaschen 423, Frauen gesalbt und geschmückt 424, in Leichentuch eingewickelt 424, 425, zu Grabe getragen 424 ff., in's Grab gebettet 424 ff., hören die Totenklage 429, sollen sich nicht entfernen 427, 429, können von Lebenden vorgeladen werden 449; hören im Grabe den Gruß 450, werden genährt 451; in der 1., 3., 8., 30., 40. Nacht nach dem Ableben wird des T.n gedacht 451 f.; der Daḥijje-Gedächtnistag der T.n 451 ff.
Töten darf man Frau und Kinder nicht 213.
Totengräber 424, 428 f.
Totenklage 429 f.; Ma'îd 441 f.
Totenopfer 451 ff.
Totes Meer, herrliche Lage 1 66, 73, 90, 91, 238; dunkle Streifen im T. M.e 67; Folgen der Überschwemmungen des T. M.es 68, 69, 161; Geister wohnen im T. M.e 162; Entstehung des T. M.es 162, fruchtbare Küste 68 ff., 160, 167, 168; beste Kühe in der Umgebung des T. M.es 164 zahlreiche Gazellen 166, Vögel 68, 69, 164, Salz 164.
Tränkorte und Kriege 369.
Traum, als Lügner bezeichnet 199; T. und Omen 311, Tote erscheinen im T.e 449.
Trauer, Zeichen der T. 426, 427 f., 428.
Trauerplatz, Gang zum T. 203.
Tribut, den Häuptlingen abgeführt 1 28; 3 32, 36, 52, 60, 66, 67, 69, 70, 76, 88, 114, 117, 121.
Trennung von der Geliebten 9, 199, 243.
Tunnel in el-Kerak 1 47, 64; el-Moslem bei Petra 2/1, 50, 53 ff.; T. bei el-W'ejra 59.
Türkische Macht, Ausdehnung der t.n M. 88 f., 96.
Typhus 412.

Überlieferungen, Erzählung der Ü. 232, verschiedene Versionen 233.
Unfruchtbarkeit der Frau, Medizin dagegen 2/2 53.
Ungesunde Gebiete 412.
Unheilbringendes Benehmen 305.
Unzucht mit dem Tode gestraft 359.
Unterhaltung vor der Hochzeit 186.
Unterwelt, Eingang in die U. 448.

Verkaufen darf man Frau und Kinder nicht 213.
Verlorenes Tier 2/1 328; 3 288ff.
Verwandtschaftsgrade und die Blutrache 361, 363.
Verwundete in einer Schlacht 391.
Vogel Ǧiddet el-'ejâl bietet Schutz gegen alle Kinderkrankheiten 417.
Vögel, Firri genannt, erscheinen im Frühjahre 2/1 238.
Vollbürtiger Stamm 173.
Vorratskammer 135.
Vorfahren, Fürsprecher bei Gott 308.
Vormund, seine Bestellung 421f.
Vorsichtsmaßregeln auf der Tenne 305.
Vorzeichen, günstige und ungünstige eines Pferdes 275f.
Votivgeschenke auf einem heiligen Grabe 58.
Vulkanische Landschaft. 1 8.

Wachen in den Pässen 2/1 169f.; auf hohen Gipfeln 2/1 188; 3 383f.
Waffen 372.
Wahrsager 317f.
Wald 1 3, 135; 2/1 289ff., 299, 329; 3 14, 16.
Wanderung der Stämme nach ungenügendem Regenfall 2/1 231; Verhandlungen wegen der Weideplätze auf der W. 233; 3 11, 131.
Warme Quellen 1 18, 98ff., 112, 137, 158, 240; 2/1 21, 313; Bad 3 416f.
Warnungszeichen, Winken mit dem Hemdärmel 1 188.
Waschen 155, 162; vor dem Schwure 338, vor der Mahlzeit 355, vor dem Kriegszuge 474.
Wasser und Gastfreundschaft 1 132; W. wird dem Sterbenden tropfenweise in den Mund gegossen 3 423, dem Toten ins Grab gegeben 424; das Grab wird mit W. begossen 425; W. im Bauche der Kamele 269f., 401.
Wassernot 2/1 190.
Wassertrinken 158f.
Wasserbehälter 1 33, 38, 52, 82, 120, 157, 166, 191, 194, 217, 232, 370f., 376, 378, 380, 384, 390, 398; 2/1 44, 59, 107, 112, 124, 125, 135, 146, 182, 188, 203, 206, 258, 265, 274, 282, 294; 2/2 20, 42, 63, 82, 89, 109, 160, 209.
Wasserlachen von roter Farbe in w. el-Ḥsa 1 83.
Wasserleitungen 1 132, 136, 160, 346; 2/1 36; in Petra 2/1 44, 46, 48, bei še'îb el-W'ejra 58, 63, še'îb el-Ḳeja 70f., in es-Siḳ 73ff., von ajn el-Brâk 78, 107, 108, 125, 272, 273, 278, 293, 296; 2/2 63, 159, 208, 210, 224.
Wasserorte, Benennungen 3 13; W. mit vielen Federn sind gefährlich 20; Streitigkeiten an W.n 2/2 169.
Weib, jedes W. wird als Sünderin betrachtet 211.
Weiber, alte, verhaßt 177.
Weichselschößlinge zu Pfeifenröhren verwendet 2/1 38.
Weideplätze und Kriege 82, 369f.
Wein wird getrunken 158.
Weingärten 1 65, 133, 170, 239, 256, 260, 345; 2/1 33, 36, 189, 190, 218, 230, 316; 2/2 45, 99.
Weizen grün 2/1 166, geschnitten 1 157, 164; W.-Arten 3 294.
Wildschweine 1 78; 2/2 205; 3 18; werden gegessen 151.
Winde 1 113, 3 3.
Wochentage, die für die Eheschließung günstig sind 106.
Wöchnerin 214, ist 40 Tage unrein 222.
Wohlriechende Schmucksachen der Braut 186.
Wolf 18, soll beim Sâmer-Tanz hüpfen 238; W. und Krankheiten 414.
Wolkenbildung 6.
Worfeln des Getreides 303.
Wurfschaufeln 302f.
Wüste (Steppe), nördl. Grenze 2/2 68.

Zahlen, fast immer übertrieben 2/1 250f.
Zauberer und Hexen 314ff.; Hexen und Teufel 319.
Zelt, Beschreibung des Z.es 124, Aufschlagen 126, Empfangsraum 128, Einrichtung 130, Schutz des Z.es vor dem Wasser 130, Verstecken 131, Abbrechen 131; Schließung des Z.es gegen die Kälte 2/1 199; Trauer des Z.es über den Tod des Herrn 3 445; Z. und seine Ehre 78.

Zeltlager, seine Lage wird falsch angegeben 2/1 207.
Zeltstangen 124.
Ziegel in aṭ-Ṭûba 1 188, in el-Mšatta 201.
Ziegen, Eigenschaften 283, Zucht 284, Schur 285, Erstgeburt 286, Ertrag 287 f.; gefundene Z. 287, verlorene Z. 288f., Opferung einer Ziege am ersten Tage nach einem Todesfalle 451.
Ziegenhaar, Weben 124f.
Zigeuner, Nwar, 2/1 292, 3 228; Allwissenheit der Z. 318.
Zinsen 226f.
Zisternen, Überwachung, 1 35, Beschreibung 134.
Züchtigung der Frau 211.
Zwiebeln und Knoblauch 2/1 39, 228, 229, 258, 326.

DO NOT REMOVE
OR
MUTILATE CARD

Zeitfracht Medien GmbH
Ferdinand-Jühlke-Straße 7
99095 Erfurt, Deutschland
produktsicherheit@kolibri360.de